BESTSELLER

Henri Charrière nació en la localidad de Saint-Étienne-de-Lugdarès, Francia, el 16 de noviembre de 1906, y murió en Madrid el 29 de julio de 1973. Huérfano de padre desde 1917, se alistó en la Armada Francesa en 1923. Allí sirvió durante dos años, y, a su regreso, se casó y se adentró en la vida de los bajos fondos parisinos. El 26 de octubre de 1931 fue condenado a trabajos forzados en cadena perpetua por el asesinato del proxeneta Roland le Petit, un crimen que él siempre negó haber cometido. Con su ingreso a prisión dio comienzo la extraordinaria historia que él mismo se encargó de narrar en su célebre *Papillon* (1969), adaptada al cine en una extraordinaria actuación de Steve McQueen y Dustin Hoffman el año 1973.

HENRI CHARRIÈRE

Papillon

Traducción de
Domingo Pruna y **Vicente Villacampa**

DEBOLS!LLO

Penguin
Random House
Grupo Editorial

Título original: *Papillon*

Primera edición en este formato: septiembre de 2017
Segunda reimpresión: marzo de 2019

© 1969, Éditions Robert Laffont, París
© 1970, 2017, Penguin Random House Grupo Editorial, S. A. U.
Travessera de Gràcia, 47-49. 08021 Barcelona

© 1970, Domingo Pruna y Vicente Villacampa, por la traducción

Impreso en Colombia - *Printed in Colombia*

ISBN: 978-84-663-4214-8

*Al pueblo venezolano,
a sus humildes pescadores del golfo de Paria,
a todos, intelectuales, militares y otros
que me dieron la posibilidad de revivir,*

a Rita, mi mujer, mi mejor amiga

PRESENTACIÓN

Este libro, sin duda, nunca habría existido si, en julio de 1967, en los periódicos de Caracas, un año después del terremoto que la había asolado, un joven de sesenta años no hubiese oído hablar de Albertine Sarrazin. Ese pequeño diamante negro, todo fulgor, risa y coraje, acababa de morir. Había adquirido celebridad en el mundo entero por haber publicado, en poco más de un año, tres libros, dos de ellos sobre sus fugas y sus prisiones.

Aquel hombre se llamaba Henri Charrière y regresaba de lejos. Del presidio, para ser exactos, de Cayena, donde «subiera» en 1933; un hombre del hampa, sí, pero por un crimen que no había cometido y condenado a cadena perpetua, es decir, hasta su muerte. Henri Charrière, alias Papillon —en otro tiempo— entre el hampa, nacido francés de una familia de maestros de escuela de Ardèche, en 1906, es venezolano. Porque este pueblo ha preferido su mirada y su palabra a sus antecedentes penales, y porque trece años de evasiones y de lucha para escapar al infierno del presidio perfilan más un porvenir que un pasado.

Así, pues, en julio de 1967, Charrière va a la librería francesa de Caracas y compra El astrágalo. *En la faja del libro, una cifra: 123.000 ejemplares. Lo lee y, después, se dice sencillamente: «Es bueno, pero si la chavala, con su hueso roto, yendo de escondite en escondite, ha vendido 123.000 ejemplares, yo, con mis treinta años de aventuras, venderé tres veces más».*

Razonamiento lógico, pero de lo más peligroso y que, después del éxito de *Albertine*, abarrota las mesas de los editores de miles de manuscritos sin esperanzas. Pues la aventura, la desgracia, la injusticia más extremosas no hacen forzosamente un buen libro. Es necesario también saberlos escribir, es decir, tener ese don injusto que hace que un lector vea, sienta, viva, como si estuviera allí, todo cuanto ha visto, sentido, vivido el escritor.

Y, en eso, Charrière tiene una gran suerte. Ni una sola vez ha pensado en escribir una línea de sus aventuras: es un hombre de acción, de vida, de celo, una generosa tempestad de mirada maliciosa, de voz meridional, cálida y ligeramente ronca, que puede ser escuchada durante horas, pues narra como nadie, es decir, como todos los grandes narradores. Y el milagro se produce: horro de todo contacto y de toda ambición literarios (me escribirá: «Le mando mis aventuras, hágalas escribir por alguien del oficio»), lo que escribe es «tal como os lo cuenta», se ve, se siente, se vive, y si por casualidad se quiere parar al final de una página, cuando él está contando que va al retrete (lugar de múltiple y considerable papel en el presidio), se está obligado a volver la página, porque ya no es él quien va allí, sino uno mismo.

Tres días después de haber leído *El astrágalo*, escribe los dos primeros cuadernos de un tirón, cuadernos de colegial, con espiral. Tras haber recogido dos o tres opiniones sobre esa nueva aventura, quizá más asombrosa que todas las demás, emprende la continuación a principios de 1968. En dos meses termina los trece cuadernos.

Y al igual que pasó con *Albertine*, su manuscrito me llega por correo, en septiembre. Tres semanas después, Charrière estaba en París. Con Jean-Jacques Pauvert, yo había lanzado a *Albertine*: Charrière me confía su libro.

Este libro, escrito al filo aún candente del recuerdo, copiado por entusiastas, versátiles y no siempre muy francesas mecanógrafas, como quien dice no lo he tocado. No he hecho más que enmendar la puntuación, transformar ciertos hispanismos demasiado oscuros, corregir ciertas confusiones de sentido y ciertas inversiones debidas a la práctica cotidiana, en Caracas, de tres o cuatro lenguas aprendidas de oído.

En cuanto a la autenticidad, doy fe sobre el fondo. Por dos veces, ha venido Charrière a París y hemos hablado extensamente. Durante días, y algunas noches también. Es evidente que, treinta años después, ciertos detalles pueden haberse difuminado, modificado por la memoria. Carecen de importancia. En cuanto al fondo, basta con remitirse a la obra del profesor Devèze, Cayenne (Julliard, col. Archives, 1965), para comprobar enseguida que Charrière no ha exagerado un ápice sobre las costumbres del presidio ni sobre su horror. Muy al contrario.

Por principio, hemos cambiado todos los nombres de los presidiarios, vigilantes y comandantes de la Administración penitenciaria, pues el propósito de este libro no es atacar a personas, sino fijar tipos y un mundo. Lo mismo vale respecto a las fechas: algunas son exactas, otras indican épocas. Es suficiente. Pues Charrière no ha querido escribir un libro de historiador, sino relatar, tal como lo ha vivido directamente con dureza, con fe, lo que se antoja como la extraordinaria epopeya de un hombre que no acepta lo que puede haber de desmesurado hasta el exceso, entre la comprensiva defensa de una sociedad contra sus hampones y una represión indigna, hablando con propiedad, de una nación civilizada.

Quiero dar las gracias a Jean-François Revel quien, entusiasmado por este texto del que fue uno de los primeros lectores, se ha dignado decir el porqué de la relación que, según él, guarda con la literatura de ayer y de hoy.

JEAN-PIERRE CASTELNAU

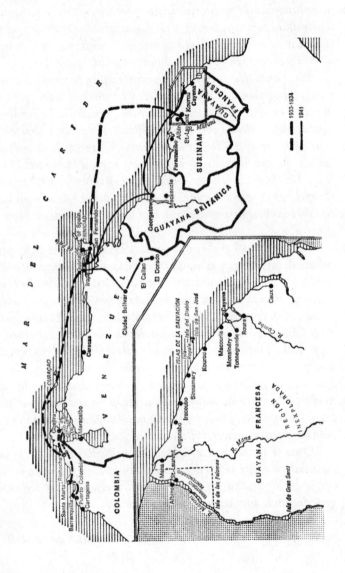

1933-1934
1941

PRIMER CUADERNO

EL CAMINO DE LA PODREDUMBRE

AUDIENCIA DE LO CRIMINAL

La bofetada fue tan fuerte, que solo he podido recobrarme de ella al cabo de trece años. En efecto, no era un guantazo corriente, y, para sacudírmelo, se habían juntado muchas personas.

Estamos a 26 de octubre de 1931. A las ocho de la mañana, me sacan de la celda que ocupo en la Conciergerie desde hace un año. Voy recién afeitado, bien vestido; mi traje impecablemente cortado me da un aspecto elegante; camisa blanca y corbata de lazo de color azul claro, que da la última pincelada al conjunto.

Tengo veinticinco años y aparento veinte. Los gendarmes, un poco frenados por mi aspecto de *gentleman*, me tratan con cortesía. Hasta me han quitado las esposas. Estamos los seis, cinco gendarmes y yo, sentados en dos bancos en una sala desmantelada. Fuera, la luz es gris. Frente a nosotros, una puerta que debe comunicar, seguramente, con la sala de audiencia, pues estamos en el Palacio de Justicia del Sena, en París.

Dentro de unos instantes, seré acusado de asesinato. Mi defensor, Raymond Hubert, ha venido a saludarme: «No existe ninguna prueba seria contra usted, tengo confianza, nos absolverán». Me sonrío de este «nos». Diríase que también él, el abogado Hubert, comparece en la Audiencia como inculpado, y que si hay condena, también él habrá de cumplirla.

Un ujier abre la puerta y nos invita a pasar. Por las dos grandes hojas abiertas de par en par, encuadrado por cuatro gendarmes y el brigada al lado, hago mi entrada en una sala inmensa. Para sacudírmela, la bofetada, lo han revestido todo de rojo sangre: alfombra, cortinas de los ventanales y hasta las togas de los magistrados que, dentro de poco, me juzgarán.

—¡El Tribunal!

Por una puerta, a la derecha, aparecen uno detrás de otro seis hombres. El presidente y, luego, cinco magistrados, tocados con el birrete. El presidente se para frente a la silla del centro; a derecha e izquierda, se sitúan sus asesores.

Un silencio impresionante reina en la sala, donde todo el mundo se ha puesto en pie, incluso yo. El Tribunal se sienta, y con él todo el mundo.

El presidente, de mofletes rosados y aspecto austero, me mira en los ojos sin expresar ningún sentimiento. Se llama Bevin. Más adelante, dirigirá los informes con imparcialidad y, con su actitud, hará comprender a todo el mundo que, magistrado de carrera, él no está muy convencido de la sinceridad de testigos y policías. No, él no tendrá ninguna responsabilidad en la bofetada, él se limitará a servírmela.

El fiscal es el magistrado Pradel. Es muy temido por todos los abogados colegiados. Tiene la triste reputación de ser el principal proveedor de la guillotina y de las penitenciarías de Francia y de ultramar.

Pradel representa a la vindicta pública. Es el acusador oficial, no tiene nada de humano. Representa a la Ley, la Balanza; él es quien la maneja y hará todo lo que pueda para que se incline de su lado. Tiene ojos de gavilán, baja un poco los párpados y me mira intensamente, desde toda su altura. En primer lugar, desde la altura de la tarima, que le sitúa más arriba que yo y, luego, la de su propia estatura, metro ochenta al menos, que lleva con arrogancia. No se quita la muceta colorada, pero deja el birrete delante de él. Se apoya con sus dos manos grandes como palas. Una sortija de oro indica que está casado y, en el meñique, por anillo, lleva un clavo de herradura muy pulimentado.

Se inclina un poco hacia mí, como para dominarme mejor. Parece que quiera decirme: «Muchacho, si crees que vas a escaparte de mí, estás equivocado. No se nota que mis manos sean garras, pero los zarpazos que te despedazarán están prestos dentro de mí. Y si soy temido por todos los abogados, y cotizado en la magistratura como un fiscal peligroso, es porque jamás dejo escapar a mi presa.

»No tengo por qué saber si eres culpable o inocente, tan solo debo hacer uso de todo cuanto tengo en contra de ti: tu vida bohemia en Montmartre, los testimonios provocados por la policía y las declaraciones de los propios policías. Con esa balumba asquerosa acumulada por el juez de instrucción, debo transformarte en un hombre suficientemente repelente para que el jurado te haga desaparecer de la sociedad.»

En verdad, me parece oírle decir, con mucha claridad, a menos que esté soñando, pues me ha impresionado muy de veras ese «devorador de hombres»:

«Ríndete, acusado; sobre todo, no trates de defenderte: te conduciré al "camino de la podredumbre". Supongo que no esperarás nada del jurado, ¿verdad? No te hagas ilusiones. Esos doce hombres no saben nada de la vida.

»Míralos, alineados frente a ti. ¿Los ves bien, a esos doce enchufados, traídos a París de un lejano pueblo de provincias? Son pequeños burgueses, jubilados, comerciantes. No es necesario que te los describa. Supongo que tampoco tendrás la pretensión de que comprendan tus veinticinco años y la vida que llevas en Montmartre... Para ellos, Pigalle y place Blanche es el Infierno, y todas las gentes que llevan una vida nocturna son enemigos de la sociedad. Todos están más que orgullosos de pertenecer al jurado de la Audiencia del Sena. Además, sufren, te lo aseguro, de su postura de pequeño burgués envarado.

»Y llegas tú, joven y guapo. Comprenderás que no me andaré con chiquitas para describirte como un donjuán de las noches de Montmartre. Así, de salida, convertiré a ese jurado en un enemigo tuyo. Vistes demasiado bien, hubieses debido venir con ropas humildes. En eso, te has equivocado grandemente de táctica. ¿No ves que envidian tu traje? Ellos se visten en La Samaritaine y nunca, ni en sueños, les ha vestido un sastre.»

Son las diez y ya estamos listos para abrir la sesión. Ante mí, están seis magistrados, entre ellos un fiscal agresivo que pondrá a contribución todo su poder maquiavélico, toda su inteligencia, en convencer a esos doce tipos de que, ante todo, soy culpable, y de que tan solo el presidio o la guillotina pueden ser el veredicto del día.

Van a juzgarme por el asesinato de un chulo, chivato del hampa de Montmartre. No hay ninguna prueba, pero la bofia —que gana galones cada vez que descubre al autor de un delito— sostendrá que el culpable soy yo. A falta de pruebas, dirá que posee informaciones «confidenciales» que no dejan lugar a dudas. Un testigo preparado por ellos, verdadero disco registrado en el 36 del Quai des Orfèvres, llamado Polein, será la pieza de convicción más eficaz de la acusación. Como sigo manteniendo que no le conozco, llega un momento en que el presidente, con mucha imparcialidad, me pregunta:

—Dice usted que ese testigo miente. Bien. Pero ¿por qué habría de mentir?

—Señor presidente, si paso noches en blanco desde que me detuvieron, no es por el remordimiento de haber asesinado a Roland le Petit, puesto que no fui yo. Precisamente lo que busco es el motivo que ha impulsado a ese testigo a ensañarse conmigo de semejante modo y a aportar, cada vez que la acusación se debilita, nuevos elementos para fortalecerla. He llegado a la conclusión, señor presidente, de que los policías le han pillado cometiendo un delito importante y han hecho un trato con él: haremos la vista gorda, a condición de que declares contra Papillon.

No creí haber atinado tanto. El Polein, presentado en la Audiencia como un hombre honrado y sin antecedentes penales, fue detenido algunos años después y condenado por tráfico de cocaína.

El abogado Hubert intenta defenderme, pero no tiene la talla del fiscal. Solo el abogado Bouffay logra, con su vehemente indignación, poner en dificultad algunos instantes al fiscal. Mas, ¡ay!, por poco rato, y la habilidad de Pradel no tarda en ganar ese duelo. Por si esto fuera poco, lisonjea a los miembros del jurado, orondos de orgullo al verse tratados como iguales y colaboradores por tan impresionante personaje.

A las once de la noche, la partida de ajedrez ha terminado. Mis defensores han quedado en posesión de jaque mate. Y yo, que soy inocente, condenado.

La sociedad francesa, representada por el fiscal Pradel, acaba de eliminar para toda la vida a un joven de veinticinco años. ¡Y nada de rebajas, por favor! El plato fuerte me es servido por la voz sin timbre del presidente Bevin.

—Levántese el acusado.

Me levanto. En la sala reina un silencio total, se han cortado las respiraciones, mi corazón late ligeramente más deprisa. Los miembros del jurado me miran o bajan la cabeza; parecen avergonzados.

—Acusado, el jurado ha contestado «sí» a todas las preguntas salvo a una, la de premeditación; por lo tanto, es usted condenado a cumplir una condena de trabajos forzados a perpetuidad. ¿Tiene algo que alegar?

No he rechistado, mi actitud es normal, tan solo aprieto un poco más la barandilla del box en la que me apoyo.

—Sí, señor presidente; debo decir que soy inocente y víctima de una maquinación policíaca.

Del rincón de las mujeres elegantes, invitadas de postín que están sentadas detrás del Tribunal, me llega un murmullo. Sin gritar, les digo:

—Silencio, mujeres con perlas que venís aquí a gustar de emociones insanas. La farsa ha terminado. Un asesinato ha sido solucionado felizmente por vuestra policía y vuestra justicia, ¡podéis estar satisfechas!

—Guardias —dice el presidente—, llévense al condenado.

Antes de desaparecer, oigo una voz que grita:

—No te apures, querido, iré a buscarte allá.

Es mi buena y noble Nénette que grita su amor. Los hombres del hampa que están en la sala aplauden. Ellos saben a qué atenerse sobre aquel homicidio, y de este modo me manifiestan que están orgullosos de que no haya cantado de plano ni denunciado a nadie.

De vuelta a la salita donde estuvimos antes de abrirse la sesión, los gendarmes me ponen las esposas y uno de ellos se sujeta a mí con una cadenilla, mi muñeca derecha unida a su muñeca izquierda. Ni una palabra. Pido un cigarrillo. El brigada me alarga uno y lo enciende. Cada vez que me lo quito o me lo llevo a la boca, el gendarme tiene que levantar el brazo o bajarlo para acompañar mi movimiento.

Fumo de pie casi tres cuartos del cigarrillo. Nadie dice nada. Soy yo quien, mirando al brigada, le digo:

—Andando.

Tras haber bajado las escaleras, escoltado por una docena de gendarmes, llego al patio interior del Palacio de Justicia. El coche celular que nos espera está ahí. No es celular, nos sentamos en bancos, somos unos diez, aproximadamente. El brigada dice:

—A la Conciergerie.

LA CONCIERGERIE

Cuando llegamos al último castillo de María Antonieta, los gendarmes me entregan al oficial de prisiones, quien firma un papel, el comprobante. Se van sin decir palabra, pero, antes, asombrosamente, el brigada me estrecha las dos manos esposadas.

El oficial de prisiones me pregunta:

—¿Cuánto te han endiñado?

—Cadena perpetua.

—¿De veras?

Mira a los gendarmes y comprende que es la pura verdad. Este carcelero de cincuenta años que ha visto tantas cosas y conoce muy bien mi caso, tiene para mí estas reconfortantes palabras:

—¡Ah, los muy canallas! ¡Están chalados!

Me quita las esposas con suavidad y tiene la gentileza de acompañarme personalmente a una celda acolchada, habilitada ex profeso para los condenados a muerte; los locos, los muy peligrosos o los destinados a trabajos forzados.

—Ánimo, Papillon —me dice al cerrarme la puerta—. Ahora, te traerán algunas prendas tuyas y la comida que tienes en la otra celda. ¡Ánimo!

—Gracias, jefe. Puede creerme, estoy animado y espero que la cadena perpetua se les atragante.

Unos minutos después, rascan en la puerta.

—¿Qué pasa?

Una voz me contesta:

—Nada. Soy yo, que clavo un letrero.

—¿Para qué? ¿Qué dice?

—«Trabajos forzados a perpetuidad. Vigilancia estrecha.»

Pienso: «Están majaretas perdidos. ¿Acaso creen que la montaña que me ha caído encima puede trastornarme hasta el punto de inducirme al suicidio? Soy y seré valiente. Lucharé con y contra todos. A partir de mañana, actuaré».

Por la mañana, tomando café, me pregunté: «¿Voy a apelar? ¿Para qué? ¿Tendré más suerte ante otro tribunal? ¿Cuánto tiempo perderé en ello? Un año, quizá dieciocho meses... Y, para qué: ¿para tener veinte años en vez de la perpetua?».

Como he tomado la decisión de evadirme, la cantidad no cuenta y me viene a la mente la frase de un condenado que pregunta al presidente de la Audiencia: «Señor, ¿cuánto duran los trabajos forzados a perpetuidad en Francia?».

Doy vueltas en torno a mi celda. He mandado un telegrama a mi mujer para consolarla y otro a mi hermana, quien ha tratado de defender a su hermano, sola contra todos.

Se acabó, el telón ha bajado. Los míos deben de sufrir más que yo, y a mi pobre padre, en el corazón de su provincia, debe de hacérsele muy cuesta arriba llevar una cruz tan pesada.

Me sobresalto: pero ¡si soy inocente! Lo soy, pero ¿para quién? Sí, ¿para quién lo soy? Me digo: «Sobre todo, no pierdas el tiempo diciendo que eres inocente, se reirían demasiado de ti. Pagarla a perpetuidad por un chulo de putas y encima decir que fue otro quien se lo cargó, sería demasiado gracioso. Lo mejor es achantarse».

Como nunca, durante mi detención previa, tanto en la Santé como en la Conciergerie, había pensado en la eventualidad de recibir una condena tan grave, nunca tampoco me había preocupado antes de saber lo que podía ser el «camino de la podredumbre».

Bien. Primera cosa que hay que hacer: tomar contacto con

hombres condenados ya, susceptibles en lo por venir de ser compañeros de evasión.

Escojo a un marsellés, Dega. En la barbería, seguramente, le veré. Va todos los días a que le afeiten. Pido ir. En efecto, cuando llego, le veo arrimado a la pared. Le percibo en el momento justo en que hace pasar subrepticiamente a otro antes que él para poder esperar más tiempo su turno. Me pongo directamente a su lado apartando a otro. Le suelto de sopetón:

—Hola, Dega, ¿qué tal te va?

—Bien, Papi. Tengo quince años, ¿y tú? Me han dicho que te habían cascado.

—Sí, a perpetuidad.

—¿Apelarás?

—No. Lo que hace falta es comer bien y hacer cultura física. Procura estar fuerte, Dega, pues, seguramente, necesitaremos tener buenos músculos. ¿Vas cargado?

—Sí, tengo diez «sacos»* en libras esterlinas. ¿Y tú?

—No.

—Un buen consejo: cárgate pronto. ¿Es Hubert tu abogado? Es un bobo, nunca te traerá el estuche. Manda a tu mujer con el estuche cargado a casa de Dante. Que se lo entregue a Dominique el Rico y te garantizo que te llegará.

—Chitón, el guardián nos mira.

—¿Qué? ¿Se aprovecha la ocasión para charlar? —nos suelta.

—¡Oh! De nada importante —responde Dega—. Me dice que está enfermo.

—¿Qué tiene? ¿Una indigestión de tribunal?

Y aquel memo de guardián suelta una carcajada.

Es así la vida. El «camino de la podredumbre», ya estoy en él. Se ríen a carcajadas, guaseándose de un chaval de veinticinco años condenado para toda su existencia.

* 10.000 francos de 1932, o sea, aproximadamente, 5.000 francos de 1969.

He recibido el estuche. Es un tubo de aluminio, maravillosamente pulido, que se abre desenroscándolo por la mitad. Tiene una parte macho y una parte hembra. Contiene cinco mil quinientos francos en billetes nuevos. Cuando me lo entregan, beso ese trozo de tubo de seis centímetros de longitud, grueso como el pulgar; sí, lo beso antes de metérmelo en el ano. Respiro hondo para que me suba hasta el colon. Es mi caja de caudales. Pueden dejarme en pelotas, hacerme separar las piernas, hacerme toser, doblarme, que no podrán saber si tengo algo. Ha subido muy arriba en el intestino grueso. Forma parte de mí mismo. Es mi vida, mi libertad lo que llevo dentro de mí... el camino de la venganza. ¡Porque pienso vengarme! Es más, solo pienso en eso.

Afuera, es de noche. Estoy solo en esta celda. Una gran bombilla en el techo permite al guardián verme por la mirilla de la puerta. Esa luz potente me deslumbra. Me pongo el pañuelo doblado sobre los ojos, pues la verdad es que me los lastima. Estoy tumbado sobre un colchón, en una cama de hierro, sin almohada, y paso revista a todos los detalles del horrible proceso.

Llegado a este punto, para que pueda comprenderse la continuación de este largo relato, para que se comprendan las bases que me servirán para perseverar en mi lucha, quizá es menester que sea un poco prolijo y cuente todo lo que me vino y realmente vi en mi mente los primeros días que estuve enterrado vivo:

¿Cómo me las apañaré, una vez me haya evadido? Pues ahora que tengo el estuche, no dudo ni un instante que me evadiré.

En primer lugar, vuelvo cuanto antes a París. Mi primera víctima: ese falso testigo de Polein. Luego, los dos polizontes que llevaron el asunto. Pero con dos polizontes no basta, es con todos los polizontes que debo habérmelas. Al menos, con cuantos más mejor. ¡Ah!, ya sé. Una vez en libertad, vuelvo a París. En un baúl meteré todos los explosivos que pueda. No sé cuántos exactamente: diez, quince, veinte kilos. Y trato de calcular qué cantidad de explosivos serían necesarios para hacer muchas víctimas.

¿Dinamita? No, la chedita es mejor. ¿Y por qué no nitroglicerina? Bueno, conforme, pediré consejo a los que, allá, saben más que yo. Pero lo que es la bofia, pueden creerme, echaré el resto e irán servidos.

Sigo con los ojos cerrados y el pañuelo sobre los párpados para comprimirlos. Veo claramente el baúl, de apariencia inofensiva, repleto de explosivos, y el despertador, puesto en hora, que accionará el fulminante. Cuidado, tiene que estallar a las diez de la mañana, en la sala de información de la Policía Judicial, Quai des Orfèvres, 36, primer piso. A esta hora, hay por lo menos ciento cincuenta polis reunidos para recibir órdenes y escuchar el parte. ¿Cuántos peldaños hay que subir? No debo equivocarme.

Habrá que cronometrar el tiempo exacto para que el baúl llegue desde la calle a su destino en el mismo segundo que debe hacer explosión. ¿Y quién llevará el baúl? Veamos, hago gala de mi mejor tupé. Llego en taxi y me detengo frente a la puerta de la Policía Judicial, y a los dos polizontes de guardia les digo con voz autoritaria: «Súbanme este baúl a la sala de información; yo los seguiré. Digan al comisario Dupont que esto lo manda el inspector-jefe Dubois y que enseguida subo».

Pero ¿obedecerán? ¿Y si, por casualidad, en aquella caterva de imbéciles, topo con los dos únicos tipos inteligentes de la corporación? Entonces, fallaría el golpe. Tendré que dar con otra cosa. Y busco, busco. En mi mente, no puedo admitir que no logre encontrar un medio seguro al cien por cien. Me levanto para beber un poco de agua. De tanto pensar, la cabeza me duele.

Me acuesto de nuevo, sin la venda. Los minutos transcurren lentamente. Y esa luz, esa luz, ¡Dios de Dios! Mojo el pañuelo y me lo pongo otra vez. El agua fresca me hace bien y, debido al peso del agua, el pañuelo se pega mejor a mis párpados. En adelante, siempre usaré ese medio.

Estas largas horas en que bosquejo mi futura venganza son tan penetrantes que me veo obrando exactamente como si el proyecto estuviese en vías de ejecución. Cada noche y hasta parte del día, viajo por París, como si mi evasión fuese cosa hecha. Es seguro, me evadiré y volveré a París. Y, por supuesto, antes que nada, lo primero que haré será presentar la cuenta a Polein y, luego, a los polis. ¿Y los del jurado? Esos memos, ¿seguirán viviendo tranquilos? Deben de estar ya en sus casas, esos carcamales, muy satisfechos de haber cumplido con su Deber, con mayúscula. Llenos de importancia, henchidos de orgullo ante sus vecinos y la parienta que les espera, desgreñada, para comer la sopa.

Bien. Los jurados, ¿qué he de hacer con ellos? Nada. Son unos pobres memos. No están preparados para ser jueces. Si es un gendarme jubilado o un aduanero, reacciona como un gendarme o como un aduanero. Y si es lechero, como un carbonero cualquiera. Han seguido la tesis del fiscal, quien no ha tenido dificultad para metérselos en el bolsillo. Verdaderamente, no son responsables. Así, pues, está decidido, juzgado y arreglado: no les haré ningún daño.

Al escribir todos estos pensamientos que tuve hace ya muchos años y que acuden agolpados, asaltándome con tremenda claridad, me pregunto hasta qué punto el silencio absoluto, el aislamiento completo, total, infligido a un hombre joven, encerrado en una celda, puede provocar, antes de convertirse en locura, una verdadera vida imaginativa. Tan intensa, tan viva, que el hombre, literalmente, se desdobla. Echa a volar y, en verdad, vagabundea donde le viene en gana. Su casa, su padre, su madre, su familia, su infancia, las diferentes etapas de su vida. Además, y sobre todo, los castillos en el aire que su fecundo cerebro inventa, que él inventa con una imaginación tan increíblemente viva que, en ese formidable desdoblamiento, llega a creer que está viviendo todo lo que está soñando.

Han pasado treinta y seis años y, sin embargo, mi pluma

corre para describir lo que realmente pensé en aquella época de mi vida sin el menor esfuerzo de memoria.

No, no les haré ningún daño a los jurados. Pero ¿y al fiscal? ¡Ah! Ese no debe escapárseme. Para él, además, tengo una receta a punto, dada por Alejandro Dumas. Obrar exactamente como en *El conde de Montecristo*, con el tipo al que metieron en la cueva y al que hacían morir de hambre.

Ese magistrado sí es responsable. Ese buitre entarascado de rojo se merece una muerte de las más horribles. Sí, eso es, después de Polein y sus polizontes, me ocuparé exclusivamente de esa ave de rapiña. Alquilaré un chalet. Deberá tener una cueva muy profunda, con muros gruesos y una puerta muy pesada. Si la puerta no es lo bastante gruesa, yo mismo la cerraré herméticamente con un colchón y estopa. Cuando tenga el chalet, le localizo y le rapto. Como previamente ya habré fijado unas anillas en la pared, le encadeno enseguida nada más llegar. Entonces ¡vaya panzada me voy a dar!

Estoy delante de él. Le veo con una extraña precisión bajo mis párpados cerrados. Sí, le miro del mismo modo que me miraba él en la Audiencia. La escena es clara y nítida, hasta tal punto que noto el calor de su aliento en mi rostro, pues estoy muy cerca de él, cara a cara, casi nos tocamos.

Sus ojos de gavilán están deslumbrados y asustados por la luz de una lámpara muy potente que dirijo hacia él. Suda gordas gotas que resbalan sobre su rostro congestionado. Sí, oigo mis preguntas, escucho sus respuestas. Vivo intensamente ese momento.

—Canalla, ¿me reconoces? Soy yo, Papillon, a quien mandaste tan alegremente, para siempre, a trabajos forzados. ¿Crees que merecía la pena haber empollado tantos años para llegar a ser un hombre superiormente instruido, haberte pasado las noches en blanco sobre los códigos romanos y demás; haber aprendido latín y griego, sacrificado años de juventud para ser un gran orador? ¿Para llegar a qué, so memo? ¿Para crear una nueva y buena ley social? ¿Para convencer a las gentes que la paz es lo mejor del mundo? ¿Para predicar una filosofía de una maravillosa religión? ¿O, sencillamente, para influir en los demás con la superioridad de tu preparación universitaria, para que sean mejores o dejen de ser malvados? Dime, ¿has empleado tu saber en salvar hombres o en ahogarlos?

»Nada de eso. Solo te mueve una aspiración. Subir y subir. Subir los peldaños de tu asquerosa carrera. La gloria, para ti, es ser el mejor proveedor del presidio, el abastecedor desenfrenado del verdugo y de la guillotina.

»Si Deibler* fuese un poco agradecido, debería mandarte cada fin de año una caja del mejor champán. ¿Acaso no es gracias a ti, so cerdo, que ha podido cortar cinco o seis cabezas más, este año? De todas formas, ahora soy yo quien te tiene aquí, encadenado a esa pared, muy sólidamente. Vuelvo a ver tu sonrisa, sí, veo la expresión triunfal que tuviste cuando leyeron mi sentencia tras tus conclusiones definitivas. Me hace el efecto de que fue tan solo ayer y, sin embargo, hace años. ¿Cuántos años? ¿Diez años? ¿Veinte años?

Pero ¿qué me pasa? ¿Por qué diez años? ¿Por qué veinte años? Pálpate, Papillon, estás fuerte, eres joven y en tu vientre tienes cinco mil quinientos francos. Dos años, sí, cumpliré dos años de la cadena perpetua, no más, lo juro.

¡Vaya, hombre! ¡Te estás volviendo tonto, Papillon! Esta celda, este silencio te llevan a la locura. No tengo cigarrillos. Me fumé el último ayer. Voy a caminar un poco. Al fin y al cabo, no necesito tener los ojos cerrados ni el pañuelo sobre los ojos para seguir viendo lo que ocurrirá. Así, pues, me levanto. La celda tiene cuatro metros de largo, es decir, cinco pasitos, desde la puerta hasta la pared. Empiezo a andar, con las manos a la espalda. Y prosigo:

—Bueno. Como te iba diciendo, veo de nuevo muy claramente tu sonrisa triunfal. Pues bien, ¡te la voy a transfor-

* Ejecutor de la Justicia en 1932.

mar en rictus! Tú tienes una ventaja sobre mí: yo no podía gritar, pero tú sí. Grita, grita todo lo que quieras, tan fuerte como puedas. ¿Que qué voy a hacerte? ¿La receta de Dumas? No, no es suficiente. En primer lugar, te arranco los ojos. ¿Eh? Parece que vuelves a creerte victorioso, piensas que si te arranco los ojos por lo menos tendrás la ventaja de no verme y, por otro lado, también yo me veré privado del placer de leer tus reacciones en tus pupilas. Sí, tienes razón, no debo arrancártelos, por lo menos enseguida. Lo dejaremos para más tarde.

»Te voy a cortar la lengua, esa lengua tan terrible, cortante como un cuchillo, no, más que un cuchillo, ¡como una navaja de afeitar! Esa lengua prostituida para tu gloriosa carrera. La misma lengua que dice palabras tiernas a tu mujer, a tus chicos y a tu amante. ¿Una amante, tú? Un amante, más bien, eso es. No puedes ser sino un pederasta pasivo y abúlico. En efecto, he de empezar por eliminarte la lengua, pues, después de tu cerebro, es la principal ejecutora. Gracias a ella, como sabes manejarla tan bien, has convencido al jurado de que conteste "sí" a las preguntas que se le han hecho.

»Gracias a ella, has presentado a la bofia como gente honesta, sacrificada a su deber; gracias a ella, se aguantaba la fulastre historia del testigo. Gracias a ella, a los ojos de los doce enchufados, yo era el hombre más peligroso de París. Si no hubieses tenido esa lengua tan astuta, tan hábil, tan convincente, tan adiestrada en deformar a las personas, los hechos y las cosas, yo aún estaría sentado en la terraza del Grand Café de la place Blanche, de donde no hubiese debido moverme nunca. Así es que, seguro, te voy a arrancar la lengua. Pero ¿con qué instrumento?

Camino, camino, la cabeza me da vueltas, pero sigo cara a cara con él… cuando, de pronto, la luz se apaga y un resplandor muy débil consigue infiltrarse en mi celda a través de las tablas de la ventana.

¿Cómo? ¿Ya es de día? ¿He pasado la noche vengándome? ¡Qué hermosas horas acabo de pasar! Esa noche tan larga, ¡que corta ha sido!

Escucho, sentado en la cama. Nada. El más absoluto silencio. De vez en cuando, un leve «tic» en la puerta. Es el vigilante que, calzado con zapatillas para no hacer ruido, viene a pegar el ojo en la mirilla que le permite verme sin que yo le perciba.

La máquina concebida por la República francesa ha llegado a su segunda etapa. Funciona de maravilla puesto que, durante la primera, ha eliminado a un hombre que podía causarle molestias. Pero no basta. Ese hombre no debe morir demasiado deprisa, no debe escapársele por un suicidio. Se tiene necesidad de él. ¿Qué harían en la Administración penitenciaria si no hubiese presos? El ridículo. Así, pues, vigilémosle. Es menester que vaya a presidio, donde servirá para hacer que vivan otros funcionarios. El «tic» se oye de nuevo. Me sonrío.

No te hagas mala sangre, cascaciruelas, que no me escaparé de ti. Por lo menos, no de la forma que temes: el suicidio.

Solo pido una cosa, seguir viviendo con la mayor salud posible y salir cuanto antes hacia esa Guayana francesa donde, gracias a Dios, cometéis la imbecilidad de enviarme.

Sé que tus colegas, amigo vigilante de prisión que produces ese «tic» a cada instante, no son unos monaguillos. Tú eres un abuelito, al lado de los guardianes de allá. Lo sé desde hace mucho tiempo, pues Napoleón, cuando fundó el presidio y le preguntaron: «¿Por quién haréis vigilar a esos bandidos?», respondió: «Por quienes son más bandidos que ellos». Posteriormente, pude comprobar que el fundador del presidio no había mentido.

Tris, tras, una ventanilla de veinte por veinte centímetros se abre en la mitad de mi puerta. Me alargan el café y un pan de setecientos cincuenta gramos. Como estoy condenado, ya no tengo derecho al restaurante, pero, pagando, puedo comprar cigarrillos y algunos víveres en una modesta cantina. Unos cuantos días más y, luego, ya no habrá nada: La Conciergerie es la antesala de la reclusión. Fumo con deleite un Lucky Strike, a seis francos sesenta el paquete. He comprado dos. Me gasto el peculio porque me lo van a requisar para pagar los gastos de la justicia.

Dega, por medio de una nota que he encontrado metida en el pan, me dice que vaya a desinsectación: «En una caja de fósforos hay tres piojos». Saco los fósforos y encuentro los piojos, gordos y sanos. Sé lo que eso significa. Los enseñaré al vigilante y así, mañana, me enviará con todos mis trastos, colchón incluido, a una sala de vapor para matar a todos los parásitos (salvo a nosotros, por supuesto). En efecto, el día siguiente, encuentro a Dega allí. Ningún vigilante en la sala de vapor. Estamos solos.

—Gracias, Dega. Merced a ti, he recibido el estuche.

—¿No te causa molestias?

—No.

—Cada vez que vayas al retrete, lávalo bien antes de volver a metértelo.

—Sí. Es hermético, creo, pues los billetes doblados en acordeón están en perfecto estado. Sin embargo, hace ya siete días que lo llevo.

—Entonces, señal de que es bueno.

—¿Qué piensas hacer, Dega?

—Me voy a hacer el loco. No quiero ir a presidio. Aquí, en Francia, quizá cumpla ocho o diez años. Tengo relaciones y, por lo menos, podré conseguir cinco años de indulto.

—¿Qué edad tienes?

—Cuarenta y dos años.

—¡Estás loco! Si te tragas diez años de los quince, saldrás viejo. ¿Te da miedo estar con los forzados?

—Sí, el presidio me da miedo, no me avergüenza decírtelo, Papillon. La vida es terrible en la Guayana. Cada año hay una pérdida del ochenta por ciento. Una cadena de presos sustituye a otra y las cadenas son de mil ochocientos a dos mil hombres. Si no coges la lepra, te da la fiebre amarilla o unas disenterías que no perdonan, o tuberculosis, paludismo, malaria. Si te salvas de todo eso, tienes mucha suerte si no te asesinan para robarte el estuche o no la espichas en la fuga. Créeme, Papillon, no te lo digo para desanimarte, sino porque he conocido a muchos presidiarios que han vuelto a Francia tras haber cumplido penas cortas, de cinco o siete años, y sé a qué atenerme. Son verdaderas piltrafas humanas. Se pasan nueve meses del año en el hospital, y en cuanto a eso de la fuga, dicen que no es tan fácil como cree mucha gente.

—Te creo, Dega, pero confío mucho en mí. No duraré mucho allí, puedes estar seguro. Soy marinero, conozco el mar y puedes tener la certeza de que no tardaré en darme el piro. Y tú, ¿te ves cumpliendo diez años de reclusión? Si te quitan cinco, lo cual no es seguro, ¿crees que podrás aguantarlos, no volverte loco por el completo aislamiento? Yo, ahora, en esa celda donde estoy solo, sin libros, sin salir, sin poder hablar con nadie, no es por sesenta minutos que deben multiplicarse las veinticuatro horas del día, sino por seiscientos, y aún te quedarías corto.

—Es posible, pero tú eres joven y yo tengo cuarenta y dos años.

—Oye, Dega, francamente, ¿qué es lo que más temes? ¿No será a los otros presidiarios?

—Sí, francamente, Papi. Todo el mundo sabe que soy millonario, y de ahí a asesinarme porque pueden creerse que llevo encima cincuenta o cien mil francos, hay poco trecho.

—Oye, ¿quieres que hagamos un pacto? Tú me prometes no irte a la loquera y yo me comprometo a estar siempre a tu lado. Nos arrimaremos el uno al otro. Soy fuerte y rápido, aprendí a pelearme de muy joven y sé manejar muy bien la faca. Así que, en lo referente a los otros presidiarios, está tranquilo: seremos más que respetados, seremos temidos. Y, para darnos el piro, no necesitamos a nadie. Tienes pasta, tengo pasta, sé servirme de la brújula y conducir una embarcación. ¿Qué más quieres?

Me mira fijamente a los ojos... Nos abrazamos. El pacto queda firmado.

Algunos instantes después, se abre la puerta. Él se va por su lado, con su impedimenta, y yo, con la mía. No estamos muy lejos uno de otro y, de vez en cuando, podremos vernos en la barbería, en la enfermería o en la capilla, los domingos.

Dega se metió en el asunto de falsificación de bonos de la Defensa Nacional. Un falsificador los había hecho de modo muy original. Decoloraba los bonos de 500 francos y volvía a imprimir encima, perfectamente, títulos de 10.000 francos. Como el papel era igual, bancos y comerciantes los aceptaban con toda confianza. Aquello duraba hacía muchos años y la Sección financiera del Ministerio Fiscal no sabía a qué atenerse hasta el día en que detuvieron a un tal Brioulet en flagrante delito. Louis Dega estaba muy tranquilo al frente de su bar en Marsella, donde cada noche se reunía la flor y nata del hampa del sur y donde, como a una cita internacional, acudían los grandes depravados del mundo.

En 1929, era millonario. Una noche, una mujer bien vestida, guapa y joven se presenta en el bar. Pregunta por monsieur Louis Dega.

—Soy yo, señora, ¿qué desea usted? Haga el favor de pasar al otro salón.

—Soy la mujer de Brioulet. Está encarcelado en París, por haber vendido bonos falsos del Tesoro. He conseguido verle en el locutorio de La Santé, me ha dado las señas de este bar y me ha dicho que venga a pedirle a usted veinte mil francos para pagar al abogado.

Entonces, Dega, uno de los mayores depravados de Francia, ante el peligro de una mujer enterada de su papel en el asunto de los bonos, encuentra tan solo la única respuesta que no debía dar:

—Señora, no conozco en absoluto a su marido, y si necesita usted dinero, vaya a hacer de puta. Con su palmito, ganará más del que necesita.

La pobre chica, ultrajada, se va corriendo, hecha un mar de lágrimas. Le cuenta la escena a su marido. Brioulet, indignado, al día siguiente le contó al juez de instrucción todo cuanto sabía, acusando formalmente a Dega de ser el individuo que facilitaba los bonos falsos. Un equipo de los más listos policías de Francia se puso tras la pista de Dega. Un mes después, Dega, el falsificador, el grabador y once cómplices eran detenidos a la misma hora en diferentes sitios y encarcelados. Comparecieron ante el Tribunal del Sena y el proceso duró catorce días. Cada acusado era defendido por un gran abogado. Resultado, que por veinte mil míseros francos y unas palabras propias de un idiota, el hombre más depravado de Francia, arruinado, envejecido diez años, cargaba con quince de trabajos forzados. Aquel hombre era el hombre con quien yo acababa de firmar un pacto de vida y de muerte.

El abogado Raymond Hubert ha venido a verme. No estaba muy inspirado. No se lo echo en cara.

... Un, dos, tres, cuatro, cinco, media vuelta... Un, dos, tres, cuatro, cinco, media vuelta. Llevo ya varias horas dando vueltas, desde la ventana a la puerta de la celda. Fumo, me siento consciente, equilibrado y apto para soportar lo que sea. Me prometo no pensar, por el momento, en la venganza.

El fiscal, dejémoslo en el punto donde lo dejé, atado a las anillas de la pared, frente a mí, sin que yo haya decidido aún cómo mandarle al otro mundo.

De golpe, un grito, un grito de desesperación, agudo, horriblemente angustioso, logra atravesar la puerta de mi celda. ¿Qué pasa? Diríase que un hombre es torturado y grita. Sin embargo, aquí no estamos en la policía judicial. No hay medio de saber qué ocurre. Esos gritos en la noche me han sobrecogido. ¡Y qué potencia deben tener para atravesar esta puerta acolchada! Quizá se trate de un loco. Es tan fácil volverse loco en estas celdas donde a uno no le llega nunca nada.

Hablo solo, en voz alta. Me pregunto: «¿Qué puede importarme eso? Piensa en ti, solo en ti y en tu nuevo socio, en Dega». Me agacho, luego me levanto, después me doy un puñetazo en el pecho. Me he hecho mucho daño, señal de que todo marcha bien: los músculos de mis brazos funcionan perfectamente. ¿Y mis piernas? Felicítalas, pues llevas más de dieciséis horas caminando y ni siquiera te sientes fatigado.

Los chinos inventaron la gota de agua que te va cayendo, una a una, sobre la cabeza. En cuanto a los franceses, han inventado el silencio. Suprimen todo medio de divertirse. Ni libros, ni papel, ni lápiz; la ventana de gruesos barrotes está tapada con tablas, y solo unos cuantos agujeritos dejan pasar un poco de luz muy tamizada.

Muy impresionado por aquel grito desgarrador, doy vueltas y vueltas como una fiera enjaulada. En verdad tengo la plena sensación de estar literalmente enterrado vivo. Sí, estoy muy solo, todo lo que me llegue no será nunca más que un grito.

Abren la puerta. Aparece un viejo cura. No estás solo, hay un cura, ahí, delante de ti.

—Buenas noches, hijo mío. Perdóname que no haya venido antes, pero estaba de vacaciones. ¿Cómo te encuentras?

Y el bueno del viejo cura entra a la pata llana en la celda y se sienta, sin más preámbulos, en mi catre.

—¿De dónde eres?

—De Ardèche.

—¿Qué hacen tus padres?

—Mamá murió cuando yo tenía once años. Mi padre me quiso mucho.

—¿Qué era?

—Maestro de escuela.

—¿Vive?

—Sí.

—¿Por qué hablas de él en pasado, si aún vive?

—Porque si él vive, yo he muerto.

—¡Oh! No digas eso. ¿Qué has hecho?

En un relámpago pienso en lo ridículo que resultaría decir que soy inocente, y contesto de un tirón:

—La policía dice que maté a un hombre, y cuando lo dice debe de ser verdad.

—¿Era un comerciante?

—No, un chulo.

—¿Y por una cuestión entre hampones te han condenado a trabajos forzados de por vida? No lo comprendo. ¿Fue un asesinato?

—No, un homicidio.

—Increíble, hijo mío. ¿Qué puedo hacer por ti? ¿Quieres rezar conmigo?

—Señor cura, perdóneme, no he recibido ninguna educación religiosa, no sé rezar.

—Eso no importa, hijo mío, rezaré yo por ti. Dios ama a todos sus hijos, estén bautizados o no. Repetirás cada palabra que yo diga, ¿te parece bien?

Sus ojos son tan dulces, su cara redonda muestra tal luminosa bondad, que me da vergüenza negarme y, como él se arrodilla, yo también lo hago. «Padre nuestro que estás en los cielos.» Se me llenan los ojos de lágrimas y el buen cura que las ve, recoge de mi mejilla, con uno de sus dedos rollizos, una lágrima gordota, se la lleva a los labios y la sorbe.

—Tu llanto, hijo mío, es para mí la mayor recompensa que Dios podía otorgarme hoy a través de ti. Gracias.

Y, levantándose, me besa en la frente.

Estamos de nuevo sentados en la cama, uno al lado del otro.

—¿Cuánto tiempo hacía que no llorabas?

—Catorce años.

—¿Catorce años? ¿Desde cuándo?

—Desde el día en que murió mamá.

Me coge la mano y me dice:

—Perdona a quienes te han hecho sufrir.

Me suelto de él y, de un brinco, me encuentro sin querer en medio de la celda.

—¡Ah, no, eso no!, jamás perdonaré. Y ¿quiere que le confiese una cosa, padre? Pues bien, cada día, cada noche, cada hora, cada minuto lo paso meditando cuándo, cómo, de qué forma podré hacer que mueran todas las personas que me han mandado aquí...

—Dices y crees eso, hijo mío. Eres joven, muy joven. Con los años, renunciarás a castigar y a la venganza.

Al cabo de treinta años, pienso como él.

—¿Qué puedo hacer por ti? —repite el cura.

—Un delito, padre.

—¿Cuál?

—Ir a la celda 37 y decirle a Dega que mande hacer por su abogado una solicitud para ser enviado a la central de Caen y que yo la he hecho ya hoy. Hay que irse pronto de la Conciergerie a una de las centrales donde forman las cadenas de penados para la Guayana. Pues si se pierde el primer barco, hay que esperar dos años más, encerrado, antes de que haya otro. Después de haberle visto, señor cura, tiene que volver aquí.

—¿Con qué motivo?

—Por ejemplo, diga que se le ha olvidado el breviario. Aguardo la respuesta.

—¿Y por qué tienes tanta prisa para ir a ese horrendo sitio que es el presidio?

Miro a este cura, verdadero viajante de comercio de Dios y, seguro de que no me delatará, le digo:

—Para fugarme más pronto, padre.

—Dios te ayudará, hijo mío, estoy seguro, y reharás tu vida, lo presiento. Ves, tienes ojos de buen chico y tu alma es noble. Voy a la 37. Espera la respuesta.

Ha vuelto muy pronto. Dega está de acuerdo. El cura me ha dejado su breviario hasta mañana.

¡Qué rayo de sol he tenido hoy! Mi celda ha sido iluminada toda ella por él. Gracias a ese santo varón.

¿Por qué, si Dios existe, permite que en la tierra haya seres humanos tan diferentes? ¿El fiscal, los policías, tipos como Polein y, en cambio, el cura, el cura de la Conciergerie?

Me ha hecho mucho bien la visita de ese santo varón, y también me ha hecho el favor.

El resultado de las solicitudes no se demoró. Una semana después, a las cuatro de la mañana, alineados en el pasillo de la Conciergerie, nos reunimos siete hombres. Los celadores están presentes, en pleno.

—¡En cueros!

Nos desnudamos despacio. Hace frío y se me pone la piel de gallina.

—Dejad las ropas delante de vosotros. ¡Media vuelta, un paso atrás!

Y cada uno se encuentra delante de un paquete.

—¡Vestíos!

La camisa de hilo que llevaba unos momentos antes es sustituida por una gran camisa de tela cruda, tiesa, y mi hermoso traje por un blusón y un pantalón de sayal. Mis zapatos desaparecen y en su lugar pongo los pies en un par de zuecos. Hasta entonces, habíamos tenido aspecto de hombre normal. Miro a los otros seis: ¡qué horror! Se acabó la personalidad de cada uno: en dos minutos nos transforman en presidiarios.

—¡Derecha, de frente, marchen!

Escoltados por una veintena de vigilantes llegamos al patio donde, uno detrás de otro, nos meten a cada cual en un compartimento angosto del coche celular. En marcha hacia Beaulieu, nombre de la central de Caen.

LA CENTRAL DE CAEN

Apenas llegamos, nos hacen pasar al despacho del director, quien alardea de su superioridad desde detrás de un mueble «imperio», sobre un estrado de un metro de alto.

—¡Firmes! El director os va a hablar.

—Condenados, estáis aquí en calidad de depósito en espera de vuestra salida para el presidio. Esto es una cárcel. Silencio obligatorio en todo momento, ninguna visita que esperar, ni carta de nadie. O se obedece o se revienta. Hay dos puertas a vuestra disposición: una para conduciros al presidio si os portáis bien; otra para el cementerio. En caso de mala conducta, sabed que la más pequeña falta será castigada con sesenta días de calabozo a pan y agua. Nadie ha aguantado dos penas de calabozo consecutivas. A buen entendedor, pocas palabras.

Se dirige a Pierrot el Loco, cuya extradición había sido pedida, y concedida, de España:

—¿Cuál era su profesión en la vida?

—Torero, señor director.

Furioso por la respuesta, el director grita:

—¡Llevaos a ese hombre, militarmente!

En un abrir y cerrar de ojos, el torero es golpeado, aporreado por cuatro o cinco guardianes y llevado rápidamente lejos de nosotros. Se le oye gritar:

—So maricas, os atrevéis cinco contra uno y, además, con porras. ¡Canallas!

Un «¡ay!» de bestia mortalmente herida, y luego nada más. Solo el roce sobre el cemento de algo que es arrastrado por el suelo.

Después de esta escena, si no se ha comprendido, nunca se comprenderá. Dega está a mi lado. Mueve un dedo, solo uno, para tocarme el pantalón. Comprendo lo que quiere decirme: «Aguanta firme, si quieres llegar al presidio con vida». Diez minutos después, cada uno de nosotros (salvo Pierrot el Loco, quien ha sido encerrado en un infame calabozo de los sótanos) se encuentra en una celda del pabellón disciplinario de la Central.

La suerte ha querido que Dega ocupe la celda lindante con la mía. Antes, hemos sido presentados a una especie de monstruo pelirrojo de un metro noventa o más, tuerto, que lleva un vergajo nuevo, flamante, en la mano derecha. Es el cabo de vara, un preso que ejerce la función de verdugo a las órdenes de los vigilantes. Es el terror de los condenados. Los vigilantes, con él, tienen la ventaja de poder apalear y flagelar a los hombres, de una parte sin cansarse y, si hay muertes, eximiendo de responsabilidad a la Administración.

Posteriormente, durante una breve estancia en la enfermería, conocí la historia de esa bestia humana. Felicitemos al director de la Central por haber sabido escoger tan bien a su verdugo. El individuo en cuestión era cantero de oficio. Un buen día, en la pequeña ciudad del Norte donde vivía, decidió suicidarse suprimiendo al mismo tiempo a su mujer. Para ello, utilizó un cartucho de dinamita bastante grande. Se acuesta al lado de su mujer, que está descansando en el segundo piso de un edificio de seis. Su mujer duerme. Él enciende un cigarrillo y, con este, prende fuego a la mecha del cartucho de dinamita que sostiene en la mano izquierda, entre su cabeza y la de su mujer. La explosión fue espantosa. Resultado: su mujer queda hecha papilla y casi hay que recogerla con cuchara. Una parte del edificio se derrumba y tres niños perecen aplastados por los escombros, así como una anciana de setenta años. Los demás quedan, más o menos, gravemente heridos.

En cuanto a Tribouillard, ha perdido parte de la mano izquierda, de la que solo le queda el dedo meñique y medio pulgar, y el ojo y la oreja izquierdos. Tiene una herida en la cabeza lo suficientemente grave para necesitar que se la trepanen. Desde su condena, es cabo de vara de las celdas disciplinarias de la Central. Ese semiloco puede disponer como le venga en gana de los desventurados que van a parar a sus dominios. Un, dos, tres, cuatro, cinco..., media vuelta... Un, dos, tres, cuatro, cinco..., media vuelta... y comienza el incesante ir y venir de la pared a la puerta de la celda.

No tenemos derecho a acostarnos durante el día. A las cinco de la mañana, un toque de silbato estridente despierta a todo el mundo. Hay que levantarse, hacer la cama, lavarse, y o bien andar o sentarse en un taburete fijado a la pared. No tenemos derecho a acostarnos durante el día. Como colmo del refinamiento del sistema penitenciario, la cama se levanta contra la pared y queda colgada. Así, el preso no puede tumbarse y puede ser vigilado mejor.

... Un, dos, tres, cuatro, cinco... Catorce horas de caminata. Para adquirir el automatismo de ese movimiento continuo, hay que aprender a bajar la cabeza, poner las manos a la espalda, no andar ni demasiado deprisa ni demasiado despacio, dar los pasos exactamente iguales y girar automáticamente, en un extremo de la celda, sobre el pie izquierdo, y en el otro extremo, sobre el pie derecho.

Un, dos, tres, cuatro, cinco... Las celdas están mejor alumbradas que en la Conciergerie y se oyen los ruidos exteriores, los del pabellón disciplinario y también algunos procedentes del campo. Por la noche, se perciben los silbidos o las canciones de los labradores que vuelven a sus casas contentos de haber bebido un buen trago de sidra.

He recibido mi regalo de Navidad: por un resquicio de las tablas que tapan la ventana, percibo el campo, todo nevado y algunos árboles altos, negros, iluminados por la luna llena. Diríase una de esas postales típicas de Navidad. Agitados por el viento, los árboles se han despojado de su manto de nieve y, gracias a esto, se les distingue bien. Se recortan en grandes manchas oscuras sobre todo lo demás. Es Navidad para todo el mundo, hasta es Navidad en una parte de la prisión. Para los presidiarios en depósito, la Administración ha hecho un esfuerzo: hemos tenido derecho a comprar dos tabletas de chocolate. Digo dos tabletas, no dos barras. Estos dos pedazos de chocolate de Aiguebelle han sido mi cena de Nochebuena de 1931.

... Un, dos, tres, cuatro, cinco... La represión de la justicia me ha convertido en péndola, el ir y venir en una celda es todo mi universo. Todo está matemáticamente calculado. En la celda no debe haber nada, absolutamente nada. Sobre todo, es menester que el condenado no pueda distraerse. Si me sorprendieran mirando por esa hendidura de los maderos de la ventana, recibiría un severo castigo. Sin embargo, ¿acaso no tienen razón, puesto que para ellos no soy más que un muerto en vida? ¿Con qué derecho podría permitirme gozar de la contemplación de la Naturaleza?

Vuela una mariposa; tiene un color azul claro, con una pequeña lista negra; una abeja zumba no lejos de ella, junto a la ventana. ¿Qué vienen a buscar esos bichos en este lugar? Parece como si estuviesen locas por ese sol de invierno, a menos que tengan frío y quieran entrar en la prisión. Una mariposa en invierno es una resucitada. ¿Cómo no ha muerto todavía? Y esa abeja, ¿por qué ha abandonado su colmena? ¡Qué inconsciente atrevimiento acercarse aquí! Afortunadamente, el cabo de vara no tiene alas, de lo contrario no vivirían mucho tiempo.

Ese Tribouillard es un horrible sádico y presiento que algo me ocurrirá con él. Por desgracia, no me había equivocado. El día siguiente de la visita de los dos encantadores insectos, me declaro enfermo. No puedo más, me ahoga la soledad, necesito ver una cara, oír una voz, aunque sea desagradable, pero en suma una voz, oír alguna cosa.

Completamente desnudo en el frío glacial del pasillo, cara a la pared, con la nariz a cuatro dedos de esta, era el penúltimo de una fila de ocho, en espera de mi turno de pasar ante el doctor. ¿Quería ver gente? ¡Pues ya lo he conseguido! El cabo de vara nos sorprende en el momento en que le murmuraba unas palabras a Julot, conocido como el Hombre del Martillo. La reacción de aquel salvaje pelirrojo fue terrible. De un puñetazo en la nuca, me dejó casi sin sentido y, como no había visto venir el golpe, me di de narices contra la pared. Empecé a manar sangre y, tras haberme incorporado, pues me había caído, me rehago y trato de comprender lo ocurrido. Cuando hago un ademán de protesta, el coloso, que no esperaba otra cosa, de una patada en el vientre me tumba otra vez en el suelo y comienza a golpearme con su vergajo. Julot ya no puede aguantarse. Se echa encima de él, se entabla una terrible pelea y, como Julot lleva todas las de perder, los vigilantes asisten, impasibles, a la batalla. Nadie se fija en mí, que acabo deponerme en pie. Miro a mi alrededor, tratando de descubrir algún arma. De golpe, percibo al doctor, inclinado sobre su sillón, que trata de ver desde la sala de visita lo que ocurre en el pasillo y, al mismo tiempo, la tapadera de una marmita que brinca empujada por el vapor. Esa gran marmita esmaltada está encima de la estufa de carbón que calienta la sala del doctor. Su vapor debe purificar el aire.

Entonces, con un rápido reflejo, agarro la marmita por las asas, me quemo, pero no la suelto y, de una sola vez, arrojo el agua hirviendo a la cara del cabo de vara, quien no me había visto, ocupado como estaba con Julot. De su garganta sale un grito espantoso. Ha cobrado lo suyo. Se revuelca en el suelo y, como lleva tres jerséis de lana, se los quita con dificultad, uno después de otro. Cuando llega al tercero, la piel salta con este. El cuello del jersey es estrecho y, en su esfuerzo por hacerlo pasar, la piel del pecho, parte de la del cuello y toda la de la mejilla le siguen, pegadas al jersey. También tiene quemado su único ojo y, ahora, está ciego. Por fin, se pone en pie, repelente, sanguinolento, en carne viva, y Julot aprovecha el momento para asestarle una terrible patada en los testículos. El gigante se derrumba y empieza a vomitar y a babear. Ha recibido su merecido. Nosotros nada perdemos con esperar.

Los dos vigilantes que han asistido a la escena no tienen suficientes arrestos para atacarnos. Tocan la alarma para pedir refuerzos. Llegan de todos lados. Los porrazos llueven sobre nosotros como una fuerte granizada. Tengo la suerte de perder pronto el sentido, lo cual no me impide recibir más golpes.

Despierto dos pisos más abajo, completamente desnudo, en un calabozo inundado de agua. Lentamente, recobro los sentidos. Recorro con la mano mi cuerpo dolorido. En la cabeza tengo por lo menos doce o quince chichones. ¿Qué hora será? No lo sé. Aquí no es de día ni de noche, no hay luz. Oigo golpes en la pared, vienen de lejos.

Pam, pam, pam, pam, pam, pam. Estos golpes son la llamada del «teléfono». Debo dar dos golpes en la pared si quiero recibir la comunicación. Golpear, pero ¿con qué? En la oscuridad, no distingo nada que pueda servirme. Con los puños es inútil, los golpes no repercutirían bastante. Me acerco al lado donde supongo que está la puerta, pues hay un poco menos de oscuridad. Topo con barrotes que no había visto. Tanteando, me doy cuenta de que el calabozo está cerrado por una puerta que dista más de un metro de mí, a la cual la reja que toco me impide llegar. Así, cuando alguien entra donde hay un preso peligroso, este no puede tocarle, pues está enjaulado. Pueden hablarle, escupirle, tirarle comida e insultarle sin el menor peligro. Pero hay una ventaja: no pueden pegarle sin correr peligro, pues, para pegarle, hay que abrir la reja.

Los golpes se repiten de vez en cuando. ¿Quién puede llamarme? Quien sea merece que le conteste, pues arriesga mucho, si le pillan. Al caminar, por poco me rompo la crisma. He puesto el pie sobre algo duro y redondo. Palpo, es una cuchara de palo. Enseguida, la agarro y me dispongo a contestar. Con la oreja pegada a la pared, aguardo. Pam, pam, pam, pam, pam-stop, pam, pam. Contesto: pam, pam. Estos dos golpes quieren decir a quien llama: «Adelante, tomo la comunicación». Empiezan los golpes: pam, pam, pam... las letras del alfabeto desfilan rápidamente... *a b c ch d e f g h i j k l ll m n ñ o p*, stop. Se para en la letra *p*. Doy un golpe fuerte: pam. Así, él sabe que he registrado la letra *p*, luego viene una *a*, otra *p*, una *i*, etc. Me dice: «Papi, ¿qué tal? Tú has recibido lo tuyo, yo tengo un brazo roto». Es Julot.

Nos «telefoneamos» durante dos horas sin preocuparnos de si pueden sorprendernos. Estamos literalmente rabiosos por cruzar frases. Le digo que no tengo nada roto, que mi cabeza está llena de chichones, pero que no tengo heridas.

Me ha visto bajar, tirado por un pie, y me dice que a cada peldaño mi cabeza caía del anterior y rebotaba. Él no perdió el conocimiento en ningún momento. Cree que el Tribouillard ha quedado gravemente quemado y que, con la lana de los jerséis, las heridas son profundas: tiene para rato.

Tres golpes dados muy rápidamente y repetidos me anuncian que hay follón. Me paro. En efecto, algunos instantes después, la puerta se abre. Gritan:

—¡Al fondo, canalla! ¡Ponte al fondo del calabozo en posición de firmes!

Es el nuevo cabo de vara quien habla.

—Me llamo Batton.* Como ves, tengo el apellido de mi menester.

Con una gran linterna sorda, alumbra el calabozo y mi cuerpo desnudo.

* *Baton* (con una «t») significa «palo».

—Toma, para que te vistas. No te muevas de donde estás. Ahí tienes agua y pan. No te lo comas todo de una vez, pues no recibirás nada más antes de veinticuatro horas.*

Chilla como un salvaje y, luego, levanta la linterna hasta su cara. Veo que sonríe, pero no malévolamente. Se lleva un dedo a la boca y me señala las cosas que me ha dejado: en el pasillo debe de estar un vigilante y él, de este modo, ha querido hacerme comprender que no es un enemigo.

En efecto, en el chusco encuentro un gran pedazo de carne hervida y, en el bolsillo del pantalón, ¡que maravilla!, un paquete de cigarrillos y un encendedor de yesca. Aquí esos regalos valen un Perú. Dos camisas en vez de una y unos calzoncillos de lana que me llegan hasta las rodillas. Siempre me acordaré de ese Batton. Todo esto significa que ha querido recompensarme por haber eliminado a Tribouillard. Antes del incidente, él solo era ayudante de cabo de vara. Ahora, gracias a mí, es el titular. En suma, que me debe el ascenso y me ha testimoniado su agradecimiento.

Como hace falta una paciencia de sioux para localizar de dónde proceden los «telefonazos» y solo el cabo de vara puede hacerlo, pues los vigilantes son demasiado gandules, nos damos unas panzadas con Julot, tranquilos en lo que atañe a Batton. Todo el día nos mandamos telegramas. Por él me entero de que la salida para el presidio es inminente: tres o cuatro meses.

Dos días después, nos sacan del calabozo y, a cada uno de nosotros encuadrado por dos vigilantes, nos llevan al despacho del director. Frente a la entrada, detrás de un mueble, están sentadas tres personas. Es una especie de tribunal. El director hace las veces de presidente; el subdirector y el jefe de vigilantes, de asesores.

—¡Ah! ¡Ah! ¡Sois vosotros, mis buenos mozos! ¿Qué tenéis que decir?

* Cuatrocientos cincuenta gramos de pan y un litro de agua.

Julot está muy pálido, con los ojos hinchados, seguramente tiene fiebre. Con el brazo roto desde hace tres días, debe sufrir horrores.

Quedamente, Julot responde:

—Tengo un brazo roto.

—Bueno, usted quiso que se lo rompieran, ¿no? Eso le enseñará a no agredir a la gente. Cuando venga el doctor, le visitará. Confío en que sea dentro de una semana. Esa espera será saludable, pues tal vez el dolor le sirva a usted de algo. No esperará que haga venir a un médico especialmente para un individuo de su calaña, ¿verdad? Espere, pues, a que el doctor de la Central tenga tiempo de venir y le cure. Eso no impide que os condene a los dos a seguir en el calabozo hasta nueva orden.

Julot me mira a la cara, en los ojos: «Ese caballero bien vestido dispone muy fácilmente de la vida de los seres humanos», parece querer decirme.

Vuelvo la cabeza de nuevo hacia el director y le miro. Cree que quiero hablarle. Me pregunta:

—Y a usted, ¿no le gusta esa decisión? ¿Qué tiene que oponer a ella?

—Absolutamente nada, señor director. Solo siento la necesidad de escupirle, pero no lo hago, pues me daría miedo de ensuciarme la saliva.

Se queda tan estupefacto que se pone colorado y, de momento, no comprende. Pero el jefe de vigilantes, sí. Grita a sus subordinados:

—¡Lleváoslo y cuidadle bien! Dentro de una hora espero verle pedir perdón, arrastrándose por el suelo. ¡Vamos a domarle! Haré que limpie mis zapatos con la lengua, por arriba y por abajo. No gastéis cumplidos, os lo confío.

Dos vigilantes me agarran del brazo derecho y otros dos del izquierdo. Estoy de bruces en el suelo, con las manos alzadas a la altura de los omóplatos. Me ponen las esposas con empulgueras que me atan el índice izquierdo con el pulgar derecho y el jefe de vigilantes me levanta como a un animal tirándome de los pelos.

Huelga que os cuente lo que me hicieron. Baste saber que estuve esposado así once días. Debo la vida a Batton. Cada día echaba en mi calabozo el chusco reglamentario, pero, privado de mis manos, yo no podía comerlo. Ni siquiera conseguía, apretándolo con la cabeza en las rejas, mordisquearlo. Pero Batton también me echaba, en cantidad suficiente para mantenerme vivo, trozos de pan del tamaño de un bocado. Con mi pie hacía montoncitos, luego me ponía de bruces y los comía como un perro. Mascaba bien cada pedazo, para no desperdiciar nada.

El duodécimo día, cuando me quitaron las esposas, el acero se había hincado en las carnes y el hierro, en algunos sitios, estaba cubierto de piel tumefacta. El jefe de vigilantes se asustó, tanto más cuanto que me desmayé de dolor. Tras haberme hecho volver en mí, me llevaron a la enfermería, donde me lavaron con agua oxigenada. El enfermero exigió que me pusiesen una inyección antitetánica. Tenía los brazos anquilosados y no podían recobrar su posición normal. Al cabo de más de media hora de friccionarlos con aceite alcanforado, pude bajarlos a lo largo del cuerpo.

Bajo de nuevo al calabozo y el jefe de vigilantes, al ver los doce chuscos, me dice:

—¡Vaya festín te vas a dar! Aunque no has enflaquecido mucho tras once días de ayuno. Es raro...

—He bebido mucha agua, jefe.

—¡Ah!, será eso. Ahora, come mucho para reanimarte.

Y se va.

¡Pobre idiota! Me lo ha dicho convencido de que no he comido nada en once días y de que si ahora como demasiado de golpe, moriré de indigestión. Tendrá una decepción. Al anochecer, Batton me pasa tabaco y papel. Fumo, fumo, soplando el humo en el agujero de la calefacción que no funciona nunca, por supuesto. Por lo menos, tiene esa utilidad.

Más tarde, llamo a Julot. Cree que no he comido desde hace once días y me aconseja que vaya con cuidado. Me da miedo decirle la verdad, por temor de que algún canalla pueda descifrar el telegrama al mandarlo. Él tiene el brazo escayolado, la moral elevada y me felicita por haber aguantado.

Según él, el convoy se avecina. El enfermero le ha dicho que las ampollas de vacunas destinadas a los presidiarios antes de la marcha han llegado. Por lo general, suelen estar aquí un mes antes de la salida. Es imprudente, Julot, pues también me pregunta si he salvado mi estuche.

Sí, lo he salvado, pero lo que he debido hacer para guardar esa fortuna no puede describirse. Tengo crueles heridas en el ano.

Tres semanas después, nos sacan de los calabozos. ¿Qué va a pasar? Nos hacen tomar una ducha sensacional con jabón y agua caliente. Me siento revivir. Julot se ríe como un chiquillo y Pierrot el Loco irradia alegría de vivir.

Como salimos del calabozo, no sabemos nada de lo que ocurre. El barbero no ha querido contestar a mi breve pregunta, murmurada entre dientes:

—¿Qué pasa?

Un desconocido de mala pinta me dice:

—Creo que estamos amnistiados del calabozo. Quizá temen la llegada de algún inspector. Lo esencial es seguir con vida.

Cada uno de nosotros es conducido a una celda normal. A mediodía, en mi primer rancho caliente desde hace cuarenta y tres días, encuentro un trozo de madera. En él, leo: «Salida ocho días. Mañana vacuna».

¿Quién me lo manda?

Nunca lo he sabido. Sin duda, un recluso que ha tenido la amabilidad de avisarnos. El mensaje, seguramente, me ha llegado a mí por pura casualidad.

Enseguida, aviso por teléfono a Julot: «Transmítelo». Durante toda la noche he oído telefonear. Yo, una vez mandado mi mensaje, he callado.

Me encuentro demasiado bien en la cama. No quiero líos. Volver al calabozo no me hace ninguna gracia. Y hoy, menos que nunca.

EN MARCHA PARA EL PRESIDIO

SAINT-MARTIN-DE-RÉ

Por la noche, Batton me pasa tres Gauloises y un papel en el que leo: «Papillon, sé que te irás llevándote un buen recuerdo de mí. Soy cabo de vara, pero trato de hacer el menor daño posible a los castigados. He tomado el puesto porque tengo nueve hijos y me apremia que me indulten. Trataré, sin hacer demasiado daño, de ganarme el indulto. Adiós. Buena suerte. El convoy sale pasado mañana».

En efecto, al día siguiente nos reúnen por grupos de treinta en el pasillo del pabellón disciplinario. Enfermeros venidos de Caen nos vacunan contra las enfermedades tropicales. Para cada uno, tres vacunas y dos litros de leche. Dega está a mi lado, pensativo. Ya no se respeta ninguna regla de silencio, pues sabemos que no pueden meternos en el calabozo recién vacunados. Charlamos en voz baja ante las narices de los guardianes, quienes no se atreven a decir nada a causa de los enfermeros de la ciudad. Dega me pregunta:

—¿Tendrán bastantes coches celulares para llevarnos a todos de una vez?

—Creo que no.

—Queda lejos, Saint-Martin-de-Ré, y si llevan a sesenta cada día, la cosa durará diez días, pues solo aquí somos casi seiscientos.

—Lo esencial es que nos vacunen. Eso quiere decir que estamos en lista y que pronto nos encontraremos en los duros.* Ánimo, Dega, está a punto de empezar otra etapa. Cuenta conmigo como yo cuento contigo.

Me mira con sus ojos brillantes de satisfacción, me pone una mano en el brazo y repite:

—En la vida y en la muerte, Papi.

En el convoy, pocos incidentes dignos de mención, a no ser que nos ahogábamos, cada uno en su angosto compartimento del furgón celular. Los vigilantes se negaron a que pasase el aire, ni siquiera entreabriendo un poco las portezuelas. Al llegar a La Rochelle, dos de nuestros compañeros de furgón fueron encontrados muertos por asfixia.

Los curiosos que estaban apiñados en el muelle, pues Saint-Martin-de-Ré es una isla y debíamos embarcarnos para cruzar el brazo de mar, presenciaron el descubrimiento de los dos pobres diablos. Pero no dijeron nada respecto a nosotros. Y como los gendarmes debían entregarnos en la Ciudadela, muertos o vivos, cargaron los cadáveres con nosotros en el barco.

La travesía no fue larga, pero pudimos respirar un rato el aire marino. Le digo a Dega:

—Esto huele a fuga.

Se sonríe. Y Julot, que estaba a nuestro lado, nos dijo:

—Sí. Esto huele a pirárselas. Yo vuelvo allá, de donde me fugué hace cinco años. Me hice prender como un idiota cuando estaba a punto de cargarme al chivato que me había delatado, hace diez años. Procuremos quedarnos juntos, pues en Saint-Martin nos meten a bulto en grupos de diez en cada celda.

Se equivocaba, el Julot. Al llegar allí, le llamaron, con otros dos, y les pusieron aparte. Eran tres evadidos del presidio, vueltos a prender en Francia, y que iban allá por segunda vez.

En celdas por grupos de a diez, comienza para nosotros

* «En los duros»: en el presidio, donde son enviados los duros.

una vida de espera. Tenemos derecho a hablar, a fumar, estamos muy bien alimentados. Este período solo es peligroso para el estuche. Sin que se sepa por qué, de repente te llaman, te ponen en cueros y te registran minuciosamente. Primero, los recovecos del cuerpo hasta la planta de los pies; luego las ropas y enseres.

—¡Vestíos!

Y nos vamos por donde hemos venido.

La celda, el refectorio, el patio donde pasamos largas horas caminando en fila. ¡Un, dos! ¡Un, dos! ¡Un, dos! Caminamos por grupos de ciento cincuenta presos. La fila es larga, los zuecos restallan. Silencio absoluto obligatorio. Luego viene el «¡Rompan filas!». Todos nos sentamos en el suelo, formamos grupos, por categorías sociales. Primero, los verdaderos hombres del hampa, para quienes el origen importa poco: corsos, marselleses, tolosanos, bretones, parisienses, etcétera. Hasta hay un ardechés, que soy yo. Y debo decir, a favor de Ardèche, que solo hay dos en este convoy de mil novecientos hombres: un guarda rural que mató a su mujer, y yo. Conclusión, los ardecheses son buenas personas. Los otros grupos se forman de cualquier modo, pues al presidio suben más cabritos que chulos. Estos días de espera se denominan días de observación. Y, verdaderamente, nos observan desde todos los rincones.

Una tarde, estoy sentado tomando el sol cuando un hombre se me acerca. Lleva gafas, es bajito, flaco. Intento hacerme una idea de quién es, pero con nuestra ropa de uniforme resulta muy difícil.

—¿Eres tú Papillon?

Tiene un acusado acento corso.

—Sí, yo soy. ¿Qué quieres de mí?

—Vente a los retretes —me dice.

Y se va.

—Ese es un cabrito corso —me dice Dega—. Seguramente, un bandido de las montañas. ¿Qué querrá de ti?

—Voy a enterarme.

Me dirijo a los retretes que están instalados en medio del patio y, una vez allí, finjo orinar. El hombre está a mi lado, en igual postura. Me dice, sin mirarme:

—Soy cuñado de Pascal Matra. En el locutorio, me dijo que si necesitaba ayuda, me dirigiese a ti de su parte.

—Sí, Pascal es amigo mío. ¿Qué quieres?

—Ya no puedo llevar el estuche: tengo disentería. No sé en quién confiar y tengo miedo de que me lo roben o que los guardianes lo encuentren. Te lo ruego, Papillon, llévalo algunos días por mí.

Y me enseña un estuche mucho más grande que el mío. Temo que me tienda un lazo y que me pida eso para saber si llevo alguno: si digo que no estoy seguro de poder llevar dos, se enterará.

Entonces, fríamente, le pregunto:

—¿Cuánto hay dentro?

—Veinticinco mil francos.

Sin más, tomo el estuche, por otra parte muy limpio y delante de él, me lo introduzco en el ano, preguntándome si un hombre puede llevar dos. No lo sé. Me incorporo, me abrocho el pantalón... Todo va bien, no siento ninguna molestia.

—Me llamo Ignace Galgani —me dice antes de irse—. Gracias, Papillon.

Vuelvo al lado de Dega y, aparte, le cuento el asunto.

—¿No te cuesta demasiado llevarlo?

—No.

—Entonces, no hablemos más.

Intentamos entrar en contacto con los ex fugados, de ser posible Julot o el Guittou. Estamos sedientos de informaciones: cómo es aquello; cómo le tratan a uno; qué se puede hacer para estar junto con un amigo, etc. La casualidad hace que topemos con un tipo curioso, un caso raro. Es un corso nacido en presidio. Su padre era vigilante allí y vivía con su madre en las Islas de la Salvación. Él nació en la isla Royale, una de las tres islas; las otras dos son San José y del Diablo e, ironías del destino, volvía allá no como hijo de vigilante, sino como presidiario.

Le esperaban diez años de trabajos forzados por un robo con fractura. Contaba diecinueve años y tenía un semblante abierto, de ojos claros y límpidos. Con Dega, no tardamos en ver que se trata de un aficionado. Apenas sabe nada del hampa, pero nos será útil facilitándonos todos los informes posibles sobre lo que nos espera. Nos cuenta la vida en las islas, donde él ha vivido catorce años. Nos enteramos, por ejemplo, de que su nodriza, en las Islas, era un presidiario, un famoso duro implicado en un caso de riña a navajazos en la Butte* por los ojos bonitos de *Casque d'Or*.

Nos da valiosos consejos: hay que darse el piro desde Tierra Firme, pues desde las Islas es imposible; además, procurar no ser catalogado como peligroso, pues con esa calificación, tan pronto desembarcado en Saint-Laurent-du-Maroni, puerto de arribada, le internan a uno por un tiempo o de por vida, según el grado de su calificación. Por lo general, menos del cinco por ciento de los transportados son internados en las Islas. Los demás se quedan en Tierra Firme. Las Islas son sanas, pero Tierra Firme, como ya me contara Dega, es una porquería que chupa poco a poco al presidiario con toda clase de enfermedades, muertes diversas, asesinatos, etcétera.

Con Dega, esperamos no ser internados en las Islas. Pero se me hace un nudo en la garganta: ¿y si me califican de peligroso? Con mi perpetua, la historia de Tribouillard y la del director, estoy aviado.

Cierto día, cunde un rumor: no ir a la enfermería bajo ningún pretexto, pues, allí, los que están demasiado débiles o demasiado enfermos para soportar el viaje son envenenados. Debe de tratarse de un bulo. En efecto, un parisiense, Francis la Passe, nos confirma que es un cuento. Sí, ha habido un enve-

* Montmartre. *(N. del T.)*

nenado, pero un hermano suyo, empleado en la enfermería, le ha explicado lo que pasó.

El individuo que se suicidó, gran especialista en cajas de caudales, al parecer había robado en la Embajada de Alemania, en Ginebra o Lausana, durante la guerra, por cuenta de los servicios franceses de espionaje. Se llevó documentos muy importantes que entregó a los agentes franceses. Para aquella operación, la bofia le sacó de la cárcel, donde purgaba una pena de cinco años. Y desde 1920, a razón de una o dos operaciones por año, vivía tranquilo. Cada vez que le prendían, hacía su pequeño chantaje al Deuxième Bureau,* que se apresuraba a intervenir. Pero, aquella vez, la cosa no funcionó. Le cayeron veinte años y tenía que irse con nosotros. Para perder el convoy, fingió estar enfermo e ingresó en la enfermería. Una pastilla de cianuro —siempre según el hermano de Francis la Passe— acabó con el asunto. Las cajas de caudales y el Deuxième Bureau podían dormir tranquilos.

Por este patio corren multitud de historias, unas ciertas, otras falsas. De todas formas, las escuchamos; ayudan a pasar el tiempo.

Cuando voy al retrete, en el patio o en la celda, es menester que me acompañe Dega, a causa de los estuches. Mientras opero, se pone delante de mí, y me hurta a las miradas demasiado curiosas. Un estuche ya es toda una complicación, pero sigo llevando dos, pues Galgani está cada vez más enfermo. Y respecto a eso, un enigma: el estuche que introduzco en último lugar es siempre el último en salir, y el primero, siempre el primero. Cómo daban la vuelta en mi vientre no lo sé, pero así era.

Ayer, en la barbería, han intentado matar a Clousiot mientras le afeitaban. Dos cuchilladas en torno del corazón. Milagrosamente, no ha muerto. He sabido su historia por un amigo suyo. Es curiosa, y algún día la narraré. Aquel intento de

* Servicio de espionaje. *(N. del T.)*

homicidio era un ajuste de cuentas. Quien falló el golpe morirá seis años después, en Cayena, al engullir bicromato de potasa en sus lentejas. Murió en medio de espantosos dolores. El enfermero que ayudó al doctor en la autopsia nos trajo un trozo de intestino de unos diez centímetros. Tenía diecisiete perforaciones. Dos meses más tarde, su asesino fue encontrado estrangulado en su lecho de enfermo. Nunca se supo por quién.

Hace ya doce días que estamos en Saint-Martin-de-Ré. La fortaleza está llena a rebosar. Día y noche los centinelas montan guardia en el camino de ronda.

En las duchas ha estallado una reyerta entre dos hermanos. Se han peleado como perros, y a uno de ellos lo meten en nuestra celda. Se llama André Baillard. Me dice que no pueden castigarle porque la culpa es de la Administración: los vigilantes tienen orden de no permitir que los dos hermanos se junten, bajo ningún pretexto. Cuando se sabe su historia, se comprende por qué.

André había asesinado a una rentista, y su hermano, Émile, escondía la pasta. Émile es detenido por robo y le caen tres años. Un día, estando en el calabozo con otros castigados, encalabrinado contra su hermano porque no le ha mandado dinero para cigarrillos, desembucha y dice que André se las pagará: pues André es quien, explica, mató a la vieja, y él, Émile, quien escondió el dinero. Por lo que, cuando salga, no le dará nada. Un preso corre a contar lo que ha oído, al director de la prisión. El asunto no se demora. André es detenido y ambos hermanos condenados a muerte. En el pabellón de los condenados a muerte de la Santé, ocupan celdas contiguas. Cada uno ha presentado petición de indulto. El de Émile es aceptado a los cuarenta y tres días, pero el de André es rechazado. Entretanto, por una medida de humanidad para con André, Émile sigue en el pabellón de los condenados a muerte, y los dos hermanos dan cada día su paseo, uno detrás de otro, con los grilletes puestos.

A los cuarenta y seis días, a las cuatro y media, se abre la puerta de André. Todos están reunidos: el director, el escribano, el fiscal que ha pedido su cabeza. Es la ejecución. Pero cuando el director se dispone a hablar, llega corriendo el abogado defensor, seguido por otra persona que entrega un papel al fiscal. Todo el mundo se retira por el pasillo. A André se le ha hecho tal nudo en la garganta, que no puede tragar saliva. No es posible, jamás se suspende una ejecución en curso. Y, sin embargo, así es. Hasta el día siguiente, tras horas de angustia y de interrogación, no se enterará de que, la víspera de su ejecución, el presidente Doumer fue asesinado por Gorgulov. Pero Doumer no murió en el acto. Toda la noche, el abogado había montado guardia ante la clínica tras haber informado al ministro de Justicia que si el presidente moría antes de la hora de la ejecución (de cuatro y media a cinco), solicitaba un aplazamiento por vacante de jefe de poder ejecutivo. Doumer murió a las cuatro y dos minutos. El tiempo necesario para avisar a la cancillería, de tomar un taxi acompañado por el portador de la orden de sobreseimiento. Aun así, llegó tres minutos demasiado tarde para impedir que abriesen la puerta de la celda de André. La pena de ambos hermanos fue conmutada por la de trabajos forzados a perpetuidad. Pues, en efecto, el día de la elección del nuevo presidente, el abogado fue a Versalles, y tan pronto fue elegido Albert Lebrun, el abogado le presentó su petición de indulto. Ningún presidente ha rechazado jamás el primer indulto que le es solicitado. «Lebrun firmó —terminó André—, y aquí me tienes, macho, vivito y coleando, camino de la Guayana.» Contemplo a este superviviente de la guillotina y me digo que, realmente, todo lo que yo he sufrido no puede compararse con el calvario por el que ha pasado él.

Sin embargo, no tengo tratos con él. Saber que ha matado a una pobre vieja para robarle me da náuseas. Por lo demás, tendrá toda la suerte del mundo. Más tarde, en la isla de San José, asesinará a su hermano. Varios presidiarios lo vieron. Émile pescaba con caña, de pie sobre una roca, pensando solamente en su pesca. El ruido del oleaje, muy fuerte, amortiguaba todos los demás ruidos. André se acercó a su hermano por detrás, con una gruesa caña de bambú de tres metros de largo en la mano y, de un empujón en la espalda le hizo perder el equilibrio. El paraje estaba infestado de tiburones. Émile no tardó en servirles de plato del día. Ausente a la lista de la noche, fue dado por desaparecido en un intento de evasión. No se habló más de él. Solo cuatro o cinco presidiarios que recogían cocos en las alturas de la isla habían presenciado la escena. Desde luego, todos los hombres se enteraron, salvo los guardianes. André Baillard nunca fue molestado.

Le sacaron del internamiento por «buena conducta» y, en Saint-Laurent-du-Maroni, gozaba de un régimen de favor. Tenía una celdita para él solo. Un día, tras una riña con otro presidiario, invitó solapadamente a este a entrar en su celda y le mató de una cuchillada en medio del corazón. Considerando que lo había hecho en legítima defensa, fue absuelto. Cuando fue suprimido el presidio, siempre por su «buena conducta», le indultaron.

Saint-Martin-de-Ré está abarrotado de presos. Hay dos categorías muy diferentes: ochocientos o mil presidiarios y novecientos relegados. Para ser presidiario, hay que haber hecho algo grave o, por lo menos, haber sido acusado de haber cometido un delito importante. La pena menos fuerte es de siete años de trabajos forzados; el resto está escalonado hasta la cadena perpetua. Un indultado de la pena de muerte es condenado automáticamente a cadena perpetua. Con los relegados, es diferente. Con tres o más condenas, un hombre puede ser relegado. Es cierto que todos son ladrones incorregibles y se comprende que la sociedad debe defenderse de ellos. Sin embargo, es vergonzoso para un pueblo civilizado tener la pena accesoria de relegación. Hay ladronzuelos, bastante torpes, puesto que se hacen prender a menudo, que son relegados —lo cual equivalía, en mis tiempos, a ser condenado a perpetuidad y que en toda su vida de ladrones no han robado diez mil francos. Ahí está el mayor contrasentido de la civilización francesa. Un pueblo no tiene derecho a vengarse ni a eliminar de una forma demasiado rápida a las personas que causan molestias a la sociedad. Estas personas son más merecedoras de cuidados que de un castigo inhumano. Hace ya diecisiete días que estamos en Saint-Martin-de-Ré. Sabemos el nombre del barco que nos llevará a presidio, es *La Martinière*. Transportará a mil ochocientos setenta condenados. Esta mañana, los ochocientos o novecientos presidiarios están reunidos en el patio de la fortaleza. Hace casi una hora que estamos en pie en filas de a diez, ocupando el rectángulo del patio. Se abre una puerta y vemos aparecer a unos hombres vestidos de modo distinto a los vigilantes que hemos conocido. Llevan un traje de corte militar azul celeste, muy elegante. Es diferente de un gendarme y también de un soldado. Todos llevan su ancho cinto del que pende una funda de pistola. Se ve la culata del arma. Aproximadamente, son ochenta. Algunos lucen galones. Todos tienen la piel tostada por el sol, son de varias edades, de treinta y cinco a cincuenta años. Los más viejos son más simpáticos que los jóvenes, que abomban el pecho con aire de superioridad e importancia. El estado mayor de esos hombres va acompañado por el director de Saint-Martin-de-Ré, un coronel de gendarmería, tres o cuatro galenos con ropas coloniales y dos curas con sotana blanca. El coronel de gendarmería coge un megáfono y se lo acerca a los labios. Esperamos que diga: «¡Firmes!», pero no hay tal. Grita:

—Escuchad todos con atención. A partir de este momento, pasáis a depender de las autoridades del ministro de Justicia que representa a la Administración penitenciaria de la Guayana francesa cuyo centro administrativo es la ciudad de Cayena. Comandante Barrot, le hago entrega de los ochocientos dieciséis condenados aquí presentes, cuya lista es esta. Le ruego que compruebe si están todos.

Inmediatamente, pasan lista: «Fulano, presente; Zutano, etcétera». Eso dura dos horas y todo está conforme. Luego asistimos al cambio de firmas entre las dos administraciones en una mesita traída exprofeso.

El comandante Barrot, que tiene tantos galones como el coronel, pero dorados y no plateados como en la gendarmería, toma, a su vez, el megáfono:

—Deportados, en adelante esa es la palabra con la que seréis designados: deportado Fulano de tal o deportado Zutano con el número correspondiente. A partir de ahora, estáis sujetos a las leyes especiales del presidio, a sus reglamentos, a sus tribunales internos, que tomarán, cuando sea necesario, las decisiones pertinentes. Estos tribunales autónomos pueden condenaros, por los diferentes delitos cometidos en el presidio, desde la simple prisión a la pena de muerte. Por supuesto, dichas penas disciplinarias, prisión y reclusión, se cumplen en diferentes locales que pertenecen a la Administración. Los agentes que tenéis delante son denominados vigilantes. Cuando os dirijáis a uno de ellos, diréis: «Señor vigilante». Después del rancho, cada uno de vosotros recibirá un saco marinero con las ropas del presidio. Todo está previsto, no necesitaréis otras prendas. Mañana, embarcaréis a bordo de *La Martinière*. Viajaremos juntos. No os desespere marcharos, estaréis mejor en el presidio que recluidos en Francia. Podréis hablar, jugar, cantar y fumar, no temáis ser maltratados si os portáis bien. Os pido que esperéis a estar en el presidio para solventar vuestras diferencias personales. La disciplina durante el viaje debe ser muy severa. Espero que lo comprendáis. Si entre vosotros hay hombres que no se sienten en condiciones físicas para hacer el viaje, que se presenten en la enfermería, donde serán visitados por los capitanes médicos que acompañan al convoy. Os deseo buen viaje.

Ha terminado la ceremonia.

—Delta, ¿qué te parece eso?

—Papillon, amigo mío, veo que tenía razón cuando te dije

que el mayor peligro son los otros presidiarios. Esa frase en la que ha dicho: «Esperad a estar en el presidio para solventar vuestras diferencias», tiene mucho meollo. ¡La de homicidios y asesinatos que debe de haber allí!

—No te preocupes por eso, confía en mí.

Busco a Francis la Passe y le digo:

—¿Tu hermano sigue siendo enfermero?

—Sí, él no es un duro, es un relegado.

—Ponte en contacto con él cuanto antes y pídele que te dé un bisturí. Si quiere cobrar por eso, dime cuánto. Pagaré lo que haga falta.

Dos horas después, estuve en posesión de un bisturí con mango, de acero muy fuerte. Su único defecto era su excesivo grosor, pero resultaba un arma temible.

Me he sentado muy cerca de los retretes del centro del patio y he mandado a buscar a Galgani para devolverle su estuche, pero debe de costar encontrarle en ese tropel movedizo que es el inmenso patio lleno de ochocientos hombres. Ni Julot, ni el Guittou, ni Suzini han sido vistos desde nuestra llegada.

La ventaja de la vida en común es que se vive, se habla, se pertenece a una nueva sociedad, si es que a eso se le puede llamar sociedad. Hay tantas cosas que decir, que escuchar y que hacer, que no queda tiempo para pensar. Al comprobar cómo el tiempo se difumina y pasa a segundo término con relación a la vida cotidiana, pienso que una vez llegado a los duros casi debe olvidarse quién se ha sido, por qué se ha ido a parar allí y cómo, para pensar tan solo en una cosa: evadirse. Me equivocaba, pues lo más absorbente e importante es, sobre todo, mantenerse con vida. ¿Dónde están la bofia, el jurado, la Audiencia, los magistrados, mi mujer, mi padre, mis amigos? Están todos aquí, muy vivos, cada uno ocupando su lugar en mi corazón, pero diríase que a causa de la fiebre de la marcha, del gran salto a lo desconocido, de esas nuevas amistades y de esos diferentes tratos, diríase que no tiene tanta importancia como antes. Pero eso no es más que una simple impresión. Cuando quiera, en el momento que mi cerebro se digne abrir el cajón que a cada uno le corresponde, están de nuevo todos presentes.

Ahí viene Galgani, me lo traen, pues ni siquiera con sus enormes lentes puede ver bien. Parece que está mejor de salud. Se acerca y, sin decirme palabra, me estrecha la mano. Le digo:

—Me gustaría devolverte tu estuche. Ahora, te encuentras mejor, puedes llevarlo y guardarlo. Es una responsabilidad demasiado grande para mí durante el viaje, y, además, ¿quién sabe si estaremos cerca el uno del otro y si nos veremos en el presidio? Así, pues, vale más que te lo quedes.

Galgani me mira con expresión entristecida.

—Anda, vente al retrete y te devolveré tu estuche.

—No, no lo quiero, quédate con él, te lo regalo, es tuyo.

—¿Por qué dices eso?

—No quiero que me maten por el estuche. Prefiero vivir sin dinero que espicharla por culpa de él. Te lo doy, pues, al fin y al cabo, no hay razón de que arriesgues la vida por guardarme la pasta. En todo caso, si la arriesgas, que sea en tu provecho.

—Tienes miedo, Galgani. ¿Te han amenazado ya? ¿Sospechan que vas cargado?

—Sí; tres árabes acechan constantemente. Por eso nunca he venido a verte, para que no sospechen que estamos en contacto. Cada vez que voy al retrete, tanto si es de noche como de día, uno de los tres chivos viene a ponerse a mi lado. Ostensiblemente les he hecho ver, como quien no quiere la cosa, que no voy cargado, pero ni aun así dejan de vigilarme. Piensan que el estuche debe tenerlo otro, pero no saben quién, y van detrás de mí para ver cuándo me es devuelto.

Miro a Galgani y me percato de que está aterrado, verdaderamente acosado. Le pregunto:

—¿En qué lado del patio suelen estar?

—Hacia la cocina y los lavaderos —me dice.

—Está bien, quédate aquí, ahora vuelvo. Es decir, no, vente conmigo.

Me dirijo con él donde están los chivos. He sacado el bisturí del gorro y lo sostengo con la hoja metida en la manga derecha y el mango empuñado. En efecto, al llegar adonde Galgani me había dicho, los veo. Son cuatro: tres árabes y un corso, un tal Girando. He comprendido enseguida: es el corso quien, dejado de lado por los hombres del hampa, ha soplado el caso a los chivos. Debe de saber que Galgani es cuñado de Pascal Matra y que es imposible que no tenga estuche.

—¿Qué tal, Mokrane?

—Bien, Papillon. Y tú, ¿qué tal?

—Cabreado, porque esto no va como debiera. Vengo a veros para deciros que Galgani es amigo mío. Si le pasa algo, el primero en diñarla serás tú, Girando; los otros vendrán luego. Tomadlo como queráis.

Mokrane se levanta. Es tan alto como yo, metro setenta y cinco aproximadamente, y fornido por igual. La provocación le ha afectado y hace ademán de comenzar la pelea cuando, rápidamente, saco el bisturí, nuevo, flamante, y, empuñándolo bien, le digo:

—Si te mueves, te mato como a un perro.

Desorientado al verme armado en un sitio donde le cachean a uno constantemente, impresionado por mi actitud y por la longitud del arma, dice:

—Me he puesto en pie para discutir, no para pelearme.

Sé que no es verdad, pero me conviene hacerle quedar bien delante de sus amigos. Le hago un quite elegante:

—Está bien. Puesto que te has levantado para discutir...

—No sabía que Galgani fuese amigo tuyo. Creí que era un cabrito, y debes comprender, Papillon, que como estamos sin blanca, tendremos que hacernos con parné si queremos darnos el piro.

—Está bien, es normal. Tienes derecho, Mokrane, de luchar por tu vida. Pero ahora que ya sabes que aquí es lugar sagrado, busca en otro sitio.

Me tiende la mano, se la estrecho. ¡Uf! La jugada me ha salido bien, pues, en el fondo, si mataba a ese individuo, mañana me quedaba en tierra. Aunque un poco tarde, me he dado cuenta de que había cometido un error. Galgani se va conmigo. Le digo: «No hables a nadie de ese incidente. No quiero que el viejo Dega me meta una bronca». Trato de convencer a Galgani de que se quede con el estuche, pero me dice: «Mañana, antes de la salida». El día siguiente se ocultó tan bien, que embarqué hacia los duros con los dos estuches.

Por la noche, en esta celda donde estamos once hombres aproximadamente, nadie habla. Es porque todos, más o menos, piensan que este es el último día que pasan en tierras de Francia. Cada uno de nosotros está más o menos conmovido por la nostalgia de dejar Francia para siempre por una tierra desconocida en un régimen desconocido por destino.

Dega no habla. Está sentado junto a mí, cerca de la puerta enrejada que da al pasillo y donde sopla un poco más de aire que en los otros sitios. Me siento literalmente desorientado. Tenemos informaciones tan contradictorias sobre lo que nos espera, que no sé si debo estar contento, triste o desesperado.

Los hombres que me rodean en esta celda son todos gente del hampa. Solo el pequeño corso nacido en el presidio no es verdaderamente del hampa. Todos esos hombres se encuentran en un estado amorfo. La gravedad e importancia del momento les ha vuelto casi mudos. El humo de los cigarrillos sale de esta celda como una nube atraída por el aire del pasillo, y si uno no quiere que los ojos le piquen, hay que sentarse debajo de los nubarrones de humo. Nadie duerme, salvo André Baillard, lo cual se justifica porque él había perdido la vida. Para él, todo lo demás no puede ser sino un paraíso inesperado.

La película de mi vida se proyecta rápidamente ante mis ojos: mi infancia al lado de la familia llena de cariño, de educación, de buenas maneras y de nobleza; las flores de los campos, el murmullo de los arroyos, el sabor de las nueces, los melocotones y las ciruelas que nuestro huerto nos daba copiosamente; el perfume de la mimosa que, cada primavera, florecía delante de nuestra puerta; la fachada de nuestra casa y el interior con las actitudes de los míos; todo eso desfila rápidamente ante mis ojos. Esta película sonora en la que oigo la voz de mi pobre madre que tanto me quiso, y, luego la de mi padre, siempre tierna y acariciadora, y los ladridos de Clara, la perra de caza de papá, que me llama desde el jardín para juguetear: las chicas, los chicos de mi infancia, compañeros de juegos de los mejores momentos de mi vida; esta película que veo sin haber decidido verla, esa proyección de una linterna mágica encendida contra mi voluntad por mi subconsciente, llena de una dulce emoción esta noche de espera para el salto hacia la gran incógnita de lo por venir.

Es hora de puntualizar. Vamos a ver: tengo veintiséis años, me siento muy bien, en mi vientre llevo cinco mil quinientos francos míos y veinticinco mil de Galgani. Dega, que está a mi lado, tiene diez mil. Creo que puedo contar con cuarenta mil francos, pues, si Galgani no es capaz de defender esa suma aquí, menos lo será a bordo del barco y en la Guayana. Por lo demás, él lo sabe, por eso no ha venido a buscar su estuche. Por lo tanto, puedo contar con ese dinero, claro está que llevándome conmigo a Galgani; él debe aprovecharlo, pues suyo es y no mío. Lo emplearé para su bien, pero, al mismo tiempo, también me aprovecharé yo. Cuarenta mil francos es mucho dinero, así es que podré comprar fácilmente cómplices, presidiarios que estén cumpliendo pena, liberados y vigilantes.

La puntualización resulta positiva. Nada más llegar, debo fugarme en compañía de Dega y Galgani: solo eso debe preocuparme. Palpo el bisturí, satisfecho de sentir el frío de su mango de acero. Tener un arma tan temible conmigo me da aplomo. Ya he probado su utilidad en el incidente de los árabes. Sobre las tres de la mañana, unos reclusos han alineado delante de la reja de la celda once sacos de marinero de lona gruesa, llenos a rebosar, cada uno con una gran etiqueta. Puedo ver una que cuelga dentro de la reja. Leo «C... Pierre, treinta años, metro setenta y tres, talla 42, calzado 41, número X...» Ese Pierre C... es Pierrot el Loco, un bordelés condenado por homicidio en París a veinte años de trabajos forzados.

Es un buen chico, un hombre del hampa recto y correcto, le conozco bien. La ficha, sin embargo, me muestra lo minuciosa y bien organizada que es la Administración que dirige el presidio. Es mejor que en el cuartel, donde te hacen probar las prendas a bulto. Aquí, todo está registrado y cada uno recibirá prendas de su talla. Por un trozo de traje de faena que asoma del saco, veo que es blanco, con listas verticales rosas. Con ese traje no se debe de pasar inadvertido.

Deliberadamente, trato de que mi mente recomponga las imágenes de la Audiencia, del jurado, del fiscal, etc. Pero se niega a obedecerme y solo logro obtener de ella imágenes normales. Comprendo que para vivir intensamente, como las he vivido, las escenas de la Conciergerie o de Beaulieu, hay que estar solo, completamente solo. Siento alivio al comprobarlo, y comprendo que la vida en común que me espera provocará otras necesidades, otras reacciones, otros proyectos.

Pierrot el Loco se acerca a la reja y me dice:

—¿Qué tal, Papi?

—¿Y tú?

—Pues yo siempre he soñado con irme a las Américas; pero, como soy jugador, nunca he podido ahorrar lo necesario para pagarme el viaje. La bofia ha pensado en ofrecerme ese viaje gratuito. Está bien, no hay ningún mal en ello, ¿verdad, Papillon?

Habla con naturalidad, no hay ninguna baladronada en sus palabras. Se le nota verdaderamente seguro de sí mismo.

—Este viaje gratuito que me ha ofrecido la bofia para ir a las Américas tiene sus ventajas. Prefiero ir a presidio que tirarme quince años de reclusión en Francia.

—Queda por saber el resultado final, Pierrot. ¿No crees?

Volverse majareta en la celda, o morir de descomposición en el calabozo de una cárcel cualquiera de Francia, aun es peor que espicharla por culpa de la lepra o de la fiebre amarilla, me parece a mí.

—También a mí —dice él.

—Mira, Pierrot, esa ficha es la tuya.

Se asoma, la mira muy atentamente para leerla, la deletrea.

—Quisiera ponerme ese traje. Tengo ganas de abrir el saco y vestirme. No me dirán nada. Al fin y al cabo, esas prendas me pertenecen.

—No, aguarda la hora. Este no es el momento de buscarse líos, Pierre. Necesito tranquilidad.

Comprende y se aparta de la reja.

Louis Dega me mira y dice:

—Hijo, esta es la última noche. Mañana, nos alejaremos de nuestro hermoso país.

—Nuestro hermosísimo país no tiene una hermosa justicia, Dega. Quizá conozcamos otros países que no serán tan bellos como el nuestro, pero que tendrán una manera más humana de tratar a los que han cometido una falta.

No creía hablar tan atinadamente, pero el futuro me enseñará que llevaba razón. De nuevo, el silencio.

SALIDA PARA EL PRESIDIO

A las seis, zafarrancho. Unos presos nos traen el café y, luego, se presentan cuatro vigilantes. Van de blanco, hoy, siempre llevan la pistola al cinto. Los botones de sus guerreras impecablemente blancas son dorados. Uno de ellos luce tres galones de oro en forma de V en la bocamanga izquierda, pero nada en los hombros.

—Deportados, saldréis al pasillo de dos en dos. Cada cual buscará el saco que le corresponda, vuestro nombre figura en la etiqueta. Coged el saco y retiraos junto a la pared, de cara al pasillo, con vuestro saco delante de vosotros.

Tardamos unos veinte minutos en alinearnos todos con el saco delante.

—Desnudaos, haced un paquete con vuestras prendas y atadlas en la guerrera por las mangas... Muy bien. Tú, recoge los paquetes y métetelos en la celda... Vestíos, poneos calzoncillos, camiseta, pantalón rayado de dril, blusa de dril, zapatos y calcetines... ¿Estáis todos vestidos?

—Sí, señor vigilante.

—Está bien. Guardad la guerrera de lana fuera del saco por si acaso llueve y para resguardarse del frío. ¡Saco al hombro derecho! En fila de a dos, seguidme.

Con el de los galones delante, dos vigilantes a un lado y el cuarto a la cola, nuestra pequeña columna se dirige hacia el patio. En menos de dos horas, ochocientos presidiarios están alineados. Llaman a cuarenta hombres, entre ellos yo, Louis Dega y los tres ex fugados: Julot, Galgani y Santini. Esos cuarenta hombres forman de diez en diez. Al frente de la columna cada fila tiene un vigilante al lado. Ni grilletes ni esposas. Delante de nosotros, a tres metros, diez gendarmes caminan de espaldas. Nos encaran empuñando el mosquetón y así recorren todo el trayecto, guiado cada uno por otro gendarme que le tira del tahalí.

La gran puerta de la Ciudadela se abre y la columna se pone en marcha lentamente. A medida que salimos de la fortaleza, más gendarmes, empuñando fusiles o metralletas, se agregan al convoy, aproximadamente a dos metros de este, y lo siguen a esta distancia. Una gran multitud de curiosos es mantenida apartada por los gendarmes: han venido a presenciar la salida para el presidio. A la mitad del recorrido, en las ventanas de una casa, silban quedamente entre dientes. Levanto la cabeza y veo a mi mujer Nénette y a Antoine D... en una ventana; Paula, la mujer de Dega, y su amigo Antoine Giletti en la otra ventana. Dega también les ha visto, y caminamos con los ojos fijos en esa ventana todo el tiempo que podemos. Será la última vez que habré visto a mi mujer, y también a mi amigo Antoine, quien más tarde morirá durante un bombardeo en Marsella. Como nadie habla, el silencio es absoluto. Ni un preso, ni un vigilante, ni un gendarme, ni nadie entre el público turba este momento verdaderamente conmovedor en que todo el mundo comprende que esos ochocientos hombres van a desaparecer de la vida normal.

Subimos a bordo. Los cuarenta primeros somos conducidos a la bodega, a una jaula de gruesos barrotes. Hay un letrero. Leo: «Sala N.º 1, 40 hombres categoría muy especial. Vigilancia continua y estricta». Cada uno de nosotros recibe un coy enrollado. Hay ganchos en cantidad para colgarlos. Alguien me abraza, es Julot. Él ya conoce esto, pues este viaje ya lo había hecho diez años atrás. Sabe a qué atenerse. Me dice:

—Pronto, ven por aquí. Cuelga tu saco en el gancho del que colgarás el coy. Este sitio está cerca de dos ojos de buey cerrados, pero en alta mar los abrirán y siempre respiraremos mejor aquí que en cualquier otro sitio de la aula.

Le presento a Dega. Estamos hablando, cuando se acerca un hombre. Julot le corta el paso con el brazo y le dice:

—No vengas nunca a este lado si quieres llegar vivo a los duros. ¿Has comprendido?

—Sí —dice el otro.

—¿Sabes por qué?

—Sí.

—Entonces, largo de aquí.

El tipo aquel se va. Dega se alegra de esta demostración de fuerza y no lo disimula:

—Con vosotros dos, podré dormir tranquilo —dice.

Y Julot responde:

—Con nosotros, estás más seguro que en un chalet de la costa con la ventana abierta.

El viaje ha durado dieciocho días. Un solo incidente: una noche, un fuerte grito despierta a todo el mundo. Encuentran a un individuo con un gran cuchillo clavado entre los hombros. El cuchillo había sido hincado de abajo arriba y atravesado el coy antes de ensartarle a él. El cuchillo, arma temible, tenía más de veinte centímetros de hoja. Inmediatamente, veinticinco o treinta vigilantes nos apuntan con sus pistolas o sus mosquetones, gritando:

—¡Todo el mundo en cueros, rápido!

Todo el mundo se pone en cueros. Comprendo que van a cachearnos. Me pongo el bisturí bajo el pie derecho descalzo, apoyándome más en la pierna izquierda que en la derecha, pues el hierro me lastima. Pero mi pie tapa el bisturí. Entran cuatro vigilantes y se ponen a registrar calzado y ropas. Antes de entrar, han dejado sus armas y cerrado tras de sí la puerta de la jaula, pero desde fuera siguen vigilándonos, con las armas apuntadas sobre nosotros.

—El primero que se mueva es hombre muerto —dice la voz de un jefe.

En el registro, descubren tres cuchillos, dos clavos afilados, un sacacorchos y un estuche de oro. Seis hombres salen de la jaula, desnudos aún. El jefe del convoy, comandante Barrot, llega acompañado de dos doctores de la infantería colonial y del comandante del barco. Cuando los guardianes han salido de nuestra jaula, todo el mundo se ha vuelto a vestir sin esperar la orden. He recuperado mi bisturí.

Los vigilantes se han retirado hasta el fondo de la bodega. En el centro, Barrot; los otros junto a la escalera. Frente a ellos, alineados, los seis hombres en cueros, en posición de firmes.

—Esto es de ese —dice el guardián que ha cacheado, cogiendo un cuchillo y designando al propietario.

—Es verdad, es mío.

—Muy bien —dice Barrot—. Hará el viaje en una celda sobre las máquinas.

Cada uno es designado, sea por los clavos, sea por el sacacorchos, sea por el cuchillo, y cada uno reconoce ser el propietario de los objetos hallados. Cada uno de ellos, siempre en cueros, sube las escaleras, acompañado por dos guardianes. En el suelo queda un cuchillo y el estuche de oro; un hombre solo para los dos objetos. Es joven, de veintitrés o veinticinco años, bien proporcionado, metro ochenta por lo menos, de cuerpo atlético, ojos azules.

—Es tuyo eso, ¿verdad? dice el guardián, señalándole el estuche de oro.

—Sí, es mío.

—¿Qué contiene? —pregunta el comandante Barrot, que lo ha cogido.

—Trescientas libras inglesas, doscientos dólares y dos brillantes de cinco quilates.

—Bien, veámoslo.

Lo abre. Como el comandante está rodeado por los otros, no se ve nada, pero se le oye decir:

—Exacto. ¿Tu nombre?

—Salvidia Romeo.

—¿Eres italiano?

—Sí, señor.

—No serás castigado por el estuche, pero sí por el cuchillo.

—Perdón, el cuchillo no es mío.

—Vamos, no digas eso, lo he encontrado en tus zapatos —dice el guardián.

—El cuchillo no es mío.

—¿Así que soy un embustero?

—No, pero se equivoca usted.

—Entonces ¿de quién es este cuchillo? —pregunta el comandante Barrot—. Si no es tuyo, de alguien será.

—No es mío, eso es todo.

—Si no quieres que te metamos en un calabozo, donde te cocerás, pues están sobre las calderas, di de quién es el cuchillo.

—No lo sé.

—¿Me estás tomando el pelo? ¿Encuentran un cuchillo en tus zapatos y no sabes de quién es? ¿Crees que soy un imbécil? O es tuyo, o sabes quién lo ha puesto ahí. Contesta.

—No es mío, y no me toca a mí decir de quién es. No soy ningún chivato. ¿Acaso me ve usted con cara de cabo de vara, por casualidad?

—Vigilante, póngale las esposas a ese tipo. Pagarás cara esta manifestación de indisciplina.

Los dos comandantes, el del barco y el del convoy, hablan entre sí. El comandante del barco da una orden a un contramaestre, que sube a cubierta. Algunos instantes después, llega un marinero bretón, un verdadero coloso, con un cubo de madera seguramente lleno de agua de mar y una soga del grosor de un puño. Atan al hombre al último peldaño de la escalera, de rodillas. El marinero moja la soga en el cubo y, luego, golpea despacio, con todas sus fuerzas, las nalgas, los riñones y la espalda del pobre diablo. Ni un grito sale de sus labios, pero la sangre le mana de nalgas y costillas. En este silencio sepulcral, se eleva un grito de protesta de nuestra jaula:

—¡Hatajo de canallas!

Era todo lo que hacía falta para desencadenar los gritos de todo el mundo: «¡Asesinos! ¡Asquerosos! ¡Podridos!». Cuanto más nos amenazan con dispararnos si no callamos, más chillamos, hasta que, de pronto, el comandante grita:

—¡Dad el vapor!

Unos marineros giran unas ruedas y caen sobre nosotros unos chorros de vapor con tal potencia, que en un abrir y cerrar de ojos todo el mundo está cuerpo a tierra. Los chorros de vapor eran lanzados a la altura del pecho. Un miedo colectivo se apoderó de nosotros. Los quemados no se atrevían a quejarse. Aquello no duró ni siquiera un minuto, pero aterrorizó a todo el mundo.

—Espero que hayáis comprendido, los que tenéis tantos arrestos. Al más pequeño incidente, haré que os echen vapor. ¿Entendido? ¡Levantaos!

Solo tres hombres resultaron verdaderamente quemados. Los llevaron a la enfermería. El que había sido azotado volvió con nosotros. Seis años después, moriría en una fuga conmigo.

Durante los dieciocho días que dura el viaje, tenemos tiempo de informarnos o tratar de tener una idea del presidio. Nada será como lo habíamos creído y, sin embargo, Julot habrá hecho todo lo posible para informarnos. Por ejemplo, sabemos que Saint-Laurent-du-Maroni es una población que está a ciento veinte kilómetros del mar, junto al río Maroni. Julot nos explica:

—En esa población se encuentra la penitenciaría, el centro del presidio. En ese centro se efectúa la clasificación por categorías. Los relegados van directamente a ciento cincuenta kilómetros de allí, a una penitenciaría llamada Saint-Jean. Los presidiarios son clasificados inmediatamente en tres grupos:

»Los muy peligrosos, que serán llamados tan pronto lleguen y encerrados en celdas del cuartel disciplinario mientras esperan su traslado a las Islas de la Salvación. Son internados por un tiempo o de por vida. Estas islas están a quinientos kilómetros de Saint-Laurent y a cien kilómetros de Cayena. Se llaman: Royale, la mayor; San José, donde está la cárcel del presidio, y del Diablo, la más pequeña de todas. Los presidiarios no van a la isla del Diablo, salvo muy raras excepciones. Los hombres que están en la del Diablo son presidiarios políticos.

»Luego, los peligrosos de segunda categoría: se quedarán en el campo de Saint-Laurent y serán obligados a hacer trabajos de jardinería y a cultivar la tierra. Cada vez que se les necesita, son enviados a campos muy duros: Camp Forestier, Charvin, Cascade, Crique Rouge, Kilomètre 42, llamado «Campo de la Muerte».

»Después, la categoría normal: son empleados en la Administración, las cocinas, limpieza de la población o del campo, o en diferentes trabajos: taller, carpintería, pintura, herrería, electricidad, colchonería, sastrería, lavaderos, etcétera.

»Así, pues, la hora H es la de arribada: si uno es llamado y conducido a una celda, significa que será internado en las Islas, lo cual echa por tierra toda esperanza de evadirse. En todo caso, hay una sola posibilidad: herirse inmediatamente, rajarse las rodillas o el vientre para ir al hospital y, desde allí, fugarse. Es menester a toda costa procurar no ir a las Islas. Y una esperanza: si el barco que debe transportar a los internados a las Islas no está listo para zarpar, entonces hay que sacar dinero y ofrecérselo al enfermero. Este os pondrá una inyección de aguarrás en una articulación, o pasará un pelo empapado de orina por la carne para que se infecte. O te hará respirar azufre y luego dirá al doctor que tienes cuarenta de fiebre. Durante esos días de espera; es menester ir al hospital a toda costa.

»Si no se es llamado y dejado con los otros en barracones del campamento, se tiene tiempo de actuar. En tal caso, no debe buscarse empleo dentro del campamento. Hay que dar dinero al contable para obtener un puesto de pocero, barrendero, o ser empleado en la serrería de un contratista civil. Al salir a trabajar fuera de la penitenciaría y volver cada noche al campamento, se tiene tiempo para establecer contacto con presidiarios liberados que viven en la población o con chinos, para que le preparen a uno la fuga. Evitad los campamentos que están en torno a la población: allí todo el mundo la espicha muy pronto; hay campamentos donde ningún hombre ha resistido tres meses. En plena selva, los hombres se ven obligados a cortar un metro cúbico de leña por día».

Todas estas informaciones son valiosas. Julot nos las ha remachado durante todo el viaje. Él esta preparado. Sabe que irá directamente al calabozo por ser un ex fugado. Por lo cual lleva un cuchillo pequeño, más bien un cortaplumas, en su estuche. A la llegada, lo sacará y se abrirá una rodilla. Al bajar del barco, caerá de la escalerilla delante de todo el mundo. Piensa que, entonces, será llevado directamente del muelle al hospital. Por lo demás, es exactamente lo que pasará.

SAINT-LAURENT-DU-MARONI

Los vigilantes se relevan para ir a cambiarse de ropa. Vuelven todos por turno vestidos de blanco con un casco colonial en vez de quepis. Julot dice: «Estamos llegando». Hace un calor espantoso, pues los ojos de buey están cerrados. A través de ellos, se ve la selva. Estamos, pues, en el Maroni. El agua es cenagosa. La selva es verde e impresionante. Turbados por la sirena del barco, los pájaros echan a volar. Avanzamos muy despacio, lo cual permite fijarse holgadamente en la vegetación verde oscuro, exuberante y tupida. Se perciben las primeras casas de madera con sus tejados de chapa ondulada. Negros y negras están a sus puertas y contemplan el paso del barco. Están acostumbrados a verle descargar su alijo humano y por eso no hacen ningún ademán de bienvenida cuando pasa. Tres toques de sirena y ruidos de hélices nos indican que arribamos y, luego, todo ruido de maquinaria cesa. Podría oírse volar una mosca.

Nadie habla. Julot ha abierto su cuchillo y se corta el pantalón en la rodilla, destrozando los bordes de las costuras. Hasta que esté en cubierta no debe rajársela, para no dejar rastros de sangre. Los vigilantes abren la puerta de la jaula y nos hacen formar de tres en tres. Estamos en la cuarta fila, Julot entre Dega y yo; subimos a cubierta. Son las dos de la tarde y un sol de fuego me lastima la cabeza pelada y los ojos. Alineados en cubierta, nos conducen hacia la escalerilla. Aprovechando un titubeo de la columna, provocada por la entrada de los primeros en la escalerilla, sostengo el saco de Julot sobre su hombro y él, con ambas manos, arranca su rodillera, hinca el cuchillo y corta de un golpe siete u ocho centímetros de carne. Me pasa el cuchillo y aguanta solo el saco. En el momento que bajamos la escalerilla, se deja caer y rueda hasta abajo. Lo recogen y, al verle herido, llaman a los camilleros. Todo se ha realizado conforme lo había previsto: se va conducido por dos hombres en una camilla.

Un gentío abigarrado nos mira, curioso. Negros, mulatos, indios, chinos, guiñapos blancos (esos blancos deben de ser presidiarios liberados) examinan a cada uno de los que ponen pie en tierra y se alinean detrás de los demás. Al otro lado de los vigilantes, civiles bien vestidos, mujeres con ropas veraniegas, chiquillos, todos con el casco colonial en la cabeza. También ellos miran a los recién llegados. Cuando somos doscientos, el convoy arranca. Caminamos aproximadamente diez minutos y llegamos ante una puerta de tablones, muy alta, donde está escrito: «Penitenciaría de Saint-Laurent-du-Maroni. Capacidad 3.000 hombres». Abren la puerta y entramos por filas de a diez. «Un, dos; un, dos, ¡marchen!» Numerosos presidiarios nos miran llegar, encaramados a las ventanas o de pie sobre grandes pedruscos, para vernos mejor.

Cuando llegamos al centro del patio, alguien grita:

—¡Alto! Dejad los sacos delante de vosotros. Y vosotros, distribuid los sombreros.

Nos dan un sombrero de paja a cada uno, lo necesitábamos: dos o tres ya han caído a consecuencia de la insolación. Dega y yo nos miramos, pues un guardián con galones tiene una lista en la mano. Pensamos en lo que nos había dicho Julot. Llaman al Guittou: «¡Por aquí!». Encuadrado por dos vigilantes, se va. Con Suzini ocurre igual, y lo mismo con Girasol.

—¡Jules Pignard!

—Jules Pignard —Julot— se ha herido, está en el hospital.

—Bien.

Son los internados en las Islas. Luego, el vigilante continúa:

—Escuchad con atención. Cada hombre que sea nombrado saldrá de filas con su saco al hombro e irá a alinearse frente a ese barracón amarillo, el N.º 1.

Fulano, presente, etc. Dega, Carrier y yo nos encontramos entre los otros que forman ante el barracón. Nos abren la puerta y entramos en una sala rectangular de veinte metros aproximadamente. En medio, un pasillo de dos metros de ancho; a derecha e izquierda, una barra de hierro que va de un extremo a otro de la sala. Lonas que sirven de coys están tendidas entre la barra y la pared, cada lona con su manta. Cada cual se instala donde quiere. Dega, Pierrot el Loco, Santori, Grandet y yo nos ponemos juntos e, inmediatamente, se forman las chabolas. Voy al fondo de la sala: a la derecha, las duchas; a la izquierda, los retretes, sin agua corriente. Agarrados a los barrotes de las ventanas, presenciamos la distribución de los que han llegado después de nosotros. Louis Dega, Pierrot el Loco y yo estamos radiantes; no nos han internado, puesto que nos encontramos juntos en un barracón. Si no, ya estaríamos en una celda, según explicara Julot. Todo el mundo está contento, hasta que, cuando la distribución ha finalizado, sobre las cinco de la tarde, Grandet dice:

—¡Qué raro que en ese convoy no hayan llamado a ningún internado! Es extraño. Tanto mejor, a fe mía.

Grandet es el hombre que robó la caja de caudales de una central, un suceso que hizo reír a toda Francia.

En los trópicos, la noche y el día llegan sin crepúsculo ni amanecer. Se pasa de una cosa a otra de golpe, todo el año a la misma hora. Y, a las seis y media, dos viejos presidiarios traen dos linternas de petróleo que cuelgan de un garfio del techo y alumbran poco. Tres cuartos de la sala están en plena oscuridad. A las nueve, todo el mundo duerme, pues, una vez pasada la excitación de la llegada, se está muerto de calor. Ni un soplo de aire, todo el mundo va en calzoncillos. Tumbado entre Dega y Pierrot el Loco, charlo quedamente con ellos y, luego, nos quedamos dormidos.

A la mañana siguiente, es oscuro aún cuando suena la corneta. Todos nos levantamos, lavamos, vestimos. Nos dan café y un chusco. En la pared, hay una tabla para poner el pan, la escudilla y demás trastos. A las nueve, entran dos vigilantes y un presidiario, joven él, vestido de blanco, sin listas. Los dos guardianes son corsos y hablan en corso con presidiarios de su tierra. Mientras tanto, el enfermero se pasea por la sala. Al llegar a mi altura, me dice:

—¿Qué tal, Papi? ¿No me conoces?

—No.

—Soy Sierra el Argelino, te conocí en casa de Dante, en París.

—Ah, sí, ahora te reconozco. Pero tú subiste en el 29, y estamos en el 33. ¿Y sigues aquí?

—Sí, uno no se va tan deprisa como quiere. Hazte dar de baja por enfermo. Y ese, ¿quién es?

—Dega, un amigo.

—Le inscribo también para la visita. Tú, Papi, tienes disentería. Y tú, viejo, crisis de asma. Os veré en la visita de las once, tengo que hablaros.

Prosigue su camino y dice en voz alta:

—¿Quién está enfermo aquí?

Va hacia los que levantan el dedo y los inscribe. Cuando pasa de nuevo ante nosotros, le acompaña uno de los vigilantes, un hombre curtido por el sol y muy viejo:

—Papillon, te presento a mi jefe, el vigilante enfermero Bartiloni. Monsieur Bartiloni, estos son los amigos de quienes le he hablado.

—Está bien, Sierra, ya lo arreglaremos en la visita, contad conmigo.

A las once, vienen a buscarnos. Somos nueve enfermos. Cruzamos el campamento a pie entre los barracones. Llegamos ante un barracón más nuevo, el único que está pintado de blanco y con una cruz roja, entramos y pasamos a una sala de espera donde aguardan unos sesenta hombres. En cada rincón de la sala, dos vigilantes. Aparece Sierra, vistiendo una inmaculada bata de médico. Dice: «Usted, usted y usted, pasen». Entramos en una estancia que enseguida reconocemos como el despacho del doctor. Se dirige a uno de nosotros en español. A ese español, le reconozco enseguida: es Fernández, el que mató a tres argentinos en el Café de Madrid, en París. Una vez han cruzado algunas palabras, Sierra le hace pasar a un retrete que da a la sala, y, luego, viene hacia nosotros:

—Papi, deja que te abrace. Estoy muy contento de poder hacerte un favor a ti y a tu amigo: los dos estáis internados... ¡Oh! ¡Dejadme hablar! Tú, Papillon, de por vida, y tú, Dega, por cinco años. ¿Tenéis pasta?

—Sí.

—Entonces, dadme quinientos francos cada uno y mañana por la mañana, estaréis hospitalizados. Tú por disentería. Y tú, Dega, esta noche llama a la puerta o, mejor, que cualquiera de vosotros llame al guardián y reclame al enfermero diciendo que Dega se está asfixiando. Del resto me encargo yo. Papillon, solo te pido una cosa: si te das el piro, avísame con tiempo, que estaré en la cita. En el hospital, por cien francos cada uno a la semana, podrán teneros un mes. Hay que darse prisa.

Fernández sale del retrete y entrega delante de nosotros quinientos francos a Sierra. Luego, soy yo quien entra en el retrete y, cuando salgo, le entrego no mil, sino mil quinientos francos. Rehúsa los quinientos francos. No quiero insistir. Me dice:

—Esa pasta que me das es para el guardián. Para mí, no quiero nada. ¿Somos amigos, o qué?

El día siguiente Dega, yo y Fernández estamos en una vasta celda del hospital. Dega ha sido hospitalizado en plena noche. El enfermero de la sala es un hombre de treinta y cinco años, le llaman Chatal. Tiene todas las instrucciones de Sierra para nosotros tres. Cuando pase el doctor, presentará un análisis de deposiciones en el que yo apareceré podrido de amibas. Para Dega, diez minutos antes de la visita, quema un poco de azufre que le han facilitado y le hace respirar los gases con una toalla en la cabeza. Fernández tiene una mejilla enorme: se ha pinchado la piel en el interior de la mejilla y ha soplado todo cuanto ha podido durante una hora. Lo ha hecho tan concienzudamente, se le ha hinchado tanto la mejilla, que le cierra un ojo. La celda está en el primer piso de un edificio, hay unos setenta enfermos, muchos de disentería. Pregunto al enfermero dónde está Julot. Me dice:

—En el barracón de enfrente mismo. ¿Quieres que le diga algo?

—Sí. Dile que Papillon y Dega están aquí, que se asome a la ventana.

El enfermero entra y sale cuando quiere de la sala. Para esto no tiene más que llamar a la puerta. Un marroquí le abre. Es un «llavero», un presidiario que sirve de auxiliar a los vigilantes. En sillas, a ambos lados de la puerta, se sientan tres vigilantes, con el mosquetón sobre las rodillas. Los barrotes de las ventanas están hechos de carriles de ferrocarril, me pregunto cómo se las apañan para cortarlos. Me siento en la ventana.

Entre nuestro barracón y el de Julot hay un jardín repleto de bonitas flores. Julot se asoma a su ventana, con una pizarra en la mano en la que ha escrito con tiza: BRAVO. Una hora después, el enfermero me trae la carta de Julot. Me dice: «Procuraré ir a tu sala. Si fracaso, tratad de venir a la mía. El motivo es que tenéis enemigos en la vuestra. Así, pues, ¿estáis internados? Ánimo, les podremos». El incidente de la Central de Beaulieu que sufrimos juntos nos ha unido mucho el uno al otro. Julot era especialista en el mazo de madera, por eso le apodaban el Hombre del Martillo. Llegaba en coche ante una joyería, en pleno día, cuando las alhajas más hermosas estaban en el escaparate dentro de sus estuches. El coche, conducido por otro, se paraba con el motor en marcha. Él bajaba rápidamente, provisto de un gran mazo de madera, rompía el escaparate de un golpazo, cogía todos los estuches que podía y se subía de nuevo al coche, que arrancaba como una exhalación. Tras haber tenido éxitos en Lyon, Angers, Tours, El Havre, asaltó una gran joyería de París, a las tres de la tarde, y se llevó casi un millón en joyas. Nunca me contó cómo ni por qué fue identificado. Le condenaron a veinte años y se fugó al cabo de cuatro. Y fue de vuelta en París, según nos contó, cuando lo detuvieron: buscaba a su encubridor para matarlo, pues este nunca entregó a su hermana una fuerte suma de dinero que le adeudaba. El encubridor le vio merodear por la calle donde vivía y avisó a la policía: Julot fue prendido y regresó al presidio con nosotros.

Hace casi una semana que estamos en el hospital. Ayer entregué doscientos francos a Chatal, es el precio por semana para seguir los dos en el hospital. Para granjearnos amistades, damos tabaco a todos los que no lo tienen. Un duro de sesenta años, un marsellés apellidado Carora, se ha hecho amigo de Dega. Es su consejero. Le dice varias veces al día que si tiene mucho dinero y lo saben en el pueblo (por los diarios que llegan de Francia se conocen los grandes casos), vale más que no se fugue; porque los liberados le matarán para robarle el estuche. El viejo Dega me pone al corriente de sus conversaciones con el viejo Carora. Por mucho que le diga que el viejo, seguramente, es un cascaciruelas, puesto que lleva veinte años aquí, no me hace caso. Dega está muy impresionado por las historias del viejo y me cuesta animarle lo mejor que puedo y con toda mi buena fe.

He hecho pasar una nota a Sierra para que me mande a Galgani. No tarda. El día siguiente Galgani está en el hospital, pero en una sala sin rejas. ¿Cómo entregarle su estuche? Pongo al corriente a Chatal de la imperiosa necesidad que tengo de hablar con Galgani, le doy a entender que se trata de una preparación de fuga. Me dice que puede traérmelo durante cinco minutos a las doce en punto. A la hora del cambio de guardia, le hará subir a la terraza y hablar conmigo por la ventana, sin que me cueste nada. Galgani me es traído a la ventana a mediodía. Le pongo inmediatamente el estuche en las manos. Se levanta, llora. Dos días después, recibía de él una revista ilustrada, con cinco billetes de mil francos y una sola palabra: Gracias.

Chatal, que me ha entregado la revista, ha visto el dinero. No dice nada, pero quiero regalarle algo, lo rehúsa. Le digo:

—Queremos irnos. ¿Quieres marcharte con nosotros?

—No, Papillon, tengo otro compromiso, no quiero intentar la evasión hasta dentro de cinco meses, cuando mi socio esté en libertad. La fuga estará mejor preparada y será más seguro. Tú, como estás internado, comprendo que tengas prisa, pero desde aquí, con estas rejas, va a resultar difícil. No cuentes conmigo para ayudarte, no quiero arriesgar mi puesto. Aquí, aguardo tranquilo a que mi amigo salga.

—Muy bien, Chatal. Hay que ser franco en la vida, ya no te hablaré de nada.

—Pero, de todos modos —dice—, te traeré las misivas y te haré los recados.

—Gracias, Chatal.

Por la noche, se han oído ráfagas de metralleta. Eran, lo supimos el día siguiente, a causa de el Hombre del Martillo, que se fugaba. Dios le ayude, era un buen amigo. Debió de habérsele presentado una ocasión y la aprovechó. Tanto mejor para él.

Quince años después, en 1948, estoy en Haití, donde, acompañado por un millonario venezolano, vengo a tratar con el presidente del Casino un contrato para regentar el juego. Una noche, cuando salgo de un cabaret donde se ha bebido champán, una de las chicas que nos acompaña, negra como el carbón, pero educada como una provinciana de buena familia francesa, me dice:

—Mi abuela, que es sacerdotisa vudú, vive con un viejo francés, un evadido de Cayena. Hace quince años que está con ella, siempre anda borracho y se llama Jules Marteau.

Se me pasa la borrachera de golpe.

—Pequeña, llévame a casa de tu abuela enseguida.

Ella habla en dialecto haitiano con el chófer del taxi, quien va a toda velocidad. Pasamos frente a un bar nocturno resplandeciente:

—Para —digo.

Entro en el bar para comprar una botella de Pernod, dos botellas de champán y dos botellas de ron del país.

—En marcha.

Llegamos a orillas del mar, ante una linda casita blanca con tejas rojas. El agua del mar llega casi a las escaleras. La chica llama, llama y, primero, sale una mujer negra, alta, de pelo blanquísimo. Lleva un camisón que le llega hasta los tobillos. Las dos mujeres hablan en dialecto, y la vieja me dice:

—Entre, señor, está usted en su casa.

Una lámpara de acetileno alumbra una sala muy limpia, llena de pájaros y de peces.

—¿Quiere usted ver a Julot? Espere, ahora viene. ¡Jules, Jules! Hay alguien que quiere verte.

Vestido con un pijama a rayas azules, que me recuerda el uniforme del presidio, llega descalzo un hombre viejo.

—Y bien, Bola de Nieve, ¿quién viene a verme a estas horas? ¡Papillon! ¡No, no es posible!

Me abraza, luego dice:

—Acerca la lámpara, Bola de Nieve, para que pueda ver bien la cara a mi amigo. ¡Claro que eres tú, macho! ¡Eres mismamente tú! ¡Bienvenido! La barraca, la poca pasta que tengo, la nieta de mi mujer, todo es tuyo. Solo tienes que pedirlo.

Nos bebemos el Pernod, el champán, el ron y, de vez en cuando, Julot canta.

—Hemos podido con ellos, ¿verdad, amigo? Ves tú, no hay nada como la aventura. Yo he pasado por Colombia, Panamá, Costa Rica, Jamaica y, luego, hace quince años más o menos, me vine aquí, donde soy feliz con Bola de Nieve que es la mejor mujer que puede encontrar un hombre. ¿Cuándo te vas? ¿Estarás aquí mucho tiempo?

—No, una semana.

—¿Qué vienes a hacer?

—Quedarme con el juego del Casino por contrata, si me pongo de acuerdo con el presidente.

—Amigo mío, me gustaría que te quedases toda la vida a mi lado en esta tierra de carboneros, pero si has establecido contacto con el presidente, te aconsejo que no hagas nada con ese individuo, te hará asesinar si ve que tu negocio marcha.

—Gracias por el consejo.

—Y tú, Bola de Nieve, prepara el baile del vudú «no para turistas». ¡Uno de verdad para mi amigo!

En otra ocasión, ya contaré ese famoso baile del vudú «no para turistas».

Así, pues, Julot se ha fugado y yo, Dega y Fernández seguimos en espera. De vez en cuando miro, disimuladamente, los barrotes de las ventanas. Son auténticos carriles de tren, no hay nada que hacer. Ahora, queda la puerta... Noche y día, la guardan tres vigilantes. Desde la evasión de Julot, la vigilancia se ha extremado. Las rondas se suceden menos espaciadamente, el doctor es menos amable. Chatal solo viene dos veces al día a la sala, para poner inyecciones y tomar la temperatura. Pasa otra semana, vuelvo a pagar doscientos francos. Dega habla de todo, salvo de evasión. Ayer, vio mi bisturí y dijo:

—¿Todavía lo tienes? ¿Para qué?

—Para defender mi pellejo, y el tuyo si es necesario.

Fernández no es español sino argentino. Es muy hombre, un auténtico aventurero, pero también ha quedado impresionado por las charlatanerías del viejo Carora. Un día, le oigo decir a Dega:

—Las Islas, al parecer, son muy saludables, no como aquí,

y no hace calor. En esta sala se puede pillar la disentería, pues solo con ir al retrete pueden pillarse los microbios.

Todos los días, uno o dos hombres, en esta sala de setenta, mueren de disentería. Cosa digna de destacar: todos mueren con la marea baja de la tarde o de la noche. Por la mañana, nunca muere ningún enfermo. ¿Por qué? Enigmas de la Naturaleza.

Esta noche, he tenido una discusión con Dega. Le he dicho que, a veces, por la noche, el llavero árabe comete la imprudencia de entrar en la sala y levantar las sábanas de los enfermos graves que tienen la cara tapada. Se le podría dejar sin sentido y ponerse sus ropas (todos vamos con camisa y sandalias, nada más). Una vez vestido, salgo y le quito por sorpresa el mosquetón a uno de los guardianes, les apunto a todos y les hago entrar en la celda, cuya puerta cierro. Después, salvamos el muro del hospital, por la parte del Maroni, nos arrojamos al agua y nos dejamos llevar por la corriente, a la deriva. Luego, ya veremos. Como tenemos dinero, compraremos una embarcación y víveres para hacernos a la mar. Los dos rechazan categóricamente este proyecto y hasta lo critican. Entonces, me doy cuenta de que están acoquinados, me siento muy decepcionado y los días pasan.

Hace tres semanas menos dos días que estamos aquí. Solo quedan diez o quince días, a lo sumo, para probar suerte. Hoy, día memorable, 21 de noviembre de 1933, entra en la sala Joanes Clousiot, el hombre a quien intentaron asesinar en Saint-Martin, en la barbería. Tiene los ojos cerrados y está casi ciego, pues sus ojos están llenos de pus. Una vez se ha ido Chatal, voy a su lado. Rápidamente me dice que los otros internados salieron hacia las Islas hace más de quince días, pero que se olvidaron de él. Hace tres días, un responsable dio el aviso. Entonces se puso un grano de ricino en los ojos y los ojos purulentos han hecho que pudiese venir aquí. Está en plena forma para largarse. Me dice que está dispuesto a todo, hasta a matar si hace falta, pero quiere largarse. Tiene tres mil francos. Los ojos lavados con agua caliente le permiten ver enseguida con mucha claridad. Le explico mi proyecto de plan para evadirme. Le parece bueno, pero me dice que, para sorprender a los vigilantes, hay que ser dos, o mejor tres. Podríamos desmontar las patas de la cama y, cada uno con un hierro en la mano, dejarlos sin sentido. Pues, según él, ni siquiera empuñando sus mosquetones pensarían que nos atreveríamos a disparar, y podrían llamar a los vigilantes de guardia en el otro pabellón, de donde se escapó Julot, y que se halla a menos de veinte metros del nuestro.

PRIMERA FUGA

EVASIÓN DEL HOSPITAL

Esta noche, le he metido una bronca a Dega y, después, a Fernández. Dega me dice que no tiene confianza en ese proyecto, que, si es necesario, pagará una fuerte cantidad para salir de su internamiento. Me pide que le escriba a Sierra diciéndole que se le ha ocurrido esa proposición y que nos diga si es aceptable. Chatal, el mismo día, lleva la nota y nos trae la respuesta. «No pagues a nadie para que quiten el internamiento, es una medida que viene de Francia y nadie, ni siquiera el director de la penitenciaría, puede quitárnoslo. Si estáis desesperados en el hospital, podéis tratar de salir a la mañana siguiente misma del día en que el barco que va a las Islas y que se llama *Mana* haya zarpado.»

Seguiremos ocho días más en los cuarteles celulares antes de que nos lleven a las Islas, y quizá sea mejor para evadirse que la sala donde hemos ido a recalar en el hospital. En la misma misiva, Sierra me dice que, si quiero, me mandará un presidiario liberado a hablar conmigo para prepararme el barco detrás del hospital. Es un tolosense que se llama Jésus, el mismo que preparó la evasión del doctor Bougrat hace ahora dos años. Para verle, he de hacerme radiografiar en un pabellón especialmente equipado para ello. Ese pabellón está dentro del hospital, pero los liberados tienen acceso a él mediante una falsa orden para ser radiografiados. Me dice que antes de que vaya a hacerme la radiografía me quite el estuche, pues el doctor podría verlo si mira más abajo de los pulmones. Envío unas letras a Sierra, diciéndole que mande a Jésus a hacerse la radiografía y que se ponga de acuerdo con Chatal para que me manden también allí. Será pasado mañana a las nueve, me advierte Sierra aquella misma noche.

El día siguiente, Dega pide salir del hospital, así como Fernández. El *Mana* ha zarpado esta mañana. Ellos esperan fugarse de las celdas del campamento, les deseo buena suerte, yo no varío mis proyectos.

He visto a Jésus. Es un viejo presidiario liberado, flaco como una sardina, de rostro curtido, cruzado por dos tremendas cicatrices. Tiene un ojo que llora constantemente cuando te mira. Mala pinta, mala mirada. No me inspira mucha confianza, el futuro me dará la razón. Hablamos rápidamente:

—Puedo facilitarte una embarcación para cuatro hombres, a lo sumo cinco. Un barrilito de agua, víveres, café y tabaco; tres palas de canoa india, sacos de harina vacíos, aguja e hilo para que te hagas la vela y un foque tú mismo; una brújula, un hacha, un cuchillo, cinco litros de tafia —ron de Guayana—, por dos mil quinientos francos. La luna se pone dentro de tres días. De aquí a cuatro días, si aceptas, te esperaré en la lancha botada todas las noches, desde las ocho hasta las tres de la madrugada, durante ocho días. Al primer cuarto creciente de la luna, ya no te espero. La embarcación estará exactamente frente al ángulo de abajo de la tapia del hospital. Dirígete por la tapia, pues hasta que no estés junto a la embarcación, no la verás ni a dos metros.

No me fío, pero de todos modos digo que sí.

—¿La pasta? —me dice Jésus.

—Te la mandaré por Sierra.

Y nos separamos sin estrecharnos la mano. No lo veo claro.

A las tres, Chatal se va al campamento a llevar la pasta, dos mil quinientos francos, a Sierra. Me he dicho: «Me juego esa pasta gracias a Galgani, pues resulta arriesgado. ¡Con tal de que no se las sople en tafia, esas dos mil quinientas leandras!».

Clousiot está radiante, confía en sí mismo, en mí y en el proyecto. Solo una cosa le preocupa: no todas las noches, aunque a menudo, el árabe llavero entra en la sala y, sobre todo, raras veces muy tarde. Otro problema: ¿a quién se podría escoger como tercero para hacerle la proposición? Hay un corso del hampa de Niza, llamado Biaggi. Está en el presidio desde 1929, habiendo matado a un tipo después, sujeto a estricta vigilancia en esta sala y en estado preventivo por ese homicidio. Clousiot y yo discutimos sobre si debemos hablarle y cuándo. Mientras estamos conversando en voz baja, se acerca a nosotros un efebo de dieciocho años, lindo como una mujer. Se llama Maturette y fue condenado a muerte e indultado después, dada su temprana edad —diecisiete años—, por el asesinato de un taxista. Eran dos, de dieciséis y de diecisiete años, y aquellos dos niños, en la Audiencia, en vez de acusarse recíprocamente, declararon cada uno haber matado al taxista. Ahora bien, el taxista solo recibió un balazo. Aquella actitud de cuando su proceso les hizo simpáticos a todos los presidiarios, a los dos chavales.

Maturette, muy afeminado, se acerca, pues, a nosotros y, con voz de mujer, nos pide lumbre. Se la damos y, además, le regalo cuatro cigarrillos y una caja de fósforos. Me da las gracias con una incitante sonrisa. Dejamos que se vaya. De golpe, me dice Clousiot:

—Papi, estamos salvados. El chivo vendrá aquí tantas veces como queramos y cuando queramos, lo tenemos en el bolsillo.

—¿Cómo?

—Es muy sencillo: diremos al pequeño Maturette que enamore al chivo. Ya sabes, a los árabes les gustan los jóvenes. De ahí a hacerle venir por la noche para cepillarse al chaval, no hay más que un paso. A este le toca hacerse el melindroso diciendo que tiene miedo de ser visto, para que el árabe entre a las horas que nos convienen.

—Yo me encargo de ello.

Voy adonde está Maturette, quien me recibe con una sonrisa alentadora. Cree que me ha impresionado con su primera sonrisa incitante. Pero le digo enseguida:

—Te equivocas, vete al retrete.

Va al retrete y, una vez allí, le advierto:

—Si repites una sola palabra de lo que voy a decirte, eres hombre muerto. Mira, ¿quieres hacer eso, eso y eso por dinero? ¿Cuánto? ¿Para hacernos un favor? ¿O quieres irte con nosotros?

—Quiero irme con vosotros, ¿conforme?

Prometido, prometido. Nos estrechamos la mano.

Va a acostarse y yo, tras decirle unas cuantas palabras a Clousiot, me acuesto también. Por la noche, a las ocho, Maturette está sentado en la ventana. No tiene que llamar al árabe, pues este viene por su propia voluntad. La conversación se entabla entre ellos en voz baja. A las diez, Maturette se acuesta. Nosotros estamos acostados, sin pegar ojo, desde las nueve. El chivo entra en la sala, da dos vueltas, encuentra un hombre muerto. Llama a la puerta y, poco después, entran dos camilleros que se llevan el cadáver. Esa muerte nos será útil, pues justificará las rondas del árabe a cualquier hora de la noche. Por consejo nuestro, Maturette le da cita a las once de la noche. El llavero llega a esa hora, pasa delante de la cama del chico, le tira de los pies para despertarle y, luego, se dirige a los retretes. Maturette le sigue. Un cuarto de hora después, el llavero sale, va directamente a la puerta y desaparece. Al cabo de un minuto, Maturette se acuesta sin hablarnos. En fin, el día siguiente, lo mismo, pero a medianoche. Todo va al pelo, el chivo acudirá a la hora que le indique el pequeño.

El 27 de noviembre de 1933, con dos patas de camastro a punto de ser quitadas para servir de mazas, espero, a las cuatro de la tarde, unas letras de Sierra. Chatal, el enfermero, llega sin traer ningún papel. Me dice tan solo:

—François Sierra me encarga decirte que Jésus te espera en el sitio convenido. Buena suerte.

A las ocho de la noche, Maturette le dice al árabe:

—Ven después de medianoche, pues a esa hora podremos estar más tiempo juntos.

El árabe dice que vendrá después de medianoche. A las doce en punto, estamos preparados. El árabe entra alrededor de las doce y cuarto, va directamente a la cama de Maturette, le tira de los pies y continúa hacia el retrete. Maturette entra con él. Arranco la pata de mi cama, que hace un leve ruido al venirse abajo. De Clousiot, no se oye nada. Debo situarme detrás de la puerta de los retretes y Clousiot acercarse a él para llamarle la atención. Tras una espera de veinte minutos, todo sucede muy deprisa. El árabe sale del retrete y, sorprendido al ver a Clousiot, pregunta:

—¿Qué haces ahí, en medio de la sala, a estas horas? Ve a acostarte.

En el mismo momento, recibe el golpe del conejo en pleno cerebelo y se desploma sin hacer ruido. Sin perder un segundo, me pongo su ropa y me calzo sus zapatos, le arrastramos bajo una cama y, antes de meterlo completamente dentro, le asesto otro golpe en la nuca. Tiene su merecido.

Ninguno de los ochenta hombres de la sala se ha movido. Rápidamente, me voy hacia la puerta, seguido por Clousiot y Maturette, ambos en camisa, y llamo. El vigilante abre, levanto mi barra y le doy en la cabeza. El otro, enfrente, deja caer su mosquetón. Seguramente, estaba dormido. Antes de que reaccione, le dejo sin sentido. Los míos no han gritado, el de Clousiot ha exclamado «¡Ah!», antes de desplomarse. Los dos míos han quedado sin sentido en sus sillas; el tercero está tumbado, tieso. Contenemos la respiración. Para nosotros, ese «¡Ah!» lo ha oído todo el mundo. Es verdad que ha sido bastante fuerte, pero nadie se mueve. No los metemos en la sala, nos vamos con los tres mosquetones. Con Clousiot delante, el chaval en medio y yo detrás, bajamos las escaleras mal alumbradas por una linterna. Clousiot ha soltado su pata, yo sostengo la mía con la izquierda y el mosquetón con la derecha. Abajo, nadie. Alrededor de nosotros, la noche es como tinta. Hay que mirar muy fijamente para ver la tapia detrás de la cual está el río, a la que enseguida nos dirigimos. Al llegar a la tapia, hago estribo con las manos. Clousiot sube, se sienta a horcajadas, aúpa a Maturette y, luego, a mí. Saltamos en la oscuridad al otro lado de la tapia. Clousiot cae mal en un hoyo y se lastima un pie. A Maturette y a mí no nos pasa nada. Nos incorporamos; los mosquetones los hemos soltado antes de saltar. Cuando Clousiot intenta levantarse, no puede, dice que tiene la pierna rota. Dejo a Maturette con Clousiot y corro hacia la esquina, rozando la tapia con una mano. La noche está tan oscura que no me doy cuenta de que he llegado al extremo de la tapia y, al quedar mi mano en el aire, me doy de narices. Oigo una voz que, desde la parte del río, pregunta:

—¿Sois vosotros?

—Sí. ¿Eres Jésus?

—Sí.

Enciende un fósforo durante una fracción de segundo. He localizado dónde está, me meto en el agua y voy hacia él. Va acompañado.

—Suba el primero. ¿Quién es?

—Papillon.

—Está bien.

—Jésus, hay que volver atrás, mi amigo se ha roto una pierna al saltar desde la tapia.

—Entonces, toma esa pala y rema.

Las tres pagayas se hunden en el agua y la ligera canoa recorre rápidamente los cien metros que nos separan del sitio donde deben estar los otros, pues no se ve nada. Llamo:

—¡Clousiot!

—¡No hables, por Dios! —dice Jésus—. Hinchado, dale a la ruedecilla de tu mechero.

Saltan chispas, ellos las ven. Clousiot silba a la lyonesa entre dientes. Es un silbido que no hace ruido, pero que se oye bien. Parece el silbido de una serpiente. Silba sin parar, lo que permite guiarnos hasta él. El Hinchado baja, coge en brazos a Clousiot y le mete en la canoa. Maturette sube a su vez, seguido de el Hinchado. Somos cinco y el agua llega a dos dedos del borde de la canoa.

—No hagáis ni un gesto sin antes avisar —dice Jésus—. Papillon, deja de remar y ponte la pagaya sobre las rodillas. ¡Arranca, Hinchado!

Y, rápidamente, a favor de la corriente, la embarcación se sume en las tinieblas.

Cuando, al cabo de un kilómetro, pasamos por delante de la penitenciaría, débilmente alumbrada por la luz de una mísera linterna, estamos en medio del río y vamos a una velocidad increíble, arrastrados por la corriente. El Hinchado ha sacado su pagaya. Solo Jésus, con el extremo de la suya pegado al muslo, mantiene en equilibrio la embarcación. No la impulsa, solo la dirige.

Jésus dice:

—Ahora, podemos hablar y fumar. Creo que nos ha salido bien. ¿Estás seguro de que no habéis matado a nadie?

—Creo que no.

—¡Maldita sea! ¡Me has engañado, Jésus! —dice el Hinchado—. Me dijiste que se trataba de una fuga sin complicaciones y, por lo que creo comprender, resulta que es una fuga de internados.

—Sí, son internados, Hinchado. No he querido decírtelo, porque no me habrías ayudado y necesitaba un hombre. No pases cuidado. Si la pifiamos, yo cargaré con toda la responsabilidad.

—Eso es lo correcto, Jésus. Por las cien leandras que me

has pagado, no quiero arriesgar la cabeza si ha habido una muerte, ni que me enchironen si ha habido un herido.

—Hinchado —intervengo yo—, os regalaré mil francos a los dos.

—Entonces vale, macho. Es de justicia. Gracias. En la aldea, pasamos hambre: resulta peor ser liberado que cumplir condena. Al menos, de condenado, se come todos los días y tienes ropa que ponerte.

—Macho —le dice Jésus a Clousiot—, ¿te duele mucho?

—Puede aguantarse —dice Clousiot—. Pero ¿cómo nos las arreglaremos, Papillon, con mi pierna rota?

—Ya veremos. ¿Adónde vamos, Jésus?

—Os esconderé en una caleta, a treinta kilómetros de la desembocadura. Allí os quedaréis ocho días para dejar que pase el arrebato de la caza de los guardianes y de los cazadores de hombres. Hay que dar la impresión de que esta misma noche habéis salido del Maroni y os habéis hecho a la mar. Los cazadores de hombres van en canoa sin motor, son los más peligrosos. Hacer una fogata, hablar, toser, puede seros fatal si os acosan de cerca. En cambio, los guardianes van en motoras demasiado grandes para entrar en la caleta, encallarían.

La noche se aclara. Son casi las cuatro de la mañana cuando, tras haber buscado mucho, damos por fin con el punto de referencia que solo Jésus conoce y entramos literalmente en la selva. La canoa aplasta la vegetación, que cuando hemos pasado, se yergue detrás de nosotros, levantando una cortina protectora muy tupida. Habría que ser un brujo para saber que allí hay bastante agua para sostener una embarcación. Entramos, penetramos en la selva durante más de una hora, apartando las ramas que obstruyen el paso. De repente, nos encontramos en una especie de canal y paramos. Las márgenes son verdes, herbosas, limpias; los árboles, inmensos, y la luz del día —son las seis—, no consigue atravesar el follaje. Bajo esta bóveda imponente, impenetrable, gritos de miles de bichos que no conocemos. Jésus dice:

—Aquí es donde habréis de esperar ocho días. El séptimo, vendré y os traeré víveres.

De debajo de un espeso matorral, saca una piragua diminuta de dos metros aproximadamente. Dentro de ella, dos palas. Cuando suba la marea, volverá en esta embarcación a Saint-Laurent.

Ahora, ocupémonos de Clousiot, quien está tendido en la orilla. Como sigue en camisa, lleva las piernas desnudas. Con el hacha, hacemos una especie de tablillas de ramas secas. El Hinchado le tira del pie, Clousiot suda la gota gorda, hasta que llega un momento en que grita:

—¡Para! En esta posición, me duele menos; el hueso debe de estar en su sitio.

Le ponemos las tablillas y las atamos con soga de cáñamo que hay en la canoa. Clousiot se siente más aliviado. Jésus había comprado cuatro pantalones, cuatro camisas y cuatro blusas de marinero de lana de relegados. Maturette y Clousiot se visten con ellas, yo me quedo con las ropas del árabe. Bebemos ron. Es la segunda botella que nos soplamos desde la salida y, afortunadamente, nos reanima. Los mosquitos no nos dejan ni un segundo: hay que sacrificar un paquete de tabaco. Lo ponemos a remojar en una calabaza y nos pasamos el jugo de la nicotina por la cara, las manos, los pies. Las blusas, formidables, son de lana, y nos protegen de la humedad que caía.

El Hinchado dice:

—Nos vamos. ¿Y las mil leandras prometidas?

Me aparto. No tardo en regresar con un billete de mil nuevecito.

—Hasta la vista, no os mováis de aquí durante ocho días —dice Jésus—. El séptimo, vendremos. El octavo, os hacéis a la mar. Entretanto, haced la vela, el foque y poned orden en la embarcación, cada cosa en su sitio; sujetad los goznes del timón, que no está montado. En caso de que pasen diez días sin que hayamos vuelto, es que nos han prendido en la aldea. Como el asunto se ha complicado con el ataque a los vigilantes, debe de haber un follón de mil demonios.

Por otra parte, Clousiot nos informa de que no dejó el mosquetón junto a la tapia, sino que lo tiró encima de ella, y como el río está tan cerca de esta, cosa que él ignoraba, seguramente fue a parar al agua. Jésus dice que esto es estupendo, pues si no lo han encontrado, los cazadores de hombres creerán que vamos armados. Y como ellos son los más peligrosos, gracias a eso no habrá nada que temer: armados tan solo de una pistola y un machete, y creyéndonos armados de mosquetones, ya no se aventurarán. Hasta la vista, hasta la vista. En caso de que fuésemos descubiertos y hubiésemos de abandonar la canoa, deberíamos remontar el arroyo hasta la selva sin agua y, con la brújula, dirigirnos siempre hacia el norte. Existen muchas posibilidades de que, al cabo de dos o tres días de marcha, nos encontrásemos en el campo de la muerte llamado «Charvein». Allí, habría que pagar algo para que avisasen a Jésus. Finalmente, los dos viejos presidiarios se van. Unos minutos más tarde, su piragua ha desaparecido, no se ve nada y no se oye nada.

El día penetra en la selva de forma muy particular. Diríase que estamos bajo arcadas que reciben el sol encima y no dejan filtrar ningún rayo debajo. Empieza a hacer calor. Entonces, nos encontramos, Maturette, Clousiot y yo, solos. Primer reflejo, nos reímos: todo ha ido sobre ruedas. El único inconveniente es la pierna de Clousiot. Pero este dice que, como ahora la lleva sujeta con las dos tablillas, se encuentra mejor. Podríamos calentar café enseguida. Rápidamente, hacemos fuego y nos tomamos cada uno un vaso lleno de café muy cargado, endulzado con azúcar terciado. Es delicioso. Hemos gastado tantas energías desde anoche, que no tenemos fuerzas para examinar los víveres ni inspeccionar la embarcación. Lo haremos después. Somos libres, libres, libres. Hace exactamente treinta y siete días que llegamos a los duros. Si conseguimos

darnos el piro, mi cadena perpetua no habrá durado mucho.
Digo:

—Señor presidente, ¿cuánto duran los trabajos forzados a perpetuidad en Francia?

Y me echo a reír. Y también Maturette, que está en las mismas condiciones que yo. Clousiot dice:

—No cantemos victoria todavía. Colombia queda lejos de nosotros, y esa embarcación, hecha con un árbol ahuecado al fuego, me parece bien poca cosa para hacerse a la mar.

No contesto porque, hablando con franqueza, hasta entonces había creído que la embarcación era una piragua destinada a llevarnos donde estaba el verdadero barco que debía hacerse a la mar. Al descubrir que andaba errado, no me atrevo a decir nada a mis compañeros para, en primer lugar, no desanimarles. Y en segundo lugar, como Jésus parecía encontrar eso muy natural, no quise dar la impresión de que no conocía las embarcaciones que suelen utilizarse para la evasión.

Hemos pasado este primer día hablando y tomando contacto con esa desconocida que es la selva. Los monos y una especie de pequeñas ardillas hacen terribles cabriolas sobre nuestras cabezas. Una manada de báquiras —pequeños puercos monteses—, ha venido a beber y bañarse. Había lo menos dos mil. Entran en la caleta y nadan, arrancando las raíces que cuelgan. Un caimán sale de no sé dónde y atrapa la pata de un puerco, que se pone a chillar como un loco, y, entonces, los puercos atacan al caimán, se suben encima de él, tratan de morderle en la comisura de su enorme boca. A cada coletazo que da el cocodrilo, manda un puerco a paseo, a derecha o izquierda. Uno de ellos queda sin sentido, flotando, patas arriba. Inmediatamente, sus compañeros se lo comen. La caleta está llena de sangre. El espectáculo ha durado veinte minutos. El caimán se ha sumergido en el agua. No se le ha vuelto a ver.

Hemos dormido bien y, por la mañana, calentamos café. Me había quitado la blusa de marinero para lavarme con un pedazo de jabón que hemos hallado en la canoa. Con mi bisturí, Maturette me afeita muy por encima y, luego, afeita a Clousiot. Maturette es barbilampiño. Cuando cojo mi blusa para ponérmela, una araña enorme, peluda, de un color negro morado, cae de ella. Tiene los pelos muy largos, rematados por algo así como una bolita plateada. Debe pesar unos quinientos gramos, es enorme. La aplasto con repugnancia. Hemos sacado todos los trastos de la canoa, incluido el barrilito de agua. El agua es morada; creo que Jésus le ha echado demasiado permanganato para evitar que se corrompa. En botellas bien cerradas, hay fósforos y rascadores. La brújula es una brújula de colegial; solo indica el norte, el sur, el este y el oeste; no tiene graduaciones. Como el mástil solo mide dos metros y medio, cosemos los sacos de harina en forma de trapecio, con una soga para reforzar la vela en el borde. Hago un pequeño foque en forma de triángulo isósceles: ayudará a levantar la proa de la canoa ante el oleaje.

Cuando colocamos el mástil, noto que el fondo de la canoa no es sólido: el agujero donde entra el mástil está muy desgastado. Al meter los tirafondos para sujetar los goznes de puertas que servirán de soporte del timón, los tirafondos entran como si de mantequilla se tratase. Esta canoa está podrida. El sinvergüenza de Jésus nos manda a la muerte. A desgana, se lo hago notar a los otros dos, pues no tengo derecho a ocultárselo. ¿Qué haremos? Cuando venga Jésus, le obligaremos a que nos consiga una canoa más segura. Para eso, le desarmaremos, y yo, armado del cuchillo y el hacha, iré con él a la aldea en busca de otra embarcación. Correré un gran riesgo, pero siempre será un riesgo mucho menor que hacerse a la mar con un féretro. Los víveres están bien: hay una bombona de aceite y latas llenas de harina de mandioca. Con eso, puede irse lejos.

Esta mañana, hemos presenciado un curioso espectáculo: una pandilla de monos de cara gris se ha peleado con una pandilla de monos de cara negra y peluda. A Maturette, durante la reyerta, le ha caído un trozo de rama en la cabeza y tiene un chichón como una nuez.

Hace ya cinco días y cuatro noches que estamos aquí. Esta noche, ha llovido a mares. Nos hemos resguardado con hojas de bananos silvestres. El agua resbalaba sobre el barniz de las hojas, pero no nos hemos mojado nada, salvo los pies. Por la mañana, tomando café, pienso en lo criminal que es Jésus. ¡Haberse aprovechado de nuestra inexperiencia para endilgarnos esa canoa podrida! Por ahorrarse quinientos o mil francos, manda a tres hombres a una muerte segura. Me pregunto si después de que le haya obligado a proporcionarnos otra embarcación, no le mataré.

Chillidos de grajos amotinan a todo nuestro pequeño mundo, chillidos tan agudos e irritantes que le digo a Maturette que coja el machete y vaya a ver qué pasa. Vuelve a los cinco minutos y me hace señal de que le siga. Llegamos a un paraje donde, aproximadamente a ciento cincuenta metros de la canoa, veo, suspendido en el aire, un maravilloso faisán o ave acuática, dos veces más grande que un gallo. Ha quedado atrapado en un nudo corredizo y cuelga agarrado con una pata a la rama. De un machetazo, le corto el cuello para poner fin a sus horripilantes chillidos. Lo sopeso, hace cinco kilos por lo menos. Tiene espolones como los gallos. Decidimos comérnoslo, pero pensándolo bien, barruntamos que alguien habrá puesto la trampa y que debe de haber más. Vamos a verlo. Nos adentramos en aquellos parajes y encontramos una cosa curiosa: una verdadera barrera de treinta centímetros de alto, hecha de hojas de bejucos trenzados, a diez metros poco más o menos de la caleta. La barrera corre paralelamente al agua. De trecho en trecho, una abertura y, en la abertura, disimulado con ramitas, un nudo corredizo de alambre, sujeto por un extremo a una rama de arbusto doblada. Enseguida comprendo que el animal debe topar con la barrera y bordearla para hallar un paso. Cuando encuentra la abertura, la traspone, pero su pata queda enganchada en el alambre y dispara la rama. Entonces, el animal queda colgado en el aire hasta que el propietario de las trampas viene a recogerlo.

Este descubrimiento nos preocupa. La barrera parece bien cuidada; por lo tanto, no es vieja. Estamos en peligro de ser descubiertos. No hay que hacer fuego de día, pero, por la noche, el cazador no debe venir. Decidimos turnarnos para vigilar en dirección a las trampas. La canoa está oculta bajo ramas y todo el material en la maleza.

El día siguiente, a las diez, estoy de guardia. Anoche, comimos faisán o gallo, no lo sabemos con certeza. El caldo nos ha sentado muy bien, y la carne, aunque hervida, estaba deliciosa. Cada uno ha comido dos escudillas. Así, pues, estoy de guardia, pero intrigado por la presencia de hormigas mandioca muy grandes, negras y que llevan cada una grandes trozos de hojas a un enorme hormiguero; me olvido de la guardia. Esas hormigas miden casi medio centímetro y tienen las patas largas. Cada una lleva enormes trozos de hojas. Las sigo hasta la planta que están desmenuzando y veo toda una organización. Primero, hay las cortadoras, que no hacen más que preparar trozos. Rápidamente, cizallan una enorme hoja tipo banano, la cortan a trozos, todos del mismo tamaño, con una habilidad increíble, y los trozos caen al suelo. Abajo, hay una hilera de hormigas de la misma raza, pero un poco diferentes. A un lado de la mandíbula, tienen una raya gris. Esas hormigas están en semicírculo y vigilan a las porteadoras. Las porteadoras llegan por la derecha, en fila, y se van por la izquierda hacia el hormiguero. Rápidas, cargan antes de ponerse en fila, pero, de vez en cuando, en su precipitación por cargar y ponerse en fila se produce un atasco. Entonces, las hormigas policías intervienen y empujan a cada una de las obreras hacia el sitio que deben ocupar. No puedo comprender qué grave falta había cometido una obrera, pero fue sacada de las filas y dos hormigas gendarmes le cortaron, una la cabeza, la otra el cuerpo, por el medio, a la altura del corsé. Dos obreras fueron paradas por las policías, dejaron su trozo de hoja, hicieron un hoyo con las patas, y las tres partes de la hormiga, cabeza, pecho y abdomen, fueron sepultadas y, luego, cubiertas de tierra.

LA ISLA DE LAS PALOMAS

Estaba tan absorto contemplando aquel pequeño mundo y siguiendo a los soldados para ver si su vigilancia llegaba hasta la entrada del hormiguero, que me quedé completamente sorprendido cuando una voz me ordenó:

—No te muevas o eres hombre muerto. Vuélvete.

Es un hombre de torso desnudo, con pantalón corto de color caqui, que calza botas de cuero marrón. Empuña una escopeta de dos cañones. Es de estatura mediana y fornido, y tiene la piel curtida por el sol. Es calvo y su nariz y sus ojos están cubiertos por una máscara muy azul, tatuada. En el mismo centro de la frente, lleva tatuada también una cucaracha.

—¿Vas armado?

—No.

—¿Estás solo?

—No.

—¿Cuántos sois?

—Tres.

—Llévame con tus amigos.

—No puedo, porque uno de ellos tiene un mosquetón y no quiero hacerte matar antes de saber tus intenciones.

—¡Ah! Entonces, no te muevas y habla en voz baja. ¿Sois vosotros los tres tipos que se han fugado del hospital?

—Sí.

—¿Quién es Papillon?

—Soy yo.

—¡Vaya, buena revolución armaste en la aldea con tu evasión! La mitad de los liberados están presos en la gendarmería.

Se acerca y, bajando el cañón de la escopeta hacia el suelo, me tiende la mano y me dice:

—Soy el bretón de la máscara. ¿Has oído hablar de mí?

—No, pero veo que no eres un cazador de hombres.

—Tienes razón, coloco trampas aquí para cazar guacos. El tigre debe haberse comido uno, a menos que hayáis sido vosotros.

—Hemos sido nosotros.

—¿Quieres café?

En un saco que cuelga a la espalda lleva un termo, me da un poco de café y él toma también. Le digo:

—Ven a ver a mis amigos.

Viene y se sienta con nosotros. Se ríe suavemente de mi cuento del mosquetón. Me dice:

—Me lo creí, tanto más por cuanto ningún cazador de hombres ha querido salir a buscaros, pues todo el mundo sabe que os fuisteis con un mosquetón.

Nos explica que lleva veinte años en la Guayana y está liberado desde hace cinco. Tiene cuarenta y cinco años. La vida en Francia no le interesa por la tontería que cometió de tatuarse esa máscara en la cara. Adora la selva y vive exclusivamente de ella: pieles de serpiente, pieles de tigre, colecciones de mariposas y, sobre todo, la caza del guaco, el ave que nos hemos comido. Lo vende a doscientos o doscientos cincuenta francos la presa. Le ofrezco pagárselo, pero rechaza el dinero, indignado. He aquí lo que nos cuenta:

—Ese pájaro salvaje es un gallo de la jungla. Desde luego nunca ha visto ni gallina, ni gallo, ni hombres. Bien, pues atrapo uno, lo llevo a la aldea y lo vendo a alguien que tenga gallinero, pues es muy buscado. Bien. Sin necesidad de cortarle las alas, sin hacer nada, a la caída de la noche, lo dejas en el gallinero y, por la mañana, cuando abres la puerta, está plantado delante y parece que esté contando las gallinas y gallos que salen, los sigue y, mientras come como ellos, mira con los ojos muy abiertos a todos lados, abajo, arriba, en los matorrales de alrededor. Es un perro pastor sin igual. Por la noche, se sitúa a la puerta y, no se comprende cómo sabe que faltan una o dos gallinas, pero lo sabe y va a buscarlas. Y, gallo o gallina, los trae a picotazos para enseñarles a ser puntuales. Mata ratas, serpientes, musarañas, arañas, ciempiés y, tan pronto aparece un ave de rapiña en el cielo, hace que todo el mundo se esconda en las hierbas, mientras él le planta cara. Nunca más se va del gallinero.

Aquel ave extraordinaria nos la habíamos comido como si de un vulgar gallo se tratase.

El bretón de la máscara nos dice que Jésus, el Hinchado y unos treinta liberados más están encarcelados en la gendarmería de Saint-Laurent, adonde acuden los demás liberados para ver si entre ellos reconocen a alguno que hubiese merodeado en torno al edificio del que nosotros salimos. El árabe está en el calabozo de la gendarmería, incomunicado, acusado de complicidad. Los dos golpes que le tumbaron no le hicieron ninguna herida, en tanto que los guardianes tienen chichones en la cabeza.

—A mí no me han molestado porque todo el mundo sabe que nunca me lío en ninguna fuga.

Nos dice que Jésus es un sinvergüenza. Cuando le hablo de la canoa, pide que se la enseñe. Tan pronto la ha visto, exclama:

—Pero ¡si os mandaba a la muerte, el tipo ese! Esta piragua nunca podría flotar más de una hora en el mar. A la primera ola un poco fuerte, cuando recayera, la embarcación se partiría en dos. No os vayáis nunca ahí dentro, sería un suicidio.

—Entonces ¿qué podemos hacer?

—¿Tienes pasta?

—Sí.

—Te diré lo que debes hacer; es más, voy a ayudarte, te lo mereces. Te ayudaré por nada, para que triunfes, tú y tus amigos. Primero, en ningún caso debéis acercaros a la aldea. Para tener una buena embarcación, hay que ir a la isla de las Palomas. En esa isla hay casi doscientos leprosos. Allí no hay vigilante, y nadie que esté sano va, ni siquiera el médico. Todos los días, a las ocho, una lancha les lleva el suministro, en crudo. El enfermero del hospital entrega una caja de medicamentos a los dos enfermeros, a su vez leprosos, que cuidan de los enfermos. Nadie, ni guardián, ni cazador de hombres, ni cura, recala en la isla. Los leprosos viven en chozas muy pequeñas que ellos mismos se han construido. Tienen una sala común donde se reúnen. Crían gallinas y patos que les sirven para mejorar su comida habitual. Oficialmente, no pueden vender nada fuera de la isla y trafican clandestinamente con Saint-Laurent, Saint-Jean y los chinos de la Guayana holandesa, de Albina. Todos son asesinos peligrosos. Raras veces se matan entre sí, pero cometen numerosos delitos tras haber salido clandestinamente de la isla, adonde retornan para esconderse una vez han realizado sus fechorías. Para esas excursiones, poseen algunas embarciones que han robado en la aldea vecina. El mayor delito es poseer una embarcación. Los guardianes disparan contra toda piragua que entre o salga de la isla de las Palomas. Por eso, los leprosos hunden sus embarcaciones cargándolas con piedras; cuando necesitan una, se zambullen, quitan las piedras y la embarcación sube a flote. Hay de todo, en la isla, de todas las razas y de todas las regiones de Francia. Conclusión: tu piragua solo te puede servir en el Maroni y, aun, sin demasiada carga. Para hacerse a la mar, es necesario encontrar otra embarcación y, para eso, no hay nada como la isla de las Palomas.

—¿Cómo podemos hacerlo?

—Veamos. Yo te acompañaré por el río hasta avistar la isla. Tú no la encontrarías o podrías equivocarte. Está a casi ciento cincuenta kilómetros de la desembocadura; así, pues, hay que volver atrás. Esa isla queda a cincuenta kilómetros más lejos que Saint-Laurent. Te acercaré todo lo posible y, luego, me iré con mi piragua, que habremos remolcado; a ti te toca actuar en la isla.

—¿Por qué no vienes a la isla con nosotros?

—*Ma Doué* —dice el bretón—, solo un día he puesto el pie en el embarcadero donde oficialmente atraca el buque de la Administración. Era en pleno día y, sin embargo, lo que vi me bastó. Perdóname, Papi, pero nunca pondré los pies en esa isla. Por otra parte, sería incapaz de reprimir mi repulsión al estar cerca de ellos, tratarles, hablarles. Te causaría más molestias que utilidad.

—¿Cuándo nos vamos?

—A la caída de la noche.

—¿Qué hora es, bretón?

—Las tres.

—Bien, entonces dormiré un poco.

—No, es necesario que lo cargues todo y lo dispongas en tu piragua.

—Nada de eso, me iré con la piragua vacía y volveré para buscar a Clousiot, que se quedará aquí guardando los trastos.

—Imposible, nunca podrías encontrar el sitio, ni siquiera en pleno día. Y, de día, en ningún caso debes estar en el río. La caza contra vosotros no se ha suspendido. El río es aún muy peligroso.

Llega la noche. El hombre de la máscara va en busca de su piragua, que amarramos a la nuestra. Clousiot está al lado del bretón, quien coge la barra del gobernalle, Maturette en medio y yo a proa. Salimos con dificultad de la caleta y, cuando desembocamos en el río, la noche está ya próxima a caer. Un sol inmenso, de un rojo pardo, incendia el horizonte por la parte del mar. Mil luces de un enorme fuego de artificio luchan unas contra otras para ser más intensas, más rojas en las rojas, más amarillas en las amarillas, más abigarradas en las partes donde los colores se mezclan. A veinte kilómetros delante de nosotros se ve, con toda claridad, el estuario de ese río majestuoso que se precipita centelleante de lentejuelas rosa plateadas, en el mar.

El bretón dice:

—Es el final del ocaso. Dentro de una hora, la marea ascendente se hará sentir, la aprovecharemos para remontar el Maroni y así, sin esfuerzo, impulsados por ella, llegaremos con bastante rapidez a la isla.

La noche cae de golpe.

—Adelante —dice el bretón—. Boga fuerte para ganar el centro del río. Y deja de fumar.

Las pagayas entran en el agua y avanzamos bastante deprisa a través de la corriente. Chap, chap, chap. Manteniendo el ritmo, yo y el bretón movemos las pagayas sincronizadamente. Maturette hace lo que puede. Cuanto más avanzamos hacia el centro del río, más se nota el empuje de la marea. Nos deslizamos rápidamente. Cada media hora, se nota el cambio. La marea aumenta de fuerza y cada vez nos arrastra más deprisa. Seis horas después, estamos muy cerca de la isla; vamos recto hacia ella: una gran mancha, casi en medio del río, ligeramente a la derecha.

—Ahí está —dice en voz baja el bretón.

La noche no es muy oscura, pero debe de resultar difícil vernos desde un poco lejos a causa de la niebla a ras del río. Nos acercamos en silencio. Cuando distinguimos mejor el perfil de las rocas, el bretón sube a su piragua, la desamarra en unos segundos de la nuestra y dice, sencillamente, en voz baja:

—¡Buena suerte, machos!

—Gracias.

—No hay de qué.

Como la embarcación ya no es guiada por el bretón, se ve arrastrada en línea recta hacia la isla, de través. Trato de enderezar la posición y hacer que dé una vuelta completa, pero apenas lo consigo y, empujados por la corriente, llegarnos sesgados a la vegetación que cuelga sobre el agua. Hemos arribado tan impetuosamente, a pesar de que yo frenaba la embarcación con la pagaya, que si en vez de ramas y hojarasca hubiésemos encontrado un peñasco, la piragua se habría partido y, entonces, todo se hubiese ido al garete, víveres, material, etc. Maturette se arroja al agua, tira de la canoa y nos encontramos de bruces bajo una enorme espesura de plantas. Maturette tira, tira y amarramos la canoa. Nos tomamos un trago de ron y subo solo la margen del río, dejando a mis dos amigos con la canoa.

Con la brújula en la mano, doy algunos pasos tras haber roto varias ramas y dejado prendidos en diferentes sitios trozos de saco de harina que había preparado antes de salir. Veo un resplandor y de pronto distingo voces y tres chozas. Avanzo y, como no sé de qué modo voy a presentarme, decido hacer que me descubran. Enciendo un cigarrillo. En el mismo momento que brota la luz, un perrito se abalanza ladrando sobre mí y, brincando, pretende morderme las piernas. «Con tal de que el perro no sea leproso —pienso—. Idiota, si los perros no tienen lepra.»

—¿Quién va? ¿Quién es? ¿Eres tú, Marcel?

—Soy un fugado.

—¿Qué vienes a hacer aquí? ¿A robarnos? ¿Crees que nos sobra algo?

—No, necesito ayuda.

—¿De gratis o pagando?

—¡Cierra el pico, Lechuza!

Cuatro sombras salen de las chozas.

—Avanza despacio, amigo, apuesto a que tú eres el hombre del mosquetón. Si lo llevas contigo, déjalo en el suelo, aquí no tienes nada que temer.

—Sí, soy yo, pero no traigo mosquetón.

Avanzo, estoy junto a ellos, es de noche y no puedo distinguir sus rasgos. Tontamente, tiendo la mano, pero nadie me la toca. Comprendo demasiado tarde que es un gesto que aquí no se hace: no quieren contagiarme.

—Entremos en la choza —dice el Lechuza.

El chamizo está alumbrado por un candil de aceite puesto sobre la mesa.

—Siéntate.

Me siento en una silla sin respaldo, de paja. El Lechuza enciende tres candiles de aceite más y deja uno sobre una mesa, frente a mí. El humo que desprende la mecha de ese candil de aceite de coco huele que apesta. Yo estoy sentado, ellos cinco de pie. No distingo sus rostros. El mío queda iluminado, pues estoy a la altura del candil, que es lo que ellos querían. La voz que ordenara a el Lechuza que cerrase el pico dice:

—Anguila, vete a la casa comunal y pregunta si quieren que lo llevemos allí. Trae enseguida la respuesta y, sobre todo, si Toussaint está de acuerdo. Aquí no podemos darte nada de beber, amiguito, a menos que quieras engullir unos huevos.

Pone una cesta llena de huevos delante de mí.

—No, gracias.

A mi derecha, muy cerca, se sienta uno de ellos, y entonces, por primera vez, veo el rostro de un leproso. Es horrible. Hago esfuerzos para no desviar la mirada de él ni exteriorizar mi impresión. Tiene la nariz completamente roída, hueso y carne: un verdadero agujero en mitad de la cara. Digo bien: no dos agujeros, sino uno solo, grande como una moneda de dos francos. El labio inferior, a la derecha, está roído también, y muestra, descarnados, tres dientes muy largos y amarillos que se ven entrar en el hueso del maxilar superior, al desnudo. Solo tiene una oreja. Pone una mano vendada sobre la mesa. Es la derecha. Con los dos dedos que le quedan en la mano izquierda, sostiene un grueso y largo cigarro, seguramente hecho por él mismo con una hoja de tabaco a medio madurar, pues el cigarro es verdoso. Solo le quedan párpados en el ojo izquierdo, el derecho ya no tiene, y una llaga profunda sale del ojo hacia lo alto de la frente para perderse entre sus cabellos grises, tupidos.

Con voz ronca me dice:

—Te ayudaremos, macho, porque desearía que no te volvieses como yo, no, eso no lo querría.

—Gracias.

—Me llamo Juan sin Miedo, soy del arrabal. Cuando llegué al presidio, era más guapo, más sano y más fuerte que tú. En diez años, ya ves lo que me he vuelto.

—¿No te curan?

—Sí. Y estoy mejor desde que me pongo inyecciones de aceite de chumogra. Mira.

Vuelve la cabeza y me enseña el lado izquierdo.

—De ese lado, se seca.

Me invade una inmensa compasión y hago ademán de tocar su mejilla izquierda en prueba de amistad. Se echa hacia atrás y me dice:

—Gracias por haber querido tocarme, pero no toques nunca a un enfermo de lepra ni bebas en su escudilla.

Todavía no he visto más que un rostro de leproso, el de ese que ha tenido valor para afrontar mi mirada.

—¿Dónde está el fugado?

En el umbral de la puerta, la sombra de un hombre apenas más alto que un enano.

—Toussaint y los otros quieren verlo. Llévalo al centro.

Juan sin Miedo se levanta y dice:

—Sígueme.

Nos vamos todos en la oscuridad, cuatro o cinco delante, yo al lado de Juan sin Miedo, otros detrás. Cuando, al cabo de tres minutos, llegamos a una explanada, un débil rayo de luna ilumina esa especie de plaza. Es la cima más alta de la isla. En el centro, una casa. De dos ventanas sale luz. Ante la puerta, nos aguardan una veintena de hombres; caminamos hacia ellos. Cuando llegamos frente a la puerta se apartan para dejarnos pasar. Es una sala rectangular de diez metros por cuatro aproximadamente, con una especie de chimenea donde arde un fuego de leña, rodeada de cuatro enormes piedras, todas de la misma altura. La sala es alumbrada por dos grandes linternas sordas de petróleo. Sentado en un taburete, un hombre de edad indefinida y cara descolorida. Detrás de él, sentados en un banco, cinco o seis hombres. El hombre de la cara descolorida tiene los ojos negros y me dice:

—Soy Toussaint el Corso y tú debes de ser Papillon.

—Sí.

—Las noticias vuelan deprisa en el presidio, tan deprisa como tú actúas. ¿Dónde dejaste el mosquetón?

—Lo tiramos al río.

—¿En qué sitio?

—Frente a la tapia del hospital, exactamente donde la saltamos.

—Entonces ¿puede recuperarse?

—Eso supongo, pues el agua no es profunda allí.

—¿Cómo lo sabes?

—Nos vimos obligados a meternos en el agua para transportar a nuestro amigo herido y dejarlo en la canoa.

—¿Qué tiene?

—Se ha roto una pierna.

—¿Qué has hecho de él?

—He juntado ramas partidas en dos por la mitad y le he colocado una especie de collar de sujeción en la pierna.

—¿Le duele?

—Sí.

—¿Dónde está?

—En la piragua.

—Has dicho que vienes a buscar ayuda. ¿Qué clase de ayuda?

—Una embarcación.

—¿Quieres que te demos una embarcación?

—Sí, tengo dinero para pagarla.

—Bien. Te venderé la mía, es formidable y completamente nueva, la robé la semana pasada en Albina. No es una embarcación, es un trasatlántico. Solo le falta una cosa, una quilla. No está quillada, pero en dos horas te pondremos una buena quilla. Tiene todo lo que hace falta: un gobernalle con su barra completa, un mástil de cuatro metros de quiebrahacha y una vela completamente nueva de lona de lino. ¿Cuánto me das?

—Dime tú el precio, no sé qué valor tienen las cosas aquí.

—Tres mil francos, si puedes pagar. Si no puedes, vete a buscar el mosquetón mañana por la noche y, a cambio, te doy la embarcación.

—No, prefiero pagar.

—Conforme, trato hecho. ¡Pulga, trae café!

El Pulga, que es el semienano que viniera a buscarme, se dirige a una repisa que hay sobre la lumbre, toma una escudilla reluciente, nueva y limpia, vierte en ella café de una botella y la pone al fuego. Al cabo de un momento, retira la escudilla y sirve el café en algunos vasos metálicos que hay junto a las piedras. Toussaint se inclina y reparte los vasos a los hombres que están detrás de él. El Pulga me alarga la escudilla, diciéndome:

—Bebe sin temor, pues esa escudilla solo es para los que vienen de paso. Ningún enfermo bebe en ella.

Cojo la escudilla, bebo y, luego, me la pongo sobre la rodilla. En este momento, descubro que, pegado a la escudilla, hay un dedo. Estoy tratando de comprender, cuando el Pulga dice:

—Toma, ¡ya he perdido otro dedo! ¿Dónde diablos habrá caído?

—Aquí está —le digo, mostrándole la escudilla.

Lo despega y, luego, lo tira al fuego. Me devuelve la escudilla y dice:

—Puedes beber, porque yo tengo la lepra seca. Me deshago a trocitos, pero no me pudro. No soy contagioso.

Un olor a carne asada llega hasta mí. Pienso: «Debe ser el dedo».

Toussaint dice:

—Tendrás que quedarte todo el día hasta por la tarde, cuando baje la marea. Es necesario que vayas a avisar a tus amigos. Deja al herido en una choza, recoged todo lo que hay en la canoa, y echadla a pique. Nadie puede ayudaros, ya comprendes por qué.

Rápidamente, me reúno con mis dos compañeros. Transportamos a Clousiot a una choza. Una hora después, lo hemos quitado todo y el material de la piragua está cuidadosamente guardado. El Pulga pide que le regalemos la piragua y una pagaya. Se la doy. Irá a hundirla en un sitio que conoce. La noche ha pasado deprisa. Los tres estamos en la choza, echados sobre mantas nuevas que nos ha hecho enviar Toussaint. Nos han llegado empaquetadas en papel fuerte de embalaje. Tendido sobre una de esas mantas, doy detalles a Clousiot y Maturette de lo ocurrido desde mi llegada a la isla y del trato hecho con Toussaint. Clousiot dice una tontería, sin reflexionar:

—Darse el piro cuesta entonces seis mil quinientos francos. Te daré la mitad, Papillon, es decir, los tres mil francos que tengo.

—No estamos aquí para echar cuentas de armenio. Mientras tenga pasta, pago yo. Después, ya veremos.

Ningún leproso entra en la choza. Despunta el día. Llega Toussaint:

—Buenos días. Podéis salir tranquilos. Aquí, nadie puede venir a molestaros. Subido a un cocotero, en lo alto de la isla, está uno para ver si hay embarcaciones de la bofia en el río. No se ven. Mientras ondee el trapo blanco, significa que no hay moros en la costa. Si el vigía ve algo, bajará a decirlo. Podéis coger papayas vosotros mismos y comerlas si queréis.

—Toussaint, ¿y la quilla? —le digo.

—La haremos con una tabla de la puerta de la enfermería. Es de madera dura sin desbastar. Con dos tablas haremos la quilla. Hemos subido ya la canoa a la explanada aprovechando la noche. Ven a verla.

Vamos allá. Es una magnífica lancha de cinco metros de largo, completamente nueva, con dos bancos, uno horadado para colocar el mástil. Es pesado y a Maturette y a mí nos cuesta mucho darle la vuelta. Vela y cordaje son nuevos, flamantes. A los lados hay anillas para sujetar la carga, incluso el barril de agua. Ponemos manos a la obra. A mediodía, una quilla ahusada de popa a proa queda sólidamente sujeta con largos tornillos y los cuatro tirafondos que yo tenía.

En corro, alrededor de nosotros, los leprosos nos contemplan trabajar sin decir palabra. Toussaint nos explica lo que hay que hacer y obedecemos. Ninguna llaga en la cara de Toussaint, que parece normal, pero cuando habla, se nota que solo mueve un lado del rostro, el izquierdo. Me lo dice, y también me dice que está aquejado de lepra seca. El torso y el brazo derecho los tiene igualmente paralizados y espera que la pierna derecha se le paralice también a no tardar. El ojo derecho aparece fijo como un ojo de cristal. Ve con él, pero no puede moverlo. No doy ningún nombre de los leprosos. Quizá quienes les quisieron o conocieron nunca han sabido de qué horrible manera se han podrido en vida.

Mientras trabajo, charlo con Toussaint. Nadie más habla. Salvo una vez en que, cuando me disponía a coger algunas bisagras arrancadas de un mueble de la enfermería, para reforzar la sujeción de la quilla, uno de ellos dice:

—No las cojas todavía, déjalas ahí. Me he hecho un rasguño al arrancar una y hay sangre, aunque la he limpiado.

Un leproso las rocía con ron y prende fuego por dos veces:

—Ahora —dice aquel hombre— ya puedes usarlas.

Mientras trabajamos, Toussaint dice a un leproso:

—Tú que te has fugado varias veces, explícale bien a Papillon cómo debe actuar, puesto que ninguno de los tres se ha fugado antes.

El hombre nos explica:

—Esta tarde, la marea baja muy temprano. La bajamar comienza a las tres. A la caída de la noche, hacia las seis, tienes a favor una corriente que te llevará en menos de tres horas a cien kilómetros aproximadamente de la desembocadura. A las nueve tendrás que pararte. Has de esperar, bien amarrado a un árbol de la selva, las seis horas de marea alta, hasta las tres de la madrugada. Pero no salgas a esa hora, pues la corriente no se retira lo bastante deprisa. A las cuatro y media de la mañana, ponte en medio del río. Tienes una hora y media antes de que despunte el día, para hacer cincuenta kilómetros. En esa hora y media están todas tus posibilidades. Es necesario que a las seis, cuando salga el sol, te hagas a la mar. Aunque la bofia te vea, no puede perseguirte, pues llegaría al alfaque en el mismo momento que sube la marea. No podrán pasar y tú ya habrás traspuesto el banco de arena. En ese kilómetro de ventaja que debes tener cuando ellos te perciban va tu vida. Ahí no hay más que una vela, ¿qué tenías en la piragua?

—Una vela y un foque.

—Esa embarcación es pesada, puede aguantar dos foques, uno en trinquete desde la punta de la embarcación hasta el pie del mástil, y el otro inflado saliendo fuera de la punta de la lancha para levantar bien la proa. Sal a todo trapo, recto sobre las olas del mar, que siempre es gruesa en el estuario. Haz tumbar a tus amigos en el fondo de la canoa para estabilizarla mejor, y tú sujeta bien el gobernalle. No ates la soga que sujeta la vela a tu pierna, hazla pasar por la anilla que hay para eso en la embarcación y sujétala con una sola vuelta a tu muñeca. Si ves que la fuerza del viento aumenta el desplazamiento de una ola fuerte y que vas a escorar en el agua con peligro de zozobrar, suéltalo todo y, acto seguido, verás cómo tu embarcación recobra el equilibrio. Si ocurriese eso, no te pares, deja suelta la vela y sigue adelante, al viento, con el trinquete y el foque. Solo hasta que llegues a las aguas azules tendrás tiempo de hacer arriar la vela por el pequeño, bajarla a bordo y seguir adelante tras haberla vuelto a izar. ¿Conoces la derrota?

—No. Solo sé que Venezuela y Colombia están al noroeste.

—Así es, pero procura que las corrientes no te arrastren hacia la costa. La Guayana holandesa entrega a los evadidos; la Guayana inglesa, también. Trinidad no te entrega, pero te obliga a marchar al cabo de quince días. Venezuela te entrega, pero tras haberte puesto a trabajar en las carreteras un año o dos.

Escucho con toda atención. Me dice que, de vez en cuando, se va, pero como es leproso, lo devuelven enseguida. Confiesa no haber llegado nunca más allá de Georgetown, en la Guayana inglesa. Solo tiene lepra visible en los pies, que se le han quedado sin dedos. Va descalzo. Toussaint me pide que repita todo los consejos que el hombre me ha dado y lo hago sin equivocarme. En este momento, Juan sin Miedo pregunta:

—¿Cuánto tiempo se necesitará para llegar a alta mar?

Contesto:

—Durante tres días, pondré rumbo a nornordeste. Con la deriva, resultará nornorte, y, al cuarto día pondré rumbo noroeste, que equivaldría a pleno oeste.

—Bravo —dice el leproso—. Yo, la última vez, solo hice dos días de nordeste, así que fui a parar a la Guayana inglesa. Con tres días rumbo al norte, pasarás al norte de Trinidad o de Barbados, y, de golpe, habrás pasado por Venezuela sin darte cuenta, para tocar con Curaçao o Colombia.

Juan sin Miedo dice:

—Toussaint, ¿por cuánto le has vendido la embarcación?

—Por tres mil —dice Toussaint—. ¿Es caro?

—No, no lo digo por eso. Solo quería saberlo, nada más. ¿Puedes pagar, Papillon?

—Sí.

—¿Te quedará dinero?

—No, es todo cuanto tenemos, exactamente tres mil francos que lleva mi amigo Clousiot.

—Toussaint, te doy mi pistola —dice Juan sin Miedo—. Quiero ayudar a esos tipos. ¿Cuánto me das por ella?

—Mil francos —dice Toussaint—. Yo también quiero ayudarles.

—Gracias por todo dice Maturette, mirando a Juan sin Miedo.

—Gracias —dice también Clousiot.

Y yo, en este momento, me avergüenzo de haber mentido:

—No, no puedo aceptar eso de ti, no hay motivo.

Me mira y dice:

—Sí, hay una razón. Tres mil francos es mucho dinero y, sin embargo, a ese precio, Toussaint pierde al menos dos mil, pues os da una embarcación magnífica. No hay razón para que yo no haga también lo mismo por vosotros.

Entonces, ocurre algo conmovedor; el Lechuza deja un sombrero en el suelo, y he aquí que los leprosos echan billetes o monedas dentro. Salen leprosos de todas partes y todos ponen algo. Estoy sumamente avergonzado. ¡Pero no puedo decirles que todavía me queda dinero! ¿Qué puedo hacer, Dios mío? Es una infamia lo que estoy cometiendo ante tanta nobleza:

—¡Os lo ruego, no hagáis ese sacrificio!

Un negro de Tombuctú, completamente mutilado —tiene dos muñones en vez de manos, ni un solo dedo—, dice:

—El dinero no nos sirve para vivir. Acéptalo sin sonrojo. El dinero solo nos sirve para jugar o acostarnos con leprosas que, de vez en cuando, vienen de Albina.

Estas palabras me alivian y me impiden confesar que tengo dinero.

Los leprosos han cocido doscientos huevos. Los traen en una caja marcada con una cruz roja. Es la caja recibida por la mañana con los medicamentos del día. Traen también dos tortugas vivas de por lo menos treinta kilos cada una, bien atadas, tabaco en hojas y dos botellas llenas de fósforos y rascadores, un saco de por lo menos cincuenta kilos de arroz, dos sacos de carbón de leña, un «primus», el de la enfermería, y una bombona de gasolina. Toda esta mísera comunidad está conmovida por nuestro caso y todos quieren contribuir a nuestro éxito. Diríase que en esta fuga va la de ellos. Arrastramos la canoa hasta cerca del sitio donde llegamos. Ellos han contado el dinero del sombrero: ochocientos diez francos. Solo debo dar mil doscientos francos a Toussaint. Clousiot me entrega su estuche, lo abro delante de todo el mundo. Contiene un billete de mil y cuatro billetes de quinientos francos. Entrego a Toussaint mil quinientos francos, me devuelve trescientos y, luego, dice:

—Toma, quédate con la pistola, te la regalo. Os habéis jugado el todo por el todo, no vaya a ser que, en el último momento, por falta de un arma, se estropee el asunto. Espero que no tengas que usarla.

No sé cómo agradecérselo, a él en primer lugar, y a todos los demás después. El enfermero ha preparado una cajita con algodón, alcohol, aspirinas, vendas, yodo, unas tijeras y esparadrapo. Un leproso trae tablillas bien cepilladas y finas y dos vendas Velpeau en embalaje completamente nuevas. Me las ofrece con sencillez para que cambie las tablillas a Clousiot.

Sobre las cinco, se pone a llover. Juan sin Miedo me dice:

—Estáis de suerte. No hay peligro de que os vean, podéis marcharos enseguida y ganar una media hora larga. Así, estaréis más cerca de la desembocadura para seguir adelante a las cuatro y media de la mañana.

—¿Cómo sabré la hora que es? —le pregunto.

—La marea te lo dirá según suba o baje.

Botamos la canoa. No es como la piragua. Emerge del agua más de cuarenta centímetros, cargada con todo el material y nosotros tres. El mástil, envuelto en la vela, queda tumbado, pues no debemos ponerlo hasta la salida. Colocamos el gobernalle con su vástago de seguridad y la barra, más un cojín de bejucos para sentarme. Con las mantas, hemos habilitado un nido en el fondo de la canoa para Clousiot, quien no ha querido cambiarse el vendaje. Está a mis pies, entre el barril de agua y yo. Maturette se mete en el fondo, pero a proa. Enseguida, tengo una impresión de seguridad que nunca tuve con la piragua.

Sigue lloviendo. Tengo que bajar el río por el centro, pero un poco a la izquierda, del lado de la costa holandesa. Juan sin Miedo dice:

—¡Adiós, largaos pronto!

—¡Buena suerte! —dice Toussaint.

Y da un fuerte patadón a la canoa.

—Gracias, Toussaint; gracias, Juan. ¡Mil veces gracias a todos!

Y desaparecemos muy rápidamente, arrastrados por la corriente de la bajamar que hace dos horas que empezó y va a una velocidad increíble.

Sigue lloviendo, no vemos a diez metros de nosotros. Como hay dos islitas más abajo, Maturette se asoma a proa y mantiene fija la mirada ante nosotros para evitar que encallemos. Ha caído la noche. Un grueso árbol que desciende el río con nosotros, por suerte demasiado despacio, nos obstaculiza un momento con sus ramas. Nos desprendemos enseguida de él y continuamos bajando a treinta por hora por lo menos. Fumamos, bebemos ron. Los leprosos nos han dado seis botellas de chianti de esas que van envueltas en paja, pero llenas de ron. Cosa rara, ninguno de nosotros habla de las horrendas lesiones que hemos visto en los leprosos. Un tema único de conversación: su bondad, su generosidad, su rectitud; la suerte que tuvimos de encontrar al bretón de la máscara, que nos llevó a la isla de las Palomas. La lluvia cada vez arrecia más, estoy calado hasta los huesos, pero estas blusas de lana son tan buenas que, aun estando empapadas, abrigan. No tenemos frío. Solo la mano que maneja el gobernalle se anquilosa bajo la lluvia.

—En estos momentos —dice Maturette—, bajamos a más de cuarenta por hora. ¿Cuánto tiempo crees que hace que hemos salido?

—Te lo diré —dijo Clousiot—. Aguarda un poco. Tres horas y quince minutos.

—¿Estás loco? ¿Cómo lo sabes?

—Desde que salimos he contado trescientos segundos y cada vez he cortado un trocito de cartón. Tengo treinta y nueve cartoncitos. A cinco minutos cada uno, hace tres horas y un cuarto que bajamos el río. Si no me he equivocado, dentro de quince o veinte minutos ya no bajaremos, nos iremos por donde hemos venido.

Empujo la barra del gobernalle a la derecha para coger el río al sesgo y acercarme a la margen del lado de la Guayana holandesa. Antes de chocar con la maleza, la corriente ha cesado. Ya no bajamos ni subimos. Sigue lloviendo. Ya no fumamos, ya no hablamos.

Murmuro:

—Coge la pagaya y rema.

Yo remo también, sujetando la barra bajo mi muslo izquierdo. Despacio, avanzamos por la maleza, tiramos de las ramas y nos resguardamos debajo. Estamos en la oscuridad producida por la vegetación. El río es gris, cubierto de niebla. Resultaría imposible decir, de no fiarse del flujo y el reflujo, dónde está el mar y dónde el interior del río.

LA GRAN MARCHA

La marea alta durará seis horas. Añadiéndole una hora y media que se debe esperar de bajamar, puedo dormir siete horas, a pesar de que estoy muy excitado. Tengo que dormir, pues una vez en la mar, ¿cuándo podré hacerlo? Me echo entre el barril y el mástil, Maturette pone una manta como techo entre el banco y el barril y, bien resguardado, duermo. Nada en absoluto viene a perturbar este sueño de plomo, ni pesadillas, ni lluvia, ni mala postura alguna. Duermo, duermo hasta que Maturette me despierta:

—Papi, creemos que ya es hora, o casi. Hace rato que ha comenzado la bajamar.

La embarcación está vuelta hacia el mar y la corriente discurre muy deprisa bajo mis dedos. Ya no llueve. Un cuarto de luna nos permite ver con toda claridad, a cien metros delante de nosotros, el río que arrastra hierbas, árboles, formas oscuras. Intento distinguir la demarcación entre río y mar. Donde estamos no hace viento. ¿Lo hará en medio del río? ¿Será fuerte? Salimos de la maleza, pero con la canoa todavía amarrada a una gruesa raíz por un nudo corredizo. Mirando al cielo, consigo percibir la costa, el final del río, el comienzo del mar. Hemos bajado más de lo que creíamos y tengo la impresión de que estamos a menos de diez kilómetros de la desembocadura. Nos bebemos un buen trago de ron. Consulto: ¿ponemos el mástil aquí? Sí, lo alzamos y queda bien calado en el fondo de la quilla y en el agujero del banco. Izo la vela sin desplegarla, enrollada en torno al mástil. El trinquete y el foque están listos para ser izados por Maturette cuando yo lo crea necesario. Para hacer funcionar la vela, solo hay que aflojar la soga que la sujeta al mástil, maniobra que realizaré desde mi puesto. A proa, Maturette con una pagaya, yo a popa con la otra. Hay que apartarse bruscamente y muy deprisa de la orilla adonde nos empuja la corriente.

—Atención. ¡Adelante y que Dios nos ampare!

—Que Dios nos ampare —repite Clousiot.

—En tus manos me confío —dice Maturette.

Y arrancamos. Bien conjuntados, hendimos el agua con las pagayas. Yo la muevo bien, con fuerza, y Maturette no me anda a la zaga. Despegamos fácilmente. Apenas nos hemos apartado veinte metros con relación a la orilla, cuando ya hemos bajado cien con la corriente. De golpe, el viento se hace sentir y nos empuja hacia el centro del río.

—¡Iza el trinquete y el foque, bien amarrados los dos!

El viento se precipita en ellos y la embarcación, como un caballo, se encabrita, deslizándose como una flecha. Debe de ser más tarde de la hora prevista, pues, de pronto, el río se ilumina como en pleno día. A nuestra derecha, la costa francesa se distingue fácilmente a casi dos kilómetros y, a nuestra izquierda, a un kilómetro, la costa holandesa. Frente a nosotros, muy visibles, las blancas cabrillas del oleaje.

—¡Maldita sea! Nos hemos equivocado de hora —dice Clousiot—. ¿Crees que tendremos tiempo de salir?

—No lo sé.

—¡Fíjate qué altas son las olas y blancas las crestas! ¿Habrá empezado ya la pleamar?

—Imposible, yo veo cosas que bajan.

—No vamos a poder salir, no llegaremos a tiempo —dice Maturette.

—Cierra el pico y quédate sentado al lado de las jarcias del foque y del trinquete. ¡Tú también, Clousiot, cállate!

Pa-cum... Pa-cum... Nos tiran con carabina. El segundo disparo lo localizo claramente. No son en absoluto de los guardianes, proceden de la Guayana holandesa. Izo la vela, que se infla tan fuerte que por poco me arrastra tirándome de la muñeca. La embarcación se inclina más de cuarenta y cinco grados. Recojo todo el viento posible, no es difícil, hay de sobra. Pa-cum, pa-cum, pa-cum, y luego nada más. La corriente nos lleva más hacia el lado francés que el holandés, y seguramente por eso los tiros han cesado.

Navegamos a una velocidad vertiginosa con un viento a todo meter. Vamos tan deprisa que me veo lanzado en medio del estuario, de tal manera que dentro de pocos minutos tocaremos la orilla francesa. Se ve con toda claridad hombres que corren hacia la orilla. Viro suavemente, lo más despacio posible, tirando con todas mis fuerzas de la soga de la vela. Queda recta frente a mí, el foque vira solo y el trinquete también. La embarcación gira de tres cuartos, suelto la vela y salimos del estuario viento en popa. ¡Uf! ¡Ya está! Diez minutos después, la primera ola de mar trata de cortarnos el paso, la remontamos fácilmente, y el chap-chap que hacía la embarcación en el río se transforma en tac-tac-tac. Salvamos esas olas, altas sin embargo, con la facilidad de un chiquillo que juega a la piola. Tac-tac-tac, la embarcación sube y baja las olas sin vibraciones ni sacudidas. Solo el tac de su quilla que golpea el mar al recaer de la ola.

—¡Hurra! ¡Hurra! ¡Hemos salido! —grita a voz en cuello Clousiot.

Y para iluminar esa victoria de nuestra energía sobre los elementos, Dios nos envía una deslumbrante salida de sol. Las olas se suceden todas con igual ritmo. Menguan de altura a medida que nos adentramos en el mar. El agua es sucia, cenagosa. Enfrente, al norte, se la ve negra; más tarde, será azul. No necesito mirar la brújula: con el sol a mi hombro derecho, avanzo en línea recta, viento en popa, pero con la embarcación menos escorada, pues he largado soga a la vela que está medio inflada, pero sin quedar tensa. Comienza la gran aventura.

Clousiot se incorpora. Quiere sacar la cabeza y el cuerpo para ver mejor. Maturette le ayuda a sentarse frente a mí, adosado al barril, me lía un cigarrillo, lo enciende, me lo pasa y fumamos los tres.

—Pásame la tafia para mojar esta salida —dice Clousiot.

Maturette echa una buena ración en tres vasos de metal y brindamos. Maturette está sentado a mi lado, a la izquierda; nos miramos. Las caras de mis dos compañeros resplandecen de dicha, la mía debe de estar igual. Entonces, Clousiot me dice:

—Capitán, ¿adónde se dirige, por favor?

—A Colombia, si Dios quiere.

—Dios lo querrá, ¡por todos los santos! —dice Clousiot.

El sol se eleva rápidamente y las ropas no tardan en secarse. La camisa del hospital es transformada en un albornoz de estilo árabe. Mojada, mantiene fresca la cabeza y evita que pillemos una insolación. El mar es de un azul de ópalo, las olas tienen tres metros y son muy largas, lo cual ayuda a viajar con comodidad. El viento se mantiene fuerte y nos alejamos rápidamente de la costa que, de vez en cuando, veo difuminarse en el horizonte. Esa masa verde, cuanto más nos alejamos de ella, tanto más nos revela los secretos de su ornamentación. Mientras miro detrás de mí, una ola mal tomada me llama al orden y también a mi responsabilidad respecto a la vida de mis camaradas y de la mía.

—Voy a cocer arroz —dice Maturette.

—Yo sostendré el hornillo —dice Clousiot—, y tú, la olla.

La bombona de gasolina está bien calzada, en la proa, donde está prohibido fumar. El arroz con tocino huele muy bien. Lo comemos calentito, acompañado de dos latas de sardinas. A eso añadimos un buen café.

—¿Un traguito de ron?

Rehúso, hace demasiado calor. Por lo demás, no soy muy bebedor. Clousiot, a cada momento, me lía pitillos y me los enciende. La primera comida a bordo ha ido bien. Por la posición del sol, suponemos que son las diez de la mañana. Llevamos solamente cinco horas en alta mar y, sin embargo, se siente que debajo de nosotros el agua es muy profunda. Las olas han menguado de altura y avanzamos cortándolas sin que la canoa golpee. Hace un día maravilloso. Me doy cuenta de que de día no se necesita tanto la brújula. De vez en cuando, sitúo el sol con relación a la aguja y me guío por él; resulta muy fácil. La reverberación del sol me lastima los ojos. Siento no haber pensado en hacerme con unas gafas oscuras.

De repente, me dice Clousiot:

—¡Qué suerte he tenido de encontrarte en el hospital!

—No eres el único; también yo he tenido suerte de que hayas venido.

Pienso en Dega, en Fernández... Si hubiesen dicho «sí», estarían aquí con nosotros.

—No creas —dice Clousiot—. Hubieses tenido complicaciones para tener al árabe a la hora conveniente a tu disposición en la sala.

—Sí, Maturette nos ha sido muy útil y me felicito de haberle traído, porque es muy fiel, animoso y diestro.

—Gracias —dice Maturette—, y gracias a vosotros dos por haber tenido, pese a mi poca edad y a lo que soy, confianza en mí. Haré lo necesario para estar siempre a la altura.

Luego, digo:

—Y François Sierra, a quien tanto me habría gustado tener aquí, así como a Galgani...

—Tal como se pusieron las cosas, Papillon, no era posible. Si Jésus hubiese sido un hombre correcto y nos hubiese proporcionado una buena embarcación, habríamos podido esperarles en el escondite, Jésus hacerles evadir y traérnoslos. En fin, te conocen y saben perfectamente que, si no les hiciste buscar, es porque era imposible.

—A propósito, Maturette, ¿cómo es que estabas en aquella sala de gente tan peligrosa en el hospital?

—No sabía que era internado. Fui a la visita porque me dolía la garganta y para pasearme, y el doctor, cuando me vio, me dijo: «Veo en tu ficha que vas internado a las Islas. ¿Por qué?». «No lo sé, doctor. ¿Qué es eso de *internado*?» «Bueno, nada. Al hospital.» Y me encontré hospitalizado, esto es todo.

—Quiso hacerte un favor —dice Clousiot.

—Vete a saber por qué lo hizo. Ahora, debe decirse: «Mi protegido, con su pinta de monaguillo, no era tan bobo, puesto que se ha dado el piro».

Hablamos de tonterías. Digo:

—¡Quién sabe si encontraremos a Julot, el Hombre del Martillo! Debe de estar lejos, a menos que siga escondido en la selva.

—Yo, al marcharme —dice Clousiot—, dejé una nota en la almohada: «Se fue sin dejar señas».

Todos nos echamos a reír.

Navegamos durante cinco días sin novedad. De día, el sol por su trayectoria este-oeste me sirve de brújula. De noche, uso la brújula. El sexto día, por la mañana, nos saluda un sol resplandeciente, el mar se ha encalmado de repente, peces voladores pasan cerca de nosotros. Estoy exhausto. Esta noche, para impedir que me durmiese, Maturette me pasaba por la cara un trapo empapado en agua de mar y, a pesar de ello, me adormilaba. Entonces, Clousiot me quemaba con su cigarrillo. Como hay calma chicha, he decidido dormir. Arriamos la vela y el foque, dejando tan solo el trinquete, y duermo como un tronco en el fondo de la canoa, bien resguardado del sol por la vela, tendida sobre mí. Me despierto zarandeado por Maturette, quien me dice:

—Es mediodía o la una, pero te despierto porque el viento refresca y el horizonte, de donde sopla el viento, está oscuro.

Me levanto y ocupo mi puesto. Solo está izado el foque y nos hace deslizar sobre el mar terso. Detrás de mí, al este, todo es oscuro y el viento refresca cada vez más. El trinquete y el foque bastan para impeler la embarcación muy rápidamente. Hago sujetar bien la vela enrollada en el palo.

—Agarraos bien, pues, por lo visto, se acerca un temporal.

Gordas gotas empiezan a caer encima de nosotros. Esa oscuridad que se aproxima a una velocidad vertiginosa, en menos de un cuarto de hora llega del horizonte hasta muy cerca de nosotros. Ya está, ya llega, un viento de violencia inaudita nos embiste. Las olas, como por arte de encantamiento, se forman a una velocidad increíble, crestadas de espuma. El sol está tapado por completo, llueve a torrentes, no se ve nada y las olas, al romper en la embarcación, me mandan rociadas que me azotan la cara. Es la tempestad, mi primera tempestad, con toda la charanga de la Naturaleza desatada, truenos, relámpagos, lluvia, oleaje, el ulular del viento que ruge sobre y en torno a nosotros.

La canoa, llevada como una brizna de paja, sube y baja a alturas increíbles y a abismos tan profundos que tenemos la impresión de que no saldremos del trance. Sin embargo, pese a esas zambullidas fantásticas, la embarcación trepa, salva otra cresta de ola y pasa, pasa siempre. Sostengo la barra con ambas manos y, creyendo que conviene resistir un poco una ola más alta que veo acercarse, cuando apunto para cortarla, embarco una gran cantidad de agua. Toda la canoa queda inundada. Debe de haber más de setenta y cinco centímetros de agua. Nerviosamente, sin querer, me atravieso a una ola, lo cual es sumamente peligroso, y la canoa queda tan escorada, a punto de volcar, que por sí sola echa gran parte del agua que había embarcado.

—¡Bravo! —grita Clousiot—. ¡Sabes lo que te haces, Papillon! Pronto has achicado la canoa.

—¡Sí, ya lo has visto! —digo.

¡Si supiese que por mi falta de experiencia hemos estado a punto de irnos a pique zozobrando en alta mar! Decido no volver a luchar contra el curso de las olas, ya no me preocupo de la dirección, trato simplemente de mantener la canoa en el máximo equilibrio posible. Tomo las olas al sesgo, bajo deliberadamente al fondo con ellas y subo con el mismo mar. No tardo en percatarme de la importancia de mi descubrimiento, pues así he suprimido el noventa por ciento de posibilidades de peligro. La lluvia cesa, el viento sigue soplando rabiosamente, pero ahora puedo ver delante y detrás de mí. Detrás, hay claridad; delante, oscuridad; estamos en medio de ambos extremos.

Hacia las cinco, todo ha terminado. El sol brilla de nuevo sobre nosotros; el viento es normal; las olas, menos altas. Izo la vela y seguimos navegando, contentos de nosotros mismos. Con cazuelas, mis dos compañeros han achicado el agua que quedaba en la canoa. Sacamos las mantas: atadas al palo, el viento no tardará en secarlas. Arroz, harina, aceite, café doble y un buen trago de ron. El sol está a punto de ponerse, iluminando con todas sus luces este mar azul en un cuadro inolvidable: el cielo es todo rojo oscuro; el sol, sumido en parte en el mar, proyecta grandes lenguas amarillas, tanto hacia el cielo y sus pocas nubes blancas, como hacia el mar; las olas, cuando suben, son azules en el fondo, verdes después, y la cresta, roja, rosa o amarilla según el color del rayo que bate en ella. Me invade una paz de una dulzura poco común y con la paz, la sensación de que puedo tener confianza en mí. He salido airoso y la breve tempestad me ha sido muy útil. Solo, he aprendido a maniobrar en esos casos. Afrontaré la noche con completa serenidad.

—Entonces, Clousiot, ¿te has fijado en mi truco para achicar la embarcación?

—Amigo mío, si no llegas a hacer eso y se nos hubiese echado encima otra ola de través, nos habríamos ido a pique. Eres un campeón.

—¿Has aprendido todo eso en la Armada? —pregunta Maturette.

—Sí; como ves, sirven de algo las lecciones de la Marina de Guerra.

Debemos haber derivado mucho. Vaya uno a saber, con un viento y oleaje así, cuánto hemos derivado en cuatro horas. Decido dirigirme al noroeste para rectificar; sí, eso es. La noche cae de repente tan pronto el sol ha desaparecido en el mar lanzando los últimos destellos, esta vez morados, de su fuego de artificio.

Durante seis días más, navegamos sin novedad, aparte de algunos atisbos de tempestad y de lluvia que nunca han rebasado tres horas de duración ni la eternidad de la primera tormenta. Son las diez de la mañana. Ni pizca de viento, una calma chicha. Duermo casi cuatro horas. Cuando despierto, los labios me abrasan. Ya no tienen piel, como tampoco la nariz. También mi mano derecha está despellejada, en carne viva. A Maturette le pasa igual, así como a Clousiot. Nos ponemos aceite dos veces al día en la cara y las manos, pero no basta: el sol de los trópicos enseguida lo seca.

Por la posición del sol, deben de ser las dos de la tarde. Como y, luego, como hay calma chicha, nos hacemos sombra con la vela. Acuden peces en torno a la embarcación en el sitio donde Maturette ha lavado los cacharros. Cojo el machete y digo a Maturette que eche algunos granos de arroz que, por lo demás, desde que se mojó, empieza a fermentar. Los peces se agrupan donde cae el arroz a flor de agua y, cuando uno de ellos tiene la cabeza casi fuera, le doy un machetazo y se queda tieso panza arriba. Lo limpiamos y lo hervimos con agua y sal. Por la noche, nos lo comemos con harina de mandioca.

Hace once días que nos hicimos a la mar. Durante todo ese tiempo solo hemos visto un barco muy lejos en el horizonte. Empiezo a preguntarme dónde demonios estamos. En alta mar, sin duda, pero ¿en qué posición con respecto a Trinidad o cualesquiera de las islas inglesas? Cuando se habla del lobo... En efecto, delante de nosotros, un punto negro que, poco a poco, aumenta de tamaño. ¿Será un barco o una chalupa de alta mar? Es un error, no venía hacia nosotros. Es un barco, se le distingue bien, ahora. Se acerca, es cierto, pero sesgado, su derrota no le conduce hacia nosotros. Como no hace viento, nuestro velamen cuelga lastimosamente, y el barco, con seguridad, no nos ha visto. De repente, el aullido de una sirena; luego, tres toques; después, cambia de rumbo y, entonces, viene recto sobre nosotros.

—Con tal de que no se acerque demasiado —dice Clousiot.

—No hay peligro, el mar es una balsa de aceite.

Es un petrolero. Cuanto más se acerca, tanta más gente se distingue en cubierta. Deberán preguntarse qué demonios están haciendo esos tipos en su cascarón de nuez, en alta mar. Se aproxima despacio, ahora distinguimos perfectamente a los oficiales de a bordo y a otros tripulantes, como al cocinero. Luego, vemos llegar a cubierta mujeres con vestidos abigarrados y hombres con camisas de colorines. Debe de tratarse de pasajeros. Pasajeros en un petrolero, me parece raro. El petrolero se acerca despacio y el capitán nos habla en inglés.

—*Where are you coming from?*

—*French Guyane.**

—¿Habla usted francés? —pregunta una mujer.

—Sí, señora.

—¿Qué hacen en alta mar?

—Vamos hacia donde Dios nos lleva.

La señora habla con el capitán y dice:

—El capitán les pide que suban a bordo, mandará izar su pequeña embarcación.

—Dígale que se lo agradecemos, pero que estamos muy bien en nuestra embarcación.

—¿Por qué no quieren ayuda?

—Porque somos fugitivos y no vamos en su dirección.

—¿Adónde van?

—A la Martinica y más allá. ¿Dónde estamos?

—En alta mar.

* ¿De dónde vienen ustedes? / De la Guayana francesa.

—¿Cuál es la ruta para arribar a las Antillas?

—¿Sabe usted leer una carta marina inglesa?

—Sí.

Un momento después, con una soga, nos bajan una carta inglesa, cartones de cigarrillos, pan y una pierna de carnero asada.

—¡Fíjese en la carta!

Miro y digo:

—Debo hacer oeste un cuarto sur para encontrar las Antillas inglesas, ¿no es así?

—Sí.

—¿Cuántas millas, aproximadamente?

—Dentro de dos días estarán allí —dice el capitán.

—¡Hasta la vista, gracias a todos!

—¡El comandante de abordo le felicita por su valor de marino!

—¡Gracias, adiós!

Y el petrolero se va despacio, casi rozándonos. Me aparto de él por temor al remolino de las hélices y, en este momento, un marino me echa una gorra de marino. Cae en el centro mismo de la canoa, y será tocado con esta gorra, que tiene un galón dorado y un ancla, como, dos días después, arribaremos a Trinidad sin novedad.

TRINIDAD

Las aves nos han anunciado la proximidad de la tierra mucho antes de haberla avistado. Son las siete y media de la mañana cuando acuden a girar a nuestro alrededor. ¡Llegamos, macho! ¡Llegamos! ¡Hemos salido bien de la primera parte de la fuga, la más difícil! ¡Viva la libertad!

Cada uno de nosotros exterioriza su alegría con exclamaciones pueriles. Tenemos las caras embadurnadas de manteca de cacao que, para aliviar nuestras quemaduras, nos regalaron en el barco que encontramos. Alrededor de las nueve, avistamos tierra. Un viento fresco, aunque suave, nos lleva a buena velocidad por una mar poco agitada. Hasta las cuatro de la tarde aproximadamente, no percibimos los detalles de una isla alargada, bordeada por pequeñas aglomeraciones de casitas blancas, cuya cima está llena de cocoteros. Todavía no se puede distinguir si verdaderamente es una isla o una península, como tampoco si las casas están habitadas o no. Habrá de pasar más de una hora aún para que distingamos gentes que corren hacia la playa en dirección de la cual nos dirigimos. En menos de veinte minutos, se ha reunido una abigarrada multitud. Los habitantes de esta aldea han acudido como un solo hombre a la playa para recibirnos. Más tarde, sabremos que se llama San Fernando.

A trescientos metros de la costa, echo el ancla, que enseguida se engancha. Por una parte, lo hago para ver la reacción de esas gentes, y también para no romper mi embarcación cuando vaya a varar, si el fondo es de coral. Arriamos las velas y esperamos. Un pequeño bote viene hacia nosotros. A bordo, dos negros que reman y un blanco tocado con casco colonial.

—Bienvenidos a Trinidad —dice en puro francés el blanco. Los negros se ríen enseñando todos los dientes.

—Gracias, señor, por sus amables palabras. ¿El fondo de la playa es de coral o de arena?

—Es de arena, puede usted ir sin peligro hasta la playa.

Levamos el ancla y, despacio, el oleaje nos empuja hasta la playa. Apenas arribamos, cuando diez hombres entran en el agua y, de un tirón, varan la canoa. Nos miran, nos tocan con ademanes acariciadores, las mujeres negras o culis, o hindúes nos invitan con gestos. Todo el mundo quiere tenernos en casa, según me explica en francés el blanco. Maturette recoge un puñado de arena y se la lleva a la boca para besarla. Es el delirio. El blanco, a quien he hablado del estado de Clousiot, le hace llevar a su casa, muy próxima a la playa. Nos dice que podemos dejarlo todo hasta mañana en la canoa, que nadie tocará nada. Todo el mundo me llama *captain*, me río de este bautismo. Todos me dicen: «*Good captain, long ride on small boat!*».*

Anochece y, tras haber pedido que pongan la embarcación un poco más lejos y haberla amarrado a otra mucho mayor que está varada en la playa, sigo al inglés hasta su casa. Es un bungalow como pueden verse en toda tierra inglesa; unos cuantos peldaños de madera, una puerta metálica. Entro detrás del inglés, Maturette me sigue. Al entrar, sentado en un sillón, con su pierna herida sobre una silla, veo a Clousiot, quien se pavonea rodeado por una señora y una chica.

—Mi mujer y mi hija —me dice el caballero—. Tengo un hijo que estudia en Inglaterra.

—Sean bienvenidos a esta casa —dice la señora, en francés.

* Buen capitán, larga travesía en pequeña embarcación.

—Siéntense, caballeros dice la muchacha, acercándonos dos sillones de mimbre.

—Gracias, señoras, no se molesten tanto por nosotros.

—¿Por qué? Sabemos de dónde vienen ustedes, pueden estar tranquilos y, se lo repito: sean bienvenidos a esta casa.

El señor es abogado, se llama *Master* Bowen, tiene su bufete en la capital, a cuarenta kilómetros, en Port of Spain, capital de Trinidad. Nos traen té con leche, tostadas, mantequilla, confitura. Fue nuestra primera velada de hombres libres, nunca la olvidaré. Ni una palabra del pasado, ninguna pregunta indiscreta, solamente cuántos días hemos pasado en el mar y cómo nos ha ido el viaje; si Clousiot padecía mucho y si deseábamos que avisasen a la policía al día siguiente o esperar un día antes de avisarla; si vivían nuestros padres, o si teníamos mujer e hijos. Si deseábamos escribirles, ellos echarían las cartas a Correos. ¿Cómo decirlo?: un recibimiento excepcional, tanto del pueblo en la playa como de aquella familia llena de indescriptibles atenciones para con tres fugitivos.

Master Bowen consulta por teléfono a un médico, quien le dice que le mande el enfermo a su clínica mañana por la tarde para hacerle una radiografía y demás. *Master* Bowen telefonea a Port of Spain, al comandante del Ejército de Salvación. Este dice que nos preparará una habitación en el hotel del Ejército de Salvación, que vayamos cuando queramos, que guardemos bien nuestra embarcación si es buena, pues la necesitaremos para seguir el viaje. Pregunta si somos presidiarios o relegados, le contestan que somos presidiarios. Al abogado parece gustarle que seamos presidiarios.

—¿Quieren ustedes tomar un baño y afeitarse? —me pregunta la muchacha—. Sobre todo, no digan que no, no nos molesta en absoluto. En el cuarto de baño, encontrarán ropas que, por lo menos así lo espero, les irán bien.

Paso al cuarto de baño, me baño, me afeito y salgo bien peinado, con un pantalón gris, camisa blanca, zapatos de tenis y calcetines blancos.

Un hindú llama a la puerta, trae un paquete bajo el brazo y se lo entrega a Maturette diciéndole que el letrado ha notado que yo era más o menos de la misma talla que el abogado y que no costaba nada vestirme, pero que para el pequeño Maturette no podía encontrar prendas adecuadas, pues nadie, en casa del abogado, tenía su corta estatura. Se inclina, como hacen los musulmanes, ante nosotros, y se retira. Ante tanta bondad, ¿qué puedo decir? La emoción que me henchía el pecho es indescriptible. Clousiot fue el primero en acostarse. Luego, nosotros cinco cambiamos abundantes impresiones sobre diferentes cosas. Lo que más intrigaba a aquellas encantadoras mujeres era qué pensábamos hacer para reconstruirnos una existencia. Nada del pasado, todo sobre el presente y el futuro. *Master* Bowen lamentaba que en la isla de Trinidad no se acepte el afincamiento de evadidos. Me explicó que él había solicitado repetidas veces la derogación de esa medida, pero que jamás le hicieron caso.

La muchacha habla un francés muy puro, como el padre, sin acento ni defecto de pronunciación alguno. Es rubia, pecosa, y tiene de diecisiete a veinte años, no me he atrevido a preguntarle la edad. Dice:

—Son ustedes muy jóvenes y la vida les espera, no sé lo que habrán hecho para ser condenados ni quiero saberlo, pero haber tenido el valor de hacerse a la mar en una embarcación tan pequeña para un viaje tan largo y peligroso, denota que están dispuestos a jugárselo todo para ser libres y eso es digno de mérito.

Hemos dormido hasta las ocho de la mañana. Al levantarnos encontramos la mesa puesta. Las dos damas nos dicen con toda naturalidad que *Master* Bowen se ha ido a Port of Spain y que no volverá hasta la tarde con las informaciones necesarias para actuar en favor nuestro.

Ese hombre que abandona su casa con tres presidiarios evadidos dentro nos da una lección sin par, como queriendo decirnos: «Sois seres normales; fijaos si tengo confianza en vosotros, que os dejo solos en mi casa al lado de mi mujer y de mi hija». Esta manera tácita de decirnos: «He visto, tras haber conversado con vosotros tres, a seres perfectamente dignos de confianza, hasta el punto de que, no dudando que no podréis ni de hecho, ni de gesto, ni de palabra comportaros mal en mi casa, os dejo en mi hogar como si fueseis viejos amigos», esta manifestación, digo, nos ha conmovido mucho.

No soy ningún intelectual que pueda describir, lector —si algún día este libro tiene lectores—, con la intensidad necesaria, con suficiente inspiración, la emoción, la formidable impresión de respeto de nosotros mismos, no de una rehabilitación, sino de una nueva vida. Ese bautismo imaginario, ese baño de pureza, esa elevación de mi ser por encima del fango en el que me encontraba encenagado, esa manera de ponerme frente a una responsabilidad real así de pronto, acaban de hacer, de una manera tan simple, otro hombre de mí, hasta el punto de que ese complejo de presidiario que incluso cuando uno está libre oye sus grilletes y cree en todo instante que alguien le vigila, que todo cuanto ha visto, pasado y aguantado, todo lo que ha sufrido, todo lo que me conducía a ser un hombre tarado, corrompido, peligroso en todos los momentos, pasivamente obediente en la superficie y tremendamente peligroso en su rebeldía, todo eso ha desaparecido como por ensalmo. ¡Gracias, *Master* Bowen, abogado de Su Majestad, gracias por haber hecho de mí otro hombre en tan poco tiempo!

La rubísima muchacha de ojos tan azules como el mar que nos rodea está sentada conmigo bajo los cocoteros de la casa de su padre. Buganvillas rojas, amarillas y malva en flor dan a este jardín la pincelada de poesía que este instante requiere.

—Monsieur Henri —me llama señor. ¡Cuánto tiempo hace que no me han llamado señor!—, como papá le dijo ayer, una incomprensión injusta de las autoridades inglesas hace que, desgraciadamente, no puedan ustedes quedarse aquí. Solo les conceden quince días para que descansen y vuelvan a hacerse a la mar. Por la mañana temprano, he ido a ver su embarcación; es muy ligera y muy pequeña para el viaje tan largo que les aguarda. Esperemos que lleguen ustedes a una nación más hospitalaria y más comprensiva que la nuestra. Todas las islas inglesas tienen la misma forma de obrar en estos casos. Le pido, si en ese futuro viaje sufren ustedes mucho, que no guarden rencor al pueblo que habita en estas islas; no es responsable de esa forma de ver las cosas, son órdenes de Inglaterra, que emanan de personas que no les conocen a ustedes. La dirección de papá es 101, Queen Street, Port of Spain, Trinidad. Le pido, si Dios quiere que pueda hacerlo, que nos escriba unas letras para que sepamos qué ha sido de ustedes.

Estoy tan emocionado que no sé qué responder. Mrs. Bowen se acerca a nosotros. Es una hermosísima mujer de unos cuarenta años, rubia castaña, ojos verdes. Lleva un vestido blanco muy sencillo, ceñido por un cordón blanco, y calza sandalias verde claro.

—Señor, mi marido no vendrá hasta las cinco. Está tratando de conseguir que vayan ustedes sin escolta policíaca, en su coche, a la capital. También pretende evitarles que tengan que pasar la primera noche en la Comisaría de Policía de Port of Spain. Su amigo herido irá directamente a la clínica de un médico amigo, y ustedes dos, al hotel del Ejército de Salvación.

Maturette viene a reunirse con nosotros en el jardín. Ha ido a ver la embarcación que está rodeada, nos dice, de curiosos. No ha sido tocado nada. Examinando la canoa, los curiosos han encontrado una bala incrustada sobre el gobernalle, y alguien le ha pedido permiso para quitarla como recuerdo. Ha respondido: «*Captain, captain*». El hindú ha comprendido que era necesario pedírselo al capitán, y le ha dicho: «¿Por qué no dejan en libertad a las tortugas?».

—¿Tiene usted tortugas? —pregunta la muchacha—. Vamos a verlas:

Nos vamos hacia la embarcación. En el camino, una encantadora pequeña hindú me ha cogido de la mano sin más.

«*Good afternoon* (buenas tardes)», dice todo ese gentío abigarrado. Saco las dos tortugas.

—¿Qué hacemos? ¿Las echamos al mar? ¿O bien las quiere usted para su jardín?

—El estanque del fondo es de agua de mar. Las meteremos en ese estanque, así tendré un recuerdo de ustedes.

—Conforme.

Reparto entre las personas que están aquí todo cuanto hay en la canoa, salvo la brújula, el tabaco, el barril, el cuchillo, el machete, el hacha, las mantas y la pistola que oculto entre las mantas y que nadie ha visto.

A las cinco llega *Master* Bowen:

—Señores, todo está arreglado. Les llevaré personalmente a la ciudad. Primero, dejaremos al herido en la clínica y, luego, iremos al hotel.

Acomodamos a Clousiot en el asiento trasero del coche. Yo le estoy dando las gracias a la muchacha, cuando llega su madre con una maleta en la mano y nos dice:

—Le ruego que acepte unas ropas de mi marido.

¿Qué cabe decir ante tanta humana bondad?

—Gracias, infinitas gracias.

Y nos vamos en el coche, que tiene el volante a la derecha. A las seis menos cuarto, llegamos a la clínica. Se llama San Jorge. Unos enfermeros ponen a Clousiot sobre una camilla en una sala donde un hindú está sentado en su cama. Llega el doctor, da la mano a Bowen y, después, a nosotros. No habla francés, pero nos hace decir que Clousiot será bien atendido y que podemos venir a verle siempre que queramos. Con el coche de Bowen cruzamos la ciudad. Estamos maravillados de verla iluminada, con sus automóviles, sus bicicletas. Blancos, negros, amarillos, hindúes, culis caminan juntos por las aceras de esta ciudad totalmente de madera que es Port of Spain. Cuando llegamos al hotel del Ejército de Salvación, un edificio cuya planta baja es de piedra y el resto de madera, bien situado en una plaza iluminada donde leo *fish Market* (Mercado del Pescado), el capitán del Ejército de Salvación nos recibe en compañía de todo su estado mayor, mujeres y hombres. Habla un poco de francés, todo el mundo nos dirige palabras en inglés, que no comprendemos, pero los semblantes son tan risueños, las miradas tan acogedoras, que sabemos que nos dicen cosas amables.

Nos conducen a una habitación del segundo piso, de tres camas —la tercera, prevista para Clousiot—, un cuarto de baño contiguo a la habitación, con jabón y toallas a nuestra disposición. Tras habernos indicado nuestra habitación, el capitán nos dice:

—Si quieren ustedes comer, se cena en común a las siete, es decir, dentro de media hora.

—No, no tenemos apetito.

—Si quieren pasearse por la ciudad, tomen estos dos dólares antillanos para tomar café o té, o un helado. Sobre todo, no se extravíen. Cuando quieran volver, les bastará con preguntar el camino con estas palabras tan solo: «*Salvation Army, please?*».

Diez minutos después, estamos en la calle, andamos por las aceras, nos codeamos con personas, nadie nos mira, nadie se fija en nosotros, respiramos profundamente, saboreando con emoción esos primeros pasos de hombre libre en una ciudad. Esa continua confianza de dejarnos libres en una ciudad bastante grande nos reconforta y no solo nos da confianza en nosotros mismos, sino también la perfecta conciencia de que es imposible que traicionemos esa fe que ha sido puesta en nosotros. Maturette y yo caminamos despacio en medio del gentío. Necesitamos estar entre personas, ser empujados, asimilarnos a ellas para formar parte de ellas. Entramos en un bar y pedimos cerveza. Parece poca cosa decir: «*Two beers, please*», de tan natural que es. Pues bien, a pesar de eso, nos parece fantástico que una culi hindú, con su concha de oro en la nariz, nos pregunte tras habernos servido: «*Half a dollar, sir.*» Su sonrisa de dientes de perla, sus grandes ojos un poco almendrados de un negro violáceo, sus cabellos de azabache que le caen sobre los hombros, su corpiño medio desabrochado sobre el inicio de los senos cuya gran belleza deja entrever, esas cosas fútiles tan naturales para todo el mundo, a nosotros nos parecen de cuento de hadas. ¡Vamos, Papi, no es verdad, no puede ser verdad que, tan deprisa, de muerto en vida, de presidiario perpetuo, estés en vías de transformarte en hombre libre!

Ha pagado Maturette, solo le queda medio dólar. La cerveza está deliciosamente fría y él me dice:

—¿Nos tomamos otra?

La segunda ronda que él querría tomar me parece una cosa que no debe hacerse.

—Pero, hombre, hace apenas una hora que estás en verdadera libertad, y ¿ya piensas en emborracharte?

—¡Oh! Por favor, Papi, ¡no exageres! De tomarse dos cervezas a emborracharse, hay mucha distancia.

—Quizá tengas razón, pero encuentro que, decorosamente, no debemos arrojarnos sobre los placeres que nos brinda el momento. Creo que debemos saborearlos poco a poco, no como glotones. En primer lugar, ese dinero no es nuestro.

—Sí, es verdad, tienes razón. Aprenderemos a ser libres con cuentagotas, será mucho mejor.

Salimos y bajamos la gran Watters Street, bulevar principal que cruza la ciudad de un extremo a otro y, sin darnos cuenta, tan asombrados estamos por los tranvías que pasan, por los borricos con su carrito, los automóviles, los anuncios llameantes de cines y de bares-boites, los ojos de las jóvenes negras o hindúes que nos miran riendo, nos encontramos en el puerto sin querer. Ante nosotros, los barcos muy iluminados, barcos de turistas, con nombres embrujadores: *Panamá, Los Angeles, Boston, Quebec*; barcos cargueros: *Hamburgo, Amsterdam, Londres*, etc., y, alineados a lo largo del muelle, pegados unos a otros, bares, cabarets, restaurantes abarrotados de hombres y de mujeres que beben, cantan, discuten a grandes voces. De golpe, una irresistible necesidad me impulsa a mezclarme con esa multitud, vulgar quizá, pero ¡tan llena de vida...! En la terraza de un bar, puestos en hielo, erizos de mar, ostras, gambas, navajas, mejillones, toda una exhibición de frutos del mar que provocan al transeúnte. Las mesas con manteles de cuadros blancos y rojos, la mayoría ocupadas, invitan a sentarse. Chicas de piel morena clara, perfil fino, mulatas que no tienen ningún rastro negroide, ceñidas en corpiños multicolores generosamente escotados, convidan aún más a disfrutar de todo eso. Me acerco a una de ellas y le digo: «*French money good?*», mostrándole un billete de mil francos.

—*Yes, I change for you.*

—*OK.*

Toma el billete y desaparece en la sala repleta de gente. Vuelve.

—*Come here* —dice.

Y me lleva a la caja, donde está un chino.

—¿Usted francés?

—Sí.

—¿Cambiar mil francos?

—Sí.

—¿Todo dólares antillanos?

—Sí.

—¿Pasaporte?

—No tengo.

—¿Tarjeta de marinero?

—No tengo.

—¿Documentos de inmigración?

—No tengo.

—Bien.

Dice dos palabras a la chica, esta mira hacia la sala, se acerca a un tipo que tiene pinta de marinero y que lleva una gorra como la mía, con un galón dorado y un ancla, y le lleva hacia la caja.

El chino dice:

—Tu tarjeta de identidad.

—Ahí va.

Y, fríamente, el chino rellena una ficha de cambio de mil francos a nombre del desconocido, se la hace firmar, la mujer le coge del brazo y se lo lleva. El otro, seguramente, no sabe lo que pasa, yo cobro doscientos cincuenta dólares antillanos, cincuenta dólares en billetes de uno y dos dólares. Doy un dólar a la chica, salimos a la calle y, sentados a una mesa, nos damos un atracón de mariscos, acompañados de un vino blanco, seco, que está delicioso.

PRIMERA FUGA (Continuación)

TRINIDAD

Veo de nuevo, como si fuese ayer, aquella primera noche de libertad pasada en esa ciudad inglesa. Íbamos a todas partes, borrachos de luz, de calor en nuestros corazones, palpando a cada momento el alma de aquella multitud dichosa y risueña que rebosaba felicidad. Un bar lleno de marineros y de esas chicas de los trópicos que les aguardan para desplumarlos. Pero esas chicas no tienen en absoluto la sordidez de las mujeres de los bajos fondos de París, El Havre o Marsella. Es una cosa diferente. En vez de aquellas caras demasiado maquilladas, marcadas por el vicio, iluminadas por ojos febriles llenos de astucia, hay chicas de todos los colores de piel, de la china a la negra africana, pasando por el chocolate claro de pelo liso, a la hindú o a la javanesa cuyos padres se conocieron en las plantaciones de cacao o de azúcar, o la culi mestiza de chino e hindú con la concha de oro en la nariz, la llapana de perfil romano, con su rostro cobrizo iluminado por dos ojos enormes, negros, brillantes, de pestañas larguísimas, que abomba un pecho generosamente descubierto como diciendo: «Mira mis senos, qué perfectos son»; todas esas chicas, cada una con flores multicolores en el pelo, exteriorizan el amor, provocan el gusto del sexo, sin nada de sucio, de comercial; no dan la impresión de hacer un trabajo, se divierten de veras con él y es que el dinero, para ellas, no es lo principal en sus vidas.

Como dos abejorros que, atraídos por la luz, topan con las bombillas, Maturette y yo vamos tropezando de bar en bar. Al desembocar en una placita inundada de luz, veo la hora en el reloj de una iglesia o templo. Las dos. ¡Las dos de la mañana! Deprisa, volvamos deprisa al hotel. Hemos abusado de la situación. El capitán del Ejército de Salvación debe de haber sacado una extraña opinión de nosotros. Pronto, volvámonos. Paro un taxi que nos lleva, *two dollars*. Pago y entramos muy avergonzados en el hotel. En el vestíbulo, una mujer soldado del Ejército de Salvación, rubia, muy joven, de veinticinco o treinta años, nos recibe amablemente. No parece sorprendida ni irritada de que regresemos tan tarde. Tras decirnos unas cuantas palabras en inglés que nos parecen amables y acogedoras, nos da la llave de la habitación y nos desea buenas noches. Nos acostamos. En la maleta, he encontrado un pijama. Cuando voy a apagar la luz, Maturette me dice:

—Deberíamos dar gracias a Dios por habernos dado tantas cosas en tan poco tiempo. ¿Que te parece, Papi?

—Dale las gracias por mí, a tu Dios; es un gran tipo. Y, como muy bien dices, ha sido la mar de generoso con nosotros. Buenas noches.

Y apago la luz.

Esa resurrección, ese retorno de la tumba, esa salida del cementerio donde estaba enterrado, todas las emociones sucesivas y el baño de esta noche que me ha reincorporado a la vida entre otros seres, me han excitado tanto que no consigo dormir. En el caleidoscopio de mis ojos cerrados, las imágenes, las cosas, toda esa mezcla de sensaciones que llegan sin orden cronológico y se presentan con precisión, pero de una manera completamente deshilvanada: la Audiencia, la Conciergerie, luego los leprosos, después Saint-Martin-de-Ré, Tribouillard, Jésus, la tempestad... Es una danza fantasmagórica, diríase que todo cuanto he vivido desde hace un año quiere presentarse al mismo tiempo en la galería de mis recuerdos. Por mucho que intente alejar esas imágenes, no lo consigo. Y lo más raro es que van mezcladas con los chillidos de puercos, de guacos, con el ulular del viento, el ruido de las olas, todo ello envuelto en la música de los violines de una cuerda que los hindúes tocaban hace unos instantes en los diversos bares por los que hemos pasado.

Por fin, cuando ya despunta el día, me duermo. Sobre las diez, llaman a la puerta. Es *Master* Bowen, sonriente.

—Buenos días, amigos míos. ¿Acostados todavía? Han vuelto tarde. ¿Se han divertido mucho?

—Buenos días. Sí, hemos vuelto tarde, dispénsenos.

—¡Nada de eso, hombre! Es normal, después de todo lo que han sufrido. Hacía falta aprovechar bien su primera noche de hombres libres. Vengo para acompañarles al puesto de policía. Deben ustedes presentarse a la policía para declarar de modo oficial que han entrado clandestinamente en el país. Después de esa formalidad, iremos a ver a su amigo. Le han hecho radiografías muy temprano. El resultado se sabrá más tarde.

Tras un rápido aseo, bajamos a la sala donde, en compañía del capitán, nos ha estado esperando Bowen.

—Buenos días, amigos mío —dice en mal francés el capitán.

—Buenos días a todos ustedes. ¿Qué tal?

Una mujer del Ejército de Salvación con graduación, nos dice:

—¿Les ha parecido simpático Port of Spain?

—¡Oh, sí, señora! Nos ha gustado.

Una tacita de café y nos vamos al puesto de policía. A pie, queda a doscientos metros aproximadamente. Todos los policías nos saludan y nos miran sin especial curiosidad. Tras haber pasado ante dos centinelas de ébano con uniforme caqui, entramos en un despacho severo e imponente. Un oficial cincuentón, con camisa y corbata caqui, cuajado de insignias y medallas, se pone en pie. Lleva pantalón corto y nos dice en francés:

—Buenos días. Siéntense. Antes de tomar oficialmente

su declaración, deseo hablar un poco con ustedes. ¿Qué edad tienen?

—Veintiséis y diecinueve años.

—¿Por qué han sido condenados?

—Por homicidio.

—¿Cuál es su pena?

—Trabajos forzados a perpetuidad.

—Entonces, no es por homicidio. ¿Es por asesinato?

—No, señor, en mi caso es por homicidio.

—En el mío, por asesinato —dice Maturette—. Tenía diecisiete años.

—A los diecisiete años, uno sabe lo que se hace —dice el oficial—. En Inglaterra, si el hecho hubiese sido probado, le habrían ahorcado a usted. Bien, las autoridades inglesas no tienen por qué juzgar a la justicia francesa. Pero en lo que no estamos de acuerdo es en que manden a la Guayana francesa a los condenados. Sabemos que es un castigo infrahumano y poco digno de una nación civilizada como Francia. Pero, por desgracia, no pueden ustedes quedarse en Trinidad ni en ninguna otra isla inglesa. Es imposible. Por lo cual, les pido que se jueguen la partida honradamente y no busquen escapatoria, enfermedad u otro pretexto, a fin de retrasar la marcha. Podrán ustedes descansar libremente en Port of Spain de quince a dieciocho días. Su canoa es buena, al parecer. Haré que se la traigan aquí, al puerto. Si hay que hacer reparaciones, los carpinteros de la Marina Real se encargarán de ello. Para irse recibirán ustedes todos los víveres necesarios, así como una buena brújula y una carta marina. Espero que los países sudamericanos les acepten. No vayan a Venezuela, pues serán detenidos y obligados a trabajar en las carreteras hasta el día en que les entregarán a las autoridades francesas. Después de una grave falta, un hombre no está obligado a ser un perdido toda la vida. Son ustedes jóvenes y sanos, parecen simpáticos. Por eso, espero que, después de lo que han debido soportar, no querrán ser vencidos para siempre. El mero hecho de haber venido aquí demuestra lo contrario. Me alegro de ser uno de los elementos que les ayudarán a convertirse en hombres buenos y responsables. Buena suerte. Si tienen algún problema, telefoneen a este número; les contestarán en francés.

Llama y un paisano viene a buscarnos. En una sala donde varios policías y paisanos escriben a máquina, un paisano toma nuestra declaración.

—¿Por qué han venido a Trinidad?

—Para descansar.

—¿De dónde vienen?

—De la Guayana francesa.

—Para evadirse, ¿han cometido ustedes un delito, causando lesiones o la muerte de otras personas?

—No hemos herido gravemente a nadie.

—¿Cómo lo saben?

—Lo supimos antes de marcharnos.

—Su edad, su situación penal con respecto a Francia... Señores, tienen ustedes de quince a dieciocho días para descansar aquí. Son completamente libres de hacer lo que quieran durante ese tiempo. Si cambian de hotel, avísennos. Soy el sargento Willy. Aquí, en mi tarjeta, hay dos teléfonos: este es mi número oficial de la policía; ese, mi número particular. Sea lo que sea, si les pasa algo y necesitan ayuda, llámenme inmediatamente. Sabemos que la confianza que les otorgamos está en buenas manos. Estoy seguro de que se portarán bien.

Unos instantes más tarde, Mr. Bowen nos acompaña a la clínica. Clousiot está contento de vernos. No le contamos nada de la noche pasada en la ciudad. Le decimos tan solo que somos libres de ir a donde nos venga en gana. Se queda tan sorprendido que dice:

—¿Sin escolta?

—Sí, sin escolta.

—Pues ¡mira que son raros los *rosbifs*!*

* Los ingleses.

Bowen, que había salido en busca del doctor, regresa con este. El doctor pregunta a Clousiot:

—¿Quién le redujo la fractura, antes de atarle las tablillas?

—Yo mismo y otro que no está aquí.

—Lo hicieron tan bien que no hay necesidad de refracturar la pierna. El peroné fracturado ha quedado bien encajado. Nos limitaremos a escayolar y poner un hierro para que pueda usted andar un poco. ¿Prefiere quedarse aquí o ir con sus compañeros?

—Irme con ellos.

—Bien, mañana podrá usted reunirse con ellos.

Nos deshacemos en palabras de agradecimiento. Mr. Bowen y el doctor se retiran y pasamos el fin de la mañana y parte de la tarde con nuestro amigo. Estamos radiantes cuando, al día siguiente, nos encontramos reunidos los tres en nuestra habitación de hotel, con la ventana abierta de par en par y los ventiladores en marcha para refrescar el ambiente. Nos felicitamos recíprocamente por el buen semblante que tenemos y el excelente aspecto que nos dan nuestros nuevos trajes. Cuando veo que la conversación se reanuda acerca del pasado, les digo:

—Ahora, esforcémonos en olvidar el pasado y fijémonos más bien en el presente y el futuro. ¿Adónde iremos? ¿Colombia? ¿Panamá? ¿Costa Rica? Habría que consultar a Bowen sobre los países donde tenemos posibilidades de ser admitidos.

Llamo a Bowen a su bufete, no está. Llamo a su casa, en San Fernando. Su hija se pone al aparato. Tras cruzarnos varias frases amables, me dice:

—Monsieur Henri, cerca del hotel, en el *French Market*, hay autobuses que vienen a San Fernando. ¿Por qué no vienen a pasar la tarde en casa? Vengan, les espero.

Y hétenos aquí a los tres camino de San Fernando. Clousiot está magnífico con su traje semimilitar de color regaliz.

Ese retorno a la casa que con tanta bondad nos acogiera

nos emociona a los tres. Parece como si esas mujeres compren-
diesen nuestra emoción, pues dicen al unísono:

—Ya están de regreso en su casa, queridos amigos. Siéntense cómodamente.

Y en vez de decirnos «señor», cada vez que se dirigen a
nosotros nos llaman por el nombre de pila:

—Henri, páseme el azúcar.

—André —Maturette se llama André—, ¿un poco más de
pudding?

Mrs. y miss Bowen, espero que Dios las haya recompen-
sado por tanta bondad como tuvieron para con nosotros y que
sus elevadas almas, que tantas finas alegrías nos prodigaron,
hayan gozado de inefables dichas.

Discutimos con ellas y desplegamos la carta sobre una
mesa. Las distancias son grandes: mil doscientos kilómetros
para llegar al primer puerto colombiano: Santa Marta; dos mil
cien kilómetros, para Panamá; dos mil quinientos, para Costa
Rica. Llega *Master* Bowen:

—He telefoneado a todos los consulados y traigo una buena noticia: pueden recalar algunos días en Curaçao para descansar. Colombia no tiene establecido ningún compromiso
a propósito de los evadidos. Que sepa el cónsul, nunca han
llegado evadidos por mar a Colombia. En Panamá y otras partes, tampoco.

—Conozco un sitio seguro para ustedes —dice Margaret,
la hija de Mr. Bowen—. Pero queda muy lejos, a tres mil kilómetros por lo menos.

—¿Dónde es? —pregunta su padre.

—En Honduras británica. El gobernador es mi padrino.

Miro a mis amigos y les digo:

—Destino: Honduras británica.

Es una posesión inglesa, que, al sur, linda con la República de Honduras y, al norte, con México.

Pasamos la tarde, ayudados por Margaret y su madre, trazando la ruta. Primera etapa: Trinidad-Curaçao, mil kilóme-

tros. Segunda etapa: de Curaçao a una isla cualquiera en nuestra derrota. Tercera etapa: Honduras británica.

Como nunca se sabe lo que puede pasar en el mar, además de víveres que nos dará la policía, decidimos que en una caja especial, cargaremos conservas de reserva: carne, legumbres, mermelada, pescado, etc. Margaret nos dice que el supermercado Salvattori estará encantado de regalarnos esas conservas.

—En caso de negativa —añade con sencillez— se las compraremos mamá y yo.

—No, señorita.

—Cállese usted, Henri.

—No, no no es posible, pues tenemos dinero y no estaría bien que nos aprovecháramos de la bondad de ustedes, cuando podemos comprar perfectamente esos víveres.

La canoa está en Port of Spain, botada, bajo un refugio de la Marina de Guerra. Nos separamos prometiendo una visita antes de la gran marcha. Todas las noches, salimos religiosamente a las once. Clousiot se sienta en un banco del *square* más animado y, por turno, Maturette o yo le hacemos compañía, mientras el otro vagabundea por la ciudad.

Hace ocho días que estamos aquí. Clousiot camina sin demasiada dificultad gracias al hierro fijado bajo la escayola. Hemos aprendido a ir hasta el puerto en tranvía. Solemos ir por la tarde y todas las noches. Somos conocidos y adoptados en algunos bares del puerto. Los policías de servicio nos saludan, todo el mundo sabe quiénes somos y de dónde venimos, nadie hace nunca alusión a nada. Pero hemos notado que en los bares donde somos conocidos nos hacen pagar lo que comemos o bebemos menos caro que a los marineros. Igual ocurre con las chicas. Por lo general, cuando se sientan a las mesas de marineros, oficiales o turistas, beben sin parar y procuran hacerles gastar lo más posible. En los bares donde se baila, nunca lo hacen con nadie sin que antes les hayan invitado a varias copas. Pero, con nosotros, todas se comportan de diferente modo: se sientan largos ratos y hay que insistir para que se tomen un *drink*. Si aceptan, no es para soplarse su famoso minúsculo vaso, sino una cerveza o un auténtico whisky con soda. Todo eso nos produce mucha alegría, pues es una manera indirecta de decirnos que conocen nuestra situación y que, sentimentalmente, están a nuestro lado.

La embarcación ha sido repintada y le han añadido una borda de diez centímetros de alto. La quilla ha sido afianzada, ninguna nervadura interior ha sufrido daños, la embarcación está intacta. El mástil ha sido sustituido por otro más alto, pero más ligero, que el anterior; el foque y el trinquete hechos con sacos de harina, por buena lona de color ocre. En la Marina, un capitán de navío me ha entregado una brújula con rosa de los vientos (ellos la llaman compás) y me han explicado, cómo con ayuda de la carta, puedo saber aproximadamente dónde me encuentro. La derrota está trazada oeste un cuarto norte para llegar a Curaçao.

El capitán de navío me ha presentado a un oficial de marina, comandante del buque-escuela *Tarpon*, quien me ha preguntado si me apetecería hacerme a la mar sobre las ocho de la mañana del día siguiente y salir un poco de puerto. No comprendo el porqué, pero se lo prometo. Al día siguiente, estoy en la Marina a la hora antedicha con Maturette. Un marinero sube con nosotros y salgo de puerto con buen viento. Dos horas después, cuando estamos dando bandazos entrando y saliendo de puerto, un buque de guerra viene sobre nosotros. En cubierta, alineados, la tripulación y los oficiales todos de blanco. Pasan cerca de nuestra embarcación y gritan «¡Hurra!», dan la vuelta alrededor de nosotros e izan y arrían dos veces el pabellón. Es un saludo oficial cuyo significado no comprendo. Volvemos a la Marina, donde el buque de guerra ha atracado ya en el desembarcadero. Nosotros amarramos en el muelle. El marinero nos indica que le sigamos y subimos a bordo, donde el comandante del buque nos recibe en el puente de mando. Un toque de silbato modulado saluda nuestra llegada y, tras habernos presentado a los oficiales, nos hacen pasar ante los cadetes y suboficiales, que están formados en posición de firmes. El comandante les dice unas palabras y, luego, rompen filas. Un joven oficial me explica que el comandante acaba de decir a los cadetes de la dotación que merecíamos el respeto de los marinos por haber hecho, en una embarcación tan pequeña, un trayecto tan largo, y que nos disponíamos a efectuar otro más largo aún y más peligroso. Damos las gracias al oficial por tanto honor. Nos regala tres impermeables de mar que luego nos habrán de ser muy útiles. Son impermeables negros con una gran cremallera de cierre.

Dos días antes de partir, *Master* Bowen viene a vernos y nos pide, de parte del superintendente de policía, que nos llevemos con nosotros a tres relegados que fueron detenidos hace una semana. Esos relegados fueron desembarcados en la isla mientras sus compañeros proseguían el viaje hacia Venezuela, según contaron. Esto no me gusta, pero hemos sido tratados con demasiada nobleza para negarnos a acoger a esos tres hombres a bordo. Pido verles antes de dar mi respuesta. Un coche de la policía viene a buscarme. Paso a hablar con el superintendente, el oficial lleno de galones que nos interrogó cuando llegamos. El sargento Willy hace de intérprete.

—¿Qué tal les va?

—Bien, gracias. Necesitamos que nos haga usted un favor.

—Si es posible, con mucho gusto.

—En la prisión hay tres franceses relegados. Han vivido algunas semanas clandestinamente en la isla y pretenden que sus compañeros les abandonaron aquí y se fueron. Creemos que han hundido su canoa, pero cada uno de ellos dice que no sabe conducir una embarcación. Creemos que es una maniobra para que les facilitemos una. Tenemos que hacerles marchar: sería lamentable que me viese obligado a entregarlos al comisario del primer buque francés que pase.

—Señor superintendente, haré lo imposible, pero antes quiero hablar con ellos. Comprenda que es peligroso embarcar a bordo a tres desconocidos.

—Comprendo. Willy, ordene que hagan salir a los tres franceses al patio.

Quiero verles a solas y pido al sargento que se retire.

—¿Sois relegados?

—No, somos duros.

—¿Por qué habéis dicho que erais relegados?

—Pensamos que preferirían a un hombre que ha cometido un delito pequeño que uno grave. Ahora vemos que nos hemos equivocado. ¿Y tú quién eres?

—Un duro.

—No te conocemos.

—Soy del último convoy. ¿Y vosotros?

—Del convoy de 1929.

—Yo del de 1927 —dice el tercero.

—Bien: el superintendente me ha mandado llamar para pedirme que os acoja a bordo. Nosotros ya somos tres. Dice que si no acepto, como ninguno de vosotros sabe manejar una embarcación, se verá en la obligación de entregaros al primer buque francés que pase. ¿Qué decís a eso?

—Por razones que nos atañen, no queremos hacernos de nuevo a la mar. Podríamos fingir que nos vamos con vosotros, tú nos dejas en la punta de la isla y, luego, te vas.

—No puedo hacer eso.

—¿Por qué?

—Porque no quiero pagar las buenas atenciones que los ingleses han tenido con nosotros con una canallada.

—Mira, macho, creo que antes que los *rosbifs*, importan los duros.

—¿Por qué?

—Porque tú eres un duro.

—Sí, pero existen tantas clases de duros, que quizá haya más diferencia entre vosotros y yo que entre yo y los *rosbifs*, depende de cómo se mire.

—Entonces ¿vas a dejar que nos entreguen a las autoridades francesas?

—No, pero tampoco os desembarcaré hasta Curaçao.

—No me siento con valor para volver a empezar —dice uno.

—Escuchadme, primero ved la canoa. Quizá la embarcación en que vinisteis era mala.

—Bien, vamos a probar —dicen los otros dos.

—De acuerdo. Pediré al superintendente que os deje ver la canoa.

Acompañados por el sargento Willy, vamos al puerto. Aquellos tres tipos parecen tener más confianza tras haber visto la canoa.

NUEVA LUCHA

Dos días después, nos vamos (nosotros tres y los tres desconocidos). No sé cómo lo han sabido, pero una docena de chicas de los bares asisten a la partida, así como la familia Bowen y el capitán del Ejército de Salvación. Cuando una de las chicas me besa, Margaret dice, riendo:

—Henri, ¿tan deprisa ha encontrado usted novia? ¡Eso no es serio!

—Hasta la vista a todos. ¡No, adiós! Pero sepan que en nuestros corazones han ocupado un lugar considerable que nunca se borrará.

Y, a las cuatro de la tarde, salimos, arrastrados por un remolcador. No tardamos mucho en estar fuera de puerto, no sin habernos enjugado una lágrima y contemplado hasta el último momento el grupo que ha acudido a despedirnos y que agita grandes pañuelos blancos. Tan pronto sueltan el cable que nos amarra al remolcador, a todo trapo y viento en popa afrontamos la primera de los millones de olas que deberemos salvar antes de llegar a destino.

A bordo hay dos cuchillos, uno lo llevo yo, el otro Maturette.

El hacha está junto a Clousiot, así como el machete. Estamos seguros de que ninguno de los otros tres va armado.

Hemos tomado medidas para que solo duerma uno de nosotros durante la travesía. Al ocaso, el buque-escuela viene a acompañarnos durante casi media hora. Después, saluda y se va.

—¿Cómo te llamas?

—Leblond.

—¿De qué convoy?

—El 27.

—¿Pena?

—Veinte años.

—¿Y tú?

—Kargueret. Convoy 29, quince años, soy bretón.

—¿Eres bretón y no sabes manejar una embarcación?

—No.

—Yo me llamo Dufils, soy de Angers. Tengo la perpetua por una frase tonta que dije en la Audiencia, de lo contrario solo tendría diez años a lo sumo. Convoy 29.

—¿Qué frase?

—Pues, mira, maté a mi mujer con una plancha. Cuando me procesaron, uno del jurado me preguntó por qué había usado una plancha para golpearla. No sé por qué, pero la cuestión es que le contesté que la había matado con una plancha porque mi mujer hacía malas arrugas. Y fue por aquella frase idiota por la que, según mi abogado, me cascaron tanto.

—¿De dónde salisteis?

—De un campo de trabajo forestal llamado Cascade, a ochenta kilómetros de Saint-Laurent. No fue difícil largarnos porque teníamos mucha libertad. Nos las piramos cinco, y con toda facilidad.

—¿Cómo que cinco? ¿Y dónde están los otros dos?

Un silencio embarazoso. Clousiot dice:

—Oye, aquí solo hay hombres y, como estamos juntos, se puede hablar libremente. Así, pues...

—Os lo diré todo —dice el bretón—. En efecto, nos fuimos cinco, pero los dos de Cannois que faltan nos dijeron que eran pescadores de la costa. No habían pagado nada para darse el piro y decían que su trabajo a bordo valía más que el dinero. Ahora bien, ya en ruta nos dimos cuenta de que ni uno ni otro sabían nada de navegación. Estuvimos a punto de ahogarnos veinte veces. Íbamos rasando las costas, primero la Guayana holandesa, luego la inglesa y, por fin, Trinidad. Entre Georgetown y Trinidad maté al que decía poder ser el capitán de la fuga. Aquel tipo se merecía la muerte, pues, para salir sin apoquinar ni un chavo, había engañado a todo el mundo sobre sus conocimientos de marino. El otro creyó que también íbamos a matarle y, con el mar embravecido, se arrojó voluntariamente al agua, abandonando el gobernalle de la canoa. Nos las arreglamos como pudimos. Embarcamos agua varias veces, chocamos con una roca y nos salvamos de milagro. Doy mi palabra de hombre que todo lo que digo es la pura verdad.

—Es cierto —dicen los otros dos—. Así fue, y los tres estábamos de acuerdo para matar a aquel tipo. ¿Qué dices a eso, Papillon?

—Me faltan elementos de juicio para opinar.

—Pero —insiste el bretón—, ¿qué habrías hecho tú en nuestro caso?

—Habría que pensarlo. Para hablar con justicia, hay que haber vivido el momento, de lo contrario no se sabe dónde está la verdad.

—Yo le habría matado —dice Clousiot—, pues una mentira como esa podía haberles costado la vida a todos.

—Bien, no hablemos más de este asunto. Pero tengo la impresión de que habéis pasado mucho miedo, que el miedo no os ha dejado aún y que estáis en el mar por fuerza, ¿no es verdad?

—¡Oh, sí! —contestaron a coro.

—En cualquier caso, aquí, pase lo que pase, no quiero muestras de pánico. Nadie debe, en absoluto, exteriorizar su miedo. El que tenga miedo, que se calle. Esta embarcación ha demostrado ser buena. Ahora, llevamos más carga que antes, pero también tiene diez centímetros más de borda. Eso compensa holgadamente la sobrecarga.

Fumamos, tomamos café. Comimos bien antes de salir y decidimos no comer más hasta mañana por la mañana.

Estamos a 9 de diciembre de 1933, hace cuarenta y dos días que la fuga empezó a prepararse en la sala blindada del hospital de Saint-Laurent. Es Clousiot, el contable de la sociedad, quien nos informa. Tengo tres cosas inapreciables más que al principio: un reloj hermético de acero comprado en Trinidad; una brújula de verdad con su doble caja de suspensión, y muy precisa y con rosa de los vientos, y unas gafas negras de celuloide. Clousiot y Maturette, una gorra cada uno.

Pasan tres días sin novedad, de no ser que, por dos veces, hemos topado con manadas de delfines. Nos han hecho sudar tinta, pues un equipo de ocho se puso a jugar con la canoa. Pasaban por debajo, en longitud, y emergían delante mismo de la canoa. A veces, chocábamos con alguno. Pero lo que más nos impresiona es el juego siguiente: tres delfines en triángulo, uno delante y dos paralelamente detrás, nos embisten de proa, a una velocidad de locura. En el momento en que, virtualmente, están encima de nosotros, se sumergen y, luego, surgen de nuevo a derecha e izquierda de la canoa. Pese a que el viento es fuerte y navegamos a todo trapo, aún corren más que nosotros. Ese juego dura horas y horas, es alucinante. ¡El menor error en sus cálculos y zozobramos! Los tres nuevos no han dicho nada, pero ¡había que ver la cara que ponían!

En plena noche del cuarto día se desata una abominable tempestad. Fue, en verdad, algo espantoso. Lo peor era que las olas no seguían el mismo sentido. A menudo, chocaban entre sí unas contra otras. Algunas eran profundas, otras breves, era como para no entenderlo. Nadie ha dicho ni una palabra, a excepción de Clousiot, quien me gritaba de vez en cuando:

—¡Dale, mi amigo! ¡A esa también le podrás!

O:

—¡Cuidado con esa que viene detrás!

Cosa rara: a veces, el oleaje llegaba sesgado, rugiendo y levantando espuma. Entonces yo estimaba su velocidad y preveía muy bien de antemano el ángulo de ataque. E, ilógicamente, de golpe, batía la popa de la embarcación, completamente enderezada. Esas olas rompían varias veces sobre mis hombros y, desde luego, buena parte de ellas entraba en la embarcación. Los cinco hombres, empuñando cacerolas y latas, achicaban el agua sin parar. Pese a todo, nunca se llenó más de un cuarto de canoa, así que nunca corrimos peligro de irnos a pique. Aquella juerga duró toda la mitad de la noche, casi siete horas. A causa de la lluvia, no vimos el sol hasta las ocho aproximadamente.

Calmada la tempestad, aquel sol nuevo, flamante del comienzo de la jornada, que resplandecía con todo su fulgor, fue saludado por todos, incluido yo, con alegría. Antes que nada, café. Un café con leche Nestlé caliente, galletas de marinero, duras como el hierro, pero que, una vez mojadas en el café son deliciosas. La lucha que he sostenido durante toda la noche con la tempestad me ha reventado, ya no puedo más, y aunque el viento sea todavía fuerte y las olas, altas e indisciplinadas, pido a Maturette que me sustituya un rato. Quiero dormir. No hace ni diez minutos que estoy echado, cuando Maturette se deja pillar de través y la canoa queda en sus tres cuartas partes anegada. Todo flota: latas, hornillo, mantas... Con el agua hasta el vientre, llego al gobernalle y tengo el tiempo justo de cogerlo para evitar una ola rota que pica recto sobre nosotros. Giro el gobernalle y me pongo de popa a la ola, que no ha podido meterse en la canoa y nos empuja muy fuerte a más de diez metros del lugar del impacto.

Todos nos ponemos a achicar agua. La marmita grande, manejada por Maturette, arroja quince litros cada vez. Nadie se preocupa de recuperar cualquier cosa, todos tienen una sola idea fija: achicar, achicar lo más de prisa posible el agua que hace tan pesada la embarcación y le impide defenderse bien del oleaje. Debo reconocer que los tres nuevos se han portado bien. El bretón, al ver que todo se iba al garete, toma la decisión, él solo, para deslastrar la canoa, de tirar el barril de agua, empujándolo fuera de la canoa. Dos horas después, todo está seco, pero hemos perdido las mantas, el «primus», el hornillo, los sacos de carbón de leña, la bombona de gasolina y el barril de agua, este deliberadamente.

Es mediodía cuando al querer ponerme otros pantalones me percato de que mi maletita también se ha ido con la ola, así como dos impermeables de los tres que teníamos. En el fondo de la canoa, hemos encontrado dos botellas de ron, todo el tabaco se ha perdido o está mojado, las hojas han desaparecido con su caja de hojalata que cerraba herméticamente. Digo:

—Machos, de momento un buen trago de ron, y, luego abrid la caja de reserva para ver con qué podemos contar. Hay zumos de fruta. Nos racionaremos la bebida. Hay cajas de bizcochos con mantequilla, vaciad una y haremos lumbre con las tablas de la caja. Todos hemos tenido miedo hace un rato, pero, ahora, el peligro ha pasado ya. Todos debemos recobrarnos para estar a la altura de las circunstancias. A partir de este momento, nadie debe decir: tengo sed; nadie debe decir: tengo hambre; y nadie debe decir: tengo ganas de fumar. ¿De acuerdo?

—Sí, Papi, de acuerdo.

Todos se han portado bien y la Providencia ha hecho que el viento remita para permitirnos preparar un rancho a base de *corned-beef*. Con una escudilla colmada de esa sopa, en la que mojamos las galletas de marino, nos hemos metido un buen y caliente emplasto en el vientre, en todo caso lo bastante copioso para poder esperar a mañana. Hemos calentado un poco de té verde para cada uno. En la caja intacta, hemos encontrado un cartón de cigarrillos. Son paquetitos de ocho cigarrillos y hay veinticuatro. Los otros cinco deciden que solo yo debo fumar para ayudarme a permanecer en vela y, para que no haya envidias, Clousiot se niega a encenderme los cigarrillos, solo me da lumbre. Gracias a esta comprensión, no se produce ningún incidente desagradable entre nosotros.

Hace seis días que hemos salido y aún no he podido dormir. Como esta noche el mar es una balsa de aceite, duermo, duermo a pierna suelta durante casi cinco horas. Cuando despierto son las diez de la noche. Sigue la calma chicha. Ellos han comido sin mí y encuentro una especie de polenta muy bien hecha con harina de maíz, de lata, naturalmente, que como con algunas salchichas ahumadas. Es delicioso. El té está casi frío, pero no importa. Fumo y espero que el viento se digne a levantarse.

La noche está maravillosamente estrellada. La estrella polar brilla con todo su fulgor y solo la Cruz del Sur le gana en luminosidad. Se percibe claramente la Osa Mayor y la Menor. Ni una nube. La luna llena está bien instalada ya en el cielo estrellado. El bretón tirita. Ha perdido su guerrera y va en mangas de camisa. Le presto el impermeable. Iniciamos el séptimo día.

—Machos, no podemos estar lejos de Curaçao. Tengo la impresión de que me he ido un poco demasiado hacia el norte. En adelante, voy a hacer pleno oeste, pues no debemos dejarnos atrás las Antillas holandesas. Sería grave, pues ya no tenemos agua potable y hemos perdido todos los víveres salvo los de reserva.

—En ti confiamos, Papillon —dice el bretón.

—Sí, en ti confiamos —repiten todos a coro—. Haz lo que te parezca.

—Gracias.

Creo que el acierto ha acompañado mis palabras. El viento se hace de rogar toda la noche y solo hacia las cuatro de la mañana una buena brisa nos permite seguir adelante. Esta brisa, que aumentará de fuerza durante la mañana, seguirá durante más de treinta y seis horas con una potencia suficiente para que la embarcación navegue a buen ritmo, pero con olas tan pequeñas que ya no baten la quilla.

CURAÇAO

Gaviotas. Primero los chillidos, pues es de noche. Luego, ellas, girando en torno de la embarcación. Una se posa en el mástil, se va, vuelve a posarse. Ese ajetreo dura más de tres horas, hasta que despunta el día con un sol radiante. Nada en el horizonte que nos indique tierra. ¿De donde diablos vienen esas gaviotas? Durante todo el día, nuestros ojos escrutan en vano el horizonte. Ni el menor indicio de tierra próxima. La luna llena sale cuando el sol se pone y esa luna tropical es tan brillante que su reverberación me lastima los ojos. Ya no tengo mis gafas ahumadas, se fueron con la famosa ola, así como todas las gorras. Sobre las ocho de la noche, en el horizonte, lejísimos en esa luz lunar, percibimos una línea negra.

—Eso es tierra, ¡seguro! —exclamo antes que nadie.

—Sí, en efecto.

En suma, todos están de acuerdo y dicen que ven una línea oscura que debe ser tierra. Durante todo el resto de la noche sigo con la proa puesta hacia esa sombra que poco a poco se hace precisa. Llegamos. Con fuerte viento, sin nubes y olas altas, pero largas y disciplinadas, nos acercamos a todo trapo. Esa masa negra no se eleva mucho sobre el agua y nada indica si la costa es de acantilados, escollos o arena. La luna, que se está poniendo al otro lado de esa tierra, hace una sombra que solo me permite ver, a ras del agua, una cadena de luz, primero lisa y luego, fragmentada. Me acerco, me acerco y, a un kilómetro aproximadamente, echo el ancla. El viento es fuerte, la embarcación gira sobre sí misma y se encara con la ola, que la levanta cada vez que pasa. Es muy inquieto, o sea, muy incómodo. Por supuesto, las velas están arriadas y enrolladas. Hubiésemos podido esperar el día en esta desagradable pero segura posición, mas desgraciadamente, de repente, el ancla se suelta. Para poder dirigir la embarcación, es necesario que se desplace, de lo contrario no se puede gobernar. Izamos el foque y el trinquete pero, cosa rara, el ancla no engancha con facilidad. Mis compañeros tiran de la soga hacia bordo, pero el extremo final nos llega sin ancla, la hemos perdido. Pese a todos mis esfuerzos, las olas nos acercan tan peligrosamente a las rocas de esta tierra, que decido izar la vela e ir sin reservas hacia ella, con ímpetu. Hago tan bien la maniobra que nos encontramos encallados entre dos rocas con la canoa completamente desencajada. Nadie grita el «sálvese quien pueda», pero cuando viene la ola siguiente, todos nos arrojamos a ella para llegar a tierra, arrollados, magullados, pero vivos. Solo Clousiot, con su escayolado, ha sido más maltratado que nosotros por las olas. Tiene brazos, cara y manos ensangrentados, llenos de rasguños. Nosotros, algunos golpes en las rodillas, manos y tobillos. A mí me sangra una oreja que ha rozado con demasiada dureza con una roca.

Sea lo que sea, todos estamos vivos y a resguardo de las olas en tierra seca. Cuando sale el sol, recuperamos el impermeable y yo vuelvo a la embarcación, que empieza a desmontarse. Consigo arrancar el compás, clavado en el banco de popa. Nadie en las proximidades ni en los alrededores. Viramos hacia el sitio de las famosas luces, es una hilera de linternas que sirven para indicar a los pescadores —más adelante nos enteraremos de ello— que el paraje es peligroso. Nos vamos a pie tierra adentro. No hay más que cactos, enormes cactos y borricos. Llegamos a un pozo, muy cansados, pues, por turno, dos de nosotros hemos de llevar a Clousiot haciendo silla con los brazos. En torno al pozo, esqueletos de asnos y cabras. El pozo está seco, las aspas del molino que antaño lo hacían funcionar giran inútilmente sin subir agua. Ni un alma viviente, solo asnos y cabras.

Nos acercamos a una casita cuyas puertas abiertas nos invitan a entrar. Gritamos:

—¡Ah de la casa!

Nadie. Sobre la chimenea, un talego de lona atado con un cordón, lo cojo y lo abro. Al abrirlo, el cordón se rompe: está lleno de florines, moneda holandesa. Así, pues, estamos en territorio holandés: Bonaire, Curaçao o Aruba. Dejamos el talego sin llevarnos nada, encontramos agua y cada uno de nosotros bebe un cazo. Nadie en la casa, nadie en los alrededores. Nos vamos y caminamos muy despacio, a causa de Clousiot, cuando un viejo Ford nos corta el paso.

—¿Son ustedes franceses?

—Sí, señor.

—Hagan el favor de subir al coche.

Acomodamos a Clousiot sobre las rodillas de los tres que van atrás. Yo me siento junto al conductor y Maturette a mi lado.

—¿Han naufragado?

—Sí.

—¿Se ha ahogado alguien?

—No.

—¿De dónde vienen?

—De Trinidad.

—¿Y antes?

—De la Guayana francesa.

—¿Presidiarios o relegados?

—Presidiarios.

—Soy el doctor Naal, propietario de esta lengua de terreno, que es una península de Curaçao. Esta península es denominada la isla de los Asnos. Asnos y cabras viven aquí comiendo cactos espinosos. A las espinas el pueblo las llama «señoritas de Curaçao».

—No es muy lisonjero para las verdaderas señoritas de Curaçao —le digo.

El gordo y alto caballero ríe estrepitosamente. El Ford jadeante, con un resoplido de asmático, se para solo. Señalando las manadas de asnos, digo:

—Si el coche ya no va, podemos hacernos arrastrar.

—Tengo una especie de arnés en el portaequipajes, pero todo estriba en que se pueda atrapar a un par de ellos y enjaezarlos. No es fácil, no.

El gordo señor levanta el capó y enseguida ve que un traqueteo demasiado fuerte ha desconectado un hilo que va a las bujías. Antes de subir al coche, mira a todos los lados, parece preocupado. Arrancamos y, tras haber cruzado por senderos abarrancados, desembocamos en un cercado pintado de blanco que nos corta el paso. Hay una casita blanca también. El señor habla en holandés a un negro muy claro y pulcramente vestido, que dice a cada momento: «Ya *Master*, ya *Master*». Tras lo cual, él nos dice:

—He ordenado a ese hombre que les haga compañía y les dé de beber, si tienen sed, hasta que yo vuelva. Hagan el favor de apearse.

Nos apeamos y nos sentamos junto a la camioneta, en la hierba, a la sombra. El Ford destartalado se va. Apenas ha recorrido cincuenta metros, cuando el negro nos dice en papiamento, dialecto holandés de las Antillas, compuesto de palabras inglesas, holandesas, francesas y españolas, que su amo, el doctor Naal, ha ido a buscar a la policía, pues tiene mucho miedo de nosotros, que le ha dicho que vaya con cuidado, pues nosotros éramos ladrones fugados. Y el pobre diablo de mulato no sabe qué hacer para sernos agradable. Prepara un café muy flojo pero que, con el calor, nos sienta bien. Aguardamos más de una hora hasta que llega un camión tipo coche celular, con seis policías vestidos a la alemana, y un coche descapotable con el conductor vestido con uniforme de la policía y tres caballeros, uno de los cuales es el doctor Naal, atrás.

Bajan, y uno de ellos, el más bajito, con cara de cura recién afeitado, nos dice:

—Soy el jefe de la seguridad de la isla de Curarçao. Por esa responsabilidad, me veo obligado a hacerles detener. ¿Han cometido ustedes algún delito desde que han llegado a la isla? Y si lo han cometido, ¿cuál es? ¿Y quién de ustedes?

—Señor, somos presidiarios evadidos. Venimos de Trinidad y hace pocas horas que hemos estrellado nuestra embarcación en las rocas. Soy el capitán de este pequeño grupo y puedo afirmar que ninguno de nosotros ha cometido el más leve delito.

El comisario se vuelve hacia el gordo doctor Naal y le habla en holandés. Ambos discuten todavía, cuando llega un individuo en bicicleta. Tanto al doctor Naal como al comisario les habla rápida y ruidosamente.

—Señor Naal, ¿por qué dijo usted a ese hombre que somos ladrones?

—Porque ese hombre que usted ve ahí me informó antes de que les encontrase a ustedes, que, escondido detrás de un cacto, les vio entrar y salir de su casa. Ese hombre es un empleado mío que cuida parte de los asnos.

—¿Y porque hemos entrado en la casa somos ladrones? Lo que dice usted es una tontería, caballero. Solo hemos tomado agua, ¿le parece eso un robo?

—¿Y el talego de florines?

—El talego lo he abierto, en efecto, y hasta he roto el cordón al abrirlo. Pero solo me he limitado a ver qué moneda contenía para saber en qué país estábamos. Escrupulosamente, he repuesto el dinero y el talego en el mismo sitio donde estaban, en la repisa de una chimenea.

El comisario me mira en los ojos y, volviéndose bruscamente hacia el hombre de la bicicleta, le habla con mucha dureza. El doctor Naal hace un ademán y quiere hablar. Muy secamente, a la alemana, el comisario le impide que intervenga. El comisario hace subir al hombre de la bicicleta junto al chófer de su coche, sube a su vez y, acompañado de dos policías, se va. Naal y el otro hombre que ha llegado con él entran en la casa junto a nosotros.

—Les debo una explicación —nos dice—. Ese hombre me dijo que el talego había desaparecido. Antes de hacerles cachear a ustedes, el comisario le interrogó por suponer que mentía. Si son ustedes inocentes, lamento el incidente, pero no ha sido por mi culpa.

Antes de un cuarto de hora, vuelve el coche y el comisario me dice:

—Ha dicho usted la verdad, ese hombre es un infame embustero. Será castigado por haber pretendido causarle un grave perjuicio.

Entretanto, el tipo aquel es obligado a subir en el coche celular, los otros cinco suben también y yo iba a hacerlo, cuando el comisario me retiene y me dice:

—Siéntese en mi coche, al lado del chófer.

Salimos antes que el camión y, muy pronto, lo perdemos de vista. Vamos por carreteras bien asfaltadas y, luego, entramos en la ciudad, cuyas casas son de estilo holandés. Todo es muy limpio y la mayoría de la gente va en bicicleta. Cientos de personas sobre dos ruedas van y vienen así por la ciudad. Entramos en el puesto de policía. De un gran despacho donde hay varios oficiales de policía, todos de blanco, cada uno en su escritorio, pasamos a otra pieza que tiene aire acondicionado. Hace fresco. Un hombre alto y fuerte, rubio, de unos cuarenta años aproximadamente, está sentado en un sillón. Se levanta y habla en holandés. Terminada la conversación, el comisario dice en francés:

—Le presento al primer comandante de policía de Curaçao. Mi comandante, este hombre es un francés, jefe del grupo de seis hombres que hemos detenido.

—Bien, comisario. Sean ustedes bienvenidos a Curaçao a título de náufragos. ¿Cuál es su nombre de pila?

—Henri.

—Bien, Henri, ha debido usted pasar un mal rato con el incidente del talego, pero ese incidente le favorece también, pues demuestra sin lugar a dudas que es usted un hombre honrado. Voy a hacer que le den una sala bien alumbrada con litera para que descanse. Su caso será sometido al gobernador, quien dará las órdenes pertinentes. Tanto el comisario como yo intervendremos en favor de ustedes.

Me tiende la mano y salimos. En el patio, el doctor Naal se disculpa de nuevo y me promete intervenir también en favor de nosotros. Dos horas después, estamos todos encerrados en una sala muy grande, rectangular, con una docena de camas y una larga mesa de madera con bancos en medio. Con los dólares de Trinidad pedimos a un policía, por la puerta enrejada, que nos compre tabaco, papel y fósforos. No toma el dinero y no comprendemos lo que ha contestado.

—Ese negro de ébano —dice Clousiot— tiene aspecto de ser muy servicial. Pero el tabaco no llega.

Voy a llamar a la puerta, cuando, en el mismo instante esta se abre. Un hombrecillo, tipo culi, con un traje gris de preso y un número en el pecho para que no haya dudas, nos dice:

—El dinero cigarrillos.

—No. Tabaco, fósforos y papel.

Pocos minutos después vuelve con todo ello, y un gran puchero humeante que contiene chocolate o cacao. Cada cual bebe uno de los tazones que ha traído el preso.

Por la tarde vienen a buscarme. Voy otra vez al despacho del comandante de policía.

—El gobernador me ha dado orden de dejarles libres en el patio de la prisión. Diga a sus compañeros que no intenten evadirse, pues las consecuencias serían graves para todos. Usted, en tanto que capitán, puede salir a la ciudad cada mañana durante dos horas, de diez a doce, y cada tarde de tres a cinco. ¿Tiene usted dinero?

—Sí. Inglés y francés.

—Un policía de paisano le acompañará a donde usted quiera en sus paseos.

—¿Qué van a hacer de nosotros?

—Creo que intentaremos embarcarles uno a uno en petroleros de diferentes naciones. Como Curaçao tiene una de las mayores refinerías del mundo que trata el petróleo de Venezuela, cada día entran y salen de veinte a veinticinco petroleros de todos los países. Para ustedes sería la solución ideal, pues llegarían a esos estados sin ningún problema.

—¿Qué países, por ejemplo? ¿Panamá, Costa Rica, Guatemala, Nicaragua, México, Canadá, Cuba, Estados Unidos y los países de leyes inglesas?

—Imposible, y Europa tampoco. Sin embargo, estén tranquilos, tengan confianza, déjennos hacer algo para ayudarles a poner el pie en el estribo del camino de una vida nueva.

—Gracias, comandante.

Lo cuento todo fielmente a mis camaradas. Clousiot, el más marrullero de la pandilla, me dice:

—¿Qué piensas tú de eso, Papillon?

—Todavía no lo sé, me temo que se trate de un camelo para que nos estemos quietos, para que no nos fuguemos.

—Me temo que tengas razón —dice él.

El bretón cree en ese plan maravilloso. El tipo de la plancha está exultante. Dice:

—Si no hay canoa, no hay aventura, eso es seguro. Cada uno llega a un país cualquiera en un gran petrolero y entra oficialmente en territorio amigo.

Leblond es del mismo parecer.

—¿Y tú, Maturette? ¿Qué opinas?

Y ese chaval de diecinueve años, ese cabrito transformado accidentalmente en presidiario, ese chiquillo de rasgos más finos que una mujer, dice con su dulce voz:

—¿Creéis que esos cabezas cuadradas de policías amañarán o falsificarán documentos de identidad para nosotros? No lo creo. Todo lo más, podrían hacer la vista gorda para que, uno a uno, embarcásemos clandestinamente a bordo de un petrolero cuando zarpase. Más, no. Y aún lo harían para desembarazarse de nosotros sin quebraderos de cabeza. Esta es mi opinión. El cuento ese no me lo trago.

Salgo muy raramente, un poco por la mañana, para hacer algunas compras. Hace una semana que estamos aquí y no hay novedad. Empezamos a ponernos nerviosos. Una tarde, vemos a tres curas rodeados de policías que visitan celdas y salas sucesivamente. Se paran largo rato en la celda más próxima a nosotros, donde está un negro acusado de violación. Suponiendo que vendrán donde nosotros estamos, entramos todos en la sala y nos sentamos en nuestras respectivas camas. En efecto, al poco rato, entran los tres, acompañados por el doctor Naal, el comandante de policía y un graduado vestido de blanco que debe de ser oficial de Marina.

—Monseñor, he aquí a los franceses —dice en francés el comandante de policía—. Llevan una conducta ejemplar.

—Les felicito, hijos míos. Sentémonos en los bancos en torno a esa mesa, estaremos mejor para conversar.

Todo el mundo se sienta, incluidos los que acompañan al obispo. Traen un taburete que estaba delante de la puerta, en el patio, y lo ponen junto al extremo de la mesa. Así, el obispo ve bien a todo el mundo.

—Los franceses son casi todos católicos, ¿quién de vosotros no lo es?

Nadie levanta la mano. Pienso que el cura de la Conciergerie casi me bautizó y yo también debo considerarme católico.

—Amigos míos, desciendo de franceses, me llamo Irénée de Bruyne. Mis antepasados eran protestantes hugonotes que se refugiaron en Holanda cuando Catalina de Médicis les perseguía a muerte. Soy, pues, de sangre francesa, obispo de Curaçao, ciudad donde hay más protestantes que católicos, pero donde los católicos son plenamente creyentes y practicantes. ¿Cuál es vuestra situación?

—Esperamos ser embarcados uno después de otro en petroleros.

—¿Cuántos se han ido de esa manera?

—Ninguno, todavía.

—¡Vaya! ¿Qué dice usted a eso, comandante? Contésteme, por favor, en francés, lo habla muy bien.

—Monseñor, el gobernador ha tenido sinceramente la idea de ayudar a estos hombres empleando dicha fórmula, pero debo decir, sinceramente también, que, hasta la fecha, ni un solo capitán de barco ha querido aceptar encargarse de uno solo de ellos, sobre todo porque no tienen pasaporte.

—Por ahí debe empezarse. ¿No podría el gobernador darles a cada uno un pasaporte excepcional?

—No lo sé. Nunca me ha hablado de eso.

—Pasado mañana, diré una misa por vosotros. ¿Queréis venir, mañana por la tarde, a confesaros? Os confesaré personalmente, a fin de ayudaros para que Dios perdone vuestros pecados. ¿Puede mandármelos usted a la catedral a las tres?

—Sí.

—Me gustaría que viniesen en taxi o en coche particular.

—Les acompañaré yo mismo, monseñor —dice el doctor Naal.

—Gracias, hijo mío. Hijos míos, no os prometo nada. Solo os diré una cosa: a partir de este momento, me esforzaré por seros lo más útil posible.

Al ver que Naal le besa el anillo y tras él el bretón, rozamos con nuestros labios el anillo episcopal y le acompañamos hasta su coche, que está aparcado en el patio.

El día siguiente, todos nos confesamos con el obispo. Yo soy el último.

—Anda, hijo, empieza por el pecado más grave.

—Padre, en primer lugar, no estoy bautizado, pero un cura, en la prisión de Francia, me dijo que, bautizado o no, todos somos hijos de Dios.

—Tenía razón. Bien. Salgamos del confesonario y cuéntamelo todo.

Le cuento mi vida detalladamente. Durante mucho rato, con paciencia, muy atentamente, ese príncipe de la Iglesia me escucha sin interrumpirme. Ha tomado mis manos en las suyas y, a menudo, me mira a los ojos y, algunas veces, en los pasajes difíciles de declarar, baja la mirada para ayudarme en mi confesión. Ese sacerdote de sesenta años tiene los ojos y el semblante tan puros, que refleja un no sé qué infantil. Su alma límpida y seguramente henchida de infinita bondad irradia en todos sus rasgos, y su mirada color gris claro penetra en mí como un bálsamo en una herida. Quedamente, muy quedamente, siempre con mis manos en las suyas, me habla con tanta suavidad que parece un murmullo:

—A veces, Dios hace que sus hijos soporten la maldad humana para que aquel que ha escogido como víctima salga de ello más fuerte y más noble que nunca. Ves tú, hijo mío, si no hubieses tenido que subir ese calvario, nunca habrías podido elevarte tan arriba y acercarte tan intensamente a la verdad de Dios. Diré más: las gentes, los sistemas, los engranajes de esa horrible máquina que te ha triturado, los seres fundamentalmente malos que te han torturado y perjudicado de diferentes maneras te han hecho el mayor favor que podían hacerte. Han provocado en ti un nuevo ser, superior al primero y, hoy, si tienes el sentido del honor, de la bondad, de la caridad y la energía necesaria para superar todos los obstáculos y volverte superior, a ellos se lo debes. Esas ideas de venganza, de castigar a cada cual en razón de la importancia del daño que te haya hecho, no pueden prosperar en un ser como tú. Debes ser un salvador de hombres y no vivir para hacer daño, aunque creas que este daño sea justificado. Dios ha sido generoso contigo. Te ha dicho: «Ayúdate, que yo te ayudaré». Te ha ayudado en todo y hasta te ha permitido salvar a otros hombres y llevarles hacia la libertad. Sobre todo, no creas que todos esos pecados que has cometido sean muy graves. Hay muchas personas de elevada posición social que se han hecho culpables de hechos mucho más graves que los tuyos. Solo que ellas no han tenido, en el castigo infligido por la justicia de los hombres, la ocasión de elevarse como lo has tenido tú.

—Gracias, padre. Me ha hecho usted un bien enorme, para toda mi vida. No lo olvidaré jamás.

Y le beso las manos.

—Vas a irte de nuevo, hijo mío, y arrostrarás otros peligros. Quisiera bautizarte antes de tu marcha. ¿Qué te parece?

—Padre mío, déjeme así por el momento. Mi papá me crio sin religión. Tiene un corazón de oro. Cuando mamá murió, supo hallar, para quererme más aún, gestos, palabras, atenciones de madre. Creo que si me dejo bautizar cometería una especie de traición hacia él. Déjeme tiempo de ser completamente libre con una identidad establecida, una forma de vida normal, para que, cuando le escriba, le pregunte si puedo, sin causarle pena, abandonar su filosofía y hacerme bautizar.

—Te comprendo, hijo mío, y estoy seguro de que Dios está contigo. Te bendigo y pido a Dios que te proteja.

—He aquí cómo monseñor Irénée de Bruyne se describe enteramente en ese sermón —me dice el doctor Naal.

—Es verdad, señor. Y ahora, ¿qué piensa usted hacer?

—Pediré al gobernador que dé orden a la aduana de que me concedan prioridad en la primera venta de embarcaciones secuestradas a los contrabandistas. Irá usted conmigo para dar su opinión y escoger la que le convenga. Para todo lo demás, alimentos y ropas, no habrá problemas.

Desde el día del sermón del obispo, tenemos visitas constantemente sobre todo por la tarde, hacia las seis. Esas personas quieren conocernos. Se sientan en los bancos de la mesa y cada una trae algo que deja sobre una cama, pero lo deja sin tan siquiera decir: Le he traído esto. Sobre las dos de la tarde, acuden siempre hermanitas de los pobres acompañadas por la superiora que habla muy bien francés. Su capazo siempre está lleno de cosas buenas cocinadas por ellas. La superiora es muy joven, menos de cuarenta años. No se le ve el cabello, recogido en una toca blanca, pero sus ojos son azules y sus cejas rubias. Pertenece a una importante familia holandesa (información del doctor Naal) y ha escrito a Holanda para que se busque otro medio que el de mandarnos fuera por mar. Pasamos buenos momentos juntos y, repetidas veces, me hace relatar nuestra evasión. En ocasiones, me pide que le cuente directamente a las hermanas que la acompañan y que hablan francés. Y si me olvido o paso por alto un detalle, me llama suavemente al orden:

—Henri, no corra tanto. Se salta usted la historia del guaco... ¿Por qué se olvida de las hormigas, hoy? ¡Es muy importante lo de las hormigas, pues gracias a ellas fue usted sorprendido por el bretón de la máscara!

Lo cuento todo porque aquellos son momentos tan dulces, tan completamente opuestos a todo cuanto hemos vivido, que una luz celestial ilumina de un modo irreal ese camino de la podredumbre en vías de desaparecer.

He visto la embarcación, un magnífico batel de ocho metros de largo, con muy buena quilla, mástil muy alto y velas inmensas. Está construido especialmente para pasar contrabando. El equipo está completo, pero hay sellos lacrados de la aduana por todas partes. Un caballero inicia la subasta con seis mil florines, aproximadamente mil dólares. Total, que nos lo dan por seis mil un florines, después de que el doctor Naal haya musitado unas palabras a ese caballero.

En cinco días, estamos preparados. Recién pintada, atiborrada de vituallas bien guardadas en la bodega, esta embarcación con media cubierta es un regalo regio. Seis maletas, una para cada uno con ropas nuevas, zapatos, todo lo necesario para vestirse, son envueltas en una lona impermeable, y, luego, colocadas en el *roof* de la embarcación.

LA PRISIÓN DE RÍO HACHA

Al despuntar el día, zarpamos. El doctor y las hermanitas han venido a decirnos adiós. Desatracamos con facilidad del muelle, el viento nos toma enseguida y navegamos normalmente. Sale el sol, radiante. Una jornada sin tropiezos nos aguarda. Enseguida me percato de que la embarcación tiene demasiado velamen y no está lo suficientemente lastrada. Decido ser prudente: avanzamos a toda velocidad. Este batel es un purasangre en cuanto a rapidez se refiere, pero envidioso e irritable. Hago pleno oeste. Hemos tomado el acuerdo de desembarcar clandestinamente en la costa colombiana a los tres hombres que se nos unieron en Trinidad. No quieren saber nada de una larga travesía, dicen que confían en mí, pero en el clima ya no. En efecto, según los boletines meteorológicos de los diarios que leímos en la prisión, se espera mal tiempo y hasta huracanes.

Reconozco su derecho y queda convenido que les desembarcaré en una península solitaria y deshabitada, llamada la Guajira. Nosotros tres proseguiremos hasta Honduras británica. El tiempo es espléndido y la noche estrellada que sigue a esta jornada radiante nos facilita, gracias a una media luna potente, ese proyecto de desembarco. Vamos recto hacia la costa colombiana, echo el ancla y, poco a poco, sondamos para ver si pueden desembarcar. Por desgracia, el agua es muy profunda y hemos de acercarnos peligrosamente a una costa rocosa para llegar a tener menos de un metro cincuenta de agua. Nos estrechamos la mano, todos ellos bajan, ponen pie y, luego, con la maleta a la cabeza, avanzan hacia tierra. Observamos la maniobra con interés y un poco de tristeza. Esos camaradas se han portado bien con nosotros, han estado a la altura de las circunstancias. Es una lástima que abandonen el batel. Mientras se acercan a la costa, el viento remite completamente. ¡Mierda! ¡Con tal de que no sean vistos desde la población señalada en el mapa que se llama Río Hacha...! Es el primer puerto donde hay autoridades policíacas. Esperemos que no. Me parece que nos encontramos bastante más arriba del punto indicado por razón del pequeño faro que está en la punta que acabamos de rebasar.

Esperar, esperar... Los tres han desaparecido tras habernos dicho adiós con sus pañuelos blancos. ¡El viento, maldita sea! ¡Viento para despegar de esta tierra colombiana que es un signo de interrogación para nosotros! En efecto, no sabemos si entregan a los presos evadidos o no. Nosotros tres preferimos la certidumbre de Honduras británica a la incógnita de Colombia. El viento no se levanta hasta las tres de la tarde. Podemos irnos. Izo todo el velamen e, inclinado quizá un poco demasiado, navego despacio durante más de dos horas cuando, de pronto, una lancha rápida se dirige recto sobre nosotros y dispara tiros de fusil al aire para hacernos parar. Sigo adelante sin obedecer, tratando de ganar alta mar fuera de las aguas jurisdiccionales. Imposible. Esta poderosa lancha nos alcanza en menos de hora y media de caza y, apuntados por diez hombres, fusil en mano, nos vemos obligados a rendirnos.

Estos soldados o policías que nos han detenido tienen todos unas pintas muy particulares: pantalón sucio que en un principio fue blanco, jerséis de lana que, seguramente, jamás han sido lavados, con rotos, todos descalzos, salvo el «comandante», mejor vestido y más limpio. Van mal vestidos, pero armados hasta los dientes: cartuchera llena de balas al cinto, fusiles de guerra bien cuidados y, por si esto fuese poco, una funda con un gran puñal y el mango al alcance de la mano. El que ellos llaman «comandante» tiene cara de mestizo asesino. Lleva una gran pistola que pende, a su vez, de un cinto lleno de balas. Como solo hablan español, no comprendemos lo que dicen, pero ni su mirada, ni sus gestos, ni el tono de su voz son agradables, todo es hostil.

Vamos a pie desde el puerto a la cárcel, cruzando la aldea que, en efecto, es Río Hacha, encuadrados por seis ganapanes, más tres que caminan a dos metros, con el arma dirigida contra nosotros. La llegada no resulta pues, demasiado simpática.

Llegamos al patio de una prisión rodeada por un pequeño muro. Una veintena de presos barbudos y sucios están sentados o de pie, y también nos miran con ojos hostiles.

—*Vamos, vamos.**

Comprendemos lo que quieren decir. Lo cual nos resulta difícil, pues Clousiot, aunque vaya mucho mejor, sigue caminando sobre el hierro de su pierna escayolada y no puede ir deprisa. El «comandante», que se ha quedado atrás, nos alcanza llevando bajo el brazo la brújula y el impermeable. Come nuestras galletas con nuestro chocolate, y enseguida comprendemos que se nos despojará de todo. No nos hemos engañado. Estamos encerrados en una sala cochambrosa con una ventana de gruesos barrotes. En el suelo, tablas con una especie de almohada de madera a un lado: son camas. «Franceses, franceses», viene a decirnos en la ventana un preso, cuando los policías se han ido tras habernos encerrado.

—¿Qué quieres?

—¡Franceses, no bueno, no bueno!

—¿No bueno, qué?

—Policía.

—¿Policía?

---

* En castellano en el original, así como todas las palabras españolas que aparezcan en cursiva.

—Sí, policía no bueno.

Y se va. Ha caído la noche, la sala está alumbrada por una bombilla eléctrica que debe de ser de poca potencia, pues apenas ilumina. Los mosquitos zumban en nuestros oídos y se meten en nuestras narices.

—¡Vaya, estamos frescos! Nos costará caro haber de sembarcado a aquellos tipos.

—¡Qué se le va a hacer! No lo sabíamos. De todos modos, si hubiésemos tenido viento...

—Te has acercado demasiado —dice Clousiot.

—Cállate ya. No es el momento de acusarse o de acusar a los demás, es el momento de juntar los codos. Debemos estar más unidos que nunca.

—Perdón, tienes razón, Papi. No es culpa de nadie.

¡Oh! Sería injusto haber luchado tanto para que la fuga terminase aquí de manera lamentable. No nos han registrado. Llevo mi estuche en el bolsillo y me apresuro a colocármelo en su escondrijo. Clousiot se mete también el suyo. Hemos hecho bien no deshaciéndonos de ellos. Por lo demás, es un portamonedas hermético y poco voluminoso, fácil de guardar en el interior de nosotros. Mi reloj marca las ocho de la noche. Nos traen azúcar sin refinar, color marrón, un pedazo como el puño para cada uno, y tres paquetes de pasta de arroz hervida con sal.

—¡*Buenas noches!*

—Eso debe significar: *bonne nuit* —dice Maturette.

El día siguiente, a las siete, nos sirven en el patio un excelente café en vasos de madera. Sobre las ocho, pasa el «comandante». Le pido que me deje ir al barco para recoger nuestros trastos. O no lo ha entendido, o lo hace ver. Cuanto más le miro, más pinta de asesino le encuentro. En el costado izquierdo lleva una botellita en una funda de cuero, la saca, bebe un trago, escupe y me alarga el frasco. Ante ese primer gesto de amabilidad, lo tomo y bebo. Afortunadamente, he tragado poco, es fuego cor sabor a alcohol de quemar. Lo engullo rápidamente y me pongo a toser y él se ríe a carcajadas. ¡Maldito indio mestizo de negro!

A las diez, llegan varios paisanos vestidos de blanco y encorbatados. Son seis o siete y entran en un edificio que parece ser la dirección de la cárcel. Nos mandan llamar. Todos están sentados en sillas, formando semicírculo en una sala donde campea un gran cuadro de un oficial blanco muy condecorado: el presidente Alfonso López de Colombia. Uno de los caballeros manda sentar a Clousiot y le habla en francés, nosotros seguimos de pie. El individuo del centro, flaco, nariz picuda de águila y gafas ahumadas, comienza a interrogarme. El intérprete no traduce nada y me dice:

—El señor que acaba de hablar y va a interrogarle es el juez de la ciudad de Río Hacha, los otros son notables, amigos suyos. Yo, que hago de traductor, soy un haitiano que dirige los trabajos de electricidad de este departamento. Creo que entre esa gente, pese a que no lo digan, algunos comprenden un poco de francés, quizá incluso el mismo juez.

El juez se impacienta con este preámbulo y empieza su interrogatorio en español. El haitiano traduce sucesivamente preguntas y respuestas.

—¿Son franceses?

—Sí.

—¿De dónde vienen?

—De Curaçao.

—¿Y antes?

—De Trinidad.

—¿Y antes?

—De Martinica.

—Miente usted. Nuestro cónsul en Curaçao, hace más de una semana, fue avisado para que mandase vigilar las costas porque seis evadidos de la penitenciaría de Francia iban a tratar de desembarcar aquí.

—Está bien. Somos fugados de la penitenciaría.

—¿*Cayenero*, entonces?

—Sí.

—Cuando un país tan noble como Francia les ha mandado tan lejos y castigado tan severamente, ¿es porque son bandidos muy peligrosos?

—Quizá.

—¿Ladrones o asesinos?

—Homicidas.

—*Matador*, que viene a ser lo mismo. Entonces ¿son *matadores*? ¿Dónde están los otros tres?

—Se quedaron en Curaçao.

—Miente usted otra vez. Los han desembarcado a sesenta kilómetros de aquí en un pueblo que se llama Castillete. Afortunadamente, han sido detenidos, y estarán aquí dentro de unas horas. ¿Han robado esa embarcación?

—No, nos la regaló el obispo de Curaçao.

—Bien. Se quedarán presos aquí hasta que el gobernador decida lo que debe hacerse con ustedes. Por haber cometido el delito de desembarcar a tres de sus cómplices en territorio colombiano e intentar, luego, hacerse de nuevo a la mar, condeno a tres meses de prisión al capitán del barco, usted, y a un mes a los otros. Pórtense bien, si no quieren ser castigados corporalmente por los policías, que son hombres muy duros. ¿Tiene usted algo que objetar?

—No. Solo deseo recoger mis efectos y los víveres que están a bordo de la embarcación.

—Todo eso queda confiscado por la aduana, salvo un pantalón, una camisa, una chaqueta y un par de zapatos para cada uno de ustedes. El resto está confiscado y no insista: no hay nada que hacer, es la ley.

Nos retiramos al patio. El juez es asaltado por los míseros presos del país:

—¡Doctor, doctor!

Pasa entre ellos, pagado de su importancia, sin responder y sin pararse. Sale de la prisión con sus acompañantes y todos desaparecen.

A la una, llegan los otros tres en un camión con siete u ocho hombres armados. Bajan muy corridos con su maleta. Entramos con ellos en la sala.

—¡Qué monstruoso error hemos cometido y os hemos hecho cometer! —dice el bretón—. No tenemos perdón, Papillon. Si quieres matarme, puedes hacerlo, no me defenderé. No somos hombres, somos unos mariquitas. Hemos hecho eso por miedo del mar. Pues bien, según la impresión que tengo de Colombia y de los colombianos, los peligros del mar eran de risa comparados con los peligros de estar en manos de individuos como esos. ¿Os trincaron por culpa del viento?

—Sí, bretón. No tengo por qué matar a nadie. Todos nos hemos equivocado. Yo no tenía más que negarme a desembarcar y no habría pasado nada.

—Eres muy bueno, Papi.

—No, soy justo. —Les cuento el interrogatorio—. En fin, quizá el gobernador nos deje en libertad.

—¡Hombre! Como se dice: esperemos, pues la esperanza es lo último que se pierde.

A mi parecer, las autoridades de este terruño medio civilizado no pueden tomar una decisión sobre nuestro caso. Solo en las elevadas esferas decidirán si podemos quedarnos en Colombia, si debemos ser entregados a Francia, o devueltos a nuestra embarcación para ir más lejos. Me extrañaría mucho que esas gentes a quienes no hemos causado ningún perjuicio tomasen la decisión más grave; al fin y al cabo, no hemos cometido ningún delito en su territorio.

Hace ya una semana que estamos aquí. No hay variación, de no ser que se habla de trasladarnos bien custodiados a una ciudad más importante, a doscientos kilómetros de distancia, Santa Marta. Esos policías con pinta de bucaneros o de corsarios no han cambiado de actitud para con nosotros. Ayer mismo, uno de ellos casi me hiere al disparar su fusil porque le cogí mi jabón en el lavadero. Seguimos en esta sala plagada de mosquitos, afortunadamente un poco más limpia que cuando vinimos, gracias a Maturette y el bretón, que la friegan cada día. Comienzo a desesperarme, pierdo la confianza. Esa raza de colombianos, mezcla de indios y de negros, mestizos de indios y de españoles que en otros tiempos fueron los dueños de este país, me hace perder la confianza. Un preso colombiano me presta un periódico atrasado de Santa Marta. En primera plana, nuestras seis fotos y, abajo, el «comandante» de la policía, con su enorme sombrero de fieltro, un puro en la boca y la fotografía de una decena de policías armados con sus trabucos. Comprendo que la captura ha sido novelada, aumentando el papel desempeñado por ellos. Diríase que Colombia entera se ha salvado de un terrible peligro con nuestra detención. Y, sin embargo, la foto de los bandidos es más simpática de mirar que la de los policías. Los bandidos tienen más bien aspecto de gente honrada, en tanto que los policías, con perdón, empezando por el «comandante», quedan retratados. ¿Qué hacer? Empiezo a saber algunas palabras de español; *fugarse*, *preso*; *matar*; *cadena*; *esposas*; *hombre*; *mujer*.

NOS LAS PIRAMOS DE RÍO HACHA

En el patio hay un tipo que lleva esposas constantemente. Me hago amigo de él. Fumamos del mismo cigarro, un cigarro largo y fino, muy fuerte, pero fumamos. He comprendido que él hace contrabando entre Venezuela y la isla de Aruba. Está acusado de haber dado muerte a unos guardacostas y espera a que lo procesen. Algunos días, está extraordinariamente sosegado, y otros, nervioso y excitado. Consigo observar que está sosegado cuando han venido a verle y ha masticado unas hojas que le traen. Un día, me da media hoja; enseguida comprendo. Lengua, paladar y labios se me quedan insensibles. Las hojas son hojas de coca. Ese hombre de treinta y cinco años, de brazos vellosos y pecho cubierto de pelos rizados, muy negros, debe de tener una fuerza poco común. Sus pies descalzos tienen una planta tan callosa, que muchas veces se quita astillas de vidrio o un clavo, que se han hincado en ella, pero sin alcanzar la carne.

Una vez que me visitó el haitiano, le había pedido un diccionario francés-español.

—*Fuga*, tú y yo —le digo una noche al contrabandista.

El tipo aquel ha comprendido, y me hace signo de que él querría evadirse también, pero, con esposas... Son esposas americanas de seguridad. Tienen una hendidura para la llave que, seguramente, debió ser una llave plana. Con un alambre doblado en el extremo, el bretón me fabrica una ganzúa. Tras algunas pruebas, abro las esposas de mi nuevo amigo cuando quiero. Por la noche, está solo en el *calabozo* de barrotes bastante gruesos. En nuestra sala, los barrotes son finos, seguramente pueden separarse. No habrá que cortar, pues, más que una reja, la de Antonio (se llama Antonio, el colombiano).

—¿Cómo se puede conseguir una lima?

—*Plata.*

—¿*Cuánto*?

—Cien pesos.

—¿Dólares?

—Diez.

Total, que por diez dólares que le doy se encuentra en posesión de dos limas. Dibujando en la tierra del patio, le explico que cada vez que haya limado un poco, debe mezclar las limaduras con la pasta de las albóndigas de arroz que nos dan y tapar bien la hendidura. A última hora, antes de recogerse, le abro una esposa. En caso de que se las examinasen, basta con apretarla para que se cierre sola. Tarda tres noches en cortar el barrote. Me explica que en menos de un minuto terminará de cortarlo y que está seguro de poderlo doblar con las manos. Debe venir a buscarnos.

Llueve a menudo, por lo que dice que acudirá la *primera noche de lluvia*. Esta noche llueve torrencialmente. Mis camaradas están al corriente de mis proyectos, ninguno quiere seguirme, pues creen que la región a la que pienso ir queda demasiado lejos. Quiero ir a la punta de la península colombiana, en la frontera con Venezuela. El mapa que poseemos señala que ese territorio se llama Guajira y que es un territorio disputado, ni colombiano ni venezolano. El colombiano dice que *eso es la tierra de los indios* y que no hay policía alguna, ni colombiana ni venezolana. Algunos contrabandistas pasan por allí. Es peligroso, porque los indios guajiros no toleran que un hombre civilizado penetre en su territorio. En el interior de las tierras, cada vez son más peligrosos. En la costa, hay indios pescadores que, a través de otros indios un poco más civilizados, trafican con la población de Castillete y una aldea, La Vela. Él, Antonio, no quiere ir allá. Sus compañeros o él mismo tuvieron que dar muerte a algunos indios durante una refriega que tuvieron con ellos, un día que su embarcación cargada de contrabando zozobró en aquel territorio. Antonio se compromete a llevarme muy cerca de Guajira, pero luego deberé continuar solo. Todo eso, huelga decirlo, ha sido muy laborioso de planear entre ambos, porque él emplea palabras que no están en el diccionario. Así pues, esta noche llueve torrencialmente. Estoy junto a la ventana. Hace tiempo que está desprendida una tabla del zócalo. Haremos palanca con ella para separar los barrotes. Tras una prueba que hicimos dos noches antes, hemos visto que cedía fácilmente.

—*Listo.*

Pegada a los barrotes, asoma la jeta de Antonio. De un golpe, ayudado por Maturette y el bretón, el barrote no solo se separa, sino que se desprende de abajo. Me aúpan y recibo unas nalgadas, antes de desaparecer. Esas nalgadas son el apretón de manos de mis amigos. Ya estamos en el patio. La lluvia torrencial hace un ruido de mil diablos al caer en los techos de chapa ondulada. Antonio me coge de la mano y me arrastra hasta la tapia. Saltarla es cosa de niños, pues solo tiene dos metros. Sin embargo, me corto la mano con un trozo de vidrio del borde. No importa, en marcha. El condenado de Antonio consigue encontrar el camino en medio de esta lluvia que nos impide ver a tres metros. Aprovecha la inclemencia del tiempo para cruzar a pecho descubierto toda la población, y, luego, seguimos por un sendero que discurre entre la selva y la costa. Muy avanzada la noche, una luz. Debemos dar un gran rodeo en la selva, por suerte poco tupida, y volvemos al sendero. Caminamos bajo la lluvia hasta el alba. Al salir, Antonio me había dado una hoja de coca que masco de la misma manera que se lo he visto hacer a él en la cárcel. No estoy cansado en absoluto cuando sale el sol. ¿Será la hoja? Seguramente.

Pese a la luz, seguimos andando. De vez en cuando, él echa cuerpo a tierra y pega el oído a aquel suelo empapado de agua. Y proseguimos.

Tiene una manera curiosa de andar. No corre ni camina; lo hace a pequeños brincos, todos de la misma longitud, balanceando los brazos como si remase en el aire. Debe de haber oído algo, pues me conduce a la selva. Sigue lloviendo. En efecto, ante nuestros ojos pasa un rodillo tirado por un tractor, seguramente para apisonar la tierra de la carretera.

Las diez y media de la mañana. La lluvia ha cesado, el sol ha salido. Tras haber caminado más de un kilómetro por la hierba y no por el sendero, hemos penetrado en la selva. Tumbados bajo una planta muy tupida, rodeados por una vegetación espesa y llena de pinchos, creo que no tenemos nada que temer y, sin embargo, Antonio no me deja fumar, ni siquiera hablar bajo. Antonio no para de tragar el zumo de las hojas. Yo hago lo mismo que él, pero con un poco de moderación. Lleva una bolsita con más de veinte hojas dentro, me la enseña. Sus magníficos dientes brillan en la oscuridad cuando se ríe silenciosamente. Como los mosquitos no nos dejan en paz, ha mascado un cigarro y, con la saliva llena de nicotina, nos pringamos la cara y las manos. Después, quedamos tranquilos. Son las siete. Ha caído la noche, pero la luna alumbra demasiado el sendero. Antonio pone el dedo sobre las nueve y dice: lluvia. Comprendo que a las nueve lloverá. En efecto, a las nueve y veinte minutos llueve. Reanudamos la marcha. Para estar a su altura, he aprendido a saltar caminando y a remar con los brazos. No es difícil, se avanza con más rapidez que caminando deprisa y, sin embargo, no se corre. En la oscuridad, hemos debido meternos tres veces en la selva para dejar que pase un coche, un camión y una carreta tirada por dos asnos. Gracias a esas hojas, no me siento cansado cuando amanece. La lluvia cesa a las ocho y, entonces, otra vez, caminamos despacio por la hierba durante más de un kilómetro. Luego, nos escondemos en la selva. Lo malo de esas hojas es que no dejan dormir. No hemos pegado ojo desde que nos fuimos. Las pupilas de Antonio están tan dilatadas, que ya carecen de iris. Las mías deben de estar igual.

Las nueve de la noche. Llueve. Parece como si la lluvia esperase esa hora para empezar a caer. Más adelante, me enteraré de que en los trópicos, cuando la lluvia comienza a caer a una hora determinada, durante todo el cuarto de luna caerá a la misma hora cada día y cesará a la misma hora también. Esta noche, al principio de la andadura, oímos gritos y luego vimos luces.

—Castillete —dice Antonio.

Ese demonio de hombre me coge de la mano sin vacilar, nos metemos en la selva y, tras una marcha fatigosa de más de dos horas, volvemos a estar en la carretera. Caminamos, o más bien brincamos, durante todo el resto de la noche y buena parte de la mañana. El sol nos ha secado la ropa puesta. Hace tres días que andamos empapados, tres días en que solo hemos comido un pedazo de azúcar cande, el primer día. Antonio parece estar casi seguro de que no toparemos con malas personas. Camina despreocupadamente y hace ya varias horas que no ha pegado el oído al suelo. El camino bordea la playa. Antonio corta una vara. Ahora, andamos por la arena húmeda. Hemos dejado el camino. Antonio se detiene para examinar un amplio rastro de arena hollada, de cincuenta centímetros, que sale del mar y llega a la arena seca. Seguimos el rastro y llegamos a un sitio donde la raya se ensancha en forma de círculo. Antonio hinca su palo. Cuando lo retira, tiene pegado en la punta un líquido amarillo, como yema de huevo. Efectivamente, le ayudo a hacer un hoyo cavando en la arena con las manos y, al poco rato, aparecen huevos, trescientos o cuatrocientos aproximadamente, no sé. Son huevos de tortuga de mar. Esos huevos no tienen cáscara, solamente piel. Recogemos todos los que caben en la camisa que Antonio se ha quitado, quizá un centenar. Salimos de la playa y cruzamos el camino para meternos en la selva. A resguardo de toda mirada, nos ponemos a comer; pero solo la yema, me indica Antonio. De un mordisco de su dentadura de lobo corta la piel que envuelve el huevo, deja escurrir la clara y, luego, chupa la yema. Un huevo él, otro yo. Abre muchos. Sorbe uno mientras me pasa otro. Hartos a reventar, nos tumbamos, usando la chaqueta como almohada. Antonio dice:

—*Mañana, tú sigues solo dos días más. De mañana en adelante, no hay policías.*

Último puesto fronterizo en esta noche a las diez. Lo reconocemos por algunos ladridos de perros y una casita resplandeciente de luz. Todo eso es evitado de forma magistral por Antonio. Entonces, caminamos toda la noche sin tomar precauciones. El camino no es muy ancho, es un sendero que, de todos modos, debe de ser muy transitado, pues está limpio de hierbas. Tiene casi cincuenta centímetros de anchura y bordea la selva, dominando la playa desde una altura de dos metros aproximadamente. Se ven también, marcadas de trecho en trecho, huellas de herraduras de caballos y de asnos. Antonio se sienta en una gruesa raíz de árbol y me hace signo de que yo me siente también. El sol pega fuerte. En mi reloj son las once, pero por el sol debe de ser mediodía: una varita hincada en el suelo no da ninguna sombra, así que es mediodía. Pongo mi reloj a las doce. Antonio vacía su bolsa de hojas de coca: hay siete. Me da cuatro y se guarda tres. Me alejo un poco, entro en la selva, vuelvo con cincuenta dólares de Trinidad y sesenta florines y se los tiendo. Me mira muy asombrado, palpa los billetes, no comprende por qué están tan nuevos y cómo no se han mojado nunca, puesto que jamás me ha visto secarlos. Me da las gracias, con todos los billetes en la mano, reflexiona un rato y, luego, separa seis billetes de cinco florines, es decir, treinta florines, y me devuelve el resto. Pese a mi insistencia, se niega a aceptar más. En este momento, algo cambia en él. Habíamos decidido que nos separaríamos aquí, pero parece que ahora quiere acompañarme un día más. Después, me da a entender que dará media vuelta. Bueno, nos vamos tras haber tragado algunas yemas de huevo y encendido un buen cigarro con mucha dificultad golpeando durante más de media hora dos piedras una con otra para prender fuego a un poco de musgo seco.

Hace tres horas que andamos cuando viene hacia nosotros, en línea recta, un hombre a caballo. Ese hombre lleva un sombrero de paja inmenso, botas; va sin pantalón, pero con una especie de slip de cuero, una camisa verde y una guerrera descolorida, verde también, de tipo militar. Por arma, una hermosa carabina y un enorme revólver al cinto.

—¡*Caramba! Antonio, hijo mío.*

Antonio había reconocido al jinete desde muy lejos. No me dijo nada, pero sabía que toparíamos con él, eso saltaba a la vista. Aquel hombretón cobrizo de unos cuarenta años descabalga y los dos se dan grandes palmadas en los hombros. Esa manera de abrazarse, la veré luego en todas partes.

—¿Y ese, quién es?

—*Un compañero de fuga*, un francés.

—¿Adónde vas?

—Lo más cerca que pueda de los pescadores indios.

Quiere pasar por el territorio indio, entrar en Venezuela y, allí, buscar un medio para volver a Aruba o a Curaçao.

—Indio guajiro malo —dice el hombre—. No vas armado, *toma.*

Me da un puñal con su vaina de cuero y su mango de asta brillante. Nos sentamos en el borde del sendero. Me quito los zapatos, tengo los pies ensangrentados. Antonio y el jinete hablan muy deprisa, se ve claramente que mi proyecto de cruzar Guajira no les gusta. Antonio me hace signos de que monte a caballo: con los zapatos colgados del hombro, me quedaré descalzo para que se me sequen las llagas. Eso lo entiendo por gestos. El jinete monta, Antonio me da la mano y, sin comprender, soy llevado a galope a horcajadas detrás del amigo de Antonio. Galopamos todo el día y toda la noche. De cuando en cuando nos paramos y el hombretón me alarga una botella de anís, de la que bebo un buen trago cada vez. Al alba, se para. Sale el sol, me da un queso duro como el hierro y dos galletas, seis hojas de coca, y, además, me regala una bolsa especial para llevarlas, hermética, que se ata al cinturón. Me estrecha en sus brazos palmeándome los hombros como le he visto hacer a Antonio, monta de nuevo en su caballo y se va a galope tendido.

LOS INDIOS

Camino hasta la una de la tarde. Ya no hay maleza ni árboles en el horizonte. El mar brilla, plateado, bajo el sol abrasador. Ando descalzo, con los zapatos colgando del hombro izquierdo. Cuando decido acostarme, a lo lejos me parece percibir cinco o seis árboles, o rocas, a mucha distancia de la playa. Intento determinar esa distancia: diez kilómetros, quizá. Saco una gran hoja y, mascándola, reanudo la marcha con paso bastante rápido. Una hora después, identifico aquellas cinco o seis cosas: son chozas con techo de paja, o de hojarasca color castaño claro. De una de ellas sale humo. Luego veo gente. Me han visto. Percibo los gritos y los gestos que hace un grupo en dirección al mar. Entonces, veo cuatro lanchas que se acercan rápidamente y que desembarcan a unas diez personas. Todo el mundo está reunido delante de las casas y mira hacia mí. Veo claramente que hombres y mujeres van desnudos, solo llevan algo que cuelga tapándoles el sexo. Camino despacio hacia ellos. Tres se apoyan en arcos y empuñan flechas. Ningún ademán, ni de hostilidad ni de amistad. Un perro ladra y, rabiosamente, se abalanza sobre mí. Me muerde en la pantorrilla, llevándose un trozo de pantalón... Cuando vuelve a la carga, recibe en el trasero una flechita salida de no sé donde (lo supe después: de una cerbatana), huye aullando y parece que se mete en una casa. Me acerco cojeando, pues me ha mordido seriamente. Solo estoy a diez metros del grupo. Nadie se ha movido ni ha hablado, los niños están detrás de sus madres. Tienen los cuerpos cobrizos, desnudos, musculosos, espléndidos. Las mujeres tienen los pechos enhiestos, duros y firmes, con enormes pezones. Solo una tiene un pecho enorme, flácido.

Uno de los indios es tan noble en su actitud, sus rasgos son tan finos, su raza de una nobleza incontestable se manifiesta tan claramente, que voy recto hacia él. No lleva arco ni flechas. Es tan alto como yo, lleva el pelo bien cortado con un gran flequillo que le llega hasta las cejas. Sus orejas están tapadas por los cabellos que, detrás, llegan a la altura del lóbulo de las orejas, negros como el azabache, casi violáceos. Tiene los ojos de un gris de hierro. Nada de vello, ni en el pecho, ni en los brazos, ni en las piernas. Sus muslos cobrizos son musculosos, así como sus piernas torneadas y finas. Va descalzo. Me paro a tres metros de él. Entonces, da dos pasos y me mira directamente a los ojos. El examen dura dos minutos. Ese rostro del que ni un rasgo se mueve, parece una estatua de cobre de ojos oblicuos. Luego, me sonríe y me toca el hombro. Entonces, todo el mundo viene a tocarme y una joven india me coge de la mano y me lleva a la sombra de una de las chozas. Una vez allí, arremanga la pernera de mi pantalón. Todo el mundo está en torno a nosotros, sentados en círculo. Un hombre me tiende un cigarro encendido, lo tomo y me pongo a fumar. Todo el mundo se ríe de mi modo de fumar, pues ellos, mujeres y hombres, fuman con la lumbre en la boca. La mordedura ya no sangra, pero un pedazo de casi la mitad de una moneda de cinco francos ha sido arrancada. La mujer quita los pelos y luego, cuando todo queda bien depilado, lava la herida con agua de mar que una pequeña india ha ido a buscar. Con el agua, aprieta para hacer que la herida sangre. Insatisfecha, rasca cada incisión que ella ha ensanchado con un trozo de hierro aguzado. Me esfuerzo para no rechistar, pues todo el mundo me observa. Otra joven india quiere ayudarla, pero ella la rechaza duramente. Ante ese ademán, todos se echan a reír. Comprendo que ella ha querido indicar a la otra que le pertenezco exclusivamente y que todos se ríen por eso. Luego, corta las dos perneras de mis pantalones muy por encima de las rodillas. Sobre unas piedras prepara algas marinas que le han traído, las pone sobre la herida y las sujeta con tiras sacadas de mi pantalón. Satisfecha de su obra, me hace gesto de que me levante.

Me pongo en pie y me quito la chaqueta. En este momento, en la abertura de mi camisa, ella ve una mariposa que tengo tatuada bajo el cuello. Mira y, luego, al descubrir más tatuajes, me quita la camisa para verlos mejor. Todos, hombres y mujeres, están muy interesados por los tatuajes de mi pecho: a la derecha, un disciplinario de Calvi; a la izquierda, la cara de una mujer; sobre el estómago, unas fauces de tigre; en la columna vertebral, un gran marino crucificado, y, en toda la anchura de los riñones, una cacería de tigres con cazadores, palmeras, elefantes y tigres. Cuando han visto estos tatuajes, los hombres apartan a las mujeres y, detenida, minuciosamente, tocan, miran cada tatuaje. Después del jefe, cada cual da su opinión. A partir de este momento, soy adoptado definitivamente por los hombres. Las mujeres me habían adoptado ya desde el primer momento, cuando el jefe me sonrió y me tocó el hombro.

Entramos en la choza más grande y, allí, me quedo completamente desconcertado. La choza es de tierra apisonada color ladrillo rojo. Tiene ocho puertas, es redonda y, en el interior, el maderaje sostiene en un rincón hamacas multicolores de pura lana. En medio, una piedra redonda y plana, y, en torno a esa piedra parda y lisa, piedras planas para sentarse. En la pared, varias escopetas de dos cañones, un sable militar y, colgados en todas partes, arcos de todos los tamaños. Noto también un caparazón de tortuga enorme en el que podría acostarse un hombre, una chimenea hecha con piedras toscas bien colocadas unas sobre otras en un conjunto homogéneo, sin argamasa. Sobre la mesa, media calabaza con dos o tres puñados de perlas en el fondo. En una vasija de madera me dan de beber un brebaje de fruta fermentada, agridulce, muy bueno y, luego, en una hoja de plátano, me traen un gran pescado de casi dos kilos, asado a la brasa. Me invitan a comer y como lentamente. Cuando he terminado el delicioso pescado, la mujer me coge de la mano y me lleva a la playa, donde me lavo las manos y la boca con agua del mar. Luego, regresamos. Sentados en corro, con la joven india a mi lado y su mano sobre mi muslo, intentamos, por gestos y palabras, cambiar algunos datos sobre nosotros.

De repente, el jefe se levanta, va hacia el fondo de la choza, vuelve con un trozo de piedra blanca y hace unos dibujos sobre la mesa. Primero, indios desnudos y su poblado; luego, el mar. A la derecha del poblado indio, casas con ventanas, hombres y mujeres vestidos. Los hombres empuñan un fusil o un garrote. A la izquierda, otra aldea: los hombres, de cara hosca, con fusiles y sombreros; las mujeres vestidas. Cuando he mirado bien los dibujos, él se percata de que ha olvidado algo y traza un camino que va del poblado indio al pueblecito de la derecha, y otro camino a la izquierda, hacia la otra aldea. Para indicarme cuál es su situación con relación a su poblado, dibuja, del lado venezolano, a la derecha, un sol representado por un círculo y rayas que salen de todos lados y, del lado de la aldea colombiana, un sol cortado en el horizonte por una línea sinuosa. No es posible equivocarse: a un lado, sale el sol; en el otro se pone. El joven jefe contempla su obra con orgullo y todo el mundo mira sucesivamente. Cuando ve que he comprendido bien lo que quería decir, coge la tiza y cubre de trazos las dos aldeas, solo su poblado queda intacto. Comprendo que quiere decir que las gentes de las aldeas son malas, que él no quiere saber nada de ellas y que solo su poblado es bueno. ¡A quién se lo dice!

Limpian la mesa con un trapo de lana mojado. Cuando está seca, me pone en la mano el trozo de tiza; entonces, me toca a mí contar mi historia en dibujos. Resulta más complicado que la suya. Dibujo un hombre con las manos atadas junto a dos hombres armados que le miran; luego, el mismo hombre que corre y los dos hombres que le persiguen apuntándole con el fusil. Dibujo tres veces la misma escena, pero cada vez me pongo más lejos de los perseguidores y, en la última, los policías están parados mientras yo sigo corriendo hacia su aldea, que dibujo con los indios y el perro y, delante de todos, al jefe con los brazos tendidos hacia mí.

Mi dibujo no debía de ser malo, pues, tras extensos parloteos entre los hombres, el jefe abrió los brazos como en mi dibujo. Había comprendido.

Aquella misma noche, la india me llevó a su choza, donde vivían seis indias y cuatro indios. Dispuso una magnífica hamaca de lana multicolor, muy amplia, y en la que podían acostarse holgadamente dos personas de través. Me había acostado en la hamaca, pero en sentido longitudinal, cuando ella se acomodó en otra hamaca y se acostó a lo ancho. Yo hice lo mismo y, entonces, ella vino a acostarse a mi lado. Me tocó el cuerpo, las orejas, los ojos, la boca con sus dedos largos y delgados, pero muy rugosos, llenos de heridas cicatrizadas, pequeñas, pero estriadas. Eran los cortes que se hacen con el coral cuando se zambullen para capturar ostras perlíferas. Cuando, a mi vez, le acaricio el rostro, me coge la mano, muy extrañada de encontrarla fina, sin callosidades. Tras pasar una hora en la hamaca, nos levantamos para ir a la gran choza del jefe. Me dan a examinar las escopetas, calibres 12 y 16 de Saint-Étienne. Poseen también seis cajas llenas de cartuchos de perdigones doble cero.

La india es de estatura media, tiene los ojos color gris hierro como el jefe, su perfil es muy puro; el pelo, trenzado, con raya en medio, le llega hasta las caderas. Tiene los senos admirablemente bien formados, altos y en forma de pera. Los pezones son más oscuros que la piel y muy largos. Para besar, mordisquea; no sabe besar. No tardo mucho en enseñarle a besar a la civilizada. Cuando caminamos, no quiere hacerlo a mi lado; por mucho que insista es inútil, camina detrás de mí. Una de las chozas está deshabitada y en mal estado. Ayudada por las otras mujeres, arregla el techo de hojas de cocotero y remienda la pared con emplastos de tierra roja muy arcillosa. Los indios poseen toda suerte de herramientas cortantes: cuchillos, puñales, machetes, hachas, escardillos y una horca con púas de hierro. Hay marmitas de cobre, de aluminio, regaderas, cacerolas, una muela de afilar, un horno, toneles de hierro y de madera. Hamacas desmesuradamente grandes y de dibujos coloreados muy chillones, color rojo sangre, azul de prusia, negro betún, amarillo canario. La casa no tarda en estar terminada y la muchacha empieza a traer cosas que recibe de los otros indios (hasta un arnés de burro), un trébede para hacer fuego, una hamaca en la que podrían acostarse cuatro adultos de través, vasos, botes de hojalata, cacerolas, etcétera.

Nos acariciamos recíprocamente desde los quince días que hace que estoy aquí, pero ella se ha negado violentamente a llegar hasta el fin. No lo comprendo, pues ella ha sido quien me provocó y, a la hora de la verdad, dice que no. Nunca se pone ni un pedazo de tela encima, de no ser el taparrabo, atado en torno a su fino talle con un cordelito muy delgado, con las nalgas al aire. Sin ceremonia alguna, nos hemos instalado en la casita, que tiene tres puertas, una en el centro del círculo, la principal; las otras dos, frente por frente. Esas tres puertas, en el círculo de la casa redonda, forman un triángulo isósceles. Todas tienen su razón de ser: yo debo salir y entrar siempre por la puerta norte. Ella debe salir y volver siempre por la puerta sur. Yo no debo entrar ni salir por la suya, ella no debe usar la mía. Por la puerta grande entran los amigos y, yo o ella, solo podemos entrar por la puerta grande si recibimos visitas.

Solo cuando nos hemos instalado en la casa ha sido mía. No quiero entrar en detalles, pero fue una amante ardiente y consumada por intuición que se enroscó a mí como un bejuco. A hurtadillas de todos, sin hacer excepciones, la peino y le trenzo el cabello. Es muy feliz cuando la peino, una dicha inefable se percibe en su semblante y, al mismo tiempo, temor de que nos sorprendan, pues comprende que un hombre no debe peinar a su mujer, ni frotarle las manos con piedra pómez, ni besarle de cierta manera boca y senos.

Lali, así se llama ella, y yo estamos, pues, instalados en la casa. Una cosa me asombra, y es que jamás usa sartenes o cacerolas de hierro o de aluminio, nunca bebe en vaso, todo lo hace en cazuelas o vasijas de barro cocido hechas por ellos mismos.

La regadera sirve para lavarse la cara. Para hacer las necesidades, vamos al mar.

Presencio la abertura de las ostras para buscar perlas. Ese trabajo lo hacen las mujeres mayores. Cada mujer joven pescadora de perlas tiene su bolsa. Las perlas halladas en las ostras son repartidas de la manera siguiente: una parte para el jefe que representa a la comunidad, una parte para el pescador, media parte para la abridora de ostras y parte y media para la que se zambulle. Cuando vive con su familia, da las perlas a su tío, el hermano de su padre.

Nunca he comprendido por qué es también el tío el primero que entra en la casa de los novios que van a casarse, toma el brazo de la mujer, lo pasa en torno al talle del hombre y pone el brazo derecho del hombre en torno al talle de la mujer, con el índice en el ombligo de la novia. Una vez hecho eso, se va.

Así es que presencio la abertura de las ostras, pero no la pesca, pues no me han invitado a subir en una canoa. Pescan bastante lejos de la costa, casi a quinientos metros. Algunos días, Lali regresa llena de rasguños en los muslos o en los costillares producidos por el coral. A veces, de los cortes mana sangre. Entonces, chafa algas marinas y se frota las heridas con ellas. No hago nada sin que me inviten por gestos a hacerlo. Nunca entro en la casa del jefe si alguien o él mismo no me lleva allí de la mano. Lali sospecha que tres jóvenes indias de su edad vienen a tumbarse en la hierba lo más cerca posible de la puerta de casa, para tratar de ver u oír lo que hacemos cuando estamos solos.

Ayer, vi al indígena que sirve de enlace entre el poblado de los indios y la primera aglomeración colombiana, a dos kilómetros del puesto fronterizo. Esa aldea se llama La Vela. El indio tiene dos borricos y lleva una carabina Winchester de repetición; sin embargo, no lleva ninguna prenda encima, de no ser, como todos, el taparrabo. No habla ni una palabra de español, así, pues, ¿cómo hace sus trueques? Con ayuda del diccionario pongo en un papel: *Agujas*, tinta china azul y roja e hilo de coser, porque el jefe me pide a menudo que le haga un tatuaje. Ese indio de enlace es bajito y enjuto. Tiene una tremenda herida en el torso que empieza en la costilla que está bajo el busto, atraviesa todo el cuerpo y termina en el hombro derecho. Esa herida se ha cicatrizado formando una protuberancia de un dedo de gordo. Meten las perlas en una caja de cigarros. La caja está dividida en compartimentos y las perlas van en los compartimentos según el tamaño. Cuando el indio se va, recibo la autorización del jefe para acompañarle un trecho. De esta forma simplista, para obligarme a regresar, el jefe me ha prestado una escopeta de dos cañones y seis cartuchos. Está seguro de que así me veré obligado a volver, convencido de que no me llevaré algo que no me pertenece. Los asnos van sin carga, por lo que el indio monta en uno y yo en el otro. Viajamos todo el día por la misma carretera que tomé para venir, pero, a unos tres o cuatro kilómetros del puesto fronterizo, el indio se pone de espaldas al mar y se adentra en aquellos parajes.

Sobre las cinco, llegamos a orillas de un riachuelo donde hay cinco casas de indios. Todos vienen a verme. El indio habla, habla y habla hasta que llega un tipo a quien todo —ojos, pelo, nariz, etc.— delata como un indio, salvo el color. Es blanco y descolorido y tiene ojos rojos de albino. Lleva pantalón caqui. Entonces, allí, comprendo que el indio de mi poblado no irá más lejos. El indio blanco dice:

—*Buenos días. ¿Tú eres el matador que se fue con Antonio? Antonio es compadre mío de sangre.*

Para ser compadres de sangre, dos hombres hacen lo siguiente: se atan dos brazos uno al otro y, luego, cada cual hace una incisión en el brazo del otro. Luego, embadurnan el brazo del otro con la propia sangre de uno y se lamen recíprocamente la mano empapada en su sangre.

—*¿Qué quieres?*

—*Agujas, tinta china roja y azul. Nada más.*

—*Lo tendrás de aquí a un cuarto de luna.*

Habla el español mejor que yo y se nota que sabe establecer contacto con los civilizados y realizar los trueques defendiendo encarnizadamente los intereses de su raza. En el momento de marcharse, me da un collar hecho con monedas de plata colombiana, montadas en plata muy blanca. Me dice que es para Lali.

—*Vuelve a verme* —me dice el indio blanco.

Para estar seguro de que volveré, me da un arco. Me marcho solo, y no he hecho aún la mitad del camino de regreso, cuando veo a Lali acompañada por una de sus hermanas, muy joven ella, quizá de doce o trece años. Lali, seguramente, tendrá dieciséis o diecisiete. Se abalanza sobre mí como una loca, me araña el pecho, pues me tapo la cara con las manos, luego me muerde cruelmente en el cuello. Me cuesta contenerla aun empleando todas mis fuerzas. Súbitamente, se calma. Subo a la chiquilla en el asno y yo sigo detrás, abrazado a Lali. Regresamos despacio al poblado. En el camino, mato una lechuza. Le he disparado sin saber lo que era, solo porque he visto unos ojos que brillaban en la oscuridad. Lali quiere llevársela a toda costa y la cuelga de la silla del borrico. Llegamos al amanecer. Estoy tan cansado que quiero lavarme. Pero es Lali quien me lava, y luego, delante de mí, quita el taparrabo a su hermana, la lava y, después, se lava ella.

Cuando ambas regresan, estoy sentado, esperando que hierba el agua que he puesto a calentar para beberla con limón y azúcar. Entonces, ocurre algo que solo comprendí mucho más tarde. Lali empuja a su hermana entre mis piernas y me coge los brazos para que rodee su talle. Entonces me doy cuenta de que la hermana de Lali no lleva taparrabo y luce el collar que he dado a esta. No sé cómo salir de esta situación tan particular. Suavemente, aparto a la pequeña de mis piernas, la tomo en brazos y la acuesto en la hamaca. Le quito el collar y se lo pongo a Lali. Mucho más tarde, comprendí que Lali había creído que me estaba informando para irme porque quizá no era feliz con ella y tal vez su hermanita sabría retenerme. A la mañana siguiente, despierto con los ojos tapados por la mano de Lali. Es muy tarde, las once de la mañana. La pequeña ya no está y Lali me mira amorosamente con sus grandes ojos grises y me muerde dulcemente la comisura de los labios. Es feliz de hacerme ver que ha comprendido que la quiero y que no me he ido porque ella no sabía retenerme.

Delante de la casa está sentado el indio que suele conducir la canoa de Lali. Comprendo que la espera. Me sonríe y cierra los ojos en una expresión muy bonita con la que me dice que sabe que Lali está durmiendo. Me siento a su lado, habla de cosas que no comprendo. Es extraordinariamente musculoso, joven, fornido como un atleta. Mira detenidamente mis tatuajes, los examina y, luego, me indica con gestos y ademanes que le gustaría que le tatuase. Hago un signo afirmativo con la cabeza, pero se diría que él no cree que sepa hacerlo. Llega Lali. Se ha untado el cuerpo con aceite. Sabe que eso no me agrada, pero me hace comprender que el agua, con ese tiempo nuboso, debe de estar muy fría. Esas mímicas, hechas medio en broma y medio en serio, son tan bonitas, que se las hago repetir varias veces, simulando que no comprendo. Cuando le hago una señal de que vuelva a hacerlo, ella hace un mohín que significa claramente: «¿Es que eres tonto o me he vuelto *torpe* porque me he puesto aceite?».

El jefe pasa delante de nosotros con dos indias. Estas llevan un enorme lagarto verde de unos cuatro o cinco kilos, y él, arco y flechas. Acaba de cazarlo y me invita a ir a comerlo más tarde. Lali le habla y él me toca el hombro y me indica el mar. Comprendo que puedo ir con Lali si quiero. Nos vamos los tres, Lali, su compañero de pesca habitual y yo. Una pequeña embarcación muy ligera, hecha con una madera que parece corcho, es botada al agua con facilidad. Se meten en el agua llevando la canoa sobre los hombros y avanzan. La botadura es curiosa: el indio es el primero en subir a popa, con una enorme pagaya en la mano. Lali, con el agua hasta el busto, aguanta la canoa en equilibrio e impide que retroceda hacia la playa, yo subo y me sitúo en medio y, luego, de repente, Lali ya está a bordo, en el momento mismo que, con una estrepada, el indio nos hace avanzar mar adentro. Las olas se levantan en forma de rodillos, rodillos cada vez más altos a medida que nos adentramos en el mar. A quinientos o seiscientos metros de la orilla, encontramos una especie de canal donde ya están pescando dos embarcaciones. Lali se ha recogido el pelo con cinco tiras de cuero rojo, tres de través, dos a lo largo, que se ha atado al cuello. Empuñando un gran cuchillo, Lali sigue la gruesa barra de hierro de unos quince kilos que sirve de ancla, mandada al fondo por el hombre. La embarcación permanece ancorada, pero no quieta; a cada embate, sube y baja.

Durante más de tres horas, Lali se sumerge y remonta del fondo de la mar. El fondo no se ve, pero por el tiempo que invierte en ello, debe de haber de quince a dieciocho metros. Cada vez sube ostras en el saco y el indio las vuelca en la canoa. Durante esas tres horas, Lali nunca sube a la canoa. Para descansar, se está de cinco a diez minutos agarrada a la borda. Hemos cambiado dos veces de sitio sin que Lali suba. En el segundo sitio, el saco vuelve con más ostras, mayores aún. Volvemos a tierra. Lali ha subido a la canoa y la marejada no tarda en empujarnos hacia la orilla. La vieja india aguarda.

Lali y yo dejamos que el indio transporte las ostras hasta la arena seca. Cuando todas las ostras están allí, Lali impide que la vieja las abra, pues quiere empezar ella. Con la punta de su cuchillo, abre rápidamente unas treinta antes de encontrar una perla. Huelga decir que me zampé por lo menos dos docenas. El agua del fondo debe de ser muy fría, pues aquella carne es fresca. Despacio, Lali saca la perla, gorda como un garbanzo. Esta perla es más bien de las de gran tamaño que de las medianas. ¡Cómo brilla esa perla! La Naturaleza le ha dado los tonos más cambiantes sin por eso ser demasiado chillones. Lali coge la perla con los dedos, se la mete en la boca, la guarda un momento y, luego, se la quita y la pone en la mía. Con una serie de gestos de la mandíbula me da a entender que quiere que la triture con los dientes y me la trague. Su súplica ante mi primera negativa es tan hermosa que paso por donde ella quiere: trituro la perla con los dientes y engullo los restos. Ella abre cuatro o cinco ostras más y me las hace comer, para que la perla penetre bien dentro de mí. Como un chiquillo, tras haberme tumbado en la arena, me abre la boca y mira si me han quedado granitos entre los dientes. Nos vamos, dejando que los otros continúen con el trabajo.

Hace un mes que estoy aquí. No puedo equivocarme, pues cada día marco en un papel día y fecha. Las agujas hace tiempo que han llegado, con la tinta china roja, azul y morada. En la casa del jefe, he descubierto tres navajas de afeitar Solingen. Nunca las usa para la barba, pues los indios son barbilampiños. Una de las navajas sirve para cortar el pelo bien gradualmente. He tatuado a Zato, el jefe, en el brazo. Le he hecho un indio tocado con plumas multicolores. Está encantado y me ha dado a entender que no haga tatuajes a nadie antes de hacerle uno grande a él en el pecho. Quiere la misma cabeza de tigre que llevo yo, con sus grandes dientes. Me río, no sé dibujar lo suficiente para hacer unas hermosas fauces. Lali me ha depilado todo el cuerpo. Tan pronto ve un pelo, lo arranca y me frota con algas marinas previamente machacadas, mezcladas con ceniza. Después, me parece que los pelos crecen con más dificultad.

Esta comunidad india se llama guajira. Viven en la costa y en el interior de la llanura, hasta la falda de las montañas. En las montañas, viven otras comunidades que se denominan motilones. Años después, tendré tratos con ellos. Los guajiros tienen contacto, indirectamente, como he explicado, con la civilización, por medio de trueques. Los indios de la costa entregan al indio blanco sus perlas y también tortugas. Las tortugas las llevan vivas y llegan a pesar aproximadamente ciento cincuenta kilos. Nunca alcanzan el peso ni el tamaño de las tortugas del Orinoco o del Maroni, que llegan a pesar cuatrocientos kilos y cuyo caparazón, a veces, tiene dos metros de largo por uno en su máxima anchura. Puestas patas arriba, las tortugas no consiguen dar la vuelta. He visto cómo se las llevaban al cabo de tres semanas de estar de espaldas, sin comer ni beber, pero bien vivas. Los grandes lagartos verdes son muy buenos para comer. Su carne es deliciosa, blanca y tierna, y los huevos cocidos en la arena al sol resultan también sabrosísimos. Solo su aspecto los hace poco apetitosos.

Cada vez que Lila pesca, trae a casa las perlas que le corresponden y me las da. Las meto en una vasija de madera sin escogerlas, grandes, medianas y pequeñas todas juntas. Aparte, en una caja de fósforos vacía, solo tengo dos perlas rosas, tres negras y siete de un gris metálico, extraordinariamente hermosas. También tengo una perla estrambótica en forma de alubia, casi del tamaño de una alubia blanca o colorada de nuestro país. Esa perla tiene tres colores superpuestos y, según el tiempo, uno resalta más que los otros, ora la capa negra, ora la capa acero bruñido, ora la capa plateada de reflejos rosa. Gracias a las perlas y a algunas tortugas, la tribu no carece de nada. Solo que tienen cosas que no les sirven en absoluto, en tanto que les faltan otras que sí podrían serles útiles. Por ejemplo, en toda la tribu no hay ni un solo espejo. Ha sido menester que yo recupere de una embarcación, que sin duda había zozobrado, una chapa cuadrada de cuarenta centímetros de lado, niquelada en una cara, para que pueda afeitarme y mirarme.

Mi política respecto a mis amigos es fácil: no hago nada que pueda menoscabar la autoridad y la sabiduría del jefe, y menos aún la de un indio muy anciano que vive solo, a cuatro kilómetros tierra adentro, rodeado de serpientes, dos cabras y una docena de ovejas y carneros. Es el brujo de los diferentes poblados guajiros. Esa actitud hace que nadie me tenga envidia ni ojeriza. Al cabo de dos meses, me siento totalmente aceptado por todos. El brujo tiene también una veintena de gallinas. Dado que en los dos poblados que conozco no hay cabras, ni gallinas, ni ovejas, ni carneros, tener animales domésticos debe ser privilegio del brujo. Todas las mañanas, por turno, una india le lleva sobre la cabeza una canasta llena de pescado y mariscos recién capturados. También le llevan tortas de maíz hechas por la mañana y tostadas sobre piedras rodeadas de fuego. Algunas veces, no siempre, regresan con huevos y leche cuajada. Cuando el brujo quiere que vaya a verle, me manda personalmente tres huevos y un cuchillo de palo bien pulimentado. Lali me acompaña a mitad de camino y me espera a la sombra de enormes cactos. La primera vez, me puso el cuchillo de palo en la mano y me hizo señal de ir en dirección de su brazo.

El viejo indio vive en medio de una suciedad repugnante, bajo una tienda hecha con pieles de vaca tensadas, con la parte peluda hacia dentro. En medio hay tres piedras rodeando un fuego que, al parecer, debe estar siempre encendido. No duerme en hamaca, sino en una especie de cama hecha con ramas de árboles y a más de un metro sobre el suelo. La tienda es bastante grande, debe de tener unos veinte metros cuadrados. No tiene paredes, salvo algunas ramas del lado por donde sopla el viento. He visto dos serpientes, una de casi tres metros, gruesa como el brazo; la otra, de un metro aproximadamente con una V amarilla en la cabeza. Me digo: «¡La de pollos y huevos que deben zamparse esas serpientes!». No comprendo cómo, bajo esta tienda, pueden cobijarse cabras, gallinas, ovejas y hasta el asno. El viejo indio me examina detenidamente, me hace quitar el pantalón transformado en short por obra y gracia de Lali y, cuando estoy desnudo como un gusano, me hace sentar en una piedra, junto al fuego. Sobre el fuego, pone unas hojas verdes que hacen mucho humo y huelen a menta. El humo me envuelve, asfixiante, pero apenas toso y espero a que termine la función durante casi diez minutos. Después, quema mi pantalón y me da dos taparrabos de indio, uno de piel de carnero y otro de piel de serpiente, suave como un guante. Me pone un brazalete de tiras trenzadas de piel de cabra, de carnero y de serpiente. Tiene diez centímetros de anchura y se sujeta con una tira de cuero de serpiente que se estira o distiende a voluntad.

En el tobillo izquierdo, el brujo tiene una úlcera grande como una moneda de dos francos, cubierta de moscones. De vez en vez los espanta, y cuando le atacan demasiado, espolvorea la llaga con ceniza. Aceptado por el brujo, me dispongo a marchar cuando me da un cuchillo de palo más pequeño que el que me manda cuando quiere verme. Lali me explicará luego que, en caso de que quiera ver al brujo debo enviarle ese cuchillo, y que, si él no tiene inconveniente en verme, me enviará el grande. Dejo al ancianísimo indio tras haber observado lo muy arrugado que tiene el enjuto rostro y el cuello. En la boca solo le quedan cinco dientes, tres abajo y dos arriba, los de delante. Sus ojos, almendrados como los de todos los indios, tienen los párpados tan cargados de piel que, cuando los cierra, forman dos bolas redondas. Ni cejas ni pestañas, solo cabellos hirsutos y negrísimos que le penden sobre los hombros, bien cortados en las puntas. Como todos los indios, lleva flequillo hasta las cejas.

Me voy, sintiéndome cohibido con mis nalgas al aire. Me encuentro muy raro. Pero ¡qué se le va a hacer: es la fuga! No hay que gastar bromas con los indios y ser libre bien vale algunos inconvenientes. Lali contempla el taparrabo y se ríe enseñando todos los dientes, tan bellos como las perlas que pesca. Examina el brazalete y el otro slip de serpiente. Para ver si he sido ahumado, me olisquea. El olfato de los indios es, sea dicho entre paréntesis, muy desarrollado.

Me he acostumbrado a esa vida y me percato de que no conviene seguir viviendo así mucho tiempo, pues podría ser que se me fueran las ganas de marcharme. Lali me observa constantemente, le gustaría verme tomar parte más activa en la vida común. Por ejemplo, me ha visto salir a pescar peces, sabe que remo muy bien y que manejo la pequeña y ligera canoa con destreza. De ahí a desear que sea yo quien conduzca la canoa de pescar perlas no hay más que un paso. Ahora bien, a mí eso no me conviene. Lali es la mejor buceadora de todas las chicas del poblado, su embarcación siempre es la que trae las ostras más gordas y en mayor número, lo que significa que las pesca a mayor profundidad que las otras. Sé también que el joven pescador que conduce su canoa es hermano del jefe. Si me fuera solo con Lali, le perjudicaría. Así, pues, no debo hacerlo. Cuando Lali me ve pensativo, va de nuevo en busca de su hermana. Esta viene alegre, corriendo, y entra en la casa por mi puerta. Eso debe tener un significado importante. Por ejemplo, ambas llegan juntas frente a la gran puerta, del lado que da al mar. Allí, se separan. Lali da una vuelta, entra por su puerta y Zoraima, la pequeña, pasa por la mía. Los pechos de Zoraima apenas son mayores que mandarinas y sus cabellos no son largos. Están cortados en ángulo recto a la altura de la barbilla, el flequillo le cubre las cejas y llega casi al inicio de los párpados. Cada vez que se presenta así, llamada por su hermana, ambas se bañan y, al entrar, se despojan de sus taparrabos, que cuelgan en la hamaca. La pequeña siempre se va de casa muy triste porque no la he tomado. El otro día, mientras estábamos acostados los tres, con Lali en medio, esta se levantó y, al tenderse de nuevo, me dejó pegado al cuerpo de Zoraima.

El indio asociado a Lali para la pesca se ha herido en una rodilla, una cortadura profunda y ancha. Los hombres le han llevado al brujo. Ha vuelto con un emplasto de arcilla blanca. Esta mañana he ido a pescar, pues, con Lali. La botadura, hecha exactamente de la misma forma que la otra, ha ido muy bien. La he llevado un poco más lejos que de costumbre. Lali estaba radiante de contento al verme con ella en la canoa. Antes de zambullirse, se unta con aceite. Pienso que en el fondo, que veo muy negro, el agua debe de estar muy fría. Tres aletas de tiburón pasan bastante cerca de nosotros, se lo indico, pero ella no les da ninguna importancia. Son las diez de la mañana, el sol resplandece. Con el saco enrollado en el brazo izquierdo, el cuchillo en la vaina bien sujeto al cinto, se zambulle sin apoyar los pies en la canoa, como haría una persona corriente. Con inaudita rapidez, desaparece en el fondo del agua oscura. Su primera zambullida debe de haber sido de exploración, pues el saco contiene pocas ostras. Se me ocurre una idea. A bordo, hay un grueso ovillo de tiras de cuero. Ato el saco, lo doy a Lali y lo desenrollo mientras ella se sumerge. Arrastra la tira de cuero consigo. Ha debido comprender la maniobra, pues, al cabo de un largo rato, sube sin el saco. Aferrada a la embarcación para descansar de la prolongada inmersión, me hace signo de que tire del saco. Tiro, tiro, pero el saco se queda enganchado, seguramente entre el coral. Se zambulle y lo desprende, el saco llega medio lleno, lo vuelco en la canoa. Esta mañana, en ocho zambullidas de quince metros casi hemos llenado la canoa. Cuando ella sube a bordo, faltan dos dedos para que el agua penetre en la embarcación. Cuando quiero levar el ancla, la canoa está tan cargada de ostras que corremos el peligro de irnos a pique. Entonces, soltamos la soga del ancla y la atamos a una pagaya que flotará hasta que volvamos. Saltamos a tierra sin novedad.

La vieja nos espera y su indio está en la arena seca en el sitio donde, cada vez que pescan, abren las ostras. De momento, el indio se alegra de que hayamos recogido tantas ostras. Lali parece explicarle lo que he hecho: atar el saco, lo cual la alivia para subir y le permite también poner más ostras. El indio mira cómo he atado el saco y examina detenidamente el nudo. Lo deshace y, al primer intento, lo repite con toda perfección. Entonces, me mira muy orgulloso de sí mismo.

Al abrir las ostras, la vieja encuentra trece perlas. Lali, que no suele quedarse nunca para esa operación y aguarda en casa a que le lleven su parte, se ha quedado hasta que han abierto la última ostra. Me zampo unas tres docenas, Lali cinco o seis. La vieja hace las tres partes. Las perlas son más o menos de igual tamaño, como guisantes. Hace un montoncito de tres perlas para el jefe, luego de tres perlas para mí, de dos perlas para ella y de cinco perlas para Lali. Lali coge las tres perlas y me las da. Las tomo y se las tiendo al indio herido. No quiere aceptarlas, pero le abro la mano y vuelvo a cerrársela sobre las perlas. Entonces, acepta. Su mujer y su hija observan la escena a distancia de nuestro grupo, y ellas, que estaban silenciosas, se echan a reír y se reúnen con nosotros. Ayudo a llevar al pescador a su choza.

Esta escena se ha repetido durante casi dos semanas. Cada vez entrego las perlas al pescador. Ayer, sin embargo, me guardé una perla de las seis que me correspondían. Al llegar a casa, he obligado a Lali a comérsela. Estaba loca de alegría y cantó toda la tarde. De vez en cuando, voy a ver al indio blanco. Me dice que le llame Zorrillo, pues este es su nombre en español. Me dice que el jefe le ha encargado preguntarme por qué no le hago el tatuaje con las fauces del tigre, le explico que es porque no sé dibujar bien. Con ayuda del diccionario, le pido que me traiga un espejo rectangular del tamaño de mi pecho, papel transparente, un pincel fino, una botella de tinta y papel carbón y, si no lo encuentra, un lápiz graso. Le digo también que me traiga ropas de mi talla y que las deje en su casa, junto con tres camisas caqui. Me entero de que la policía le ha interrogado acerca de mí y de Antonio. Les ha dicho que pasé a Venezuela por el monte y que Antonio fue mordido por una serpiente y murió. También sabe que los franceses están encarcelados en Santa Marta.

En la casa de Zorrillo hay las mismas cosas heterogéneas que en la del jefe: un gran montón de vasijas de barro decoradas con esos dibujos tan caros a los indios, cerámicas muy artísticas tanto por sus formas como por sus dibujos y coloridos, magníficas hamacas de lana pura, unas completamente blancas, otras de colores, con flecos; pieles curtidas de serpientes, de lagartos, de sapos-búfalos enormes; cestas de bejucos blancos y otras de bejucos coloreados. «Todos estos objetos —me dice— están hechos por indios de la misma raza que la de mi tribu, solo que viven en los bosques de tierra adentro, a veinticinco días de marcha de aquí.» De ese mismo sitio proceden las hojas de coca, de las que me da más de veinte. Cuando esté triste, mascaré una. Dejo a Zorrillo tras pedirle que, si puede, me traiga todo lo que le he apuntado, más algunos diarios o revistas en español, pues con mi diccionario lo he aprendido mucho en dos meses. No tiene noticias de Antonio, solo sabe que ha habido otro encuentro entre guardacostas y contrabandistas. Cinco guardacostas y un contrabandista han muerto, la embarcación no ha sido capturada. En el poblado nunca he visto una gota de alcohol, de no ser ese mejunje fermentado hecho a base de frutas. Veo una botella de anís y se la pido. Se niega. Si quiero, puedo bebérmela aquí mismo, pero no llevármela. Ese albino es prudente.

Dejo a Zorrillo y me voy con un asno que me ha prestado y que mañana volverá por sí solo a la casa. Nada más me llevo un gran paquete de bombones de todos los colores, cada uno envuelto en papel fino, y sesenta paquetes de cigarrillos. Lali me espera a más de tres kilómetros del poblado, con su hermana, no me hace ninguna escena y acepta caminar a mi lado, enlazada. De vez en cuando, se para y me besa a la civilizada en la boca. Cuando llegamos, voy a ver al jefe y le ofrezco los bombones y los cigarrillos: estamos sentados ante la puerta, cara al mar. Tomamos bebida fermentada conservada fresca en jarras de barro. Lali está a mi derecha, rodeándome el muslo con los brazos, y su hermana a mi izquierda en igual postura. Comen bombones. El paquete está abierto delante de nosotros y las mujeres y los niños se sirven discretamente. El jefe empuja la cabeza de Zoraima hacia la mía y me hace comprender que ella quiere ser mi mujer como Lali. Lali hace ademanes sobre sus pechos y, luego, indica que Zoraima tiene los pechos pequeños y que por eso no la quiero. Me encojo de hombros y todos se ríen. Zoraima parece muy desgraciada. Entonces, la tomo en brazos, rodeándole el cuello y le acaricio los senos; ella está radiante de felicidad. Fumo cigarrillos. Algunos indios los prueban, pero los tiran enseguida, para volver a su cigarro, con el fuego en la boca. Cojo a Lali del brazo para irme tras haber saludado a todo el mundo. Lali camina detrás de mí y Zoraima detrás de esta. Asamos grandes pescados, que siempre son suculentos. He puesto al fuego una langosta de unos dos kilos. Comemos esa carne delicada con deleite.

He recibido el espejo, el papel fino y el papel de calco, un tubo de pegamento que no había pedido, pero que puede serme útil, varios lápices grasos semiduros, el tintero y el pincel. Coloco el espejo colgado de un cordel a la altura de mi pecho cuando estoy sentado. En el espejo se refleja netamente, con todos sus detalles y del mismo tamaño, mi cabeza de tigre. Lali y Zoraima, curiosas e interesadas, me contemplan. Sigo los trazos con el pincel, pero como la tinta resbala recurro al pegamento: mezclo pegamento con tinta. A partir de ahora, todo va bien. En tres sesiones de una hora, consigo tener en el espejo la réplica exacta de la cabeza del tigre.

Lali ha ido a buscar al jefe. Zoraima me coge las manos y me las pone sobre sus pechos. Parece tan infeliz y enamorada, sus ojos están tan henchidos de deseo y de amor que, sin saber muy bien lo que me hago, la poseo allí mismo, en el suelo, en medio de la choza. Ha gemido un poco, pero su cuerpo, vibrante de placer, se enrosca al mío y no quiere soltarme. Suavemente, me deshago y voy a bañarme en el mar, pues estoy manchado de tierra. Ella viene detrás de mí y nos bañamos juntos. Le froto la espalda, ella me frota piernas y brazos. Después, volvemos hacia la casa. Lali está sentada en el sitio donde yo y su hermana nos habíamos tendido. Cuando entramos, ella ha comprendido. Se levanta, me rodea el cuello con los brazos y me besa tiernamente. Luego, coge a su hermana del brazo y la hace salir por mi puerta, vuelve y sale por la suya. Oigo golpes afuera, salgo y veo a Lali, Zoraima y otras dos mueres que intentan horadar el muro con un hierro. Comprendo que quieren hacer una cuarta puerta. Para que el muro se abra sin resquebrajar el resto, lo mojan con la regadera. En poco tiempo, la puerta está hecha. Zoraima empuja los escombros hacia fuera. En adelante, solo ella saldrá y entrará por esa abertura, nunca más usará la mía.

Ha venido el jefe acompañado de tres indios y de su hermano, cuya pierna ya casi está cicatrizada. Ve el dibujo en el espejo y se mira. Está maravillado de ver el tigre tan bien dibujado y de ver también su propio rostro. No comprende lo que quiero hacer. Como todo está seco, pongo el espejo sobre la mesa, el papel transparente encima y empiezo a copiar. Es rápido, resulta fácil. El lápiz semiduro sigue fielmente todos los trazos. En menos de media hora, ante las miradas interesadas de todos, logro un dibujo tan perfecto como el original. Uno tras otro, todos cogen el papel y lo examinan, comparando el tigre de mi pecho con el del dibujo. Hago tender a Lali sobre la mesa, la mojo muy ligeramente con un trapo humedecido, le pongo una hoja de calco sobre el vientre y, encima, la hoja que acabo de dibujar. Hago algunos trazos y el asombro de todos llega al colmo cuando ven trazado en el vientre de Lali una pequeña parte del dibujo. Tan solo entonces comprende el jefe que todo ese trabajo que me doy es para él.

Los seres que carecen de la hipocresía que da la educación del mundo civilizado reaccionan con naturalidad, tal como perciben las cosas. Es en lo inmediato que están contentos o descontentos, alegres o tristes, interesados o indiferentes. La superioridad de indios puros como esos guajiros es impresionante. Nos superan en todo, pues si aceptan a alguien, todo cuanto tienen es de él y, a su vez, cuando reciben la más pequeña atención de esa persona, en su ser hipersensible, se conmueven profundamente. He decidido hacer los grandes rasgos con navaja, de modo que a la primera sesión los contornos del dibujo queden fijados definitivamente por un primer tatuaje. Después, repicaré encima con tres agujas sujetas a una varita. El día siguiente, me pongo al trabajo.

Zato está tumbado sobre la mesa. Tras haber calcado el dibujo del papel fino sobre otro papel blanco más resistente, con un lápiz duro lo calco sobre su piel, preparada ya con una leche de arcilla blanca que he dejado secar. El calco sale al pelo, y dejo que se seque bien. El jefe está tendido en la mesa, tieso, sin rechistar ni mover la cabeza por el mucho miedo que tiene de estropear el dibujo que le hago ver en el espejo. Hago todos los trazos con navaja. Cada vez que brota sangre, aunque ligeramente, enjugo. Cuando todo está bien repasado y finas líneas rojas han sustituido el dibujo, embadurno todo el pecho con tinta china. La tinta prende difícilmente, rechazada por la sangre, en los sitios donde he hincado demasiado, pero casi todo el dibujo resalta maravillosamente. Ocho días después, Zato tiene sus fauces de tigre bien abiertas con su lengua rosa, sus dientes blancos, su nariz y sus bigotes negros, así como sus ojos. Estoy contento de mi obra: es más bonita que mi tatuaje, y sus tonos, más vivos. Cuando se desprenden las costras, repico algunos sitios con las agujas. Zato está tan contento, que ha pedido seis espejos a Zorrillo, uno para cada choza, y dos para la suya.

Pasan los días, las semanas, los meses. Estamos en el mes de abril, hace cuatro meses que estoy aquí. Mi salud es excelente. Estoy fuerte y mis pies, acostumbrados a caminar descalzos, me permiten hacer largas marchas sin cansarme cuando cazo grandes lagartos. He olvidado decir que, después de mi primera visita al brujo, pedí a Zorrillo que me trajese tintura de yodo, agua oxigenada, algodón, hilas, tabletas de quinina y Stovarsol. En el hospital había visto a un presidiario con una úlcera tan grande como la del brujo. Chatal el enfermero, chafaba una pastilla de Stovarsol y se la ponía encima. Tuve todo lo que pedí más una pomada que por su cuenta y riesgo me trajo Zorrillo. Mandé el cuchillito de palo al brujo, quien me respondió enviándome el suyo. Tardé mucho en convencerle de que se dejase curar. Pero, al cabo de algunas visitas, la úlcera estaba reducida a la mitad. Después, él continuó solo el tratamiento y, un buen día, me mandó el gran cuchillo de palo para que fuese a ver que estaba completamente curado. Nadie supo nunca que le había curado yo.

Mis mujeres no me sueltan. Cuando Lali está de pesca, Zoraima está conmigo. Si Zoraima va a zambullirse, Lali me hace compañía.

Zato ha tenido un hijo. Su mujer ha ido a la playa en el momento de los dolores, ha escogido un gran peñasco que la pone a resguardo de las miradas de todos, otra mujer de Zato le lleva una gran cesta con galletas, agua dulce *papelón* (azúcar sin refinar pardo, en panes de dos kilos). Debe de haber dado a luz sobre las cuatro de la tarde, pues, al ponerse el sol, profería grandes gritos mientras se acercaba al poblado con su crío en vilo. Zato sabe, antes de que ella llegue, que es varón. Creo comprender que si es hembra, en vez de alzar al crío en el aire y gritar gozosamente, llega sin gritar, con el crío en brazos, sin levantarlo. Lali me lo explica con gestos y ademanes. La india avanza; luego, tras haber alzado al crío, se para. Zato tiende los brazos, gritando, pero sin moverse. Entonces, ella avanza unos cuantos metros más, levanta al crío en el aire, grita y vuelve a pararse. Zato vuelve a gritar y tiende los brazos. Eso, cinco o seis veces durante los treinta o cuarenta últimos metros. Zato sigue sin moverse del umbral de su choza. Está delante de la gran puerta, con toda la gente a derecha e izquierda. La madre se ha parado, está a cinco o seis pasos tan solo, levanta en vilo a su crío y grita. Entonces Zato avanza, coge al crío por los sobacos, lo levanta a su vez en vilo, se vuelve hacia el este y grita tres veces levantándolo también tres veces. Luego, se sienta, con el crío en el brazo derecho, lo inclina sobre el pecho y le mete la cabeza bajo su sobaco tapándolo con su brazo izquierdo. Sin volverse, se mete en la choza por la puerta grande. Todo el mundo le sigue, la madre es la última en entrar. Nos hemos bebido todo el vino fermentado que había.

Durante toda la semana riegan mañana y tarde frente a la choza de Zato. Luego, hombres y mujeres apisonan la tierra golpeando con los talones o la planta de los pies. Así, hacen un círculo muy grande de tierra arcillosa roja perfectamente apisonada. El día siguiente, montan una gran tienda de pieles de buey y adivino que habrá una fiesta. Bajo la tienda, grandes vasijas de barro cocido se llenan de su bebida preferida, tal vez veinte enormes jarras. Colocan piedras y, en torno, leña seca y verde cuya pila aumenta cada día. Mucha de esa leña ha sido traída hace tiempo por mar, es seca, blanca y limpia. Hay troncos muy gruesos que a saber cuándo han sido sacados del agua. Sobre las piedras, han plantado dos horcas de madera de la misma altura: son las bases de un enorme espetón. Cuatro tortugas patas arriba, más de treinta enormes lagartos, vivos, con las uñas de sus patas entrelazadas de tal manera que no pueden escaparse, dos carneros, todas esas vituallas esperan ser sacrificadas y comidas. Hay quizá dos mil huevos de tortuga.

Una mañana, llegan unos quince jinetes, todos indios con collares en torno al cuello, sombreros de paja muy anchos, taparrabos, muslos, pantorrillas, pies y nalgas al aire, y una chaqueta de pieles de carnero vuelta, sin mangas. Todos llevan un enorme puñal al cinto; dos, una escopeta de caza de dos cañones; el jefe, una carabina de repetición y también una magnífica chaqueta con mangas de cuero negro y un cinto lleno de balas. Los caballos son magníficos, pequeños, pero muy nerviosos, todos tordos. Detrás, en la grupa, llevan un haz de hierbas secas. Han anunciado su llegada desde muy lejos disparando sus armas, pero como iban a galope tendido, se han encontrado enseguida junto a nosotros. El jefe se parece extrañamente, si bien es algo más viejo, a Zato y a su hermano. Una vez ha descabalgado de su purasangre, se acerca a Zato y ambos se tocan el hombro mutuamente. entra solo en la casa y vuelve con el indio detrás y el crío en brazos. Lo presenta levantado en vilo a todos, y, luego, hace el mismo gesto que Zato: tras haberlo presentado al este, donde sale el sol, lo oculta bajo su sobaco y el antebrazo izquierdo y entra de nuevo en la casa. Entonces todos los jinetes echan pie a tierra, traban un poco más lejos a los caballos con el haz de hierba colgado al cuello de cada uno. Hacia mediodía, llegan las indias en un enorme carromato tirado por cuatro caballos. El carretero es Zorrillo. En el carromato, hay tal vez veinte indias, todas jóvenes, y siete u ocho chiquillos.

Antes de que llegue Zorrillo, he sido presentado a todos los jinetes, empezando por el jefe. Zato me hace observar que su dedo pequeño del pie izquierdo está torcido y pasa por encima del otro dedo. Su hermano tiene la misma particularidad y el jefe que acaba de llegar, también. Después, me hace ver bajo el brazo de cada uno la misma mancha negra, una especie de lunar. He comprendido que el recién llegado es padre de ellos. Los tatuajes de Zato son muy admirados por todo el mundo, sobre todo la cabeza de tigre. Todas las indias que acaban de llegar tienen dibujos de todos los colores en sus cuerpos y caras. Lali pone algunos collares de trozos de coral en torno al cuello de algunas, y a las otras, collares de conchas. Hay una india admirable, más alta que las otras, de estatura mediana. Tiene perfil de italiana, parece un camafeo. Su pelo es negro violáceo; sus ojos, verde jade, inmensos, con pestañas muy largas y cejas arqueadas. Lleva el pelo cortado a la india, con flequillo, y la raya en medio partiéndolo en dos, de forma que cae a derecha e izquierda tapándole las orejas.

En medio del cuello están cortados a diez centímetros justos. Sus pechos de mármol arrancan juntos y se abren armoniosamente.

Lali me la presenta y la hace entrar en casa con Zoraima y otra india jovencísima que lleva vasijas y una especie de pinceles. En efecto, las visitantes deben pintar a las indias de mi poblado. Presencio la obra maestra que la guapa chica pinta sobre Lali y Zoraima. Sus pinceles están hechos con una varita con un pedazo de lana en el extremo. Para hacer sus dibujos los moja en diferentes colores. Entonces, tomo mi pincel y, partiendo del ombligo de Lali, hago una planta con dos ramas cada una de las cuales va a la base del pecho; luego pinto pétalos de color rosa, y el pezón, de amarillo. Diríase una flor medio abierta, con su pistilo. Las otras tres quieren que les haga lo mismo. Tengo que preguntárselo a Zorrillo. Acude y me dice que puedo pintarlas como quiera desde el momento que ellas están de acuerdo. ¡Lo que llego a hacer! Durante más de dos horas, he pintado los pechos de las jóvenes visitantes y los de las demás. Zoraima exige tener exactamente la misma pintura que Lali. Entretanto, los indios han asado los carneros en el espetón, y dos tortugas cuecen a trozos sobre la brasa. Su carne es roja y hermosa, parece de buey.

Estoy sentado al lado de Zato y de su padre, bajo la tienda. Los hombres comen a un lado, las mujeres en el otro, salvo las que nos sirven. La fiesta termina con una especie de danza, muy avanzada la noche. Para bailar, un indio toca una flauta de madera que emite tonos agudos poco variados y golpea dos tambores de piel de carnero. Muchos indios e indias están borrachos, pero no se produce ningún incidente desagradable. El brujo ha venido montado en su asno. Todo el mundo mira la cicatriz rosa que hay en el sitio de la úlcera, esa úlcera que todo el mundo conocía. Por lo que es una verdadera sorpresa verla cicatrizada. Solo Zorrillo y yo sabemos a qué atenernos. Zorrillo me explica que el jefe de la tribu que ha venido es el padre de Zato y que le llaman Justo. Él es quien juzga los conflictos que surgen entre gente de su tribu y de las otras tribus de raza guajira. Me dice también que cuando hay desavenencias con otra raza de indios, los iapos, se reúnen para discutir si van a hacer la guerra o a arreglar las cosas amigablemente. Cuando un indio es muerto por otro de la otra tribu, se ponen de acuerdo, para evitar la guerra, en que el homicida pague el muerto de la otra tribu. Algunas veces, se paga hasta doscientas cabezas de ganado, pues en las montañas y en su falda todas las tribus poseen muchas vacas y bueyes. Desgraciadamente, nunca las vacunan contra la fiebre aftosa y las epidemias matan cantidades considerables de reses. Por una parte es bueno, dice Zorrillo, pues sin esas enfermedades tendrían demasiadas. Ese ganado no puede ser vendido oficialmente en Colombia o en Venezuela, tiene que quedarse siempre en territorio indio por miedo que lleve la fiebre aftosa a ambos países. Pero, dice Zorrillo, por los montes hay un gran contrabando de manadas.

El jefe visitante, Justo, me hace decir por Zorrillo que vaya a verle en su poblado, donde tiene, al parecer, casi cien chozas. Me dice que vaya con Lali y Zoraima, que me dará una choza para nosotros, y que no nos llevemos nada, pues tendré todo lo necesario. Me dice que me lleve solamente mi material de tatuaje para hacerle también un tigre a él. Se quita su muñequera de cuero negro y me la da. Según Zorrillo, es un gesto importante que significa que él es mi amigo y que no tendrá fuerza para negarse a mis deseos. Me pregunta si quiero un caballo, le digo que sí, pero que no puedo aceptarlo, pues aquí apenas hay hierba. Dice que Lali o Zoraima pueden, cada vez que sea necesario, ir a media jornada de caballo. Explica dónde es y que allí hay hierba alta y buena. Acepto el caballo, que me mandará, dice, pronto.

Aprovecho esta larga visita de Zorrillo para decirle que tengo confianza en él, que espero que no me traicione delatando mi idea de ir a Venezuela o a Colombia. Me describe los peligros de los treinta primeros kilómetros fronterizos. Según los informes de los contrabandistas, el lado venezolano es más peligroso que el lado colombiano. Por otra parte, él mismo podría acompañarme al lado de Colombia casi hasta Santa Marta, y añade que ya ha hecho el camino y que, en su opinión, Colombia es más indicada. Estaría de acuerdo en que comprase otro diccionario, o más bien libros de lecciones de español donde hay frases «standard». Según él, si aprendiese a tartamudear muy fuerte, sería una gran ventaja, pues la gente se pondría nerviosa escuchándome y ella misma acabaría las frases sin prestar demasiada atención al acento y a la dicción. Queda decidido, me traerá libros y un mapa lo más detallado posible, y, cuando haga falta, también se encargará de vender mis perlas contra dinero colombiano. Zorrillo me explica que los indios, empezando por el jefe, no pueden menos que estar de mi parte en mi decisión de irme, puesto que lo deseo. Sentirán mi marcha, pero comprenderán que es normal que trate de volver con los míos. Lo difícil será Zoraima y, sobre todo, Lali. Tanto una como otra, pero sobre todo Lali, son muy capaces de matarme de un tiro. Por otra parte, también por Zorrillo, me entero de algo que ignoraba: Zoraima está encinta. No he notado nada, por lo que me he quedado estupefacto.

La fiesta ha terminado, todo el mundo se ha ido, la tienda de pieles es desmontada, todo vuelve a quedar como antes, al menos en apariencia. He recibido el caballo, un magnífico tordo de larga cola que casi llega al suelo y una crin de un gris platinado maravilloso. Lali y Zoraima no están nada contentas y el brujo me manda llamar para decirme que Lali y Zoraima le han preguntado si podían darle sin peligro vidrio machacado al caballo para que así se muera. Les ha dicho que no hicieran tal cosa porque yo estaba protegido por no sé qué santo indio y que, entonces, el vidrio iría a parar al vientre de ellas. Añade que, a su parecer, ya no hay peligro, pero que no está seguro. Tengo que andar con cuidado. ¿Y en lo que se refiere a mí personalmente? No, dice él. Si ven que me dispongo en serio a marcharme, todo lo más que pueden hacer, sobre todo

Lali, es matarme de un tiro de escopeta. ¿Puedo intentar convencerlas de que me dejen ir diciendo que volveré? Eso sí que no, nunca dar a entender que quiero marcharme.

El brujo ha podido decirme todo eso porque, el mismo día, ha hecho venir a Zorrillo, que ha hecho de intérprete. Las cosas son demasiado graves para no tomar todas las precauciones, concluye diciendo Zorrillo. Vuelvo a casa. Zorrillo ha ido a la del brujo y se ha marchado por un camino distinto del mío. Nadie en el poblado sabe que el brujo me ha mandado llamar al mismo tiempo que a Zorrillo.

Ya han pasado seis meses y tengo prisa por irme. Un día, vuelvo a casa y encuentro a Lali y Zoraima inclinadas sobre el mapa. Tratan de entender qué representan esos dibujos. Lo que les preocupa es el dibujo con las flechas que indican los cuatro puntos cardinales. Están desconcertadas, pero adivinan que ese papel tiene algo muy importante que ver con nuestra vida.

El vientre de Zoraima ha empezado a hacerse muy voluminoso. Lali está un poco celosa y me obliga a hacer el amor a no importa qué hora del día o de la noche y en cualquier sitio propicio. Zoraima también reclama hacer el amor, pero, afortunadamente, solo de noche. He ido a ver a Justo, el padre de Zato. Lali y Zoraima me han acompañado. Me he valido del dibujo, que por suerte había guardado, para calcar las fauces del tigre en su pecho. En seis días ha quedado listo, pues la primera costra cayó pronto gracias a un lavado que él mismo se hizo con agua mezclada con un trozo de cal viva. Justo está tan contento que se contempla en el espejo varias veces al día. Durante mi estancia, ha venido Zorrillo. Con mi autorización ha hablado a Justo de mi proyecto, pues yo quisiera que me cambiase el caballo. Los caballos de los guajiros, tordos, no existen en Colombia, pero justo tiene tres caballos alazanes colombianos. Tan pronto Justo conoce mis proyectos, manda a buscar los caballos. Escojo el que me parece más manso, y Justo lo hace ensillar, poner estribos y un freno de hierro, pues los suyos carecen de silla y, por freno, llevan un hueso. Tras haberme equipado a la colombiana, Justo me pone en las manos las bridas de cuero marrón y luego, delante de mí, le cuenta a Zorrillo treinta y nueve monedas de oro de cien pesos cada una. Zorrillo debe guardarlas y entregármelas el día que me vaya. Quiere darme su carabina de repetición Manchester; rehúso y, además, Zorrillo dice que no puedo entrar armado en Colombia. Entonces, Justo me da dos flechas de un dedo de largo, envueltas en lana y encerradas en una pequeña funda de cuero. Zorrillo me dice que son flechas emponzoñadas, con veneno muy violento y muy raro.

Zorrillo nunca había visto ni tenido flechas envenenadas. Tiene que guardarlas hasta mi marcha. No sé como hacer para expresar lo agradecido que estoy de tanta magnificencia por parte de Justo. Este me dice que, a través de Zorrillo, sabe algo de mi vida, y que la parte que ignora debe ser pródiga, pues soy un hombre entero; que es la primera vez que ha conocido a un hombre blanco, que antes les tenía a todos por enemigos, pero que ahora les querrá y tratará de conocer a otro hombre como yo.

—Reflexiona —dice— antes de irte a otra tierra donde tienes muchos enemigos, cuando en esta tierra en que estamos solo tienes amigos.

Me dice que Zato y él cuidarán de Lali y Zoraima, que el hijo de Zoraima siempre tendrá un lugar de honor, si es chico, naturalmente, en la tribu.

—No quisiera que te fueses. Quédate y te daré la bella india que conociste en la fiesta. Es hija mía y te ama. Podrás quedarte aquí conmigo. Tendrás una gran choza y las vacas y bueyes que quieras.

Dejo a ese hombre magnífico y vuelvo a mi poblado. Durante el trayecto, Lali no ha dicho palabra. Está sentada detrás de mí en el caballo alazán. La silla le lastima los muslos, pero no ha dicho nada durante todo el viaje. Zorrillo se ha ido a su poblado por otro camino. Por la noche, hace un poco de frío.

Pongo a Lali una chaqueta de piel de carnero que justo me ha dado. Ella se deja vestir sin decir palabra ni expresar nada. Ni un gesto. Acepta la chaqueta, sin más. Aunque el trote del caballo es un poco fuerte, no me coge del talle para sostenerse. Cuando llegamos al poblado y voy a saludar a Zato, ella se va con el caballo, lo ata a la casa, con un manojo de hierba delante, sin quitarle la silla ni el freno. Tras haber pasado una hora larga con Zato, vuelvo a casa.

Cuando están tristes, los indios, y sobre todo las indias, tienen un rostro hermético, ni un músculo de su rostro se mueve, sus ojos están anegados de tristeza, pero jamás lloran. Pueden gemir, pero no lloran. Al moverme, he lastimado el vientre de Zoraima, el dolor le hace soltar un grito. Entonces, me levanto, temeroso de que suceda otra vez, y voy a acostarme en otra hamaca. Esta hamaca cuelga muy baja, me tiendo, pues, y noto que alguien la toca. Finjo dormir. Lali se sienta en un tronco de árbol y me mira sin moverse. Un momento después, siento la presencia de Zoraima: tiene la costumbre de perfumarse chafando flores de naranjo y frotándose la piel con ellas. Esas flores las compra, mediante trueques, en bolsitas a una india que, de vez en cuando, viene al poblado. Cuando despierto, ambas siguen ahí, quietas. Ya ha salido el sol, son casi las ocho. Las llevo a la playa y me tumbo en la arena seca. Lali está sentada, así como Zoraima. Acaricio los pechos y el vientre de Zoraima, que sigue de mármol. Tumbo a Lali y la beso, ella aprieta los labios. El pescador ha venido a esperar a Lali. Le ha bastado ver su cara para comprender, se ha retirado. Estoy verdaderamente apesadumbrado y no sé qué hacer, sino acariciarlas y besarlas para demostrarles que las quiero. Ni una palabra sale de sus bocas. Estoy en verdad turbado por tanto dolor ante la simple idea de lo que será la vida de ellas cuando me haya marchado. Lali quiere hacer el amor a la fuerza. Se me entrega con una especie de desesperación. ¿Cuál es el motivo? Solo puede haber uno: intenta quedar encinta de mí.

Por primera vez, esta mañana, he visto un gesto de celos hacia Zoraima. Acariciaba el vientre y los senos de Zoraima y ella me mordisqueaba el lóbulo de las orejas. Estábamos tumbados en la playa, en una hondonada bien resguardada, sobre la fina arena. Lali ha llegado, ha cogido a su hermana del brazo, le ha pasado la mano sobre el vientre hinchado y, luego, sobre el suyo, liso y aplastado. Zoraima se ha levantado y, como queriendo decir «tienes razón», le ha dejado el sitio a mi lado.

Las mujeres me hacen la comida todos los días, pero ellas no comen nada. Hace tres días que no han comido nada. He tomado el caballo y he estado a punto de cometer una falta grave, la primera en más de cinco meses: me he ido sin permiso a visitar al brujo. En el camino, he reflexionado y, en vez de ir directamente a su casa, he pasado varias veces a unos doscientos metros de su tienda. Me ha visto y me ha hecho signo de que me acercase. Como he podido, le he hecho comprender que Lali y Zoraima no querían comer. Me da una especie de nuez que debo poner en el agua potable de la casa. Vuelvo y pongo la nuez en la gran jarra. Han bebido varias veces, pero ni aun así comen. Lali ya no va a pescar. Hoy, después de cuatro días de completo ayuno, ha hecho una verdadera locura; ha ido, sin embarcación, a nado, a casi doscientos metros de la orilla, y ha vuelto con treinta ostras para que me las coma. Su desesperación me turba hasta el punto de que yo casi tampoco como. Hace seis días que dura esta situación. Lali está acostada, con fiebre. En seis días, solo se ha tomado el zumo de algunos limones. Zoraima come solo una vez al día, hacia las doce. Yo no sé qué hacer. Estoy sentado al lado de Lali. Ella está tendida en el suelo sobre una hamaca que he doblado para hacerle una especie de colchón; contempla el techo de la casa sin moverse. La miro, miro a Zoraima con su vientre hinchado y, no sé exactamente por qué, rompo a llorar. ¿Por mí? ¿Por ellas? ¡Vete a saber! Lloro, gruesas lágrimas me resbalan por las mejillas. Zoraima, al verlas, se pone a gemir y, entonces, Lali vuelve la cabeza y me ve llorando. Bruscamente, se levanta, se sienta entre mis piernas, gimiendo quedamente. Me besa y me acaricia. Zoraima me ha rodeado los hombros con el brazo y Lali se pone a hablar, habla mientras gime y Zoraima le contesta. Parece hacerle reproches a Lali. Lali toma un trozo de azúcar del tamaño de un puño, me muestra que lo diluye en agua y se la traga en dos sorbos. Luego, sale con Zoraima, oigo que tiran del caballo que encuentro ensillado cuando salgo, con el freno puesto y las bridas atadas al pomo de la silla. Pongo la chaqueta de carnero para Zoraima y, en la silla, Lali pone, doblada, una hamaca. Zoraima monta delante, casi sobre el cuello del caballo, yo en medio y Lali detrás. Estoy tan desorientado que me voy sin saludar a nadie ni avisar al jefe.

Lali tira de la brida, pues, creyendo que íbamos a casa del brujo, yo había tomado esa dirección. No, Lali tira de la brida y dice: «Zorrillo». Durante el camino, bien aferrada a mi cintura, me besa varias veces en el cuello. Yo sostengo las bridas con la izquierda y con la derecha acaricio a mi Zoraima. Llegamos al poblado de Zorrillo cuando él acaba de regresar de Colombia con tres asnos y un caballo cargado hasta los topes. Entramos en la casa. Lali es la primera en hablar, luego Zoraima.

Y he aquí lo que me explica Zorrillo: hasta el momento que lloré, Lali creía que yo era un blanco que no le concedía ninguna importancia. Que iba a marcharme, eso Lali lo sabía, pero que yo era falso como la serpiente, puesto que nunca se lo había dicho ni dado a entender. Dice que estaba profundamente decepcionada, pues sabía que una india como ella podía hacer feliz a un hombre, que un hombre satisfecho no se va, que pensaba que no había razón para seguir viviendo tras un fracaso tan grave. Zoraima dice lo mismo, y además que tenía miedo de que su hijo saliese al padre: un hombre sin palabra, falso, que pediría a sus mujeres cosas tan difíciles de hacer, que ellas, que darían su vida por él, no podrían comprender. ¿Por qué huía de ella como si fuese el perro que me mordió el día de mi llegada? Contesté:

—¿Qué harías, Lali, si tu padre estuviese enfermo?

—Caminaría sobre espinas para ir a cuidarle.

—¿Qué harías, si te hubiesen cazado como a una bestia para matarte, el día que pudieras defenderte?

—Buscaría a mi enemigo en todas partes, para enterrarle tan hondo que ni siquiera pudiera revolverse en su hoyo.

—Una vez cumplidas todas esas cosas, ¿qué harías si tuvieses dos maravillosas mujeres que te esperan?

—Regresaría a caballo.

—Es lo que haré, puedes estar segura.

—¿Y si cuando vuelvas, soy vieja y fea?

—Volveré mucho antes de que seas fea y vieja.

—Sí, has dejado que brote agua de tus ojos, nunca podrás hacer eso adrede. Puedes irte cuando quieras, pero debes irte a la luz del día, delante de todo el mundo y no como un ladrón. Debes irte como viniste, a la misma hora de la tarde, enteramente vestido. Debes decir quién ha de velar por nosotras día y noche. Zato es el jefe, pero tiene que haber otro hombre que vele por nosotras. Debes decir que la casa sigue siendo tu casa, que ningún hombre salvo tu hijo, si es un hombre lo que hay en el vientre de Zoraima, ningún hombre, pues, debe entrar en tu casa. Para eso, Zorrillo debe venir el día que te vayas. Para que diga todo lo que tú tengas que decir.

Hemos dormido en casa de Zorrillo. Ha sido una noche deliciosamente tierna y dulce. Los murmullos, los ruidos de las bocas de esas dos hijas de la Naturaleza tenían sonidos de amor tan turbadores, que estaba conmovido. Hemos vuelto a caballo los tres, despacio a causa del vientre de Zoraima. Debo irme ocho días después de la primera luna, pues Lali quiere decirme si es seguro que está encinta. La luna pasada, no tuvo la regla. Tiene miedo de equivocarse, pero si esta luna sigue sin ver sangre, entonces es que un hijo está germinando. Zorrillo debe traer todas las ropas que he de ponerme: tengo que vestirme allí tras haber hablado como guajiro, es decir, desnudo. La víspera, deberemos ir a ver al brujo los tres. Él nos dirá si, en la casa, deben cerrar mi puerta o dejarla abierta. Ese regreso lento, a causa del vientre de Zoraima, no ha sido empañado por ninguna tristeza. Ellas dos prefieren saberlo, que quedar abandonadas y en ridículo ante las mujeres y los hombres del poblado. Cuando Zoraima tenga su hijo, tomará un pescador para sacar muchas perlas que me guardará. Lali pescará más tiempo todos los días para estar ocupada también. Siento no haber aprendido a decir más de una docena de palabras en guajiro. ¡Les diría tantas cosas que no pueden ser dichas a través de un intérprete! Llegamos. Lo primero que debemos hacer es ver a Zato para darle a entender que siento haberme ido sin decir nada. Zato es tan noble como su hermano. Antes de que hable, ya me ha puesto la mano en el cuello y dice: «Uilú (cállate)». La luna nueva será dentro de unos doce días. Con los ocho que debo aguardar después, dentro de veinte días estaré en camino.

Mientras vuelvo a mirar el mapa, cambiando ciertos detalles en la forma de pasar los poblados, pienso de nuevo en lo que me ha dicho Justo. ¿Dónde seré más feliz que aquí, donde todo el mundo me quiere? ¿No voy a labrarme mi propia desgracia volviendo a la civilización? El futuro lo dirá.

Estas tres semanas han pasado como un soplo. Lali ha tenido la prueba de que está encinta. Van a ser dos o tres hijos los que esperen mi regreso. ¿Por qué tres? Ella me dice que su madre ha tenido gemelos dos veces. Hemos ido a casa del brujo. No, no deben cerrar la puerta. Solo deben poner una rama de árbol atravesada. La hamaca en la que dormíamos los tres debe ser tendida del techo de la choza. Ellas dos deben dormir siempre juntas, pues no son más que una. Luego, nos hace sentar junto a la lumbre, le echa hojas verdes y nos envuelve en humo durante más de diez minutos. Nos hemos vuelto a casa, a esperar a Zorrillo, quien, en efecto, llega aquella misma noche. En torno de la lumbre, delante de mi choza, hemos pasado toda la velada hablando. A cada uno de los indios le he dicho, a través de Zorrillo, una palabra amable y cada uno, a su vez, contestaba también algo. Al salir el sol, me he retirado con Lali y Zoraima. Hemos hecho el amor durante todo el día. Zoraima se pone encima de mí para sentirme mejor dentro de ella y Lali se enrosca como una hiedra clavada en su sexo que late como un corazón. Por la tarde, me marcho. Traducido por Zorrillo, digo:

—Zato, gran jefe de esta tribu que me ha acogido, que me lo ha dado todo, debo decirte que es necesario que me permitas que os deje para muchas lunas.

—¿Por qué quieres dejar a tus amigos?

—Porque es necesario que vaya a castigar a quienes me persiguieron como a una fiera. Gracias a ti, he podido, en tu poblado, estar a resguardo, he podido vivir dichoso, comer bien, tener amigos nobles, mujeres que han puesto sol en mi pecho. Pero eso no debe transformar a un hombre como yo en un animal que, por haber hallado refugio cálido y bueno, se queda en él toda la vida por miedo de tener que sufrir luchando. Voy a afrontar a mis enemigos, voy a ver a mi padre, que me necesita. Aquí dejo mi alma, en mis mujeres Lali y Zoraima, en los hijos fruto de nuestra unión. Mi choza es de ellas y de mis hijos que nacerán. Espero que tú, Zato, si alguien lo olvidara, se lo recuerdes. Pido que, además de tu vigilancia personal, un hombre que se llama Usli proteja día y noche a mi familia. Os he querido mucho a todos y siempre os querré. Voy a hacer todo lo que pueda para regresar muy pronto. Si muero en el cumplimiento de mi deber, mi pensamiento irá hacia vosotros, Lali, Zoraima y mis hijos, y a vosotros, indios guajiros, que sois mi familia.

Entro en mi choza seguido por Lali y Zoraima. Me visto: camisa y pantalón caqui, calcetines, botas hasta media pierna.

Durante mucho rato he vuelto la cabeza para ver trozo a trozo ese poblado idílico en el que he pasado seis meses. Esta tribu guajira tan temida, tanto por las otras tribus como por los blancos, ha sido para mí un puerto donde respirar, un refugio sin igual contra la maldad de los hombres. En él he encontrado amor, paz, tranquilidad y nobleza. Adiós, guajiros, indios salvajes de la península colombo-venezolana. Por suerte, tu vasto territorio es disputado y libre de toda injerencia de las dos civilizaciones que te rodean. Tu salvaje forma de vivir y de defenderte me ha enseñado una cosa muy importante para el futuro, que vale más ser un indio salvaje que un magistrado licenciado en Letras.

Adiós, Lali y Zoraima, mujeres incomparables, de reacciones tan próximas a la Naturaleza, sin cálculo, espontáneas y que, en el momento de irme, con toda sencillez, han puesto en un talego de lona todas las perlas que había en la choza. Volveré, estoy seguro de ello. ¿Cuándo? ¿Cómo? No lo sé, pero me prometo regresar.

Hacia el final de la tarde, Zorrillo monta a caballo y salimos en dirección de Colombia. Llevo un sombrero de paja. Camino tirando a mi caballo de la brida. Todos los indios de la tribu, sin excepción, se tapan la cara con el brazo izquierdo y extienden hacia mí el brazo derecho. De este modo, me significan que no quieren verme partir, que eso les causa demasiada pena y levantan la mano como haciendo ademán de retenerme. Lali y Zoraima me acompañan casi cien metros. Creía que iban a besarme cuando, bruscamente, lanzando alaridos, se han ido corriendo hacia nuestra casa, sin volverse.

RETORNO A LA CIVILIZACIÓN

PRISIÓN DE SANTA MARTA

Salir del territorio de la Guajira india no resulta difícil y cruzamos sin novedad los puestos fronterizos de La Vela. A caballo, podemos recorrer en dos días lo que yo necesité tanto tiempo para hacer con Antonio. Pero no solo hay peligro en esos puestos fronterizos, también existe una faja de más de ciento veinte kilómetros hasta Río Hacha, la aldea de donde me evadí.

Con Zorrillo a mi lado, he hecho mi primera experiencia de conversación en una especie de posada donde venden bebidas y comida, con un paisano colombiano. No he salido mal del paso y, tal como me había dicho Zorrillo, tartamudear fuerte ayuda mucho a disimular el acento y la forma de hablar.

Hemos reanudado la marcha hasta Santa Marta. Zorrillo debe dejarme a mitad de camino y, esta misma mañana, se volverá atrás.

Zorrillo me ha dejado. Hemos decidido que él se llevaría el caballo. En efecto, poseer un caballo es tener un domicilio, pertenecer a un poblado determinado y, entonces, correr el riesgo de verse obligado a contestar preguntas embarazosas: ¿Conoce usted a Fulano? ¿Cómo se llama el alcalde? ¿Qué es de la señora? ¿Quién es el amo de la *fonda*?

No, vale más que siga a pie, viajar en camión o autocar y, después de Santa Marta, en tren. En esta región debo ser un *forastero* para todo el mundo, un forastero que trabaja en cualquier sitio o hace cualquier cosa.

Zorrillo me ha cambiado tres monedas de oro de cien pesos. Me ha dado mil pesos. Un buen obrero gana de ocho a diez pesos diarios, así pues, tengo con qué mantenerme bastante tiempo. Me he subido a un camión que va hasta muy cerca de Santa Marta, puerto de bastante importancia, a ciento veinte kilómetros aproximadamente de donde me ha dejado Zorrillo. Ese camión va a buscar cabras o chotos, no lo sé muy bien.

Cada seis o diez kilómetros, siempre hay una taberna. El chófer se apea y me invita. Me invita, pero pago yo. Y cada vez se toma cinco o seis copas de un alcohol de fuego. Yo finjo que me tomo una. Cuando hemos recorrido unos cincuenta kilómetros, está borracho como una cuba. Está tan ebrio, que se equivoca de carretera y se mete en un camino fangoso donde el camión se atasca y del que no podemos salir. El colombiano no se preocupa: se tumba en el camión, atrás, y me dice que yo duerma en la cabina. No sé qué hacer. Faltan todavía cuarenta kilómetros para Santa Marta. Estar con él no impedirá que sea interrogado por quienes encontremos, y pese a las numerosas paradas, voy más deprisa que a pie.

Por lo que, al amanecer, decido dormir. Sale el sol, son casi las siete. De pronto, se acerca una carreta tirada por dos caballos. El camión le impide pasar. Me despiertan, creyendo que soy el chófer, puesto que estoy en la cabina. Tartajeando, me hago el adormilado que, al despertar bruscamente, no sabe bien dónde está.

El chófer despierta y discute con el carretero. Tras varios intentos no consiguen sacar el camión. Tiene barro hasta los ejes, no hay nada que hacer. En la carreta van dos monjas vestidas de negro, con sus tocas, y tres niñas. Después de bastantes discusiones, los dos hombres se ponen de acuerdo para desbrozar un espacio de maleza a fin de que la carreta, con una rueda sobre la carretera y la otra en la parte desbrozada, salve ese espacio de veinte metros aproximadamente.

Cada cual con un machete, cortan todo lo que molestaba y yo lo coloco en el camino con el fin de disminuir la altura y también para proteger el carro, que peligra hundirse en el barro. Al cabo de dos horas aproximadamente, el paso está hecho. Entonces, las monjas, tras haberme dado las gracias, me preguntan adónde voy. Digo:

—A Santa Marta.

—Pero, no va usted por el buen camino, tiene que volver atrás con nosotros. Le llevaremos muy cerca de Santa Marta, a ocho kilómetros.

No puedo rehusar, parecería anormal. Por otro lado, hubiese querido decir que me quedo con el camionero para ayudarle, pero ante la dificultad de tener que hablar tanto, prefiero decir:

—*Gracias, gracias.*

Y heme aquí en la trasera de la carreta con las tres niñas; las dos monjas están sentadas en el banco, al lado del carretero.

Nos vamos bastante deprisa para recorrer los cinco o seis kilómetros que por error hicimos con el camión. Una vez en la buena carretera, vamos a bastante velocidad y, hacia mediodía, nos paramos en una posada para comer. Las tres niñas y el carretero en una mesa, y las dos monjas y yo en la mesa contigua. Las monjas son jóvenes, de veinticinco a treinta años. De piel muy blanca. Una es española; la otra, irlandesa. Dulcemente, la irlandesa me pregunta:

—Usted no es de aquí, ¿verdad?

—Sí, soy de Barranquilla.

—No, no es usted colombiano, sus cabellos son demasiado claros y su tez es oscura porque está tostado por el sol. ¿De dónde viene usted?

—De Río Hacha.

—¿Qué hacía allí?

—De electricista.

—¡Ah! Tengo un amigo en la Compañía de electricidad, se llama Pérez, es español. ¿Le conoce usted?

—Sí.

—Me alegro.

Al terminar el almuerzo, se levantan para ir a lavarse las manos y la irlandesa vuelve sola. Me mira y luego, en francés, dice:

—No le delataré, pero mi compañera dice que ha visto su fotografía en un periódico. Es usted el francés que se fugó de la prisión de Río Hacha, ¿verdad?

Negar sería aún más grave.

—Sí, hermana. Se lo ruego, no me denuncie. No soy la mala persona que dicen. Quiero a Dios y le respeto.

Llega la española y la otra le dice:

—Sí.

Ella contesta muy rápidamente algo que no entiendo. Ambas parecen reflexionar, se levantan y van otra vez a los lavabos. Durante los cinco minutos que dura su ausencia, reacciono rápidamente. ¿Debo irme antes de que vuelvan, debo quedarme? Si piensan denunciarme lo mismo da, pues si me voy no tardarán en dar conmigo. Esta región no tiene ninguna *selva* demasiado espesa y los accesos a los caminos que llevan a las ciudades seguramente pronto estarían vigilados. Voy a confiar en el destino que, hasta hoy, no me ha sido contrario.

Vuelven muy sonrientes. La irlandesa me pregunta cómo me llamo.

—*Enrique.*

—Bien, *Enrique*, irá usted con nosotras hasta el convento al que nos dirigimos, que está a ocho kilómetros de Santa Marta. Con nosotras en la carreta no tiene nada que temer durante el trayecto. No hable, todo el mundo creerá que es usted un trabajador del convento.

Las hermanas pagan la comida de todos. Compro un cartón de doce paquetes de cigarrillos y un encendedor de yesca.

Nos vamos. Durante todo el trayecto, las hermanas no me dirigen la palabra y se lo agradezco. Así, el carretero no nota que hablo mal. Al final de la tarde, nos paramos delante de una gran posada. Hay un coche de línea en el que leo: «Río Hacha-Santa Marta». Me dan ganas de tomarlo. Me acerco a la monja irlandesa y le comunico mi intención de utilizar ese autocar.

—Es muy peligroso —dice ella—, pues antes de llegar a Santa Marta hay por lo menos dos puestos de policía donde piden a los pasajeros su *cédula, lo* cual no pasará en la carreta.

Le doy las gracias vivamente, y entonces, la angustia que tenía desde que ellas me descubrieron desaparece por completo. Era, por el contrario, una suerte inaudita para mí haber encontrado a las buenas hermanitas. En efecto, a la caída de la noche, llegamos a un puesto de policía [en español *alcabala (sic)*]. Un coche de línea, procedente de Santa Marta con destino a Río Hacha, era registrado por la policía. Estoy tumbado de espaldas, en la carreta, con el sombrero de paja sobre la cara, fingiendo dormir. Una niña de unos ocho años tiene reclinada su cabeza en mi hombro y duerme de veras. Cuando la carreta pasa, el carretero para sus caballos entre el auto y el puesto.

—*¿Cómo están por aquí?* —dice la hermana española.

—*Muy bien, hermana.*

—*Me alegro, vámonos, muchachos.*

Y nos vamos tranquilamente.

A las diez de la noche, otro puesto, muy iluminado. Dos filas de vehículos de todas clases esperan, parados. Una viene de la derecha; la nuestra, de la izquierda. Abren los portaequipajes de los automóviles y miran dentro. Veo a una mujer, obligada a apearse, que hurga en su bolso. Es llevada al puesto de policía. Probablemente, no tiene *cédula*. En tal caso, no hay nada que hacer, los vehículos pasan uno tras otro. Como hay dos filas, no puede haber un paso de favor. Por falta de espacio, hay que resignarse a aguardar. Me veo perdido. Delante de nosotros, hay un microbús atestado de pasajeros. Arriba, en el techo, maletas y grandes paquetes. Atrás, también una especie de gran red llena de paquetes. Cuatro policías hacen bajar a los pasajeros. Ese autocar solo tiene una portezuela delantera. Hombres y mujeres se apean. Algunas mujeres con sus críos en brazos. Uno a uno, vuelven a subir.

—¡*Cédula! ¡Cédula!*

Y todos salen y enseñan una tarjeta con su foto.

Zorrillo nunca me había hablado de eso. De haberlo sabido, quizá habría podido tratar de procurarme una *cédula* falsa. Pienso que si paso este puesto, pagaré lo que sea, pero me haré con una *cédula* antes de viajar desde Santa Marta a Barranquilla, ciudad muy importante en la costa atlántica.

¡Dios mío, cuánto tarda la operación de este autocar! La irlandesa se vuelve hacia mí:

—Esté tranquilo, *Enrique.*

Inmediatamente, le guardo rencor por esa frase imprudente, pues el carretero la habrá oído.

Nuestra carreta avanza a su vez en la luz deslumbrante. He decidido sentarme. Pienso que, tumbado, puedo dar la impresión de que me escondo. Estoy adosado a las tablas de la carreta y miro hacia las espaldas de las hermanas. Solo pueden verme de perfil y llevo el sombrero bastante calado, pero sin exagerar.

—¿*Cómo están todos por aquí?* —repite la hermanita española.

—*Muy bien, hermanas. ¿Y cómo viajan tan tarde?*

—*Por una urgencia, por eso no me detengo. Somos muy apuradas (sic).*

—*Vayan con Dios, hermanas.*

—*Gracias, hijos. Que Dios les proteja.*

—*Amén* —dicen los policías.

Y pasamos tranquilamente sin que nadie nos pregunte nada. Las emociones de los minutos pasados deben haberles revuelto las tripas a las hermanitas, pues, cien metros más allá, hacen parar el vehículo para bajar y perderse un momento en la maleza. Reemprendemos la marcha. Me pongo a fumar. Estoy tan emocionado que, cuando la irlandesa sube, le digo:

—Gracias, hermana.

Ella me dice:

—No hay de qué, pero hemos pasado tanto miedo que se nos ha descompuesto el vientre.

Hacia medianoche, llegamos al convento. Una gran tapia, un gran portón. El carretero lleva los caballos y la carreta a la cuadra y las tres niñas son conducidas al interior del convento. En la escalinata del patio, se entabla una acalorada discusión entre la hermana portera y las dos hermanas. La irlandesa me dice que no quiere despertar a la madre superiora para pedirle autorización de que yo duerma en el convento. En ese momento, me falta decisión. Hubiese debido aprovechar el incidente para retirarme y salir hacia Santa Marta, puesto que sabía que solo distaba ocho kilómetros.

Aquel error me costó más tarde siete años de presidio.

Por fin, despertada la madre superiora, me han dado una habitación en el segundo piso. Desde la ventana veo las luces de la ciudad. Distingo el faro y las luces de posición. Del puerto sale un gran buque.

Me duermo, y el sol ha salido ya cuando llaman a mi puerta. He tenido una pesadilla atroz. Lali se abría el vientre delante de mí y nuestro hijo salía de su vientre a pedazos.

Me afeito y me aseo rápidamente. Bajo. Al pie de la escalera, está la hermana irlandesa, que me recibe con una leve sonrisa:

—Buenos días, Henri. ¿Ha dormido usted bien?

—Sí, hermana.

—Venga, por favor, al despacho de nuestra madre. Quiere verle.

Entramos. Una mujer está sentada detrás de su escritorio. Tiene el semblante sumamente severo, es una persona de unos cincuenta años, tal vez más. Me mira con ojos oscuros, sin amenidad.

—*Señor, ¿sabe usted hablar español?*

—*Muy poco.*

—*Entonces, la hermana nos servirá de intérprete.*

—Me han dicho que es usted francés.

—Sí, madre.

—¿Se ha evadido de la prisión de Río Hacha?

—Sí, madre.

—¿Cuánto tiempo hace de esto?

—Siete meses, aproximadamente.

—¿Qué ha hecho usted durante ese tiempo?

—He estado con los indios.

—¿Cómo? ¿Usted, con los guajiros? No es admisible. Esos salvajes jamás han admitido a nadie en su territorio. Ni un solo misionero ha podido penetrar en él, figúrese. No acepto esa respuesta. ¿Dónde estaba usted? Diga la verdad.

—Madre, estaba con los indios y puedo probárselo.

—¿Cómo?

—Con perlas pescadas por ellos.

Desprendo mi bolsa, que está sujeta en medio de la espalda de la chaqueta, y se la entrego. La abre y saca un puñado de perlas.

—¿Cuántas hay?

—No lo sé, quinientas o seiscientas, tal vez. Más o menos.

—Eso no prueba nada. Puede usted haberlas robado en otro sitio.

—Madre, para tranquilidad de su conciencia, si usted lo desea, me quedaré aquí el tiempo necesario para que pueda informarse de si de verdad robé esas perlas. Tengo dinero. Podría pagar mi pensión. Le prometo no moverme de mi habitación hasta el día que usted decida lo contrario.

Me mira muy fijamente. Pienso que debe decirse: «¿Y si te fugas? Te has fugado de la cárcel, figúrate cuánto más fácil te será de aquí».

—Le dejaré la bolsa de perlas, que es toda mi fotuna. Sé que estará en buenas manos.

—Bien, conforme. No, no tiene por qué quedarse encerrado en su habitación. Mañana y tarde, puede bajar al jardín cuando mis hijas estén en la capilla. Comerá en la cocina con la servidumbre.

Salgo de esta entrevista medio tranquilizado. Cuando me dispongo a subir a mi cuarto, la hermana irlandesa me lleva a la cocina. Un gran bol de café con leche, pan moreno muy tierno y mantequilla. La hermana asiste a mi desayuno sin decir palabra y sin sentarse, de pie ante mí. Pone expresión preocupada. Digo:

—Gracias, hermana, por todo lo que ha hecho por mí.

—Me gustaría hacer más, pero ya no puedo, amigo Henri.

Y, tras estas palabras, sale de la cocina.

Sentado junto a la ventana, contemplo la ciudad, el puerto, el mar. La campiña, en torno, está bien cultivada. No puedo quitarme la impresión de que estoy en peligro. Hasta tal punto que decido fugarme por la noche. ¡Tanto peor para las perlas! ¡Que la madre superiora se las quede para el convento o para sí misma! No confía en mí y, por lo demás, no debo engañarme, pues, ¿cómo es posible que no hable francés, una catalana, madre superiora de un convento y, por lo tanto, instruida? Es muy extraño. Conclusión: esta noche me iré.

Sí, esta tarde bajaré al patio para ver el sitio por donde puedo saltar la tapia. Sobre la una llaman a mi puerta.

—Haga el favor de bajar a comer, Henri.

—Voy enseguida, gracias.

Sentado a la mesa de la cocina, apenas empiezo a servirme carne con patatas hervidas, cuando la puerta se abre de golpe y aparecen, armados de fusiles, cuatro policías con uniformes blancos y uno con galones empuñando una pistola.

—*¡No te muevas o te mato!*

Me ponen las esposas. La hermana irlandesa suelta un grito y se desmaya. Dos hermanas de la cocina la incorporan.

—*Vamos* —dice el jefe.

Suben al cuarto conmigo. Me registran el hatillo y enseguida encuentran las treinta y seis monedas de oro de cien pesos que aún me quedan, pero no se fijan en el alfiletero con las dos flechas. Han debido de creer que eran lápices. Con indisimulada satisfacción, el jefe se mete en el bolsillo las monedas de oro. Nos vamos. En el patio, un coche.

Los cinco policías y yo nos hacinamos en el cacharro y salimos a toda velocidad, conducidos por un chófer vestido de policía, negro como el carbón. Estoy aniquilado y no protesto; trato de mantenerme digno. No hay por qué pedir compasión ni perdón. Sé hombre y piensa que nunca debes perder la esperanza. Todo eso pasa rápidamente por mi cabeza. Y cuando bajo del coche, estoy tan decidido a parecer un hombre y no una piltrafa y lo consigo de tal modo que la primera frase del oficial que me examina es para decir:

—Ese francés tiene temple, no parece afectarle mucho estar en nuestras manos.

Entro en su despacho. Me quito el sombrero y, sin que me lo digan, me siento, con mi hatillo entre los pies.

—¿Sabes hablar eslañol?

—No.

—Llame al zapatero.

Unos instantes después, llega un hombrecillo con mandil azul y un martillo de zapatero en la mano.

—Tú eres el francés que se evadió de Río Hacha hace un año, ¿verdad?

—No.

—Mientes.

—No miento. No soy el francés que se evadió de Río Hacha hace un año.

—Quitadle las esposas. Quítate la chaqueta y la camisa. Toma un papel y mira. Todos los tatuajes están anotados.

—Te falta el pulgar de la mano derecha. Sí. Entonces, eres tú.

—No, no soy yo, pues no me fui hace un año. Me fui hace siete meses.

—Da lo mismo.

—Para ti, sí, pero no para mí.

—Ya veo: eres el *matador* modelo. No importa ser francés o colombiano, todos los *matadores* son iguales: indomables. Yo solo soy el segundo comandante de esta prisión. No sé qué van a hacer contigo. Por el momento, te pondré con tus antiguos compañeros.

—¿Qué compañeros?

—Los franceses que trajiste a Colombia.

Sigo a los policías que me conducen a un calabozo cuyas rejas dan al patio. Encuentro a mis cinco camaradas. Nos abrazamos.

—Te creíamos a salvo, amigo —dice Clousiot.

Maturette llora como el chiquillo que es. Los otros tres también están consternados. Verles de nuevo me infunde ánimos.

—Cuéntanos —me dicen.

—Más tarde. ¿Y vosotros?

—Nosotros estamos aquí desde hace tres meses.

—¿Os tratan bien?

—Ni bien ni mal. Esperamos que nos trasladen a Barranquilla donde, al parecer, nos entregarán a las autoridades francesas.

—¡Hatajo de canallas! ¿Posibilidades de fugarse?

—¡Acabas de llegar y ya piensas en evadirte!

—¡Pues no faltaba más! ¿Crees que abandono la partida así como así? ¿Sois vigilados?

—De día no mucho, pero por la noche tenemos una guardia especial.

—¿Cuántos?

—Tres vigilantes.

—¿Y tu pierna?

—Va bien, ni siquiera cojeo.

—¿Siempre estáis encerrados?

—No, nos paseamos por el patio al sol, dos horas por la mañana y tres horas por la tarde.

—¿Qué tal son los otros presos colombianos?

—Al parecer, hay tipos muy peligrosos, tanto entre los ladrones como entre los *matadores*.

Por la tarde, estoy en el patio, hablando aparte con Clousiot, cuando me llaman. Sigo al policía y entro en el mismo despacho de la mañana. Encuentro al comandante de la prisión acompañado por el que ya me había interrogado. La silla de honor está ocupada por un hombre muy oscuro, casi negro. Su piel es más propia de un negro que de un indio. Su pelo corto, rizado, es pelo de negro. Tiene casi cincuenta años, ojos oscuros y malévolos. Un bigote muy recortado domina un abultado labio en una boca colérica. Lleva la camisa desabrochada, sin corbata. A la izquierda, la cinta verde y blanca de una condecoración cualquiera. El zapatero también está presente.

—Francés, has sido detenido otra vez al cabo de siete meses de evasión. ¿Qué has hecho durante ese tiempo?

—He estado con los guajiros.

—No me tomes el pelo o voy a hacer que te castiguen.

—He dicho la verdad.

—Nadie ha vivido nunca con los indios. Solo este año, han matado a más de veinticinco guardacostas.

—No, a los guardacostas los han matado los contrabandistas.

—¿Cómo lo sabes?

—He vivido siete meses allí. Los guajiros nunca salen de su territorio.

—Bien, quizá sea verdad. ¿Dónde robaste las treinta y seis monedas de cien pesos?

—Son mías. El jefe de una tribu de la montaña, llamado Justo me las dio.

—¿Cómo puede un indio haber conseguido esa fortuna y habértela dado?

—Oiga, jefe, ¿acaso ha habido algún robo de cien pesos en oro?

—No, es verdad. En los partes no figura tal robo. Sin embargo, nos informaremos.

—Háganlo, será en mi favor.

—Francés, cometiste una grave falta al evadirte de la prisión de Río Hacha, y una falta más grave aún haciendo evadir a un hombre como Antonio, quien iba a ser fusilado por haber matado a varios guardacostas. Ahora sabemos que también eres buscado por Francia, donde debes cumplir cadena perpetua. Eres un *matador* peligroso. Por lo tanto, no voy a correr el riesgo de que te fugues de aquí dejándote con los otros franceses. Estarás encerrado en un calabozo hasta tu marcha hacia Barranquilla. Las monedas de oro te serán devueltas si alguien no ha denunciado el robo.

Salgo y me llevan a una escalera que conduce al sótano. Tras haber bajado más de veinticinco peldaños, llegamos a un pasillo muy poco alumbrado donde, a derecha e izquierda, hay jaulas. Abren un calabozo y me empujan dentro. Cuando la puerta que da al pasillo se cierra, un hedor a podrido sube de un piso de tierra viscosa. Me llaman de todos lados. Cada agujero enrejado contiene uno, dos o tres presos.

—*¡Francés, francés! ¿Qué has hecho? ¿Por qué estás aquí?* ¿Sabes que estos calabozos son los calabozos de la muerte?

Una voz grita:

—¡Callaos! ¡Dejad que hable!

—Sí, soy francés. Estoy aquí porque me fugué de la prisión de Río Hacha.

Mi galimatías español es comprendido perfectamente por ellos.

—Pon atención a esto, francés, escucha: al fondo de tu calabozo hay una tabla. Es para dormir. A la derecha, tienes una lata con agua. No la malgastes, pues te dan muy poca cada mañana y no puedes pedir más. A la izquierda, tienes un cubo para hacer tus necesidades. Tápalo con tu chaqueta. Aquí no necesitas chaqueta, hace mucho calor, pero tapa el cubo para que apeste menos. Todos nosotros tapamos nuestros cubos con las ropas.

Me acerco a la reja tratando de distinguir las caras. Solo

puedo percibir a los dos de enfrente, pegados a las rejas, con las piernas fuera. Uno es de tipo indoespañol, se parece a los primeros policías que me detuvieron en Río Hacha; el otro, un negro muy claro, bien parecido y joven. El negro me advierte que, a cada marea, el agua sube hasta los calabozos. No debo asustarme porque nunca sube más arriba del vientre. No debo atrapar las ratas que puedan subirse encima de mí, sino darles un golpe. No debo atraparlas nunca si no quiero que me muerdan. Le pregunto:

—¿Cuánto tiempo llevas en ese calabozo?

—Dos meses.

—¿Y los demás?

—Nunca más de tres meses. El que pasa tres meses y no sale, es que ha de morir aquí.

—¿Cuánto hace que está aquí el que lleva más tiempo?

—Ocho meses, pero no le queda mucho tiempo de vida. Hace ya un mes que solo puede ponerse de rodillas. No puede levantarse. El día que haya una marea fuerte, morirá ahogado.

—Pero ¿es que tu país es un país de salvajes?

—Yo no te he dicho que fuésemos civilizados. El tuyo tampoco es civilizado, puesto que estás condenado a perpetuidad. Aquí, en Colombia: o veinte años, o la muerte. Pero nunca a perpetuidad.

—Vaya, en todas partes ocurre igual.

—¿Has matado a muchos?

—No, solo a uno.

—No es posible. No se condena tanto tiempo por un solo hombre.

—Te aseguro que es verdad.

—Entonces, ya ves cómo tu país es tan salvaje como el mío.

—Bien, no vamos a discutir por nuestros países. Tienes razón. La policía en todas partes es una mierda. Y tú, ¿qué hiciste?

—Maté a un hombre, a su hijo y a su mujer.

—¿Por qué?

—Habían dado a comer a mi hermanito a una marrana.

—No es posible. ¡Qué horror!

—Mi hermanito, que tenía cinco años, todos los días le tiraba piedras al hijo de ellos y el pequeño resultó herido varias veces en la cabeza.

—No es ninguna razón.

—Eso dije yo cuando lo supe.

—¿Cómo lo supiste?

—Mi hermanito hacía tres días que había desaparecido y, al buscarle, encontré una sandalia suya en un estercolero. Aquel estercolero procedía del establo donde estaba la marrana. Hurgando en el estercolero, encontré un calcetín blanco ensangrentado. Comprendí. La mujer confesó antes de que les matase a todos. Hice que rezasen antes de dispararles. Al primer escopetazo, le rompí las piernas al padre.

—Hiciste bien en matarle. ¿Qué harán contigo?

—Veinte años, todo lo más.

—¿Por qué estás en el calabozo?

—Le pegué a un oficial que era de su familia. Estaba aquí, en la cárcel. Le trasladaron. Se fue. Ahora, estoy tranquilo.

Abren la puerta del pasillo. Un guardia entra con dos presos que llevan, colgado de dos palos, un tonel de madera. Detrás de ellos, al fondo, se ve a otros guardias que empuñan fusiles. Calabozo por calabozo, sacan los cubos en donde hacemos las necesidades y los vacían en el tonel. Un hedor a orina, a mierda, emponzoña el aire hasta el punto de que me ahogo. Nadie habla. Cuando llegan a mi calabozo, el que toma mi cubo deja caer un paquetito en el suelo. Rápidamente, lo empujo más lejos, en la oscuridad, con el pie. Cuando se han ido, en el paquete encuentro dos cajetillas de cigarrillos, un encendedor de yesca y un papel escrito en francés. Primero, enciendo dos cigarrillos y los tiro a los dos tipos de enfrente. Luego, llamo a mi vecino, quien alargando el brazo, atrapa los cigarrillos para hacerlos pasar a los demás presos. Tras la distribución, enciendo el mío y trato de leer a la luz del pasillo. Pero no lo consigo. Entonces, con el papel que envolvía el paquete, hago un rollo delgado y, después de repetidos esfuerzos, mi yesca logra encenderlo. Rápidamente, leo: «Ánimo, Papillon, cuenta con nosotros. Anda con cuidado. Mañana te mandaremos papel y lápiz para que nos escribas. Estamos contigo hasta la muerte». Eso me reconforta el corazón. ¡Esa nota es tan consoladora para mí! No estoy solo y puedo contar con mis amigos.

Nadie habla. Todo el mundo fuma. Por el reparto de cigarrillos me entero de que somos diecinueve en estos calabozos de la muerte. Bien, ya vuelvo a estar en el camino de la podredumbre y, esta vez, hasta el cuello. Esas hermanitas... Sin embargo, seguramente, no me denunciaron ni la irlandesa ni la española. ¡Ah! ¡Qué imbecilidad haber confiado en esas hermanitas! No, ellas no. ¿Quizá el carretero? Dos o tres veces cometieron la imprudencia de hablar francés. ¿Lo habría oído él? ¡Qué más da! Esta vez te han jodido, pero jodido de verdad. Hermanas, carretero, o madre superiora, el resultado es el mismo.

La he pringado, en este calabozo lleno de cochambre que, al parecer, se inunda dos veces al día. El calor es tan asfixiante que primero me quito la camisa y, luego, el pantalón. También me quito los zapatos y lo cuelgo todo de las rejas.

¡Pensar que he recorrido mil quinientos kilómetros para venir a parar aquí! ¡Ha sido un verdadero éxito! ¡Dios mío! Tú que has sido tan generoso conmigo, ¿vas a abandonarme ahora? Tal vez estás enfadado, pues, en realidad, me habías dado la libertad, la más segura, la más hermosa de todas. Me habías dado una comunidad que me aceptó por entero. Me habías dado no una, sino dos mujeres admirables. Y el sol, y el mar. Y una choza donde fui el jefe incontestable. ¡Esa vida en la Naturaleza, esa vida primitiva, pero tan dulce y tranquila! ¡Ese regalo único que me hiciste de ser libre, sin policías, sin magistrados, sin envidiosos ni malvados, a mi alrededor!

Y yo no he sabido justipreciarlo. Ese mar tan azul que casi parecía verde y negro, esos amaneceres, esos ocasos que bañaban la tierra de una paz tan serenamente suave, esa manera de vivir sin dinero, sin carecer de nada esencial para la vida de un hombre; todo eso lo he pisoteado, lo he despreciado. ¿Y para ir adónde? Hacia sociedades que no quieren fijarse en mí. Hacia seres que ni siquiera se toman la molestia de saber qué hay en mí de recuperable. Hacia un mundo que me rechaza, que me aleja de toda esperanza. Hacia colectividades que solo piensan en una cosa: anularme por todos los medios.

Cuando reciban la noticia de mi captura, ¡cómo van a reírse los doce enchufados del jurado, el podrido de Polein, la bofia y el fiscal! Pues, seguramente, habrá un periodista que se encargará de transmitir la noticia a Francia.

¿Y los míos? ¡Ellos que, cuando debieron de recibir la visita de los gendarmes para notificarles mi evasión, debían de estar tan contentos de que su hijo o su hermano hubiese escapado de sus verdugos! Ahora, al enterarse de que vuelvo a estar preso, sufrirán otra vez.

Hice mal en renegar de mi tribu. Sí, puedo decir «mi tribu», puesto que todos me habían aceptado. Hice mal y merezco lo que me ocurre. Y, sin embargo... No me fugué para aumentar la población de los indios de América del Sur. Dios mío, has de comprender que debo revivir en una sociedad normalmente civilizada y demostrar que puedo formar parte de ella sin representar un peligro. Es mi auténtico destino, con o sin Tu ayuda.

He de demostrar que puedo, que soy —y lo seré— un ser normal, si no mejor, que los demás individuos de una colectividad cualquiera o de un país cualquiera.

Fumo. El agua empieza a subir. Me llega casi a los tobillos. Llamo:

—Negro, ¿cuánto tiempo se queda el agua en la celda?

—Depende de la fuerza de la marea. Una hora, todo lo más dos horas.

Oigo a varios presos que gritan:

—¡*Está llegando!*

Despacio, muy despacio, el agua sube. El mestizo y el negro se han encaramado a los barrotes. Las piernas les cuelgan en el pasillo y, con los brazos, se aferran a los barrotes. Oigo ruidos en el agua: es una rata de alcantarilla del tamaño de un gato que chapotea. Trata de trepar por la reja. Agarro uno de mis zapatos y, cuando se me acerca, le arreo un fuerte golpe en la cabeza. Se va hacia el pasillo, chillando.

El negro me dice:

—Francés, has empezado la caza. Pero, si quieres matarlas a todas, no has terminado. Súbete a la reja, agárrate a los barrotes y estáte quieto.

Sigo su consejo, pero los barrotes me lastiman los muslos, no puedo resistir mucho en esta postura. Destapo mi cubo mingitorio, cojo la chaqueta, la ato a los barrotes y me deslizo sobre ella. Me parece una especie de silla que me permite soportar mejor la postura, pues, ahora, estoy casi sentado.

Esta invasión de agua, ratas, ciempiés y minúsculos cangrejos traídos por el agua es lo más repugnante, lo más deprimente que un ser humano pueda aguantar. Cuando el agua se retira, hora y pico después, queda un fango viscoso de más de un centímetro de espesor. Me pongo los zapatos para no chapotear en el fango. El negro me tira una tablilla de diez centímetros de largo y me dice que aparte el barro hacia el pasillo empezando por la tabla en la que debo dormir y, luego, desde el fondo del calabozo hasta el pasillo. Esta ocupación me toma una media hora larga y me obliga a no pensar en nada más. Ya es algo. Antes de la marea siguiente, no tendré agua, es decir, durante doce horas exactamente, puesto que la última hora es la de la inundación. Hasta que vuelva el agua, hay que contar las seis horas en que el mar se retira y las cinco horas en que vuelve a subir. Me hago esta reflexión un poco ridícula: «Papillon, estás destinado a habértelas con las mareas del mar. La luna, quieras o no, tiene mucha importancia, para ti y para tu vida. Gracias a las mareas, altas o bajas, pudiste salir del Maroni cuando te fugaste del presidio. Calculando la hora de la marea saliste de Trinidad y de Curaçao. Si te detuvieron en Río Hacha, fue porque la marea no era bastante fuerte para alejarte más deprisa. Y ahora, estás a merced de esa marea».

Entre quienes lean estas páginas, si un día son publicadas, algunos quizá me tengan, por el relato de lo que debo soportar en estos calabozos colombianos, un poco de compasión. Son los buenos. Los otros, los primos hermanos de los doce enchufados que me condenaron, o los hermanos del fiscal, dirán: «Se lo merece, si se hubiese quedado en el presidio, eso no le habría pasado». Pues bien, ¿queréis que os diga una cosa, tanto a vosotros, los buenos, como a vosotros, los enchufados? No estoy desesperado, en absoluto, y os diré más aún: prefiero estar en estos calabozos de la antigua fortaleza colombiana, edificada por la inquisición española, que en las Islas de la Salvación donde debería encontrarme a estas horas. Aquí, me queda mucho campo que correr para «darme el piro» y estoy, aun en este rincón podrido y pese a todo, a dos mil quinientos kilómetros del presidio. La verdad es que deberán tomar muchas precauciones para conseguir que vuelva a recorrerlo en sentido contrario. Solo lamento una cosa: mi tribu guajira, Lali y Zoraima y esa libertad en la Naturaleza, sin las comodidades de un hombre civilizado, es cierto, pero, en cambio, sin policía ni cárcel y menos aún calabozos. Pienso que a mis salvajes nunca se les ocurriría la idea de aplicar un suplicio semejante a un enemigo, y menos todavía a un hombre como yo, que no he cometido ningún delito contra el Estado colombiano.

Me tumbo en la tabla y fumo dos o tres cigarrillos al fondo de mi celda para que los otros no me vean fumar. Al devolverle la tablilla al negro, le he tirado un cigarrillo encendido y él, por pudor respecto a los demás, ha hecho como yo. Estos detalles que parecen naderías, a mi juicio tienen mucho valor.

Eso prueba que nosotros, los parias de la sociedad, tenemos, por lo menos, un resto de humanidad y de delicado pudor.

Aquí no es como en la Conciergerie. Aquí puedo meditar y vagabundear en el espacio sin tener que ponerme un pañuelo para resguardar mis ojos de una luz demasiado cruda.

¿Quién debió ser el que puso sobre aviso a la policía de que yo estaba en el convento? Ah, si algún día lo sé, me las pagará. Además, me digo: «¡No desbarres, Papillon! ¡Con lo que te queda por hacer en Francia para vengarte, no has venido a este país perdido para causar daño! A esa persona, seguramente, la castigará la misma vida, y si un día has de volver, no será para vengarte, sino para hacer felices a Lali y a Zoraima y, quizá, a los hijos que ellas habrán tenido de ti. Si has de volver a esta tierra, será por ellas y por todos los guajiros que te han hecho el honor de aceptarte entre ellos como uno de los suyos. Todavía estoy en el camino de la podredumbre, pero, aunque en el fondo del calabozo submarino, estoy también, quieran o no, en vías de pirármelas y en el camino de la libertad. En eso, no hay vuelta de hoja».

He recibido papel, lápiz, dos paquetes de cigarrillos. Hace tres días que estoy aquí. Debiera decir tres noches, pues aquí siempre es de noche. Mientras enciendo un cigarrillo Piel Roja, no puedo menos que admirar la adhesión de que hacen gala los presos entre sí. Corre un gran riesgo el colombiano que me pasa el paquete. Si le descubren, seguramente deberá pasar una temporada en estos calabozos. No lo ignora, y aceptar ayudarme en mi calvario no es solo de valientes, sino también de una nobleza poco común. Siempre por el sistema del papel encendido, leo: «Papillon, sabemos que aguantas de firme. ¡Bravo! Danos noticias tuyas. Nosotros, como siempre. Una hermanita que habla francés ha ido a verte, no la han dejado hablar con nosotros, pero un colombiano nos ha dicho que tuvo tiempo de decirle que el francés está en los calabozos de la muerte. Al parecer, dijo "Volveré". Eso es todo. Te abrazamos, tus amigos».

Contestar no ha sido fácil, pero aun así he conseguido escribir: «Gracias por todo. No me va muy mal, aguanto. Escribid al cónsul francés. Nunca se sabe. Que siempre sea el mismo en dar los recados para que, en caso de accidente, solo sea castigado uno. No toquéis las puntas de las flechas. ¡Viva el piro!».

PROYECTO DE FUGA EN SANTA MARTA

Solo veintiocho días después, por mediación del cónsul belga en Santa Marta, llamado Mausen, salgo de este antro inmundo. El negro, que se llama Palacios y salió tres semanas después de mi llegada, tuvo la idea de decirle a su madre, durante su visita, que avisase al cónsul belga que un belga estaba en estos calabozos. Se le ocurrió la idea un domingo al ver que un preso belga recibía la visita de su cónsul.

Un día, pues, me llevaron al despacho del comandante, quien me dijo:

—Usted es francés. ¿Por qué hace reclamaciones al cónsul belga?

En el despacho, un caballero vestido de blanco, de unos cincuenta años, pelo rubio casi blanco y cara redonda, fresca y rosada, estaba sentado en un sillón, con una cartera de piel sobre las rodillas. Enseguida me doy cuenta de la situación.

—Usted es quien dice que soy francés. Me he escapado, eso lo reconozco, de la justicia francesa, pero soy belga.

—¡Ah! ¿Lo ve usted? —dice el hombrecillo con cara de cura.

—¿Por qué no me lo dijo antes?

—Para mí, eso no tenía ninguna importancia respecto a usted, pues, en verdad, no he cometido ningún delito grave en su tierra, salvo haberme fugado, lo cual es normal en cualquier preso.

—*Bueno*, le pondré con sus compañeros. Pero *señor cónsul*, le advierto que a la primera tentativa de evasión le meto otra vez donde estaba. Llévenle al barbero, y, luego, déjenle con sus cómplices.

—Gracias, señor cónsul —digo en francés—; muchas gracias por haberse molestado por mí.

—¡Dios mío! ¡Cómo ha debido usted de sufrir en esos horribles calabozos! Pronto, váyase, no sea que ese bestia cambie de parecer. Volveré a verle. Hasta la vista.

El barbero no estaba y me metieron directamente con mis amigos. Debía de tener una cara rara, pues no paraban de decirme:

—Pero ¿eres tú? ¡Imposible! ¿Qué te han hecho esos canallas para ponerte como estás? Habla, dinos algo. ¿Estás ciego? ¿Qué tienes en los ojos? ¿Por qué los abres y los cierras constantemente?

—Es que no consigo acostumbrarme a esa luz. Ese resplandor es demasiado fuerte para mí, me lastima los ojos, habituados a la oscuridad.

Me siento mirando hacia el interior de la celda:

—Así es mejor.

—Hueles a podrido. ¡Es increíble! ¡Hasta tu cuerpo huele a podrido!

Me había puesto en cueros y ellos dejaron mis ropas junto a la puerta. Tenía brazos, espalda, muslos, pantorrillas plagadas de picaduras rojas, como las de nuestras chinches, y de mordeduras de los cangrejos liliputienses que flotaban con la marea. Estaba horroroso, no necesitaba de espejo para darme cuenta de ello. Aquellos cinco presidiarios que tanto habían visto dejaron de hablar, turbados de verme en tal estado. Clousiot llama a un policía y le dice que si no hay barbero, hay agua en el patio. El otro le dice que espere la hora del paseo.

Salgo completamente desnudo. Clousiot trae las ropas limpias que voy a ponerme. Ayudado por Maturette, me lavo y vuelvo a lavarme con jabón negro del país. Cuanto más me lavo más mugre sale. Por fin, tras varios jabonados y enjuagues, me siento limpio. Me seco en cinco minutos al sol y me visto. Llega el barbero. Quiere raparme. Le digo:

—No. Córtame el pelo normalmente y aféitame. Te pagaré.

—¿Cuánto?

—Un peso.

—Hazlo bien —dice Clousiot—, yo te daré dos.

Bañado, afeitado, con el pelo bien cortado, vestido con ropas limpias, me siento revivir. Mis amigos no paran de hacerme preguntas:

—¿Y el agua a qué altura llegaba? ¿Y las ratas? ¿Y los ciempiés? ¿Y el barro? ¿Y los cangrejos? ¿Y la mierda de los cubos? ¿Y los muertos que sacaban? ¿Eran por muerte natural o suicidas que se habían ahorcado? ¿O, tal vez «suicidados» por los policías?

Las preguntas no paraban y tanto hablar me dio sed. En el patio había un vendedor de café. Durante las tres horas que estuvimos en el patio, me tomé tal vez diez cafés cargados, endulzados con *papelon.* Ese café me parecía la mejor bebida del mundo. El negro del calabozo de enfrente ha venido a saludarme. En voz baja, me explica la historia del cónsul belga con su madre. Le estrecho la mano. Está muy orgulloso de haber sido el causante de mi salida. Se va muy contento, diciéndome:

—Ya hablaremos mañana. Por hoy, basta.

La celda de mis amigos me parece un palacio. Clousiot tiene una hamaca de su propiedad, comprada con su dinero. Me obliga a dormir en ella. Me acuesto de través. Se extraña y le explico que si se pone a lo largo, es que no sabe servirse de una hamaca.

Comer, beber, dormir, jugar a damas, a cartas con naipes españoles, hablar español entre nosotros y con los policías y presos colombianos para aprender bien la lengua, todas esas actividades ocupaban nuestra jornada y buena parte de la noche. Resulta duro estar acostado desde las nueve de la noche.

Entonces, acuden en tropel los detalles de la fuga del hospital de Saint-Laurent a Santa Marta, acuden, desfilan ante mis ojos y reclaman una continuación. El filme no puede pararse ahí, debe continuar, continuará, macho. ¡Déjame recuperar fuerzas y puedes estar seguro de que habrá nuevos episodios, confía en mí! He encontrado mis flechitas y dos hojas de coca, una completamente seca, la otra todavía un poco verde. Masco la verde. Todos me miran, estupefactos. Explico a mis amigos que se trata de las hojas de las que se extrae la cocaína.

—¡Nos estás tomando el pelo!

—Prueba.

—Sí, en efecto esto insensibiliza la lengua y los labios.

—¿Venden aquí?

—No lo sé. ¿Cómo te las apañas, Clousiot, para sacar a relucir la pasta de vez en cuando?

—Cambié en Río Hacha y, desde entonces, siempre he tenido dinero a la vista de todo el mundo.

—Yo —digo— tengo treinta y seis monedas de oro de cien pesos que me guarda el comandante y cada moneda vale trescientos pesos. Un día voy a plantearle el problema.

—Son unos muertos de hambre, será mejor que hagas un trato con él.

—Es una buena idea.

El domingo he hablado con el cónsul belga y el preso belga. Ese preso cometió un abuso de confianza en una Compañía bananera americana. El cónsul se ha puesto a mi disposición para protegernos. Ha rellenado una ficha en la que declaro haber nacido en Bruselas de padres belgas. Le he hablado de las monjas y de las perlas. Pero él, protestante, no conoce ni hermanas ni curas. Solo conoce un poco al obispo. En cuanto a las monedas, me aconseja que no las reclame. Es demasiado arriesgado. Convendría que le avisase con veinticuatro horas de antelación nuestra salida para Barranquilla «y entonces podrá usted reclamarlas en mi presencia —dice—, puesto que, si no me equivoco, hay testigos».

—Sí.

—Pero, en este momento, no reclame nada. El comandante sería capaz de volver a encerrarle en esos horribles calabozos y quizá, incluso, de hacerle matar. Esas monedas de cien pesos en oro constituyen una verdadera pequeña fortuna. No valen trescientos pesos, como usted cree, sino quinientos cincuenta cada una. Es, pues, una fuerte suma. No hay que tentar al diablo. En cuanto a las perlas, es otra cosa. Deme tiempo para reflexionar.

Pregunto al negro si querría evadirse conmigo y cómo, en su opinión, deberíamos actuar. Su piel clara se vuelve gris al oír hablar de fuga.

—Te lo suplico, macho. Ni lo pienses. Si fracasas, te espera una muerte lenta, de lo más horrendo. Ya has tenido un atisbo de eso. Aguarda a estar en otro sitio, en Barranquilla. Pero, aquí, sería un suicidio. ¿Quieres morir? Entonces, estáte quieto. En toda Colombia no hay un calabozo como el que tú has conocido. Entonces ¿por qué correr el riesgo aquí?

—Sí, pero aquí la tapia no es demasiado alta, debe de resultar relativamente fácil.

—*Hombre, fácil, no*; conmigo no cuentes. Ni para irme y ni siquiera para ayudarte. Ni tampoco para hablar de ello. —Y me deja, aterrorizado, con estas palabras—: Francés, no eres un hombre normal, hay que estar loco para pensar cosas semejantes aquí, en Santa Marta.

Todas las mañanas y todas las tardes, contemplo a los presos colombianos que están aquí por delitos importantes. Todos tienen pinta de asesino, pero se ve enseguida que están acoquinados. El terror de ser enviados a los calabozos les paraliza por completo. Hace cuatro o cinco días, vimos salir del calabozo a un gran diablo que me lleva una cabeza, llamado el Caimán. Goza de reputación de ser un hombre en extremo peligroso. Hablo con él y, luego, tras tres o cuatro paseos, le digo:

—*Caimán, ¿quieres fugarte conmigo?*

Me mira como si fuese el mismísimo demonio y me dice:

—¿Para volver a donde estuve si fracasamos? No, gracias. Preferiría matar a mi madre antes que volver allá.

Fue mi último intento. Nunca más hablaré a nadie de evasión.

Por la tarde, veo pasar al comandante de la prisión. Se para, me mira y, luego, dice:

—¿Cómo va eso?

—Bien, pero iría mejor si tuviese mis monedas de oro.

—¿Por qué?

—Porque podría pagarme un abogado.

—Ven conmigo.

Y me lleva a su despacho. Estamos solos. Me tiende un cigarro (no está mal), me lo enciende (mejor que mejor).

—¿Sabes bastante español para comprender y contestar claramente hablando despacio?

—Sí.

—Bien. Me has dicho que quisieras vender tus veintiséis monedas.

—No, mis treinta y seis monedas.

—¡Ah! ¡Sí, sí! ¿Y con ese dinero pagar a un abogado? Lo que ocurre es que solo nosotros dos sabemos que tienes esas monedas.

—No, también lo saben el sargento y los cinco hombres que me detuvieron y el comandante que las recibió antes de entregárselas a usted. Además, está mi cónsul.

—¡Ah! ¡Ah! *Bueno*. Incluso es mejor que lo sepa mucha gente, así obraremos a la luz del día. ¿Sabes?, te he hecho un gran favor. He callado, no he solicitado informes a las diversas policías de los países por donde pasaste para saber si tenían conocimiento de un robo de monedas.

—Pero debió usted haberlo hecho.

—No, por tu bien valía más no hacerlo.

—Se lo agradezco, comandante.

—¿Quieres que te las venda?

—¿A cuánto?

—Bueno, al precio que me dijiste que te habían pagado tres: trescientos pesos. Me darías cien pesos por moneda por haberte hecho ese favor. ¿Qué te parece?

—No. Entrégame las monedas de diez en diez y te daré no cien, sino doscientos pesos por moneda. Eso equivale a lo que has hecho por mí.

—Francés, eres demasiado astuto. Yo soy un pobre oficial colombiano demasiado confiado y un poco tonto, pero tú eres inteligente y, ya te lo he dicho, demasiado astuto.

—Bien, entonces ¿cuál es tu oferta?

—Mañana hago venir al comprador, aquí, en mi despacho. Ve las monedas, hace una oferta y la mitad para cada uno. Eso o nada. Te mando a Barranquilla con las monedas o las guardo mientras prosigo la indagación.

—No, ahí va mi última proposición: el hombre viene aquí, mira las monedas y todo lo que pase de trescientos cincuenta pesos por pieza es tuyo.

—*Está bien, tienes mi palabra.* Pero ¿dónde meterás una cantidad tan grande?

—En el momento de cobrar el dinero, mandas llamar al cónsul belga. Se lo daré para pagar al abogado.

—No, no quiero testigos.

—No corres ningún riesgo, firmaré que me has devuelto las treinta y seis monedas. Acepta, y si te portas correctamente conmigo, te propondré otro asunto.

—¿Cuál?

—Confía en mí. Es tan bueno como el otro y, en el segundo, iremos al cincuenta por ciento.

—*¿Cuál es?* Dime.

—Date prisa mañana y, por la tarde, a las cinco, cuando mi dinero esté seguro en el consulado, te diré el otro asunto.

La entrevista ha sido larga. Cuando vuelvo muy contento al patio, mis amigos ya se han ido a la celda.

—Bien, ¿qué pasa?

Les cuento toda nuestra conversación. Pese a nuestra situación, se parten de risa.

—¡Vaya zorro, el tipo ese! Pero tú has sido más listo que él. ¿Crees que se tragará el anzuelo?

—Me apuesto cien pesos contra doscientos a que está en el bote. ¿Nadie acepta la apuesta?

—No, yo también creo que tragará el anzuelo.

Reflexiono durante toda la noche. El primer asunto, ya está. El segundo —el comandante estará más que contento de ir a recuperar las perlas—, también. Queda el tercero. El tercero... sería que le ofreciese todo lo que se me devuelva para que me deje robar una embarcación en el puerto. Esta embarcación podría comprarla con el dinero que llevo en el estuche. Vamos a ver si resistirá la tentación. ¿Qué arriesgo? Después de los dos primeros asuntos, ni siquiera puede castigarme. Veremos a ver. No vendas la piel del oso, etc. Podrías esperar a hacerlo en Barranquilla. ¿Por qué? A ciudad más importante, prisión más importante también, por lo tanto, mejor vigilada y con tapias más altas. Debería volver a vivir con Lali y Zoraima: me fugo cuanto antes, espero allá durante años, voy a la montaña con la tribu que posee bueyes y, entonces, establezco contacto con los venezolanos. Esa fuga debo lograrla a toda costa. Así, pues, durante toda la noche solo pienso en cómo podría hacerlo para llevar a buen término el tercer asunto.

El día siguiente, la cosa no se demora. A las nueve de la mañana, vienen a buscarme para ver a un señor que me espera en el despacho del comandante. Cuando llego, el policía se queda fuera y me encuentro ante una persona de unos sesenta años, vestido de color gris claro, con corbata gris. Sobre la mesa, un gran sombrero de fieltro tipo vaquero. Una gran perla gris y azul plata destella como en un estuche prendida en la corbata. Ese hombre flaco o enjuto no carece de cierta elegancia.

—*Bonjour, Monsieur.*

—¿Habla usted francés?

—Sí, señor, soy libanés de origen. Creo que tiene usted monedas de oro de cien pesos, me interesan. ¿Quiere usted quinientos por cada una?

—No, seiscientos cincuenta.

—¡Está usted mal informado, señor! Su precio máximo por moneda es de quinientos cincuenta.

—Mire, como se queda con todas, se las dejo en seiscientos.

—No, quinientos cincuenta.

Total, que nos ponemos de acuerdo en quinientos ochenta. Trato hecho.

—*¿Qué han dicho?*

—Trato hecho, comandante, a quinientos ochenta. La venta se hará mañana al mediodía.

Se va. El comandante se levanta y me dice:

—Muy bien. Entonces ¿cuánto me toca?

—Doscientos cincuenta por moneda. Ve usted, le doy dos veces y media más de lo que quería usted ganar, cien pesos por moneda.

Sonríe y dice:

—¿Y el otro asunto?

—Primero, que venga el cónsul después del mediodía para cobrar el dinero. Cuando se haya marchado, te diré el segundo asunto.

—¿Así, pues, es verdad que hay otro?

—Tienes mi palabra.

—Bueno, *ojalá.*

A las dos, el cónsul y el libanés están ahí. Este me da veinte mil ochocientos pesos. Entrego doce mil seiscientos al cónsul y ocho mil doscientos ochenta al comandante. Firmo un recibo al comandante certificando que me ha entregado las treinta y seis monedas de oro. Nos quedamos solos, el comandante y yo. Le cuento la escena de la superiora.

—¿Cuántas perlas?

—Quinientas o seiscientas.

—Hubiese debido traértelas o mandártelas, o entregarlas a la policía. Voy a denunciarla.

—No, irás a verla y le entregarás una carta de mi parte, en francés. Antes de hablar de la carta, le pedirás que haga venir a la irlandesa.

—Comprendo: la irlandesa es quien debe leer la carta escrita en francés y traducirla. Muy bien. Voy allá.

—¡Espera a que escriba la carta!

—¡Ah, es verdad! José, ¡prepara el coche con dos policías! —grita por la puerta entreabierta.

Me siento al escritorio del comandante y, en papel con membrete de la prisión, escribo la carta siguiente:

> Madre Superiora del convento:
> Para entregar a la buena y caritativa hermana irlandesa.
> Cuando Dios me condujo a su casa, donde creí recibir la ayuda a la que todo perseguido tiene derecho según la ley cristiana, tuve el gesto de confiarle un talego de perlas de mi propiedad para garantizarle que no me iría clandestinamente de su techo que alberga una casa de Dios. Un ser vil ha creído que era su deber denunciarme a la policía que, rápidamente, me detuvo en su casa. Espero que el alma abyecta que cometió aquella acción no sea un alma que pertenezca a una de las hijas de Dios, de su casa. No puedo decirle que le o la perdono, a esa alma putrefacta, pues sería mentir. Por el contrario, pediré con fervor que Dios o uno de sus santos castigue sin misericordia a la o al culpable de un pecado tan monstruoso. Le ruego, madre superiora, que entregue al comandante Cerasio el talego de perlas que le confié. Él me las entregará religiosamente, estoy seguro. Esta carta le servirá a usted de recibo.
> Le ruego, etc...

Como el convento dista ocho kilómetros de Santa Marta, el coche no regresa hasta hora y media después. El comandante, entonces, me envía a buscar.

—Ya está. Cuéntalas por si falta alguna.

Las cuento. No por saber si falta alguna, pues no sé exactamente su número, sino para saber cuántas perlas están ahora en manos de ese rufián: quinientas sesenta y dos.

—¿Es eso?

—Sí.

—*¿No falta ninguna?*

—No, ahora, cuéntame.

—Cuando he llegado al convento, la superiora estaba en el patio. Encuadrado por los dos policías, he dicho: «Señora, para un asunto muy grave que usted adivinará, es necesario que hable con la hermana irlandesa en presencia de usted».

—¿Y entonces?

—La hermana ha leído temblorosa esa carta a la superiora. Esta no ha dicho nada. Ha bajado la cabeza, ha abierto el cajón de su escritorio y me ha dicho: «Ahí está el talego, con sus perlas. Que Dios perdone a la culpable de un crimen semejante hacia ese hombre. Dígale que rezamos por él». ¡Y ya está, *hombre*! —termina diciendo, radiante, el comandante.

—¿Cuándo venderemos las perlas?

—*Mañana*. No te pregunto de dónde proceden, ahora sé que eres un *matador* peligroso, pero sé también que eres un hombre de palabra y persona honrada. Toma, llévate este jamón y esta botella de vino y este pan francés para que celebres con tus amigos este día memorable.

—Buenas noches.

Y llego con una botella de dos litros de chianti, un jamón ahumado de casi tres kilos y cuatro panes largos franceses. Es una cena de fiesta. El jamón, el pan y el vino menguan rápidamente. Todo el mundo come y bebe con buen apetito.

—¿Crees que un abogado podría hacer algo por nosotros?

Me echo a reír. ¡Pobrecitos, también ellos han creído en el cuento del abogado!

—No lo sé. Hay que estudiar y consultar antes de pagar.

—Lo mejor —dice Clousiot— sería pagar solo en caso de éxito.

—Sí, hay que encontrar un abogado que acepte esa proposición.

Y no hablo más del asunto. Estoy un poco avergonzado. El día siguiente, vuelve el libanés:

—Resulta muy complicado —dice—. Primero, hay que clasificar las perlas por tamaños; luego, por oriente; después según la forma; ver si son bien redondas o raras.

En suma, no solo es complicado, sino que, además, el libanés dice que debe traer a otro posible comprador, más competente que él. En cuatro días, terminamos. Paga treinta mil pesos. En el último momento he retirado una perla rosa y dos perlas negras para regalárselas a la mujer del cónsul belga. Como buenos comerciantes, ellos lo han aprovechado para decir que esas tres perlas valen cinco mil pesos. De todos modos, me quedo con las perlas.

El cónsul belga pone dificultades para aceptarlas. Me guardará los quince mil pesos. Por lo tanto, poseo veintisiete mil. Ahora, el problema estriba en llevar a buen término el tercer asunto.

¿Cómo y de qué manera lo emprenderé? Un buen obrero ganaba en Colombia de ocho a diez pesos diarios. Así, pues, veintisiete mil pesos son una fuerte suma. Al hierro candente, batir de repente. Es lo que haré. El comandante ha cobrado veintitrés mil pesos. Con esos otros veintisiete mil, tendrá cincuenta mil francos.

—Comandante, ¿cuánto vale una tienda que hiciese vivir a alguien mejor de lo que vive usted?

—Un buen comercio vale, al contado, de cuarenta a sesenta mil pesos.

—¿Y qué renta? ¿Tres veces más de lo que usted gana? ¿Cuatro veces?

—Más. Produce cinco o seis veces más de lo que gano.

—¿Por qué no se hace usted comerciante?

—Necesitaría el doble de lo que tengo.

—Escucha, comandante, tengo un tercer asunto que proponerte.

—No juegues conmigo.

—No, te lo aseguro. ¿Quieres los veintisiete mil pesos que tengo? Serán tuyos cuando quieras.

—¿Cómo?

—Déjame marchar.

—Escucha, francés, sé que no confías en mí. Antes, quizá, tenías razón. Pero ahora que, gracias a ti, he salido de la miseria o casi, cuando puedo comprarme una casa y mandar a mis hijos a un colegio de pago, sabes que soy tu amigo. No quiero robarte ni que te maten; aquí no puedo hacer nada por ti, ni siquiera por una fortuna. No puedo hacerte evadir con posibilidades de éxito.

—¿Y si te demuestro lo contrario?

—Entonces, ya veremos, pero antes piénsalo bien.

—Comandante, ¿tienes algún amigo pescador?

—Sí.

—¿Puede ser capaz de sacarme al mar y venderme su embarcación?

—No lo sé.

—¿Cuánto vale, más ámenos, su barca?

—Dos mil pesos.

—Si le doy siete mil a él y veinte mil a ti, ¿qué tal?

—Francés, con diez mil me basta, guárdate algo para ti.

—Arregla las cosas.

—¿Te irás solo?

—No.

— ¿Cuántos?

—Tres en total.

—Deja que hable con mi amigo pescador.

El cambio de ese tipo respecto a mí me deja estupefacto. Con su pinta de asesino, en el fondo de su corazón oculta hermosos sentimientos.

En el patio, he hablado con Clousiot y Maturette. Me dicen que obre según me venga en gana, que están dispuestos a seguirme. Ese abandono de sus vidas en mis manos me produce una satisfacción muy grande. No abusaré de ello, seré prudente al máximo, pues he cargado con una gran responsabilidad. Pero debo advertir a nuestros otros compañeros. Acabamos de terminar un torneo de dominó. Son casi las nueve de la noche. Es el último momento que nos queda para tomar café. Llamo:

—¡*Cafetero!*

Y nos hacemos servir seis cafés bien calientes.

—Tengo que hablaros. Escuchad. Creo que voy a poder fugarme otra vez. Desgraciadamente, solo podemos irnos tres. Es normal que me vaya con Clousiot y Maturette, pues con ellos me evadí de los duros. Si uno de vosotros tiene algo en contra, que lo diga francamente, le escucharé.

—No —dice el bretón—, es justo desde todos los puntos de vista. Primero, porque os fuisteis juntos de los duros. Luego, porque si estás en esta situación es por culpa nuestra; que quisimos desembarcar en Colombia. Papillon, gracias de todos modos por habernos preguntado nuestro parecer. Pero tienes perfecto derecho a obrar así. Dios quiera que tengáis suerte, pues si os cogen, la muerte es segura y en condiciones tremendas.

—Lo sabemos —dicen a la par Clousiot y Maturette.

El comandante me ha hablado por la tarde. Su amigo está conforme. Pregunta qué queremos llevarnos en la barca.

—Un barril de cincuenta litros de agua dulce, veinticinco kilos de harina de maíz y seis litros de aceite. Nada más.

—¡*Carajo!* —exclama el comandante—. ¿Con tan pocas cosas quieres hacerte a la mar?

—Sí.

—Eres valiente, francés.

Muy bien. Está decidido a hacer la tercera operación. Fríamente, añade:

—Hago eso, lo creas o no, por mis hijos, y, después, por ti. Lo mereces por tu valentía.

Sé que es verdad y le doy las gracias.

—¿Cómo harás para que no se note demasiado que yo estaba de acuerdo contigo?

—Tu responsabilidad no quedará en entredicho. Me iré por la noche, cuando esté de guardia el segundo comandante.

—¿Cuál es tu plan?

—Mañana empiezas por quitar un policía de la guardia nocturna. Dentro de tres días, quitas otro. Cuando solo quede uno, haces poner una garita frente a la puerta de la celda. La primera noche de lluvia, el centinela irá a resguardarse en la garita y yo saltaré por la ventana trasera. Contra la luz que alumbra los alrededores de la tapia, es menester que encuentres el medio de provocar tú mismo un cortocircuito. Es todo lo que te pido. Puedes hacer el cortocircuito lanzando tú mismo un hilo de cobre de un metro, atado a dos piedras, contra los dos hilos que van al poste, en la hilera de bombillas que alumbran la parte alta de la tapia. En cuanto al pescador, la barca debe estar amarrada con una cadena cuyo candado habría forzado él personalmente, de forma que yo no tenga que perder tiempo, con las velas a punto de ser izadas y tres grandes pagayas para tomar el viento.

—Pero ¡si tiene un motorcito! —dice el comandante.

—¡Ah! Entonces, mejor aún: que ponga el motor en punto muerto como si lo recalentase y que se vaya al primer café a tomar unas copas. Cuando nos vea llegar, debe apostarse al pie de la barca con un impermeable negro.

—¿Y el dinero?

—Cortaré la mitad de tus veinte mil pesos; cada billete quedará partido. Los siete mil pesos los pagaré por adelantado al pescador. Primero, te daré la mitad de los medios billetes y, la otra mitad, te será entregada por uno de los franceses que se quedan, ya te diré cuál.

—¿No te fías de mí? Haces mal.

—No, no es que no me fíe de ti, pero puedes cometer un error en el cortocircuito y, entonces, no pagaré, pues si no hay cortocircuito no puedo irme.

—Bien.

Todo está listo. Por mediación del comandante, he dado los siete mil pesos al pescador. Hace ya cinco días que solo hay un centinela. La garita está colocada y esperamos la lluvia que no viene. El barrote ha sido aserrado con limas facilitadas por el comandante, la muesca bien rellena y, por si fuese poco, disimulada por una jaula donde vive un loro que ya empieza a decir mierda en francés. Estamos sobre ascuas. El comandante tiene una mitad de los medios billetes. Cada noche, esperamos. No llueve. El comandante debe provocar, una hora después de la lluvia, el cortocircuito en la tapia, por el lado exterior. Nada, nada, no hay lluvia en esta estación, es increíble. La más pequeña nube que aparece temprano a través de nuestras rejas nos llena de esperanza y, luego, nada. Es como para volverse majareta perdido. Hace ya dieciséis días que todo está a punto, dieciséis días de vela, con el corazón en un puño. Un domingo, por la mañana, el comandante viene personalmente a buscarme en el patio y me lleva a su despacho. Me devuelve el paquete de los medios billetes y tres mil pesos en billetes enteros.

—¿Qué pasa?

—Francés, amigo mío, solo te queda esta noche. Mañana a las seis os vais todos a Barranquilla. Solo te devuelvo tres mil pesos del pescador, porque él se ha gastado el resto. Si Dios quiere que llueva esta noche, el pescador te esperará y, cuando tomes la barca, le darás el dinero. Confío en ti, sé que no tengo nada que temer.

INTENTOS DE FUGA EN BARRANQUILLA

A las seis de la mañana, ocho soldados y dos cabos acompañados por un teniente nos ponen las esposas y marchamos hacia Barranquilla en un camión militar. Hacemos los ciento ochenta kilómetros en tres horas y media. A las diez de la mañana, estamos en la prisión llamada la «80», en la calle de Medellín, Barranquilla. ¡Tantos esfuerzos para no ir a Barranquilla y, pese a todo, estar aquí! Es una ciudad importante. El primer puerto colombiano del Atlántico, pero situado en el interior del estuario de un río, el río Magdalena. En cuanto a su prisión, hay que decir que es importante: cuatrocientos presos y casi cien vigilantes. Ha sido organizada como cualquier prisión de Europa. Dos muros de ronda, de más de ocho metros de altura.

Nos recibe el estado mayor de la prisión con don Gregorio, el director, al frente. La prisión se compone de cuatro patios. Dos a un lado, dos en el otro. Están separados por una larga capilla donde se celebra misa y que también sirve de locutorio. Nos ponen en el patio de los más peligrosos. Durante el registro, han encontrado los veintitrés mil pesos y las flechitas. Considero mi deber advertir al director que están emponzoñadas, lo cual no es como para hacernos pasar por buenos chicos.

—¡Hasta tienen flechas envenenadas esos franceses!

Encontrarnos en esta prisión de Barranquilla es, para nosotros, el momento más peligroso de nuestra aventura. Pues aquí, en efecto, es donde seremos entregados a las autoridades francesas. Sí, Barranquilla, que para nosotros se reduce a su enorme prisión, representa el punto crucial. Hay que evadirse a costa de cualquier sacrificio. Debo jugarme el todo por el todo.

Nuestra celda está en medio del patio. Por lo demás, no es una celda, sino una jaula: un techo de cemento que descansa sobre gruesos barrotes de hierro con los retretes y los lavabos en uno de los ángulos. Los otros presos, un centenar, están repartidos en celdas abiertas en los cuatro muros de ese patio de veinte por cuarenta, por una reja que da al patio. Cada reja está rematada por una especie de sobradillo de chapa para impedir que la lluvia penetre en la celda. En esa jaula central solo estamos nosotros, los franceses, expuestos día y noche a las miradas de los presos, pero, sobre todo, de los guardianes. Pasamos el día en el patio, desde las seis de la mañana hasta las seis de la tarde. Entramos y salimos cuando queremos. Podemos hablar, pasear y hasta comer en el patio.

Dos días después de nuestra llegada, nos reúnen a los seis en la capilla en presencia del director, de algunos policías y de siete u ocho periodistas gráficos.

—¿Son ustedes evadidos del presidio francés de la Guayana?

—No lo hemos negado nunca.

—¿Por qué delitos habéis sido condenados tan severamente cada uno de vosotros?

—Eso no tiene ninguna importancia. Lo importante es que no hemos cometido ningún delito en tierra colombiana y que su nación no solo nos niega el derecho a rehacer nuestra vida, sino que también sirve de cazador de hombres, de gendarme, al Gobierno francés.

—Colombia cree que no debe aceptarlos en su territorio.

—Pero yo, personalmente, y otros dos camaradas estábamos y estamos muy decididos a no vivir en este país. Nos detuvieron a los tres en alta mar y no en vías de desembarcar en esta tierra. Por el contrario, hacíamos todos los esfuerzos posibles para alejarnos de ella.

—Los franceses —dice un periodista de un diario católico— son casi todos católicos, como nosotros los colombianos.

—Es posible que ustedes se digan católicos, pero su forma de obrar es muy poco cristiana.

—¿Qué nos echa usted en cara?

—El ser colaboradores de los esbirros que nos persiguen. Es más, el hacer la labor de estos. De habernos despojado de nuestra embarcación con todo lo que nos pertenecía y que era muy nuestro, donación de los católicos de la isla de Curaçao, tan notablemente representados por el obispo Irénée de Bruyne. No podemos encontrar admisible que no queráis correr el riesgo de la experiencia de nuestra problemática regeneración y que, por si fuese poco, nos impidáis ir más lejos, por nuestros propios medios, hasta un país donde, quizá, aceptarían correr ese riesgo. Eso es inaceptable.

—¿Nos guardáis rencor a los colombianos?

—No a los colombianos en sí, sino a su sistema policíaco y judicial.

—¿Qué quiere usted decir?

—Que cualquier error puede ser rectificado cuando se quiere. Déjennos ir por mar a otro país.

—Intentaremos conseguir eso.

Cuando de nuevo estamos en el patio, Maturette me dice:

—¡Vaya! ¿Has comprendido? Esta vez no hay que hacerse ilusiones, macho. Estamos en la fritada y no nos va a ser nada fácil saltar de la sartén.

—Queridos amigos, no sé si, unidos, seríamos más fuertes. Yo solo os digo que cada cual puede hacer lo que mejor le parezca. En cuanto a mí, es preciso que me fugue de esta famosa «80».

El jueves me llaman al locutorio y veo a un hombre bien

vestido, de unos cuarenta y cinco años. Le miro. Se parece asombrosamente a Louis Dega.

—¿Eres tú Papillon?

—Sí.

—Soy Joseph, hermano de Louis Dega. He leído los periódicos y vengo a verte.

—Gracias.

—¿Viste a mi hermano allí? ¿Le conoces?

Le cuento exactamente la odisea de Dega hasta el día en que nos separamos en el hospital. Me hace saber que su hermano está en las Islas de la Salvación, noticia que le ha llegado desde Marsella. Las visitas tienen lugar en la capilla, los jueves y domingos. Me dice que, en Barranquilla, viven una docena de franceses venidos a buscar fortuna con sus mujeres. Todos son chulos de putas. En un barrio especial de la ciudad, una docena y media de prostitutas mantienen la alta tradición francesa de la prostitución distinguida y hábil. Siempre los mismos tipos de hombres, los mismos tipos de mujer que, desde El Cairo al Líbano, de Inglaterra a Australia, de Buenos Aires a Caracas, de Saigón a Brazzaville, pasean por la tierra su especialidad, vieja como el mundo, la prostitución y la forma de vivir de ella.

Joseph Dega me comunica algo sensacional: los chulos franceses de Barranquilla están preocupados. Tienen miedo de que nuestra llegada a la prisión turbe su tranquilidad y cause perjuicio a su floreciente comercio. En efecto, si uno o varios de nosotros se fugan, la policía irá a buscarles en las *casetas* de las francesas, aunque al evadido nunca se le ocurra pedir asistencia allí. De ahí, indirectamente, la policía puede descubrir muchas cosas: documentación falsa, autorizaciones de residencia caducadas o irregulares. Buscarnos provocaría verificaciones de identidad y de residencia. Y hay mujeres y hasta hombres que, si son descubiertos, podrían sufrir graves molestias.

Ya estoy bien informado. Añade que él está a mi disposición para lo que sea y que vendrá a verme los jueves y domingos. Le doy las gracias a ese buen chico, quien después me demostró que sus promesas eran sinceras. Me informa asimismo de que, según los periódicos, nuestra extradición ha sido concedida a Francia.

—¡Bien! Señores, tengo muchas cosas que decirles.

—¿Qué? —exclaman los cinco a coro.

—En primer lugar, que no debemos hacernos ilusiones. La extradición es cosa hecha. Un barco especial de la Guayana francesa vendrá a buscarnos para devolvernos allí de donde vinimos. Luego, que nuestra presencia es causa de preocupación para nuestros chulos, bien afincados en esta ciudad. No para el que me ha visitado. Este se ríe de las consecuencias, pero sus colegas de corporación temen que, si uno de nosotros se evade, les ocasionemos molestias.

Todo el mundo suelta la carcajada. Creen que me guaseo. Clousiot dice:

—Señor chulo Fulano de tal, ¿me da usted permiso para evadirme?

—Basta de bromas. Si vienen a vernos putas, hay que decirles que no vuelvan. ¿Entendido?

—Entendido.

En nuestro patio hay, como dije, un centenar de presos colombianos. Distan de ser unos imbéciles. Los hay auténticos, buenos ladrones, falsificadores distinguidos, estafadores de mente ingeniosa, especialistas del atraco a mano armada, traficantes de estupefacientes y algunos pistoleros especialmente preparados en esa profesión, tan trivial en América, para numerosos ejercicios. Allí, los ricos, los políticos y los aventureros que han tenido éxito alquilan los servicios de esos pistoleros que actúan por ellos.

Las pieles de esos hombres son de colores varios. Van del negro africano de los senegaleses a la piel de té de nuestros criollos de la Martinica; del ladrillo indio mongólico de cabellos lisos negro violáceo, al blanco puro. Establezco contactos, trato de darme cuenta de la capacidad y del espíritu de evasión de algunos individuos escogidos. La mayoría de ellos son como yo: porque temen o han cumplido ya una larga pena, viven en permanente esperanza de evasión.

Por los cuatro muros de este patio rectangular discurre un camino de ronda muy alumbrado por la noche, con una torreta donde se cobija un centinela en cada ángulo del muro. Así, día y noche, cuatro centinelas están al servicio, más uno en el patio, delante de la puerta de la capilla. Este, sin armas. La comida es satisfactoria y varios presos venden comida y bebida, café o zumos de fruta del país: naranja, piña, papaya, etc., que les traen del exterior. De vez en cuando, esos pequeños comerciantes son víctimas de un atraco a mano armada ejecutado con sorprendente rapidez. Sin haber tenido tiempo de sospechar nada, se encuentran con una gran toalla que les aprieta la cara para impedirles gritar, y un cuchillo en los riñones o el cuello que penetraría profundamente al menor movimiento. La víctima es despojada de la recaudación antes de poder decir esta boca es mía. Un puñetazo en la nuca acompaña el ademán de quitar la toalla. Nunca, pase lo que pase, habla nadie. A veces, el comerciante guarda lo que vende —como quien cierra la tienda— y trata de averiguar quién ha podido hacerle esa mala jugada. Si le descubre, hay pelea, siempre a navaja.

Dos ladrones colombianos vienen a hacerme una proposición. Les escucho con mucha atención. En la ciudad, al parecer, hay policías ladrones. Cuando están de vigilancia en un sector, avisan a cómplices para que puedan acudir allí a robar.

Mis dos visitantes les conocen a todos y me explican que sería muy mala pata si, durante la semana, alguno de esos policías no viniese a montar guardia delante de la puerta de la capilla. Sería conveniente que yo me hiciese entregar una pistola a la hora de visita. El policía ladrón aceptaría sin dificultad ser obligado, aparentemente, a llamar a la puerta de salida de la capilla que da a un pequeño puesto de guardia de cuatro o cinco hombres a lo sumo. Sorprendidos por nosotros, pistola en mano, estos no podrían impedirnos ganar la calle. Y, entonces, solo restaría perdernos en el tránsito, que es muy intenso en ella.

El plan no me gusta mucho. La pistola, para poder ocultarla, solo puede ser de pequeño calibre, a lo sumo una «6.35». Aun con eso, hay el peligro de no intimidar lo suficiente a los guardias. O uno de ellos puede reaccionar mal y vernos obligados a matar. Digo que no.

El deseo de acción no solo me atormenta a mí, sino también a mis amigos. Con la diferencia de que, algunos días de abatimiento, ellos llegan a aceptar la idea de que el barco que venga a buscarnos nos encuentre en la prisión. De eso a considerarse derrotados no hay más que un paso. Incluso discuten sobre el modo como nos castigarán allá y del trato que nos aguarda.

—¡No quiero ni oír vuestras memeces! Cuando queráis hablar de tamaño porvenir, hacedlo lejos de mí, id a discutirlo a un rincón donde yo no esté. La fatalidad de la que habláis solo es aceptable cuando se es impotente. ¿Sois impotentes? ¿Han capado a alguno de vosotros? Si ha sido así, avisadme. Pues, os diré una cosa, machos: cuando pienso en pirármelas, pienso en que nos las piraremos todos. Cuando mi cerebro estalla a fuerza de pensar cómo hacer para evadirse, doy por sentado de que nos fugaremos *todos*. Y no resulta fácil, seis hombres. Porque, os diré una cosa, si veo que la fecha se avecina demasiado sin haber hecho nada, no me lo pensaré: mato a un policía colombiano para ganar tiempo. No van a entregarme a Francia si les he matado un policía. Y, entonces, tendré tiempo por delante. Y como estaré solo para evadirme, resultará más fácil.

Los colombianos preparan otro plan, no mal pensado. El día de la misa, domingo por la mañana, la capilla siempre está llena de visitas y de presos. Primero oyen misa todos juntos y, luego, terminado el oficio, en la capilla se quedan los presos que tienen visita. Los colombianos me piden que vaya el domingo a misa para enterarme bien de cómo va eso, a fin de poder coordinar la acción para el domingo que viene. Me proponen que sea el jefe de la revuelta. Pero rehúso ese honor: no conozco bastante a los hombres que van a actuar.

Respondo de cuatro franceses, pues el bretón y el hombre de la plancha no quieren participar. No hay problema, solo tienen que dejar de ir a la capilla. El domingo, nosotros, los cuatro que estaremos en el ajo, asistimos a misa. Esa capilla es rectangular. Al fondo, el coro; en medio, a ambos lados, dos puertas que dan a los patios. La puerta principal da al puesto de guardia. La cierra una reja detrás de la cual están los guardianes, unos veinte. Por último, detrás de estos, la puerta de la calle. Como la capilla está llena a rebosar, los guardias dejan la reja abierta y, durante el oficio, permanecen de pie en fila apretada. Entre las visitas deben venir dos hombres y armas. Las armas serán traídas por mujeres bajo las faldas. Las distribuirán una vez haya entrado todo el mundo. Serán de gran calibre, «38» o «45». El jefe del complot recibirá un revólver de gran calibre de una mujer que se retirará acto seguido. A la señal del segundo campanillazo del monaguillo, debemos atacar todos. Yo debo poner un enorme cuchillo bajo la garganta del director, don Gregorio, diciendo:

—*Da la orden de dejarnos pasar, si no, te mato.*

Otro debe hacer lo mismo con el cura. Los otros tres, desde tres ángulos distintos, apuntarán sus armas contra los policías que están de pie en la reja de la entrada principal de la capilla. Orden de cargarse al primero que no tire su arma. Los que no vayan armados, deben ser los primeros en salir. El cura y el director servirán de escudo a la retaguardia. Si todo sucede normalmente, los policías tendrán sus fusiles en el suelo. Los hombres armados de pistolas deben hacerles entrar en la capilla. Saldremos cerrando primero la reja, después la puerta de madera. El puesto de guardia estará desierto, puesto que todos los policías asisten obligatoriamente, de pie, a la misa.

Fuera, a cincuenta metros, estará un camión con una escalerita colgada atrás para que podamos subir más deprisa. El camión no arrancará hasta que el jefe de la revuelta haya subido. Debe ser el último en subir. Tras haber asistido a la celebración de la misa, doy mi conformidad. Todo ocurre como me lo ha descrito Fernando.

Joseph Dega no acudirá a la visita este domingo. Sabe por qué. Hará preparar un falso taxi para que nosotros no subamos al camión y nos llevará a un escondrijo que también él se encargará de disponer. Estoy muy excitado toda la semana y espero la acción con impaciencia. Fernando ha podido agenciarse un revólver por otros medios. Es un «45» de la Guardia Civil colombiana, un arma de veras temible. El jueves, una de las mujeres de Joseph ha venido a verme. Es muy simpática y me dice que el taxi será de color amarillo, no podemos equivocarnos.

—O.K. Gracias.

—Buena suerte.

Me besa gentilmente en ambas mejillas y hasta me parece que está un poco emocionada.

—*Entra, entra.* Que esta capilla se llene para escuchar la voz de Dios —dice el cura.

Clousiot está en su puesto, preparado. A Maturette le brillan los ojos y el otro no se despega de mí. Muy sereno, ocupo mi sitio. Don Gregorio, el director, está sentado en una silla, al lado de una mujer gorda. Estoy de pie junto al muro. A mi derecha, Clousiot; a mi izquierda, los otros dos, vestidos decorosamente para no llamar la atención del público si logramos ganar la calle. Llevo el cuchillo abierto sobre el antebrazo derecho. Está sujeto por un grueso elástico y tapado por la manga de la camisa caqui, bien abrochada en el puño. Es el momento de la elevación, cuando todos los asistentes bajan la cabeza como si buscasen algo, cuando el monaguillo, tras haber agitado muy deprisa su campanilla, debe hacer tres toques separados. El segundo toque es nuestra señal. Cada cual sabe lo que debe hacer entonces.

Primer toque, segundo... Me abalanzo sobre don Gregorio y le pongo el cuchillo bajo su grueso cuello arrugado. El cura grita:

—*Misericordia, no me mate.*

Y, sin verles, oigo a los otros tres ordenar a los guardias que tiren el fusil. Todo va bien. Agarro a don Gregorio por el cuello de su bonito traje y le digo:

—*Siga (sic) y no tengas miedo, no te haré daño.*

El cura está quieto con una navaja de afeitar bajo la garganta, cerca de mi grupo. Fernando dice:

—*Vamos, francés, vamos a la salida.*

Con la alegría del triunfo, del éxito, empujo a toda mi gente hacia la puerta que da a la calle, cuando restallan dos tiros de fusil al mismo tiempo. Fernando se desploma y uno de los que van armados, también. De todos modos, avanzo un metro más, pero los guardias se han rehecho y nos cortan el paso con sus fusiles. Afortunadamente, entre ellos y nosotros hay mujeres. Eso les impide disparar. Dos tiros de fusil más, seguidos de un pistoletazo. Nuestro tercer compañero armado acaba de ser derribado tras haber tenido tiempo de disparar un poco a bulto, pues ha herido a una muchacha. Don Gregorio, pálido como un muerto, me dice:

—Dame el cuchillo.

Se lo entrego. De nada hubiese servido continuar la lucha. En menos de treinta segundos, la situación ha cambiado.

Más de una semana después, he sabido que la revuelta fracasó a causa de un preso de otro patio que presenciaba la misa desde el exterior de la capilla. Ya a los primeros segundos de la acción, avisó a los centinelas del muro de ronda. Estos saltaron del muro de más de seis metros al patio, uno a un lado de la capilla y el otro, en el otro y, a través de los barrotes de las puertas laterales, dispararon primero a los dos presos que, subidos en un banco, amenazaban con sus armas a los policías. El tercero fue derribado algunos segundos después, al pasar por su campo de tiro. La continuación fue una hermosa *corrida*. Yo que quedé al lado del director que gritaba órdenes. Dieciséis de los nuestros, entre ellos los cuatro franceses, nos hemos encontrado con grilletes en un calabozo, a pan y agua.

Don Gregorio ha recibido la visita de Joseph. Me hace llamar y me explica que, en atención a él, me hará volver al patio con mis camaradas. Gracias a Joseph, diez días después de la revuelta todos estábamos de nuevo en el patio, incluso los colombianos, y en la misma celda de antes. Al llegar a ella, pido que dediquemos a Fernando y a sus dos amigos muertos en la acción unos minutos de recuerdo. Durante la visita, Joseph me explicó que había hecho una colecta y que entre todos los chulos había reunido cinco mil pesos con los cuales pudo convencer a don Gregorio. Aquel gesto hizo aumentar nuestra estima por los chulos.

¿Qué hacer, ahora? ¿Qué inventar de nuevo? ¡Pese a todo no voy a darme por vencido y esperar a la bartola la llegada del barco!

Tendido en el lavadero común, al resguardo de un sol de justicia, puedo examinar, sin que nadie se fije en mí, el ir y venir de los centinelas en el muro de ronda. Por la noche, cada diez minutos, cada uno grita por turno: «¡Centinela, alerta!». Así, el jefe puede comprobar que ninguno de los cuatro duerme. Si uno no contesta, el otro repite su llamamiento hasta que conteste.

Creo haber dado con un fallo. En efecto, de cada garita, en las cuatro esquinas del camino de ronda, cuelga un bote atado a una cuerda. Cuando el centinela quiere café, llama al *cafetero*, quien le vierte uno o dos cafés en el bote. El otro, no tiene más que tirar de la cuerda. Ahora bien, la garita del fondo de la derecha tiene una especie de torreta que sobresale un poco sobre el patio. Y me digo que si fabrico un grueso gancho atado al extremo de una cuerda trenzada, conseguir que quede sujeto a la garita será cosa de coser y cantar. En pocos segundos, he de poder salvar el muro que da a la calle. Solo hay un problema: neutralizar al centinela. ¿Cómo?

Veo que se levanta y da unos cuantos pasos por el muro de ronda. Me da la impresión de que el calor le agobia y lucha por no quedarse dormido. ¡Eso es, maldita sea! ¡Es menester que se duerma! Primero, confeccionaré la cuerda y, si encuentro un gancho seguro, le dormiré y probaré suerte. En dos días, queda trenzada una cuerda de casi siete metros con todas las camisas de tela fuerte que hemos podido encontrar, sobre todo las de color caqui. El gancho ha sido fácil de encontrar. Es el soporte de uno de los sobradillos fijados en las puertas de las celdas para protegerlas de la lluvia. Joseph Dega me ha traído una botella de somnífero muy potente. Según las indicaciones, solo puede tomarse diez gotas de él. La botella contiene aproximadamente seis cucharadas soperas colmadas. Acostumbro al centinela a aceptar que le convide a café. Él me manda el bote y yo cada vez, le mando tres cafés. Como todos los colombianos gustan del alcohol y el somnífero sabe un poco a anís, me procuro una botella de anís. Digo al centinela:

—¿Quieres café a la francesa?

—¿Cómo es?

—Con anís.

—Primero, probaré.

Varios centinelas han probado mi café con anís y, ahora cuando convido a café, me dicen:

—¡A la francesa!

—Como quieras.

Y, ¡zas!, les echo anís.

La hora H ha llegado. Sábado al mediodía. Hace un calor espantoso. Mis amigos saben que es imposible que tengamos tiempo de pasar dos, pero un colombiano de nombre árabe, Alí, me dice que subirá detrás de mí. Acepto. Eso evitará que un francés pase por cómplice y sea castigado en consecuencia. Por otra parte, no puedo llevar encima la cuerda y el gancho, pues el centinela tendrá tiempo de sobra para observarme cuando le dé el café. En nuestra opinión, a los cinco minutos estará *K. O.*

Son «menos cinco». Llamo al centinela.

—Bien.

—¿Quieres tomarte un café?

—Sí, a la francesa, sabe mejor.

—Espera, te lo traigo.

Voy al *cafetero*: «Dos cafés». En mi bote he echado ya todo el somnífero. ¡Si con eso no se desploma como una piedra...! Llego bajo él y me ve echar anís ostensiblemente.

—¿Lo quieres cargado?

—Sí.

Echo un poco más, lo vierto en su bote y él lo sube enseguida.

Cinco minutos, diez, quince. ¡Veinte minutos! Sigue sin dormirse. Más aún, en lugar de sentarse, da algunos pasos, fusil en mano, ida y vuelta. Sin embargo, se lo ha bebido todo. Y el cambio de guardia es a la una.

Como sobre ascuas, observo sus movimientos. Nada indica que esté drogado. ¡Ah! Acaba de tambalearse. Se sienta delante de la garita, con el fusil entre las piernas. Ladea la cabeza. Mis amigos y dos o tres colombianos que están en el secreto siguen tan apasionadamente como yo sus reacciones.

—¡Rápido! —digo al colombiano—. ¡La cuerda!

Se dispone a arrojarla, cuando el guardia se levanta, deja caer su fusil en el suelo, se despereza y mueve las piernas como si quisiera marcar el paso. El colombiano se para a tiempo. Quedan dieciocho minutos antes del relevo. Entonces, me pongo a llamar mentalmente a Dios en mi auxilio: «¡Te lo ruego, ayúdame otra vez! ¡Te lo suplico, no me abandones!». Pero es inútil que invoque a ese Dios de los cristianos, tan poco comprensivo a veces, sobre todo para mí, un ateo.

—¡Parece mentira! —dice Clousiot, acercándose a mí—. ¡Es extraordinario que no se duerma el memo ese!

El centinela se agacha para recoger su fusil y, en el momento mismo que va a hacerlo, cae cuan largo es en el camino de ronda, como fulminado. El colombiano lanza el gancho, pero el gancho no queda prendido y cae. Lo tira otra vez. Ya está enganchado. Tira un poco de él para ver si está bien sujeto. Lo compruebo y, en el momento que pongo el pie contra el muro para hacer la primera flexión y empezar a subir, Clousiot me dice:

—¡Lárgate, que viene el relevo!

Tengo el tiempo justo de retirarme antes de ser visto. Movidos por ese instinto de defensa y de camaradería de los presos, una docena de colombianos me rodean rápidamente y me mezclan a su grupo. Un guardia del relevo nota a la primera ojeada el gancho y el centinela desplomado con su fusil. Corre dos o tres metros y aprieta el timbre de alarma, convencido de que ha habido una evasión.

Vienen a buscar al dormido con una camilla. Hay más de veinte policías en el camino de ronda. Don Gregorio está con ellos y hace subir la cuerda. Tiene el gancho en la mano. Algunos instantes después, fusil en ristre, los policías rodean el patio. Pasan lista. A cada nombre, el interpelado debe meterse en su celda. ¡Sorpresa: no falta nadie! Encierran a todo el mundo bajo llave, cada cual en su celda.

Segunda lista y control, celda por celda. No, no ha desaparecido nadie. Hacia las tres, nos dejan ir de nuevo al patio. Nos enteramos de que el centinela está durmiendo a pierna suelta y de que todos los medios empleados para despertarle no han dado resultado. Mi cómplice colombiano está tan desesperado como yo. ¡Estaba tan convencido de que nos iba a salir bien! Dice pestes de los productos americanos, pues el somnífero era americano.

—¿Qué vamos a hacer?

—¡*Hombre*, pues volver a empezar!

Es todo lo que se me ocurre decirle. Cree que quiero decir: volver a dormir a un centinela; pero yo pensaba: encontrar otra cosa. Me dice:

—¿Crees que esos guardias son lo bastante imbéciles como para que encontremos a otro que quiera tomarse un café a la francesa?

Pese a lo trágico del momento, no puedo menos que reírme.

—¡Seguro, macho!

El policía ha dormido tres días y cuatro noches seguidos. Cuando, por fin, despierta, desde luego dice que, seguramente, fui yo quien le durmió con el café a la francesa. Don Gregorio me manda llamar y me carea con él. El jefe del cuerpo de guardia quiere golpearme con su sable. Pego un bote hasta el rincón de la pieza y le provoco. El otro levanta el sable, don Gregorio se interpone, recibe el sablazo en pleno hombro y se desploma. Tiene la clavícula fracturada. Grita tan fuerte que el oficial solo se ocupa de él. Le recoge. Don Gregorio pide socorro. De los despachos contiguos acuden todos los empleados civiles. El oficial, otros dos policías y el centinela que yo dormí se pelean con una docena de paisanos que quieren vengar al director. En esta *tangana*, varios quedan levemente heridos. El único que no tiene nada soy yo. Lo importante no es ya mi caso, sino el del director y el del oficial. El sustituto del director, mientras a este le transportan al hospital, me lleva de nuevo al patio:

—Más tarde nos ocuparemos de ti, francés.

El día siguiente, el director, con el hombro escayolado me pide una declaración escrita contra el oficial. Declaro de buena gana todo lo que quiere. Se han olvidado por completo de la historia del somnífero. Eso no les interesa, afortunadamente para mí.

Han pasado unos cuantos días, cuando Joseph Dega se ofrece a organizar una acción desde fuera. Como le he dicho que la evasión, de noche, es imposible a causa del alumbrado del camino de ronda, busca el medio de cortar la corriente.

Gracias a un electricista, lo encuentra: bajando el interruptor de un transformador situado fuera de la cárcel. A mí me toca sobornar al centinela de guardia del lado de la calle, así como al del patio, en la puerta de la capilla. Fue más complicado de lo que creíamos. Primero, tuve que convencer a don Gregorio de que me entregase diez mil pesos so pretexto de mandarlos a mi familia por mediación de Joseph, «obligándole», desde luego, a aceptar dos mil pesos para comprarle un regalo a su mujer. Luego, tras haber localizado al que establecía los turnos y las horas de guardia, tuve que sobornarle a su vez. Recibirá tres mil pesos, pero no quiere intervenir en las negociaciones con los otros dos centinelas. A mí me toca encontrarlos y hacer tratos con ellos. Después, le daré los nombres y él les asignará el turno de guardia que yo le indique.

La preparación de ese nuevo intento de fuga me costó más de un mes. Por fin, todo está cronometrado. Como no habrá que gastar cumplidos con la policía del patio, cortaremos el barrote con una sierra para metales con montura y todo. Tengo tres limas. El colombiano del gancho está sobre aviso. Él cortará su barrote en varias etapas. La noche de la acción, uno de sus amigos, que se hace el loco desde tiempo atrás, golpeará un trozo de chapa de cinc y cantará a voz en cuello. El colombiano sabe que el centinela solo ha querido hacer tratos para la evasión de dos franceses y ha dicho que si subía un tercer hombre, le dispararía. De todos modos, quiere probar suerte y me dice que si trepamos bien pegados uno a otro en la oscuridad, el centinela no podrá distinguir cuántos hay. Clousiot y Maturette han echado a suertes quién se iría conmigo. Ha ganado Clousiot.

La noche sin luna llega. El sargento y los dos policías han cobrado la mitad de los billetes que les corresponden a cada uno. Esta vez, no he tenido que cortarlos, ya lo estaban. Deben ir a buscar las otras mitades al Barrio Chino, en casa de la mujer de Joseph Dega.

La luz se apaga. Atacamos el barrote. En menos de diez

minutos, está aserrado. En pantalón y camisa oscuros, salimos de la celda. El colombiano se nos reúne de paso. Va completamente desnudo, aparte un *slip* negro. Trepo la reja del *calabozo* que está en el muro, rodeo el sobradillo y lanzo el gancho, que tiene tres metros de cuerda. Llego al camino de ronda en menos de tres minutos sin haber hecho ningún ruido. Tendido de bruces, aguardo a Clousiot. La noche es muy oscura. De repente, veo, o más bien adivino, una mano que se tiende, la agarro y tiro de ella. Entonces, se produce un ruido espantoso. Clousiot ha pasado entre el sobradillo y el muro y se ha quedado enganchado a la chapa por el reborde de su pantalón. El cinc calla. Tiro otra vez de Clousiot, pensando que se ha desenganchado ya, y, en medio del estruendo que hace la chapa de cinc, le arranco por fuera y le aúpo hasta el camino de ronda.

Disparan de los otros puestos, pero no del mío. Asustados por los tiros, saltamos hacia el lado malo, a la calle que está a nueve metros, en tanto que, a la derecha, hay otra calle que está solo a cinco metros. Resultado: Clousiot vuelve a romperse la pierna derecha. Yo tampoco puedo incorporarme: me he roto los dos pies. Más tarde, sabré que se trataba de los calcáneos. En cuanto al colombiano, se descoyunta una rodilla. Los disparos de fusil hacen salir a la guardia a la calle. Nos rodean con la luz de una potente linterna eléctrica, apuntándonos con los fusiles. Lloro de rabia. Por si fuera poco, los policías no quieren admitir que no pueda incorporarme. Así, pues, de rodillas, arrastrándome bajo cientos de bayonetazos, vuelvo a la prisión. Clousiot, por su parte, anda a la pata coja, y el colombiano, igual. Sangro horriblemente de una herida en la cabeza producida por un culatazo.

Los tiros han despertado a don Gregorio quien, por suerte, estaba de guardia aquella noche y dormía en su despacho. De no ser por él, nos hubiesen rematado a culatazos y bayonetazos. El que más se ensaña conmigo es, precisamente, el sargento a quien había pagado para que pusiese a los dos guardias cómplices. Don Gregorio detiene esa cruel brutalidad. Les amenaza con entregarles a los tribunales si nos hieren gravemente. Esta palabra mágica les paraliza a todos.

El día siguiente, la pierna de Clousiot es escayolada en el hospital. Al colombiano le ha encajado la rodilla un preso ensalmador y lleva un vendaje Velpeau. Durante la noche, como mis pies se han inflado hasta el punto de que son tan gordos como mi cabeza, rojos y negros de sangre, tumefactos en los talones, el doctor me hace meter los pies en agua tibia salada y, luego, me aplican sanguijuelas tres veces diarias. Cuando están repletas de sangre, las sanguijuelas se desprenden por sí mismas y hay que ponerlas a vaciarse en vinagre. Seis puntos de sutura han cerrado la herida de la cabeza.

Un periodista falto de informaciones publica un artículo sobre mí. Cuenta que yo era el jefe de la revuelta de la iglesia, que «envenené» a un centinela y que, en última instancia, organicé una evasión colectiva en complicidad con el exterior, puesto que cortaron la luz del barrio causando desperfectos en el transformador. «Esperemos que Francia venga lo antes posible a desembarazarnos de su gángster número Uno», concluye diciendo.

Joseph ha venido a verme acompañado de su mujer, Annie. El sargento y los tres policías se han presentado por separado para cobrar la mitad de los billetes. Annie viene a preguntarme qué debe hacer. Le digo que pague, porque ellos han cumplido su compromiso. Si hemos fracasado, ellos no tuvieron la culpa.

Hace una semana que me paseo por el patio en una carretilla que me sirve de cama. Estoy echado, con los pies en alto, descansándolos sobre una tira de lona tendida entre dos palos colocados verticalmente en los brazos de la carretilla. Es la única postura posible para no sufrir demasiado. Mis pies enormes, inflados y congestionados de sangre coagulada no pueden apoyarse en nada, ni siquiera en posición horizontal. En cambio, de este modo, sufro un poco menos. Casi quince días después de haberme roto los pies, se han desinflado a medias y me hacen una radiografía. Los dos calcáneos están rotos. Tendré los pies planos toda mi vida.

El diario de hoy anuncia para fin de mes la llegada del barco que viene a buscarnos con una escolta de policías franceses: Es el *Mana*, dice el periódico. Estamos a 12 de octubre. Nos quedan dieciocho días, hay que jugar, pues, la última carta. Pero ¿cuál, con mis pies rotos?

Joseph está desesperado. En la visita, me cuenta que todos los franceses y todas las mujeres del Barrio Chino están consternados de haberme visto luchar tanto por mi libertad y de saberme a solo algunos días de ser devuelto a las autoridades francesas. Mi caso conmueve a toda la colonia. Me consuela saber que esos hombres y sus mujeres están moralmente conmigo.

He abandonado el proyecto de matar a un policía colombiano. En efecto, no puedo decidirme a quitarle la vida a un hombre que no me ha hecho nada. Pienso que puede tener un padre o una madre que dependen de él, la mujer, hijos. Sonrío pensando que me haría falta encontrar un policía malvado y sin familia. Por ejemplo, podría preguntarle: «Si te asesino, ¿de verdad que no te echará nadie de menos?». Esa mañana del 13 de octubre estoy triste. Contemplo un trozo de piedra de ácido pícrico que debe, tras habérmela comido, provocarme ictericia. Si me hospitalizan, quizá pueda hacerme sacar del hospital por gente pagada por Joseph. El día siguiente, 14, estoy más amarillo que un limón. Don Gregorio viene a verme en el patio. Estoy a la sombra, medio tendido en mi carretilla, patas arriba. Rápidamente, sin ambages, sin prudencia, ataco:

—Diez mil pesos para usted si me hace hospitalizar.

—Francés, lo intentaré. No tanto por los diez mil pesos como porque me da pena verte luchar en vano por tu libertad. Sin embargo, no creo que te guarden en el hospital, a causa de ese artículo aparecido en el periódico. Tendrán miedo.

Una hora después, el doctor me manda al hospital. Pero ni siquiera lo he pisado. Bajado de la ambulancia en una camilla, volvía a la cárcel dos horas después de una visita minuciosa y un análisis de orina sin haberme movido de la camilla.

Estamos a 19, jueves. La mujer de Joseph, Annie, ha venido acompañada por la mujer de un corso. Me han traído cigarrillos y algunos pasteles. Esas dos mujeres, con sus palabras afectuosas, me han causado un bien inmenso. Las cosas más bonitas, la manifestación de su pura amistad, han transformado, en verdad, este día «amargo» en una tarde soleada. Nunca podré expresar hasta qué punto la solidaridad de las gentes del hampa me ha hecho bien durante mi estancia en la prisión «80». Ni cuánto debo a Joseph Dega, quien ha llegado hasta a arriesgar su libertad y su posición por ayudar a fugarme.

Pero una palabra de Annie me ha dado una idea. Charlando, me dice:

—Mi querido Papillon, ha hecho usted todo lo humanamente posible para conquistar su libertad. El destino ha sido muy cruel con usted. ¡Solo le queda volar la «80»!

—Y, ¿por qué no? ¿Por qué no habría de volar esta vieja prisión? Les haría un magnífico favor a los colombianos. Si la hago volar, quizá se decidan a construir otra nueva, más higiénica.

Al abrazar a esas dos encantadoras muchachas a quienes digo adiós para siempre, murmuro a Annie:

—Diga a Joseph que venga a verme el domingo.

El domingo, día 22, Joseph está aquí.

—Escucha, haz lo imposible para que alguien me traiga el jueves un cartucho de dinamita, un detonador y una mecha Bickford. Por mi parte, haré lo necesario para conseguir un berbiquí y tres taladros.

—¿Qué vas a hacer?

—Volaré la tapia de la prisión en pleno día. Promete cinco mil pesos al taxi de marras. Que esté detrás de la calle de Medellín todos los días de las ocho de la mañana a las seis de la tarde. Cobrará quinientos pesos diarios si no ocurre nada y cinco mil si pasa algo. Por el agujero que abrirá la dinamita, saldré a hombros de un forzudo colombiano hasta el taxi, lo demás es cosa tuya. Si el falso taxista está conforme, manda el cartucho. Si no, todo se habrá perdido y adiós esperanzas.

—Cuenta conmigo —dice Joseph.

A las cinco, me hago llevar en brazos a la capilla: digo que quiero rezar a solas. Me llevan allá. Pido que don Gregorio venga a verme. Viene.

—*Hombre*, ya solo faltan ocho días para que me dejes.

—Por eso le he hecho venir. Tiene usted quince mil pesos míos. Quiero entregarlos a un amigo antes de irme para que los mande a mi familia. Le ruego que acepte usted tres mil pesos que le ofrezco de corazón por haberme protegido siempre de los malos tratos de los soldados. Me haría un favor si me los entregase hoy con rollo de papel de goma a fin de que, de aquí al jueves, los arregle para dárselos preparados a mi amigo.

—Conforme.

Vuelve y me entrega, partidos por la mitad, doce mil pesos. Se queda tres mil.

De nuevo en mi carretilla, llamo al colombiano que salió conmigo la última vez a un rincón solitario. Le digo mi proyecto y le pregunto si se siente capaz de llevarme a cuestas durante veinte o treinta metros hasta el taxi. Se compromete formalmente a hacerlo. Por este lado, la cosa marcha. Actúo como si estuviese seguro de que Joseph se saldrá con la suya. El lunes por la mañana temprano me sitúo bajo el lavadero, y Maturette que, con Clousiot, sigue siendo el «chófer» de mi carretilla, va a buscar al sargento a quien di tres mil pesos y que tan salvajemente me pegó cuando la última evasión.

—Sargento López, tengo que hablarle.

—¿Qué quiere usted?

—Por dos mil pesos quiero un berbiquí muy fuerte de tres marchas y seis taladros. Dos de medio centímetro, dos de un centímetro y dos de un centímetro y medio de espesor.

—No tengo dinero para comprarlo.

—Ahí van quinientos pesos.

—Mañana los tendrás al cambio de guardia, a la una. Prepara los dos mil pesos.

El martes, a la una, lo tengo todo en el cubo vacío del patio, una especie de papelera que vacían cuando se cambia de guardia. Pablo, el forzudo colombiano, lo recoge todo y lo esconde.

El jueves 26, en la visita, Joseph no está. A la terminación de la visita, me llaman. Es un viejo francés, muy arrugado, que viene de parte de Joseph.

—En esta hogaza está lo que pediste.

—Ahí van dos mil pesos para el taxi. Cada día, quinientos pesos.

—El taxista es un viejo peruano en buena forma. Por ese lado, no te preocupes. *Ciao*.

—*Ciao*.

En una gran bolsa de papel, para que la hogaza no llame la atención, han puesto cigarrillos, fósforos, salchichas ahumadas, un salchichón, un paquete de mantequilla y un frasco de aceite negro. Mientras registra mi paquete, le doy al guardia de la puerta un paquete de cigarrillos, fósforos y dos salchichas. Me dice:

—Dame un pedazo de pan.

¡Lo que faltaba!

—No, el pan te lo compras, ahí tienes cinco pesos. ¡Apenas habrá bastante para nosotros seis!

¡Uf! De buena me he librado. ¡Qué idea ofrecer salchichas al tipo ese! La carretilla se aleja rápidamente de ese patoso policía. He quedado tan sorprendido por semejante petición que todavía sudo.

—Los fuegos artificiales serán mañana. Todo está aquí, Pablo. Hay que hacer el agujero exactamente bajo el saliente de la torreta. El guardián de arriba no podrá verte.

—Pero podrá oírlo.

—Lo tengo previsto. Por la mañana, a las diez, ese lado del patio está en sombra. Es necesario que uno de los caldereros se ponga a aplanar una hoja de cobre contra la pared, a algunos metros de nosotros, al descubierto. Si son dos, tanto mejor. Les daré quinientos pesos a cada uno. Busca a los dos hombres.

Los encuentra.

—Dos amigos míos martillearán el cobre sin parar. El centinela no podrá distinguir el ruido del taladro. Pero tú, con tu carretilla, tendrás que estar un poco apartado del saledizo y discutir con los franceses. Eso distraerá un poco al centinela del otro ángulo.

En una hora, el agujero está hecho. Gracias a los martillazos sobre el cobre y al aceite que un ayudante vierte en el taladro, el centinela no sospecha nada. El cartucho es metido en el agujero y el detonador colocado, así como veinte centímetros de mecha. El cartucho está calzado con arcilla. Nos apartamos. Si todo va bien, la explosión abrirá una brecha. El centinela caerá con la garita y yo, a través del agujero, a caballo sobre Pablo, llegaré al taxi. Los otros se espabilarán como puedan. Lógicamente, Clousiot y Maturette, aunque salgan después que nosotros, estarán en el taxi antes que yo.

Antes de prender fuego, Pablo advierte a un grupo de colombianos:

—Si queréis evadiros, dentro de unos instantes habrá un agujero en el muro.

Prendemos fuego. Una explosión de todos los diablos hace retemblar el barrio. La torreta se ha venido abajo con el policía. El muro tiene grandes resquebrajaduras en todas partes, tan anchas que se ve la calle al otro lado, pero ninguna de esas aberturas es lo bastante espaciosa para que se pueda pasar por ella. Ninguna brecha suficientemente grande se ha producido, y solo en este momento admito que estoy perdido. Mi destino, es, sin duda, volver allá, a Cayena.

El zafarrancho que sigue a la explosión es indescriptible. Hay más de cincuenta policías en el patio. Don Gregorio sabe a qué atenerse.

—*Bueno, francés.* Esta vez es la última, ¿no?

El jefe de la guarnición está loco de rabia. No puede dar orden de pegar a un hombre herido, tendido en una carretilla, y yo, para evitar que la tomen con los otros, declaro en voz alta que todo lo he hecho yo y solo yo. Seis guardias delante del muro rajado, seis más en el patio de la cárcel y otros seis fuera, en la calle, montarán guardia permanentemente hasta que los albañiles hayan reparado los desperfectos. Por fortuna el centinela que cayó del muro de ronda no se hizo el menor daño.

REGRESO AL PRESIDIO

Tres días después, el 30 de octubre, a las once de la mañana, los doce vigilantes del presidio, vestidos de blanco, se hacen cargo de nosotros. Antes de salir, pequeña ceremonia oficial: cada uno de nosotros debe ser identificado y reconocido. Han traído nuestras fichas antropométricas, fotos, huellas dactilares y toda la pesca. Una vez comprobada nuestra identidad, el cónsul francés le firma un documento al juez del distrito, que es la persona encargada de entregarnos oficialmente a Francia. Todos los presentes están asombrados de la amistosa manera con que nos tratan los vigilantes. Ninguna animosidad, ninguna palabra dura. Los tres que estuvieron allá más tiempo que nosotros conocen varias fugas y bromean con los vigilantes como viejos amigos. El jefe de la escolta, comandante Boural, se preocupa por mi estado, me mira los pies y dice que, a bordo, me curarán, que hay un buen enfermero en el grupo que ha venido a buscarnos.

El viaje en la bodega de aquel barco asmático fue penoso, sobre todo por el calor asfixiante y el tormento de estar atados de dos en dos a esas barras de justicia* que datan del presidio de Tolón. Solo un incidente que destacar: el barco se vio obligado a repostar carbón en Trinidad. Una vez en el puerto,

---

* Vástagos de hierro por los que corren los grilletes que rodean los pies de los presos castigados.

un oficial de Marina inglés exigió que nos quitasen los grilletes. Al parecer, está prohibido encadenar hombres a bordo de un barco. He aprovechado este incidente para abofetear a otro oficial inspector inglés. Con esto, trataba de hacerme detener y bajar a tierra. El oficial me dice:

—No le detendré y no le bajaré a tierra por el grave delito que acaba de cometer. Será más castigado volviendo allá.

He perdido el tiempo. No, no hay duda, estoy destinado a volver al presidio. He tenido mala suerte, pero en cualquier caso, esos once meses de evasión, de intensas y diversas luchas han terminado lamentablemente. Y, aun así, pese al estruendoso fracaso de esas múltiples aventuras, el regreso al presidio, con todas sus amargas consecuencias, no puede borrar los inolvidables momentos que acabo de vivir.

Cerca de ese puerto de Trinidad que hemos dejado hace un momento, a pocos kilómetros, se encuentra la incomparable familia Bowen. No hemos pasado lejos de Curaçao, tierra de un gran hombre que es el obispo de este país, Irénée de Bruyne. Seguramente, hemos rozado también el territorio de los indios guajiros, donde conocí el amor más apasionado y puro en su forma más espontánea y natural. Toda la claridad de que son capaces los niños, la forma pura de ver las cosas que distingue a esa edad privilegiada, las he encontrado en esas indias llenas de voluntad, ricas de comprensión, de amor ingenuo y de pureza.

¡Y esos leprosos de la isla de las Palomas! ¡Esos miserables presidiarios aquejados de tan horrible enfermedad y que, sin embargo, tuvieron la fuerza de hallar en su corazón la nobleza necesaria para ayudarnos!

¡Hasta el cónsul belga, hombre de una bondad espontánea, hasta Joseph Dega, quien, sin conocerme, tanto se expuso por mí! Todas esas personas, todos esos seres que he conocido en esa fuga, hacen que esta haya valido la pena de haberla hecho. Incluso fallida, mi evasión es una victoria solo porque he tenido ocasión de enriquecer mi alma con el conocimiento de esas personas excepcionales. No, no me arrepiento de haberla hecho.

Ya está, he aquí el Maroni y sus aguas cenagosas. Estamos en la cubierta del *Mana*. El sol de los trópicos ha comenzado ya a abrasar esta tierra. Son las nueve de la mañana, vuelvo a ver el estuario y entramos despacio por donde salí tan deprisa. Mis camaradas no hablan. Los vigilantes están contentos de arribar. La mar se ha embravecido durante el viaje y muchos de ellos respiran, por fin, con alivio.

16 de noviembre de 1934

En el atracadero, un gentío enorme. Se nota que esperan con curiosidad a los hombres que no temieron ir tan lejos. Como llegamos en domingo, el evento representa también una distracción para esa sociedad que no tiene muchas. Oigo a personas que dicen:

—El herido es Papillon. Ese, Clousiot. Aquel, Maturette... Y así sucesivamente.

En el campamento de la penitenciaría, seiscientos hombres están agrupados delante de su barracón. Junto a cada grupo, vigilantes. El primero a quien reconozco es François Sierra. Llora sin recato, sin ocultarse de los demás. Está encaramado en una ventana en la enfermería y me mira. Se nota que su pesadumbre es sincera. Nos paramos en medio del campo. El comandante de la penitenciaría toma un megáfono:

—Deportados, podéis comprobar la inutilidad de evadirse. Todos los países os encarcelan para entregaros a Francia. Nadie quiere saber nada de vosotros. Vale más, pues, que permanezcáis tranquilos y os portéis bien. ¿Qué les espera a esos seis hombres? Una dura condena que deberán cumplir en la

Reclusión de la isla de San José y, para el resto de su pena, el internamiento en las Islas de la Salvación. Esto es lo que han ganado con fugarse. Espero que lo hayáis comprendido. Vigilantes, llevad a esos hombres al pabellón disciplinario.

Algunos minutos después, nos encontramos en una celda especial del pabellón de extrema vigilancia. Tan pronto llego, pido que me curen los pies, todavía muy tumefactos e inflados. Clousiot dice que el escayolado de la pierna le duele. Intentamos el golpe... ¡Si nos mandasen al hospital! Llega François Sierra con su vigilante.

—Este es el enfermero —dice este último.

—¿Cómo estás, Papi?

—Estoy enfermo, quiero ir al hospital.

—Trataré de conseguirlo, pero, después de lo que hiciste, creo que será casi imposible, y Clousiot, igual.

Me fricciona los pies, me pone pomada, comprueba el escayolado de Clousiot y se va. No hemos podido decirnos nada, pues los vigilantes estaban allí, pero sus ojos expresaban tanta dulzura que me he quedado conmovido.

—No, no hay nada que hacer —me dice el día siguiente mientras me da otro masaje—. ¿Quieres que te haga pasar a una sala común? ¿Te ponen la barra por la noche?

—Sí.

—Entonces, es mejor que vayas a la sala común. Seguirás llevando los grilletes, pero no estarás solo. Y, en este momento, estar aislado debe resultarte horrible.

—Conforme.

Sí, el aislamiento, en este momento, es más difícil aún de soportar que antes. Estoy en un estado de ánimo tal, que ni siquiera necesito cerrar los ojos para vagabundear tanto en el pasado como en el presente. Y como no puedo andar, para mí el calabozo es aún peor de lo que era.

¡Ah! Ahora sí que estoy verdaderamente de vuelta en el «camino de la podredumbre». Sin embargo, había podido salirme de él muy pronto y volaba por el mar hacia la libertad, hacia el gozo de poder ser de nuevo un hombre, hacia la venganza, también. La deuda que tiene conmigo Polein, la bofia y el fiscal no debo olvidarla. En lo que se refiere al baúl, no es necesario entregarlo a los polizontes de la puerta de la policía judicial. Llegaré vestido de empleado de los coches-cama Cook, con una hermosa gorra de la Compañía en la cabeza. En el baúl, una gran etiqueta: «Comisario Divisionario Benoît, 36, Quai des Orfèvres, París (Sena)». Subiré personalmente el baúl a la sala de informaciones, y como habré calculado que el despertador no funcionará hasta que me haya retirado, todo saldrá a pedir de boca. Haber encontrado la solución me ha quitado un gran peso de encima. En cuanto al fiscal, ya tendré ocasión de arrancarle la lengua. La manera como lo haré todavía no está establecida, pero... sí, se la arrancaré a trocitos, esa lengua prostituida.

En lo inmediato, primer objetivo: curarme los pies. Es menester que camine lo antes posible. No me presentaré ante el tribunal antes de tres meses, y en tres meses pueden pasar muchas cosas. Un mes para andar, un mes para poner las cosas a punto, y buenas noches, señores. Dirección: Honduras británica. Pero, esta vez, nadie podrá echarme el guante.

Ayer, tres días después de nuestro regreso, me han llevado a la sala común. Cuarenta hombres esperan en ella el consejo de guerra. Unos acusados de robo; otros, de saqueo, de incendio deliberado, de homicidio, de homicidio frustrado, de asesinato, de tentativa de evasión, de evasión y hasta de antropofagia. A cada lado del zócalo de madera somos veinte, todos atados a la misma barra, el pie izquierdo de cada hombre queda sujeto a la barra común por una argolla de hierro. A las seis de la mañana, nos quitan esos gruesos grilletes y, durante todo el día, podemos sentarnos, pasear, jugar a damas, discutir en lo que llaman el *coursier*, una especie de pasillo de dos metros de anchura que atraviesa la sala. Durante el día, no tengo tiempo de aburrirme. Todo el mundo viene a verme, por pequeños grupos, para que les cuente la fuga. Todos me llaman loco, cuando les digo que abandoné voluntariamente mi tribu de guajiros, a Lali y a Zoraima.

—Pero ¿qué buscabas, compañero? —dijo un parisiense al oír el relato—. ¿Tranvías? ¿Ascensores? ¿Cines? ¿La luz eléctrica con su corriente de alta tensión para accionar las sillas eléctricas? ¿O querías ir a tomarte un baño en el estanque de la plaza Pigalle? ¡Qué has hecho, compañero! —continúa diciendo el golfillo—: Tienes dos chavalas a cuál más estupenda, vives en cueros en plena Naturaleza con una panda de nudistas fetén, comes, bebes, cazas; tienes mar, sol, arena caliente y hasta ostras perlíferas, y no encuentras nada mejor que abandonar todo eso y, ¿para ir adónde? ¿Dime? ¿Para tener que cruzar las calles corriendo si no quieres que te aplasten los coches, para verte obligado a pagar alquiler, sastre, factura de electricidad y teléfono y, si me apuras, un cacharro, para hacer el vago o trabajar como un imbécil para un patrono y ganar lo justo para no morirte de hambre? ¡No lo comprendo, macho! ¡Estabas en el cielo y, voluntariamente, vuelves al infierno, donde además de los afanes de la vida, tienes el de huir de todos los policías del mundo que van detrás de ti! Bien es verdad que tienes sangre fresca de Francia y no has tenido tiempo de ver menguar tus facultades físicas y mentales. Pero ni siquiera así puedo comprenderte, a pesar de mis diez años de presidio. En fin, de todas formas, bienvenido seas, y, como seguramente tienes intención de volver a empezar, cuenta con todos nosotros para ayudarte. ¿Verdad, compañeros? ¿Estáis de acuerdo?

Todos están de acuerdo y les doy las gracias.

Son, de eso no hay duda, hombres temibles. Dada nuestra promiscuidad, resulta fácil percatarse de si alguien lleva estuche o no. Por la noche, como todo el mundo está en la barra de justicia común, no es difícil matar impunemente a alguien. Basta con que durante el día, por determinada cantidad de parné, el llavero árabe quiera o no cerrar bien la argolla. Así, por la noche, el hombre interesado se suelta, hace lo que ha maquinado hacer y vuelve tranquilamente a acostarse en su sitio, cuidando de cerrar bien su argolla. Como el árabe es indirectamente cómplice, cierra el pico.

Hace ya tres semanas que he vuelto. Han pasado bastante deprisa. Comienzo a andar un poco apoyándome en la barra del pasillo que separa las dos hileras de mamparas. Hago las primeras pruebas. La semana pasada, en la instrucción, vi a los tres guardianes del hospital que zurramos y desarmamos. Están muy contentos de que hayamos vuelto y esperan que un día de esos vayamos a parar a algún sitio donde ellos estén de servicio. Pues, después de nuestra fuga, los tres sufrieron graves sanciones: suspensión de sus seis meses de permiso en Europa; suspensión del suplemento colonial de sus haberes durante un año. En resumen, que nuestro encuentro no ha sido muy cordial. Relatamos esas amenazas en la instrucción a fin de que todos tomen nota de ellas.

El árabe se ha comportado mejor. Se ha limitado a decir la verdad, sin exagerar y olvidando el papel desempeñado por Maturette. El capitán-juez de instrucción ha insistido mucho por saber quién nos había facilitado la embarcación. Hemos quedado mal contándole historias inverosímiles, como la confección de almadías por nosotros mismos, etcétera.

Por haber agredido a los vigilantes, nos dice que hará todo lo posible para conseguir cinco años para mí y Clousiot, y tres para Maturette.

—Ya que es usted el llamado Papillon, confíe en mí, que le cortaré las alas y le costará levantar el vuelo.

Me da miedo de que tenga razón.

Solo dos meses de espera para comparecer ante el tribunal. Me arrepiento mucho de no haber metido en mi estuche una a dos puntas de flecha envenenada. Si las hubiese tenido, habría podido, tal vez, jugarme el todo por el todo en el pabellón disciplinario. Ahora, cada día hago progresos. Camino mucho mejor. François Sierra nunca deja, mañana y tarde, de venir a friccionarme con aceite alcanforado. Esos masajes-visita me causan un bien enorme, tanto en los pies como en la moral. ¡Es tan bueno tener un amigo en la vida!

He observado que esa fuga tan prolongada nos ha dado un prestigio indiscutible entre todos los presidiarios. Estoy seguro de que estamos completamente a cubierto en medio de esos hombres. No corremos ningún peligro de ser asesinados para robarnos. La inmensa mayoría no admitiría el hecho y, seguramente, los culpables perderían la vida. Todos, sin excepción, nos respetan y hasta nos admiran más o menos veladamente. Y el hecho de habernos atrevido a atacar a los guardianes nos hace catalogar como hombres dispuestos a todo. Es muy interesante sentirse seguro.

Cada día camino mejor, y muy a menudo, gracias a una botella que me deja Sierra, hay hombres que se brindan a darme masaje no solo en los pies, sino también en los músculos de las piernas atrofiadas por esa prolongada inmovilidad.

UN ÁRABE A LAS HORMIGAS

En esta sala hay dos hombres taciturnos que no se comunican con nadie. Siempre pegados uno al otro, solo hablan entre sí, en voz tan baja que nadie puede oír nada. Un día, ofrezco a uno de ellos un cigarrillo americano de un paquete que me ha traído Sierra. Me da las gracias y, luego, dice:

—¿Es amigo tuyo, François Sierra?

—Sí, es mi mejor amigo.

—Tal vez, algún día, si todo va mal, te mandaremos nuestra herencia por mediación suya.

—¿Qué herencia?

—Mi amigo y yo hemos decidido que si nos guillotinan, te cederemos nuestro estuche para que puedas evadirte otra vez. Entonces, se lo daremos a Sierra y él te lo entregará.

—¿Pensáis ser condenados a muerte?

—Es casi seguro, hay pocas posibilidades de que nos salvemos.

—Si tan seguro es que vais a ser condenados a muerte, ¿por que estáis en esta sala común?

—Creo que tienen miedo de que nos suicidemos, si estamos solos en una celda.

—¡Ah! Claro, es posible. ¿Y qué habéis hecho?

—Hemos dado a comer un moro a las hormigas carnívoras. Te lo digo porque, desgraciadamente, tienen pruebas indiscutibles. Nos pillaron con las manos en la masa.

—¿Y dónde ocurrió eso?

—En el Kilomètre 42, en el «Campo de la Muerte», junto a la caleta Sparouine.

Su compañero se acerca a nosotros, es de Toulouse. Le ofrezco un cigarrillo americano. Se sienta al lado de su amigo, frente a mí.

—Nunca hemos preguntado la opinión de nadie —dice el recién llegado—, pero tengo curiosidad por saber qué piensas tú de nosotros.

—¿Cómo quieres que te diga, sin saber nada, si tuviste razón o no de dar a comer vivo un hombre, aunque sea un chivo, a las hormigas? Para darte mi opinión sería necesario que conociese todo el asunto de pe a pa.

—Te lo voy a contar —dice el de Toulouse—. El campo del Kilomètre 42, a cuarenta y dos kilómetros de Saint-Laurent, es un campamento forestal. Allí, los presidiarios están obligados a cortar cada día un metro cúbico de leña dura. Cada tarde, tienes que estar en la selva, junto a la leña que has cortado, bien apilada. Los vigilantes, acompañados por llaveros árabes, acuden a comprobar si has cumplido tu tarea. En el momento de la recepción, cada estéreo de leña es marcado con pintura roja, verde o amarilla. Depende de los días. Solo aceptan el trabajo si cada trozo es de leña dura. Para que salga mejor, se forman equipos de dos. Muy a menudo, no podíamos terminar la tarea encomendada. Entonces, por la noche, nos encerraban en el calabozo sin comer, y, por la mañana, nos ponían a trabajar de nuevo con la obligación de hacer lo que faltaba de la víspera, más el estéreo del día. Íbamos a morir como perros.

»Cada día estábamos más débiles y éramos menos capaces de efectuar el trabajo. Por si fuese poco, nos pusieron un guardián especial que no era un vigilante, sino un árabe. Llegaba con nosotros al tajo, se sentaba cómodamente, con su vergajo entre las piernas, y no paraba de insultarnos. Comía haciendo ruido con sus mandíbulas para darnos dentera. Total, un tormento continuo. Teníamos dos estuches que contenían tres mil francos cada uno, para evadirnos. Un día, decidimos comprar al árabe. La situación se volvió peor. Afortunadamente, él siempre creyó que solo poseíamos un estuche. Su sistema era fácil: por cincuenta francos, por ejemplo, nos dejaba ir a robar a los estéreos que ya habían sido entregados la víspera, trozos de leña que habían escapado a la pintura, y así hacíamos nuestro estéreo de la jornada. De este modo, de cincuenta y cien francos, en cincuenta y cien francos, nos sonsacó casi dos mil francos.

»Cuando nos hubimos puesto al día con nuestro trabajo, quitaron al árabe. Y, entonces, pensando que no nos denunciaría, puesto que él nos había despojado de tanto dinero, buscábamos en la selva estéreos registrados para hacer la misma operación que con el árabe. Un día, este nos siguió paso a paso, a hurtadillas, para ver si robábamos la leña. De pronto, se presentó:

»—¡Ah! ¡Ah! ¡Tú robar la leña todavía y no pagar! Si tú no dar quinientos francos a mí, te denuncio.

»Creyendo que solo se trataba de una amenaza, nos negamos. El día siguiente, vuelve.

»—Tú pagas o esta noche tú estás en calabozo.

»Volvemos a negarnos. Por la tarde, vuelve acompañado de guardianes. ¡Fue horrible, Papillon! Tras habernos puesto en cueros vivos, nos llevan a los estéreos donde habíamos cogido leña y, perseguidos por aquellos salvajes, golpeados a vergajazos por el árabe, nos obligaron, corriendo, a deshacer nuestros estéreos y a completar cada uno de los que habíamos robado. Aquella *corrida* duró dos días, sin comer ni beber. Nos caíamos con frecuencia. El árabe nos hacía levantar a patadas o a vergajazos. Al final, nos tumbamos en el suelo, no podíamos más. ¿Y sabes cómo logró hacernos poner de pie? Cogió uno de esos nidos, parecidos a los de avispas, en que viven moscas de fuego. Cortó la rama de la que pendía el nido y nos la aplastó encima. Locos de dolor, no solo nos incorporamos, sino que corrimos como locos. Es inútil decirte lo que sufrimos. Ya sabes lo dolorosa que es una picadura de avispa. Figúrate, cincuenta o sesenta picaduras. Y esas moscas de fuego abrasan aún más atrozmente que las avispas.

»Nos dejaron a pan y agua en un calabozo durante diez días, sin curarnos. Pese a que nos poníamos orina encima, las picaduras nos abrasaron diez días sin parar. Yo perdí el ojo derecho con el que se habían ensañado una docena de moscas de fuego. Cuando nos reintegraron al campamento, los otros condenados tomaron la decisión de ayudarnos. Decidieron entregar cada uno un trozo de leña dura cortada al mismo tamaño. Aquello nos representaba casi un estéreo y nos ayudaba mucho, pues solo nos quedaba un estéreo que hacer entre los dos. Nos costó Dios y ayuda conseguirlo, pero lo conseguimos. Poco a poco recobramos fuerzas. Comíamos mucho. Y por casualidad se nos ocurrió la idea de vengarnos del chivo con las hormigas. Buscando leña dura, encontramos un enorme nido de hormigas carnívoras en un soto, que estaban devorando una cierva grande como una cabra.

»El chivo seguía haciendo sus rondas en el tajo y, un buen día, de un golpe con el mango del hacha, lo dejamos tieso y, luego, lo arrastramos junto al nido de hormigas. Le pusimos en cueros y le atamos a un árbol, tumbado en el suelo en arco, con pies y manos ligados con gruesas cuerdas de las que sirven para atar la leña.

»Con el hacha, le hicimos algunas heridas en diferentes partes del cuerpo. Le llenamos la boca de hierba para que no pudiese gritar, además de amordazarlo, y aguardamos. Las hormigas no atacaron hasta que, tras haber hecho subir algunas en una vara metida en el hormiguero, las esparcimos sobre su cuerpo.

»No hubo que esperar mucho. Media hora después, las hormigas atacaban a millares. ¿Has visto hormigas carnívoras, Papillon?

—No, nunca. He visto grandes hormigas negras.

—Esas son diminutas y rojas como la sangre. Arrancan pedazos microscópicos de carne y los llevan al nido. Si nosotros sufrimos con las avispas, figúrate lo que debió de sufrir él, despedazado vivo por aquellos millares de hormigas. Su agonía duró dos días completos y una mañana. Al cabo de veinticuatro horas, ya no tenía ojos.

»Reconozco que nuestra venganza fue despiadada, pero hay que fijarse en lo que él nos había hecho. No habíamos muerto de milagro. Naturalmente, buscaron al chivo por todas partes, y los otros llaveros árabes, así como los guardianes, sospechaban que nosotros no éramos ajenos a aquella desaparición.

»En otro soto, cada día cavábamos un poco para hacer un hoyo donde meter sus restos. Aún no se había descubierto nada del árabe, cuando un guardián vio que estábamos cavando. Cuando salíamos para el trabajo, él nos seguía para ver lo que hacíamos. Fue lo que nos perdió.

»Una mañana, nada más llegar al tajo, desatamos al árabe todavía lleno de hormigas, pero ya casi hecho un esqueleto, y cuando lo arrastrábamos hacia la fosa (no podíamos hacerlo sin que las hormigas nos mordiesen con saña), fuimos sorprendidos por tres árabes llaveros y dos vigilantes. Aguardaban pacientemente, bien escondidos, a que hiciésemos aquello: enterrarle.

»¡Y ya está! Nosotros dijimos que primero lo matamos y que luego lo dimos a las hormigas. La acusación respaldada por el médico forense, dice que en su cuerpo no hay ninguna herida mortal: sostiene que lo hicimos devorar vivo.

»Nuestro guardián defensor (pues allí los vigilantes se erigen en abogados) nos dice que si nuestra tesis es aceptada, podemos salvar la cabeza. Si no, tienen derecho a ella. Francamente, no nos hacemos muchas ilusiones. Por eso, mi amigo y yo te hemos escogido como heredero.

—Esperemos que no tenga que heredaros, lo deseo de corazón.

Encendemos un cigarrillo y veo que me miran como queriendo decir: «Bueno, ¿qué opinas?».

—Escuchadme, machos, veo que esperáis que os conteste a lo que me habéis preguntado antes de contarme vuestra historia: cómo juzgo vuestro caso como hombre. Una última pregunta, que no tendrá ninguna influencia en mi decisión: ¿Qué piensan la mayoría de los que están en esta sala y por qué no habláis con nadie?

—La mayoría piensa que hubiésemos debido matarle, pero no hacer que las hormigas se lo comiesen vivo. En cuanto a nuestro silencio, no hablamos con nadie porque hubo una ocasión de fuga sublevándose y la desecharon.

—Voy a deciros mi opinión. Habéis hecho bien devolviéndole centuplicado lo que os hizo él: lo del nido de avispas o moscas de fuego es imperdonable. Si os guillotinan, en el último momento pensad muy intensamente en una sola cosa: «Me cortan la cabeza, eso durará más o menos treinta segundos, entre el tiempo de atarme, empujarme bajo la cuchilla y hacerla caer. Su agonía duró sesenta horas, salgo ganando». Pero en lo que se refiere a los hombres de la sala, no sé si tenéis razón, pues habéis podido creer que una revuelta, aquel día, podía permitir una fuga en común, y los otros podían no ser de la misma opinión. Por otra parte, en una revuelta siempre cabe la posibilidad de tener que matar sin haberlo querido de antemano. Ahora bien, de todos los que están aquí, los únicos, creo yo, que tienen la cabeza en peligro sois vosotros y los hermanos Graville. Machos, cada situación particular entraña obligatoriamente reacciones distintas.

Satisfechos de nuestra conversación, aquellos dos desgraciados se retiran y empiezan a vivir de nuevo en el silencio que acaban de romper por mí.

LA FUGA DE LOS ANTROPÓFAGOS

—¡Se lo han zampado, al patapalo!

—¡Un estofado de patapalo!

O una voz imitando una voz de mujer:

—¡Camarero, un pedazo de macho bien asado sin pimienta, por favor!

Era muy raro, avanzada la noche, que no se oyese gritar una u otra de esas frases, cuando no las tres.

Clousiot y yo nos preguntábamos el porqué y por quién eran proferidas esas frases durante la noche.

Esta tarde he sabido la clave del misterio. Es uno de los protagonistas quien me lo cuenta, se llama Marius de La Ciotat, especialista en cajas de caudales. Cuando supo que había conocido a su padre, Titin, no tuvo miedo de hablar conmigo.

Tras haberle contado parte de mi fuga, le pregunto, lo cual es normal entre nosotros:

—¿Y tú?

—Oh —me dice—, yo estoy metido en un feo asunto. Me temo mucho que por una simple evasión me endiñarán cinco años. Soy del piro llamado «piro de los antropófagos». Lo que a veces oyes gritar por la noche: «Se lo han zampado, etcétera», o «Un estofado, etcétera», es por los hermanos Graville.

»Nos largamos seis del Kilomètre 42. En el piro estaban Dédé y Jean Graville, dos hermanos de treinta y treinta y cinco años, lyoneses; un napolitano de Marsella y yo, De La Ciotat, más un macho de Angers que tenía una pata de palo y un joven de veintitrés años que le hacía de mujer. Salimos con bien de Maroni, pero, en el mar, no pudimos orientarnos y, en unas horas, fuimos rechazados a la costa de la Guayana holandesa.

»No pudo salvarse nada del naufragio, ni víveres ni nada. Y nos vimos, afortunadamente vestidos, en la selva. Debo decirte que, en ese paraje, no hay playa y el mar penetra en la selva virgen. Es inextricable, infranqueable a causa de los árboles derribados, sea rotos en su base, sea desarraigados por el mar, enmarañados unos con otros.

»Tras haber caminado un día entero, llegamos a tierra seca. Nos dividimos en tres grupos, los Graville y yo, y Guesepi, y el patapalo con su amiguito. Total, que habiéndonos encaminado por direcciones diferentes, doce días después volvemos a encontrarnos casi en el sitio donde nos habíamos separado, los Graville, Guesepi y yo. Era un lugar que estaba rodeado de lodo viscoso y no habíamos encontrado ningún paso. No hace falta que te describa la pinta que teníamos. Habíamos vivido trece días sin comer nada más que algunas raíces de árboles o brotes tiernos. Muertos de hambre y de fatiga, completamente exhaustos, decidimos que yo y Guesepi, con el resto de nuestras fuerzas, volveríamos a orillas del mar y ataríamos una camisa lo más alto posible en un árbol para rendirnos al primer barco guardacostas holandés que, seguramente, no dejaría de pasar por allí. Los Graville debían, tras haber descansado unas horas, buscar el rastro de los otros dos.

»Debía ser fácil, pues al salir, habíamos convenido que cada grupo dejaría rastro de su paso con ramas rotas.

»Ahora bien, he aquí que, algunas horas después, ven llegar al patapalo, solo.

»—¿Dónde está el pequeño?

»—Lo he dejado muy lejos, porque no podía andar.

»—Hay que ser muy asqueroso para atreverse a dejarlo.

»—Él ha sido quien ha querido que me volviese atrás.

»En ese momento, Dédé observa que en su único pie lleva un zapato del chaval.

»—¿Y encima le has dejado descalzo para ponerte un zapato suyo? ¡Te felicito! Y pareces estar en forma, no como nosotros. Has comido, se nota.

»—Sí, he encontrado un mono herido.

»—Mejor para ti.

»Pero, entonces, Dédé se levanta, empuñando el cuchillo, pues cree comprender al ver que el patapalo también lleva el macuto lleno.

»—Abre tu macuto. ¿Qué hay dentro?

»Abre el macuto y aparece un trozo de carne.

»—¿Eso qué es?

»—Un pedazo de mono.

»—¡Canalla, has matado al chaval para comértelo!

»—No, Dédé, te lo juro. Ha muerto de fatiga, y solo he comido un poquitín de él. Perdona.

»Apenas ha terminado de hablar, cuando ya tiene el cuchillo hincado en el vientre. Y entonces, al registrarle, encuentran una bolsita de cuero con fósforos y un rascador.

»Rabiosos porque antes de separarse el patapalo no haya querido compartir los fósforos y también por el hambre, encienden fuego y se disponen a comérselo.

»Guesepi llega en pleno festín. Lo invitan. Guesepi rehúsa. A la orilla del mar, había comido cangrejos y pescado crudo. Y asiste, sin participar en él, al espectáculo de los Graville colocando sobre las brasas más trozos de carne y hasta valiéndose de la pata de palo para alimentar la lumbre. Así es que Guesepi vio aquel día y el siguiente a los Graville comerse al hombre, y hasta recuerda las partes que se zamparon: una pantorrilla, un muslo, las dos nalgas.

»Yo —continúa diciendo Marius— todavía estaba a orillas del mar cuando Guesepi fue a buscarme. Llenamos el sombrero de pececitos y de cangrejos y fuimos a asarlos en el fuego de los Graville. No vi el cadáver, seguramente lo arrastraron lejos de allí. Pero sí vi todavía varios trozos de carne apartados del fuego, sobre la ceniza.

»Tres días después, un guardacostas nos recogía y nos entregaba a la penitenciaría de Saint-Laurent-du-Maroni.

»Guesepi se fue de la lengua. Todo el mundo, en esta sala, conoce el caso, hasta los guardianes. Te lo cuento porque es sabido de todos; y como los Graville son tipos de mal carácter, eso explica la guasa que oyes por la noche.

»Oficialmente, estamos acusados de evasión con el agravante de antropofagia. Lo malo es que, para defenderme, tendría que acusar y eso no se hace. Guesepi incluido, todo el mundo niega en el sumario. Decimos que desaparecieron en la selva. Esta es mi situación, Papillon.

—Te compadezco, macho, pues, en efecto, solo puedes defenderte acusando a los demás.

Un mes después, Guesepi era asesinado de una cuchillada en pleno corazón durante la noche. No hizo falta siquiera preguntarse quién había sido el culpable.

Esta es la auténtica historia de los antropófagos que se comieron a un hombre ayudándolo a asarse con su propia pata de palo, un hombre que, a su vez, se había zampado al chaval que le acompañaba.

Esta noche estoy acostado en otro sitio de la barra de justicia. Ocupo el de un hombre que se ha ido y, pidiendo a cada uno que se corra un puesto, tengo a Clousiot a mi lado.

Desde donde estoy acostado, aunque con el pie izquierdo sujeto a la barra por una argolla, puedo, sentándome, ver lo que pasa en el patio.

La vigilancia es estrecha, hasta el punto de que las rondas no tienen cadencia. Se suceden sin parar y otras llegan en sentido contrario en cualquier momento.

Los pies me responden muy bien y es necesario que llueva para que sienta dolores. Así es que estoy en condiciones de emprender otra vez la acción, pero ¿cómo? Esta sala carece de ventanas, solo tiene una inmensa reja continua que cubre toda la anchura y llega al techo. Está situada de forma que el viento del nordeste penetre libremente. Pese a una semana de observación, no logro encontrar un fallo en la vigilancia de los guardianes. Por primera vez, casi llego a admitir que conseguirán encerrarme en la Reclusión de la isla de San José.

Me han dicho que es terrible. La llaman, la «comedora de hombres». Otra información: ningún hombre, desde hace ochenta años que existe, ha podido evadirse de ella.

Naturalmente, esa semiaceptación de haber perdido la partida me impulsa a contemplar el futuro. Tengo veintiocho años y el capitán instructor pide cinco años de reclusión. Será difícil que salga del paso con menos. Tendré, pues, treinta y tres años cuando salga de la Reclusión.

Todavía queda mucho dinero en mi estuche. Por lo tanto, si no me fugo, lo cual es probable por razón de lo que sé, cuando menos será menester que me mantenga en buena salud. Cinco años de aislamiento completo son difíciles de aguantar sin volverse loco. Por lo que cuento, bien alimentado, con disciplinar mi cerebro, desde el primer día de cumplir pena, según un programa bien establecido y variado. Evitar todo lo posible los castillos de arena y, sobre todo, los sueños relativos a la venganza. Me dispongo, pues, desde ahora, a cruzar en plan de vencedor el terrible castigo que me espera. Sí, habrán perdido el tiempo. Saldré de la Reclusión fuerte físicamente y todavía en plena posesión de mis facultades físicas y mentales.

Trazar ese plan de conducta y aceptar serenamente lo que me espera me ha hecho bien. La brisa que penetra en la sala me acaricia antes que a todos los demás y, en verdad, me causa bienestar.

Clousiot sabe cuándo no quiero hablar. Por lo que no ha turbado mi silencio. Fuma mucho, nada más. Se perciben algunas estrellas y le digo:

—¿Ves las estrellas desde tu sitio?

—Sí —dice él asomándose un poco—. Pero prefiero no mirarlas, pues me recuerdan demasiado a las estrellas de cuando nos las piramos.

—No te preocupes, volveremos a verlas a millares otra vez.

—¿Cuándo? ¿Dentro de cinco años?

—Clousiot, el año que acabamos de vivir, todas esas aventuras que hemos pasado, las personas que hemos conocido, ¿acaso no valen cinco años de reclusión? ¿Preferirías no habértelas pirado a estar en las Islas desde tu llegada? Por razón de lo que nos espera, y que no es moco de pavo, ¿te arrepientes de habértelas pirado? Contéstame sinceramente, ¿te arrepientes, sí o no?

—Papi, olvidas una cosa que yo nunca tuve: los siete meses que pasaste con los indios. Si hubiese estado contigo, pensaría igual, pero yo estaba en la cárcel.

—Perdona, lo había olvidado, estoy divagando.

—No, no divagas y, a pesar de todo, estoy contento de habérmelas pirado, porque también yo pasé momentos inolvidables. Solo que me da cierta angustia lo que me espera en la «comedora de hombres». Cinco años casi resulta imposible hacerlos.

Entonces, le explico lo que he decidido hacer y siento que reacciona muy positivamente. Me satisface ver a mi amigo reanimado a mi lado. Según ciertos rumores, el comandante que vendrá a presidir el Consejo de Guerra tiene fama de ser un hombre severo, pero, al parecer, muy recto. No acepta así como así las patrañas de la Administración. Es, pues, dentro de lo que cabe, una buena noticia.

Clousiot y yo, pues Maturette está en celda desde nuestra llegada, hemos rechazado tener un vigilante por abogado. Decidimos que yo hablaría por los tres y expondré personalmente nuestra defensa.

EL JUICIO

Esta mañana, recién afeitados y rapados, con uniforme nuevo a listas rojas, calzando zapatos, esperamos en el patio el momento de comparecer ante el Tribunal. Hace quince días que a Clousiot le quitaron el escayolado. Camina normalmente, no ha quedado cojo.

El Consejo de Guerra empezó el lunes y estamos a sábado por la mañana. Se llevan, pues, cinco días de procesos diversos: el proceso de los hombres de las hormigas ha requerido un día entero. Condenados a muerte los dos, no he vuelto a verles. A los hermanos Graville les endiñan cuatro años tan solo (por falta de pruebas de acto de antropofagia). Su proceso ha requerido más de un día y medio. El resto de homicidios, de cuatro a cinco años.

Por lo general, de los catorce inculpados comparecidos, las penas infligidas han sido más bien severas, pero aceptables, sin exageración.

El Tribunal comienza a las siete y media. Estamos en la sala cuando un comandante, con uniforme de meharista, entra acompañado de un viejo capitán de Infantería y de un teniente que actuarán de asesores.

A la derecha del Tribunal, un vigilante con galones, un capitán, representa a la Administración, a la acusación.

—Caso Charrière, Clousiot, Maturette.

Estamos a cuatro metros aproximadamente del Tribunal.

Tengo tiempo de observar la cara curtida por el desierto de ese comandante de cuarenta o cuarenta y cinco años, de sienes canosas. Pobladas cejas coronan unos ojos negros, magníficos, que nos miran directamente a los ojos. Es un auténtico militar. En su mirada no hay asomo de maldad. Nos escruta, nos sopesa en unos segundos. Mis ojos se clavan en los suyos y luego, deliberadamente, los bajo.

El capitán de la Administración ataca exageradamente, lo que le hará perder la partida. Califica de intento de asesinato la eliminación momentánea de los vigilantes. En cuanto al árabe, afirma que fue un milagro que no muriese de los múltiples golpes que le dimos. Comete otro error diciendo que somos los presidiarios que, desde que existe el presidio, han ido a llevar más lejos el deshonor de Francia:

—¡Hasta Colombia! Dos mil quinientos kilómetros, señor presidente, han recorrido esos hombres. Trinidad, Curaçao, Colombia, todas esas naciones han escuchado seguramente los comentarios más falaces sobre la Administración penal francesa.

»Pido dos condenas con acumulación de pena, o sea, en total, ocho años: cinco años por tentativa de homicidio, por una parte, y tres años por evasión, por otra. Eso para Charrière y Clousiot. Para Maturette, pido tan solo tres años por evasión, pues se desprende de la indagación que no participó en la tentativa de asesinato.

El presidente:

—El Tribunal tendría interés en oír el relato más breve posible de esa larguísima odisea.

Cuento, olvidando en parte Maroni, nuestro viaje por mar hasta Trinidad. Describo a la familia Bowen y sus bondades. Cito la frase del jefe de policía de Trinidad: «No tenemos por qué juzgar a la justicia francesa, pero en lo que no estamos de acuerdo es en que manden a la Guayana a sus condenados, por esto les ayudamos»; Curaçao, el padre Irénée de Bruyne, el incidente del talego de florines; luego Colombia, por qué y cómo fuimos a Colombia. Muy rápidamente, una breve explicación de mi vida entre los indios. El comandante escucha sin interrumpirme. Me pide tan solo unos cuantos detalles más sobre mi vida con los indios, episodio que le interesa enormemente. Después, las prisiones colombianas, en particular el calabozo submarino de Santa Marta.

—Gracias, su relato ha ilustrado al Tribunal y, a la par, le ha interesado. Vamos a hacer una pausa de quince minutos. No veo a sus defensores, ¿dónde están?

—No tenemos. Le ruego que me permita llevar la defensa de mis compañeros y la mía propia.

—Puede usted hacerlo, los reglamentos lo admiten.

—Gracias.

Un cuarto de hora después, se reanuda la sesión.

El presidente:

—Charrière, el Tribunal le autoriza a llevar la defensa de sus compañeros y la suya propia. Sin embargo, le advertimos que este Tribunal le quitará la palabra si falta usted al respeto al representante de la Administración. Puede defenderse con entera libertad, pero con expresiones decorosas. Tiene usted la palabra.

—Pido al Tribunal que descarte pura y simplemente el delito de tentativa de asesinato. Es inverosímil y voy a demostrarlo. Yo tenía veintisiete años el año pasado, y Clousiot, treinta. Nos encontrábamos en plena forma, recién llegados de Francia. Medíamos metro setenta y cuatro y metro setenta y cinco. Golpeamos al árabe y a los vigilantes con las patas de hierro de nuestro catre. Ninguno de los cuatro quedó gravemente herido. Fueron golpeados, pues, con mucha precaución con objeto, que logramos, de dejarles sin sentido haciéndoles el menor daño posible. El vigilante acusador ha olvidado decir, o ignora, que los trozos de hierro estaban envueltos en trapos para evitar el riesgo de matar a nadie. El Tribunal, compuesto por hombres de carrera, sabe perfectamente lo que un hombre forzudo puede hacer golpeando a alguien en la cabeza de plano con una bayoneta. Entonces, puede figurarse también lo que puede hacerse con una pata de cama de hierro. Hago observar al Tribunal que ninguna de las cuatro personas atacadas fue hospitalizada.

»Por tener cadena perpetua, creo que el delito de evasión es menos grave que para un hombre condenado a una pena menor. Es muy difícil aceptar, a nuestra edad, no volver a la vida nunca más. Pido para los tres la indulgencia del Tribunal.

El comandante musita con los dos asesores y, luego, golpea la mesa con el mazo.

—¡Acusados, en pie!

Los tres, tiesos como estacas, esperamos.

El presidente:

—El Tribunal, descartando la tentativa de asesinato, no tiene por qué dictar sentencia, ni siquiera de absolución, por ese hecho.

»En cuanto al delito de evasión, son ustedes reconocidos culpables en segundo grado. Por ese delito, el Tribunal les condena a dos años de reclusión:

A coro, decimos:

—Gracias, mi comandante.

Y yo añado:

—Gracias al Tribunal.

En la sala, los guardianes que asistían al proceso no daban crédito a sus oídos.

Cuando volvemos al edificio donde están nuestros compañeros, todo el mundo se alegra de la noticia, nadie tiene envidia. Al contrario. Hasta los que la han pringado nos felicitan sinceramente por nuestra suerte.

François Sierra ha venido a abrazarme. Está loco de contento.

LAS ISLAS DE LA SALVACIÓN

LLEGADA A LAS ISLAS

Mañana debemos embarcar para las Islas de la Salvación. Pese a todo lo que he luchado, esta vez estoy a casi unas horas de ser internado de por vida. Primero tendré que cumplir dos años de reclusión en la isla de San José. Espero que haré falso el sobrenombre que le han dado los presidiarios: «la comedora de hombres».

He perdido la partida, pero mi ánimo no es el de un vencido.

Debo alegrarme de no tener que cumplir más que dos años en esa cárcel de otra cárcel. Como me he prometido, no me dejaré llevar fácilmente por las divagaciones que crea el aislamiento completo. Para escapar a ellas, tengo el remedio. Debo, de antemano, verme *libre*, sano y fuerte, como un presidiario normal de las Islas. Cuando salga, tendré treinta años.

En las Islas, las evasiones son rarísimas, lo sé. Pero, aunque contadas con los dedos, las ha habido. Pues bien, yo me evadiré, seguro. Dentro de dos años, me evadiré de las Islas, se lo repito a Clousiot, quien está sentado a mi lado.

—Mi buen Papillon, es muy difícil desanimarte y envidio la fe que tienes de ser libre un día. Hace un año que no paras de pirártelas y ni una sola vez has renunciado a ello. Tan pronto acaba de salirte mal una fuga, cuando ya preparas otra. Me extraña que aquí no hayas intentado nada.

—Aquí, compañero, solo hay un modo: fomentar una revuelta. Pero para eso se necesita tiempo, y no lo tengo suficiente para convencer a todos esos seres difíciles. He estado a punto de provocarla, pero he tenido miedo de que me devorase. Esos cuarenta hombres que están aquí son todos antiguos presidiarios. El camino de la podredumbre les ha absorbido, reaccionan de otra forma que nosotros. Por ejemplo: los «antropófagos», los «tipos de las hormigas», el que echó veneno en la sopa y, para matar a un hombre, no titubeó en envenenar a otros siete que nunca le habían hecho nada.

—Pero en las Islas habrá el mismo tipo de hombres.

—Sí, pero de las Islas me evadiré sin la ayuda de nadie. Me iré solo o, a lo sumo, con un compañero. Te sonríes, Clousiot, ¿por qué?

—Sonrío porque nunca abandonas la partida. El fuego que te abrasa las entrañas de verte en París presentando la cuenta a tus tres amigos, te sostiene con una fuerza tal que no admites que lo que tanto anhelas no pueda realizarse.

—Buenas noches, Clousiot, hasta mañana. Sí, las veremos, esas malditas Islas de la Salvación. Lo primero que tenemos que preguntar es por qué a esas islas de perdición las llaman de la Salvación.

Y, volviendo la espalda a Clousiot, asomo un poco el rostro hacia la brisa nocturna.

El día siguiente, muy temprano, embarcamos para las Islas. Veintiséis hombres a bordo de una carraca de cuatrocientas toneladas, el *Tanon*, barco de cabotaje que hace el viaje Cayena-Las Islas-Saint-Laurent ida y vuelta. De dos en dos, nos encadenan los pies y nos esposan. Dos grupos de ocho hombres delante vigilados por cuatro guardianes armados de mosquetones. Más un grupo de diez detrás con seis guardianes y los dos jefes de escolta. Todo el mundo está en la cubierta de esta carraca que amenaza zozobrar en cualquier momento de mar gruesa.

Decidido a no pensar durante el viaje, quiero distraerme. Por lo que, solo para contrariarles, digo en voz alta al vigilante que tengo más próximo y que pone cara de funeral:

—Con las cadenas que nos habéis puesto, no hay peligro de que nos salvemos si este barco podrido se fuese a pique, lo cual podría muy bien ocurrir con mar gruesa en el estado en que se encuentra.

Medio adormilado, el guardián reacciona como yo había previsto.

—Que os ahoguéis vosotros nos importa un bledo. Tenemos orden de encadenaros y ya está. La responsabilidad la tienen los que dan las órdenes. Nosotros, de todas formas, quedamos cubiertos.

—De todas formas, tiene usted razón, señor vigilante, con cadenas o sin cadenas, si este féretro se parte en el camino nos vamos todos a pique.

—¡Oh! Sabe usted, hace mucho tiempo —dice el muy imbécil—, que este barco hace ese trayecto y nunca le ha pasado nada.

—Sí, pero precisamente porque hace *demasiado tiempo* que existe este barco, ahora debe de estar a punto de que le pase algo importante en el momento menos pensado.

He conseguido lo que quería: cortar ese silencio general que me ponía nervioso.

—Sí, esta carraca es peligrosa y, encima, nos encadenan. Sin cadenas, de todos modos, queda alguna posibilidad.

—¡Oh! Lo mismo da. Nosotros, con el uniforme, las botas y el mosquetón tampoco andamos ligeros.

—El mosquetón no cuenta, porque en caso de naufragio no cuesta echarlo por la borda —dice otro.

Viendo que tragan el primer anzuelo, les tiro el segundo:

—¿Dónde están los botes de salvamento? Solo veo uno muy pequeño, para ocho hombres todo lo más. Entre el comandante y la dotación, se llenaría enseguida. Los demás, que se pudran.

Entonces, la cosa se dispara, en alto diapasón.

—Es verdad, no hay nada y este barco está tan deteriorado que me parece una irresponsabilidad inaceptable que padres de familia deban correr tanto peligro por acompañar a esos tunantes.

Como estoy en el grupo que se encuentra en el puente trasero, los dos jefes de convoy viajan con nosotros. Uno de ellos me mira y dice:

—¿Eres tú, Papillon, el que viene de Colombia?

—Sí.

—No me extraña que hayas ido tan lejos, parece que entiendes de navegación.

Pretenciosamente, respondo:

—Sí, mucho.

Eso provoca una situación molesta. Por si fuese poco, el comandante baja de su puesto de mando, pues acabamos de salir del estuario del Maroni y, como es el sitio más peligroso, ha debido llevar personalmente el timón. Ahora, lo ha pasado a otro. Así, pues, ese comandante de un color negro de Tombuctú, pequeño y gordo, de semblante bastante joven, pregunta dónde están los tipos que han ido en una tabla hasta Colombia.

—Este, ese y aquel, el de al lado —dice el jefe del convoy.

—¿Quién era el capitán? —pregunta el enano.

—Yo, señor.

—Bueno, pues, muchacho, como marino te felicito. No eres un hombre corriente. ¡Toma! —Se mete la mano en el bolsillo de la chaqueta—: Acepta este paquete de tabaco *bleu* con el papel de fumar. Fúmatelo a mi salud.

—Gracias, mi comandante. Pero yo también debo felicitarle a usted por atreverse a navegar en este coche fúnebre, una o dos veces por semana, según creo.

Se ríe a carcajadas, para colmar la medida a las personas que quise contrariar.

Dice:

—¡Ah! ¡Tienes razón! Hace mucho tiempo que hubiesen debido mandarla al cementerio esta carraca, pero la Compañía espera que se hunda para cobrar el seguro.

Entonces, termino diciendo con una estocada:

—Afortunadamente, para usted y la tripulación tiene un bote de salvamento.

—Afortunadamente, sí —dice el comandante sin reflexionar, antes de desaparecer por la escalerilla.

Aquel tema de conversación deliberadamente provocado por mí, llenó mi viaje más de cuatro horas. Cada cual tenía algo que decir, y la discusión, no sé cómo, llegó hasta la proa del barco.

La mar, hoy, hacia las diez de la mañana, no es gruesa, pero el viento no favorece el viaje. Hacemos nordeste, es decir, que vamos contra viento y marea, lo cual, naturalmente, hace cabecear y balancear más de lo normal el barco. Varios vigilantes y presidiarios están mareados. Por suerte para mí, el que está encadenado conmigo tiene espíritu de lobo de mar, pues nada es más desagradable que ver vomitar al lado de uno. Ese chico es un verdadero *titi*.* Subió a presidio en 1927. Hace, pues, siete años que está en las Islas. Es relativamente joven, treinta y ocho años.

—Me llamo Titi la Belote, pues debo decirte, amigo mío, que la *belote*** es mi fuerte. Por lo demás, en las Islas, vivo de eso. *Belote* todas las noches a dos francos el tanto. Y, cantando las cartas, la apuesta sube. Si ganas por un doscientos de sota, el tío te paga cuatrocientos francos y algunas plumas de los otros puntos.

—Pero entonces ¿hay mucho dinero en las Islas?

—¡Ah, sí, mi buen Papillon! Las Islas están llenas de estuches abarrotados de parné. Unos suben con ellos; otros, pagando un cincuenta por ciento, reciben dinero a través de los vigilantes trapisondas. Se nota que eres nuevo, amigo. ¿No sabes nada de eso?

—No, nada absolutamente. Solo sé que es muy difícil fugarse.

* Golfillo de París.
** Juego de naipes.

—¿Fugarse? —dice Titi—. No vale la pena hablar siquiera de ello. Va para siete años que estoy en las Islas y ha habido dos evasiones con el resultado de tres muertos y dos capturados. Nadie lo ha logrado. Por eso, hay pocos candidatos a probar suerte.

—¿Por qué has ido a Tierra Grande?

—A que me radiografiasen para ver si tengo úlcera.

—¿Y no intentaste evadirte del hospital?

—¡Quién habla! Tú, Papillon, lo echaste todo a perder. Y, encima, tuve la mala suerte de ir a parar a la misma sala de donde te evadiste. ¡Qué vigilancia! Cada vez que nos acercábamos a una ventana para respirar un poco, te obligaban a apartarte de ella. Y cuando preguntabas el porqué, te contestaban: «Por si acaso se te ocurría hacer como Papillon».

—Dime, Titi, ¿quién es ese tipo alto que está sentado al lado del jefe del convoy? ¿Es un chivato?

—¿Estás loco? Ese tipo es muy apreciado por todos. Es un cabrito, pero sabe portarse como un verdadero hampón: nada de frecuentar a los guardianes, nada de sitio de favor; su rango de presidiario, bien mantenido. Capaz de dar un buen consejo, buen camarada y distante con la poli. Ni siquiera el cura y el doctor han podido emplearle. Ese cabrito que se porta como todo un hombre, como puedes ver, es un descendiente de Luis XV. Sí, amigo mío, es conde, pero conde de verdad, se llama Jean de Bérac. No obstante, cuando llegó, le costó trabajo granjearse la estima de los hombres, pues había cometido algo muy asqueroso para subir a los duros.

—¿Qué hizo?

—Pues tiró a su propio hijo al río desde un puente, y como el chaval cayó en un sitio donde había poca agua, tuvo el valor de bajar, recogerlo y arrojarlo a una sima más profunda.

—¡Cómo! ¡Es como si hubiese asesinado dos veces a su propio chico!

—Según dice un amigo mío, que es contable y vio su expediente, ese macho estaba aterrorizado por el ambiente de nobleza que le rodeaba. Y su madre había echado a la calle, como a una perra, a la madre del chico, que era una joven sirvienta de su castillo. Según mi amigo, ese muchacho estaba dominado por una madre orgullosa, pedante, que le humilló tanto por haber tenido él, un conde, relaciones con una chacha, que ya no sabía lo que se hacía cuando fue a tirar al agua al chico tras decir a su madre que lo había llevado a la Asistencia Pública.

—¿A cuánto le han condenado?

—Diez años solamente. Puedes imaginar, Papillon, que no es un tipo como nosotros. La condesa, jefe de honor de la casa, debió explicar a los magistrados que matar al chaval de una criada no es un delito tan grave, cuando ha sido cometido por un conde que quiere salvar la reputación de su familia.

—¿Conclusión?

—Bien, mi conclusión personal, de humilde golfo parisiense, es la siguiente: libre y sin preocupaciones a la vista, ese conde Jean de Bérac era un hidalgo educado de tal manera que, contando tan solo la sangre azul, todo lo demás era insignificante y no valía la pena de preocuparse por ello. Quizá no eran siervos propiamente dichos, pero cuando menos seres desdeñables. Aquel monstruo de egoísmo y de pretensiones que era su madre le había triturado y aterrorizado hasta tal punto que ya era como ellos. Pero en el presidio, ese señor que antes creía tener derecho de pernada se ha vuelto un verdadero noble en toda la acepción de la palabra. Eso parece paradójico, pero solo ahora es de verdad el conde Jean de Bérac.

Las Islas de la Salvación, ese «desconocido» para mí, ya no lo será dentro de unas horas. Sé que es muy difícil evadirse de ellas, pero no imposible. Y, aspirando con deleite el viento de alta mar, pienso: «¿Cuándo ese viento en contra se volverá viento en popa en una evasión?».

Llegamos. ¡Ahí están las Islas! Forman un triángulo. Royale y San José son la base. La del Diablo, la altura. El sol, que ya ha declinado, las ilumina con todas sus luces, pero no tienen tanta intensidad como en los trópicos, por lo que pueden contemplarse detalladamente. Primero, la Royale, con una cornisa llana en torno de un cerro de doscientos metros de altura. La cima, plana. El conjunto produce la impresión de un sombrero mexicano puesto sobre el mar cuya punta hubiese sido desmochada. En todas partes, cocoteros muy altos, y muy verdes, también. Casitas de tejados rojos dan a esta isla un atractivo poco común y quien no sepa lo que hay más arriba desearía vivir en ella toda la vida. Un faro, en la meseta, debe alumbrar de noche, a fin de que, con mala mar, los barcos no se estrellen en las rocas. Ahora que estamos más cerca, distingo cinco edificios grandes y largos. Por Titi me entero de que primero hay dos inmensas salas donde viven cuatrocientos presidiarios. Después, el pabellón de represión, con sus celdas y sus calabozos, rodeado por una alta muralla blanca. El cuarto edificio es el hospital de los presidiarios, y el quinto, el de los vigilantes. Y en todas partes, diseminadas en las laderas, casitas de tejados rojos donde viven los vigilantes. Más lejos de nosotros, pero más cerca de la punta de Royale, San José; menos cocoteros, menos follaje y, en la meseta, un inmenso caserón que se ve muy distintamente desde el mar. Enseguida comprendo: es la Reclusión. Titi la Belote me lo confirma. Me muestra, más abajo, las edificaciones del campamento donde viven los presidiarios que cumplen pena normal. Esas edificaciones están junto al mar. Las torretas de vigilancia se destacan muy netamente con sus troneras. Y, luego, más casitas muy monas, con sus paredes pintadas de blanco y su tejado rojo.

Como el barco toma por el sur la entrada de la isla Royale, ahora ya no vemos la pequeña isla del Diablo. Por la impresión que me ha dado vista desde proa, es un enorme peñón, cubierto de cocoteros, sin construcciones importantes. Algunas casas a orillas del mar, pintadas de amarillo con tejados de color oscuro. Más tarde, sabré que son las casas donde viven los deportados políticos.

Estamos entrando en el puerto de Royale, bien resguardado por un inmenso malecón hecho de grandes bloques. Obra que, para ser llevada a cabo, ha debido de costar muchas vidas de presidiarios.

Tras tres toques de sirena, el *Tanon* ancla a unos doscientos metros del muelle. Ese muelle, bien construido con cemento y grandes cantos rodados, es muy largo y tiene más de tres metros de alto. Edificaciones pintadas de blanco, más atrás, se alinean a lo largo de él. Pintado en negro sobre fondo blanco, leo: «Puesto de Guardia», «Servicio de canoas», «Panadería», «Administración del Puerto».

Se ven presidiarios que contemplan el barco. No llevan el uniforme listado, sino pantalones y una especie de blusón blancos. Titi la Belote me dice que, en las Islas, quienes tienen dinero se lo hacen cortar «a medida» por los sastres, con sacos de harina de los que se han quitado los letreros, trajes muy flexibles y que hasta resultan ligeramente elegantes. Casi nadie, dice, lleva el uniforme de presidiario.

Una lancha se acerca al *Tanon*. Un vigilante al timón, dos vigilantes armados de mosquetones a derecha e izquierda: a popa, junto a aquel, seis presidiarios de pie, con el torso desnudo, pantalones blancos, bogan con inmensos remos. Pronto cubren la distancia. Detrás de ellos, remolcada, sigue una gran canoa parecida a las de salvamento, vacía. Acostan. Primero, bajan los jefes del convoy, que se sitúan a popa. Luego, dos vigilantes con mosquetones van hacia proa. Con los pies destrabados, pero con las esposas puestas, bajamos de dos en dos a la canoa; los diez de mi grupo y, luego, los ocho del grupo de proa. Los remeros arrancan. Harán otro viaje para los demás. Desembarcamos en el muelle y, alineados frente al edificio de la «Administración del Puerto», esperamos. Ninguno de nosotros lleva paquetes. Sin hacer caso de los guardias, los deportados nos hablan en voz alta, desde una distancia prudente de cinco o seis metros. Varios deportados de mi convoy me saludan amistosamente. Cesari y Essari, dos bandidos corsos que conocí en Saint-Martin, me dicen que son barqueros en el servicio del puerto. En ese momento, llega Chapar, el del asunto de la Bolsa de Marsella, a quien conocí en libertad en Francia. Sin cumplidos, delante de los guardianes, me dice:

—¡No te preocupes, Papillon! Cuenta con tus amigos, no te faltará nada en la Reclusión. ¿Cuánto te han endiñado?

—Dos años.

—Bueno, eso pasa pronto y, además, estarás con nosotros. Ya verás, no se está mal aquí.

—Gracias, Chapar. ¿Y Dega?

—Es contable, está arriba, me extraña que no esté aquí. Sentirá no haberte visto.

En este momento, llega Galgani. Viene hacia mí, el vigilante quiere impedirle que pase, pero pasa de todos modos, mientras dice:

—¡No va usted a impedirme que abrace a mi hermano, vaya, hombre! —Y me abraza diciendo—: Cuenta conmigo.

Luego, hace ademán de retirarse.

—¿Qué haces?

—Soy cartero.

—¿Qué tal?

—Estoy tranquilo.

Los últimos han desembarcado ya y se reúnen con nosotros. Nos quitan las esposas a todos. Titi la Belote, De Bérac y unos desconocidos son apartados de nuestro grupo. Un vigilante les dice:

—Vamos, en marcha para subir al campamento.

Ellos tienen su macuto del presidio. Cada cual se lo echa al hombro y todos se van hacia un camino que sube hasta la cima de la isla. El comandante de las Islas llega acompañado de seis vigilantes. Pasan lista. Están todos. Nuestra escolta se retira.

—¿Dónde está el contable? —pregunta el comandante.

—Ahora viene, jefe.

Veo llegar a Dega, bien vestido de blanco con una chaqueta con botones, acompañado por un vigilante; ambos llevan un gran libro bajo el brazo. Entre los dos hacen salir a los hombres de las filas, uno por uno, con su nueva clasificación:

—Usted, recluso Fulano de Tal, número de deportado número X, será numerado recluso Z.

—¿Cuánto?

—X años.

Cuando llega mi turno, Dega me abraza varias veces. El comandante se acerca.

—¿Es ese Papillon?

—Sí, mi comandante —dice Dega.

—Pórtese bien en la Reclusión. Dos años pasan pronto.

LA RECLUSIÓN

Una lancha está a punto. De los diecinueve reclusos diez se van en la primera lancha. Soy llamado para salir. Fríamente, Dega dice:

—No, ese saldrá en el último viaje.

Desde que llegué, estoy asombrado de ver la manera como hablan los presidiarios. No se nota disciplina alguna y ellos parecen reírse de los guardianes. Hablo con Dega, que se ha puesto a mi lado. Ya sabe toda mi historia y la de mi evasión. Hombres que estaban conmigo en Saint-Laurent vinieron a las Islas y se lo contaron todo. No me compadece, es demasiado sutil para hacerlo. Una sola frase, de corazón:

—Merecías tener éxito, hijo. ¡Será la próxima vez!

Ni siquiera me dice: ánimo. Sabe que lo tengo.

—Soy contable general y estoy a partir un piñón con el comandante. Pórtate bien en la Reclusión. Te mandaré tabaco y comida. No carecerás de nada.

—¡Papillon, en marcha!

Es mi turno.

—Hasta la vista a todos. Gracias por vuestras buenas palabras.

Y embarco en la canoa. Veinte minutos después, arribamos a San José. He tenido tiempo de notar que solo hay tres vigilantes armados a bordo para seis presidiarios remeros y diez condenados a reclusión. Hacernos con esta embarcación sería cosa de risa. En San José, comité de recepción. Dos comandantes se presentan a nosotros: el comandante de la penitenciaría de la isla y el comandante de la Reclusión. A pie, custodiados, nos hacen subir el camino que va a la Reclusión. Ningún presidiario en nuestro recorrido. Al entrar por la gran puerta de hierro sobre la que está escrito: RECLUSIÓN DISCIPLINARIA, se comprende enseguida la seriedad de esta cárcel. Esta puerta y las cuatro altas tapias que la rodean ocultan, primero, un pequeño edificio en el que se lee: ADMINISTRACIÓN-DIRECCIÓN, y tres edificios más, A, B, C. Nos hacen entrar en el edificio de la Dirección. Una sala fría. Cuando los diecinueve estamos formados en dos filas, el comandante de la Reclusión nos dice:

—Reclusos, esta casa es, ya lo sabéis, una casa de castigo para los delitos cometidos por hombres ya condenados a presidio. Aquí, no se trata de regeneraros. Sabemos que es inútil. Pero se procura meteros en cintura. Aquí hay un solo reglamento: cerrar el pico. Silencio absoluto. Telefonear resulta arriesgado, podéis ser sorprendidos y el castigo es muy duro. Si no estáis gravemente enfermos, no os apuntéis para la visita. Pues una visita injustificada entraña un castigo. Eso es todo lo que debo deciros. ¡Ah!, queda rigurosamente prohibido fumar. Vamos, vigilantes, cacheadlos a fondo y ponedlos a cada uno en una celda. Charrière, Clousiot y Maturette no deben estar en el mismo edificio. Ocúpese usted de eso, monsieur Santori.

Diez minutos después, me encierran en una celda, la 234 del edificio A. Clousiot está en el B y Maturette, en el C. Nos decimos adiós con la mirada. Al entrar aquí, todos hemos comprendido inmediatamente que si queremos salir vivos, hay que obedecer ese reglamento inhumano. Les veo irse, a mis compañeros de tan larga fuga, camaradas altivos y esforzados que me acompañaron con valentía y nunca se quejaron ni se arrepienten ahora de lo que hicieron. Se me encoge el corazón, pues al cabo de catorce meses de lucha codo con codo para conquistar nuestra libertad, hemos trabado para siempre entre nosotros una amistad sin límites.

Examino la celda donde me han hecho entrar. Nunca hubiese podido suponer ni imaginar que un país como el mío, Francia, madre de la libertad en el mundo entero, tierra que dio a luz los Derechos del Hombre y del Ciudadano, pueda tener, incluso en la Guayana francesa, en una isla perdida del Atlántico, del tamaño de un pañuelo, una instalación tan bárbaramente represiva como la Reclusión de San José. Figuraos doscientas cincuenta celdas una al lado de otra, cada cual adosada a otra celda, con sus cuatro gruesas paredes únicamente horadadas por una puertecita de hierro con su ventanilla. Sobre cada ventanilla, pintado a la puerta: PROHIBIDO ABRIR ESTA PUERTA SIN ORDEN SUPERIOR. A la izquierda, una tabla con una almohada de madera, el mismo sistema que en Beaulieu: la tabla se alza y se sujeta en la pared; una manta; por taburete, un bloque de cemento, al fondo, en un rincón; una escobilla; un vaso de soldado, una cuchara de palo, una plancha de hierro vertical que oculta un cubo metálico al que está sujeta por una cadena. (Puede sacarse desde fuera para vaciarlo y de dentro para usarlo.) Tres metros de alto. Por techo, enormes barrotes de hierro, gruesos como un raíl de tranvía, cruzados de tal forma que por ellos no puede pasar nada que sea ligeramente voluminoso. Luego, más arriba, el verdadero techo del edificio, a unos siete metros del suelo aproximadamente. Pasando por encima de las celdas adosadas unas a otras, un camino de ronda de un metro de ancho más o menos, con una barandilla de hierro. Dos vigilantes van continuamente desde un extremo hasta la mitad del recorrido donde se encuentran y dan media vuelta. La impresión es horrible. Hasta la pasarela llega una luz bastante clara. Pero, en el fondo de la celda, hasta en pleno día, apenas se ve nada. Enseguida, me pongo a andar, esperando que toquen el silbato, o no sé qué, para bajar las tablas. Para no hacer ningún ruido, presos y guardianes van en zapatillas. Pienso enseguida: «Aquí, en la 234, va a tratar de vivir sin volverse loco Charrière, alias Papillon, para cumplir una pena de dos años, o sea, setecientos treinta días. A él le toca desmentir el apodo "comedora de hombres" que tiene esta Reclusión».

Un, dos, tres, cuatro, cinco, media vuelta. Un, dos, tres, cuatro, cinco, media vuelta. El guardián acaba de pasar frente a mi techo. No le he oído venir, le he visto. ¡Zas! Se enciende la luz, pero muy arriba, colgada en el techo superior, a más de seis metros. La pasarela está alumbrada, las celdas quedan en penumbra. Camino, la péndola vuelve a estar en movimiento. Dormid tranquilos, enchufados del jurado que me habéis condenado, dormid tranquilos, pues creo que si supieseis adónde me mandasteis, os negaríais, asqueados, a ser cómplices de la aplicación de semejante castigo. Resultará harto difícil escapar a los vagabundeos de la imaginación. Casi imposible. Vale más, creo yo, encarrilarlos hacia temas que no sean demasiado deprimentes más bien que suprimirlos por completo.

En efecto, un toque de silbato anuncia que puede bajarse la tabla. Oigo un vozarrón que dice:

—Para los nuevos, sabed que, a partir de este instante, si queréis, podéis bajar las tablas y acostaros.

Solo presto atención a esas palabras: «Si queréis». Entonces, sigo andando, el momento es demasiado crucial para dormir. Es menester que me acostumbre a esta jaula abierta por el techo. Un, dos, tres, cuatro, cinco, enseguida he cogido el ritmo de la péndola; con la cabeza gacha, ambas manos a la espalda, la distancia de los pasos exactamente medida, como un péndulo que oscila, voy y vuelvo interminablemente, como un sonámbulo. Cuando llego al final de cada cinco pasos, ni siquiera veo la pared, la rozo al dar media vuelta, incansablemente, en este maratón que no tiene llegada ni tiempo determinado para terminar.

Sí, Papi, la verdad, no es ninguna broma esta «comedora de hombres». Y produce un efecto raro ver la sombra del guardián proyectarse contra la pared. Si se le mira levantando la cabeza, aún es más deprimente: como si uno fuese un leopardo caído en la trampa, observado desde arriba por el cazador que viene a capturarlo. La impresión es horrible y necesitaré meses para acostumbrarme.

Cada año, trescientos sesenta y cinco días; dos años: setecientos treinta días, si no hay ningún año bisiesto. Me sonrío al pensarlo. Mira, que sean setecientos treinta días o setecientos treinta y uno da igual. ¿Por qué da igual? No, no es lo mismo. Un día más son veinticuatro horas más. Y veinticuatro horas tardan en pasar. Más tardan setecientos treinta días de veinticuatro horas. ¿Cuántas horas sumarán? ¿Sería capaz de calcularlo mentalmente? ¿Cómo hacerlo? Es imposible. ¿Por qué no? Sí, se puede hacer. Vamos a ver. Cien días son dos mil cuatrocientas horas. Multiplicado por siete, es más difícil, suma dieciséis mil ochocientas horas por una parte, más treinta días que quedan a veinticuatro que suman setecientas veinte horas. Total: dieciséis mil ochocientas más setecientas veinte deben arrojar, si no me he equivocado, diecisiete mil quinientas veinte horas. Querido señor Papillon, tiene usted que matar diecisiete mil quinientas veinte horas en esta jaula especialmente fabricada, con sus paredes lisas, para contener fieras. ¿Cuántos minutos he de pasar aquí? Eso carece en absoluto de interés, hombre, las horas bueno, pero los minutos... No exageremos. ¿Por qué no los segundos? Que tenga importancia o no, no me interesa. ¡De algo hay que llenar esos días, esas horas, esos minutos, a solas conmigo mismo! ¿Quién estará a mi derecha? ¿Y a mi izquierda? ¿Y detrás de mí? Esos tres hombres, si las celdas están ocupadas, deben, a su vez, preguntarse quién acaba de ingresar en la 234.

Un ruido sordo de algo que acaba de caer detrás de mí, en mi celda. ¿Qué puede ser? ¿Habrá tenido mi vecino la habilidad de echarme algo por la reja? Trato de distinguir qué es. Veo con dificultad una cosa larga y estrecha. Cuando voy a recogerla, la cosa que adivino más que veo en la oscuridad se mueve y se desliza rápidamente hacia la pared. Cuando esta cosa se ha movido, yo he retrocedido. Llegada a la pared, comienza a trepar un poco y, luego, resbala hacia el suelo. La pared es tan lisa que esta cosa no puede agarrarse suficientemente para subir. Dejo que intente tres veces la escalada de la pared y, luego, a la cuarta, cuando ha caído, la aplasto de una patada. Es blanda, bajo la zapatilla. ¿Qué puede ser? Me arrodillo y la miro lo más cerca posible y, por fin, consigo distinguir qué es: un enorme ciempiés, de más de veinticinco centímetros de largo y de dos dedos pulgares de ancho. Me invade tal asco que no lo recojo para echarlo al cubo. Lo empujo con el pie bajo la tabla. Mañana, con luz, ya veremos. Tendré tiempo de ver muchos ciempiés; caen del techo. Aprenderé a dejar que se paseen sobre mi cuerpo sin intentar atraparlos ni molestarlos si estoy acostado. Asimismo, tendré ocasión de saber que un error de táctica, cuando están encima de uno, puede costar caro en sufrimientos. Una picadura de ese bicho asqueroso provoca una fiebre de caballo durante más de doce horas y abrasa horrorosamente durante casi seis.

De todas formas, será una distracción, un derivativo para mis pensamientos. Cuando caiga un ciempiés y me despierte, con la escobilla lo atormentaré el mayor tiempo posible o me divertiré con él dejando que se esconda para luego, algunos instantes después, tratar de descubrirlo.

Un, dos, tres, cuatro, cinco… Silencio total. Pero ¿aquí nadie ronca? ¿Nadie tose? Claro que hace un calor asfixiante. ¡Y es de noche! ¡Qué será de día! Estoy destinado a vivir con ciempiés. Cuando el agua subía en el calabozo submarino de Santa Marta, venían en grandes cantidades, aunque eran más pequeños, pero, de todos modos, de la misma familia que estos. En Santa Marta, había la inundación diaria, es verdad, pero se hablaba, se gritaba, se oía cantar o se escuchaban los gritos y las divagaciones de los locos temporales o definitivos. Es ilógico lo que estás diciendo, Papillon. Allá, la opinión unánime era que lo más que podía resistir un hombre eran seis meses. Ahora bien, aquí, hay muchos que deben quedarse cuatro o cinco años y hasta más. Que les condenen a cumplirlos, es una cosa; pero que los cumplan, ya es otro cantar. ¿Cuántos se suicidan? No veo cómo podría uno suicidarse. Sí, es posible. No resulta fácil, pero puedes ahorcarte. Te haces una cuerda con los pantalones, la atas a un extremo de la escobilla y, subiendo en la tabla, puedes pasar la cuerda a través de un barrote. Si haces esa operación a ras de la pared del camino de ronda, es probable que el guardián no vea la cuerda. Y cuando acabe de pasar, te balanceas en el vacío. Cuando el guardián vuelve, ya estás listo. Por lo demás, él no se deberá dar prisa por bajar, abrir tu calabozo y descolgarte. ¿Abrir el calabozo? No puede hacerlo. Está escrito en la puerta: «Prohibido abrir esta puerta sin orden superior». Entonces, no temas nada, el que quiera suicidarse tendrá todo el tiempo necesario antes de que le descuelguen «por orden superior».

Describo todo esto que quizá no sea muy animado e interesante para las personas que gustan de la acción y la pelea. Estas podrán saltarse las páginas, si les aburren. Sin embargo, las primeras impresiones, los primeros pensamientos que me asaltaban al tomar contacto con mi nueva celda, las reacciones de las primeras horas de entierro en vida, creo que debo pintarlas con la máxima fidelidad.

Hace ya mucho rato que camino. Percibo un murmullo en la noche, el cambio de guardia. El primero era alto y flaco, este es bajo y gordo. Arrastra sus zapatillas. Su roce se percibe dos celdas antes y dos celdas después. No es ciento por ciento silencioso como su camarada. Sigo caminando. Debe de ser tarde. ¿Qué hora será? Mañana no me faltará con qué medir el tiempo. Gracias a las cuatro veces que cada día debe de abrirse la ventanilla, sabré aproximadamente las horas. En cuanto a la noche, sabiendo la hora de la primera guardia y su duración, podré vivir con una medida bien establecida: primera, segunda, tercera guardia, etcétera.

Un, dos, tres, cuatro, cinco. Automáticamente, reanudo

esta interminable paseata y, con ayuda de la fatiga despliego fácilmente las alas de mi fantasía para ir a hurgar en el pasado. Por contraste, tal vez, con la oscuridad de la celda, estoy a pleno sol, sentado en la playa de mi tribu. La embarcación con la que pesca Lali se balancea a doscientos metros de mí en ese mar verde ópalo, incomparable. Escarbo la arena con los pies. Zoraima me trae un gran pescado asado a la lumbre, bien envuelto en una hoja de banano para que se mantenga caliente. Como con los dedos, naturalmente, y ella, con las piernas cruzadas, me contempla sentada frente a mí. Está muy contenta de ver cómo los grandes pedazos de pescado se desprenden fácilmente y lee en mi cara la satisfacción que me embarga de saborear un manjar tan delicioso.

Ya no estoy en la celda. Ni siquiera conozco la Reclusión, ni San José, ni las Islas. Me revuelvo en la arena, y me limpio las manos frotándolas contra ese coral tan fino que parece harina. Luego, voy al mar a enjuagarme la boca con esa agua tan clara y también tan salada. Recojo agua con el cuenco de las manos y me rocío la cara. Al frotarme el cuello, me doy cuenta de que llevo el pelo largo. Cuando Lali regrese, haré que me lo afeite. Toda la noche la paso con mi tribu. Quito el taparrabo a Zoraima y sobre la arena, allí a pleno sol, acariciado por la brisa marina, la hago mía. Ella gime amorosamente como suele hacer cuando goza. El viento, quizá, lleva hasta Lali esa música amorosa. De todas formas, Lali no puede menos que vernos y distinguir que estamos abrazados, está demasiado cerca para no ver claramente que hacemos el amor. Es verdad, debe de habernos visto, pues la embarcación vuelve hacia la costa. Lali desembarca, sonriente. Durante el regreso se ha soltado las trenzas y alisado con sus largos dedos los mojados cabellos que el viento y el sol de este día maravilloso empiezan ya a secar. Voy hacia ella. Me rodea el talle con su brazo derecho y me empuja para subir la playa hacia nuestra choza. Durante todo el recorrido, no para de darme a entender: «Y yo, y yo». Una vez en la choza, me derriba sobre una hamaca doblada en el suelo en forma de manta y olvido en Lali que el mundo existe. Zoraima es muy inteligente, no ha querido entrar hasta haber calculado que nuestro retozo había terminado. Ha llegado cuando, saciados de amor, todavía estamos tendidos completamente desnudos sobre la hamaca. Se sienta a nuestro lado, da unas palmaditas en las mejillas de su hermana y le repite una palabra que, seguramente, debe significar algo así como: Glotona. Luego, castamente, ajusta mi taparrabo y el de Lali, con ademanes henchidos de púdica ternura. Toda la noche, la he pasado en la Guajira. No he dormido en absoluto. Ni siquiera me he acostado para, con los ojos cerrados, ver a través de mis párpados esas escenas que he vivido realmente. Ha sido caminando sin parar en una especie de hipnosis, sin esfuerzo de mi voluntad, como me he vuelto a transportar a aquella jornada tan deliciosamente hermosa, vivida hace ya seis meses.

La luz se apaga y puede distinguirse que sale el sol, invadiendo la penumbra de la celda, expulsando esa especie de niebla vaporosa que envuelve todo lo que hay abajo, a mi alrededor. Un toque de silbato. Oigo las tablas que golpean la pared y hasta el gancho del vecino de la derecha cuando lo pasa en la anilla fijada en la pared. Mi vecino tose y oigo un poco de agua que cae. ¿Cómo se lava uno aquí?

—Señor vigilante, ¿cómo se lava uno aquí?

—Recluso, esta vez le perdono porque no lo sabe. Pero no está permitido hablar con el vigilante de guardia sin sufrir un grave castigo. Para lavarse, sitúese usted sobre el cubo y vierta el agua de la jarra con una mano. Lávese con la otra. ¿No ha desenrollado su manta?

—No.

—Dentro, seguramente, hay una toalla de lona.

¡Esa sí que es buena! ¿No se puede hablar al centinela de guardia? ¿Por ningún motivo? ¿Y si te asalta, vete a saber qué enfermedad? ¿O si te estás muriendo? ¿Una angina de pecho, una apendicitis, un ataque de asma demasiado fuerte? ¿Está prohibido, entonces, pedir auxilio, hasta en peligro de muerte? ¡Eso es el colmo! Pero no, es normal. Sería demasiado fácil armar un escándalo cuando, llegado al límite de la resistencia, los nervios se te rompen. Solo para oír voces, solo para que te hablen, incluso solo para que te digan: «¡Revienta, pero cállate!», quizá veinte veces al día una veintena de los doscientos cincuenta tipos que debe de haber aquí provocarían cualquier discusión para deshacerse, como a través de una válvula de escape, de ese exceso de presión de gas que les rompe el cerebro.

No puede haber sido ningún psiquiatra quien tuvo la idea de construir estas leoneras: un médico no se deshonraría hasta ese extremo. Tampoco ha sido un doctor quien ha establecido el reglamento. Pero los dos hombres que han realizado este conjunto, tanto el arquitecto como el funcionario, que han cronometrado los menores detalles de la ejecución de la pena, son, tanto uno como otro, dos monstruos repugnantes, dos psicólogos viciosos y malignos, llenos de odio sádico hacia los condenados.

De los calabozos de la Central de Beaulieu, en Caen, por muy profundos que sean, dos pisos bajo tierra, podía filtrarse, llegar al público algún día, el eco de las torturas o malos tratos infligidos a uno u otro preso castigado.

Prueba de ello es que cuando me quitaron las esposas y las empulgueras, vi verdadero miedo en las caras de los guardianes, miedo de tener dificultades, sin duda alguna.

Pero aquí, en esta Reclusión del presidio, donde solamente pueden entrar los funcionarios de la Administración, están muy tranquilos, no puede pasarles nada.

Clac, clac, clac, clac: se abren todas las ventanillas. Me acerco a la mía, me arriesgo a dar una ojeada, y, luego, saco un poco la cabeza, después toda, al pasillo, y veo a derecha e izquierda, multitud de cabezas. Enseguida comprendo que tan pronto abren las ventanillas, las caras de todos se asoman precipitadamente. El de la derecha me mira con ojos vacuos. Sin duda, está embrutecido por la masturbación. Descolorido y grasiento, en su pobre rostro de idiota no hay asomo de luz. El de la izquierda me dice rápidamente:

—¿Cuánto?

—Dos años.

—Yo, cuatro. He cumplido uno. ¿Nombre?

—Papillon.

—Yo, Georges, Jojo el Auvernés. ¿Dónde caíste?

—En París, ¿y tú?

No tiene tiempo de contestar: el café, seguido del chusco, llega a la segunda celda anterior a la suya. Mete la cabeza y yo hago lo mismo. Tiendo mi cazo, lo llenan de café y, luego, me dan el chusco. Como no me apresuro a coger el pan, al cerrarse la ventanilla el chusco rueda por el suelo. En menos de un cuarto de hora, ha vuelto el silencio. Debe de haber dos repartos, uno por pasillo, pues se termina enseguida. A mediodía, una sopa con un trozo de carne hervida. Por la noche, un plato de lentejas. Este menú, durante dos años, solo cambia por la noche: lentejas, alubias coloradas, guisantes, garbanzos, judías blancas y arroz con tocino. El de mediodía siempre es el mismo.

Cada quince días, también, sacamos todos la cabeza por la ventanilla y un presidiario, con una máquina de barbero nos corta la barba.

Hace tres días que estoy aquí. Una cosa me preocupa sobre todas. En Royale, mis amigos me dijeron que me mandarían comida y tabaco. No he recibido nada todavía y me pregunto, por lo demás, cómo podrían hacer un milagro semejante. Por lo que no me extraña demasiado no haber recibido nada. Fumar debe de ser muy peligroso y, de todos modos, es un lujo. Comer, sí, debe de ser vital, pues la sopa, a mediodía, es agua caliente y un pedacito de carne hervida de cien gramos aproximadamente. Por la noche, un cazo de agua en la que flotan algunas judías y otras legumbres secas. Francamente, echo menos la culpa a la Administración de que no nos den una ración decorosa, que a los reclusos que distribuyen y preparan la comida. Esta idea se me ocurre porque, por la noche, es un marsellés el que reparte las legumbres. Su cazo va hasta el fondo del perol y, cuando es él, tengo más legumbres que agua. Con los otros ocurre lo contrario, no hunden el cazo y cogen por arriba tras haber revuelto un poco. Resultado: mucha agua y pocas legumbres. Esa subalimentación es sumamente peligrosa. Para tener voluntad moral, hace falta cierta fuerza física.

Barren en el pasillo. Me parece que barren mucho rato frente a mi celda. La escoba chirría con insistencia contra mi puerta. Miro con atención y veo asomar un pedacito de papel blanco. Comprendo enseguida que me han deslizado algo bajo la puerta, pero que no han podido introducir más. Esperan a que lo retire antes de ir a barrer más lejos. Tiro del papel, lo despliego. Son unas palabras escritas con tinta fosforescente. Espero que haya pasado el guardián y, rápidamente, leo:

«Papi, todos los días en el cubo a partir de mañana habrá cinco cigarrillos y un coco. Masca bien el coco cuando lo comas si quieres que te aproveche. Traga la pulpa. Fuma por la mañana cuando vacían los cubos. *Nunca después del café de la mañana*, sino de la sopa del mediodía inmediatamente después de haber comido y, por la noche, de las legumbres. Adjunto un trocito de mina de lápiz. Cada vez que necesites algo, pídelo en un pedacito de papel adjunto. Cuando el barrendero frote la puerta con su escoba, rasca con los dedos. Si él rasca también, empuja tu nota. No la pases nunca antes de que él conteste. Ponte el trocito de papel en el oído para que no tengas que sacar el estuche, y el pedazo de mina en cualquier sitio o en un resquicio de la pared de tu celda. Ánimo. Un abrazo. Ignace-Louis».

Son Galgani y Dega quienes me mandan el mensaje. Algo me oprime la garganta: tener amigos tan fieles, tan abnegados, me reconforta. Y todavía con más fe en el porvenir, seguro de salir vivo de esta tumba, empiezo de nuevo a andar con paso alegre y ágil: un, dos, tres, cuatro, cinco, media vuelta, etc. Y mientras camino, pienso: «¡Qué nobleza! ¡Qué deseos de hacer el bien hay en esos dos hombres! Seguramente, corren un grave riesgo, quizá sus puestos de contable y de cartero. Es en verdad grandioso lo que hacen por mí, sin contar con que les debe costar muy caro. ¡A cuántas personas deben tener que comprar para llegar de Royale hasta mí, en mi calabozo de la "comedora de hombres"!».

Lector, debes comprender que un coco seco está lleno de aceite. Su pulpa dura y blanca está tan cargada de él que, rallando seis cocos y con solo poner la pulpa en agua caliente, el día siguiente se recoge en la superficie un litro de aceite. Este aceite, cuerpo graso de cuya falta es de lo que más sufrimos con nuestro régimen, también tiene muchas vitaminas. Con un coco cada día, tienes casi asegurada la salud. Por lo menos, no te deshidratas ni mueres de descomposición.

Hasta la fecha, hace ya más de dos meses que he recibido sin ningún tropiezo comida y tabaco. Cuando fumo, tomo precauciones de sioux, tragando hondamente el humo y luego echándolo, poco a poco, agitando el aire con la mano abierta en abanico, para que desaparezca.

Ayer, pasó una cosa curiosa. No sé si obré bien o mal. Un vigilante de guardia en la pasarela se apoyó en la barandilla y miró hacia mi celda. Encendió un cigarrillo, dio unas cuantas chupadas y, luego, lo dejó caer en mi celda. Después, se fue. Esperé a que volviese para pisar ostensiblemente el cigarrillo. El breve ademán de detenerse que hizo no duró mucho: tan pronto se dio cuenta de mi gesto, se fue otra vez. ¿Tuvo compasión de mí, o vergüenza de la Administración a la que pertenece? ¿O sería una trampa? No lo sé, y eso me tiene preocupado. Cuando sufrimos, nos volvemos hipersensibles. No quisiera, si ese vigilante quiso, durante unos segundos, ser un hombre bueno, haberle apenado con mi gesto de desprecio.

Ya hace dos meses que estoy aquí. Esta Reclusión es la única, a mi juicio, donde no hay nada que aprender. Porque no hay ninguna combina. Me he adiestrado perfectamente a desdoblarme. Tengo una táctica infalible. Para vagabundear en las estrellas con intensidad, para ver aparecer sin dificultades diferentes etapas pasadas de mi vida de aventurero o de mi infancia, o para construir castillos de arena con una realidad sorprendente, primero tengo que cansarme mucho. Necesito andar sin sentarme durante horas, sin parar, pensando en cualquier cosa. Después, cuando literalmente rendido me tumbo en mi tabla, reclino la cabeza sobre la mitad de la manta y doblo la otra mitad sobre mi cara. Entonces, el aire enrarecido ya de la celda me llega a la boca y a la nariz con dificultad, filtrado por la manta. Eso debe provocarme en los pulmones una especie de asfixia, y la cabeza empieza a arderme. Me ahogo de calor y de falta de aire y entonces, de repente, despliego las alas de mi fantasía. ¡Ah! Esas galopadas del alma, ¡qué indescriptibles sensaciones han producido en mí! He tenido noches de amor en verdad más intensas que cuando era libre, más turbadoras, con más sensaciones aún que las auténticas, que las que de verdad experimenté. Sí, esa facultad de viajar en el espacio me permite sentarme con mi madre, que murió hace diecisiete años. Juego con su vestido y ella me acaricia los rizos del cabello, que me dejaba muy largo, como si fuese una niña, a los cinco años. Acaricio sus dedos largos y finos, de piel suave como la seda. Se ríe conmigo de mi intrépido deseo de querer zambullirme en el río como he visto hacer a los chicos mayores, un día de paseo. Los menores detalles de su peinado, la luminosa ternura de sus ojos claros y brillantes, de sus dulces e inefables palabras: «Mi querido Riri, sé bueno, muy bueno, para que tu mamá pueda quererte mucho. Más adelante, cuando seas un poco mayor, también te zambullirás desde muy alto en el río. De momento, eres demasiado pequeño, tesoro mío. Anda, pronto llegará, demasiado pronto incluso, el día en que ya serás un grandullón».

Y, cogidos de la mano, bordeando el río, volvíamos a casa. Porque estoy de veras en la casa de mi infancia. Lo estoy de tal modo que tapo los ojos de mamá con las manos para que no pueda leer la partitura y, sin embargo, continúe tocando el piano. Estoy allí, pero de verdad, no con la imaginación. Estoy allí con ella, subido en una silla, detrás del taburete donde se sienta, y aprieto fuertemente con mis manitas para cerrar sus grandes ojos. Sus dedos ágiles continúan rozando las notas del piano para que yo oiga *La viuda alegre* hasta el fin.

Ni tú, inhumano fiscal, ni vosotros, policías de dudosa honestidad, ni tú, miserable Polein, que negociaste tu libertad a costa de un falso testimonio, ni vosotros, los doce enchufados que fuisteis lo bastante cretinos para haber seguido la tesis de la acusación y su manera de interpretar las cosas, ni tampoco vosotros, guardianes de la Reclusión, dignos socios de la «comedora de hombres», ni nadie, absolutamente nadie, ni siquiera las gruesas paredes ni la distancia de esta isla perdida en el Atlántico, nada, absolutamente nada psíquico o material impedirá mis viajes deliciosamente teñidos del rosa de la felicidad cuando despliego las alas hacia las estrellas.

Cuando al contar el tiempo que he de quedarme solo conmigo mismo solo hablé de «horas-tiempo», me equivoqué. Es un error. Hay momentos en que debe medirse por «minutos-tiempo». Por ejemplo, después de la distribución del café y el pan, cuando viene el vaciado de los cubos, aproximadamente una hora después. Cuando me devuelvan el cubo vacío encontraré el coco, los cinco cigarrillos y, a veces, una nota fosforescente. No siempre, pero a menudo, cuento entonces los minutos. Es bastante fácil, pues ajusto el paso a un segundo y, poniendo el cuerpo en péndulo, cada cinco pasos, en el momento de la media vuelta, digo mentalmente: uno. A los doce, suma un minuto. No vayáis a creer, sobre todo, que tenga ansia de saber si podré comer de ese coco que, en resumidas cuentas, es mi vida; si tendré cigarrillos, placer inefable el poder fumar en esta tumba diez veces en veinticuatro horas, pues cada cigarrillo lo fumo en dos veces. No, de cuando en cuando, me sobrecoge una especie de angustia en el momento de la entrega del café y, entonces, tengo miedo, sin razón particular, de que les haya pasado algo a las personas que, con peligro de su tranquilidad, me ayudan tan generosamente. Así es que espero y solo respiro cuando veo el coco. Está ahí; entonces, todo va bien... *para ellos*. Despacio, muy despacio, van pasando las horas, los días, las semanas, los meses. Hace ya casi un año que estoy aquí. Exactamente once meses y veinte días que no he conversado con alguien más de cuarenta segundos, y aun a base de palabras entrecortadas y más murmuradas que articuladas. He cambiado, sin embargo, algunas palabras en voz alta. Me había resfriado y tosía mucho. Pensando que aquello justificaría el salir para ir a la visita, me apunté de «pálido».

He aquí al doctor. Con gran extrañeza de mi parte, la ventanilla se abre. A través de la abertura, asoma una cabeza.

—¿Qué tiene usted? ¿Qué le duele? ¿Los bronquios? Vuélvase. Tosa.

Pero, ¡hombre! ¿Es una broma? Sin embargo, *es rigurosamente cierto*. Ha venido un médico de la Infantería colonial para examinarme a través de la ventanilla, hacerme volver a un metro de la puerta y auscultarme pegando el oído a la abertura. Luego, me dice:

Saque el brazo.

Iba a sacarlo maquinalmente cuando, por una especie de respeto para conmigo mismo, le digo al extraño médico:

—Gracias, doctor, no se moleste tanto. No merece la pena.

Por lo menos, he tenido la fuerza de ánimo de darle a entender con toda claridad que no me tomaba en serio su examen.

—Como quieras —tuvo el cinismo de responder.

Y se fue. Afortunadamente, pues estuve a punto de estallar de indignación.

Un, dos, tres, cuatro, cinco, media vuelta. Un, dos, tres, cuatro, cinco, media vuelta. Camino, camino infatigablemente, sin pararme, hoy camino con rabia, mis piernas están tensas y no, como de costumbre, relajadas. Diríase que después de lo que acaba de pasar, necesito pisotear algo. ¿Qué puedo pisotear con mis pies? Debajo de ellos, hay cemento. No, pisoteo muchas cosas caminando así. Pisoteo la apatía de ese matasanos que, por congraciarse con la Administración, se presta a cosas tan asquerosas. Pisoteo la indiferencia por el sufrimiento y el dolor de una clase de hombres por otra clase de hombres. Pisoteo la ignorancia del pueblo francés, su falta de interés o de curiosidad por saber adónde van y cómo son tratados los cargamentos humanos que cada dos años salen de Saint-Martin-de-Ré. Pisoteo a los periodistas de las crónicas negras que, tras haber escrito escandalosos artículos sobre un hombre, por un crimen determinado, algunos meses después ni siquiera se acuerdan de que haya existido. Pisoteo a los que han recibido confesiones y que saben lo que pasa en el presidio francés y se callan. Pisoteo el sistema de un proceso que se transforma en un torneo oratorio entre quien acusa y quien defiende. Pisoteo la organización de la Liga de los Derechos del Hombre y del Ciudadano que no eleva la voz para decir: *Poned fin a vuestra gillotina seca*, suprimid el sadismo colectivo que existe en los empleados de la Administración. Pisoteo el hecho de que ningún organismo o asociación interrogue nunca a los responsables de ese sistema para preguntarles cómo y por qué en el camino de la podredumbre desaparece, cada dos años, el ochenta por ciento de su población. Pisoteo los partes de fallecimiento de la medicina oficial: suicidios, descomposición, muerte por subalimentación continua, escorbuto, tuberculosis, locura furiosa, chochez. ¿Qué sé yo lo que pisoteo? Pero, en cualquier caso, después de lo que acaba de pasar, ya no camino normalmente, a cada paso que doy, aplasto algo.

Un, dos, tres, cuatro, cinco... y las horas que discurren despacio calman por cansancio mi muda rebelión.

Diez días más y habré cumplido la mitad de mi pena de reclusión. Es en verdad un hermoso aniversario que festejar, pues, aparte de esa fuerte gripe, gozo de buena salud. No estoy loco, ni en vías de estarlo. Estoy seguro, hasta ciento por ciento seguro, de salir vivo y equilibrado a fines del año que va a empezar.

Me despiertan unas voces veladas. Oigo:

—Está completamente tieso, monsieur Durand. ¿Cómo no lo ha notado usted antes?

—No lo sé, jefe. Como se ha ahorcado en el rincón del lado de la pasarela, he pasado varias veces sin verle.

—No tiene importancia, pero confiese que es ilógico que no lo haya visto antes.

Mi vecino de la izquierda se ha suicidado. Por lo menos, eso comprendo. Se lo llevan. La puerta se cierra. El reglamento ha sido rigurosamente respetado, puesto que la puerta ha sido abierta y cerrada en presencia de una «autoridad superior», el jefe de la Reclusión, cuya voz he reconocido. Es el quinto que desaparece cerca de mí en diez semanas.

El día del aniversario ha llegado. En el cubo he encontrado un bote de leche condensada Nestlé. Es una locura de mis amigos. Un precio de locura para procurársela y graves riesgos para pasarla. He tenido, pues, un día de triunfo sobre la adversidad. Por lo que he decidido no desplegar las alas hacia otros parajes. Estoy en la Reclusión. Ha pasado un año desde que llegué y me siento capaz de pirármelas mañana mismo, si tuviese la oportunidad. Es una puntualización positiva y estoy orgulloso de ella.

Por el barrendero de la tarde, cosa insólita, he tenido unas letras de mis amigos: «Ánimo. Solo te falta un año. Sabemos que gozas de buena salud. Nosotros estamos bien. Te abrazamos. Louis-Ignace. Si puedes, manda enseguida unas letras por el mismo conducto que te entrega estas».

En el papelito en blanco adjunto a la carta, escribo: «Gracias por todo. Estoy fuerte y espero estar igual gracias a vosotros dentro de un año. ¿Podéis dar noticias Clousiot, Maturette?».

En efecto, el barrendero vuelve, rasca en mi puerta. Raudo, le paso el papel, que desaparece inmediatamente. Toda esta jornada y parte de la noche he pisado tierra firme y en el estado en que me había prometido encontrarme repetidas veces. Un año, y estaré en una de las Islas. ¿Royale? ¿San José? Me hartaré de hablar, fumar y combinar la próxima evasión.

El día siguiente inicio con confianza en mi destino el primer día de estos trescientos sesenta y cinco que me quedan por pasar. Tenía razón respecto a los ocho meses siguientes. Pero el noveno, las cosas se echaron a perder. Esta mañana, en el momento de vaciar el cubo, el portador del coco ha sido pillado con las manos en la masa cuando empujaba el cubo, después de haber metido ya dentro el coco y los cinco cigarrillos.

El incidente era tan grave que durante unos minutos han olvidado el reglamento del silencio. Los golpes que recibía aquel pobre desgraciado se oían muy claramente. Luego, el estertor de un hombre herido de muerte. Se abre mi ventanilla y una cara congestionada de guardián me grita:

—¡Tú no pierdes nada por esperar!

—¡A tu disposición, so imbécil! —le respondo, encorajinado por haber oído el trato infligido a aquel pobre sujeto.

Eso pasó a las siete. Hasta las once no vino una delegación encabezada por el segundo comandante de la Reclusión. Abrieron aquella puerta que desde hacía veinte meses estaba cerrada sobre mí y que nunca había sido abierta. Me encontraba al fondo de la celda, con mi vaso de soldado en la mano, en actitud de defensa, con el propósito incontrovertible de atizar todos los golpes posibles, por dos razones: primero, para que algunos guardianes no me pegasen impunemente, y, segundo, para que me dejasen sin sentido más pronto. Pero no ocurrió nada de eso:

—Recluso, salga.

—Si es para pegarme, esperad a que me defienda, pues no tengo por qué salir para ser atacado por todos los lados. Estoy mejor aquí para dejar tieso al primero que me ponga las manos encima.

—Charrière, no van a pegarle.

—¿Quién me lo garantiza?

—Yo, el segundo comandante de la Reclusión.

—¿Es usted hombre de palabra?

—No me insulte, es inútil. Por mi honor, le prometo que no será usted golpeado. Vamos, salga.

Contemplo el vaso que tengo en la mano.

—Puede usted dejarlo, no tendrá que usarlo.

—De acuerdo, está bien.

Salgo y, rodeado por diez vigilantes y el segundo comandante, recorro todo el pasillo. Cuando llego al patio, la cabeza me da vueltas y mis ojos, lastimados por la luz, no pueden permanecer abiertos. Por fin, percibo la casita donde fuimos recibidos. Hay una docena de vigilantes. Sin empujarme, me hacen entrar en la Administración. En el suelo, ensangrentado, gime un hombre. Al ver un reloj de pared que señala las once, pienso: «Hace cuatro horas que están torturando a ese pobre tipo». El comandante está sentado tras su escritorio y el segundo comandante se sienta a su lado.

—Charrière, ¿cuánto tiempo hace que recibe usted comida y cigarrillos?

—Ya se lo habrá dicho él.

—Se lo pregunto a usted.

—Padezco de amnesia, ni siquiera puedo saber lo que ha pasado la víspera.

—¿Se burla usted de mí?

—No, me extraña que eso no conste en mi expediente. Soy amnésico a consecuencia de un golpe que recibí en la cabeza.

El comandante se queda tan asombrado de mi respuesta que dice:

—Preguntad a Royale si hay alguna mención al respecto sobre él.

Mientras telefonean, continúan preguntándome:

—¿Se acuerda usted bien de que se llama Charrière?

—De eso sí. —Y, rápido, para desconcertarle más, digo como un autómata—: Me llamo Charrière, nací en 1906 en el departamento de Ardèche y me condenaron a cadena perpetua en París, Sena.

Pone unos ojos como naranjas, noto que he conseguido desconcertarlo.

—¿Ha recibido su café y su pan esta mañana?

—Sí.

—¿Qué legumbre le sirvieron anoche?

—No lo sé.

—Entonces, si hemos de creerle, ¿no tiene usted memoria en absoluto?

—De lo que pasa, en efecto. De las caras, sí. Por ejemplo, sé que usted me recibió un día. ¿Cuándo? No lo sé.

—Entonces ¿no sabe cuánto le queda por cumplir?

—¿De la condena perpetua? Hasta que me muera, creo.

—No me refiero a eso, sino a su pena de reclusión.

—¿Tengo una pena de reclusión? ¿Por qué?

—¡Ah! ¡Esto ya es el colmo! ¡Por Dios! No conseguirás sacarme de mis casillas. ¡No irás a decirme que no te acuerdas de que estás purgando dos años por evasión!

Entonces, le aplano completamente:

—¿Por evasión, yo? Comandante, soy un hombre serio y capaz de adquirir responsabilidades. Venga conmigo a visitar mi celda y verá usted si me he evadido.

En este momento, un guardián le dice:

—Le llaman de Royale, mi comandante.

El comandante coge el aparato:

—¿No hay nada? Es raro, él pretende estar aquejado de amnesia... ¿La causa? Un golpe en la cabeza... Comprendido, es un simulador. Vaya a saber... Bien, dispense, mi comandante, lo comprobaré. Hasta la vista. Sí, le tendré al corriente.

—So comediante, deja que vea tu cabeza. ¡Ah, sí! Hay una herida bastante larga. ¿Cómo es posible que recuerdes que ya no tienes memoria después de recibir ese golpe? ¿Eh? Dime.

—No me lo explico, solo sé que me acuerdo del golpe, que me llamo Charrière y alguna que otra cosa más.

—En resumen, ¿qué quiere usted decir o hacer?

—Es lo que se discute aquí. ¿Usted me pregunta desde cuándo me mandan comida y tabaco? He aquí mi respuesta definitiva: no sé si esta es la primera vez o la que hace mil. En razón de mi amnesia, no puedo contestarle. Eso es todo, haga lo que quiera.

—Lo que quiero es muy sencillo. Has comido demasiado durante ese tiempo: bien, pues, a partir de ahora, vas a adelgazar un poco. Que se le suprima la cena hasta el fin de su pena.

El mismo día, con el segundo barrido tengo una nota. Desgraciadamente, no puedo leerla, no es fosforescente. Por la noche, enciendo un cigarro que me queda de la víspera y que ha escapado al registro, por estar muy bien escondido en la tabla. Entre chupada y chupada, consigo descifrar con su lumbre: «El limpiador no ha cantado. Ha dicho que solo era la segunda vez que te mandaba comida, por iniciativa propia. Que lo hizo porque te conoció en Francia. Nadie será molestado en Royale. Ánimo». Así, pues, estoy privado de coco, de cigarrillos y de noticias de mis amigos de Royale. Por si fuese poco, me han suprimido la cena. Me había acostumbrado a no padecer hambre y, además, las diez sesiones de cigarrillo me llenaban el día y parte de la noche. No solo pienso en mí, sino también en el pobre diablo que han molido a golpes por mi culpa. Esperemos que no le castiguen cruelmente.

Un, dos, tres, cuatro, cinco, media vuelta... Un, dos, tres, cuatro, cinco, media vuelta. No aguantarás así como así ese régimen de hambre y, quizá, dado que comerás poco, haya que cambiar de táctica. Por ejemplo, quedarse acostado todo el tiempo posible para no gastar energías. Cuanto menos me mueva, menos calorías quemaré. Estar sentado muchas horas a lo largo del día. Es una forma muy diferente de vida la que debo aprender. Cuatro meses, son ciento veinte días que pasar. Con el régimen que me han impuesto, ¿cuánto tiempo será necesario para que empiece a estar anémico? Por lo menos dos meses. Por lo tanto, tengo por delante dos meses cruciales. Cuando me encuentre demasiado débil, las enfermedades tendrán terreno maravillosamente abonado para atacarme. Decido quedarme tumbado desde las seis de la tarde a las seis de la mañana. Caminaré desde el café hasta después de la recogida de los cubos, más o menos dos horas. A mediodía, después de la sopa, dos horas aproximadamente. Total, cuatro horas de marcha. El resto del día, estaré sentado o acostado.

Será difícil desplegar las alas sin que esté fatigado. De todos modos, intentaré hacerlo.

Hoy, tras haber pasado largo rato pensando en mis amigos y en el desdichado que ha sido maltratado tan duramente, comienzo a adiestrarme en esa nueva disciplina. Lo consigo bastante bien, aunque las horas me parecen más largas y mis piernas, que no funcionan durante horas enteras, me parecen estar llenas de hormigas.

Hace diez días que dura este régimen. Ahora, siempre tengo hambre. Empiezo a sentir una especie de dejadez permanente que se ha apoderado endémicamente de mí. Sufro un horror la falta de ese coco, y un poco por los cigarrillos. Me acuesto muy temprano y, con bastante rapidez, me evado virtualmente de mi celda. Ayer, estuve en París, en el Rat Mort, bebiendo champán con amigos: Antonio de Londres (oriundo de las Baleares, pero que habla francés como un parisiense e inglés como un auténtico *rosbif* de Inglaterra). El día siguiente, en el Marronnier, bulevar de Clichy, mataba de cinco tiros de pistola a uno de sus amigos. Entre la gente del hampa, los cambios de amistad en odio mortal son tan rápidos como frecuentes. Sí, ayer estuve en París, bailando a los sones de un acordeón en el salón del Petit Jardin, avenida de Saint-Ouen, cuya clientela está compuesta por entero de corsos y marselleses. Todos los amigos desfilan en ese viaje imaginario con un verismo tal, que no dudo de su presencia, ni de mi presencia en todos esos lugares donde he pasado tan hermosas noches.

Así, pues, sin andar demasiado, con ese régimen alimenticio tan reducido consigo el mismo resultado que buscando el cansancio. Las imágenes del pasado me sacan de la celda con un poder tal que, verdaderamente, vivo más horas de libertad que de reclusión.

Solo me falta cumplir un mes. Hace ya tres que solo ingiero un chusco y una sopa caliente sin feculentos a mediodía con un pedazo de carne hervida. El hambre continua hace que me ponga a examinar el trozo de carne tan pronto me lo sirven, para ver si no es, como suele ocurrir, solo un pellejo.

He adelgazado mucho y me percato de cómo aquel coco que tuve la suerte de recibir durante veinte meses ha sido esencial para el mantenimiento de mi buena salud y de mi equilibrio en esta terrible exclusión de la vida.

Esta mañana, tras haberme tomado el café, estoy muy nervioso. Me he abandonado a comerme la mitad del pan, cosa que nunca hago. Habitualmente, lo parto en cuatro trozos más o menos iguales y los como a las seis, a mediodía, a las seis de la tarde y por la noche. «¿Por qué lo has hecho? —me riño a mí mismo—. ¿Ahora que todo termina tienes flaquezas tan graves? Tengo hambre y me siento sin fuerzas... No seas tan pretencioso. ¿Cómo vas a estar fuerte, comiendo lo que comes? Lo esencial, y en esto puedes considerarte vencedor, es que estás débil, es verdad pero no enfermo. La "comedora de hombres", lógicamente, con un poco de suerte, debe perder la partida contigo.» Estoy sentado, tras mis dos horas de marcha, en el bloque de cemento que me sirve de taburete. Treinta días más, o sea, setecientas veinte horas, y después se abrirá la puerta y me dirán: «Recluso Charrière, salga. Ha terminado sus dos años de reclusión». ¿Y qué diré? Esto: «Sí, por fin he terminado esos dos años de calvario». ¡Nada de eso, hombre! Si es el comandante al que fuiste con el cuento de la amnesia, debes continuar con él, fríamente. Le dices:

«¿Cómo, estoy indultado, me voy a Francia? ¿Ha terminado mi cadena perpetua?». Solo para ver la cara que pone y convencerle de que el ayuno al que te condenó es una injusticia. Pero ¿qué te pasa? Injusticia o no, al comandante le importa un pito haberse equivocado. ¿Qué importancia puede tener eso para su retorcida mentalidad? ¡No tendrás la pretensión de que el comandante tenga remordimientos por haberte infligido una pena injustamente! Te prohíbo suponer, tanto mañana como más adelante, que un esbirro sea un ser normal. Ningún hombre digno de este nombre puede pertenecer a esa corporación. Nos acostumbramos a todo en la vida, hasta a ser un canalla durante toda nuestra existencia. Quizá solo cuando esté cerca de la tumba, el temor de Dios, si es religioso, le asuste y le haga arrepentirse. Desde luego, no será por verdadero remordimiento de las cochinadas que haya cometido, sino por miedo de que, en el juicio de su Dios, sea él el condenado.

Así, cuando vayas a la isla, sea la que sea a donde te destinen, ya desde ahora, sabe que ningún compromiso deberá ligarte a esa raza. Cada cual se encuentra a un lado de una barrera claramente trazada. A un lado, la abulia, la pedante autoridad desalmada, el sadismo intuitivo, automático en sus reacciones; y en el otro, yo con los hombres de mi categoría, que, seguramente, han cometido delitos graves, pero en quienes el sufrimiento ha sabido crear cualidades incomparables: piedad, bondad, sacrificio, nobleza, coraje.

Con toda sinceridad, prefiero ser un presidiario que un esbirro.

Solo veinte días. Me siento, en verdad, muy débil. He notado que mi chusco siempre es de los más pequeños. ¿Quién puede rebajarse tanto hasta escoger sañudamente mi chusco? En mi sopa, desde hace varios días, no hay más que agua caliente, y el trozo de carne siempre es un hueso con muy poca carne o un poco de pellejo. Tengo miedo de caer enfermo. Es una obsesión. Estoy tan débil que no he de esforzarme nada para soñar, despierto, cualquier cosa. Esa profunda fatiga acompañada de una depresión en verdad grave me preocupa. Trato de reaccionar y, con penas y fatigas, logro pasar las veinticuatro horas de cada día. Rascan en mi puerta. Atrapo rápidamente un papel. Es fosforescente. Lo envían Dega y Galgani. Leo: «Manda unas letras. Muy preocupados por tu estado de salud. 19 días más, ánimo. Louis-Ignace».

Hay un pedazo de papel en blanco y una punta de mina de lápiz negra. Escribo: «Aguanto, estoy muy débil. Gracias, Papi».

Y como la escoba vuelve a frotar de nuevo, mando el papel. Estas letras sin cigarrillos, sin coco, significan para mí más que todo eso. Esta manifestación de amistad, tan maravillosa y constante, me da el fustazo que necesitaba. En el exterior, saben cómo estoy, y si cayese enfermo, el doctor, seguramente, recibiría la visita de mis amigos para impulsarle a cuidarme correctamente. Tienen razón, solo diecinueve días, estoy a punto de terminar esa carrera agotadora contra la muerte y la locura. No caeré enfermo. De mí depende hacer cuanto menos movimiento posible para no gastar más que las calorías indispensables. Voy a suprimir las dos horas de marcha de la mañana y las dos de la tarde. Es el único medio de aguantar. Por lo que, toda la noche, durante doce horas, estoy acostado, y las otras doce horas, sentado sin moverme en mi banco de piedra. De vez en cuando, me levanto y hago algunas flexiones y movimientos de brazos. Luego, me siento de nuevo.

Solo diez días.

Me estoy paseando por Trinidad, los violines javaneses de una sola cuerda me acunan con sus melodías quejumbrosas, cuando un grito horrible, inhumano, me devuelve a la realidad. Ese grito procede de una celda que está detrás de la mía, o, en todo caso, muy cerca. Oigo:

—Canalla, baja aquí, a mi fosa. ¿No estás cansado de vigilar desde arriba? ¿No ves que te pierdes la mitad del espectáculo por culpa de la poca luz que hay en este hoyo?

—¡Cállese, o será castigado severamente! —dice el guardián

—¡Ja, ja! ¡Deja que me ría, so imbécil! ¿Cómo puedes encontrar algo más cruel que este silencio? Castígame todo cuanto quieras, pégame, si te apetece, horrible verdugo, pero nunca encontrarás nada comparable con el silencio en el que me obligas a estar. ¡No, no, no! ¡No quiero, no puedo seguir sin hablar! Cochino imbécil, hace ya tres años que debía de haberte dicho: ¡mierda! ¡Y he sido lo bastante estúpido para esperar treinta y seis meses en gritarte mi asco por miedo de un castigo! ¡Mi asco por ti y todos los de tu calaña, podridos esbirros!

Algunos instantes después, la puerta se abre y oigo:

—¡No, así no! ¡Ponédsela al revés, es mucho más eficaz!

Y el pobre tipo que chilla:

—¡Ponla como quieras, tu camisa de fuerza, podrido! Al revés, si quieres, estréchala hasta ahogarme, tira fuerte con tus rodillas de los cordones. ¡Eso no me impedirá decirte que tu madre es una marrana y que por eso no puedes ser más que un montón de basura!

Deben de haberle amordazado, pues ya no oigo nada más. La puerta ha sido cerrada de nuevo. Esa escena, al parecer ha conmovido al joven guardián, puesto que, al cabo de algunos minutos, se para delante de mi celda y dice:

—Debe de haberse vuelto loco.

—¿Usted cree? Sin embargo, todo lo que ha dicho es muy sensato.

El guardián se queda de piedra, y me suelta, marchándose:

—Vaya, ¡esta me la apunto!

Este incidente me ha apartado de la isla de las buenas personas, los violines, las tetas de las hindúes, el puerto de Port of Spain, para devolverme a la triste realidad de la Reclusión.

Diez días más, o sea, doscientas cuarenta horas que aguantar.

La táctica de no moverme da sus frutos, a menos que sea

porque los días transcurren despacio, o a causa de las pequeñas cartas de mis amigos. Creo más bien que me siento más
fuerte a causa de una comparación que se impone en mí. Estoy
a doscientas cuarenta horas de ser liberado de la Reclusión,
me encuentro débil, pero mi mente sigue intacta, mi energía
solo pide un poco más de fuerza física para volver a funcionar
perfectamente. En tanto que ahí, detrás de mí, a dos metros,
separado por la pared, un pobre sujeto entra en la primera
fase de la locura, quizá por la puerta peor, la de la violencia.
No vivirá mucho, pues su rebeldía da ocasión a que puedan
atiborrarle a saciedad de tratamientos rigurosamente estudia-
dos para matarle lo más científicamente posible. Me reprocho
sentirme más fuerte porque el otro está vencido. Me pregunto si soy también uno de esos egoístas que, en invierno, bien
calzados, bien enguantados, con abrigos de pieles, ven desfi-
lar ante sí las masas que van a trabajar, heladas de frío, mal vestidas o, cuando menos, con las manos amoratadas por la he-
lada matutina, y que comparando ese rebaño que corre para
atrapar el primer «Metro» o autobús, se sienten mucho más
abrigados que antes y disfrutan de su pelliza con más intensidad que nunca. Muy a menudo, todo está hecho de compara-
ciones, en la vida. Es verdad, tengo diez años, pero Papillon
tiene la perpetua. Es verdad, tengo la perpetua, pero también
tengo veintiocho años, mientras que él tiene quince años, pero
ha cumplido los cincuenta.

Vamos, ya llego al final y, antes de seis meses, espero estar
bien en todos los aspectos —salud, moral, energía—, en buena disposicion para una fuga espectacular. Se ha hablado de la
primera, pero la segunda quedará grabada en las piedras de uno
de los muros del presidio. No me cabe la menor duda, me iré,
estoy seguro, antes de seis meses.

Esta es la última noche que paso en la Reclusión. Hace
diecisiete mil quinientas ocho horas que he ingresado en la celda 234. Han abierto mi puerta una vez, para conducirme ante
el comandante con el solo fin de que me castigue. Aparte de

mi vecino, con quien, algunos segundos al día, cambio unos cuantos monosílabos, me han hablado cuatro veces. Una vez, el primer día, para decirme que al toque de silbato había que bajar la tabla. Otra vez el doctor: «Vuélvase, tosa». Una conversación más larga y agitada con el comandante. Y, el otro día, cuatro palabras con el vigilante conmovido por el pobre loco. ¡No es como para divertirse! Me duermo tranquilamente sin pensar en otra cosa que mañana abrirán definitivamente esta puerta. Mañana veré el sol y, si me mandan a Royale, respiraré el aire del mar. Mañana seré libre. Me echo a reír. ¿Cómo que libre? Mañana comienzas oficialmente a purgar tu pena de trabajos forzados a perpetuidad. ¿A eso llamas ser libre? Ya sé, ya sé que esa vida no es comparable con la que acabo de soportar. ¿Cómo encontraré a Clousiot y a Maturette?

A las seis, me dan el café y el pan. Tengo ganas de decir: «¡Pero si hoy salgo! ¡Os equivocáis!». Enseguida pienso que soy «amnésico» y ¡quien sabe si el comandante, al darse cuenta de que le había tomado el pelo, no sería capaz de infligirme treinta días de calabozo! Pues, de todas formas, según la ley, debo salir de la Reclusión Celular de San José, hoy, 26 de junio de 1936. Dentro de cuatro meses, cumpliré treinta años.

Las ocho. Me he comido todo el chusco. Encontraré comida en el campamento. Abren la puerta. El segundo comandante y dos vigilantes están ahí.

—Charrière, ha cumplido usted su pena, estamos a 26 de junio de 1936. Síganos.

Salgo. Al llegar al patio, el sol brilla ya bastante para deslumbrarme. Tengo una especie de desfallecimiento. Las piernas me flojean y manchas negras bailan ante mis ojos. Sin embargo, no he recorrido más que unos cincuenta metros, treinta de ellos al sol.

Cuando llegamos ante el pabellón de la Administración, veo a Maturette y a Clousiot. Maturette está hecho un verdadero esqueleto, con las mejillas chupadas y los ojos hundidos.

Clousiot está tendido en una camilla, lívido, y huele a muerto. Pienso: «No tienen buen aspecto mis compañeros. ¿Estaré yo en igual estado?». Ardo en deseos de verme en un espejo. Les digo:

—¿Qué tal?

No contestan. Repito:

—¿Qué tal?

—Bien —dice quedamente Maturette.

Me dan ganas de decirle que, una vez terminada la pena de reclusión, tenemos derecho a hablar. Beso a Clousiot en la mejilla. Me mira con ojos brillantes y sonríe.

—Adiós, Papillon —me dice.

—No, hombre, no.

—Ya está, eso se acabó.

Algunos días más tarde, morirá en el hospital de Royale. Tenía treinta y dos años y había sido encarcelado a los veinte por el robo de una bicicleta que no cometió. Llega el comandante:

—Hacedles pasar. Maturette y usted, Clousiot, se han portado bien. Por lo tanto, en sus fichas pongo: «Buena conducta». Usted, Charrière, como ha cometido una falta grave, le pongo lo que se ha merecido: «Mala conducta».

—Perdón, mi comandante, ¿qué falta grave he cometido?

—¿De verdad que no se acuerda usted del hallazgo de los cigarrillos y el coco?

—No, sinceramente.

—Vamos a ver, ¿qué régimen ha seguido durante cuatro meses?

—¿Desde qué punto de vista? ¿Desde el punto de vista de la comida? Siempre el mismo desde que llegué.

—¡Ah! ¡Esto es el colmo! ¿Qué comió anoche?

—Como de costumbre, lo que me dieron. ¡Yo qué sé! No me acuerdo. Quizá judías o arroz con tocino, u otra legumbre.

—Entonces ¿por la noche come?

—¡Caray! ¿Cree usted que tiro mi escudilla?

—No, no es eso, renuncio. Bien, retiro lo de «mala conducta». Hágale otra ficha de salida, monsieur X... Te pongo «buena conducta», ¿te vale?

—Es lo justo. No he hecho nada para desmerecerla.

Y con esta frase nos vamos de la oficina.

La gran puerta de la Reclusión se abre para darnos paso. Escoltados por un solo vigilante, bajamos despacio el camino que va al campamento. Desde lo alto, se domina el mar brillante de reflejos plateados y de espuma. La isla de Royale, enfrente, llena de verdor y de tejados rojos. La del Diablo, austera y salvaje. Pido permiso al vigilante para sentarme unos minutos. Me lo concede. Nos sentamos, uno a la derecha y otro a la izquierda de Clousiot, y nos cogemos de las manos, sin siquiera darnos cuenta. Este contacto nos produce una extraña emoción y, sin decir nada, nos abrazamos. El vigilante dice:

—Venga, muchachos. Hay que bajar.

Y despacio, muy despacio, bajamos hasta el campamento, en el que yo y Maturette entramos de frente, cogidos todavía de la mano, seguidos de los dos camilleros que llevan a nuestro amigo agonizante.

LA VIDA EN ROYALE

Apenas entramos en el patio del campamento, nos rodea la benévola atención de todos los presidiarios. Encuentro a Pierrot el Loco, Jean Sartrou, Colondini, Chissilia. Hemos de ir a la enfermería los tres, nos dice el vigilante. Y, escoltados por una veintena de hombres, cruzamos el patio para entrar en la enfermería. En unos minutos, Maturette y yo tenemos delante una docena de paquetes de cigarrillos y de tabaco, café con leche muy caliente, chocolate hecho con cacao puro. Todo el mundo quiere darnos algo. A Clousiot, el enfermero le pone una inyección de aceite alcanforado y otra de adrenalina para el corazón. Un negro muy flaco dice:

—Enfermero, dale mis vitaminas, las necesita más que yo.

Es en verdad conmovedora esa prueba de solidaridad.

Pierre, el bordelés, me dice:

—¿Quieres parné? Antes de que vayas a Royale, tengo tiempo de hacer una colecta.

—No, muchas gracias, ya tengo. Pero ¿cómo sabes que voy a Royale?

—Nos lo ha dicho el contable. Los tres. Creo, incluso, que iréis al hospital.

El enfermero es un bandido corso del maquis. Se llama Essari. Posteriormente, habría de conocerlo mucho, ya contaré su historia completa, es interesante de veras. Las dos horas en la enfermería han pasado muy deprisa. Hemos comido y bebido bien. Saciados y contentos, nos vamos hacia Royale. Clousiot ha mantenido casi todo el rato los ojos cerrados, salvo cuando me acercaba a él y le ponía la mano sobre la frente. Entonces, abría los ojos, velados ya, y me decía:

—Papi, somos amigos de verdad.

—Más que eso, somos hermanos —le respondía.

Todavía con un solo vigilante, bajamos. En medio, la camilla de Clousiot y, a ambos lados, Maturette y yo. En la puerta del campo, todos los presidiarios nos dicen adiós y nos desean buena suerte. Les damos las gracias, pese a sus protestas. Pierrot el Loco me ha pasado al cuello un macuto lleno de tabaco, cigarrillos, chocolate y botes de leche Nestlé. Maturette también ha recibido uno. No sabe quién se lo ha dado. Tan solo el enfermero Fernández y un vigilante nos acompañan al muelle. Nos entrega una ficha para el hospital de Royale a cada uno. Comprendo que son los presidiarios enfermeros Essari y Fernández quienes, sin consultar al galeno, nos hospitalizan. Ya está ahí la lancha. Seis remeros, dos vigilantes a popa armados de mosquetones y otro al timón. Uno de los remeros es Chapar, el del caso de la Bolsa de Marsella. Bueno, en marcha. Los remos se hunden en el mar y, mientras boga, Chapar me dice:

—¿Qué tal, Papi? ¿Recibiste siempre el coco?

—No, los últimos cuatro meses, no.

—Ya sé, hubo un percance. El hombre se portó bien. Solo me conocía a mí, pero no se chivó.

—¿Qué ha sido de él?

—Murió.

—No es posible. ¿De qué?

—Al parecer, según un enfermero, le reventaron el hígado de una patada.

Desembarcamos en el muelle de Royale, la más importante de las tres islas. En el reloj de la panadería, son las tres. Este sol de la tarde es verdaderamente fuerte, me deslumbra y me calienta demasiado. Un vigilante pide dos camilleros. Dos presidiarios, forzudos ellos, impecablemente vestidos de blanco, cada cual con una muñequera de cuero negro, levantan como una pluma a Clousiot. Maturette y yo seguimos a este. Un vigilante, con unos papeles en la mano, camina detrás de nosotros.

El camino, de más de cuatro metros de anchura, está hecho de cantos rodados. La subida es dura. Afortunadamente, los dos camilleros se paran de vez en cuando y esperan que les alcancemos. Entonces, me siento en el brazo de la camilla, junto a la cabeza de Clousiot, y le paso suavemente la mano por la frente y la cabeza. Cada vez que lo hago, me sonríe, abre los ojos y dice:

—¡Mi amigo Papi!

Maturette le coge la mano.

—¿Eres tú, pequeño? —murmura Clousiot.

Parece inefablemente feliz de sentirnos a su lado. Durante un alto, cerca de la llegada, encontramos un grupo que va al trabajo. Casi todos son presidiarios de mi convoy. Todos, al pasar, nos dicen una palabra amable. Al llegar arriba, frente a un edificio cuadrado y blanco, vemos, sentadas a la sombra, a las más altas autoridades de las Islas. Nos acercamos al comandante Barrot, apodado Coco Seco, y a otros jefes del penal. Sin levantarse y sin ceremonias, el comandante nos dice:

—Así, pues, ¿no ha sido demasiado dura la Reclusión? Y ese de la camilla, ¿quién es?

—Es Clousiot.

Le mira y, luego, dice:

—Llevadles al hospital. Cuando salgan, haced el favor de avisarme para que me sean presentados antes de ingresar en el campamento.

En el hospital, en una gran sala muy bien iluminada, nos acomodan en camas muy limpias, con sábanas y almohadas. El primer enfermero que veo es Chatal, el enfermero de la sala de alta vigilancia de Saint-Laurent-du-Maroni. Se ocupa enseguida de Clousiot y da orden a un vigilante de llamar al doctor. Este llega sobre las cinco. Tras un examen largo y minucioso, le veo menear la cabeza, con expresión descontenta. Extiende su receta y, luego, se dirige hacia mí.

—No somos buenos amigos, Papillon y yo —le dice a Chatal.

—Me extraña, pues es un buen chico, doctor.

—Quizá, pero es reacio.

—¿Por qué motivo?

—Por una visita que le hice en la Reclusión.

—Doctor —le digo—, ¿llama usted una visita a eso de auscultarme a través de una ventanilla?

—Está prescrito por la Administración que no se abra la puerta de un condenado.

—De acuerdo, doctor, pero en bien de usted espero que solo colabore en la Administración y que no forme parte de ella.

—De eso hablaremos en otra ocasión. Voy a tratar de reanimarles, tanto a su amigo como a usted. En cuanto al otro, temo que sea demasiado tarde.

Chatal me cuenta que el doctor, sospechoso de preparar una evasión, fue internado en las Islas. Me informa también de que Jésus, aquel que me engañó en mi fuga, ha sido asesinado por un leproso. No sabe el nombre del leproso y me pregunto si no será uno de los que tan generosamente nos ayudaron.

La vida de los presidiarios en las Islas de la Salvación es completamente distinta de lo que pueda imaginarse. La mayor parte de los hombres son muy peligrosos, por varias razones. Principalmente, porque todo el mundo come bien, pues se trafica con todo: alcohol, cigarrillos, café, chocolate, azúcar, carne, legumbres frescas, pescado, langostinos, cocos, etc. Así es que todos gozan de perfecta salud en un clima muy sano. Solo los condenados temporales tienen la esperanza de ser liberados, pero los condenados a perpetuidad —¡perdido por perdido!— son peligrosos sin excepción. Todo el mundo está comprometido en el tráfico cotidiano, presidiarios y vigilantes. Es una mezcolanza fácil de comprender. Mujeres de vigilantes buscan jóvenes presidiarios para las faenas caseras (y, muy a menudo, los toman por amantes). Los llaman «mozos de familia». Algunos son jardineros, otros cocineros. Esta categoría de deportados es la que sirve de enlace entre el campamento y las casas de los guardianes. Los «mozos de familia» no son mal vistos por los demás presidiarios, pues gracias a ellos puede traficarse con todo. Pero no son considerados como puros. Ningún hombre del auténtico hampa acepta rebajarse a desempeñar esas tareas. Ni ser llavero, ni trabajar en el comedor de los vigilantes. Por el contrario, pagan muy caro los empleos que no tienen ninguna relación con los guardianes: poceros, barrenderos, conductores de búfalos, enfermeros, jardineros del penal, carniceros, panaderos, barqueros, carteros, guardas del faro. Todos estos empleos son desempeñados por los verdaderos duros. Un verdadero duro nunca trabaja en las faenas de mantenimiento de muros de contención, carreteras, escaleras, plantaciones de cocos; es decir, en las faenas a pleno sol o bajo la vigilancia de los guardianes. Se trabaja de siete a doce y de dos a seis. Esto da una idea del ambiente de esa mezcla de gentes tan diferentes que viven en común, presos y guardianes, verdadera aldea donde todo se comenta, todo se enjuicia, donde todo el mundo se ve vivir y se observa.

Dega y Galgani han venido a pasar el domingo conmigo en el hospital. Hemos comido pescado con ajiaceite, patatas, queso, café, vino blanco. Este yantar lo hemos hecho en la habitación de Chatal; estaban presentes él, Dega y Galgani, Maturette, Grandet y yo. Me han pedido que les contase toda mi fuga en sus más pequeños detalles. Dega ha decidido no volver a intentar nada para evadirse. Espera que le llegue de Francia un indulto de cinco años. Con los tres años cumplidos en Francia y los tres de aquí, solo le quedarían cuatro años. Está resignado a cumplirlos. En cuanto a Galgani, pretende que un senador corso se ocupe de su caso.

Luego, llega mi turno. Les pregunto por los sitios más propicios, aquí, para una evasión. Se produce una algarabía general. Para Dega, es una cuestión que ni siquiera se le ha ocurrido, como tampoco a Galgani. Por su parte, Chatal supone que un huerto debe tener sus ventajas para preparar una balsa. En cuanto a Grandet, me informa que es herrero en las «Obras». Es un taller donde, me dice, hay de todo: pintores, carpinteros, herreros, albañiles, fontaneros (casi ciento veinte hombres). Sirve para el mantenimiento de los edificios de la Administración. Dega, que es contable general, me conseguirá el puesto que quiera. A mí me toca escogerlo. Grandet me ofrece la mitad de su empleo de director de juegos, de forma que con lo que gane, sobre los jugadores, podré vivir bien sin gastar el dinero de mi estuche. Más adelante, comprobaré que es un empleo muy interesante, pero sumamente peligroso.

El domingo ha pasado con una rapidez asombrosa.

—Las cinco ya —dice Dega, que luce un hermoso reloj—, hay que volver al campamento.

Al irnos, Dega me da quinientos francos para jugar al póquer, pues, a veces, se hacen buenas partidas en nuestra sala. Grandet me da una magnífica navaja con muelle, cuyo acero ha templado él mismo. Es un arma temible.

—Anda armado siempre, noche y día.

—¿Y los cacheos?

—La mayoría de vigilantes que los hacen son llaveros árabes. Cuando un hombre es considerado peligroso, nunca le encuentran arma alguna, aunque la palpen.

—Nos volveremos a ver en el campamento —me dice Grandet.

Antes de irnos, Galgani me dice que ya me ha reservado un sitio en su rincón y que haremos chabola juntos (los miembros de una chabola comen juntos y el dinero de uno es de todos). En cuanto a Dega, no duerme en el campamento, sino en un cuarto del edificio de la Administración.

Hace ya tres días que estamos aquí, pero como me paso las noches al lado de Clousiot, no me he dado perfecta cuenta de la vida en esta sala del hospital donde somos casi sesenta. Además, como Clousiot está muy mal, le aíslan en una pieza donde ya hay un enfermo grave. Chatal le ha atiborrado de morfina. Teme que no pase de esta noche.

En la sala, treinta camas a cada lado de un pasillo de tres metros de ancho, casi todas ocupadas. Dos lámparas de petróleo alumbran el conjunto. Maturette me dice:

—Allí juegan al póquer.

Voy a ver a los jugadores. Son cuatro.

—¿Puedo hacer el quinto?

—Sí. Siéntate. Cada cartulina vale un mínimo de cien francos. Para jugar, son precisas tres cartulinas, o sea, trescientos francos. Ahí tienes trescientos francos en fichas.

Doy a guardar doscientos a Maturette. Un parisiense, llamado Dupont, me dice:

—Jugamos a la inglesa, sin comodín. ¿Lo sabes?

—Sí.

—Entonces te concedemos el honor de dar las cartas.

La velocidad con que juegan esos hombres es increíble. El envite debe ser muy rápido, de lo contrario el director de juegos dice: «Envite tardío», y hay que joderse. En eso, descubro una nueva clase de presidiarios: los jugadores. Viven del juego, para el juego, en el juego. Solo les interesa jugar. Entonces, se olvidan de todo: lo que han sido, su condena, lo que podrían hacer para modificar su vida. El compañero de juego puede ser un buen tipo o no, pero solo le interesa una cosa: jugar.

Hemos jugado toda noche. A la hora del café, nos paramos. He ganado mil trescientos francos. Me voy hacia la cama cuando Paulo se me acerca y me pide que le preste doscientos francos para jugar a la *belote* de dos. Necesita trescientos francos y solo tiene cien.

—Toma, ahí tienes trescientos. Vamos a medias —le digo.

—Gracias, Papillon, eres de veras el tipo del que he oído hablar. Seremos amigos.

Me tiende la mano, se la estrecho y se va muy contento.

Clousiot ha muerto esta mañana. En un momento de lucidez, la víspera había dicho a Chatal que no le pusiese más morfina:

—Quiero morir consciente del trance, sentado en mi cama con mis amigos al lado.

Está rigurosamente prohibido entrar en las habitaciones de aislamiento, pero Chatal ha cargado con la responsabilidad y nuestro amigo ha podido morir en nuestros brazos. Le he cerrado los ojos. Maturette estaba descompuesto por el dolor.

—Se ha ido el compañero de nuestra hermosa aventura. Lo han arrojado a los tiburones.

Cuando he oído estas palabras: «Lo han arrojado a los tiburones», me he quedado helado. En efecto, en las Islas no hay cementerio para los presidiarios. Cuando un condenado muere, es arrojado al mar a las seis, a la puesta del sol, entre San José y Royale, en un paraje infestado de tiburones.

La muerte de mi amigo me hace insoportable el hospital. Mando decir a Dega que voy a salir pasado mañana. Me envía unas letras: «Pide a Chatal que te haga conceder quince días de reposo en el campamento, así tendrás tiempo de escoger el empleo que te guste». Maturette se quedará algún tiempo más, Chatal quizá lo tome como ayudante de enfermero.

En cuanto salgo del hospital, me conducen al edificio de la Administración, ante el comandante Barrot, llamado Coco Seco.

—Papillon —me dice—, antes de ingresarle en el campamento, he tenido interés en charlar un poco con usted. Aquí, tiene un amigo valioso, mi contable general. Louis Dega. Pretende que usted no es merecedor de las notas que nos vienen de Francia, y que, al considerarse usted como un condenado inocente, es normal que esté en permanente rebeldía. Le diré que no estoy muy de acuerdo con él al respecto. Lo que me gustaría saber es en qué estado de ánimo se halla usted actualmente.

—En primer lugar, mi comandante, para poder contestarle, ¿puede usted decirme cuáles son las notas de mi expediente?

—Véalas usted mismo.

Y me tiende una cartulina amarilla en la que leo, más o menos, lo siguiente:

Henri Charrière, alias Papillon, nacido el 16 de noviembre de 1906, en... Ardéche, condenado por homicidio premeditado a trabajos forzados a perpetuidad por los Tribunales del Sena. Peligroso desde todos los puntos de vista. Vigilar estrechamente. No podrá disfrutar de empleos de favor.

Central de Caen: *Condenado incorregible. Susceptible de fomentar y dirigir una revuelta. Mantener en constante observación.*

Saint-Martin-de-Ré: *Individuo disciplinado, pero muy influyente en sus camaradas. Intentará evadirse en cualquier sitio.*

Saint-Laurent-du-Maroni: *Ha cometido una salvaje agresión contra tres vigilantes y un llavero para evadirse del hospital. Regresa de Colombia. Buen comportamiento en su prevención. Condenado a una pena leve de dos años de reclusión.*

Reclusión de San José: *Buena conducta hasta su liberación.*

—Con eso, amigo Papillon —dice el director, cuando le devuelvo la ficha—, no estamos tranquilos de tenerle como pensionado. ¿Quiere usted hacer un pacto conmigo?

—¿Por qué no? Depende del pacto.

—Es usted un hombre que, sin duda, hará todo lo posible para evadirse de las Islas, pese a las grandes dificultades que ello entraña. Quizá incluso lo consiga. Ahora bien, yo todavía estaré cinco meses en la dirección de las Islas. ¿Sabe usted cuánto cuesta una evasión a un comandante de las Islas? Un año de sueldo normal. Es decir, la pérdida completa de los haberes coloniales, retraso del permiso durante seis meses y su reducción a tres. Y, según las conclusiones de la indagación, si se reconoce negligencia por parte del comandante, posible pérdida de galón. Ya ve usted que es serio. Ahora bien, si quiero hacer mi labor honradamente, no porque sea usted capaz de evadirse tengo derecho a encerrarle en una celda o un calabozo. A menos que invente faltas imaginarias. Y eso no quiero hacerlo. Entonces, me gustaría que me diese usted su palabra de que no intentará la evasión hasta que me haya marchado de las Islas. Cinco meses.

—Mi comandante, le doy mi palabra de honor de que no me iré mientras esté usted aquí, si no tarda más de seis meses.

—Me voy dentro de menos de cinco meses, es absolutamente seguro.

—Muy bien, pregunte a Dega, le dirá que tengo palabra.

—Le creo.

—Pero, en compensación, pido otra cosa.

—¿Qué?

—Que durante los cinco meses que debo pasar aquí, pueda tener ya los empleos de los que podría beneficiarme más tarde y, quizá, incluso, cambiar de isla.

—Bien, conforme. Pero que eso quede entre nosotros.

—Sí, mi comandante.

Manda llamar a Dega, quien le convence de que mi sitio no está con los hombres de buena conducta, sino con los del hampa, en el edificio de los peligrosos, donde se encuentran todos mis amigos. Me entregan mi saco completo de efectos de presidiario y el comandante hace añadir algunos pantalones y chaquetas blancas incautadas a los sastres.

Y con dos pantalones impecablemente blancos, nuevos, flamantes, tres guerreras y un sombrero de paja de arroz, me encamino, acompañado por un guardián, hacia el campamento central. Para ir del pequeño edificio de la Administración al campamento, hay que cruzar toda la explanada. Pasamos por delante del hospital de los vigilantes, bordeando una tapia de cuatro metros que rodea toda la penitenciaría. Tras haber dado casi la vuelta a ese inmenso rectángulo, llegamos a la puerta principal. «Penitenciaría de las Islas - Sección Royale.» La inmensa puerta es de madera y está abierta de par en par. Debe de medir casi seis metros de alto. Dos puestos de guardia con cuatro vigilantes en cada uno. Sentado en una silla, un oficial. Nada de mosquetones; todos llevan pistola. Veo también cuatro o cinco llaveros árabes.

Cuando llego debajo del pórtico, salen todos los guardianes. El jefe, un corso, dice:

—Ahí viene un novato, y de categoría.

Los llaveros se disponen a cachearme, pero él les detiene:

—No le fastidiéis haciéndole sacar toda su impedimenta. Hala, pasa, Papillon. En el edificio especial, seguramente te esperan muchos amigos. Me llamo Sofrani. Buena suerte en las Islas.

—Gracias, jefe.

Y entro en un inmenso patio donde se alzan tres grandes edificaciones. Sigo al vigilante que me conduce a una de ellas. Sobre la puerta, una inscripción: EDIFICIO A - GRUPO ESPECIAL. Frente a la puerta abierta, el vigilante grita:

—¡Guardián de cabaña! —Entonces, aparece un viejo presidiario—. Aquí tienes un novato —dice el jefe, y se va.

Penetro en una sala rectangular muy grande donde viven ciento veinte hombres. Como en el primer barracón, en Saint-Laurent-du-Maroni, una barra de hierro discurre por uno de sus lados más largos, interrumpida tan solo por el emplazamiento de la puerta, una reja que se cierra durante la noche. Entre la pared y esa barra, están tendidas, muy rígidas, lonas que sirven de cama y que se llaman «hamacas» aunque no lo sean. Esas hamacas son muy cómodas e higiénicas. Encima de cada una hay dos tablas donde se puede dejar los trastos: una para la ropa blanca; otra para los víveres, la escudilla, etc. Entre las hileras de hamacas, un pasadizo de tres metros de ancho, el *coursier*. Los hombres viven aquí también en pequeñas comunidades, las chabolas. Las hay que son solo de dos hombres, pero también las hay de diez.

Apenas hemos entrado, cuando de todos lados llegan presidiarios vestidos de blanco:

—Papi, ven por aquí.

—No, vente con nosotros.

Grandet coge mi saco y dice:

—Hará chabola conmigo.

Le sigo. Colocamos la lona, bien estirada, que me servirá de cama.

—Toma, ahí tienes una almohada de plumas de gallina, macho —dice Grandet.

Encuentro un montón de amigos. Muchos corsos y marselleses, algunos parisienses, todos amigos de Francia o sujetos que conocí en la Santé, la Conciergerie o en el convoy. Pero, extrañado de verles aquí, les pregunto:

—¿No estáis en el trabajo, a estas horas?

Entonces, todos se guasean.

—¡Ah! ¡Esta sí que es buena! En este edificio, el que trabaja no lo hace más de una hora diaria. Después, vuelve a la chabola.

Este recibimiento es caluroso de veras. Esperemos que dure. Pero no tardo en percatarme de algo que no había previsto: después de los varios días pasados en el hospital, debo aprender a vivir de nuevo en comunidad.

Presencio algo que nunca hubiese imaginado. Entra un tío, vestido de blanco, que trae una bandeja cubierta con un trapo blanco impecable, y grita:

—Bistec, bistec, ¿quién quiere bistecs?

Poco a poco, llega a nuestra altura, se para, levanta el trapo blanco y aparece, bien apilados, como en una carnicería de Francia, toda una bandeja llena de bistecs. Se ve que Grandet es un cliente habitual, pues no le pregunta si quiere bistecs, sino cuántos quiere que le ponga.

—Cinco.

—¿Solomillo o lomo?

—Solomillo. ¿Qué te debo? Dame la cuenta, porque, ahora que somos uno más, no subirá lo mismo.

El vendedor de bistecs saca una agenda y se pone a calcular:

—Son ciento treinta y cinco francos, todo incluido.

—Cóbrate y empezamos de nuevo a cero.

Cuando el hombre se va, Grandet me dice:

—Aquí, si no tienes pasta, la espichas. Pero hay un sistema para tenerla siempre: la apañadura.

Entre los duros, «la apañadura» es la manera que cada uno tiene de apañárselas para hacerse con dinero. El cocinero del campo vende en bistecs la misma carne destinada a los presos. Cuando la recibe en la cocina, corta aproximadamente la mitad. Según los trozos, prepara bistecs, carne para estofado o para hervir. Una parte es vendida a los vigilantes a través de sus mujeres, y otra parte a los presidiarios que tienen medios para comprarla. Desde luego, el cocinero da una parte de lo que gana así al vigilante encargado de la cocina. El primer edificio donde se presenta con su mercancía siempre es el del grupo Especial, edificio A, el nuestro.

Así, pues, la apañadura es lo que hace el cocinero que vende la carne y la grasa; el panadero que vende pan de lujo y pan blanco en barritas destinado a los vigilantes; el carnicero de la carnicería que vende la carne; el enfermero que vende inyecciones; el contable que acepta dinero para hacer que te den tal o cual puesto, o, sencillamente, para eximirte de un trabajo; el horticultor que vende legumbres frescas y fruta; el presidiario empleado en el laboratorio que vende resultados de análisis y llega hasta a fabricar falsos tuberculosos, falsos leprosos, enteritis, etcétera; los especialistas de robo en el corral de las casas de los vigilantes que venden huevos, gallinas, jabón; los «mozos de familia» que trafican con el ama de la casa donde trabajan y traen lo que se les pide: mantequilla, leche condensada, leche en polvo, latas de atún, de sardinas, quesos y, por supuesto, vinos y licores (así en mi chabola, siempre hay una botella de Ricard y cigarrillos ingleses o americanos); igualmente, los que tienen derecho a pescar y vender su pescado y sus langostinos.

Pero la mejor «apañadura», la más peligrosa también, es ser

director de juegos. La regla es que nunca puede haber más de tres o cuatro directores de juegos por edificio de ciento veinte hombres. El que se decide a encargarse de los juegos, se presenta una noche, en el momento de la partida, y dice:

—Quiero un puesto de director de juego.

Le contestan:

—No.

—¿Todos decís no?

—Todos.

—Entonces, escojo a Fulano, para tomar su puesto.

El designado ha comprendido. Se levanta, va al centro de la sala y ambos se desafían a navaja. El que gana, se queda con los juegos. Los directores de juegos se quedan con el cinco por ciento de cada jugada ganadora.

Los juegos dan pie a otras pequeñas apañaduras. Hay el que prepara las mantas bien tendidas en el suelo, el que alquila banquetas a los jugadores que no pueden sentarse a la moruna, el vendedor de cigarrillos. Este coloca sobre la manta varias cajas de cigarros vacías, llenas de cigarrillos franceses, ingleses, americanos y hasta liados a mano. Cada uno tiene un precio y el jugador se sirve él mismo y echa escrupulosamente en la caja el precio fijado. Hay también el que prepara las lámparas de petróleo y cuida de que no humeen demasiado. Son lámparas hechas con botes de leche cuya tapa superior ha sido horadada para pasar una mecha que se empapa de petróleo y que, a menudo, hay que despabilar. Para los que no fuman, hay bombones y pasteles hechos mediante apañadura especial. Cada edificio posee uno o dos cafeteros. En su puesto, cubierto por dos sacos de yute y confeccionado a la manera árabe, toda la noche hay café caliente. De vez en cuando, el cafetero pasa a la sala y ofrece café o cacao mantenido caliente en una especie de marmita noruega de fabricación casera.

Por último, hay la pacotilla. Es una especie de apañadura artesana. Algunos trabajan el carey de las tortugas capturadas por los pescadores. Una tortuga de carey tiene trece placas que pueden pesar hasta dos kilos. El artista hace con ellas brazaletes, zarcillos, collares, boquillas, peines y armazones de cepillos. Hasta he visto un cofrecito de carey rubio, una verdadera maravilla. Otros esculpen cocos, astas de buey, de búfalo, ébano y madera de las Islas, en forma de serpientes. Otros hacen trabajos de marquetería de alta precisión, sin un clavo, todo a base de entalladuras. Los más hábiles trabajan el bronce. Sin olvidar los artistas pintores.

A veces, se asocian varios talentos para realizar un solo objeto. Por ejemplo, un pescador captura un tiburón. Prepara su mandíbula abierta, con todos sus dientes bien pulidos y bien rectos. Un ebanista confecciona un modelo reducido de ancla, con madera lisa y grano apretado, bastante ancha en medio para que se pueda pintar. Se fija la mandíbula abierta a esta ancla en la cual un pintor pinta las Islas de la Salvación rodeadas por el mar. El tema más a menudo utilizado es el siguiente: se ve la punta de la isla Royale, el canal y la isla de San José. Sobre el mar azul, el sol poniente lanza todas sus luces. En el agua, una embarcación con seis presidiarios de pie, con el torso desnudo, los remos alzados verticalmente y tres guardianes, empuñando metralletas, a popa. A proa, dos hombres levantan un féretro del que se desliza, envuelto en un saco de harina, el cadáver de un presidiario. En la superficie del agua, se ven tiburones que esperan el cadáver con las fauces abiertas. Abajo, a la derecha del cuadro, está escrito: «Entierro en Royale», y la fecha.

Todas esas diversas «pacotillas» se venden en las casas de los vigilantes. Las mejores piezas se pagan a menudo por adelantado o son hechas por encargo. El resto se vende a bordo de los barcos que recalan en las Islas. Es el feudo de los barqueros. Hay también los guasones, los que cogen un vaso de metal abollado y graban en él: «Este vaso perteneció a Dreyfus - isla del Diablo - fecha». Lo mismo hacen con cucharas o escudillas. Los marinos bretones tienen un truco infalible: grabar en cualquier objeto el nombre de «Sezenec».

Ese tráfico permanente hace entrar mucho dinero en las Islas y, por tanto, los vigilantes tienen interés en que se haga. Entregados a sus combinas, los hombres resultan más fáciles de manejar y se hacen a su nueva vida.

La sodomía cobra carácter oficial. Hasta el comandante, todo el mundo sabe que Fulano es la mujer de Zutano y, cuando se manda a uno de ellos a otra isla, se procura que el otro se reúna pronto con él, si no se pensó en trasladarles juntos.

De todos esos hombres, no hay tres de cada cien que traten de fugarse de las Islas. Ni siquiera los que sufren cadena perpetua. La única manera es tratar por todos los medios de ser desinternado y enviado a Tierra Grande, Saint-Laurent, Kourou o Cayena, lo que solo es posible para los internados temporales. Para los internados de por vida es imposible, aparte del homicidio. En efecto, cuando se ha matado a alguien, se es enviado a Saint-Laurent para comparecer ante el Tribunal. Pero como para ir allí antes hay que confesar, se arriesgan cinco años de reclusión por homicidio, sin saber si se podrá aprovechar la breve estancia en el cuartel disciplinario de Saint-Laurent —tres meses a lo sumo— para tratar de evadirse.

También se puede probar el desinternamiento por razones médicas. Si se es reconocido tuberculoso, se es enviado al campamento para tuberculosos llamado «Nouveau Camp», a ochenta kilómetros de Saint-Laurent.

Está también la lepra o la enteritis disentérica crónica. Es relativamente fácil llegar a ese resultado, pero entraña un terrible peligro: la cohabitación en un pabellón especial, aislado, durante casi dos años, con los enfermos de verdad. De ahí a pretenderse leproso y pillar la lepra, a tener pulmones estupendos y salir tuberculoso, a menudo no hay más que un paso. En cuanto a la disentería, es más difícil aún escapar al contagio.

Heme aquí, pues, instalado en el edificio A, con mis ciento veinte camaradas. Hay que aprender a vivir en esta comunidad donde no se tarda en ser catalogado. Primero, es menester que todo el mundo sepa que no se os puede atacar sin peligro. Una vez has conseguido hacerte temer hay que ser respetado por la manera de comportarse con los guardianes, no aceptar determinados puestos, rehusar determinadas faenas, no reconocer ninguna autoridad a los llaveros, no obedecer, ni siquiera a costa de un incidente, a un vigilante. Si se ha jugado toda la noche, ni siquiera se sale a pasar lista. El guardián de cabaña (a este edificio le llaman «la cabaña») grita: «Enfermo acostado». En las otras dos «cabañas», los vigilantes, a veces, van a buscar el «enfermo» llamado y le obligan a pasar lista. Pero nunca en el edificio de los destacados. En conclusión, lo que buscan ante todo, del pez más grande al más pequeño, es la tranquilidad del presidio.

Mi amigo Grandet, con quien hago chabola, es un marsellés de treinta y cinco años. Muy alto y flaco como un clavo, pero muy fuerte. Somos amigos desde Francia. Nos frecuentábamos en Tolón, en Marsella y en París.

Es un célebre reventador de cajas de caudales. Es bueno, pero quizá muy peligroso. Hoy estoy casi solo en esta sala inmensa. El jefe de cabaña barre y pasa el rastrillo por el suelo de cemento. Veo a un hombre que está arreglando un reloj, con un chirimbolo de madera en el ojo izquierdo. Sobre su hamaca, una tabla con unos treinta relojes colgados. Ese tipo, que tiene los rasgos de un hombre de treinta años, tiene el pelo completamente blanco. Me acerco a él y le miro trabajar. Luego, intento entablar conversación con él. No levanta siquiera la cabeza y sigue callado. Me aparto, un poco molesto, y salgo al patio para sentarme en el lavadero. Encuentro a Titi la Belote, quien se está adiestrando con unos naipes nuevos. Sus dedos ágiles barajan y vuelven a barajar las treinta y dos cartas con una rapidez inaudita. Sin dejar de mover sus manos como un prestidigitador me dice:

—Hola, compañero, ¿qué tal te va? ¿Estás bien en Royale?

—Sí, pero hoy me aburro. Voy a trabajar un poco, así saldré del campamento. He querido charlar un momento con un tipo que hace de relojero, pero ni siquiera me ha contestado.

—Ya sé, Papi, ese tipo se ríe de todo el mundo. Solo vive para sus relojes. Todo lo demás le importa un bledo. Claro que, después de lo que le pasó, tiene derecho a estar majareta. Por menos nos hubiésemos trastornado nosotros. Figúrate que ese joven (se le puede llamar joven, pues no tiene treinta años) fue condenado a muerte, el año pasado, por haber violado, al parecer, a la mujer de un guardián. Pura mentira. Hacía tiempo que se cepillaba a su patrona, la legítima de un jefe de vigilantes bretón. Como trabajaba en casa de ellos como «mozo de familia», cada vez que el bretón estaba de servicio diurno, el relojero se tiraba a la mujer. Solo que cometieron un error: la tía ya no le dejaba lavar y planchar la ropa. Lo hacía ella misma, y el cornudo de su marido, que la sabía holgazana, encontró el hecho curioso y empezó a sospechar. Pero no tenía pruebas de su infortunio. Entonces, combinó un golpe para sorprenderles en flagrante delito y matarles a los dos. No contaba con la reacción de la parienta. Un día, abandonó la guardia dos horas después de haber entrado y pidió a un vigilante que le acompañase a su casa, so pretexto de regalarle un jamón que había recibido de su tierra. Sigilosamente, traspone la entrada, pero apenas abre la puerta de la casita, cuando un loro se pone a berrear: «¡Ahí viene el amo!», como solía hacer cuando el guardián volvía a casa. Acto seguido, la mujer grita: «¡Que me violan! ¡Socorro!». Los dos guardianes entran en la habitación en el momento que la mujer se escapa de los brazos del presidiario, quien, sorprendido, salta por la ventana, mientras el cornudo le dispara. El relojero atrapa un balazo en el hombro, en tanto que, por su lado, la parienta se araña tetas y mejilla y se rasga la bata. El relojero cae, y cuando el bretón va a rematarle, el otro guardián lo desarma. Debo decirte que el otro guardián era corso y que enseguida había comprendido

374

que su jefe le había contado un cuento y que ni había violación ni niño muerto. Pero el corso no podía decirle lo que pensaba al bretón e hizo como si creyese el cuento de la violación. El relojero fue condenado a muerte. Hasta aquí, compañero, no hay nada extraordinario. Es después cuando el asunto se pone interesante.

»En la Royale, en el cuartel de los castigados, hay una guillotina. Cada pieza está bien guardada en un local especial. En el patio, las cinco losas sobre las que la levantan, bien juntas y niveladas. Cada semana, el verdugo y sus ayudantes, dos presidiarios, montan la guillotina con la cuchilla y toda la pesca y cortan uno o dos troncos de banano. Así, están seguros de que siempre está en buen estado su funcionamiento.

»El relojero saboyano se encontraba, pues, en una celda de condenado a muerte con otros cuatro condenados, tres árabes y un siciliano. Los cinco esperaban la respuesta a su petición de indulto hecha por los vigilantes que les habían defendido.

»Una mañana, montan la guillotina y abren bruscamente la puerta del saboyano. Los verdugos se echan sobre él, le traban los pies con una cuerda y le atan las muñecas con la misma cuerda que queda atada al nudo de los pies. Le ensanchan el cuello de la camisa con sus tijeras y, luego, despacito, recorren en la penumbra del amanecer una veintena de metros. Has de saber, Papillon, que cuando llegas ante la guillotina, te encuentras de cara con una tabla perpendicular sobre la que te atan con correas sujetas encima. Así, pues, le atan y, cuando se disponen a hacer bascular la tabla de la que sobresale su cabeza, llega el actual comandante Coco Seco, quien, obligatoriamente, debe asistir a la ejecución. En la mano lleva una gran linterna sorda y, en el momento que alumbra la escena, se da cuenta de que los imbéciles de guardianes se han equivocado: iban a cortar la cabeza del relojero, quien, aquel día, nada tenía que ver con la ceremonia.

»—¡Alto! ¡Alto! —grita Barrot.

»Está tan emocionado que, al parecer, ha perdido el habla. Deja caer su linterna sorda, atropella a todo el mundo, guardianes y verdugos, y personalmente, desata al saboyano. Por fin, logra ordenar:

»—Acompáñele a su calabozo, enfermero. Ocúpese de él, quédese con él, dele ron. Y vosotros, so cretinos, id a buscar a Rencasseu. ¡Es a él a quien se ejecuta hoy y no a otro!

»El día siguiente, el saboyano tenía el pelo completamente blanco, tal como lo has visto hoy. Su abogado, un guardián de Calvi, escribió una nueva solicitud de indulto al ministro de Justicia contándole el incidente. El relojero fue indultado y condenado a cadena perpetua. Desde entonces, se pasa el tiempo componiendo los relojes de los guardianes. Es su pasión. Los observa mucho tiempo, de ahí esos relojes colgados de su tabla. Ahora, seguramente, comprenderás que el tipo ese tenga derecho a estar un poco orate, ¿o no?

—Claro que sí, Titi, después de un choque semejante, tiene perfecto derecho a no ser demasiado sociable. Le compadezco sinceramente.

Cada día sé algo más acerca de esa nueva vida. La «cabaña A» es, en verdad, una concentración de hombres temibles tanto por su pasado como por su modo de reaccionar en la vida cotidiana. Sigo sin trabajar: espero un puesto de pocero que, después de tres cuartos de hora de trabajo, me dejará libre en la isla con derecho a ir de pesca.

Esta mañana, al pasar lista para ir a la plantación de cocoteros, designan a Jean Castelli. Este sale de la fila y pregunta:

—Pero ¿eso qué es? ¿Me mandan a trabajar a mí?

—Sí, a usted —dice el guardián de servicio—. Tome, coja este pico.

Fríamente, Castelli le mira y dice:

—Oye tú, auvernés, ¿no ves que hace falta venir de tu tierra para saber manejar ese extraño instrumento? Yo soy corso marsellés. En Córcega, tiramos muy lejos los utensilios de trabajo, y en Marsella, ni siquiera se sabe que existan. Guarda tu pico y déjame en paz.

El joven guardián, que todavía no está muy al corriente, según supe más tarde, levanta el pico sobre Castelli, con el mango para arriba. Al unísono, los ciento veinte hombres berrean:

—¡Carroña, no lo toques o eres hombre muerto!

—¡Rompan filas! —grita Grandet y, sin preocuparse de las posiciones de ataque que han tomado todos los guardianes, entramos en la cabaña.

La «cabaña B» desfila para ir al trabajo. La «cabaña C», también. Una docena de guardianes se presentan y, cosa rara, cierran la puerta enrejada. Una hora después, cuarenta guardianes están a ambos lados de la puerta, empuñando metralletas. Segundo comandante, jefe de guardianes, jefe de vigilantes, vigilantes, todos están ahí, salvo el comandante, que ha salido a las seis antes del incidente, de inspección en la isla del Diablo.

El segundo comandante dice:

—Dacelli, haga el favor de llamar a los hombres, uno a uno.

—Grandet.

—Presente.

—Salga.

Sale, entre los cuarenta guardianes. Dacelli le dice:

—Vaya a su trabajo.

—No puedo.

—¿Se niega usted?

—No, no me niego, estoy enfermo.

—¿Desde cuándo? No se ha declarado usted enfermo, cuando se pasó lista por primera vez.

—Esta mañana no estaba enfermo, pero ahora sí lo estoy.

Los primeros sesenta llamados responden exactamente lo

mismo, uno detrás de otro. Solo uno desobedece francamente. Sin duda, tenía intención de hacerse mandar a Saint-Laurent para comparecer ante el Consejo de Guerra. Cuando le dicen: «¿Se niega usted?», contesta:

—Sí, me niego, por tres veces.

—Por tres veces, ¿por qué?

—Porque me da usted asco. Me niego categóricamente a trabajar para tipos tan imbéciles como usted.

La tensión era alta. Los guardianes, sobre todo los jóvenes, no soportaban que los presidiarios les humillasen de tal modo. Solo esperaban una cosa: un gesto de amenaza que les permitiese entrar en acción con sus mosquetones, por lo demás apuntados al suelo.

—¡Todos los llamados en cueros! Y en marcha para las celdas.

A medida que las ropas caían, de vez en cuando se oía el ruido de un cuchillo que resonaba sobre el macadán del patio. En este mismo momento, llega el doctor.

—¡Bien, alto! Ahí viene el médico. ¿Quiere usted, doctor, reconocer a esos hombres? Los que no sean declarados enfermos, irán a los calabozos. Los demás, se quedarán en la cabaña.

—¿Hay sesenta enfermos?

—Sí, doctor, salvo ese, que se ha negado a trabajar.

—Que venga el primero —dice el doctor—. Grandet, ¿qué tiene?

—Una indigestión de cabo de vara, doctor. Todos somos hombres condenados a largas penas y la mayoría a perpetuidad, doctor. En las Islas, no hay esperanza de evadirse. No podemos aguantar esta vida si no hay cierta elasticidad y comprensión en el reglamento. Ahora bien, esta mañana, un vigilante se ha permitido, delante de nosotros, querer desnucar de un porrazo con el mango de un pico a un camarada apreciado por todos. No era un gesto de defensa, pues ese hombre no había amenazado a nadie. Solo dijo que no quería trabajar a pico y pala. Esta es la verdadera causa de nuestra epidemia colectiva. Juzgue usted mismo.

El doctor baja la cabeza, reflexiona un largo minuto, y luego, dice:

—Enfermero, anote: «Por razón de una intoxicación alimentaria colectiva, el enfermero vigilante Fulano tomará las medidas necesarias para purgar con veinte gramos de sulfato sódico a todos los deportados que se han declarado enfermos en el día de hoy. En cuanto al deportado X, ruego le pongan en observación en el hospital para que sepamos si su negativa a trabajar ha sido expuesta en plena posesión de sus facultades».

Vuelve la espalda y se va.

—¡Todo el mundo adentro! —grita el segundo comandante—. Recoged vuestras ropas y no os olvidéis de los cuchillos.

Aquel día, todos se quedaron en la cabaña. Nadie pudo salir, ni siquiera el repartidor de pan. Hacia mediodía, en vez de sopa, el vigilante enfermero, acompañado de dos presidiarios-enfermeros, se presentó con un cubo de madera, lleno de purgante de sulfato sódico. Solo tres pudieron ser obligados a tragar la purga. El cuarto se cayó encima del cubo simulando un ataque epiléptico perfectamente remedado, y echó purga, cubo y cazo por los suelos.

He pasado la tarde charlando con Jean Castelli. Ha venido a comer con nosotros. Hace chabola con un tolonés, Louis Gravon, condenado por un robo de pieles. Cuando le he hablado de pirarse, sus ojos han brillado. Me dice:

—El año pasado estuve a punto de evadirme, pero la operación se fue al traste. Ya me sospechaba que no eras tú hombre para quedarte tranquilo aquí. Solo que hablar de pirárselas en las Islas es hablar en chino. Por otra parte, me doy cuenta de que aún no has comprendido a los presidiarios de las Islas. Así como los ves, el noventa por ciento se encuentran relativamente felices aquí. Nadie te denunciará nunca, hagas lo que hagas. Si se mata a alguien, nunca hay testigos;

si se roba, ídem. Haga lo que haga quien sea, todos se juntan para defenderle. Los presidiarios de las Islas solo temen una cosa, que una evasión tenga éxito. Pues, entonces, toda su relativa tranquilidad queda trastornada: registros continuos, se acabaron los juegos de cartas, la música (los instrumentos son destruidos durante los registros), se acabaron los juegos de ajedrez y de damas, ¡todo sanseacabó, vaya! Nada de pacotilla, tampoco. Todo absolutamente todo queda suprimido. Registran sin parar. Azúcar, aceite, bistecs, mantequilla, todo desaparece. Cada vez, los fugados que han logrado dejar las Islas son detenidos en Tierra Grande, en los alrededores de Kourou. Pero para las Islas, la fuga ha tenido éxito: los audaces han conseguido salir de la isla. De ahí que se sancione a los guardianes, quienes luego se vengan con todo el mundo.

Escucho con toda mi atención. Estoy asombrado. Nunca había visto la cuestión bajo ese aspecto.

—Conclusión —dice Castelli—, el día que te metas en la mollera preparar una fuga, anda con pies de plomo. Antes de tratar con un tipo, si no es un íntimo amigo tuyo, piénsalo diez veces.

Jean Castelli, ladrón profesional, tiene una voluntad y una inteligencia poco comunes. Detesta la violencia. Le apodan el Antiguo. Por ejemplo, solo se lava con jabón de Marsella, y si me lavo con Palmolive, me dice:

—Pero ¡si hueles a marica, palabra! ¡Te has lavado con jabón de mujer!

Desgraciadamente, tiene cincuenta y dos años, pero su energía férrea da gusto de ver. Me dice:

—Tú, Papillon, diríase que eres mi hijo. La vida de las Islas no te interesa. Comes bien porque es necesario para estar en forma, pero nunca te acomodarás para vivir tu vida en las Islas. Te felicito. De todos los presidiarios, no llegamos a media docena los que pensamos así. Sobre todo, en evadirse. Hay, es verdad, muchos hombres que pagan fortunas para hacerse desinternar y, así, ir a Tierra Grande para tratar de evadirse. Pero, aquí, nadie cree en eso de darse el piro.

El viejo Castelli me da consejos: aprender el inglés y, cada vez que pueda, hablar español con un español. Me ha prestado un libro para aprender el español en veinticuatro lecciones. Un diccionario francés-inglés. Es muy amigo de un marsellés, Gardès, que sabe mucho de fugas. Se ha evadido dos veces. La primera, del presidio portugués; la segunda, de Tierra Grande. Tiene su punto de vista sobre la evasión de las Islas; Jean Castelli, también. Gravon, el tolonés, también tiene su manera de ver las cosas. Ninguna de esas opiniones concuerda. A partir de hoy, tomo la decisión de darme cuenta por mí mismo y de no hablar más de pirármelas.

Es duro, pero así es. El único punto sobre el cual están todos de acuerdo es que el juego solo interesa para ganar dinero, y que resulta muy peligroso. En cualquier momento puedes verte obligado a liarte a navajazos con el primer matasiete que llegue. Los tres son hombres de acción y están en verdad formidables, teniendo en cuenta su edad: Louis Gravon tiene cuarenta y cinco años y Gardès, casi cincuenta.

Anoche, tuve ocasión de dar a conocer mi modo de ver y de actuar a casi toda nuestra sala. Un cabrito de Toulouse es desafiado a navajazos por uno de Nimes. El cabrito de Toulouse es apodado Sardina y el matasiete de Nimes, Carnero. Carnero, con el torso desnudo, está en medio del *coursier*, empuñando la navaja:

—O me pagas veinticinco francos por partida de póquer o no juegas más.

Sardina responde:

—Nunca se ha pagado nada a nadie por jugar al póquer. ¿Por qué te metes conmigo y no con los directores de juego de la marsellesa?

—No tienes por qué saberlo. O pagas, o no juegas más, o te peleas.

—No, no me pelearé.

—¿Te rajas?

—Sí. Porque corro el riesgo de ganarme un navajazo o hacerme matar por un matón como tú que nunca se ha dado el piro. Yo soy hombre de evasión, no estoy aquí para matar o hacer que me maten.

Todos, sin excepción, estamos a la espera de lo que va a pasar. Grandet me dice:

—En verdad que es bravo, el cabrito, y, además, hombre de fuga. Lástima que no se pueda decir nada.

Abro mi navaja y me la pongo bajo el muslo. Estoy sentado en la hamaca de Grandet.

—Así, pues, rajado, ¿pagas o dejas de jugar? Contesta.

Y da un paso hacia el Sardina. Entonces grito:

—¡Cierra el pico, Carnero, y deja tranquilo a ese tipo!

—¿Estás loco, Papillon? —me dice Grandet.

Sin moverme del sitio, sentado con mi cuchillo abierto bajo la pierna izquierda, y la mano sobre el mango, digo:

—No, no estoy loco, y escuchad todos lo que voy a deciros. Carnero, antes de pelearme contigo, lo cual haré si así lo exiges, aun después de haber hablado, deja que te diga a ti y a todos que, desde mi llegada a esta cabaña donde somos más de cien, todos del hampa, me he percatado con sonrojo de que la cosa más hermosa, la más meritoria, la única que de verdad importa (la fuga), no es respetada. Ahora bien, todo hombre que haya demostrado ser hombre de fuga, que tiene suficientes redaños para arriesgar su vida en una evasión, debe ser respetado por todos al margen de cualquier otra cuestión. ¿Quién dice lo contrario? —Silencio—. En todas vuestras leyes, falta una, por lo demás primordial: la obligación válida para todos de no solo respetar, sino de ayudar y apoyar a los hombres de fuga. Nadie está obligado a irse y admito que casi todos hayáis decidido pasar la vida aquí. Pero si no tenéis el valor de intentar revivir, tened al menos el respeto que merecen los hombres de fuga. Y quien olvide esa ley de hombre, que se disponga a sufrir graves consecuencias. Ahora, Carnero, si sigues queriendo pelearte, en guardia.

Y, de un salto, me pongo en medio de la sala, empuñando la navaja. Carnero tira la suya y dice:

—Tienes razón, Papillon. No quiero desafiarme a navaja contigo, pero sí a puñetazos, para que veas que no soy un rajado.

Entrego mi navaja a Grandet. Nos hemos pegado como perros durante casi veinte minutos. Al final, con un cabezazo afortunado, he conseguido tumbarle. Juntos, en los retretes, nos lavamos la sangre que nos brota de la cara. Carnero me dice:

—Es verdad, en estas Islas nos embrutecemos. Llevo quince años aquí y no he gastado siquiera mil francos para tratar de hacerme desinternar. Es una vergüenza.

Cuando vuelvo a la chabola, Grandet y Galgani me pegan una bronca.

—¿Te has vuelto loco? ¿A qué viene eso de provocar e insultar a todo el mundo? No sé por qué milagro nadie ha saltado al *coursier* para pelear a navajazos contigo.

—No, amigos míos, nada tiene de extraño. Todo hombre de nuestro ambiente, cuando alguien tiene de veras razón, reacciona dándole, precisamente, la razón.

—Está bien —dice Galgani—. Pero ¿sabes?, no te diviertas demasiado jugando con ese volcán.

Durante toda la velada han venido hombres a hablar conmigo. Se acercan como por azar, hablan de cualquier cosa y, luego, antes de irse, añaden:

—Estoy de acuerdo con lo que dijiste, Papi.

Este incidente de la navaja me ha situado bien con los hombres.

A partir de ahora, seguramente estoy considerado por mis camaradas como un hombre de su ambiente, pero que no se doblega ante las cosas admitidas sin analizarlas y discutirlas. Me doy cuenta de que cuando soy yo quien lleva el juego, hay menos disputas y que, si doy una orden, obedecen enseguida.

El director de juegos, como ya he dicho, se lleva el cinco por ciento de cada apuesta ganadora. Está sentado en su banqueta, adosado a la pared para resguardarse de un asesino siempre posible. Una manta sobre las rodillas tapa una navaja abierta. Alrededor de él, en círculo, treinta, cuarenta y a veces hasta cincuenta jugadores de todas las regiones de Francia, muchos extranjeros, árabes incluidos. El juego es muy fácil. Hay el que tiene la banca y el que talla. Cada vez que el que tiene la banca pierde, pasa las cartas a su vecino. Se juega con cincuenta y dos cartas. El que talla, reparte la baraja y se guarda un naipe tapado. El que tiene la banca saca una carta y la pone boca arriba sobre la manta. Entonces, se hacen las apuestas. Se juega sea por la talla, sea por la banca. Cuando las apuestas están colocadas en montoncitos, se empieza a echar cartas una por una. La carta que es de igual valor que una de las dos que están en el tapete pierde. Por ejemplo, el que talla ha tapado una dama y el que tiene la banca pone boca arriba un cinco. Si saca una dama antes que un cinco, la talla pierde. Si es al contrario, o sea, si sale un cinco, pierde la banca. El director de juegos debe saber la cuantía de cada apuesta y recordar quién talla o quién tiene la banca para saber a quién corresponde el dinero. No es fácil. Hay que defender a los débiles contra los fuertes, que siempre tratan de abusar de su prestigio. Cuando el director de juegos toma una decisión en un caso dudoso, esa decisión debe ser aceptada sin rechistar.

Esta noche, han asesinado a un italiano llamado Carlino. Vivía con un joven que le servía de mujer. Los dos trabajaban en un huerto. Debía saber que su vida corría peligro, pues cuando dormía, el joven velaba, y viceversa. Bajo su lona-hamaca, habían puesto latas vacías para que nadie pudiese deslizarse hasta ellos sin hacer ruido. Y, sin embargo, ha sido asesinado por debajo. Su grito fue seguido inmediatamente de un espantoso estrépito de latas vacías derribadas por el asesino.

Grandet estaba dirigiendo una partida de marsellesa con más de treinta jugadores a su alrededor. Yo charlaba de pie cerca del fuego. El grito y el ruido de las latas vacías detuvieron la partida. Cada cual se levanta y pregunta qué ha pasado. El chico de Carlino no ha visto nada y Carlino ya no respira. El jefe de la cabaña pregunta si debe llamar a los vigilantes. No. Mañana, al pasar lista, será el momento de avisarles; dado que ha muerto, no se puede hacer nada por él. Grandet toma la palabra.

—Nadie ha oído nada. Tú tampoco, pequeño —dice al amiguito de Carlino—. Mañana, al despertar, ya te darás cuenta de que ha muerto.

Y sanseacabó, el juego vuelve a empezar. Y los jugadores, como si nada hubiese ocurrido, gritan de nuevo:

—¡Talla! ¡No, banca!

Etcétera.

Espero con impaciencia ver lo que pasará cuando los guardianes descubran el homicidio. A las cinco y media, primer toque de campana. A las seis, segundo toque y café. A las seis y media, tercer toque y salida para pasar lista, como todos los días. Pero hoy es diferente. Al segundo toque, el jefe de cabaña dice al guardián que acompaña al repartidor de café:

—Jefe, han matado a un hombre.

—¿A quién?

—A Carlino.

—Está bien.

Diez minutos más tarde, llegan seis gendarmes.

—¿Dónde está el muerto? —preguntan.

—Ahí.

Ven el puñal hincado en la espalda de Carlino a través de la lona. Se lo sacan.

—¡Camilleros, llévenselo!

Dos hombres se lo llevan en una camilla. Sale el sol. Suena la tercera campanada. Con el cuchillo ensangrentado en la mano, el jefe de vigilancia ordena:

—Todo el mundo fuera en formación para pasar lista. Hoy no se admiten enfermos.

Todos salimos. Al pase de lista de la mañana están siempre presentes los comandantes y los jefes de guardianes. Pasan lista. Al llegar a Carlino, el jefe de cabaña contesta:

—Muerto esta noche. Ha sido llevado al depósito de cadáveres.

—Bien —dice el guardián que pasa lista.

Cuando todo el mundo ha contestado presente, el jefe de campamento levanta el cuchillo y pregunta:

—¿Alguien conoce este cuchillo? —No contesta nadie—. ¿Alguien ha visto al asesino? —Silencio absoluto—. Entonces, nadie sabe nada, como de costumbre. Pasad con las manos tendidas, uno después de otro, delante de mí, y luego, que cada cual vaya a su trabajo. Siempre ocurre lo mismo, mi comandante, nada permite saber quién lo ha hecho.

—Asunto archivado —dice el comandante—. Guarde el cuchillo. Átele tan solo una ficha indicando que ha servido para matar a Carlino.

Esto es todo. Vuelvo a la cabaña y me acuesto, pues no he pegado ojo en toda la noche. A punto de quedarme dormido, me digo que un presidiario no es nada. Aunque sea cobardemente asesinado, rehúsan molestarse en intentar saber quién fue el que lo mató. Para la Administración, un presidiario no es, en verdad, nada en absoluto. Menos que un perro.

He decidido empezar mi trabajo de pocero el lunes. A las cuatro y media, saldré con otro para vaciar los cubos del edificio A, los nuestros. El reglamento exige que, para vaciarlos, se bajen hasta el mar. Pero pagando al conductor de búfalos, este nos espera en un sitio de la meseta donde un angosto canal de cemento baja hasta el mar. Entonces, rápidamente, en menos de veinte minutos, se vacían todos los baldes en ese canal y, para empujarlo todo, se echan tres mil litros de agua de mar, traídos en un enorme tonel. El acarreo de agua se paga a veinte francos por día al boyero, un simpático negro martiniqués. Se ayuda a que todo baje con una escoba muy dura. Como es mi primer día de trabajo, acarrear los baldes con dos varas me ha entumecido las muñecas. Pero no tardaré en acostumbrarme.

Mi nuevo camarada es muy servicial y, sin embargo, Galgani me dijo que era un hombre sumamente peligroso. Al parecer había cometido siete homicidios en la isla. Su apañadura personal es vender mierda. En efecto, cada horticultor debe hacer su estercolero. Para ello, cava un foso, mete dentro hojas secas y hierba y mi martiniqués lleva clandestinamente uno o dos baldes de detritus al huerto indicado. Por supuesto, eso no puede hacerlo solo y estoy obligado a ayudarle. Pero sé que es una falta muy grave, pues tal cosa puede, por la contaminación de las legumbres, extender la disentería tanto entre los vigilantes como entre los deportados. Decido que un día, cuando le conozca mejor, le impediré que lo haga. Desde luego, le pagaré lo que pierda para paralizar su comercio. Por lo demás, graba cuernos de buey. En cuanto a la pesca, me dice que no puede enseñarme nada, pero que en el muelle, Chapar u otro pueden ayudarme.

He aquí, pues, que soy pocero. Una vez terminado el trabajo, me tomo una buena ducha, me pongo el short y me voy a pescar todos los días libremente donde me viene en gana. Solo tengo una obligación: estar a mediodía en el campo. Gracias a Chapar, no me faltan ni cañas ni anzuelos. Cuando vuelvo con un espetón de salmonetes ensartados por las agallas a un alambre, es raro que no me llamen desde las casitas algunas mujeres de vigilantes. Todas saben cómo me llamo.

—Papillon, véndame dos kilos de salmonetes.

—¿Está usted enferma?

—No.

—¿Tiene algún chico enfermo?

—No.

—Entonces, no le vendo mi pescado.

Capturo cantidades bastante grandes que doy a los amigos del campamento. Los trueco por barras de pan, legumbres o fruta. En mi chabola, comemos pescado por lo menos una vez al día. Un día que subía con una docena de grandes langostinos y siete u ocho kilos de salmonetes pasé por delante de la casa del comandante Barrot. Una mujer bastante gorda me dijo:

—Buena pesca ha hecho hoy, Papillon. Sin embargo, hace mala mar y nadie sale a pescar. Hace lo menos quince días que no pruebo pescado. Lástima que no venda el suyo. Sé por mi marido que se niega usted a venderlo a las mujeres de los vigilantes.

—Es verdad, señora. Pero con usted tal vez pueda hacer una excepción.

—¿Por qué?

—Porque usted está gorda, y la carne puede hacerle daño.

—Es verdad, me han dicho que solo debería comer legumbres y pescado hervido. Pero aquí no es posible.

—Tome, señora, quédese con estos langostinos y esos salmonetes.

Desde aquel día, cada vez que hago una buena pesca, le doy con qué seguir un buen régimen. Ella, que sabe que en las Islas todo se vende, nunca me ha dicho más que «gracias». Hace bien, pues se habrá dado cuenta de que si me ofrecía dinero, me lo tomaría a mal. Pero a menudo me invita a entrar en su casa. Me sirve personalmente un pastís o un vaso de vino blanco. Si recibe *figatelli* de Córcega, me da. Madame Barrot nunca me ha preguntado nada sobre mi pasado. Solo un día se le escapó una frase:

—Es cierto que resulta imposible fugarse de las Islas, pero vale más estar aquí, en un clima sano, que pudrirse como un animal en Tierra Grande.

Ella es quien me ha explicado el origen del nombre de las Islas. Durante una epidemia de fiebre amarilla en Cayena, los

Padres Blancos y las hermanas de un convento se refugiaron en ellas y se salvaron todos. De ahí el nombre de Islas de la Salvación.

Gracias a la pesca, voy a todas partes. Hace tres meses que soy pocero y conozco la isla mejor que nadie. Voy a fisgar en los huertos so pretexto de ofrecer mi pescado a cambio de legumbres y frutas. El horticultor de un huerto situado junto al cementerio de los vigilantes es Matthieu Carbonieri, quien hace chabola conmigo. Trabaja solo allí y me ha dicho que, más adelante, se podría enterrar o preparar una balsa en su huerto. Dentro de dos meses, el comandante se va. Entonces tendré libertad de acción.

Me he organizado; pocero titular, salgo como para vaciar los cubos, pero es el martiniqués quien lo hace en mi lugar, a cambio de dinero, claro está. He entablado amistad con dos cuñados condenados a perpetuidad, Naric y Quenier. Les llaman los cuñados de la Carretilla. Se cuenta que fueron acusados de haber transformado en bloque de cemento a un cobrador que habían asesinado. Al parecer, hubo testigos que les vieron transportar en una carretilla un bloque de cemento que arrojaron al Marne o al Sena. La indagación determinó que el cobrador se había personado en su casa para liquidar una letra y que, desde entonces, no se había vuelto a ver. Ellos negaron siempre. Hasta en el presidio, decían que eran inocentes. Sin embargo, si bien nunca encontraron el cuerpo, sí la cabeza, envuelta en un pañuelo. Ahora bien, en casa de ellos había pañuelos de igual dibujo e igual hilo, «según los expertos». Pero los abogados y ellos mismos demostraron que miles de metros de aquel tejido habían sido transformados en pañuelos. Todo el mundo tenía. Finalmente, a los dos cuñados les endiñaron cadena perpetua y a la mujer de uno, hermana del otro, veinte años de reclusión.

He logrado intimar con ellos. Como son albañiles, pueden

entrar y salir del taller de obras. Podrían, quizá, pieza tras pieza, sacarme material para hacer una balsa. Solo es necesario convencerlos.

Ayer, encontré al doctor. Yo llevaba un pescado de, por lo menos, veinte kilos, muy fino, un mero. Subimos juntos hacia la meseta. A media cuesta, nos sentamos en un murete. Me dice que con la cabeza de ese pescado se puede hacer una sopa deliciosa. Se la ofrezco, con un buen pedazo de pescado. Se queda extrañado de mi gesto y dice:

—No es usted rencoroso, Papillon.

—Sepa, doctor, que eso no lo hago solamente por mí. Se lo debo porque usted hizo lo imposible por salvar a mi amigo Clousiot.

Hablamos un poco y, luego, me dice:

—Te gustaría evadirte, ¿verdad? Tú no eres un presidiario. Das la impresión de ser otra cosa.

—Tiene usted razón, doctor, no pertenezco al presidio, tan solo estoy de visita aquí.

Se echa a reír. Entonces ataco:

—Doctor, ¿cree usted que un hombre puede regenerarse?

—Sí.

—¿Aceptaría usted suponer que puedo servir en la sociedad sin ser un peligro para ella y convertirme en un honrado ciudadano?

—Creo, sinceramente, que sí.

—Entonces ¿por qué no me ayuda usted a conseguirlo?

—¿Cómo?

—Desinternándome por tuberculoso.

Entonces, él me confirma algo de lo que yo ya había oído hablar.

—No es posible, y te aconsejo que no hagas nunca eso. Es demasiado peligroso. La Administración solo desinterna a un hombre por enfermedad después de una estancia de un año en un pabellón destinado a su enfermedad, por lo menos.

—¿Por qué?

—Me da un poco de vergüenza decírtelo. Creo que es para que el hombre en cuestión, si es un simulador, sepa que tiene todas las probabilidades de ser contaminado por la cohabitación con los otros enfermos y que eso ocurra. No puedo, pues, hacer nada por ti.

A partir de entonces fuimos bastante amigos el galeno y yo. Hasta un día en que estuvo a punto de hacer matar a mi amigo Carbonieri. En efecto, Matthieu Carbonieri, de común acuerdo conmigo, había aceptado ser el ranchero de los jefes de vigilantes. Era para estudiar si había posibilidad, entre el vino, el aceite y el vinagre, de robar tres toneles y encontrar el medio de juntarlos y hacerse a la mar. Naturalmente, cuando se hubiese marchado Barrot. Las dificultades eran grandes, pues la misma noche, hacía falta robar los toneles, llevarlos hasta el mar sin ser vistos ni oídos y juntarlos con cables. Solo sería factible en una noche de tempestad, con viento y lluvia. Pero con viento y lluvia, lo más difícil sería poner la balsa en el mar, que, necesariamente, sería muy mala.

Así, pues, Carbonieri es cocinero. El jefe ranchero le da tres conejos para preparar para el día siguiente, domingo. Carbonieri manda, afortunadamente despellejados, un conejo a su hermano, que está en el muelle, y dos a nosotros. Después, mata tres grandes gatos y hace con ellos un civet estupendo.

Desgraciadamente para él, el día siguiente, invitan al doctor a compartir la comida y, cuando este saborea el conejo, dice:

—Monsieur Filidori, le felicito por su yantar. Este gato es delicioso.

—No se burle usted de mí, doctor, nos estamos comiendo tres hermosos conejos.

—No —dice el doctor, terco como una mula—. Es gato. ¿Ve usted las costillas que me estoy comiendo? Son aplastadas, y los conejos las tienen redondas. Así, pues, no cabe duda: estamos comiendo gato.

—¡Maldita sea, *Cristacho*! —dijo el corso—. ¡Llevo gato en la barriga!

Y sale corriendo hacia la cocina, pone su pistola bajo la nariz de Matthieu y le dice:

—Por muy napoleonista que seas como yo, te mataré por haberme hecho comer gato.

Tenía los ojos de loco, y Carbonieri, sin comprender cómo había podido saberse aquello, le dijo:

—Si llama usted gato a lo que me ha dado, no es culpa mía.

—Te di conejos.

—Bueno, pues es lo que he guisado. Fíjese, las pieles y las cabezas todavía están ahí.

Desconcertado, el guardián ve las pieles y las cabezas de los conejos.

—Entonces ¿el doctor no sabe lo que se dice?

—¿El doctor ha dicho eso? —pregunta Carbonieri, respirando—. Le está tomando el pelo. Dígale que no le venga con bromas de mal gusto.

Calmado, convencido, Filidori vuelve al comedor y dice al doctor:

—Hable, diga usted lo que quiera, doctor. Pero el vino se le ha subido a la cabeza. Sean aplastadas o redondas sus costillas, yo sé que lo que he comido es conejo. Acabo de ver sus tres pieles y sus tres cabezas.

De buena se había librado Matthieu. Pero prefirió presentar la dimisión de cocinero algunos días después.

Se avecina el día en que podré actuar libremente. Solo algunas semanas y Barrot se va. Ayer, fui a ver a su mujer quien, dicho sea de paso, ha adelgazado mucho gracias al régimen de pescado hervido y legumbres frescas. Esa buena mujer me hizo entrar en su casa para ofrecerme una botella de quina. En la sala están los baúles, que van siendo llenados. Preparan la marcha. La comandanta, como la llama todo el mundo, me dice:

—Papillon, no sé cómo agradecerle las atenciones que ha tenido para conmigo todos estos meses. Sé que, algunos días de mala pesca, me ha dado usted todo lo que había capturado. Se lo agradezco mucho. Gracias a usted me siento mucho mejor, he adelgazado catorce kilos. ¿Qué podría hacer para testimoniarle mi agradecimiento?

—Una cosa muy difícil para usted, señora. Facilitarme una buena brújula. Precisa, pero pequeña.

—No es gran cosa, y al mismo tiempo, mucho lo que pide, Papillon. Y en tres semanas, me va a ser difícil.

Ocho días antes de su marcha, esa noble mujer, contrariada por no haber logrado procurarse una buena brújula, tuvo el rasgo de tomar el barco de cabotaje e ir a Cayena. Cuatro días después, volvía con una magnífica brújula antimagnética.

El comandante y la comandanta Barrot se han ido esta mañana. Ayer, él transfirió el mando a un vigilante de igual graduación, oriundo de Túnez, llamado Prouillet. Una buena noticia: el nuevo comandante ha confirmado a Dega en su puesto de contable general. Es algo muy interesante para todo el mundo, sobre todo para mí. En el discurso que dirigió a los presidiarios reunidos en cuadro en el patio grande, el nuevo comandante ha dado la impresión de ser un hombre muy enérgico, pero inteligente. Entre otras cosas, nos dice:

—A partir de hoy, tomo el mando de las Islas de la Salvación. Habiendo comprobado que los métodos de mi antecesor han dado resultados positivos, no veo razón para cambiarlos. Si por vuestra conducta no me obligáis a ello, no veo, pues, la necesidad de modificar vuestra forma de vida.

He visto marchar a la comandanta y a su marido con una alegría muy explicable, aunque estos meses de espera forzosa se hayan pasado con una rapidez inaudita. Esta falsa libertad que gozan casi todos los presidiarios de las Islas, los juegos, la pesca, las conversaciones, las nuevas relaciones, las disputas, las peleas son derivativos poderosos y no se tiene tiempo de aburrirse.

Sin embargo, no me he dejado absorber por el ambiente. Cada vez que me hago un nuevo amigo, me pregunto: «¿Podría ser un candidato a la evasión? ¿Es acertado ayudar a otro a preparar una fuga si este no quiere irse?».

Solo vivo para esto: evadirme, evadirme, solo o acompañado, pero, como sea, darme el piro. Es una idea fija, de la cual no hablo a nadie, como me lo aconsejó Jean Castelli, pero que me tiene obsesionado. Y, sin desfallecer, llevaré a cabo mi ideal: pirármelas de aquí.

LAS ISLAS DE LA SALVACIÓN

UNA BALSA EN UNA TUMBA

En cinco meses, he aprendido a conocer los más escondidos rincones de las Islas. Por el momento, mi conclusión es que el jardín que está cerca del cementerio donde trabajaba mi amigo Carbonieri —ya no está allí— es el lugar más seguro para preparar una balsa. Así que le pido a Carbonieri que reanude su trabajo en el jardín sin ayuda. Acepta. Gracias a Dega, se le envía allí de nuevo.

Esta mañana, al pasar frente a la casa del nuevo comandante, con un gran montón de salmonetes ensartados en un alambre, oigo al joven presidiario que oficia de asistente decirle a una muchacha:

—Comandanta, este es el que le traía pescado todos los días a madame Barrot.

Y oigo a la joven y hermosa morena, de tipo argelino, no demasiado bronceada, preguntar:

—Entonces ¿él es Papillon?

Y, dirigiéndose a mí, me dice:

—Invitada por madame Barrot, he comido deliciosos langostinos pescados por usted. Entre en la casa. Beberá un vaso de vino y comerá un trozo de queso de cabra que acabo de recibir de Francia.

—No, gracias, señora.

—¿Por qué? Usted bien entraba cuando estaba madame Barrot, ¿por qué no estando yo?

—Es que el marido de madame Barrot me autorizaba a entrar en su casa.

—Papillon, mi marido manda en el campamento y yo mando en la casa. Entre sin temor.

Siento que esta linda morena tan decidida puede ser útil o peligrosa.

Entro.

En la mesa del comedor, me sirve un plato de jamón ahumado y queso. Sin ceremonias, se sienta frente a mí y me ofrece vino, y después café y un delicioso ron de Jamaica.

—Papillon —me dice—, madame Barrot, pese a los ajetreos de su marcha y a los de nuestra llegada, tuvo tiempo de hablarme de usted. Sé que era la única mujer de la isla a la que le ofrecía pescado. Espero que a mí me haga el mismo favor.

—Es que ella estaba enferma, pero usted, por lo que veo, se encuentra bien.

—Yo no sé mentir, Papillon. Sí, me encuentro bien, pero me crie en un puerto de mar y adoro el pescado. Soy oranesa. Solo hay una cosa que me molesta, y es que sé que usted no vende su pescado. Eso me fastidia.

En suma, que al final quedó decidido que yo le llevaría pescado.

Estaba fumándome un cigarrillo después de haberle dado tres buenos kilos de salmonetes y seis langostinos, cuando llega el comandante.

Me ve y dice:

—Te he dicho, Juliette, que aparte del asistente, ningún deportado puede entrar en la casa.

Me levanto, pero ella dice:

—Quédese donde está. Este deportado es el hombre que me recomendó madame Barrot antes de marcharse. Así que no tienes nada que decir. Nadie entrará aquí más que él. Por otra parte, me traerá pescado cuando me haga falta.

—De acuerdo —dice el comandante—. ¿Cómo se llama usted?

Voy a levantarme para responder, cuando Juliette me apoya la mano en el hombro y me obliga a permanecer sentado:

—Aquí —dice—, estamos en mi casa. El comandante ya no es el comandante, sino mi marido. Monsieur Prouillet.

—Gracias, señora. Me llamo Papillon.

—¡Ah! He oído hablar de usted y de su evasión hace más de tres años, del hospital de Saint-Laurent-du-Maroni. Por cierto, que uno de los vigilantes a quienes dejó usted fuera de combate a raíz de esa evasión era mi sobrino y el de su protectora. —Entonces, Juliette se echa a reír con una risa fresca y jovial, y añade—: ¿Así que es usted el que se cargó a Gaston? Bien, sepa que eso no cambiará en nada nuestras relaciones.

El comandante, siempre de pie, me dice:

—Es increíble la cantidad de homicidios y asesinatos que se cometen cada año en las Islas. Muchos más que en Tierra Grande. ¿A qué atribuye usted eso, Papillon?

—Aquí, mi comandante, como los hombres no pueden evadirse, son ariscos. Viven, uno tras otro, largos años, y es normal que se susciten odios y amistades indestructibles. Por otra parte, apenas se descubre el cinco por ciento de los homicidas, lo que determina que el asesino o el homicida esté casi seguro de su impunidad.

—Su explicación es lógica. ¿Cuánto tiempo hace que pesca y qué trabajo realiza para tener ese derecho?

—Soy pocero. A las seis de la mañana, he terminado mi trabajo, lo que me permite ir a pescar.

—¿El resto del día? —pregunta Juliette.

—No; debo regresar al campamento a mediodía, y puedo volver a salir a las tres, hasta las seis de la tarde. Es muy molesto, porque, según las horas de la marea, a veces pierdo la pesca.

—Le darás un permiso especial, ¿verdad, querido? —dice Juliette, volviéndose hacia su marido—. Desde las seis de la mañana hasta las seis de la tarde; así, podrá pescar a su comodidad.

—De acuerdo —dice él.

Abandono la casa, felicitándome por haber procedido como lo he hecho, pues esas tres horas, desde el mediodía hasta las tres de la tarde, son preciosas. Es la hora de la siesta, y casi todos los centinelas duermen, con lo que la vigilancia disminuye.

Juliette, prácticamente, nos ha acaparado a mí y a mi pesca. Llega hasta el extremo de enviar al joven asistente para ver dónde estoy pescando, para recoger mis pescados. A menudo, este llega y me dice: «La comandanta me manda a buscar todo lo que hayas pescado, porque tiene invitados y quiere hacer una bullabesa», o esto, o lo de más allá. En una palabra, que dispone de mi pesca e incluso me pide que vaya a pescar tal o cual pez, o que me sumerja para atrapar langostinos. Esto me causa serias molestias, pero, por otra parte, mi persona está más que protegida. También tiene atenciones para conmigo:

—Papillon, ¿es la hora de la marea?

—Sí, señora.

—Venga a comer a casa, así no tendrá que volver al campamento.

Y como en su casa, nunca en la cocina, sino siempre en el comedor. Sentada frente a mí, me sirve y me da de beber. No es tan discreta como madame Barrot. A menudo, me interroga un poco socarronamente sobre mi pasado. Yo evito siempre el tema que le interesa más, mi vida en Montmartre, para explicarle mi juventud y mi infancia. Mientras, el comandante duerme en su habitación.

Una mañana temprano, después de haber tenido una buena pesca, y de haber atrapado casi sesenta langostinos, voy a casa de Juliette a las diez. Está sentada, lleva una bata blanca y una mujer, detrás de ella, se ocupa en marcarle ricitos. Digo buenos días y, luego, le ofrezco una docena de langostinos.

—No; dámelos todos —dice—. ¿Cuántos hay?

—Sesenta.

—Perfecto. Déjalos ahí, por favor. ¿Cuántos te hacen falta para ti y tus amigos?

—Ocho.

—Entonces, toma los ocho y dale los demás al chico, que los pondrá en fresco.

No sé qué decir. Jamás me ha tuteado, sobre todo delante de otra mujer que, seguramente, no va a dejar de contarlo. Voy a marcharme, muy molesto, cuando ella dice:

—Quédate tranquilamente, siéntate y bébete un pastís. Debes de tener calor.

Esta mujer autoritaria me desconcierta tanto, que me siento. Saboreo lentamente un pastís mientras fumo un cigarrillo y miro a la joven que peina a la comandanta y que, de vez en cuando, me echa una ojeada. La comandanta, que tiene un espejo en la mano, lo advierte y le dice:

—Es lindo mi galán, ¿eh, Simone? Estáis todas celosas de mí, ¿verdad?

Y se echa a reír. Yo no sé qué cara poner. Y, estúpidamente, digo:

—Por suerte, su galán, como usted dice, no es muy peligroso, y en su situación no puede ser galán de nadie.

—No irás a decirme que no eres mi galán —dice la argelina—. Nadie ha podido domesticar a un león como tú, y yo hago de ti lo que quiero. Seguramente hay una razón para eso, ¿no es así, Simone?

—Si la hay no la conozco —dice Simone—, pero lo cierto es que usted, Papillon, es un salvaje para todo el mundo, salvo para la comandanta. Hasta el punto de que, la semana pasada llevaba más de quince kilos de pescado, según me ha contado la mujer del jefe de vigilantes, y no quiso venderle dos miserables pescados que deseaba extraordinariamente, porque no había carne en la carnicería.

—¡Ah, y yo soy la última en enterarme, Simone!

—¿No sabes lo que le dijo a madame Kargueret el otro

día? —continúa diciendo Simone—. Ella lo ve pasar con langostinos y una gran morena: «Véndame esa morena o la mitad, Papillon. Usted sabe que nosotros, los bretones, sabemos prepararla muy bien». «No solo los bretones la aprecian en su justo valor, señora. Muchas gentes, incluidos los ardechenses, saben desde tiempos de los romanos que es un manjar exquisito.» Y continuó su camino sin venderle nada.

Se retuercen de risa.

Regreso al campamento furioso y, por la noche, les cuento toda la historia a los hombres del barracón.

—El asunto es muy serio —dice Carbonieri—. Esa pájara te pone en peligro. Ve a su casa lo menos posible, y solo cuando sepas que está el comandante.

Todo el mundo es de la misma opinión. Estoy decidido a hacerlo.

He descubierto a un carpintero de Valence. Es casi paisano mío. Mató a un guarda forestal. Es un jugador empedernido, siempre cargado de deudas. Durante el día se mata haciendo chapuzas y, por la noche, pierde todo lo que ha ganado. A menudo, tiene que hacer tal o cual cosa para compensar al prestamista. Entonces, abusan de él, y por un baúl de madera de palo de rosa de trescientos francos, le pagan ciento cincuenta o doscientos. He decidido abordarlo.

Un día, en el lavadero, le digo:

—Esta noche quiero hablarte; te espero en las letrinas. Te haré una señal.

Por la noche, nos encontramos solos para hablar con tranquilidad. Le digo:

—Bourset, somos paisanos, ¿sabes?

—¡No! ¿Cómo?

—¿No eres de Valence?

—Sí.

—Pues yo soy de Ardèche, así que somos paisanos.

—Y eso, ¿qué significa?

—Significa que no quiero que te exploten cuando debes dinero, y que te paguen la mitad del valor de un objeto que has construido. Tráemelo a mí y yo te lo pagaré a su justo valor. Eso es todo.

—Gracias —dice Bourset.

No paro de intervenir para ayudarle, y él no para de andar discutiendo con sus acreedores. Todo va bien hasta el día en que tiene una deuda con Vicioli, bandido corso del maquis, uno de mis mejores compañeros. Lo sé por Bourset, quien viene a decirme que Vicioli lo amenaza si no le paga los setecientos francos que le debe, y que, en este momento, tiene un pequeño escritorio casi terminado, pero que no puede decir cuándo estará listo porque trabaja a escondidas. En efecto, no estamos autorizados para hacer muebles demasiado valiosos a causa de la gran cantidad de madera que precisan. Le contesto que veré lo que puedo hacer por él. Y, de acuerdo con Vicioli, monto una pequeña comedia.

Debe presionar a Bourset e incluso amenazarlo seriamente. Yo llegaré en plan de salvador. Y así sucede. Después de este asunto, digamos arreglado por mí, Bourset me convierte en su ojito derecho y me tiene una confianza absoluta. Por vez primera en su vida de presidiario, puede respirar tranquilo. Ahora, estoy decidido a arriesgarme:

Una noche, le digo:

—Te doy dos mil francos si haces lo que te pido: una balsa para dos hombres, construida con piezas sueltas.

—Escucha, Papillon: para nadie haría una cosa así, pero para ti estoy dispuesto a arriesgar dos años de reclusión si me pescan. Solo hay un problema: no puedo sacar trozos de madera demasiado grandes del taller.

—Tengo a alguien que sí puede.

—¿Quién?

—Los tipos de la Carretilla, Naric y Quenier. ¿Cómo piensas hacerlo?

—Primero, hay que hacer un plano a escala. Luego, construir las piezas una por una, con muescas, para que todo encaje perfectamente. Lo difícil es encontrar madera que flote bien, pues en la isla solo hay madera dura, que no flota.

—¿Cuándo me contestarás?

—Dentro de tres días.

—¿Quieres irte conmigo?

—No.

—¿Por qué?

—Tengo miedo de los tiburones y de ahogarme.

—¿Me prometes ayudarme a fondo?

—Te lo juro por mis hijos. Pero, te lo advierto, eso va para largo.

—Escúchame bien: voy a prepararte una coartada desde ahora por si las cosas salen mal. Copiaré el plano de la balsa en una hoja de cuaderno. Debajo, escribiré: «Bourset, si no quieres ser asesinado, construye la balsa que está dibujada aquí». Más tarde, te daré por escrito las órdenes para la ejecución de cada pieza. Una vez concluida cada pieza, la dejarás en el lugar que te indique. No trates de saber por quién ni cuándo se recogerá. —Esta idea parece aliviarlo—. Así, si te cogen, evito que te torturen, y no arriesgas más que un mínimo de seis meses.

—¿Y si te agarran a ti?

—Entonces será lo contrario. Reconoceré ser el autor de las notas. Por supuesto, tú debes conservar las órdenes escritas. ¿Me lo prometes?

—Sí.

—¿No tienes miedo?

—No, ya se me ha pasado el susto, y, además, me complace ayudarte.

Aún no he dicho nada a nadie. Primero, aguardo la respuesta de Bourset. Al cabo de una larga e interminable semana, puedo hablar con él a solas en la biblioteca. No hay nadie más. Es un domingo por la mañana. Bajo el lavadero, en el patio, el juego está en su apogeo. Más de ochenta jugadores y otros tantos curiosos.

Enseguida, me da esperanzas:

—Lo más difícil era estar seguro de tener madera ligera y seca en cantidad suficiente. Y me he ocupado de esto. Bastará una especie de armazón de madera que irá relleno de cocos secos con su cáscara de fibra, por supuesto. No hay nada más ligero que esa fibra, y el agua no puede penetrar en ella. Cuando la balsa esté dispuesta, será cuestión tuya procurarte los cocos suficientes para meterlos dentro. Mañana, haré la primera pieza. Me llevará tres días. A partir del jueves, podrá hacerse cargo de ella uno de los cuñados a la primera ocasión favorable. En ningún caso empezaré otra pieza antes de que la anterior haya salido del taller. Aquí está el plano que he hecho; cópialo y escríbeme la carta prometida: ¿Has hablado con los de la Carretilla?

—Aún no; esperaba tu respuesta.

—Pues bien; ya la tienes: sí.

—Gracias, Bourset, no sé cómo agradecértelo. Toma, aquí tienes quinientos francos.

Entonces, mirándome fijamente, me dice:

—No, guárdate tu dinero. Si llegas a Tierra Grande, lo necesitarás para reorganizarte. A partir de hoy, no jugaré hasta que te hayas marchado. Con algunos trabajos, siempre ganaré algo con que pagarme los cigarrillos y el bistec.

—¿Por qué te niegas a cobrar?

—Porque no haría esto ni por diez mil francos. Me arriesgo demasiado, incluso con las precauciones que hemos tomado. Solo puede hacerse gratis. Me has ayudado; eres el único que me ha tendido la mano. Aunque tenga miedo, me siento feliz por ayudarte a recobrar la libertad.

Mientras copio el plano en una hoja de cuaderno, siento vergüenza ante la ingenuidad de tanta nobleza. Ni siquiera se le ha ocurrido la idea de que mi actitud hacia él era calculada e interesada. Para rehabilitarme un poco ante mis propios ojos, me digo a mí mismo que debo evadirme a toda costa, incluso, si es preciso, a riesgo de situaciones difíciles y no siempre agradables. Por la noche, he hablado a Naric, llamado Boine Bouille, quien, luego, se encargará de poner al corriente a su cuñado. Me dice, sin dudar:

—Cuenta conmigo para sacar las piezas del taller. Pero no tengas prisa, pues solo se podrá sacarlas con un importante envío de material para hacer un trabajo de albañilería en la isla. En todo caso, te prometo no dejar escapar la primera ocasión.

Bien. Me falta hablar con Matthieu Carbonieri, porque quiero largarme con él. Está de acuerdo en todo.

—Matthieu, he encontrado quien me fabrique la balsa, y también el que sacará las piezas del taller. A ti te corresponde hallar un lugar en tu jardín para enterrar la balsa.

—No; en un plantío de legumbres es peligroso. Por la noche, hay guardianes que van a robarlas; y si caminan por encima y se dan cuenta de que debajo está hueco, estamos listos. Será mejor que haga un escondrijo en un muro de sustentación. Quitaré una piedra grande y excavaré una especie de pequeña gruta. Así, cuando me llegue una pieza, no tendré más que levantar la piedra y volverla a poner en su sitio después de haber escondido la madera.

—¿Hay que llevar directamente las piezas a tu jardín?

—No; sería demasiado peligroso. Los de la Carretilla no pueden justificar su presencia en mi jardín. Lo mejor será que depositen la pieza en un sitio distinto cada vez, no demasiado lejos de mi jardín.

—Entendido.

Todo parece estar a punto. Faltan los cocos. Ya veré cómo puedo preparar una cantidad suficiente de ellos sin atraer la atención.

Entonces, me siento revivir. Ya solo me queda hablar a Galgani y a Grandet. No tengo derecho a callarme, puesto que pueden ser acusados de complicidad. Lo normal sería separarme oficialmente de ellos e irme a vivir solo. Cuando les digo que voy a preparar una fuga y que, por tanto, debo separarme de ellos, me insultan y se niegan en redondo.

—Lárgate lo más deprisa que puedas —me dicen—. Nosotros ya nos las arreglaremos. Mientras tanto, quédate con nosotros; ya nos hemos encontrado con otros casos parecidos al tuyo.

Hace ya más de un mes que la evasión está en marcha. He recibido siete piezas, dos de ellas grandes. He ido a ver el muro de contención donde Matthieu ha excavado el escondrijo. No se nota que la piedra haya sido movida, pues él toma la precaución de pegar musgo alrededor. El escondite es perfecto, pero la cavidad me parece demasiado pequeña para contenerlo todo. No importa; por el momento basta.

El hecho de estar preparándome para pirármelas me confiere una moral formidable. Como con mucho apetito, y la pesca me mantiene en un estado físico perfecto. Además, todas las mañanas hago más de dos horas de cultura física en las rocas. Sobre todo hago trabajar las piernas, pues la pesca ya se encarga de los brazos. He encontrado un truco para las piernas: me adentro más, para pescar, y las olas van a romperse contra mis muslos. Para encajarlas y mantener el equilibrio, pongo en tensión los músculos. El resultado es excelente.

Juliette, la comandanta, continúa mostrándose muy amable conmigo, pero ha advertido que solo entro en su casa cuando está su marido. Me lo ha dicho francamente y, para tranquilizarme, me ha explicado que el día que la peinaban bromeaba. Sin embargo, la joven que le sirve de peluquera me espía muy a menudo, cuando regreso de la pesca. Siempre tiene alguna palabra amable que decirme sobre mi salud y mi moral. Así, pues, todo marcha a las mil maravillas. Bourset no pierde ocasión para hacer una pieza. Hace ya dos meses y medio que hemos empezado.

El escondite está lleno, como ya había previsto. Solo faltan dos piezas, las más largas. Una de dos metros, la otra de uno cincuenta. Estas piezas no podrán entrar en la cavidad.

Mirando hacia el cementerio, advierto una tumba reciente; es la tumba de la mujer de un vigilante, muerta la semana anterior. Un mísero ramo de flores marchitas está colocado sobre ella. El guarda del cementerio es un viejo forzado medio ciego a quien llaman Papa. Se pasa todo el día sentado a la sombra de un cocotero, en el extremo opuesto del cementerio, y, desde donde está, no puede ver la tumba y si alguien se acerca a ella. Entonces, se me ocurre la idea de servirme de esta tumba para montar la balsa y colocar en la especie de armazón que ha hecho el carpintero la mayor cantidad posible de cocos. Entre unos treinta y treinta y cuatro, muchos menos de los que se había previsto. He dejado más de cincuenta en diferentes sitios. Solo en el patio de Juliette hay una docena. El asistente cree que los he puesto allí en espera del día de hacer aceite.

Cuando me entero de que el marido de la muerta ha partido para Tierra Grande, tomo la decisión de vaciar una parte de la tierra de la tumba, hasta el ataúd.

Matthieu Carbonieri, sentado sobre el muro, vigila. En la cabeza, un pañuelo blanco recogido en las cuatro puntas. Cerca de él, hay otro pañuelo, este rojo, también con cuatro nudos. Mientras no haya peligro, conservará el blanco. Si aparece alguien, sea quien sea, se pondrá el rojo.

Este trabajo tan arriesgado solo me ocupa una tarde y una noche. No me hace falta sacar la tierra hasta el ataúd, pues me he propuesto ensanchar el hoyo para que tenga la anchura de la balsa: un metro veinte poco más o menos. Las horas me han parecido interminables, y el pañuelo rojo ha aparecido muchas veces. Al fin, esta mañana he terminado. El hoyo está cubierto de hojas de cocotero trenzadas, formando una especie de superficie bastante resistente. Encima, una pequeña capa de tierra. Casi no se ve. Mis nervios están a punto de estallar.

Hace ya tres meses que dura esta preparación de fuga. Ensambladas y numeradas, hemos sacado todas las maderas del escondrijo. Reposan sobre el ataúd de la buena mujer, bien disimuladas por la tierra que recubre el trenzado. En la cavidad del muro, hemos metido tres sacos de harina y una cuerda de dos metros para hacer la vela, una botella llena de cerillas y raspadores, una docena de botes de leche y nada más por el momento.

Bourset está cada día más excitado. Diríase que es él quien debe partir en mi lugar. Naric se lamenta de no haber dicho que sí al principio. Habríamos calculado una balsa para tres en vez de dos.

Estamos en la estación de las lluvias. Llueve todos los días, lo que me ayuda en mis visitas a la tumba, donde casi he concluido de montar la balsa. No faltan más que los dos bordes del bastidor. Poco a poco, he reunido los cocos en el jardín de mi amigo. Se pueden coger fácilmente y sin peligro del establo abierto de los búfalos. Mis amigos nunca me preguntan dónde trabajo. Simplemente, de vez en cuando, me dicen:

—¿Qué tal?

—Todo va bien.

—Es un poco largo, ¿no crees?

—No se puede ir más deprisa sin correr un gran riesgo.

Eso es todo. Pero, una vez, cuando me llevaba los cocos depositados en casa de Juliette, esta me vio y me dio un susto terrible.

—Dime, Papillon, ¿haces aceite de coco? ¿Por qué no aquí, en el patio? Tienes una maza para abrirlos y yo te prestaría una marmita grande para guardar la pulpa.

—Prefiero hacerlo en el campamento.

—Es extraño, porque en el campamento no debe de ser cómodo. —Luego, tras un momento de reflexión, añade—: ¿Quieres que te diga una cosa? No me creo que tú vayas a hacer aceite de coco. —Me quedo helado, y ella prosigue diciendo—: En primer lugar, ¿para qué habrías de hacerlo, cuando, a través de mí, tienes todo el aceite de oliva que deseas? Esos cocos son para otra cosa, ¿verdad?

Sudo la gota gorda. Espero, desde el principio, que suelte la palabra «evasión». Tengo la respiración entrecortada. Le digo:

—Señora, es un secreto, pero la veo tan intrigada y curiosa, que me va a estropear la sorpresa que le tenía preparada. Sin embargo, solo le diré que esos grandes cocos han sido escogidos para hacer algo muy lindo, una vez vaciadas sus cáscaras, que tengo intención de ofrecerle. Esa es la verdad.

He ganado, porque responde:

—Papillon, no te molestes por mí, y, sobre todo, te prohíbo que gastes el dinero para hacerme algo excepcional. Te lo agradezco sinceramente, pero no lo hagas, te lo ruego.

—Bien; ya veré.

¡Uf! De pronto, le pido que me invite a un pastís, cosa no hago nunca. Ella, por suerte, no advierte mi confusión. El buen Dios está conmigo.

Llueve todos los días, sobre todo por la tarde y de noche. Temo que el agua, al infiltrarse a través de la poca tierra, descubra el entramado de coco. Matthieu repone continuamente la tierra que se va. Debajo, debe de estar inundado. Ayudado por Matthieu, retiro el entramado: el agua recubre casi por completo el ataúd. El momento es crítico. No lejos, se halla la tumba de dos niños que murieron hace mucho tiempo. Un día, fuerzo la losa, me meto dentro y, con una barra corta, ataco el cemento, lo más abajo posible del lado de la tumba que guarda la balsa. Una vez roto el cemento, apenas hundo la barra en la tierra, se precipita un gran chorro de agua. El agua se vacía en la otra tumba y entra en la de los dos niños. Salgo cuando me llega a las rodillas. Colocamos de nuevo la lápida y la fijamos con masilla blanca que Naric me había procurado. Esta operación ha hecho disminuir la mitad del agua en nuestra tumba-escondrijo. Por la noche, Carbonieri me dice:

—Nunca terminaremos de tener problemas por culpa de esta fuga.

—Ya casi lo hemos conseguido, Matthieu.

—Casi. Esperémoslo.

Estamos, en verdad, encima de carbones ardientes. Por la mañana, he bajado al muelle. Le he pedido a Chapar que me compre dos kilos de pescado, que iré por ellos a mediodía. De acuerdo. Subo de nuevo al jardín de Carbonieri. Cuando me aproximo, veo tres cascos blancos. ¿Por qué hay tres vigilantes en el jardín? ¿Están efectuando un registro? Es algo inusitado. Nunca he visto a tres vigilantes juntos en el jardín de Carbonieri. Espero más de una hora, hasta que no puedo aguantarme más. Decido acercarme para ver qué pasa. Avanzo resueltamente por el camino que conduce al jardín. Los vigilantes me ven llegar. Estoy intrigado, casi a veinte metros de ellos, cuando Matthieu se coloca en la cabeza su pañuelo blanco. Al fin, respiro, y tengo tiempo de reponerme antes de llegar hasta el grupo.

—Buenos días, señores vigilantes. Buenos días, Matthieu. Vengo a buscar la papaya que me has prometido.

—Lo siento, Papillon, pero me la han robado esta mañana, cuando he ido a buscar las pértigas para mis alubias trepadoras. Pero, dentro de cuatro o cinco días, las habrá maduras; ya están un poco amarillas. Así, pues, vigilantes, ¿no quieren ustedes algunas ensaladas, tomates y rábanos para sus mujeres?

—Tu jardín está bien cuidado, Carbonieri. Te felicito —dice uno de ellos.

Aceptan los tomates, ensaladas y rábanos, y se van. Por mi parte, me marcho ostensiblemente un poco antes que ellos con dos ensaladas.

Paso por el cementerio. La tumba está medio descubierta por la lluvia, que ha corrido la tierra. A diez pasos, distingo el entramado. El buen Dios habrá estado de veras con nosotros si no nos descubren. El viento sopla cada noche como el diablo, barriendo la meseta de la isla con rabiosos rugidos y, a menudo, va acompañado de lluvia. Esperamos que dure. Es un tiempo ideal para salir, pero no para la tumba.

El fragmento mayor de madera, el de dos metros, ha llegado a destino sin novedad. Ha ido a reunirse con las otras piezas de la balsa. Yo mismo lo he montado: ha encajado con toda precisión, sin esfuerzo, en las muescas. Bourset ha llegado al campamento corriendo, para saber si había recibido esa pieza, de una importancia primordial, pero embarazosa. Se siente muy feliz de saber que todo ha ido bien. Se diría que dudaba de que llegara.

Lo interrogo:

—¿Tienes dudas? ¿Crees que alguien está al corriente de lo que hacemos? ¿Has hecho alguna confidencia? Responde.

—No, no y no.

—Sin embargo, me parece que te inquieta algo. Habla.

—Se trata de una impresión desagradable producida por la mirada demasiado curiosa e interesada de un tal Bébert Celier. Tengo la sospecha de que ha visto a Naric tomar la pieza de madera del taller, meterla en un tonel de cal y, luego, llevársela. Ha seguido a Naric con la mirada hasta la puerta del taller. Los dos cuñados iban a encalar un edificio. Por eso estoy angustiado.

—Ese Bébert Celier está en nuestra división, ¿no? Así, pues, no es un confidente —le digo a Grandet.

—Ese hombre, antes, estaba en Obras Públicas —me dice—. Imagínate: batallón de África, uno de los soldados de cabeza dura, que ha recorrido todas las prisiones militares de Marruecos y Argelia, pendenciero, peligroso con el cuchillo, pederasta apasionado y jugador. Jamás ha sido civil. Conclusión: no sirve para nada bueno y es peligrosísimo. Su vida es el presidio. Si tienes grandes dudas, tómale la delantera y asesínalo esta noche; así no tendrá tiempo de denunciarte, caso de que tenga esa intención.

—Nada prueba que sea un confidente.

—Es verdad —dice Galgani—, pero nada prueba tampoco que sea un buen chico. Tú sabes que a este tipo de presidiarios no les gustan las fugas porque perturban demasiado sus vidas tranquilas y organizadas. Para todo lo demás, no son chivatos, pero por una evasión, ¿quién sabe?

Consulto a Matthieu Carbonieri. Es de la opinión de matarlo esta noche. Quiere hacerlo él mismo. Cometo el error de impedírselo. Me repugna asesinar o dejar que alguien mate por simples apariencias. ¿Y si todo son imaginaciones de Bourset? El miedo puede hacerle ver las cosas al revés.

—Bonne Bouille, ¿has advertido algo de particular en Bébert Celier? —pregunto a Naric.

—Yo, no. He sacado el tonel a cuestas, para que el guardián de la puerta no pudiera ver dentro. Según habíamos convenido, yo debía pararme delante del vigilante sin bajar el tonel, en espera de que llegara mi cuñado. Era para que el árabe viese bien que no tenía ninguna prisa por salir y darle así confianza para que no registrara el tonel. Pero, después, mi cuñado me dijo que creyó ver que Bébert Celier nos observaba atentamente.

—¿Cuál es tu opinión?

—Que dada la importancia de esta pieza, que a primera vista denota que es para una balsa, mi cuñado estaba preocupado y tenía miedo. Ha creído ver más de lo que ha visto.

—También es esa mi opinión. No hablemos más. Para la última pieza, averiguad antes de actuar dónde se encuentra Bébert Celier. Tomad, respecto a él, las mismas precauciones que para un vigilante.

Toda la noche la he pasado jugando de un modo disparatado a la marsellesa. He ganado siete mil francos. Cuanto más incoherentemente jugaba, más ganaba. A las cuatro y media, salgo a hacer lo que pudiéramos llamar mi servicio. Dejo al martiniqués que haga mi trabajo. La lluvia ha cesado y, aún de noche cerrada, voy al cementerio. Arreglo la tierra con los pies, pues no he conseguido encontrar la pala, pero mis zapatos hacen el mismo efecto. A las siete, cuando bajo a pescar, luce ya un sol maravilloso. Me dirijo hacia la punta sur de Royale, donde tengo la intención de botar la balsa. El mar está alto y terso. No sé nada, pero tengo la impresión de que no será fácil apartarse de la isla sin ser lanzados por una ola contra las rocas. Me pongo a pescar y, enseguida, capturo una gran cantidad de salmonetes de roca. En poquísimo tiempo, cobro más de cinco kilos. Termino, después de haberlos limpiado con agua de mar. Estoy muy preocupado y fatigado a causa de la noche pasada en aquella loca partida. Sentado a la sombra, me recupero diciéndome que esta tensión en que vivo desde hace más de tres meses toca a su fin, y, pensando en el caso de Celier, llego de nuevo a la conclusión de que no tengo derecho a asesinarlo.

Voy a ver a Matthieu. Desde el muro de su jardín se ve bien la tumba. En la avenida, hay tierra. A mediodía, Carbonieri irá a barrerla. Paso por casa de Juliette y le doy la mitad del pescado. Me dice:

—Papillon, he soñado cosas malas de ti; te he visto lleno de sangre y, luego, encadenado. No cometas estupideces; sufriría demasiado si te pasase algo. Ese sueño me ha trastornado tanto, que ni siquiera me he lavado ni peinado. Con el catalejo buscaba dónde pescabas y no te he visto. ¿De dónde has sacado este pescado?

—Del otro lado de la isla. Por eso no me ha visto.

—¿Por qué vas a pescar tan lejos, donde no puedo verte con el catalejo? ¿Y si se te lleva una oleada? Nadie te verá para ayudarte a salir vivo de los tiburones.

—¡Oh, no exagere!

—¿Tú crees? Te prohíbo pescar detrás de la isla y, si no me obedeces, haré que te retiren el permiso de pesca.

—Vamos, sea razonable, señora. Para darle satisfacción, le diré a su asistente adónde voy a pescar.

—Bien. Pero tienes aspecto de cansancio.

—Sí, señora. Subiré al campamento a acostarme.

—Bien, pero te espero a las cuatro para tomar café. ¿Vendrás?

—Sí, señora. Hasta luego.

Solo me faltaba eso, el sueño de Juliette, para tranquilizarme. Como si no tuviera ya bastantes problemas reales había que añadir los sueños.

Bourset dice que se siente observado de veras. Hace quince días que esperamos la última pieza de un metro cincuenta. Naric y Quenier opinan que no ven nada anormal. Sin embargo, Bourset persiste en no fabricar la tabla. Si no fuera porque tiene cinco muescas que deben coincidir al milímetro, Matthieu la hubiera construido en el jardín. En efecto, en ella encajan las otras cinco nervaduras de la balsa. Naric y Quenier, que tienen que reparar la capilla, meten y sacan fácilmente material del taller. Más aún; a veces, se sirven de un carretón tirado por un pequeño búfalo. Hay que aprovechar esta circunstancia.

Bourset, acosado por nosotros, hace la pieza a regañadientes. Un día, dice estar seguro de que cuando se marcha, alguien coge la pieza y la devuelve a su sitio. Falta practicar una muesca en el extremo. Se decide que la hará y que, luego, esconderá la madera bajo el banco de su taller. Debe colocar un cabello encima para ver si la tocan. Hace la muesca y, a las seis, es el último en abandonar el taller después de haber comprobado que no queda nadie más que el vigilante. La pieza es colocada en su sitio con el cabello. A mediodía, estoy en el campamento aguardando la llegada de los operarios del taller, ochenta hombres. Naric y Quenier están presentes, pero no Bourset. Un alemán se me acerca y me deja un billete bien cerrado y doblado. Veo que no lo han abierto. Leo: «El pelo ya no está. Así, pues, han tocado la pieza. Le he pedido al vigilante que me deje quedarme a trabajar durante la siesta, a fin de terminar un cofrecillo de palo de rosa en el que me ocupo. Me ha dado la autorización. Sacaré la pieza y la pondré donde Naric guarda sus útiles. Adviérteselo. Convendría que a las tres salieran inmediatamente con la tabla. Tal vez podamos adelantarnos al tipo que vigila la pieza».

Naric y Quenier están de acuerdo. Se colocarán en la primera fila de todos los obreros del taller. Antes que entre todo el mundo, dos hombres se pelearán un poco ante la puerta. Se solicita este favor a dos paisanos de Carbonieri, dos corsos de Montmartre: Massani y Santini. No preguntan el porqué, lo que está muy bien. Naric y Quenier tienen que aprovechar la situación para salir a toda velocidad con cualquier material, como si tuvieran prisa por ir a su trabajo y el incidente no les interesara. Todos estamos de acuerdo en que aún nos queda una oportunidad. Si sale bien, deberé estar un mes o dos sin mover ni un dedo, pues, seguramente, hay más de uno que sabe que se prepara una balsa, y luego... Encontrar quién y el escondrijo es cosa de los demás.

Por fin, a las dos y media, los hombres se preparan. Entre que se pasa lista y el desfile hacia los trabajos, se necesitan treinta minutos. Parten. Bébert Celier está casi en la mitad de la columna de las veinte filas de cuatro en fondo.

Naric y Quenier se encuentran en primera fila; Massani y Santini, en la duodécima; Bébert Celier, en la décima. Pienso que está bien así, pues, en el momento en que Naric agarre las maderas, las barras y la pieza, los otros aún no habrán terminado de entrar. Bébert estará casi en la puerta del taller o, en todo caso, un poco adelante. En el momento en que estalló la reyerta, como gritaban como condenados, todo el mundo, automáticamente, y Bébert también, se volvieron para mirar. Son las cuatro, todo se ha desarrollado como esperábamos y la pieza está bajo un montón de material, en la iglesia. No han podido sacarla de la capilla, pero en ese lugar está a las mil maravillas.

Voy a ver a Juliette, pero no está en casa. Cuando regreso, paso por la plaza donde se encuentra la Administración. A la sombra, en pie, veo a Massani y a Jean Santini que aguardan para entrar en el calabozo, cosa que ya se sabía desde el principio. Paso por su lado y les pregunto:

—¿Cuánto?

—Ocho días —responde Santini.

Un vigilante corso dice:

—¿No es lamentable ver a dos paisanos pelearse?

Regreso al campamento. A las seis llega Bourset, radiante:

—Parece —me dice— como si me hubieran dicho que tenía un cáncer y luego el doctor me dijera que se había equivocado, que no tengo nada.

Carbonieri y mis amigos hacen alharacas y me felicitan por la manera como he organizado la operación. Naric y Quenier también están satisfechos. Todo marcha bien. Duermo toda la noche, aunque los jugadores han venido a invitarme para la partida. Finjo tener un fuerte dolor de cabeza. Lo que me pasa, en realidad, es que estoy muerto de sueño, pero contento y feliz de hallarme al borde del éxito. Lo más difícil está hecho.

Esta mañana, Matthieu ha alojado provisionalmente la pieza en el agujero del muro. En efecto, el guardián del cementerio limpia los senderos por el lado de la tumba-escondrijo. No sería prudente aproximarse ahora. Todas las mañanas, al alba, me apresuro a ir con una pala de madera a arreglar la tierra de la tumba. Después, con una escoba, limpio el caminito y luego, siempre a toda prisa, regreso a mi labor de limpieza, dejando en un rincón de las letrinas escoba y pala.

Hace exactamente cuatro meses que está en marcha la preparación de la fuga, y nueve días que, al fin, hemos recibido el último fragmento de la balsa. La lluvia ha dejado de caer cada día y, a veces, incluso durante la noche. Todas mis facultades están alerta para las dos horas H: primero, sacar del jardín de Matthieu la famosa pieza y colocarla en su sitio, en la balsa, con todas las nervaduras bien encastradas. Esa operación solo puede hacerse de día. A continuación, la fuga, que no podrá ser inmediata porque, una vez sacada la balsa, será preciso introducir en ella los cocos y los víveres.

Ayer se lo conté todo a Jean Castelli, y también cuál es mi situación. Se siente feliz al ver que estoy llegando al final.

—La luna —me dice— está en su primer cuarto.

—Lo sé, y a medianoche no molesta. La marea baja a las diez, así que la mejor hora para la botadura sería de una a dos de la madrugada.

Carbonieri y yo hemos decidido precipitar los acontecimientos. Mañana, a las nueve, colocación de la pieza. Y, por la noche, la evasión.

A la mañana siguiente, con nuestras acciones bien coordinadas, paso por el jardín al cementerio y salto el muro con una pala. Mientras quito la tierra de encima del entramado, Matthieu aparta su piedra y acude a reunirse conmigo con la pieza. Juntos, levantamos el entramado y lo dejamos al lado. La balsa aparece en su lugar, en perfecto estado. Manchada de tierra adherida, pero sin un rasguño. La sacamos, pues para colocar la pieza se necesita espacio por el lado. Las cinco nervaduras quedan bien encajadas, cada una fija en su lugar. Para meterlas, nos vemos obligados a golpear con una piedra. Cuando por fin hemos terminado y estamos a punto de devolver la balsa a su sitio, aparece un vigilante empuñando un mosquetón.

—¡Ni un gesto o sois hombres muertos!

Dejamos caer la balsa y levantamos las manos. A este guardián le reconozco, es el jefe de vigilantes del taller.

—No cometáis la estupidez de oponer resistencia; estáis cogidos. Reconocedlo y salvad, por lo menos, vuestra piel, que solo se aguanta por un hilo, tantas son las ganas que tengo de ametrallaros. Vamos, en marcha, y siempre manos arriba. ¡Caminad hacia la comandancia!

Al pasar por la puerta del cementerio, encontramos a un celador árabe. El vigilante le dice:

—Gracias, Mohamed, por el servicio que me has prestado. Pasa por mi casa mañana por la mañana y te daré lo que te he prometido.

—Gracias —dice el chivo—. Iré sin falta, pero, jefe, Bébert Celier también tiene que pagarme, ¿verdad?

—Arréglate con él —dice el guardián.

Entonces pregunto:

—¿Ha sido Bébert Celier quien ha dado el chivatazo, jefe?

—Yo no soy quien os lo ha dicho.

—Da lo mismo. Bueno es saberlo.

Apuntándonos siempre con el mosquetón, el guardián ordena:

—Mohamed, regístralos.

El árabe me saca el cuchillo que tenía en el cinturón, y también el de Matthieu.

Le digo:

—Mohamed, eres astuto. ¿Cómo nos has descubierto?

—Trepaba a lo alto de un cocotero cada día para ver dónde habíais escondido la balsa.

—¿Quién te dijo que hicieras eso?

—Primero, Bébert Celier; después, el vigilante Bruet.

—En marcha —dice el guardián—. Aquí ya se ha hablado demasiado. Podéis bajar ya las manos y caminar más deprisa.

Los cuatrocientos metros que debíamos recorrer para llegar a la comandancia me parecieron el camino más largo de mi vida. Me sentía anonadado. Tanta lucha para, al final, dejarse cazar como verdaderos estúpidos. ¡Oh, Dios, qué cruel eres conmigo! Nuestra llegada a la comandancia fue un hermoso escándalo, pues, en nuestro camino, encontrábamos más vigilantes que se añadían al que continuaba apuntándonos con su mosquetón. Al llegar, teníamos detrás a siete u ocho guardianes.

El comandante, advertido por el árabe, quien había corrido delante de nosotros, está en el quicio de la puerta del edificio de la Administración, así como Dega y cinco jefes de vigilantes.

—¿Qué sucede, monsieur Bruet? —preguntó el comandante.

—Sucede que he sorprendido en flagrante delito a estos dos hombres cuando escondían una balsa que, según creo, está terminada.

—¿Qué tiene usted que decir, Papillon?

—Nada. Hablaré en la instrucción.

—Encerradlos en el calabozo.

Se me encierra en un calabozo que, por su ventana cegada, da hacia el lado de la entrada de la comandancia. El calabozo está oscuro, pero oigo a la gente que habla en la calle, frente al edificio.

Los acontecimientos discurren con rapidez. A las tres, se nos saca y se nos esposa.

En la sala, una especie de Tribunal: comandante, comandante segundo jefe, jefe de vigilantes. Un guardián actúa de escribano. Sentado aparte a una mesita, Dega, con un lápiz en la mano; seguramente, debe tomar al vuelo las declaraciones.

—Charrière y Carbonieri, escuchen el informe que monsieur Bruet ha redactado contra ustedes: «Yo, Bruet, Auguste, jefe de vigilantes, director del taller de las Islas de la Salvación, acuso de robo y apropiación indebida de material del Estado a los dos presidiarios Charrière y Carbonieri. Acuso de complicidad al carpintero Bourset. Asimismo, creo poder demostrar la responsabilidad como cómplices de Naric y Quenier. A esto he de añadir que he sorprendido en flagrante delito a Charrière y Carbonieri mientras violaban la tumba de madame Privat, que les servía de escondite para disimular su balsa».

—¿Qué tiene usted que decir? —pregunta el comandante.

—En primer lugar, que Carbonieri no tiene nada que ver con el asunto. La balsa está calculada para transportar a un solo hombre: yo. Tan solo lo he obligado a ayudarme a apartar el entramado de debajo de la tumba, operación que no podía hacer yo solo. Así, pues, Carbonieri no es culpable de robo y apropiación indebida de material del Estado, ni de complicidad de evasión, puesto que la evasión no se ha consumado.

Bourset es un pobre diablo que ha actuado bajo amenaza de muerte. En cuanto a Naric y Quenier, apenas si los conozco. Afirmo que nada tienen que ver con el asunto.

—No es eso lo que me dice mi informador —dice el guardián.

—Ese Bébert Celier que le ha informado puede muy bien servirse de ese asunto para vengarse de alguien comprometiéndolo falsamente. ¿Quién puede confiar en lo que diga un soplón?

—En resumen —dice el comandante—: está usted acusado oficialmente de robo y apropiación indebida de material del Estado, de profanación de sepultura y de tentativa de evasión. Haga el favor de firmar el acta.

—No firmaré a menos que se añada a mi declaración lo referente a Carbonieri, Bourset y los cuñados Naric y Quenier.

—Acepto. Redacte el documento.

Firmo. No puedo expresar claramente todo lo que pasa por mí tras este fracaso en el último momento. En el calabozo estoy como loco; apenas como y no ando, pero fumo, fumo sin parar un cigarrillo tras otro. Por suerte, estoy bien provisto de tabaco gracias a Dega. Todos los días, doy un paseo de una hora por la mañana, al sol, en el patio de las celdas disciplinarias.

Esta mañana, el comandante ha acudido a hablar conmigo. Cosa curiosa, él, que hubiera sufrido el perjuicio más grave si la evasión hubiera tenido éxito, es quien menos encolerizado está conmigo.

Me comunica sonriendo que su mujer le ha dicho que era normal que un hombre si no está podrido, trate de evadirse. Con mucha habilidad, trata de que le confirme la complicidad de Carbonieri. Tengo la impresión de haberlo convencido explicándole que le era prácticamente imposible a Carbonieri rehusar ayudarme unos instantes a retirar el entramado.

Bourset ha mostrado la nota amenazadora y el plano trazado por mí. En lo que a él concierne, el comandante está convencido por completo de que todo ha sucedido así. Le pregunto cuánto puede costarme, en su opinión, la acusación de robo de material.

Me dice:

—No más de dieciocho meses.

En una palabra, poco a poco asciendo la pendiente de la sima en la que me he sumido. He recibido una nota de Chatal, el enfermero. Me advierte de que Bébert Celier está en una sala aparte, en el nospital, a punto para ser trasladado, con un diagnóstico raro: absceso en el hígado. Debe de ser una combina tramada entre la Administración y el doctor para ponerlo al abrigo de represalias.

Jamás se registra el calabozo ni mi persona. Me aprovecho de esta circunstancia para conseguir que me manden un cuchillo. Les digo a Naric y Quenier que soliciten una confrontación entre el vigilante del taller, Bébert Celier, el carpintero y yo, con la petición al comandante de que, después de esa confrontación, decida lo que considere justo: prevención, castigo disciplinario o puesta en libertad en el campamento.

En el paseo de hoy, Naric me ha dicho que el comandante ha aceptado mi propuesta. La confrontación tendrá lugar mañana a las diez. A esta audiencia asistirá un jefe de vigilantes que actuará como instructor. Tengo toda la noche para tratar de entrar en razón, pues mi intención es matar a Bébert Celier. No lo consigo. No, sería demasiado injusto que ese hombre fuera trasladado por lo que ha hecho y luego desde Tierra Grande, se fugara, como recompensa por haber impedido otra fuga. Sí, pero puedes ser condenado a muerte, porque se te puede imputar premeditación. No me importa. Mi decisión está tomada, tan desesperado estoy. Cuatro meses de esperanza, de gozo, de temor de ser sorprendido, de ingenio, para terminar, cuando ya estaba a punto de conseguirlo, tan lamentablemente por culpa de la lengua de un soplón. Pase lo que pase, ¡mañana intentaré matar a Celier!

El único medio de no ser condenado a muerte es hacer que él saque su cuchillo. Para eso, es preciso que yo le haga ver ostensiblemente que tengo el mío abierto. Entonces, de seguro que sacará el suyo. Convendría poder hacer eso un poco antes o inmediatamente después de la confrontación. No puedo matarlo durante ella, pues corro el riesgo de que un vigilante me dispare un tiro de revólver. Cuento con la negligencia crónica de los guardianes.

Durante toda la noche, lucho contra esta idea. No puedo vencerla. Verdaderamente, en la vida hay cosas imperdonables. Sé que no está bien tomarse la justicia por propia mano, pero eso es para gentes de otra clase social. ¿Cómo admitir que se pueda dejar de pensar en castigar inexorablemente a un individuo tan abyecto? Yo no le había hecho ningún daño a esta rata de alcantarilla; ni siquiera me conoce. Sin embargo, me ha condenado a X años de reclusión sin tener nada que reprocharme. Él ha tratado de enterrarme para poder revivir. ¡No, no y no! Es imposible que le permita aprovecharse de su chivatazo. Imposible. Me siento perdido. Perdido por perdido, que también lo esté él, y más aún que yo. ¿Y si te condenan a muerte? Sería estúpido morir por culpa de una persona tan deleznable. Al fin, me prometo una sola cosa: si no saca su cuchillo, no le mataré.

No he dormido en toda la noche, y he fumado un paquete entero de tabaco gris. Me quedan dos cigarrillos cuando me traen el café a las seis de la mañana. Estoy en tal tensión, que delante del guardián, y aunque esté prohibido, le digo al repartidor de café:

—¿Puedes darme algunos cigarrillos o un poco de tabaco, con permiso del jefe? Estoy en las últimas, monsieur Antartaglia:

—Sí, dáselos si tienes. Yo no fumo. Te compadezco sinceramente, Papillon. Yo, como corso, amo a los hombres y detesto las cochinadas.

A las diez menos cuarto, estoy en el patio esperando entrar en la sala. Naric, Quenier, Bourset y Carbonieri están también allí... El guardián que nos vigila es Antartaglia, el del café. Habla en corso con Carbonieri. Comprendo que le dice que es una lástima lo que le sucede, y que se juega tres años de reclusión. En ese momento, se abre la puerta y entran en el patio el árabe del cocotero, el árabe guardián de la puerta del taller y Bébert Celier. Cuando me ve, hace un ademán de retroceso, pero el guardián que los acompaña le dice:

—Adelántese y manténgase apartado, aquí, a la derecha. Antartaglia, no les permita usted que se comuniquen entre sí.

Estamos a menos de dos metros uno de otro. Antartaglia dice:

—Prohibido hablar entre los dos grupos.

Carbonieri continúa hablando en corso con su paisano, quien vigila ambos grupos. El guardián se ata el lazo de su zapato y yo hago un signo a Matthieu para que se ponga un poco más adelante. Comprende enseguida, mira hacia Bébert Celier y escupe en su dirección. Cuando el vigilante está de pie, Carbonieri continúa hablándole sin cesar y distrae su atención hasta el punto de que doy un paso sin que él lo note. Dejo resbalar el cuchillo hasta la mano. Tan solo Celier puede verlo y, con una rapidez inesperada, pues tenía un cuchillo abierto en el pantalón, me asesta una puñalada que me hiere el músculo del brazo derecho. Yo soy zurdo y, de un golpe, hundo mi cuchillo hasta el mango en su pecho. Un grito bestial: «¡A-a-ah!». Cae como un fardo. Antartaglia, revólver en mano, me dice:

—Apártate, pequeño, apártate. No lo golpees en el suelo, pues me vería obligado a disparar contra ti, y no quiero hacerlo.

Carbonieri se aproxima a Celier y mueve su cabeza con el pie. Dice dos palabras en corso. Las entiendo. Celier está muerto. El guardián me ordena.

—Dame tu cuchillo, pequeño.

Se lo doy. Devuelve su revólver a la funda, se dirige a la puerta de hierro y llama. Un guardián abre. Le dice:

—Manda a los camilleros para que recojan a un muerto.

—¿Quién ha muerto? —pregunta el guardián.

—Bébert Celier.

—¡Ah! Creí que había sido Papillon.

Se nos devuelve a nuestro calabozo. La confrontación queda suspendida. Carbonieri, antes de entrar en el corredor, me dice:

—Pobre Papi; esta vez, vas listo.

—Sí, pero yo estoy vivo y él la ha espichado.

El guardián regresa, solo, abre la puerta con mucha suavidad y me dice, aún muy trastornado:

—Llama a la puerta y di que estás herido. Él ha sido el primero en atacarte; lo he visto yo.

Y vuelve a cerrar la puerta.

Estos guardianes corsos son formidables: o totalmente malos, o totalmente buenos. Llamo a la puerta y exclamo:

—¡Estoy herido y quiero que me manden al hospital para que me curen!

El guardián regresa con el jefe de vigilantes del pabellón disciplinario.

—¿Qué te pasa? ¿Por qué armas tanto ruido?

—Estoy herido, jefe.

—¡Ah! ¿Estás herido? Creía que no te había tocado, cuando te atacó.

—Tengo un corte en el músculo del brazo derecho.

—Abra —dice el otro guardián.

La puerta se abre y, entonces, salgo. En efecto, tengo un buen corte en el músculo.

—Póngale las esposas y llévelo al hospital. No lo deje allí bajo ningún pretexto. Una vez lo hayan curado, devuélvalo a su celda.

Cuando salimos, hay más de diez guardianes con el comandante. El vigilante del taller me dice:

—¡Asesino!

Antes de que yo pueda responderle, el comandante le dice:

—Cállese, vigilante Bruet. Papillon ha sido atacado.

—No es verosímil —dice Bruet.

—Lo he visto yo y soy testigo de ello —interviene Antartaglia—. Y sepa, monsieur Bruet, que un corso nunca miente.

En el hospital, Chatal llama al doctor. Me aplica unos puntos de sutura sin dormirme ni ponerme una inyección de anestesia local. Luego, me coloca ocho grapas sin dirigirme palabra. Yo le dejo sin quejarme. Al final, dice:

—No he podido administrarte anestesia local porque ya no me quedan más inyecciones. —Luego, añade—: No está bien lo que has hecho.

—¡Vaya! De todas maneras, no iba a vivir mucho, con su absceso en el hígado.

Mi inesperada respuesta lo deja pasmado.

La instrucción continúa su curso. La responsabilidad de Bourset es desechada totalmente. Se admite que estaba atemorizado, lo que yo contribuyo a hacer creer. Contra Naric y Quenier faltan pruebas. Quedamos Carbonieri y yo. Para Carbonieri se descarta el robo y la apropiación indebida de material del Estado. Le queda la complicidad por tentativa de evasión. No le pueden caer más de seis meses. Para mí, en cambio, las cosas se complican. En efecto, pese a todos los testimonios favorables, el encargado de la instrucción no quiere admitir la legítima defensa. Dega, que ha visto todo el sumario, me dice que, pese al encarnizamiento del instructor, es imposible que se me condene a muerte, puesto que he sido herido. Un elemento sobre el que se apoya la acusación para hundirme es que los dos árabes declaran que fui el primero en sacar el cuchillo.

La instrucción ha terminado. Espero que me lleven a Saint-Laurent para sufrir el Consejo de Guerra. No hago más que fumar; casi no camino. Se me ha concedido un segundo paseo de una hora por la tarde. Ni el comandante ni los vigilantes, salvo el del taller y el de la instrucción, me han manifestado jamás hostilidad. Todos me hablan sin animosidad y me dejan pasar el tabaco que quiero.

Debo partir el viernes y estamos a martes. El miércoles por la mañana, a las diez, estoy en el patio desde hace dos horas, cuando el comandante me llama y me dice:

—Ven conmigo.

Salgo sin escolta con él. Le pregunto adónde vamos. Desciende por el camino que conduce a su casa. Mientras andamos, me dice:

—Mi mujer quiere verte antes de que partas. No he querido impresionarla haciéndote acompañar por un vigilante armado. Espero que te portes bien.

—Sí, mi comandante.

Llegamos a su casa.

—Juliette, te traigo a tu protegido, tal como te prometí. Ya sabes que es preciso que lo devuelva antes de mediodía. Tienes casi una hora para conversar con él.

Y se retira discretamente.

Juliette se me acerca y me pone la mano en el hombro, mientras me mira fijamente a los ojos. Los suyos, negros, brillan más porque están inundados de lágrimas que, por fortuna, contiene.

—Estás loco, amigo mío. Si me hubieras dicho que querías marcharte, creo que hubiera sido capaz de facilitarte las cosas. Le he pedido a mi marido que te ayude todo cuanto pueda, y me ha dicho que, por desgracia, eso no depende de él. Te he hecho venir, en primer lugar, para ver cómo estabas. Te felicito por tu valor y te encuentro mejor de lo que pensaba. Y también te he llamado para decirte que quiero pagarte el pescado que tan generosamente me has regalado durante tantos meses. Toma, aquí tienes mil francos, es todo cuanto puedo darte. Lamento no poder hacer otra cosa.

—Escuche, señora, yo no necesito dinero. Le ruego que

comprenda que no debo aceptar, pues eso sería, en mi opinión, manchar nuestra amistad. —Y rechazo los dos billetes de quinientos francos que tan generosamente me ofrece—. No insista, se lo ruego.

—Como quieras —dice—. ¿Un pastís ligero?

Y, durante más de una hora, esta admirable mujer no hace más que pronunciar palabras encantadoras. Supone que, seguramente, seré absuelto del homicidio de aquel cochino, y que todo lo demás me significará, tal vez, de dieciocho meses a dos años.

En el momento de partir, me estrecha largamente la mano entre las suyas y me dice:

—Hasta la vista y buena suerte.

Y estalla en sollozos.

El comandante me conduce de nuevo al cuartel celular. Por el camino, le digo:

—Comandante, tiene usted la mujer más noble del mundo.

—Ya lo sé, Papillon. No está hecha para vivir aquí; es demasiado cruel para ella. Y, sin embargo, ¿qué puedo hacer? De todos modos, dentro de cuatro años puedo pedir el retiro.

—Aprovecho esta ocasión en que estamos a solas, comandante, para agradecerle el haber hecho que me traten lo mejor posible, pese a las graves complicaciones que hubiera podido crearle a usted si me hubiera salido con la mía.

—Sí, hubieses podido ocasionarme grandes quebraderos de cabeza. A pesar de todo, ¿quieres que te diga una cosa? Merecías conseguirlo.

Y ya en la puerta del pabellón disciplinario, el comandante añade:

—Adiós, Papillon. Que Dios te proteja; tendrás necesidad de su ayuda.

—Adiós, comandante.

¡Sí! Tendré necesidad de que Dios me ayude, pues el Consejo de Guerra presidido por un comandante de Gendarmería de cuatro galones fue inexorable. Tres años por robo y apropiación indebida de material del Estado, profanación de sepultura y tentativa de evasión, más cinco años por acumulación de pena por la muerte de Celier. Total, ocho años de reclusión. De no haber resultado herido, seguramente me hubiese condenado a muerte.

Este tribunal tan severo para mí fue más comprensivo para un polaco llamado Dandosky, el cual había matado a dos hombres. Solo le condenó a cinco años y, sin embargo, sin lugar a dudas, en su caso había premeditación.

Dandosky era un panadero que solo hacía la levadura. Nada más trabajaba de tres a cuatro de la madrugada. Como la panadería estaba en el muelle, frente al mar, todas sus horas libres las pasaba pescando. De carácter tranquilo, hablaba mal el francés y no frecuentaba a nadie. Este hombre, condenado a trabajos forzados, dedicaba toda su ternura a un magnífico gato negro de ojos verdes que vivía con él. Dormían juntos, y el animal lo seguía como un perro al trabajo. En una palabra, entre el bicho y el polaco existía un gran cariño. El gato le acompañaba también cuando el polaco iba de pesca, pero si hacía demasiado calor, y no había un rincón sombreado, regresaba solo a la panadería y se acostaba en la hamaca de su amigo. A mediodía, cuando sonaba la campana, iba al encuentro del polaco y saltaba tras el pescadito que aquel hacía danzar ante sus narices, hasta que lo atrapaba.

Los panaderos viven todos juntos en una sala contigua a la panadería. Un día, dos presidiarios llamados Corrazi y Angelo, invitaron a Dandosky a comer un conejo que Corrazi preparó con cebolla, plato que confeccionaba al menos una vez por semana. Dandosky se sienta y come con ellos, ofreciéndoles una botella de vino para acompañar la comida. Por la noche, el gato no regresa. El polaco lo busca inútilmente por todas partes. Pasa una semana, y ni rastro del gato. Triste por haber perdido a su compañero, Dandosky ya no tiene humor para nada. Está triste de veras de que el único ser que amaba y que tanto bien le hacía haya desaparecido misteriosamente. Enterada de su inmenso dolor, la mujer de un vigilante le ofrece un gatito. Dandosky lo rehúsa, e indignado, pregunta a la mujer cómo puede suponer que podrá amar a otro gato que no sea el suyo; eso sería, dice, una ofensa grave a la memoria de su querido desaparecido.

Un día, Corrazi pega a un aprendiz de panadero que es, también repartidor de pan. No duerme con los panaderos, pero pertenece al campamento. Rencoroso, el aprendiz busca a Dandosky, lo encuentra y le dice:

—¿Sabes? El conejo que te invitaron a comer Corrazi y Angelo era tu gato.

—¡La prueba! —exclama el polaco, agarrando al aprendiz por la garganta.

—Vi a Corrazi cuando enterraba la piel de tu gato bajo el mango, un poco retirado, que está detrás de las canoas.

Como un loco, el polaco va a comprobarlo y, en efecto, encuentra la piel. La coge, está ya medio podrida, con la cabeza en descomposición. La lava en el agua del mar, la expone al sol para que se seque, luego la envuelve en un lienzo bien limpio y la entierra en un sitio seco, bien profundo, para que las hormigas no se la coman. Por lo menos, eso es lo que me cuenta.

Por la noche, al resplandor de una lámpara de petróleo, sentados en un banco muy pesado de la sala de los panaderos, Corrazi y Angelo, uno al lado del otro juegan a los naipes. Dandosky es un hombre de unos cuarenta años, de estatura media, fornido, de espalda ancha, muy fuerte. Ha preparado un grueso bastón de madera de hierro, tan pesado como puede serlo este metal, y, llegando por detrás, sin una palabra, asesta un formidable bastonazo en la cabeza de cada uno de los jugadores. Los cráneos se abren como dos granadas y los sesos se esparcen por el suelo. Loco, furioso, lleno de rabia, no se contenta con haberlos matado, sino que agarra los cerebros y los estampa contra la pared de la sala. Todo queda salpicado de sangre y sesos.

Si yo no he sido comprendido por el comandante de Gendarmería, presidente del Consejo de Guerra, en cambio Dandosky, por dos asesinatos con premeditación, sí lo ha sido, por suerte para él, hasta el punto de ser condenado solo a cinco años.

SEGUNDA RECLUSIÓN

Atado al polaco, abandono las Islas. ¡Apenas hemos probado los calabozos de Saint-Laurent! Llegamos un lunes, sufrimos el Consejo de Guerra el jueves y, el viernes por la mañana, nos reembarcaron para las Islas.

Arribamos a estas dieciséis hombres, doce de los cuales somos reclusos. El viaje se efectúa con una mar muy gruesa, y, muy a menudo, el puente es barrido por una ola mayor que las otras. En mi desesperación, llego a desear que este cascarón se vaya a pique. No hablo con nadie, concentrado en mí mismo, en medio de este viento húmedo que me abofetea el rostro. No me protejo; al contrario. He dejado voluntariamente que saliera expedido por los aires el sombrero, que no necesitaré para nada durante los ocho años de reclusión. Cara al viento, respiro hasta sofocarme este aire que me azota. Tras haber deseado el naufragio, me recupero: «Bébert Celier ha sido comido por los tiburones, y tú tienes treinta años y ocho más por delante». Pero ¿pueden pasarse ocho años tras los muros de la «comedora de hombres»?

Según mi experiencia, creo que es imposible. Cuatro o cinco años deben ser el límite extremo de la resistencia. Si no hubiese matado a Celier solo me quedarían tres años, tal vez dos, pero el homicidio lo ha gravado todo, incluida la evasión. No debía haber matado a aquella carroña. ¿Como pude cometer semejante error? Sin contar con que estuve a punto de que me matase, aquella basura. Vivir, vivir y vivir; esa hubiera tenido que ser y tiene que ser mi única religión.

Entre los vigilantes que acompañan al convoy hay un guardián a quien conocí en la Reclusión. No sé cómo se llama, pero me muero de ganas de hacerle una pregunta.

—Jefe, quisiera preguntarle algo.

Sorprendido, se acerca y me dice:

—¿Qué?

—¿Ha conocido usted a hombres que hayan podido resistir ocho años de reclusión?

Reflexiona y me dice:

—No, pero he conocido a muchos que han pasado cinco años, e incluso a uno, me acuerdo muy bien, que salió bastante bien parado y equilibrado al cabo de seis años. Estaba en la Reclusión cuando lo liberaron.

—Gracias.

—De nada —dice el guardián—. Creo que tú tienes que cumplir ocho años...

—Sí, jefe.

—Solo conseguirás salir con bien si no te castigan nunca.

Y se retira.

Esta frase es muy importante. Sí, solo puedo salir vivo si jamás soy castigado. En efecto, la base de los castigos es la supresión de una parte o de toda la comida durante cierto tiempo, de manera que incluso al volver al régimen normal, nunca puede uno recuperarse. Algunos castigos un poco fuertes te impiden resistir hasta el final, y la espichas antes. Conclusión: no debo aceptar cocos o cigarrillos, incluso no debo escribir o recibir notas.

Durante el resto del viaje, rumio sin cesar esta decisión. Nada, absolutamente nada con el exterior ni con el interior. Se me ocurre una idea: la única manera de conseguir que me ayuden sin riesgos para la comida es que alguien pague desde el exterior a los repartidores de sopa, para que me den uno de los mayores y mejores trozos de carne al mediodía.

Es fácil, porque uno echa el caldo, y el otro, que le sigue con una bandeja, echa a la gamella un trozo de carne. Es preciso que rasque en el fondo del perol y me dé mi cucharonada con la mayor cantidad posible de legumbres. Me reconforta haber dado con esta idea. De este modo, podré comer según el hambre que tenga y casi suficientemente si la combinación se organiza bien. De mi cuenta corre soñar y elevarme lo más posible, eligiendo temas agradables para no volverme loco.

Llegamos a las Islas. Son las tres de la tarde. Apenas he desembarcado, veo el vestido amarillo claro de Juliette, quien está junto a su marido. El comandante se aproxima con rapidez, antes, incluso, de que hayamos tenido tiempo de alinearnos, y me pregunta:

—¿Cuánto?

—Ocho años.

Vuelve junto a su mujer y le habla. Esta, emocionada, se sienta en una piedra. Está virtualmente postrada. Su marido la toma del brazo, ella se levanta y, después de haberme lanzado una mirada llena de tristeza con sus ojos inmensos, se van, marido y mujer, sin volverse.

—Papillon —pregunta Dega—, ¿cuánto?

—Ocho años de reclusión.

No dice nada y no se atreve a mirarme. Galgani se acerca, y antes de que me hable, le digo:

—No me mandes nada ni me escribas en absoluto. Con una pena tan larga, no puedo correr el riesgo de un castigo.

—Comprendo.

En voz baja, añado rápidamente:

—Arréglatelas para que me sirvan de comer lo mejor posible al mediodía y por la noche. Si consigues arreglar eso, acaso nos veamos algún día. Adiós.

Voluntariamente, me dirijo hacia la primera canoa que debe llevarnos a San José. Todo el mundo me mira como se mira un féretro que se baja a una fosa. Nadie habla. Durante el corto viaje, repito a Chapar lo que le he dicho a Galgani. Me responde:

—Eso debe ser factible. Ánimo, Papi. —Luego, me dice—: ¿Y Matthieu Carbonieri?

—Perdóname por haberlo olvidado. El presidente del Consejo de Guerra ha pedido que se redacte un suplemento de información sobre su caso antes de tomar una decisión. Eso ¿es bueno o malo?

—Creo que es bueno.

Estoy en la primera fila de la pequeña columna de doce hombres que se encarama por la costa para llegar a la Reclusión. Subo aprisa, pues estoy impaciente —es curioso— por encontrarme solo en mi celda. Aprieto tanto el paso que el guardián me dice:

—Más despacio, Papillon. Se diría que tiene usted prisa por volver a la casa que ha abandonado hace tan poco tiempo.

Por fin, llegamos.

—¡Vaya! Le presento al comandante de la Reclusión.

—Lamento que haya vuelto, Papillon —dice. Después—: Reclusos, aquí, etc. —Su discurso habitual—. Edificio A, celda 127. Es la mejor, Papillon, porque está frente a la puerta del pasillo y así tienes más luz y el aire no te falta nunca. Espero que te portes bien. Es mucho tiempo ocho años, pero ¿quién sabe?, acaso con una excelente conducta puedas conseguir una reducción de uno o dos años. Te lo deseo, porque eres un hombre animoso.

Heme, pues, en la 127. En efecto, la celda está justo enfrente de una gran puerta enrejada que da al pasillo. Aunque son casi las seis, todavía se ve bastante claridad. La celda ya no tiene ese regusto y ese olor a podrido que tenía la primera que ocupé. Eso me anima un poco: «Mi estimado Papillon, he aquí cuatro paredes que tienen que contemplar cómo vives durante ocho años. Niégate a contar los meses y las horas; es inútil. Si quieres tomar una medida aceptable, debes contar por períodos de seis meses. Dieciséis veces seis meses y estarás libre de nuevo. De todas formas cuentas con una ventaja. Si la espichas aquí, al menos tendrás, si es de día, la satisfacción de morir a la luz. Eso es muy importante. No debe de ser muy alegre morirse a oscuras. Si estás enfermo, al menos aquí el doctor te verá el gaznate. No tienes por qué recriminarte por haber querido revivir evadiéndote y, a fe mía, tampoco por haber matado a Celier. Figúrate lo que sufrirías de pensar que mientras tú estás aquí, él ha tomado el portante. El tiempo dirá. Tal vez haya una amnistía, una guerra, un temblor de tierra, un tifón capaces de destruir la fortaleza. ¿Por qué no? Un hombre honrado que, de regreso a Francia, consigue conmover a los franceses y estos logran obligar a la Administración penitenciaria a suprimir esta forma de guillotinar a la gente sin guillotina. Tal vez un doctor, asqueado, le cuente todo esto a un periodista, a un cura, ¿qué sé yo? De todas formas, Celier hace ya tiempo que ha sido digerido por los tiburones. Yo estoy aquí y, si soy digno de mí mismo, tengo que salir vivo de este sepulcro».

Un, dos, tres, cuatro, cinco, media vuelta... Un, dos tres, cuatro, cinco, otra media vuelta. Empiezo a andar, y de un solo golpe, vuelvo a encontrar la posición de la cabeza, de los brazos y la longitud precisa que debe tener el paso para que la péndola funcione perfectamente bien. Decido no caminar más que dos horas por la mañana y dos por la tarde hasta que sepa con certeza si puedo contar con una alimentación privilegiada en cantidad. No empecemos, en este nerviosismo de los primeros días, a gastar energía inútilmente.

Sí, es lamentable haber fracasado al final. Es verdad que solo se trataba de la primera parte de la fuga, y que aún era preciso efectuar una travesía feliz de más de ciento cincuenta kilómetros sobre aquella frágil balsa. Y según el sitio adonde llegáramos de Tierra Grande, organizar una vez más otra huida. Si la botadura hubiera marchado bien y la vela de tres sacos de harina hubiera empujado la barca a más de diez kilómetros por hora, en menos de quince horas, tal vez en doce, hubiéramos tocado tierra. Esto siempre contando con que lloviese, pues solo con lluvia podíamos arriesgarnos a hacernos a la mar. Creo recordar que el día después de que me encerraran en el calabozo, llovió. No estoy seguro. Trato de encontrar qué faltas o qué errores cometimos.

Solo encuentro dos. En primer lugar, el carpintero quiso hacer una balsa demasiado perfecta, demasiado segura, y, entonces, para meter los cocos, tuvo que construir una armadura que equivalía casi a dos balsas, una incluida en la otra. De ahí que hubiera demasiadas piezas que confeccionar y que exigiera demasiado tiempo para construirlas con precaución.

En segundo lugar, lo más grave: a la primera duda seria sobre Celier, la misma noche, hubiera debido matarle. Si lo hubiera hecho, ¡a saber dónde estaría yo ahora! Incluso si las cosas me hubiesen salido mal en Tierra Grande o hubiese sido arrestado en el momento de la botadura, no me hubieran caído más de tres años y no ocho, y hubiera tenido la satisfacción de la acción emprendida. Sí, si todo se hubiera desarrollado bien, ahora estaría en las Islas o en Tierra Grande. ¡Cualquiera sabe! Tal vez charlando con Bowen en Trinidad, o en Curaçao, protegido por el obispo Irénée de Bruyne. Y de allí no nos marcharíamos hasta estar seguros de que tal o cual nación nos aceptaría. En el caso contrario, me sería fácil regresar solo, directamente en un vaporcito, a la Guajira, a mi tribu.

Me he dormido muy tarde, pero he conseguido conciliar un sueño normal. Esta primera noche no ha sido tan deprimente como pensaba. Vivir, vivir, vivir. Debo repetir en cada ocasión que esté a punto de abandonarme a la desesperación, tres veces, esta frase: «Mientras hay vida, hay esperanza».

Ha pasado una semana. Desde ayer, he advertido el cambio de las raciones de mi alimento. Un magnífico trozo de carne cocida a mediodía y, por la noche, una gamella de lentejas solas, casi sin agua. Como un niño, digo en voz alta:

—Las lentejas contienen hierro; eso es muy bueno para la salud.

Si esto dura, podré andar de diez a doce horas por día, y entonces, por la noche, fatigado, me hallaré en estado de viajar a las estrellas. No, no desbarro; estoy con los pies en el suelo, bien en el suelo, y pienso en todos los casos de presidiarios que he conocido en las Islas. Cada cual tiene su historia, antes y mientras. Pienso también en las leyendas que se cuentan en las Islas. Una de ellas, que me prometo verificar si un día vuelvo a la isla, es la de la campana.

Como ya he dicho, los presidiarios no son enterrados, sino arrojados al mar entre San José y Royale, en un lugar infestado de tiburones. El muerto está envuelto en sacos de harina, con una cuerda atada a los pies, de la que pende una pesada piedra. Una caja rectangular, siempre la misma, está instalada horizontalmente en la proa de la embarcación. Llegados al sitio indicado, los seis remeros forzados levantan sus remos en posición horizontal a la altura de la borda. Un hombre inclina la caja y otro abre una especie de trampa. Entonces, el cuerpo se desliza al agua. Es seguro, de eso no cabe lo menor duda, que los tiburones cortan inmediatamente la cuerda. El muerto nunca tiene tiempo de hundirse mucho. Remonta a la superficie, y los tiburones comienzan a disputarse ese manjar exquisito para ellos. Ver comerse a un hombre, según los que lo han visto, es muy impresionante, pues, además, cuando los tiburones son muy numerosos, llegan a levantar el lienzo con su contenido fuera del agua y, arrancando los sacos de harina, agarran grandes pedazos del cadáver.

Esto sucede exactamente como lo he descrito, pero hay una cosa que no he podido comprobar. Todos los condenados, sin excepción, dicen que lo que atrae a los tiburones a ese lugar es el sonido de la campana que se tañe en la capilla cuando ha muerto alguien. Al parecer, si uno está en el extremo de la escollera de Royale a las seis de la tarde, hay días en que no se ve ni un tiburón. Cuando suena la campana en la iglesia, en menos que canta un gallo, el lugar se llena de tiburones que esperan al muerto, pues nada más justifica que acudan allí a esa hora precisa. Deseemos que yo no sirva de plato del día a los tiburones de Royale en semejantes condiciones. Que me devoren vivo en una fuga, tanto me da; al menos, habrá sido mientras iba en busca de mi libertad. Pero después de una muerte por enfermedad en una celda, no, eso no debe suceder.

Comiendo según mi apetito gracias a la organización montada por mis amigos, me hallo en perfecto estado de salud. Camino desde las siete de la mañana hasta las seis de la tarde sin parar. Por otra parte, la escudilla de la noche, llena de legumbres secas, alubias, lentejas, guisantes o arroz con tocino, la despacho pronto. Me la como siempre toda sin esforzarme. Caminar me hace bien; la fatiga que me procura es sana y he llegado a desdoblarme mientras camino. Ayer, por ejemplo, he pasado toda la jornada en los prados de una aldehuela del Ardèche que se llama Favras. Cuando mamá murió, iba allí a menudo a pasar algunas semanas a casa de mi tía, la hermana de mi madre, que era maestra en aquel pueblo. Pues bien, ayer yo estaba virtualmente en los bosques de castaños, recogiendo setas, y luego oía a mi amiguito, el zagal, gritar al perro pastor las órdenes que este ejecutaba a la perfección, para devolver una oveja perdida o para castigar a una cabra demasiado corredora. Más aún, incluso el frescor de la fuente ferruginosa acudía a mi boca, y degustaba el cosquilleo de las minúsculas burbujas que se me subían a la nariz. Esta percepción tan auténtica de momentos pasados hace más de quince años, esta facultad de revivirlos de verdad con tanta intensidad, no puede realizarse más que en la celda, lejos de todo ruido, en el silencio más absoluto.

Veo, incluso, el color amarillo del vestido de tata Outine. Oigo el murmullo del viento en los castaños, el ruido seco que produce una castaña cuando cae sobre la tierra seca, y apagado cuando la recibe un manto de hojas. Un enorme jabalí ha salido de las altas retamas y me ha causado tanto miedo, que he echado a correr, perdiendo, en mi trastorno, una gran parte de las setas que había recogido. Sí, he pasado (mientras caminaba) toda la jornada en Favras, con la tata y mi amiguito, el zagal de la Asistencia Pública, Julien. En estos recuerdos revividos, tan tiernos, tan claros, tan nítidos, nadie puede impedirme que me sumerja, que busque en ellos la paz que tanto necesita mi alma mortecina.

Para la sociedad, estoy en uno de los múltiples calabozos de la «comedora de hombres». En realidad, les he robado una jornada entera, que he pasado en Favras, en los prados, en los castañares; incluso he bebido agua mineral en la fuente llamada du Pêcher.

He aquí que han pasado los primeros seis meses. Me he prometido contar de seis en seis meses, así que he mantenido mi promesa. Solo que, esta mañana, he reducido los dieciséis a quince... Ya no quedan más que quince veces seis meses.

Puntualicemos. No ha habido ningún incidente personal en estos seis meses. Siempre la misma comida, pero siempre, también, una ración muy decente y gracias a la cual mi salud no tiene por qué sufrir. A mi alrededor, muchos suicidas y locos furiosos a los que, por suerte, no tardan en llevarse. Es deprimente oír gritar, lamentarse o gemir durante horas y días enteros. He encontrado un truco bastante bueno, pero malo para los oídos. Corto un pedazo de jabón y me lo meto en los oídos para no escuchar esos gritos horripilantes. Por desgracia, el jabón me hace daño y se derrite al cabo de uno o dos días.

Por vez primera desde que estoy en presidio, he descendido a pedirle algo a un guardián. En efecto, un vigilante que reparte la sopa es de Montélimar, un pueblo cercano al mío. Lo conocí en Royale, y le he pedido que me traiga una bola de cera para ayudarme a soportar los clamores de los locos antes de que se los lleven. Al día siguiente, me ha traído una bola de cera del tamaño de una nuez. Es increíble el alivio que significa no oír ya a esos desdichados.

Estoy muy familiarizado con los grandes ciempiés. En seis meses, solo me han picado una vez. Resisto muy bien cuando me despierto y siento que uno de ellos se pasea por mi cuerpo desnudo. Uno se acostumbra a todo, y, en este caso, se trata de una cuestión de autocontrol, pues los cosquilleos que producen esas patas y esas antenas son muy desagradables. Pero si no lo agarras bien, te pica. Es mejor esperar a que se baje él solo y, luego, eso sí, buscarlo y aplastarlo. Sobre mi banco de cemento siempre hay dos o tres pedacitos de pan del día. Por fuerza, el olor del pan lo atrae y lo obliga a acudir. Entonces, voy y lo mato.

Debo echar de mí una idea fija que me persigue. ¿Por qué no maté a Bébert Celier el día mismo que tuvimos dudas acerca de su nefasto papel? Luego, llego a la conclusión de que el fin justifica los medios. Mi fin era conseguir la fuga. Había tenido la suerte de terminar una balsa bien hecha y de esconderla en un lugar seguro. Partir era cuestión de días. Puesto que sabía el peligro que representaba Celier en la penúltima pieza que, por milagro, llegó a buen puerto, hubiera tenido que liquidarlo sin más. ¿Y si me hubiera equivocado y las apariencias fueran falsas? Hubiera matado a un inocente. ¡Qué horror! Pero es ilógico que te plantees un problema de conciencia, tú, un condenado a perpetuidad; o, peor aún, un condenado a ocho años de reclusión incluidos en una pena a perpetuidad.

¿Qué crees ser, desperdicio, tratado como una inmundicia de la sociedad? Quisiera saber si los doce enchufados del jurado que te condenaron se han interrogado una sola vez para saber si, evidentemente, en conciencia, habían hecho bien condenándote con tanta severidad. Y si el fiscal, para quien aún no he decidido con qué voy a arrancarle la lengua, también se ha preguntado si no fue demasiado duro en su requisitoria. Incluso mis abogados no se acuerdan de mí, seguro. Deben de hablar, en términos generales, de ese «desgraciado caso de Papillon» allá por 1932: «Pues verán, mis queridos colegas, ese día no estaba yo muy en forma y, por añadidura, el fiscal Pradel tenía uno de sus mejores días. Resolvió el caso en favor de la acusación de una manera magistral. Es, en verdad, un adversario de gran clase».

Escucho todo esto como si estuviera junto al abogado Raymond Hubert, en una conversación entre colegas o en una reunión mundana o, más bien, en uno de los pasillos del Palacio de Justicia.

Solo uno, seguramente, puede mantener una postura de magistrado probo y honrado: el presidente Bévin. Ese hombre imparcial puede muy bien discutir entre colegas o en una reunión mundana sobre el peligro de hacer que juzgue a un hombre un jurado cualquiera. Ciertamente, debe decir con palabras escogidas, por supuesto, que los doce enchufados del jurado no están preparados para semejante responsabilidad, están demasiado impresionados por el encanto del ministerio público o de la defensa, según quien prevalezca en esa rivalidad oratoria; que están de acuerdo con demasiada rapidez o condenan sin saber demasiado cómo, según una atmósfera positiva o negativa que llega a crear la más fuerte de las dos partes.

El presidente y también mi familia, sí, pero mi familia tal vez esté un poco en contra de mí por las molestias que, indudablemente, le he causado. Solo mi papá, mi pobre padre, no ha debido de lamentarse de la cruz que su hijo le ha cargado sobre las espaldas; estoy seguro. Esta pesada cruz la arrastra sin acusar a su chico, y eso que, como maestro, es respetuoso con las leyes e incluso enseña a comprenderlas y aceptarlas. Estoy seguro de que, en el fondo, su corazón exclama: «¡Puercos, habéis matado a mi hijo o, peor, lo habéis condenado a morir a fuego lento, a los veinticinco años!». Si supiera dónde está su retoño, lo que han hecho con él, sería capaz de volverse anarquista.

Esta noche, la «comedora de hombres» ha merecido su nombre más que nunca. He comprendido que dos hombres se han ahorcado y otro se ha ahogado metiéndose trapos en la boca y en las narices. La celda 127 está cerca del sitio donde los vigilantes relevan la guardia, y, a veces, oigo algunos fragmentos de sus conversaciones.

Esta mañana, por ejemplo, no han hablado lo bastante bajo como para que yo no oyera lo que decían sobre los incidentes de la noche.

Han pasado otros seis meses. Hago una señal y grabo en la madera un hermoso «14». Tengo un clavo que me sirve solo cada seis meses. Sí, hago la señal. La salud sigue siendo buena y la moral es muy elevada.

Gracias a mis viajes a las estrellas, es muy, raro que sufra largas crisis de desesperación. Cuando las tengo, no tardo en superarlas, y me organizo, sin que falte nada, un viaje real o imaginario que aparta las malas ideas. La muerte de Celier me ayuda en mucho a vencer estos momentos de crisis agudas. Digo: yo vivo, vivo, estoy vivo y debo vivir, vivir, vivir para volver a vivir libre un día. Él, que me ha impedido evadirme, está muerto y nunca será libre como yo lo seré un día; de eso no tengo la menor duda. De todas formas, si salgo a los treinta y ocho años, no seré viejo aún y, la próxima fuga, será la buena, estoy seguro.

Un, dos, tres, cuatro, cinco, media vuelta. Un, dos, tres, cuatro, cinco, otra media vuelta. Desde hace algunos días, mis piernas están negras y me sale sangre de las encías. ¿Conseguiré que me trasladen por enfermo? Presiono con mi pulgar la parte baja de mi pierna y la señal queda impresa. Parece como si estuviera lleno de agua. Desde hace una semana, no puedo ya caminar diez o doce horas por día. Después de andar solo seis horas, en dos etapas, estoy muy cansado. Cuando me lavo los dientes ya no puedo frotármelos con la toalla rugosa empapada de jabón sin sufrir y sangrar mucho. Incluso ayer, se me cayó un diente: un incisivo de la mandíbula superior.

Estos nuevos seis meses terminan con una verdadera revolución. En efecto, ayer nos han hecho sacar la cabeza a todos, y ha pasado un doctor que levantaba los labios de cada uno. Y esta mañana, después de dieciocho meses justos de estar en esta celda, la puerta se ha abierto y me han dicho:

—Salga, sitúese contra la pared y aguarde.

Yo estaba en primera posición junto a la puerta y, poco después, han salido setenta hombres.

—Media vuelta a la izquierda.

Ahora, me encuentro en última posición de una fila que se dirige hacia el otro extremo del edificio y sale al patio.

Son las nueve. Un joven matasanos, con camisa caqui de manga corta, está sentado en medio del patio, tras una mesita de madera. Cerca de él, dos enfermeros forzados y un enfermo vigilante. Todos, comprendido el matasanos, son desconocidos para mí. Diez guardianes, con el mosquetón empuñado, montan guardia en la ceremonia. El comandante y los jefes de vigilantes, en pie, miran sin decir una palabra.

—Todo el mundo en cueros —grita el jefe de vigilantes—. Vuestros efectos, bajo el brazo. El primero. ¿Tu nombre?

—X...

—Abre la boca y las piernas. Arrancadle estos tres dientes. Alcohol yodado primero, después azul de metileno y jarabe de coclearia dos veces al día antes de las comidas.

Paso el último.

—¿Tu nombre?

—Charrière.

—Vaya, tú eres el único que tienes un cuerpo presentable. ¿Acabas de llegar?

—No.

—¿Cuánto tiempo llevas aquí?

—Hoy se cumplen dieciocho meses.

—¿Por qué no estás tan delgado como los otros?

—Lo ignoro.

—Bien, pues voy a decírtelo. Porque comes mejor que ellos, a menos que sea que te masturbas menos. La boca; las piernas. Dos limones al día: uno por la mañana y otro por la noche. Chupa los limones y pásate el jugo por las encías: tienes el escorbuto.

Me limpian las encías con alcohol yodado, luego me las

embadurnan con azul de metileno y me dan un limón. Media vuelta.

Soy el último de la fila y regreso a mi celda.

Lo que acaba de suceder es una verdadera revolución: sacar a los enfermos hasta el patio, dejarles ver el sol, presentarlos al médico, cerca de él. Jamás se había visto en la Reclusión. ¿Qué sucede? ¿Es que, al fin, por casualidad, un médico se ha negado a ser cómplice mudo de ese criminal reglamento? Este matasanos, que más tarde será mi amigo, se llama Germain Guibert. Murió en Indochina. Su mujer me notificó la noticia por carta cuando yo estaba en Maracaibo, Venezuela, muchos años después de esa mañana.

Cada diez días, visita médica al sol. Siempre la misma receta: alcohol yodado, azul de metileno y dos limones. Mi estado no se agrava, pero tampoco mejora. Dos veces he pedido jarabe de coclearia y dos veces no me lo ha dado el doctor, lo que comienza a fastidiarme, porque continúo sin poder caminar más de seis horas diarias y la parte baja de mis piernas está aún hinchada y negra.

Un día, esperando mi turno para pasar la visita, me doy cuenta de que el raquítico arbolito bajo el que me abrigo un poco al sol es un limonero sin limones. Arranco una hoja y la masco y, luego, maquinalmente, corto una pequeñísima punta de rama con algunas hojas, sin ninguna idea preconcebida. Cuando el médico me llama, me meto la rama en el trasero y le digo:

—Doctor, no sé si es por culpa de sus limones, pero mire lo que me crece por detrás.

Y me vuelvo con mi ramita y sus hojas en el trasero.

Los guardianes, al principio, se echan a reír y, luego, el jefe de vigilantes dice:

—Será usted castigado, Papillon, por faltarle al respeto al doctor.

—Nada de eso —dice el médico—. No deben ustedes castigar a este hombre, dado que yo no me he quejado. ¿No quieres más limones? ¿Es eso lo que has querido decir?

—Sí, doctor; ya estoy harto de limones, que no me curan. Quiero probar el jarabe de coclearia.

—No te he dado porque me queda muy poco y lo reservo para los enfermos graves. De todas formas, te recetaré una cucharada diaria, pero continuando con los limones.

—Doctor, yo he visto a los indios comer algas del mar, y he visto las mismas algas en Royale. Debe haberlas también en San José.

—Me das una gran idea. Mandaré que os distribuyan cada día cierta alga que, en efecto, yo mismo he visto a la orilla del mar. Los indios ¿se la comen cruda o cocida?

—Cruda.

—De acuerdo, gracias. Y, sobre todo, mi comandante, que este hombre no sea castigado; cuento con ello.

—Sí, capitán.

Se ha obrado un milagro. Salir dos horas cada ocho días al sol, en espera o durante el turno para el reconocimiento, o que los otros puedan pasar, ver caras, murmurar algunas palabras. ¿Quién hubiera pensado, que pudiera suceder una cosa tan maravillosa? Es un cambio fantástico para todos: los muertos se levantan y caminan al sol; al fin, estos enterrados en vida pueden decir algunas palabras. Es una botella de oxígeno que nos insufla vida a cada uno de nosotros.

Un jueves, a las nueve de la mañana, clac, clac, infinidad de clacs abren todas las puertas de las celdas. Todos debemos colocarnos de pie en el quicio de la puerta de nuestra celda.

—Reclusos —exclama una voz—, inspección del gobernador.

Acompañado por cinco oficiales de la Infantería colonial, ciertamente todos ellos médicos, un hombre alto, elegante, de cabellos grises, plateados, pasa lentamente a lo largo del pasillo ante cada celda. Oigo que se le señalan las largas penas y el motivo de ellas. Antes de llegar a mi altura, hacen levantar a un hombre que no ha tenido fuerzas para aguardar tanto rato de pie. Es uno de los hermanos antropófagos Graville. Uno de los militares dice:

—Pero ¡este es un cadáver ambulante!

El gobernador responde:

—Están todos en un estado deplorable.

La comisión llega hasta mí. El comandante dice:

—Este es el que tiene la pena más larga de la Reclusión.

—¿Cómo se llama usted? —pregunta el gobernador.

—Charrière.

—¿Cuál es su condena?

—Ocho años por robo de material del Estado —etcétera— y asesinato; tres y cinco años, con acumulación de pena.

—¿Cuántos has cumplido?

—Dieciocho meses.

—¿Su conducta?

—Buena —dice el comandante.

—¿Tu salud?

—Pasable —dice el médico.

—¿Qué tiene usted que decir?

—Que este régimen es inhumano y poco digno de un pueblo como Francia.

—¿Las causas?

—Silencio absoluto, nada de paseos y, hasta hace unos días, ninguna clase de cuidados.

—Pórtese bien y tal vez consiga una gracia para usted si todavía soy gobernador.

—Gracias.

A partir de ese día, por orden del gobernador y del médico jefe llegados de la Martinica y de Cayena, todos los días hay una hora de paseo con baño en el mar, en una especie de falsa piscina en la que los bañistas están protegidos de los tiburones por grandes bloques de piedra.

Cada mañana, a las nueve, por grupos de cien, bajamos de la Reclusión, completamente desnudos, al baño. Las mujeres y los críos de los vigilantes deben quedarse en sus casas para que podamos bajar en cueros.

Hace ya un mes que dura eso. Los rostros de los hombres han cambiado por completo. Esta hora de sol, este baño en el agua salada y el hecho de poder hablar durante una hora cada día han transformado radicalmente este rebaño de reclusos, moral y físicamente enfermos.

Un día, al regresar del baño a la Reclusión, me encuentro entre los últimos cuando se oyen gritos de mujer, desesperados, y dos disparos de revólver. Escucho.

—¡Socorro! ¡Mi hija se ahoga!

Los gritos proceden del muelle, que no es sino una pendiente de cemento que penetra en el mar y en la cual atracan las canoas. Otros gritos:

—¡Los tiburones!

Y otros dos disparos de revólver. Como todo el mundo se ha vuelto hacia esos gritos de socorro y esos tiros, sin reflexionar aparto a un guardián y echo a correr completamente desnudo hacia el muelle. Al llegar, veo a dos mujeres que gritan como condenadas a tres vigilantes y a unos árabes.

—¡Tírense al agua! —grita la mujer—. ¡No está lejos! ¡Yo no sé nadar, si no, iría! ¡Hatajo de cobardes!

—¡Los tiburones! —dice un guardián.

Y les dispara de nuevo.

Una niñita, con su vestido azul y blanco, flota en el mar, arrastrada poco a poco por una débil corriente. Va derecha hacia la confluencia de corrientes que sirve de cementerio a los presidiarios, pero aún está muy lejos. Los guardianes no dejan de disparar y, ciertamente, han tocado a muchos tiburones, pues hay remolinos cerca de la pequeña.

—¡No tiren más! —grito.

Y, sin reflexionar, me lanzo al agua. Ayudado por la corriente, me dirijo muy rápido hacia la pequeña, que continúa flotando a causa de su vestido, batiendo los pies lo más fuerte posible para alejar a los tiburones.

Estoy solo a treinta o cuarenta metros de ella, cuando llega una canoa salida de Royale, que ha visto la escena desde lejos. Llega hasta la pequeña antes que yo, la agarran y la ponen a salvo. Lloro de rabia, sin pensar siquiera en los tiburones, cuando a mi vez, soy izado a bordo. He arriesgado mi vida para nada.

Al menos, así lo creía yo, pero, un mes más tarde, como una especie de recompensa, el doctor Germain Guibert consigue una suspensión de mi condena por razones de salud.

REGRESO A ROYALE

LOS BÚFALOS

Es, pues, un verdadero milagro que regrese a cumplir condena normal en Royale. La abandoné con una pena de ocho años, y, a causa de aquella tentativa de salvamento, estoy de regreso diecinueve meses después.

He vuelto a encontrar a mis amigos: Dega continua de contable, Galgani sigue de cartero, Carbonieri, que fue absuelto en mi asunto de evasión, Grandet, el carpintero Bourset y los hombres de la Carretilla: Naric y Quenier; Chatal está en la enfermería, y Maturette, mi cómplice de la primera vez que me las piré, quien aún sigue en Royale, es ayudante de enfermero.

Los miembros del maquis corso aún están todos aquí, Essari, Vicioli, Césari, Razori, Fosco, Maucuer y Chapar, quien hizo guillotinar a la Garra por el asunto de la Bolsa de Marsella. Todos los protagonistas de la crónica sangrienta de los años que van de 1927 a 1935, están aquí.

Marsino, el asesino de Dufrêne, murió la semana pasada de descomposición. Ese día, los tiburones tuvieron un plato exquisito: les fue servido uno de los expertos en piedras preciosas más cotizados de París.

Barrat, apodado la Comediante, el campeón de tenis millonario de Limoges, quien asesinó a un chófer y a su amiguito íntimo, demasiado íntimo. Barrat es jefe del laboratorio y farmacéutico del Hospital de Royale. En las islas se es tuberculoso por derecho de pernada, según pretende un doctor chistoso.

En una palabra, mi llegada a Royale es un cañonazo. Cuando entro de nuevo en el edificio de los duros de pelar, estamos a sábado por la mañana. Casi todo el mundo se halla presente y todos, sin excepción, me festejan y me testimonian su amistad. Incluso el tipo de los relojes que no habla nunca desde la famosa mañana que iban a guillotinarlo por error, se molesta y viene a decirme buenos días.

—Entonces, amigos, ¿esto es cosa de todos?

—Sí, Papi, sé bienvenido.

Grandet dice:

—Continúas teniendo tu sitio. Ha permanecido vacío desde el día que te fuiste.

—Gracias a todos. ¿Qué hay de nuevo?

—Una buena noticia.

—¿Cuál?

—Esta noche, en la sala, frente a los buenos en conducta, han encontrado asesinado al chivo que te denunció y que te espiaba desde lo alto del cocotero. Seguro que ha sido un amigo tuyo que no ha querido que lo encontraras vivo y que te ha ahorrado el trabajo.

—Desde luego; quisiera saber quién es para darle las gracias.

—Tal vez un día te lo diga. Han encontrado el cadáver esta mañana, a la hora de pasar lista, con un cuchillo clavado en el corazón. Nadie ha visto ni oído nada.

—Mejor así. ¿Y el juego?

—Bien. Guardamos tu sitio.

—Perfecto. Entonces, empezamos a vivir en trabajos forzados a perpetuidad. A saber cómo y cuándo acabará esta historia.

—Papi, quedamos todos muy impresionados cuando supimos que tenías que cumplir ocho años. No creo que haya en las Islas un solo hombre, ahora que estás aquí, capaz de negarte ayuda para lo que sea, incluso al precio más arriesgado.

—El comandante lo llama —dice el vigilante.

Salgo con él. En el puesto de guardia, muchos guardianes me dicen algunas palabras amables. Sigo al vigilante y encuentro al comandante Prouillet.

—¿Qué tal, Papillon?

—Bien, comandante.

—Me alegro de que te hayan indultado, y te felicito por el valeroso acto que tuviste para con la hijita de mi colega.

—Gracias.

—Te voy a destinar como boyero, en espera de que vuelvas a ser pocero, con derecho a pescar.

—Si eso no le compromete a usted demasiado, me gustaría.

—Esto es asunto mío. El vigilante del taller ya no está aquí, y yo, dentro de tres semanas, me voy a Francia. Bien; así, pues, ocuparás tu destino a partir de mañana.

—No sé como agradecérselo, mi comandante.

—Aguardando un mes antes de intentar otra fuga —dice, riendo, Prouillet.

En la sala, me encuentro con los mismos hombres y el mismo género de vida de antes de mi partida. Los jugadores, clase aparte, solo piensan y viven para el juego. Los hombres que tienen jóvenes viven, comen y duermen con ellos. Son verdaderos matrimonios, en que la pasión y el amor entre hombres absorben, día y noche, todos sus pensamientos. Escenas de celos, pasiones sin freno en que la «mujer» y el «hombre» se espían mutuamente y provocan muertes inevitables si uno de ellos se cansa del otro y vuela en derechura hacia nuevos amores.

Apenas hace unas horas que estoy en el campamento, cuando dos sujetos ya vienen a verme.

—Oye, Papillon, quisiera saber si Maturette es tu chico.

—¿Por qué?

—Por razones que solo me conciernen a mí.

—Escucha bien. Maturette se las piró conmigo a lo largo de dos mil quinientos kilómetros y se comportó como un hombre. Es todo cuanto tengo que decirte.

—Pero quiero saber si va contigo.

—No, no conozco a Maturette en el aspecto sexual. Lo aprecio como a un amigo, y todo lo demás no me afecta en absoluto, salvo si le haces daño.

—Pero ¿y si un día fuera mi mujer?

—En ese caso, si él consiente, no me mezclaré en nada. Pero si para conseguir que sea tu chico lo amenazas, entonces, tendrás que vértelas conmigo.

Con los pederastas activos o pasivos pasa lo mismo, pues tanto unos como otros se encastillan en una pasión y no piensan en otra cosa.

He encontrado al italiano del estuche de oro del convoy. Ha venido a saludarme. Le digo:

—¿Aún estás aquí?

—Lo he hecho todo. Mi madre me ha enviado doce mil francos, el guardián me ha cogido seis mil de comisión, he gastado cuatro mil para conseguir que me dieran la baja, he logrado que me mandaran a hacerme una radiografía a Cayena y no he podido obtener nada. Luego, he hecho que me acusen de haber herido a un amigo. Tú ya lo conoces: Razori, el bandido corso.

—Sí, ¿y entonces?

—De acuerdo con él, se hizo una herida en el vientre, y, entonces, bajamos los dos al Consejo de Guerra, él como acusador y yo como culpable. Allí no tocamos tierra. En quince días, habíamos terminado. Condenado a seis meses, los he cumplido en la Reclusión, el año pasado. Tú ni siquiera supiste que estaba allí. Papi, no puedo más; me dan ganas de suicidarme.

—Es mejor que la espiches en el mar mientras te las piras; al menos, así morirás libre.

—Tienes razón, estoy dispuesto a todo. Si preparas algo, dímelo.

—Entendido.

Y la vida en Royale vuelve a empezar. Heme aquí de boyero. Tengo un búfalo al que llaman Brutus. Pesa dos mil kilos y es un asesino de otros búfalos. Ha matado ya a otros dos machos.

—Es su última oportunidad —me dice el vigilante Angosti, quien se ocupa de este servicio—. Si mata a otro búfalo, será sacrificado.

Esta mañana, he conocido a Brutus. El negro martiniqués que lo conduce debe quedarse una semana conmigo para adiestrarme. Enseguida me he hecho amigo de Brutus meándome en su hocico: su gran lengua adora lamer cosas saladas. Luego, le he dado algunas hojas de mango tiernas que cogí en el jardín del hospital. Bajo con Brutus, enganchado como un buey al pértigo de una carreta digna del tiempo de los reyes holgazanes, tan rústicamente construida está; sobre ella, se encuentra un tonel de tres mil litros de agua. Mi trabajo y el de mi amigo Brutus consiste en ir al mar a llenar el tonel de agua, y volver a subir esta empinada cuesta hasta el llano. Una vez allí, abro el grifo del barril y el agua fluye por los vertederos, llevándose todos los residuos de la limpieza de la mañana. Empiezo a las seis y he terminado alrededor de las nueve.

Al cabo de cuatro días, el martiniqués declara que puedo desenvolvérmelas solo. No hay más que un inconveniente: por la mañana a las cinco, debo nadar por la charca en busca de Brutus, que se esconde porque no quiere trabajar. Como tiene la nariz muy sensible, un anillo de hierro la atraviesa y un trozo de cadena de cincuenta centímetros pende permanentemente de él. Cuando lo descubro, se aparta, se sumerge y va a salir más lejos. A veces, invierto más de una hora en atraparlo, en esta agua estancada y vomitada de la charca, llena de bichos y de nenúfares. Agarro rabietas yo solo:

—¡Imbécil! ¡Cabeza de chorlito! ¡Eres testarudo como un bretón! ¿Vas a salir, sí o no? ¡Mierda!

Solo es sensible a la cadena, pero para tirar de ella tengo que atrparlo primero. De los insultos no hace el menor caso. Pero cuando, al fin, ha salido de la charca, entonces se vuelve manso.

Tengo dos bidones de grasa vacíos, llenos de agua dulce. Empiezo por tomar una ducha, limpiándome bien del agua viscosa de la charca. Cuando estoy bien enjabonado y enjuagado, por lo general me queda más de la mitad de un bidón de agua dulce, y, entonces, lavo a Brutus con fibra de cáscara de coco. Le froto bien las partes sensibles y le echo agua mientras lo limpio. Brutus, entonces, se restriega la cabeza contra mis manos, y luego, va a colocarse él solo ante el larguero de la carreta. Nunca lo atosigo con el pincho como lo hacía el martiniqués. Me lo agradece, porque conmigo camina más deprisa.

Una hermosa bufalita está enamorada de Brutus y nos acompaña caminando a nuestro lado. Yo no la aparto, como hacía el otro boyero; al contrario. La dejo que se acople con Brutus y que nos acompañe a todas partes adonde vamos. Por ejemplo, no los molesto cuando se aparean, y Brutus me lo agradece, pues sube sus tres mil litros a una velocidad increíble. Da la impresión de que quiere recuperar el tiempo que me ha hecho perder en sus sesiones con Marguerite, porque ella, la búfala, se llama Marguerite.

Ayer, en la lista de las seis, hubo un pequeño escándalo a causa de Marguerite. El negro martiniqués, al parecer, se subía a un pequeño muro y, desde allí, poseía carnalmente cada día al animal. Sorprendido por un guardián, le habían endiñado treinta días de calabozo. «Coito con un animal», fue la razón oficial. Pues bien, ayer, a la hora de pasar lista, Marguerite fue llevada al campamento, pasó por delante de más de sesenta hombres y, cuando llegó a la altura del negro, se volvió a él presentándole las nalgas. Todo el mundo soltó la carcajada, y el negro estaba rojo de confusión.

Debo hacer tres viajes de agua por día. Lo que me lleva más tiempo es llenar el tonel por los dos cargadores de abajo, pero, a fin de cuentas, todo resulta bastante rápido. A las nueve, he terminado y voy de pesca.

Me he aliado con Marguerite para sacar a Brutus de la charca. Rascándole en la oreja, emite un sonido casi de yegua en celo. Entonces Brutus sale solo. Aunque yo ya no tenga necesidad de lavarme, a él continúo bañándolo mejor que antes. Limpio y sin el olor nauseabundo del agua vomitiva donde pasa la noche, aún le gusta más a Marguerite, y él se muestra más vivaz.

Al regresar del mar, a mitad de la costa, se encuentra un lugar un poco llano donde tengo una piedra grande. Allí, Brutus tiene la costumbre de resoplar cinco minutos. Entonces, calzo la carreta y, así, el animal reposa mejor. Pero esta mañana, otro búfalo, Danton, tan grande como él, nos esperaba escondido detrás de los pequeños cocoteros que solo tienen hojas, pues se trata de un plantel. Danton aparece y ataca a Brutus. Este se aparta y esquiva el golpe, y el otro choca contra la carreta. Uno de sus cuernos ha penetrado en el tonel. Danton hace esfuerzos enormes para soltarse, y yo aprovecho la ocasión para liberar a Brutus de sus arneses. Entonces, Brutus toma carrerilla por la parte de arriba, al menos treinta metros, y se precipita a galope contra Danton. El miedo o la desesperación hacen que este, antes de que mi búfalo se abalance sobre él, se suelte del tonel, astillándose un cuerno, pero Brutus no puede frenar a tiempo y carga contra la carreta, volcándola.

Entonces, asisto a un curioso espectáculo. Brutus y Danton se tocan los cuernos sin empujarse; no hacen más que frotarse mutuamente sus inmensos cuernos. Parece que se hablan y, sin embargo, no mugen; solo resoplan. Luego, la búfala asciende lentamente por la costa, seguida por los dos machos que, de vez en cuando, se detienen y comienzan a frotarse y entrelazar los cuernos. Cuando se entretienen demasiado, Marguerite gime lánguidamente y prosigue avanzando hacia el llano. Los dos mastodontes, siempre en las mismas, la siguen. Después de tres paradas en las que se repite la misma ceremonia, llegamos al llano. Esta parte en la que desembocamos está delante del faro y forma una plaza desnuda de trescientos metros de largo, más o menos. En un extremo, el campamento de los presidiarios; a la derecha y a la izquierda, los edificios de los dos hospitales: deportados y militares.

Danton y Brutus siguen a la joven búfala a veinte pasos. Marguerite, por su parte, va tranquilamente al centro de la plaza y se detiene. Los dos enemigos llegan a su altura. Ella, de vez en cuando, lanza su mugido de lamento, largo y positivamente sexual. Los dos machos se tocan de nuevo los cuernos, pero esta vez tengo la impresión de que se hablan en serio, pues con su resoplido se mezclan sonidos que deben significar algo.

Después de esta conversación, uno parte hacia la derecha, lentamente, y el otro hacia la izquierda. Van a situarse en los extremos de la plaza. Hay, pues, trescientos metros entre ellos. Marguerite, siempre en el centro, espera. He comprendido: es un duelo con todas las de la ley, aceptado por ambas partes, con la joven búfala como trofeo. Esta está de acuerdo, por supuesto, y también orgullosa de que dos galanes se batan por ella.

A un bramido de Marguerite, se lanzan uno hacia el otro. En la trayectoria que cada uno puede recorrer, unos ciento cincuenta metros, inútil es decir que sus dos mil kilos se multiplican por la velocidad que van adquiriendo. El choque de esas dos cabezas es tan formidable, que ambos quedan *knock-out* más de cinco minutos. Los dos han doblado las patas. El primero en recuperarse, Brutus, esta vez va al galope a tomar posición.

La batalla ha durado dos horas. Unos guardianes querían matar a Brutus, pero yo me he opuesto y, en un momento dado, en un choque, Danton se ha partido el cuerno que se había astillado contra el tonel. Huye, perseguido por Brutus. La batalla-persecución ha durado hasta el día siguiente. Por allí donde han pasado, jardines, cementerio, lavandería, todo ha quedado destruido.

Solo después de haberse batido durante toda la noche, a la mañana siguiente, hacia las siete, Brutus ha podido acorralar a Danton contra la pared de la carnicería, que está en la orilla del mar, y allí le ha metido un cuerno entero en el vientre. A fin de rematarlo bien, Brutus ha girado sobre sí mismo dos veces para que el cuerno barrene en el vientre de Danton que, en medio de un río de sangre y de tripas, está derribado, vencido de muerte.

Esta batalla colosal ha debilitado tanto a Brutus, que ha sido preciso que yo le libere su cuerno para que pueda reincorporarse. Tambaleándose, se aleja, por el camino que bordea el mar, y allí, Marguerite se ha puesto a caminar junto a él, levantando el grueso cuello que sustenta una cabeza sin cuernos.

No he asistido a su noche de bodas, pues el guardián responsable de los búfalos me acusó de haber desatado a Brutus y perdí mi destino de boyero.

He pedido hablar con el comandante acerca de Brutus.

—Papillon, ¿qué ha pasado? Brutus debe ser sacrificado; es demasiado peligroso. Ya ha matado a tres hermosos ejemplares.

—Precisamente he venido a pedirle que salve a Brutus. El guardián encargado de los búfalos no comprende nada. Permítame que le cuente por qué Brutus ha actuado en legítima defensa.

El comandante sonríe.

—Escucho.

—... Así, pues, comprenda usted, mi comandante, que mi búfalo fue el agredido —concluí yo, después de haber contado todos los detalles—. De no soltar a Brutus, Danton lo hubiese matado enganchado al pértigo, y, por lo tanto, sin posibilidades de defenderse, uncido al yugo y atado a la carreta como estaba.

—Es verdad —dice el comandante.

Entonces, se presenta el encargado de los búfalos.

—Buenos días, comandante. Lo busco a usted, Papillon, porque esta mañana ha salido a la isla como si fuera al trabajo y, sin embargo, no tenía nada que hacer.

—He salido, monsieur Angosti, para ver si podía detener aquella batalla; pero, por desgracia, estaban demasiado furiosos.

—Sí, es posible, pero ahora ya no tendrá usted que conducir al búfalo, ya se lo he dicho. Por otra parte, el domingo por la mañana pensamos matarlo y obtener de él carne para los reclusos.

—Usted no hará eso.

—No será usted quien me lo impida.

—No, pero sí el comandante. Y si no basta, el doctor Germain Guibert, a quien le pediré que intervenga para salvar a Brutus.

—¿Por qué se mezcla usted en esto?

—Porque me afecta. Al búfalo lo conduzco yo; es mi compañero.

—¿Su compañero? ¿Un búfalo? ¿Me toma usted el pelo?

—Escuche, monsieur Angosti, ¿quiere usted dejarme hablar un momento?

—Déjele que haga la defensa de su búfalo —dice el comandante.

—Bien, hable.

—¿Cree usted, monsieur Angosti, que las bestias hablan entre sí?

—¿Por qué no, si se comunican?

—Entonces, Brutus y Danton, de común acuerdo, se han batido en duelo.

Y, de nuevo, lo explico todo, de cabo a rabo.

—¡*Cristacho!* —exclama el corso—. Es usted un tipo raro,

457

Papillon. Arrégleselas con Brutus, pero si mata a otro, no lo salvará nadie, ni siquiera el comandante. Le pongo de nuevo como boyero. Arrégleselas para que Brutus trabaje.

Dos días después, con la carreta reparada por los obreros del taller, Brutus, acompañado por su legítima Marguerite, reanudaba los acarreos cotidianos de agua de mar. Y yo, cuando llegábamos al llano donde descansaba con la carreta bien calzada con piedras, le decía:

—¿Dónde está Danton, Brutus?

Y aquel mastodonte, de un solo tirón, ponía en marcha la carreta y, con paso alegre, como de vencedor, terminaba el trayecto de una tirada.

REVUELTA EN SAN JOSÉ

Las Islas son en extremo peligrosas a causa de esta falsa libertad de que se goza. Sufro al ver a todo el mundo asentado cómodamente para vivir sin historia. Unos esperan el fin de su condena y otros, simplemente, se revuelcan en sus vicios.

Esta noche, estoy tendido en mi hamaca. Al fondo de la sala se ha organizado una timba infernal, hasta el punto de que mis dos amigos, Carbonieri y Grandet, se han visto obligados a ponerse de acuerdo para dirigir el juego. Uno solo no habría bastado. Yo trato de evocar mis recuerdos del pretérito. Se me resisten. Parece como si los juicios no hubiesen existido jamás. Debo esforzarme en esclarecer las imágenes brumosas de aquella jornada fatal, y no alcanzo a ver con nitidez a ningún personaje. Tan solo el fiscal se presenta en toda su cruel realidad. ¡Maldita sea! Creía haber ganado definitivamente cuando me vi en Trinidad, en casa de los Bowen. ¿Qué maleficio me echaste, so cerdo, para que seis fugas no hayan conseguido darme la libertad? La primera vez, cuando recibiste noticia de ella, ¿pudiste dormir tranquilo? Quisiera saber si tuviste miedo o solo rabia al saber que tu presa se te había escapado, en el camino de la podredumbre a la que la habías arrojado, cuarenta y tres días después. Yo había roto la jaula. ¿Qué fatalidad me ha perseguido para volver a presidio al cabo de once meses? ¿Acaso me ha castigado Dios por haber despreciado la vida primitiva pero tan hermosa, que hu-

459

biera podido continuar viviendo tanto tiempo como hubiera querido?

Lali y Zoraima, mis dos amores, aquella tribu sin gendarmes, sin otra ley que la mayor comprensión entre los seres que la constituyen... Sí, estoy aquí por mi culpa, pero solo debo pensar en una cosa: evadirme, evadirme o morir. Sí, cuando supiste que habían vuelto a capturarme para devolverme a presidio, recuperaste tu sonrisa de vencedor del juicio y pensaste: «Todo está bien así, con él de nuevo en el camino de la podredumbre donde yo lo había puesto». Te equivocas. Mi alma, mi espíritu jamás pertenecerán a ese camino degradante. Tan solo tienes mi cuerpo; tus vigilantes, tu sistema penitenciario comprueban por dos veces todos los días que no me he ido y, con eso, os basta. A las seis de la mañana:

—¿Papillon?

—Presente.

A las seis de la tarde:

—¿Papillon?

—Presente.

Entonces, todo va bien. Hace casi seis años que lo tenemos; debe empezar a pudrirse y, con un poco de suerte, uno de estos días, la campana llamará a los tiburones para recibirlo con todos los honores en el banquete cotidiano que les ofrece gratuitamente tu sistema de eliminación por desgaste.

Te equivocas; tus cálculos no son exactos. Mi presencia física nada tiene que ver con mi presencia moral. ¿Quieres que te diga una cosa? No pertenezco al presidio; no estoy asimilado en absoluto a las costumbres de mis compañeros de cautiverio, ni siquiera a las de mis amigos mas íntimos. Soy candidato permanente a la fuga. Estoy conversando con mi acusador en el juicio, cuando dos hombres se acercan a mi hamaca.

—¿Duermes, Papillon?

—No.

—Quisiéramos hablar contigo.

—Hablad. Aquí no hay nadie que pueda oíros si habláis bajo.

—Bien, ahí va: estamos preparando una revuelta.

—¿Qué plan tenéis?

—Primero, matamos a todos los árabes, a todos los guardianes, a todas las mujeres y a todos los críos, que son de la raza de los podridos. Para eso, yo, Arnaud, y mi amigo Hautin, ayudados por cuatro hombres que están de acuerdo, atacaremos el depósito de armas de la comandancia. Trabajo allí para conservar las armas en buen estado. Hay veintitrés metralletas y más de ochenta fusiles, mosquetones y Lebel. El golpe se dará...

—Detente, no sigas. Me niego a participar. Agradezco tu confianza, pero no estoy de acuerdo.

—Pensábamos que aceptarías ser el jefe de la revuelta. Deja que te dé detalles que hemos estudiado, y verás que no puede fracasar. Hace cinco meses que preparamos el asunto. Están de acuerdo más de cincuenta hombres.

—No me des ningún nombre; me niego a ser el jefe e incluso a participar en este golpe.

—¿Por qué? Después de la confianza que hemos tenido de decírtelo, nos debes una explicación.

—Yo no te he pedido que me contaras tus proyectos. Por otra parte, en la vida, solo hago lo que quiero yo, no lo que quieren los demás. Sabes que no soy asesino consumado. Puedo matar a alguien que me haya hecho una cochinada, pero no a mujeres y a críos inocentes. Pero lo peor no es eso, lo peor, y me extraña que no lo veáis, es otra cosa, y voy a decírosla: aunque triunféis en la revuelta, fracasaréis.

—¿Por qué?

—Porque lo principal, evadiros, es imposible. Admitamos que cien hombres sigan la revuelta. ¿Cómo partirán? Solo hay dos lanchas en las Islas. Como mucho, entre las dos, no pueden llevar a más de cuarenta hombres. ¿Qué haréis con los sesenta restantes?

—Nosotros estaremos entre los cuarenta que partan en las lanchas.

—Eso es lo que tú te crees, pero los otros no son tan idiotas. Estarán armados como vosotros, y si cada uno de ellos tiene un poco de cerebro, cuando todos los que has dicho vayan a ser eliminados, acabaréis a tiros entre vosotros para conseguir un sitio en una de las embarcaciones. Pero lo peor de todo es que ningún país querrá admitir esas dos lanchas, y los telegramas llegarán antes que vosotros a todos los posibles países adonde podáis ir, sobre todo habiendo dejado una legión de muertos tan numerosa a vuestras espaldas. En todas partes seréis detenidos y devueltos a Francia. Ya sabéis que vengo de Colombia, así que sé lo que me digo. Os aseguro que, después de semejante golpe, os devolverán en todas partes.

—Bien. Entonces ¿no aceptas?

—No.

—¿Es tu última palabra?

—Es mi decisión irrevocable.

—No nos queda más que marcharnos.

—Un momento. Os pido que no habléis de este proyecto a ninguno de mis amigos.

—¿Por qué?

—Porque, ya por adelantado, os digo que se negarán, así que no vale la pena perder tiempo.

—Muy bien.

—¿Creéis que no habrá algún medio de abandonar ese proyecto?

—Francamente, Papillon, no.

—No comprendo vuestro ideal, puesto que, os lo advierto muy seriamente, aunque la revuelta triunfe, no alcanzaréis la libertad.

—Sobre todo, lo que queremos es vengarnos. Y ahora que nos has puesto al corriente de la imposibilidad de que un país nos admita, ¡pues bien!, cogeremos los trastos y formaremos una banda en la selva virgen.

—Tenéis mi palabra de que no hablaré de esto ni siquiera a mi mejor amigo.

—De eso, estamos seguros.

—Bien. Una cosa: advertidme con ocho días de antelación para irme a San José y no estar en Royale cuando estalle la revuelta.

—Serás advertido a tiempo para que puedas cambiar de isla.

—¿No puedo hacer nada para conseguir que cambiéis de idea? ¿Queréis planear otra cosa conmigo? Por ejemplo, robar cuatro mosquetones y, una noche, atacar el puesto de guardia de las lanchas, sin matar a nadie, tomar una embarcación y marcharnos juntos.

—No. Hemos sufrido demasiado. Lo principal, para nosotros, es la venganza, incluso al precio de nuestra vida.

—¿Y los críos? ¿Y las mujeres?

—Todos son de la misma raza, de la misma sangre; es preciso que la espichen todos.

—No hablemos más.

—¿No nos deseas buena suerte?

—No. Os digo que renunciéis, hay mejores planes que esa cochinada.

—¿No admites nuestro derecho a vengarnos?

—Sí, pero no a costa de los inocentes.

—Buenas noches.

—Buenas noches. No hemos dicho nada, ¿de acuerdo, Papi?

—¡De acuerdo, machos!

Y Hautin y Arnaud se retiran. ¡Qué historia más rara! ¡Qué imbéciles son, esos dos, aparte de otros cincuenta o sesenta que, a la hora H, serán más de cien! ¡Qué historia de locos! Ninguno de mis amigos me ha dicho una palabra; así, pues, esos dos tipos no han debido hablar más que a los lechuzos. Es imposible que hombres destacados estén mezclados en este golpe. Lo que es más grave, pues los asesinos de esa especie son los peores; los otros son homicidas, que no es lo mismo.

Esta semana me he informado muy discretamente sobre Arnaud y Hautin. Arnaud ha sido condenado, injustamente al parecer, a perpetuidad por un asunto que no merecía ni diez años.

El jurado lo condenó con tanta severidad porque el año anterior, su hermano había sido guillotinado por haber matado a un sujeto. Arnaud, debido a que el fiscal habló más de su hermano que de él para crear una atmósfera hostil, fue condenado a aquella terrible pena. También fue horriblemente torturado a raíz de su detención, siempre debido a lo que había hecho su hermano.

Por su parte, Hautin no ha sabido nunca qué es la libertad. Está en prisión desde la edad de nueve años. Antes de salir de un correccional, a los diecinueve, mató a un individuo la víspera de su liberación para unirse a la Marina, en la que se había enrolado para salir del correccional. Debía de estar un poco loco, pues sus proyectos eran, al parecer, llegar a Venezuela, trabajar en una mina de oro y cargarse la pierna para percibir una fuerte indemnización. Esta pierna está un poco tiesa debido a una inyección de no sé qué producto que se dio voluntariamente en Saint-Martin-de-Ré.

Un golpe de teatro. Esta mañana, al pasar lista han llamado a Hautin y al hermano de Matthieu Carbonieri, mi amigo. Su hermano Jean es panadero y, por lo tanto, está en el muelle, cerca de las embarcaciones.

Han sido enviados a San José sin explicación ni razón aparentes. Trato de enterarme de ello. Nada trasciende y, sin embargo, Arnaud estaba destinado desde hacía cuatro años al cuidado de las armas, y Jean Carbonieri era panadero desde hacía cinco años. No puede tratarse de una simple casualidad. Ha debido de haber un soplo, pero ¿qué clase de soplo y hasta dónde?

Decido hablar con mis tres amigos íntimos: Matthieu Carbonieri, Grandet y Galgani. Ninguno de los tres sabe nada. Así que ese Hautin y ese Arnaud no habían hablado más que a unos presidiarios vulgares, no a los destacados.

—¿Por qué me han hablado a mí, entonces?

—Porque todo el mundo sabe que quieres evadirte a cualquier precio.

—Pero no a ese.

—Ellos no han sabido ver la diferencia.

—¿Y tu hermano Jean?

—Cualquiera sabe cómo ha cometido la majadería de meterse en ese asunto.

—Quizá se haya metido sin comerlo ni beberlo, engatusado por alguien.

Los acontecimientos se precipitan. Esta noche han asesinado a Girasolo cuando entraba en las letrinas. Han encontrado sangre en la camisa del boyero martiniqués. Quince días más tarde, tras una instrucción demasiado rápida y la declaración de otro negro a quien han incomunicado, el antiguo boyero es condenado a muerte por un tribunal de excepción.

Un viejo presidiario, llamado Garvel o el Saboyano, viene a hablarme en el lavadero, en el patio.

—Papi, estoy en un aprieto, porque he sido yo quien ha matado a Girasolo. Quisiera salvar al negro, pero me asusta la idea de que puedan guillotinarme. A ese precio, no hablo. Pero si encontrara un truco para que no me cayeran más de tres o cinco años, me denunciaría.

—¿Cuál es tu condena a trabajos forzados?

—Veinte años.

—¿Cuántos has cumplido?

—Doce.

—Encuentra la manera de que te condenen a perpetuidad; así, no te envían a la Reclusión.

—¿Y qué hacer?

—Déjame tiempo para reflexionar; te lo diré esta noche.

Llega la noche. Le digo a Garvel:

—No puedes hacerte denunciar y reconocer los hechos.

—¿Por qué?

—Te arriesgas a ser condenado a muerte. La única manera de evitar la Reclusión es que te endiñen la perpetua. Denúnciate tú mismo. Motivo: que no puedes, en conciencia, dejar que guillotinen a un inocente. Búscate un guardián corso como defensor. Te diré su nombre después de haberle consultado. Es preciso actuar con rapidez. No creo que le rebanen el pescuezo enseguida. Espera dos o tres días.

He hablado con el vigilante Collona, que me da una idea fantástica: lo llevo al comandante y digo que Garvel me ha pedido que lo defienda y que le acompañe a confesar, y yo le he garantizado que, por este aspecto de nobleza era imposible que lo condenaran a muerte, pero que, ¡dada la gravedad de su caso, debía esperar una condena a perpetuidad!

Todo ha ido bien. Garvel ha salvado al moreno, que ha sido puesto enseguida en libertad. Al falso testigo acusador le ha caído un año de prisión. A Robert Garvel, la perpetua.

Hace ya dos meses que esto sucedió. Garvel me da el resto de la explicación solo ahora, cuando todo ha terminado. Girasolo era el hombre que, después de haberse enterado de los detalles del complot de la revuelta en la que había aceptado tomar parte, denunció a Arnaud, Hautin y Jean Carbonieri. Por suerte, no conocía ningún nombre más.

Ante la enormidad de la denuncia, los guardianes no le creyeron. Sin embargo, por precaución, enviaron a San José a los tres presidiarios conjurados, sin decirles nada, ni tan siquiera interrogarles.

—¿Qué razón diste, Garvel, para explicar el asesinato?

—Que me había robado el estuche. Que yo dormía frente a él, lo que era exacto, y que, por la noche, me sacaba el estuche y lo escondía bajo la manta que me sirve de almohada. Una noche, fui a las letrinas y, cuando regresé, el estuche había desaparecido. Y por mis alrededores, solo un hombre no dormía: Girasolo. Los guardianes creyeron mi explicación, y ni siquiera me hablaron de que había denunciado una revuelta verosímil.

—¡Papillon! ¡Papillon! —gritan en el patio—. ¡Se le busca!

—Presente.

—Recoja sus efectos personales. Le han destinado a San José.

—¡Mierda!

En Francia, acaba de estallar la guerra. Con ella, ha venido un nuevo reglamento: los jefes de servicio responsables de una evasión serán destituidos. Los deportados que sean detenidos en intento de evasión, serán condenados a muerte. Se considerará que la evasión está motivada por el deseo de unirse a las Fuerzas francesas libres que traicionan a la Patria. Se tolera todo, menos la evasión.

El comandante Prouillet hace ya más de dos meses que partió. A este nuevo no lo conozco. No hay nada que hacer. He dicho adiós a mis amigos. A las ocho, tomo la embarcación que debe conducirme a San José.

El papá de Lisette ya no está en el campamento de San José. Partió hacia Cayena con su familia la semana anterior. El comandante de San José se llama Dutain y es de El Havre. Me recibe. Llego solo, por supuesto, y soy entregado en el muelle al guardián de servicio por el jefe de vigilantes de la chalupa, con algunos papeles que me acompañan.

—¿Es usted Papillon?

—Sí, comandante.

—Es usted un personaje curioso —me dice, hojeando mis papeles.

—¿Por qué soy tan curioso?

—Porque, por un lado, está usted clasificado como peligroso desde todos los puntos de vista, sobre todo por una nota escrita con tinta roja: «En constante estado de preparación de fuga», pero, luego, una adición: «Intentó salvar a la hija del comandante de San José en medio de los tiburones». Yo tengo dos hijitas, Papillon; ¿quiere usted verlas?

Llama a las crías, de tres a cinco años, muy rubias ellas, que entran en su despacho acompañadas por un joven árabe vestido de blanco, y por una mujer morena, muy hermosa.

—Querida, ¿ves a este hombre? Es el que trató de salvar a tu ahijada, Lisette.

—¡Oh! Déjeme estrecharle la mano —dice la joven.

Estrecharle la mano a un presidiario es el mayor honor que puede hacérsele. Jamás se da la mano a un condenado a trabajos forzados. Me conmueven su espontaneidad y su gesto.

—Sí, yo soy la madrina de Lisette. Estamos muy vinculados con los Grandoit. ¿Qué vas a hacer por él, querido?

—Primero, va al campamento. Después, tú me dirás qué destino quieres que le dé.

—Gracias, comandante; gracias, señora. ¿Pueden decirme el motivo de que me hayan enviado a San José? Es casi un castigo.

—En mi opinión, no hay ningún motivo. Simplemente, el nuevo comandante teme que te evadas.

—No anda equivocado.

—Además, han aumentado los castigos contra los responsables de una evasión. Antes de la guerra, había la posibilidad de perder un galón, pero, ahora, esto es seguro, aparte de otros problemas. Por eso te ha mandado aquí. Prefiere que te vayas de San José, de donde no es responsable, que de Royale, de donde sí lo es.

—¿Cuánto tiempo tiene usted que quedarse aquí, comandante?

—Dieciocho meses.

—No puedo esperar tanto tiempo, pero hallaré el medio de volver a Royale, para no ocasionarle en absoluto ningún perjuicio.

—Gracias —dice la mujer—. Me alegra saberle tan noble. Para cualquier cosa que necesite, venga aquí con toda confianza. Tú, papá, da orden al puesto de guardia del campamento para que se deje venir a Papillon a verme cuando lo pida.

—Sí, querida. Mohamed, acompaña a Papillon al campamento, y tú escoge el barracón al que quieras quedar afecto.

—Oh, para mí es fácil: el de los peligrosos.

—No hay ninguna dificultad en eso —dice, riendo, el comandante.

Y llena un papel, que extiende a Mohamed.

Abandono la casa, al borde del muelle, que sirve de vivienda y de despacho al comandante, la antigua casa de Lisette y, acompañado por el joven árabe, llego al campamento.

El jefe del puesto de guardia es un viejo corso muy violento y asesino reconocido. Lo llaman Filissari.

—Vaya, Papillon, de manera que vienes aquí, ¿eh? Ya sabes que yo soy muy bueno o muy malo. Conmigo no trates de evadirte, porque si fracasas, te mataré como a un conejo. Dentro de dos años me retiro, así que este no es el momento para que me ocurra un percance.

—Usted sabe bien que yo soy amigo de todos los corsos. No voy a decirle que no pienso evadirme, pero, si me evado, me las arreglaré para que sea a las horas en que no esté usted de servicio.

—Así está bien, Papillon. Entonces, no seremos enemigos. Los jóvenes, ya sabes, pueden soportar mejor las complicaciones que ocasiona una evasión, en tanto que yo, ¡figúrate! A mi edad y en vísperas del retiro. Bien, ¿has comprendido? Vete al barracón que te han designado.

Ya estoy en el campamento, en una sala exactamente igual que la de Royale, con cien o ciento veinte detenidos. Allí están Pierrot el Loco, Hautin, Arnaud y Jean Carbonieri. Lógicamente, debería colocarme junto a Jean, puesto que es el hermano de Matthieu, pero Jean no tiene la clase de su hermano y, además, no me conviene, a causa de su amistad con Hautin y Arnaud. Así, pues, me aparto de él, y me instalo al lado de Carrier, el bordelés, llamado Pierrot el Loco.

La isla de San José es más salvaje que Royale, y un poco más pequeña, aunque parece mayor porque es más larga. El campamento se encuentra a media altura de la isla, que está formada por dos mesetas superpuestas. En la primera, el campamento, y en la meseta de arriba, la temible Reclusión. Entre paréntesis, los reclusos continúan yendo a bañarse cada día una hora al mar. Esperemos que eso dure.

Cada mediodía, el árabe que trabaja en casa del comandante me trae tres escudillas superpuestas sostenidas por un hierro plano que termina en un puño de madera. Deja las tres escudillas y se lleva las de la víspera. La madrina de Lisette me envía cada día exactamente la misma comida que ha preparado para su familia.

El domingo he ido a verla para darle las gracias. He pasado la tarde hablando con ella y jugando con sus hijas. Al acariciar aquellas cabezas rubias, me digo que, algunas veces, es difícil saber dónde está nuestro deber. El peligro que pesa sobre la cabeza de esta familia en el caso de que aquellos dos majaderos continúen con las mismas ideas, es terrible. Tras la denuncia de Girasolo, en la que los guardianes no creyeron, hasta el punto de que no los separaron, sino que tan solo se limitaron a enviarles a San José, si digo una palabra para que los separen, confirmo la veracidad y la gravedad del primer chivatazo. Y entonces ¿cuál sería la reacción de los guardianes? Será mejor que me calle.

Arnaud y Hautin casi no me dirigen la palabra en el barracón. Mejor, desde luego; nos tratamos cortésmente, pero sin familiaridad. Jean Carbonieri no me habla; está enfadado porque no me he puesto con él. Por mi parte, estoy en un grupo de cuatro: Pierrot el Loco, Marquetti, segundo premio de Roma de violín, y que a menudo toca horas enteras, lo que me produce melancolía, y Marsori, un corso de Sète.

No he dicho nada a nadie, y tengo la sensación de que aquí nadie está al corriente de la preparación abortada de la revuelta de Royale. ¿Continúan con las mismas ideas? Los tres trabajan en una penosa tarea. Es preciso arrastrar o, mejor, izar grandes piedras con una correa. Estas piedras sirven para hacer una piscina en el mar. A una gran piedra, bien rodeada de cadenas, se le ata otra cadena muy larga, de quince a veinte metros, y, a derecha e izquierda, cada forzado, con su correa pasada alrededor del busto y de los hombros, agarra con un gancho un eslabón de la cadena. Entonces, a tirones, exactamente como las bestias, arrastran la piedra hasta su destino. A pleno sol, es un trabajo muy penoso y, sobre todo, deprimente.

Disparos de fusil, disparos de mosquetón y disparos de revólver procedentes de la parte del muelle. He comprendido que los locos han actuado. ¿Qué sucede? ¿Quién es el vencedor? Sentado en la sala, no me muevo.

Todos los presidiarios dicen:

—¡Es la revuelta!

—¿La revuelta? ¿Qué revuelta?

Ostensiblemente, procuro dar a entender que no sé nada.

Jean Carbonieri, quien ese día no ha ido al trabajo, se me acerca, blanco como un muerto pese a que tiene el rostro quemado por el sol. En voz baja, le oigo decir:

—Es la revuelta, Papi.

Fríamente, le digo:

—¿Qué revuelta? No estoy al corriente.

Los disparos de mosquetón continúan. Pierrot el Loco regresa corriendo a la sala.

—Es la revuelta, pero creo que han fracasado. ¡Qué hatajo de cretinos! Papillon, saca tu cuchillo. ¡Al menos, matemos al mayor número posible antes de espicharla!

—¡Sí —repite Carbonieri—, matemos al mayor número posible!

Chissilia saca una navaja de afeitar. Todos tienen un cuchillo abierto en la mano. Les digo:

—No seáis estúpidos. ¿Cuántos somos?

—Nueve.

—Que siete arrojen sus armas. El primero que amenace a un guardián, lo mato. No tengo interés en dejarme matar a tiros en esta habitación, como un conejo. ¿Tú estás en el golpe?

—No.

—¿Y tú?

—Tampoco.

—¿Y tú?

—Yo no sabía nada.

—Bien. Aquí, todos somos hombres destacados, y nadie sabía nada de esta revuelta de lechuzos, ¿de acuerdo?

—Sí.

—El que esté de acuerdo debe comprender que, en cuanto reconozca haber sabido algo, será pasado por las armas. Así, pues, el que sea lo bastante imbécil como para hablar, sepa que no tiene nada que ganar. Echad vuestras armas a las letrinas, no tardarán en llegar.

—¿Y si han ganado los otros?

—Si han ganado los otros, que se las arreglen para rematar su victoria con una fuga. Yo, a ese precio, no quiero. ¿Y vosotros?

—Nosotros tampoco —dicen, a la vez, los ocho, incluido Jean Carbonieri.

Yo no he soplado palabra de lo que sé, es decir, que, desde el momento en que los disparos cesaron, los presidiarios habían perdido. En efecto, la matanza prevista no podría haber concluido ya.

Los guardianes llegan como locos empujando a garrotazos, a bastonazos, a puntapiés, a los trabajadores del acarreo de piedras. Les hacen entrar en el edificio de al lado, apelotonados. Las guitarras, las mandolinas, los juegos de ajedrez y de damas, las lámparas, los banquillos, las botellas de aceite, el azúcar, el café, la ropa blanca, todo es rabiosamente pisoteado, destruido y arrojado al exterior. Se vengan con todo lo que no es reglamentario.

Se oyen dos disparos seguramente de revólver.

Hay ocho barracones en el campamento. En todos ocurre lo mismo y, de vez en cuando, llueven grandes garrotazos. Un hombre sale en cueros corriendo hacia las celdas disciplinarias, revolcándose literalmente a causa de los golpes de los guardianes encargados de llevarlo al calabozo.

Han ido delante y a nuestra derecha. En este momento se encuentran en el séptimo barracón. Solo queda el nuestro. Estamos los nueve, cada uno en su sitio. Ninguno de los que trabajaban fuera ha regresado. Todos están quietos en su sitio correspondiente. Nadie habla. Yo tengo la boca seca y pienso: «¡Con tal de que no haya alguno que quiera aprovecharse de esta historia para cargárseme impunemente!».

—Aquí están —dice Carbonieri, muerto de miedo.

Más de veinte guardianes se precipitan dentro, todos con mosquetones y revólveres dispuestos para disparar.

—¡Cómo! —grita Filissari—, ¿aún no estáis en cueros? ¿A qué esperáis, hatajo de carroñas? Os fusilaremos a todos. Vamos, en cueros, que no tengamos que desnudaros cuando seáis cadáveres.

—Monsieur Filissari...

—¡Cierra el pico, Papillon! Aquí no hay perdón que valga. Lo que habéis maquinado es demasiado grave. ¡Y en esta sala de peligrosos, seguramente que estabais todos metidos en el ajo!

Los ojos se le salen de las órbitas, están inyectados en sangre, tienen un resplandor mortífero que no ofrece lugar a dudas.

—Tenemos derecho —dice Pierrot.

Decido jugarme el todo por el todo.

—Me sorprende que un napoleonista como usted vaya a asesinar, no retiro la palabra, a unos inocentes. ¿Quiere usted disparar? Pues bien, basta de discursos, no los necesitamos para nada. Tire, pero tire rápido, ¡maldita sea! Te creía un hombre, amigo Filissari, un verdadero napoleonista, pero me he equivocado. Tanto peor. Mira, ni siquiera deseo verte cuando vayas a disparar, te vuelvo la espalda. Volvedles todos la espalda, a estos sabuesos, para que no digan que íbamos a atacarlos.

Y todo el mundo, como un solo hombre, les presenta la espalda. Los guardianes quedan sorprendidos de mi actitud, tanto más cuanto que (después se ha sabido) Filissari ha abatido a dos desdichados en los otros barracones.

—¿Que más tienes que decir, Papillon?

Siempre vuelto de espalda, respondo:

—Este cuento de la revuelta no me lo creo. ¿Una revuelta? ¿Para qué? ¿Para matar guardianes? ¿Y, luego, huir? Pero ¿adónde? Yo tengo experiencia en evasiones, y vengo de muy lejos, de Colombia. Por eso pregunto, ¿qué país concedería asilo a tales asesinos? ¿Cómo se llama ese país? No seáis imbéciles; ningún hombre que se respete puede estar mezclado en el golpe.

—Tú, quizá no. Pero ¿y Carbonieri? Él sí lo está, seguro, porque, esta mañana, a Arnaud y Hautin les ha sorprendido que se hiciera el enfermo para no acudir al trabajo.

—Puras suposiciones, se lo aseguro. —Y me encaro con él—. Enseguida lo comprenderá. Carbonieri es amigo mío, conoce todos los detalles de mi evasión y no puede hacerse ilusiones; sabe a qué atenerse sobre el resultado final de una fuga tras una revuelta.

En este momento, llega el comandante. Se queda fuera. Filissari sale y el comandante dice:

—¡Carbonieri!

—Presente.

—Condúzcanlo al calabozo, sin cebarse con él. Vigilante Fulano de Tal, acompáñele. Salgan todos; que solo se queden aquí los jefes de vigilantes. Ocúpense de que regresen todos los deportados que se hayan dispersado por la isla. No maten a nadie; llévenlos a todos, sin excepción, al campamento.

Entran en la sala el comandante, el segundo comandante y Filissari, que regresa con cuatro guardianes.

—Papillon, acaba de suceder algo muy grave —dice el comandante—. Como comandante de la penitenciaría, tengo una gran responsabilidad. Antes de tomar las disposiciones oportunas, desearía recibir algunas informaciones. Sé que en un momento tan crucial te hubieras negado a hablar conmigo en privado, por eso he venido aquí. Han asesinado al vigilante Duclos. Después, han querido apoderarse de las armas depositadas en mi casa, con lo que no hay duda de que se trataba de una revuelta. Solo tengo unos minutos. Confío en ti, Papillon. Quiero saber cuál es tu opinión.

—Si hubiera habido una revuelta, ¿por qué no íbamos a estar todos al corriente de ella? ¿Por qué no se nos habría dicho nada? ¿Cuánta gente estaría comprometida? Estas tres preguntas que le formulo, comandante, se las voy a contestar, pero, antes, es preciso que diga usted cuántos hombres, después de haber matado al guardián, y de haberse apoderado, como supongo del arma de este, se han movido.

—Tres.

—¿Quiénes son?

—Arnaud, Hautin y Marceau.

—Comprendo. Entonces, quiéralo o no, no ha habido revuelta.

—Mientes, Papillon —dice Filissari—. Esta revuelta debía de hacerse en Royale, Girasolo la denunció y nosotros no le creímos. Hoy, vemos que todo lo que dijo es verdad. Así, pues, ¡Juegas con dos barajas, Papillon!

—Pero, entonces, si usted tiene razón yo soy un cerdo, y Pierrot el Loco también, y Carbonieri y Galgani y todos los bandidos corsos de Royale y los hombres destacados. A pesar de lo que ha sucedido, no lo creo. Si hubiera habido una revuelta, los jefes seríamos nosotros y no ellos.

—¿Qué quieres hacerme creer? ¿Que nadie está comprometido aquí? Imposible.

—¿Qué acción han emprendido los demás? ¿Alguno, aparte de esos tres locos, ha movido un dedo? ¿Se ha intentado siquiera tomar el puesto de guardia en el que se encuentran cuatro vigilantes más el jefe monsieur Filissari, armados con mosquetones? ¿Cuántas embarcaciones hay en San José? Una sola chalupa. ¿Una chalupa para seiscientos hombres? No somos imbéciles, ¿verdad? Y, luego, matar para evadirse. Aun admitiendo que veinte se marchen, es tanto como dejarse cazar y devolver en el primer sitio de arribada. Comandante, yo no sé aún cuántos hombres han matado sus subordinados o usted mismo, pero tengo casi la certidumbre de que eran inocentes. Y ¿qué significa eso de rompernos las pocas cosas que tenemos? Su cólera parece justificada, pero no olviden que el día que no permitan ya un mínimo de vida agradable a los presidiarios, ese día sí puede estallar una revuelta, la revuelta de los desesperados, la revuelta de un suicidio colectivo; espicharla por espicharla, espichémosla todos juntos: guardianes y condenados. Monsieur Dutain, le he hablado con el corazón en la mano, porque creo que se lo merece simplemente por haber venido a informarse antes de tomar sus decisiones. Déjennos tranquilos.

—¿Y los que están conjurados? —interviene de nuevo Filissari.

—Cuenta de ustedes es descubrirlos. Nosotros no sabemos nada; a ese respecto, no podemos serles útiles. Se lo repito: esta historia es una locura de lechuzos, y nosotros no tenemos nada que ver con ella.

—Monsieur Filissari, cuando los hombres entren en el barracón de los peligrosos, mande cerrar la puerta hasta nueva orden. Dos vigilantes en la puerta, nada de cebarse en los hombres y no destruir sus pertenencias. En marcha.

Y se va con los demás guardianes.

¡Uf! ¡Qué peso nos quitamos de encima! Al cerrar la puerta, Filissari me espeta:

—¡Has tenido suerte de que yo sea napoleonista!

En menos de una hora, casi todos los hombres que pertenecen a nuestro barracón han regresado. Faltan dieciocho, y los guardianes advierten que, en su precipitación, los han encerrado en otros barracones. Cuando se reúnen con nosotros, nos enteramos de todo lo que ha pasado, pues estos hombres estaban trabajando cuando estalló la revuelta. Un ladrón estebanés me cuenta a media voz:

—Figúrate, Papi, que habíamos arrastrado una piedra de casi una tonelada cerca de cuatrocientos metros. El camino por el que izamos la piedra no es demasiado acentuado, y llegamos a un pozo que está, más o menos, a unos cincuenta metros de la casa del comandante. Este pozo ha servido siempre para pararse y descansar. Está a la sombra de los cocoteros, y a mitad de camino del trayecto que debe recorrerse. Así pues, nos detenemos como de costumbre, sacamos un gran cubo de agua fresca del pozo y bebemos; otros mojan su pañuelo para ponérselo en la cabeza. Como la pausa es de unos diez minutos, el guardián se sienta, a su vez, en el brocal del pozo. Se quita el casco, y está enjugándose la frente y el cráneo con un pañuelo, cuando Arnaud se le acerca por detrás con un azadón en la mano, sin levantarlo, lo que hace que nadie pueda advertir con un grito al guardián. Levantar el azadón y golpear con el filo, justo en la mitad del cráneo, no ha requerido más de un segundo. Con la cabeza partida en dos, el guardián se ha desplomado sin un grito. En cuanto cae, Hautin, que está colocado ante él con toda naturalidad, le arrebata el mosquetón y Marceau le quita el cinto con su pistola. Con el arma en la mano, Marceau se vuelve hacia todos los forzados y dice: «Es una revuelta. Los que estén con nosotros que nos sigan». Ni uno solo de los llaveros se ha movido ni gritado, y ni uno solo de los trabajadores ha manifestado la intención de seguirlos. Arnaud nos ha mirado a todos —continúa diciendo el estebanés— y nos ha dicho: «¡Hatajo de cobardes! ¡Ya os enseñaremos lo que es ser hombres!». Arnaud toma de las manos de Hautin el mosquetón y ambos corren hacia la casa del comandante. Marceau, tras haberse retirado un poco, se queda en el sitio. Conserva la pistola en la mano y ordena: «No os mováis, no habléis, no gritéis. Vosotros, los llaveros, acostaos boca abajo». Desde donde yo estaba, vi todo lo que pasó.

»Cuando Arnaud sube la escalera para entrar en casa del

comandante, el árabe que trabaja allí abre la puerta llevando a las dos niñitas, una de la mano y la otra en brazos. Sorprendidos los dos, el árabe, con la niña en brazos, le larga un puntapié a Arnaud. Este quiere matar al árabe, pero el chivo levanta en alto a la criatura. Nadie grita. Ni el chivo ni los demás. Cuatro o cinco veces, el mosquetón apunta desde diferentes ángulos al árabe. Cada vez, la niña es colocada delante del cañón. Hautin agarra por el lado, sin subir la escalera, el bajo del pantalón del árabe. Este va a caerse y, entonces, de un solo golpe, lanza contra el mosquetón que sostiene Arnaud a la niña. Sorprendidos en precario equilibrio en la escalera, Arnaud, la niña y el árabe, empujado por la pierna por Hautin, caen todos en un revoltillo. En este momento, se profieren los primeros gritos, primero de las criaturas, después los del árabe, seguidos por los insultos de Arnaud y Hautin. El árabe toma del suelo, más rápido que estos, el arma que había caído, pero la agarra solo con la mano izquierda y por el cañón. Hautin ha vuelto a sujetarle la pierna con las manos. Arnaud lo coge del brazo derecho y le aplica una llave. El árabe arroja el mosquetón a más de diez metros.

»En el momento en que los tres echan a correr para apoderarse del arma, parte el primer disparo de fusil, hecho por un guardián de un grupo de forzados que transporta hojas secas. El comandante aparece en su ventana, y se pone a disparar, pero por miedo de herir al chivo, tira hacia el lugar donde se halla el mosquetón. Hautin y Arnaud escapan hacia el campamento por la carretera que bordea el mar, perseguidos por los disparos de fusil. Hautin, con su pierna rígida, corre con menos rapidez y es abatido antes de llegar al mar. Arnaud, por su parte, entra en el agua, imagínate, entre el sitio de bañarse que se está construyendo y la piscina de los guardianes. Aquello está siempre infestado de tiburones. A Arnaud le llueven los disparos, pues otro guardián ha acudido en ayuda del comandante y de su compañero de las hojas secas. Está apostado tras una gran piedra.

»—¡Ríndete —exclaman los guardianes— y salvarás la vida!

»—Jamás —responde Arnaud—, prefiero que se me zampen los tiburones, así dejaré de ver vuestras sucias jetas.

»Y se ha internado en el mar, derecho hacia los tiburones. Debió de darle una bala, pues, por un momento, se detiene. Pese a ello, los guardianes continúan disparando. Ha proseguido caminando, sin nadar. Aún no había sumergido el torso, cuando lo han atacado los tiburones. Se ha visto muy claramente cómo asestaba un puñetazo a uno de ellos que, medio salido del agua, se lanzaba sobre él. Luego, ha sido literalmente descuartizado, pues los tiburones tiraban de todas partes sin cortar los brazos ni las piernas. En menos de cinco minutos, había desaparecido.

»Los guardianes han hecho lo menos cien disparos de fusil sobre la masa que componían Arnaud y los tiburones. Solo uno de estos ha sido muerto, pues ha ido a varar en la playa con el vientre al aire. Como habían llegado guardianes de todos lados, Marceau creyó salvar la piel arrojando la pistola al pozo, pero los árabes se han levantado y, a bastonazos, a puntapiés y a puñadas, lo han empujado hacia los guardianes, diciendo que estaba comprometido en el golpe. A pesar de que sangraba por todas partes y tenía las manos en alto, los guardianes lo han matado a tiros de pistola y de mosquetón y, para terminar, uno de ellos le ha machacado la cabeza de un culatazo de mosquetón, del que se ha servido como si fuera una maza, agarrándolo por el cañón.

»Sobre Hautin, cada guardián ha vaciado el cargador. Eran treinta, a seis disparos cada uno. Le han metido, muerto o vivo, casi ciento cincuenta balas. Los tipos a quienes ha matado Filissari son hombres que, según los llaveros, en un principio se habían movido para seguir a Arnaud y que luego se habían rajado. Pura mentira porque, si tenía cómplices, nadie se ha movido.

Hace ya dos días que estamos encerrados todos en las salas correspondientes a cada categoría. Nadie sale al trabajo. A la puerta, los centinelas se relevan cada dos horas. Entre los barracones, otros centinelas. Prohibido hablar de un barracón a otro. Prohibido asomarse a las ventanas. Desde el pasillo que forman las dos hileras de hamacas, puede verse, manteniéndose apartado, por la puerta enrejada, el patio. Han venido guardianes de Royale como refuerzo. Ni un deportado está fuera, ni un árabe llavero. Todo el mundo está encerrado. De vez en cuando, sin gritos y sin golpes, se ve pasar a un hombre en cueros que, seguido de un guardián, se dirige hacia las celdas disciplinarias. Desde las ventanas laterales, los guardianes miran a menudo al interior de la sala. En la puerta, uno a la derecha y otro a la izquierda, los dos centinelas. Su tiempo de guardia es corto, dos horas, pero nunca se sientan y ni siquiera se colocan el arma en bandolera: el mosquetón está apoyado en su brazo izquierdo, pronto para disparar.

Hemos decidido jugar al póquer en grupos de cinco. Nada de marsellesa ni de grandes juegos en común, porque eso hace demasiado ruido. Marquetti, que interpretaba al violín una sonata de Beethoven, ha sido obligado a dejarlo.

—Para esa música; nosotros, los guardianes, estamos de luto.

Una tensión poco común reina no solo en el barracón, sino en todo el campamento. Nada de café ni de sopa. Un bollo de pan por la mañana, *corned-beef* a mediodía, *corned-beef* por la noche: una lata por cada cuatro hombres. Como no nos han destruido nada, tenemos café y víveres: mantequilla, aceite, harina, etcétera. Los otros barracones carecen de todo. Cuando de las letrinas ha salido la humareda del fuego para hacer el café, un guardián ha mandado apagarlo. Un viejo marsellés, presidiario veterano a quien llaman Niston, es quien hace el café para venderlo. Ha tenido los redaños de contestar al guardián:

—Si quieres que apaguemos el fuego, entra a apagarlo tú mismo.

Entonces, el guardián ha disparado varios tiros por la ventana.

Café y fuego han sido dispersados rápidamente.

Niston ha recibido un balazo en la pierna. Todo el mundo está tan excitado, que ha habido quienes han creído que empezaban a fusilarnos, y todos nos hemos echado al suelo, boca abajo.

El jefe del puesto de guardia, a esta hora, continúa siendo Filissari. Acude como un loco, acompañado de sus cuatro guardianes. El que ha disparado se explica; es de Auvernia. Filissari lo insulta en corso, y el otro, que no comprende nada, no sabe qué decir.

—No le entiendo.

Nos hemos echado en nuestras hamacas. Niston sangra por la pierna.

—No digáis que estoy herido; son capaces de acabar conmigo afuera.

Filissari se aproxima a la reja. Marquetti le habla en corso.

—Haced vuestro café; lo que acaba de suceder no se repetirá.

Y se va.

Niston ha tenido la suerte de que la bala no le haya quedado en el interior, habiendo entrado por la parte baja del músculo, ha vuelto a salir por la mitad de la pierna. Le aplicamos un torniquete, la sangre cesa de manar y le ponemos una compresa de vinagre.

—Papillon, salga.

Son las ocho, ya es de noche.

No conozco al guardián que me llama; debe de ser un bretón.

—¿Para qué habría de salir, a estas horas? No tengo nada que hacer fuera.

—El comandante quiere verle.

—Dígale que venga aquí. Yo no salgo.

—Entonces, ¿se niega?

—Sí, me niego.

Mis amigos me rodean. Forman un círculo a mi alrededor. El guardián habla desde la puerta cerrada. Marquetti se dirige a ella y dice:

—No dejaremos salir a Papillon si no es en presencia del comandante.

—Pero él es precisamente quien lo envía a buscar.

—Dígale que venga en persona.

Una hora después, dos jóvenes guardianes se presentan en la puerta. Van acompañados por el árabe que trabaja en casa del comandante, la persona que lo ha salvado de una muerte cierta y ha impedido la revuelta.

—Papillon, soy yo, Mohamed. Vengo a buscarte; el comandante quiere verte; él no puede venir aquí.

Marquetti me dice:

—Papi, ese tipo está armado con un mosquetón.

Entonces, salgo del círculo de mis amigos y me aproximo a la puerta. En efecto, Mohamed lleva un mosquetón bajo el brazo. Vivir para ver: ¡Un presidiario oficialmente armado de un mosquetón!

—Ven —me dice el árabe—. Estoy aquí para protegerte y defenderte si es necesario.

Pero yo no lo creo.

—¡Vamos, ven con nosotros!

Salgo. Mohamed se coloca a mi lado y los dos guardianes detrás. Voy a la comandancia. Al pasar por el puesto de guardia, a la salida del campamento, Filissari me dice:

—Papillon, espero que no vayas a quejarte de mí.

—Yo, personalmente, no, ni nadie del barracón de los peligrosos. De otro sitio, no lo sé.

Bajamos a la comandancia. La casa y el muelle están iluminados por lámparas de carburo que intentan expandir luz alrededor sin conseguirlo. Por el camino, Mohamed me ha dado un paquete de Gauloises. Al entrar en la sala fuertemente iluminada por dos lámparas de carburo, encuentro sentado al comandante de Royale, al segundo comandante, al comandante de San José, al de la Reclusión y al segundo comandante de San José.

Afuera, he advertido, vigilados por guardianes, a cuatro árabes. He reconocido a dos que pertenecían al grupo de trabajo en cuestión.

—Aquí está Papillon —dice el árabe.

—Buenas noches, Papillon —dice el comandante de San José.

—Buenas noches.

—Siéntate ahí, en esa silla.

Estoy de cara a todos. La puerta de la sala está abierta a la cocina, desde donde la madrina de Lisette me hace un signo amistoso.

—Papillon —dice el comandante de Royale—, el comandante Dutain le considera a usted un hombre digno de confianza, enaltecido por la tentativa de salvamento de la ahijada de su esposa. Yo solo le conozco por sus notas oficiales, que lo presentan como muy peligroso desde todos los puntos de vista. Deseo olvidar esas notas y creer a mi colega Dutain. Veamos. Seguramente, vendrá una comisión para investigar, y todos los deportados de todas las categorías van a tener que declarar cuanto saben. Es cierto que usted y algunos otros tienen gran influencia sobre todos los condenados, y que estos seguirán al pie de la letra sus instrucciones. Hemos querido saber la opinión de usted sobre la revuelta y también si, más o menos, prevé lo que, en este momento, y en primer lugar su barracón y después los otros, podrían declarar.

—Yo no tengo nada que decir ni que influir en lo que digan los demás. Pero si la comisión viene para realizar de veras una investigación, con la atmósfera actual, puedo asegurarles que todos ustedes están destituidos.

—¿Qué dices, Papillon? Mis colegas de San José y yo hemos contenido la revuelta.

—Tal vez usted pudiera salvarse, pero no los jefes de Royale.

—¡Explíquese!

Y los dos comandantes de Royale se levantan y, luego, se sientan de nuevo.

—Si continúan hablando *oficialmente* de revuelta, todos ustedes están perdidos. Si quieren aceptar mis condiciones los salvo a todos, menos a Filissari.

—¿Qué condiciones?

—En primer lugar, que la vida vuelva a su curso habitual, inmediatamente, a partir de mañana por la mañana. Solo si podemos hablar entre nosotros podemos influir en todo el mundo acerca de lo que debe declararse ante la comisión. ¿Está claro?

—Sí —dice Dutain—. Pero ¿por qué debemos ser salvados?

—Ustedes, los de Royale, no son solo los jefes de Royale, sino de las tres islas.

—Sí.

—Pues bien, ustedes recibieron una denuncia de Girasolo chivándoles que preparaban una revuelta. Los jefes eran Hautin y Arnaud.

—También Carbonieri —añade el guardián.

—No, eso no es verdad. Carbonieri era enemigo personal de Girasolo desde Marsella, y lo añadió arbitrariamente al golpe. Como fuere, *ustedes no creyeron en la revuelta*. ¿Por qué? Porque les dijo que esa revuelta tenía como objetivo matar a mujeres y niños, a árabes y a guardianes, cosa que parecía inverosímil. Por otra parte, había la cuestión de dos chalupas para ochocientos hombres en Royale, una para seiscientos en San José. Ningún hombre sensato podía aceptar participar en semejante golpe.

—¿Cómo sabes todo eso?

—Es cuenta mía, pero si continúan ustedes hablando de revuelta, aunque me hicieran desaparecer, y aún más si lo hacen, todo esto se dirá y se probará. La responsabilidad, pues, corresponde a Royale, que envió a esos hombres a San José, pero *sin separarlos*. La decisión lógica, que hace que si la investigación lo descubre, no puedan ustedes escapar de recibir graves sanciones, era enviar a uno a la isla del Diablo y al otro, a San José, aunque reconozco que era difícil admitir esa historia de locos. Si hablan de revuelta, lo repito de nuevo, se pierden ustedes mismos. En cambio, si aceptan mis condiciones, yo me las arreglaré para que todo el mundo declare que Arnaud, Hautin y Marceau han actuado para causar el mayor daño posible antes de morir. He aquí las condiciones: primero, como ya les he dicho, que, desde mañana, la vida recupere su normalidad; segundo, que todos los hombres confinados en celdas bajo sospecha de estar conjurados salgan enseguida, y que no sean sometidos a un interrogatorio acerca de su posible complicidad en la revuelta, *puesto que esta no existe*; tercero, que, cuanto antes, se envíe a Filissari a Royale, en primer lugar, por su seguridad personal, porque, si no ha habido revuelta, ¿cómo justificar el asesinato de tres hombres?, y, luego, porque ese vigilante es un abyecto asesino, y cuando actuó en el momento del incidente, tenía un miedo horrible, quería matar a todo el mundo, comprendidos nosotros, en el barracón. Lo que han hecho Arnaud y los otros era imprevisible. No tenían cómplices ni confidentes. Según opinan todos, eran unos botarates que habían decidido suicidarse de esa manera: matar el mayor número posible de personas antes de ser muertos ellos mismos, que es lo que debían buscar. Si ustedes quieren, me retiraré a la cocina y, así, podrán deliberar para darme su respuesta.

Entro en la cocina y cierro la puerta. Madame Dutain me estrecha la mano y me da café y coñac. Mohamed dice:

—¿Has dicho algo en mi favor?

—Eso concierne al comandante. Desde el momento que te ha armado, es que tiene la intención de eximirte.

La madrina de Lisette me dice bajito:

485

—¡Vaya! Esos de Royale ya tienen lo suyo.

—¡Pardiez! Para ellos era demasiado fácil admitir una revuelta en San José, donde todo el mundo debía saberlo menos su marido.

—Papillon, lo he oído todo y enseguida he comprendido que quería usted favorecernos.

—Es verdad, madame Dutain.

Se abre la puerta.

—Papillon, pasa —dice un guardián.

—Siéntese, Papillon —dice el comandante de Royale—. Después de haber discutido el asunto, hemos concluido por unanimidad que usted, ciertamente, tenía razón. *No ha habido revuelta.* Esos tres deportados habían decidido suicidarse matando antes a la mayor cantidad posible de personas. Así, pues, mañana la vida volverá a empezar como antes. Monsieur Filissari será trasladado esta misma noche a Royale. Su caso nos incumbe, y sobre él no le pido ninguna colaboración. Contamos con que usted mantenga su palabra.

—Cuenten con ella. Hasta la vista.

—Mohamed y ustedes dos, señores vigilantes, devuelvan a Papillon a su barracón. Hagan venir a monsieur Filissari; parte con nosotros hacia Royale.

Por el camino, le digo a Mohamed que deseo que salga en libertad. Me da las gracias.

—Así, pues, ¿que querían de ti los guardianes?

En un silencio absoluto, cuento en voz alta, exactamente, palabra por palabra, todo lo que ha pasado.

—Si hay alguien que no esté de acuerdo o crea poder criticar el arreglo al que he llegado con los guardianes en nombre de todos, que lo diga.

Unánimemente, están todos de acuerdo.

—¿Piensas que te han creído eso de que nadie más estaba comprometido?

—No, pero si no quieren saltar, deben creerlo. Y nosotros, si no queremos meternos en líos, también debemos creerlo.

Esta mañana, a las siete, se han vaciado todas las celdas del cuartel disciplinario. Había más de ciento veinte detenidos. Nadie ha salido al trabajo, pero todos los barracones se han abierto, y el patio está lleno de presidiarios que, con toda libertad, hablan, fuman y toman el sol o descansan a la sombra a su antojo. Niston ha sido trasladado al hospital. Carbonieri me dice que habían puesto un letrero —«Sospechoso de estar comprometido en la revuelta»— en no menos de cien puertas de las celdas.

Ahora que estamos todos reunidos, nos enteramos de la verdad. Filissari no ha matado más que a un hombre; los otros dos han sido muertos por dos guardianes jóvenes amenazados por individuos que, acorralados y creyendo que iban a eliminarlos, cargaban con sus cuchillos tratando de liquidar, al menos, a un vigilante antes de morir. He aquí cómo una verdadera revuelta que, por suerte, ha fracasado en su inicio, se ha transformado en un original suicidio de tres presos, tesis oficialmente aceptada por todo el mundo: Administración y condenados. De ello ha quedado una leyenda o una historia verdadera, no lo sé demasiado, comprendida entre esas dos palabras.

Al parecer, el entierro de los tres muertos en el campamento, más Hautin y Marceau, se ha efectuado de la forma siguiente: como solo hay una caja-ataúd con trampilla para arrojar los cadáveres al mar, los guardianes los han echado todos al fondo de una canoa, y los cinco a la vez, han sido lanzados a los tiburones. Se calculó la operación pensando que los últimos tendrían, así, tiempo de hundirse con sus piedras atadas a los pies, mientras sus amigos eran devorados por los escualos. Me han contado que ninguno de los cadáveres ha podido desaparecer en el mar, y que los cinco, a la caída de la noche, han danzado un ballet de lienzo blanco, como verdaderas marionetas animadas por el hocico o las colas de los tiburones en este festín, digno de Nabucodonosor. Los guardianes y los barqueros huyeron ante tanto horror.

Ha venido una comisión y ha permanecido casi cinco días en San José y dos en Royale. No he sido interrogado de manera especial, sino que he pasado ante ellos como los otros. Por el comandante Dutain, he sabido que todo se ha desarrollado muy bien. A Filissari se le ha dado permiso hasta su retiro, así que no regresará ya más. Mohamed ha sido redimido de toda su condena. El comandante Dutain ha conseguido un galón más.

Como siempre hay descontentos, un bordelés me preguntó ayer:

—¿Y qué hemos ganado nosotros, sacándoles las castañas del fuego a los guardianes?

Miro al tipo que ha dicho esto y le contesto:

—No gran cosa: cincuenta o sesenta hombres no cumplirán cinco años de reclusión por complicidad. ¿Te parece poco?

Esta tempestad se ha calmado felizmente. Una especie de tácita complicidad entre vigilantes y presidiarios ha desconcertado por completo a la famosa comisión de investigación que, tal vez, no pretendía más que eso: que todo se arreglara de la mejor manera posible.

Yo, personalmente, no he ganado ni perdido nada, aparte de que mis camaradas me están agradecidos por no haber tenido que sufrir una disciplina más dura. Al contrario, incluso se ha suprimido el acarreo de piedras. Esa horrible tarea ha sido abolida. Los búfalos son ahora los encargados de arrastrarlas, los presidiarios solo deben colocarlas en su sitio.

Carbonieri ha regresado a la panadería. Yo trato de regresar a Royale. En efecto, aquí no hay taller; es imposible, pues, hacer una balsa.

La subida de Pétain al Gobierno ha agravado las relaciones entre deportados y vigilantes. Todo el personal de la Administración declara muy alto que es «pétainista», hasta el punto de que un guardián normando me decía:

—¿Quiere que le diga una cosa, Papillon? Yo nunca he sido republicano.

En las Islas, nadie tiene radio y no llegan las noticias. Por otra parte, se dice que, en la Martinica y en Guadalupe, aprovisionamos los submarinos alemanes. Es como para no entender nada. Las controversias son continuas.

—¡Mierda! ¿Quieres que te lo diga, Papi? Ahora es cuando hay que hacer la revuelta, para entregar las Islas a los franceses de De Gaulle.

—¿Tú crees que el Gran Charlot necesita el presidio? ¿Para hacer qué?

—¡Ah, para conseguir de dos mil a tres mil hombres!

—¿Leprosos, chochos, tuberculosos, enfermos de disentería? ¡Estás de broma! No es ningún tonto ese tipo, para complicarse la vida con presidiarios.

—¿Y los dos mil sanos que quedan?

—Eso ya es otro cantar. Pero por el hecho de ser hombres, no significa que sirvan para pegar tiros. ¿Te crees que la guerra es como un atraco a mano armada? Un golpe dura diez minutos; la guerra, años. Para ser un buen soldado, es preciso tener la fe del patriota. Os guste o no, yo no veo aquí a un solo tipo capaz de dar su vida por Francia.

—¿Y por qué habríamos de dársela, después de todo lo que nos ha hecho?

—Entonces, ya veis que tengo razón. Por suerte, ese charlatán de Charlot cuenta con otros hombres para hacer la guerra. Y, sin embargo, ¡decir que esos cochinos de alemanes están en nuestra casa! Todos los guardianes de aquí, sin excepción, declaran estar con Pétain.

El conde De Bérac dice:

—Sería una manera de redimirse.

Y, entonces, ocurre el fenómeno siguiente: nunca, antes, un preso hablaba de redimirse. Y he aquí que, ahora, todo el mundo, hombres del hampa y cabritos, todos esos pobres condenados, ven brillar un rayo de esperanza.

—¿Hacemos esa revuelta para incorporarnos a las órdenes de De Gaulle, Papillon?

—Lo siento mucho, pero yo no tengo por qué redimirme a los ojos de nadie. La justicia francesa y su capítulo «rehabilitación» me los paso por el culo. Yo mismo me «rehabilitaré». Mi deber es fugarme y, una vez libre, ser un hombre normal que viva en una sociedad sin ser un peligro para ella. No creo que un presidiario pueda probar otra cosa de otro modo. Estoy dispuesto a cualquier acción con tal de darme el piro. No me interesa entregarle las Islas al Gran Charlot, y estoy seguro de que tampoco a él le interesa. Por otra parte, si empleáis esa artimaña, ¿sabéis lo que dirán los peces más gordos? Que os habéis apoderado de las Islas para ser libres vosotros, no para hacer un gesto a favor de la Francia libre. Y, luego, ¿sabéis acaso quién tiene razón? ¿De Gaulle o Pétain? Yo no sé absolutamente nada. Sufro como un pobre porque mi país está invadido, pienso en los míos, en mis padres, en mis hermanos, en mis sobrinas.

—Desde luego, hace falta ser idiota para preocuparnos tanto por una sociedad que no ha tenido ninguna piedad de nosotros.

—Sin embargo, es normal, porque la bofia y el aparato judicial francés, y esos gendarmes y estos guardianes no son Francia. Es una clase aparte, compuesta por personas de mentalidad completamente distorsionada. ¿Cuántas de esas personas están hoy dispuestas a convertirse en servidores de los alemanes? ¿Qué te apuestas a que la policía francesa detiene a compatriotas y los entrega a las autoridades alemanas? Bien. Yo digo y repito que no intervendré en una revuelta, cualquiera que sea el motivo. Solo correré el riesgo de una fuga, pero ¿qué fuga?

Se producen discusiones muy serias entre diversos clanes.

Unos están a favor de De Gaulle, y los otros, de Pétain. En el fondo, no se sabe nada, pues, como he dicho, no hay un receptor de radio ni entre los vigilantes ni entre los deportados. Las noticias llegan por las embarcaciones que pasan y nos traen un poco de harina, de legumbres secas y de arroz. Para nosotros, la guerra, vista desde tan lejos, es difícil de comprender.

Al parecer, ha llegado a Saint-Laurent-du-Maroni un reclutador para las Fuerzas libres. Los presos no saben nada, excepto que los alemanes ocupan toda Francia.

Un incidente divertido: un cura ha venido a Royale y ha predicado después de la misa. Ha dicho:

—Si las Islas son atacadas, se os dará armas para ayudar a los vigilantes a defender el territorio de Francia.

Tal como lo digo. Tenía gracia, ese cura. ¡Y en verdad que debía tener una pobre opinión de nosotros! ¡Ir a pedir a los presos que defiendan su celda! ¡Lo que nos quedaba por ver a los duros!

La guerra, para nosotros, se traduce en eso: doble efectivo de sabuesos, desde el simple guardián al comandante y al jefe de vigilantes; muchos inspectores, algunos de los cuales tienen un acento alemán o alsaciano muy pronunciado; muy poco pan, toca a cuatrocientos gramos por cabeza; muy poca carne.

En una palabra, lo único que ha aumentado es el precio de una evasión fallida: condena a muerte y ejecución inmediata. Porque a la acusación de evasión se añade: «Ha intentado pasar a las órdenes de los enemigos de Francia».

Hace casi cuatro meses que estoy en Royale. Me he ganado un gran amigo: el doctor Germain Guibert. Su esposa, una dama excepcional, me ha pedido que le haga un huertecillo para ayudarla a vivir en este régimen de escasez. Le he plantado un huerto con ensaladas, rábanos, alubias verdes, tomates y berenjenas. Está encantada y me trata como a un buen amigo.

Este doctor nunca ha estrechado la mano a un vigilante, cualquiera que sea su grado, pero sí, y muy a menudo, a mí y a ciertos presidiarios a quienes había aprendido a conocer y a estimar.

Una vez recobrada la libertad, he tomado contacto de nuevo con el doctor Germain Guibert, a través del doctor Rosemberg. Me ha enviado una foto de él y su esposa en la Canebiè-re, Marsella. Regresaba de Marruecos y me felicitaba al saberme libre y feliz. Murió en Indochina al tratar de salvar a un heri-do que se había rezagado. Era un ser excepcional, y su mujer era digna de él. Cuando fui a Francia, en 1967, tuve deseos de ir a verla. Renuncié, porque había cesado de escribirme des-pués de que yo le pidiera una declaración en mi favor, cosa que hizo. Pero, desde entonces, no volvió a enviarme noticias. No conozco la causa de este silencio, pero conservo en mi alma, para ambos cónyuges, el más alto reconocimiento por la ma-nera como me trataron en su hogar, en Royale.

Algunos meses después, he podido regresar a Royale.

Noveno cuaderno

SAN JOSÉ

MUERTE DE CARBONIERI

Ayer, mi amigo Matthieu Carbonieri recibió una cuchillada en pleno corazón. Este crimen va a desencadenar una serie de asesinatos. Carbonieri estaba en el lavadero, completamente desnudo, y recibió la cuchillada cuando tenía la cara llena de jabón. Siempre que nos duchamos, tenemos la costumbre de abrir la navaja y dejarla bajo la ropa, a fin de tener tiempo de echar mano de ella si se acerca algún supuesto enemigo. No haber tenido esa precaución, a Carbonieri le ha costado la vida. A mi compañero lo ha matado un armenio, un verdadero rufián.

Con la autorización del comandante, y ayudado por otro compañero, yo mismo he bajado a mi amigo hasta el muelle. Como el cuerpo pesaba, al descender por la costa, he tenido que pararme tres veces a descansar. He hecho que le atasen los pies con una gran piedra y, en vez de cuerda, he usado alambre. Así, los tiburones no podrán cortarlo y el cadáver se sumergirá en el mar sin que hayan podido devorarlo.

Suena la campana y llegamos al muelle. Son las seis de la tarde. El sol se pone en el horizonte. Montamos en la canoa. En la famosa caja, que sirve para todo el mundo, con la tapadera echada, Matthieu duerme el sueño eterno. Para él todo se acabó.

—¡Prepárate para tirarlo! —grita el guardián que va al timón.

En menos de diez minutos hemos llegado a la corriente que forma el canal entre Royale y San José. Y, entonces, de súbito, se me hace un nudo en la garganta. Decenas de aletas de tiburones sobresalen del agua, evolucionando velozmente en un espacio restringido de menos de cuatrocientos metros. Ya están aquí los devoradores de presidiarios; han acudido a la cita a su hora y en el lugar exacto.

Que el buen Dios haga que los escualos no tengan tiempo de atrapar a mi amigo. Levantamos los remos en señal de despedida. Alzamos la caja. Enrollado en sacos de harina, el cuerpo de Matthieu resbala, arrastrado por el peso de la gran piedra, y enseguida toca agua.

¡Horror! Apenas se ha sumergido en el mar, cuando creo que ya ha desaparecido para siempre, vuelve a la superficie echado por los aires por, ¡yo qué sé!, siete, diez o veinte tiburones, ¿quién puede saberlo? Antes de que la canoa se retire, los sacos de harina que envuelven el cuerpo han sido arrancados y, entonces, sucede una cosa inexplicable. Matthieu aparece unos dos o tres segundos de pie sobre el agua. Le ha sido amputado ya la mitad del antebrazo derecho. Con la mitad del cuerpo fuera del agua, avanza en derechura hacia la canoa y, luego, en medio de un remolino más fuerte, desaparece definitivamente. Los tiburones han pasado por debajo de nuestra canoa, y un hombre ha estado a punto de perder el equilibrio y caerse al agua.

Todos, incluidos los guardianes, están petrificados. Por primera vez he tenido deseos de morir. Ha faltado poco para que me arrojara a los tiburones con el fin de desaparecer para siempre de este infierno.

Lentamente, subo del muelle al campamento. No me acompaña nadie. Me he echado las parihuelas al hombro y llego al rellano donde mi búfalo Brutus atacó a Danton. Me detengo y me siento. Ha caído la noche, aunque son solo las siete. Al oeste, el cielo aparece ligeramente aclarado por algunas lenguas de sol; este ha desaparecido por el horizonte. El resto está negro, agujereado a intervalos por el pincel del faro de la isla. Estoy muy afligido.

¡Mierda! ¿No has querido ver un entierro y, por añadidura, el de tu compañero? Pues bien, lo has visto. ¡Y de qué modo! ¡La campana y todo lo demás! ¿Estás contento? Tu maldita curiosidad ha quedado saciada.

Queda por despachar al tipo que ha matado a tu amigo. ¿Cuándo? ¿Esta noche? ¿Por qué esta noche? Es demasiado pronto, y ese tipo estará a la expectativa. En su chabola son diez. No conviene precipitarse. Veamos. ¿Con cuántos hombres puedo contar? Cuatro y yo: cinco. Está bien. Liquidaremos a ese tipo. Sí, y si es posible, me marcharé a la isla del Diablo. Allá, no se necesita balsa, ni hay que preparar nada. Dos sacos de cocos y me echo al mar. La distancia hacia la costa es relativamente corta: cuarenta kilómetros en línea recta. Con las olas, los vientos y las mareas deben convertirse en ciento veinte kilómetros. Será una simple cuestión de resistencia. Soy fuerte, y dos días en el mar, a caballo de mis sacos, debo poder aguantarlos.

Tomo las parihuelas y subo al campamento. Cuando llego a la puerta, me registran, cosa extraordinaria, pues no sucede nunca. El guardián en persona me quita la navaja.

—¿Quiere usted que me maten? ¿Por qué me desarma? ¿Sabe que, haciendo eso, me envía a la muerte? Si me matan será por su culpa.

Nadie contesta, ni los guardianes, ni los llaveros árabes. Se abre la puerta y entro en la cabaña. «Aquí no se ve nada. ¿Por qué hay una lámpara en vez de tres?»

—Papi, ven por aquí.

Grandet me tira de la manga. En la sala no hay demasiado ruido. Se nota que algo grave va a suceder o ha sucedido ya.

—No tengo mi navaja. Me la han quitado en el registro.

—Esta noche no la necesitarás.

—¿Por qué?

—El armenio y su amigo están en las letrinas.

—¿Y qué hacen allí?

—Están muertos.

—¿Quién se los ha cargado?

—Yo.

—¡Qué rapidez! ¿Y los otros?

—Quedan cuatro de su chabola. Paulo me ha dado su palabra de honor de que no se moverían y te esperarían para saber si estás de acuerdo en que el asunto se detenga ahí.

—Dame una navaja.

—Toma la mía. Me quedo en este rincón; ve a hablar con ellos.

Avanzo hacia su chabola. Mis ojos se han acostumbrado a la poca luz. Al fin, alcanzo a distinguir el grupo. En efecto, los cuatro están de pie delante de su hamaca, apretujados.

—Paulo, ¿quieres hablarme?

—Sí.

—¿A solas o delante de tus amigos? ¿Qué quieres de mí?

Dejo prudentemente un metro cincuenta entre ellos y yo. Mi navaja está abierta dentro de mi manga derecha, y el mango bien situado en el hueco de mi mano.

—Quería decirte que tu amigo, creo yo, ha sido suficientemente vengado. Tú has perdido a tu mejor amigo, y nosotros, a dos. En mi opinión, esto debería detenerse aquí. ¿Qué opinas tú?

—Paulo, tomo nota de tu oferta. Lo que podríamos hacer si estáis de acuerdo, es que las dos chabolas se comprometan a no hacer nada durante ocho días. De aquí a entonces, ya se verá lo que debe hacerse. ¿De acuerdo?

—De acuerdo.

Y me retiro.

—¿Qué han dicho?

—Que creían que Matthieu, con la muerte del armenio y de Sans-Souci, había sido suficientemente vengado.

—No —dice Galgani.

Grandet no dice nada. Jean Castelli y Louis Gravon están de acuerdo en hacer un pacto de paz.

—¿Y tú, Papi?

—En primer lugar, ¿quién ha matado a Matthieu? El armenio. Bien. Yo he propuesto un acuerdo. He dado mi palabra, y ellos, la suya, de que durante ocho días nadie se moverá.

—¿No quieres vengar a Matthieu? —pregunta Galgani.

—Muchacho, Matthieu ya está vengado. Han muerto dos por él. ¿Para qué matar a los otros?

—¿Se limitaban a estar al corriente? Eso es lo que hay que saber.

—Buenas noches a todos. Perdonadme. Voy a dormir, si puedo.

Al menos, tengo necesidad de estar solo y me tiendo en mi hamaca. Siento una mano que se desliza sobre mí y me quita suavemente la navaja. Una voz cuchichea en la noche:

—Duerme, si puedes, Papi, duerme tranquilo. Nosotros, de todas formas, por turno, montaremos guardia.

La muerte de mi amigo, tan brutal y repugnante, carece de motivo serio. El armenio lo ha matado porque, por la noche, jugando, le había obligado a pagar un envite de ciento setenta francos. Ese so cretino se sintió disminuido porque le habían obligado a humillarse delante de treinta o cuarenta jugadores. Cogido en sándwich entre Matthieu y Grandet, no había más remedio que obedecer.

Cobardemente, mata a un hombre que, en su ambiente, era el prototipo del aventurero auténtico. Este golpe me ha afectado mucho, y no tengo más satisfacción que la de que los asesinos solo hayan sobrevivido a su cobarde crimen unas horas. Es bien poca cosa.

Grandet, como un tigre, con una velocidad digna de un campeón de esgrima, ha atravesado el cuello de cada uno de ellos, antes de que tuvieran tiempo de ponerse en guardia. Me imagino que el lugar donde han caído debe de estar inundado de sangre. Estúpidamente, pienso: «Tengo ganas de preguntar quién los ha tirado en las letrinas». Pero no quiero hablar. Con los párpados cerrados, veo ponerse el sol trágicamente rojo y violeta, iluminando con sus últimos fulgores aquella escena dantesca: los tiburones disputándose a mi amigo... ¡Y aquel cuerpo de pie, con el antebrazo ya amputado, avanzando hacia la canoa...! Era verdad, pues, que la campana llama a los tiburones y que los muy asquerosos saben que se les va a servir la pitanza cuando aquella suena... Aún veo aquellas decenas de aletas, con lúgubres reflejos argentados, deslizarse como submarinos, virando en redondo... De veras que eran más de cien... Para él, para mi amigo, todo se acabó: el camino de la podredumbre ha concluido su trabajo hasta el fin.

¡Espicharla de una cuchillada por una bagatela a los cuarenta años! ¡Pobre amigo mío! Yo ya no puedo más. No. No. No. Deseo que los tiburones me digieran, pero vivo, mientras arriesgo mi libertad, sin sacos de harina, sin piedra, sin cuerda. Sin espectadores, ni forzados, ni guardianes. Sin campana. Si igualmente tienen que zamparme, ¡pues bien!, que me zampen vivo, luchando contra los elementos para tratar de alcanzar Tierra Grande.

Se acabó. Basta ya de fugas bien planeadas. Isla del Diablo, dos sacos de cocos y ahuecas el ala, sin más, a la buena de Dios.

Después de todo, será solo cuestión de resistencia física. ¿Cuarenta y ocho o sesenta horas? ¿Acaso un tiempo tan largo de inmersión en el agua del mar, unido al esfuerzo de los músculos de los muslos contraídos entre los sacos de cocos, no me paralizará las piernas? Si tengo la suerte de poder ir a la isla del Diablo, haré probaturas. Lo primero es salir de Royale e ir a la isla del Diablo. Luego, ya veremos.

—¿Duermes, Papi?

—No.

—¿Quieres un poco de café?

—Está bien.

Y me siento en mi hamaca y acepto el cuartillo de café caliente que me tiende Grandet, con un Gauloise encendido.

—¿Qué hora es?

—La una de la madrugada. He relevado la guardia a medianoche, pero como veía que seguías moviéndote, he pensado que no dormías.

—Tienes razón. La muerte de Matthieu me ha trastornado, pero su entierro en donde están los tiburones me ha afectado más aún. Ha sido horrible, ¿sabes?

—No me digas nada, Papi; ya me supongo lo que ha podido ser. Nunca debiste ir.

—Creía que la historia de la campana era un cuento. Y, además, con un alambre atado al pedrusco, jamás hubiera creído que los tiburones tuvieran tiempo de agarrarlo al vuelo. ¡Pobre Matthieu! Toda mi vida recordaré aquella horrible escena. Y tú ¿cómo te las has arreglado para eliminar tan deprisa al armenio y a Sans-Souci?

—Estaba en el otro extremo de la isla, colocando una puerta de hierro en la carnicería, cuando me he enterado de que habían matado a nuestro amigo. Era mediodía. En vez de subir al campamento, he ido al trabajo, como quien va a arreglar la cerradura. En un tubo de un metro he podido encajar un puñal afilado por los dos lados. El mango estaba vaciado, y también el tubo. He regresado al campamento a las cinco con el tubo en la mano. El guardián me ha preguntado de qué se trataba, y yo le he contestado que la barra de madera de mi hamaca se había roto y que, por esta noche, iba a utilizar el tubo. Aún era de día cuando he entrado en el dormitorio, pero había dejado el tubo en el lavadero. Antes de pasar lista, lo he recuperado. Empezaba a caer la noche. Rodeado por nuestros amigos, he encajado rápidamente el puñal en el tubo. El armenio y Sans-Souci estaban de pie en su sitio, delante de su hamaca; Paulo, un poco atrás. Ya sabes que Jean Castelli y Louis Gravon son muy valientes, pero están viejos y les falta agilidad para pelear en una reyerta en toda regla.

»Yo quería actuar antes de que llegaras, para evitar que te vieras mezclado en eso. Con tus antecedentes, si nos agarraban, arriesgabas el máximo. Jean se ha quedado al fondo de la sala y ha apagado una de las lámparas; Gravon en el otro extremo, ha hecho lo mismo. La sala estaba casi a oscuras, con una sola lámpara de petróleo en medio. Yo tenía una linterna grande de bolsillo que me había dado Dega. Jean ha salido delante, y yo detrás. Al llegar a su altura, ha levantado el brazo y les ha puesto la lámpara encima. El armenio, deslumbrado, se ha cubierto los ojos con el brazo izquierdo, y yo he tenido tiempo de atravesarle el cuello con mi lanza. Sans-Souci, deslumbrado a su vez, ha asestado una cuchillada hacia adelante, a ciegas, en el vacío. Le he golpeado con tanta fuerza con mi lanza, que lo he atravesado de parte a parte. Paulo se ha tirado al suelo y ha rodado bajo las hamacas. Como Jean había apagado las lámparas, renuncié a perseguir a Paulo bajo las hamacas, y eso le ha salvado.

—¿Y quién ha arrojado los cadáveres a las letrinas?

—No lo sé. Creo que los mismos hombres de su chabola, para quitarles los estuches que llevaban en el vientre.

—Pero ¡debe de haber todo un charco de sangre!

—Así es. Literalmente degollados, han debido de vaciarse de toda su resina. La idea de la linterna eléctrica se me ha ocurrido mientras preparaba la lanza. Un guardián, en el taller, cambiaba las pilas de la suya. Eso me ha dado una idea, y enseguida me he puesto en contacto con Dega para que me procurara una. Pueden hacer un registro en regla. La lámpara eléctrica ha salido de aquí y se ha devuelto a Dega a través de un llavero árabe, y también el puñal. Por ese lado no hay problemas. No tengo nada que censurarme. Ellos han matado a nuestro amigo con los ojos llenos de jabón, y yo los he despachado con los ojos llenos de luz. Estamos en paz. ¿Qué dices a eso, Papi?

—Has hecho bien, y no sé cómo agradecerte que hayas actuado con tanta rapidez para vengar a nuestro amigo y, por añadidura, que hayas tenido la idea de mantenerme al margen de esta historia.

—No hablemos de eso. He cumplido con mi deber. Tú has sufrido tanto y deseas tan vivamente ser libre, que yo tenía que hacerlo por fuerza.

—Gracias, Grandet. Sí, quiero irme, ahora más que nunca. Ayúdame, pues, para que este asunto se detenga aquí. Con toda franqueza, me sorprendería mucho que el armenio hubiera puesto al corriente a su chabola antes de actuar. Paulo no hubiera aceptado nunca un asesinato tan cobarde. Conocía las consecuencias.

—Yo opino igual. Tan solo Galgani dice que son todos culpables.

—Veremos lo que pasa a las seis. No saldré a hacer la limpieza. Me fingiré enfermo para asistir a los acontecimientos.

Son las cinco de la mañana. El guardián de cabaña se aproxima a nosotros:

—Chicos, ¿creéis que debo avisar al puesto de guardia? Acabo de descubrir dos fiambres en las letrinas.

Este hombre es un viejo presidiario de setenta años que nos quiere hacer creer, precisamente a nosotros, que desde las seis y media de la tarde, hora en que aquellos tipos fueron liquidados, no sabía nada. El recinto debe de estar lleno de sangre, así que, por fuerza, los hombres se han empapado los pies en el charco que hay en medio del pasillo.

Grandet responde con el mismo tono que el viejo:

—Cómo, ¿hay dos difuntos en las letrinas? ¿Desde qué hora?

—¡Vete a saber! —dice el viejo—. Yo duermo desde las seis. Ahora, al ir a mear, he resbalado, rompiéndome la crisma en una charca viscosa. Al encender mi mechero, he visto que era sangre y, en las letrinas, he encontrado a los tipos.

—Llama, ya veremos qué pasa.

—¡Vigilantes! ¡Vigilantes!

—¿Por qué gritas tan fuerte, viejo gruñón? ¿Se ha pegado fuego en tu choza?

—No, jefe. Hay dos fiambres en los cagaderos.

—¿Y qué quieres que le haga? ¿Que los resucite? Son las cinco y cuarto; a las seis, ya veremos. Impide que se acerque alguien a las letrinas.

—Lo que usted dice es imposible. A esta hora, próxima a levantarse, todo el mundo va a mear o a cagar.

—Tienes razón. Espera, voy a informar al jefe de guardia.

Vienen tres sabuesos, un jefe de vigilantes y dos vigilantes. Creemos que van a entrar, pero no, se quedan en la puerta enrejada.

—¿Dices que hay dos muertos en las letrinas?

—Sí, jefe.

—¿Desde qué hora?

—No lo sé; acabo de encontrarlos cuando he ido a mear.

—¿Quiénes son?

—No lo sé.

—¡Vaya! Pues yo te lo diré, viejo retorcido. Uno es el armenio. Ve a ver.

—En efecto, son el armenio y Sans-Souci.

—Bien; esperemos a la hora de pasar lista.

Y se van.

A las seis, suena la primera campana. Se abre la puerta. Los dos repartidores de café pasan de cama en cama; detrás de ellos, los repartidores de pan.

A las seis y media, la segunda campana. El día ha despuntado ya, y el *coursier* aparece lleno de pisadas de los que, esta noche, han caminado sobre la sangre.

Llegan los dos comandantes. Es ya completamente de día. Les acompañan ocho vigilantes y el doctor.

—¡Todo el mundo en cueros y firmes junto a la hamaca de cada cual! Pero ¡esto es una verdadera carnicería! ¡Hay sangre por todas partes!

El segundo comandante es el primero en entrar en las letrinas. Cuando sale, está blanco como un lienzo.

—Han sido literalmente degollados —dice— y, por supuesto, nadie ha visto ni oído nada.

Silencio absoluto.

—Tú, viejo, eres el guardián de la cabaña. Estos hombres están secos. Doctor, ¿cuánto tiempo llevan muertos, aproximadamente?

—De ocho a diez horas —dice el galeno.

—¿Y tú no los has descubierto hasta las cinco? ¿No has visto ni oído nada?

—No. Soy duro de oído, señor, y casi no veo, y, por añadidura, tengo setenta años, de los que he pasado cuarenta en presidio. Así que compréndalo usted, duermo mucho. Me acuesto a las seis de la tarde, y solo las ganas de mear me han despertado a las cinco. Ha sido una casualidad, porque por lo general, no me despierto hasta que suena la campana.

—Tienes razón, es una casualidad —dice irónicamente el comandante—. Incluso nosotros, todo el mundo ha dormido tranquilo durante la noche, vigilantes y condenados. Camilleros, llévense a los dos cadáveres al anfiteatro. Quiero que les haga la autopsia, doctor. Y vosotros, salid de uno en uno al patio, en cueros.

Todos pasamos ante los comandantes y el doctor. Se examina minuciosamente a los hombres. Nadie tiene heridas, pero muchos presentan salpicaduras de sangre. Explican que han resbalado al ir a las letrinas. Grandet, Galgani y yo somos examinados con más minuciosidad que los otros.

—Papillon, ¿dónde está su sitio?

Registran mis pertenencias.

—¿Y tu navaja?

—Mi navaja me la ha quitado a las siete de la tarde, en la puerta, el vigilante.

—Es verdad —dice este—. Ha armado un gran escándalo diciendo si queríamos que lo asesinaran.

—Grandet, ¿es de usted este cuchillo?

—Pues claro. Si está en mi sitio, es que es mío.

El comandante examina escrupulosamente el cuchillo, limpio como una moneda salida de la acuñación, sin una mancha.

El galeno regresa de las letrinas y dice:

—A esos hombres los han degollado con un puñal de doble filo. Han sido muertos de pie. Es como para no entender nada. Un presidiario no se deja degollar como un conejo, así, sin defenderse. Debería haber alguien herido.

—Usted mismo lo ve, doctor; nadie tiene siquiera un rasguño.

—¿Eran peligrosos esos dos hombres?

—Excesivamente, doctor. El armenio debía ser, con toda seguridad, el asesino de Carbonieri, que fue muerto ayer en el lavadero a las nueve de la mañana.

—Asunto liquidado —dice el comandante—. Sin embargo, conserve el cuchillo de Grandet. Al trabajo todo el mundo, salvo los enfermos. Papillon, ¿consta usted actualmente como enfermo?

—Sí, comandante.

—No ha perdido usted el tiempo para vengar a su amigo. Yo no me chupo el dedo, ¿sabe? Por desgracia, no tengo pruebas y sé que no las encontraremos. Por última vez, ¿nadie tiene nada que declarar? Si uno de vosotros puede arrojar luz sobre este doble crimen, le doy mi palabra de que será trasladado a Tierra Grande.

Silencio absoluto.

Toda la chabola del armenio se ha declarado enferma. En vista de ello, Grandet, Galgani, Jean Castelli y Louis Gravon también se han hecho rebajar, en el último momento. Quedamos cinco de mi chabola y cuatro de la del armenio, más el relojero, el guardián de cabaña, que gruñe sin cesar por el trabajo de limpieza que le espera, y dos o tres tipos más, entre ellos un alsaciano, el gran Sylvain.

Este hombre vive solo en los duros, y todo el mundo es amigo suyo. Autor de un acto poco común que lo ha mandado veinte años a los duros, es un hombre de acción muy respetado. Él solo atracó un vagón postal del rápido París-Bruselas, dio muerte a los dos guardianes y arrojó sobre el balasto los sacos postales que, recogidos por cómplices a lo largo de la vía, totalizaron una suma importante.

Sylvain, al ver las dos chabolas cuchichear cada una en su rincón, e ignorando que nos hemos comprometido a no actuar enseguida, se permite tomar la palabra:

—Espero que no vayáis a batiros en toda regla, al estilo de los tres mosqueteros.

—Hoy, no —dice Galgani—. Lo dejaremos para más tarde.

—¿Por qué más tarde? No dejes para mañana lo que puedas hacer hoy —dice Paulo—. Pero no veo la razón de que nos matemos mutuamente. ¿Qué dices tú, Papillon?

—Una sola pregunta: ¿Estabais al corriente de lo que iba a hacer el armenio?

—Te doy mi palabra de honor, Papi, de que no sabíamos nada, y, ¿quieres que te diga una cosa? De no haber muerto el armenio, no sé cómo hubiera encajado yo el golpe.

—Entonces, si es así, ¿por qué no concluir esta historia para siempre? —dice Grandet.

—Nosotros estamos de acuerdo. Estrechémonos la mano y que no se hable ya más de este triste episodio.

—Conformes.

—Yo soy testigo —dice Sylvain—. Me complace que esto se haya terminado.

—No hablemos más.

Por la tarde, a las seis, suena la campana. Al escucharla, no puedo impedir evocar la escena de la víspera, y a mi amigo con medio cuerpo erguido, avanzando hacia la canoa. La imagen es tan impresionante, incluso veinticuatro horas después, que ni por un segundo deseo que el armenio y Sans-Souci sean literalmente llevados por la horda de tiburones.

Galgani no dice una palabra. Sabe lo que pasé con Carbonieri. Mira al vacío balanceando las piernas, que penden a derecha e izquierda de su hamaca. Grandet aún no ha entrado. Hace ya más de diez minutos que el tañido de las campanas se ha apagado, cuando Galgani, sin mirarme y siempre balanceando las piernas, dice a media voz:

—Espero que ningún trozo de ese asqueroso armenio se lo zampe uno de los tiburones que dieron cuenta de Matthieu. Sería demasiado estúpido que, separados en vida, se encontraran en el vientre de un tiburón.

Va a ser de veras un gran vacío para mí la pérdida de ese amigo noble y sincero. Lo mejor será que me vaya de Royale y actúe lo más deprisa posible. Todos los días me repito lo mismo.

UNA FUGA DE LOCOS

—Como hay guerra y los castigos han sido reforzados en caso de evasión fallida, no es el momento de pensar en una fuga, ¿verdad, Salvidia?

El italiano del estuche de oro del convoy y yo discutimos en el lavadero, tras haber releído el cartel que nos da a conocer las nuevas disposiciones en caso de evasión. Le digo:

—Sin embargo, el riesgo de ser condenado a muerte no me impedirá huir. ¿Y a ti?

—Yo, Papillon, no puedo más, quiero darme el piro. Pase lo que pase. He solicitado que me destinen al asilo de locos como enfermero. Sé que en la despensa del asilo se encuentran dos toneles de doscientos veinticinco litros, o sea, más que suficientes para construir una balsa. Uno está lleno de aceite de oliva, y el otro, de vinagre. Bien atados el uno al otro, de manera que no puedan separarse, me parece que existiría una oportunidad de llegar a Tierra Grande. Bajo los muros que rodean los edificios destinados a los locos, por el lado exterior, no hay vigilancia. En el interior, solo hay una guardia permanente de un vigilante enfermero que, ayudado por unos presos, vigila sin cesar lo que hacen los enfermos. ¿Por qué no vienes conmigo allí?

—¿Como enfermero?

—Esto es imposible, Papillon. Sabes muy bien que jamás se te dará un destino en el asilo. Su situación, alejada del campamento, su escasa vigilancia, reúne todas las condiciones para que no te manden allá. Pero podrías ir como loco.

—Es difícil, Salvidia. Cuando un doctor te clasifica como «chalado», no te da ni más ni menos que el derecho de hacer impunemente cualquier cosa. En efecto, se te reconoce como irresponsable de tus actos. ¿Te das cuenta de la responsabilidad que contrae el galeno cuando admite eso y firma un diagnóstico en tal sentido? Puedes matar a un preso, incluso a un guardián o a la mujer de un guardia o a un crío. Puedes evadirte, cometer cualquier delito y la justicia ya no puede nada contra ti. Lo máximo que puede hacerte es meterte en una celda acolchada, en cueros, con la camisa de fuerza. Este régimen solo puede durar cierto tiempo, y, un día, ellos tendrán que suavizar el tratamiento. Resultado: por cualquier acto gravísimo, incluida la evasión, sales bien librado.

—Papillon, tengo confianza en ti y quisiera pirármelas contigo. Haz lo imposible por ir a reunirte conmigo como loco. En mi calidad de enfermero, podré ayudarte a encajar el golpe lo mejor posible y aliviarte en los momentos más duros. Reconozco, que debe ser terrible encontrarse, sin estar enfermo, en medio de seres tan peligrosos.

—Sube al asilo, Romeo. Yo voy a estudiar la cuestión a fondo y, sobre todo, a informarme bien acerca de los primeros síntomas de la locura para convencer al galeno. No es mala idea hacer que el galeno me declare irresponsable.

Comienzo a estudiar seriamente el asunto. No hay ningún libro sobre la materia en la biblioteca del penal. Siempre que puedo, discuto con hombres que han estado más o menos tiempo enfermos. Poco a poco, me hago una idea bastante clara:

1. Todos los locos sufren dolores atroces en el cerebelo.
2. A menudo, sienten zumbidos en los oídos.
3. Como son muy nerviosos, no pueden permanecer largo tiempo acostados en la misma postura sin verse sacudidos por una verdadera descarga de los nervios que

los despierta y les hace sobresaltarse dolorosamente, con todo su cuerpo tenso y a punto de estallar.

Es preciso, pues, *dejar que se descubran* esos síntomas sin indicarlos directamente. Mi locura debe ser, precisamente, lo bastante peligrosa como para obligar al doctor a tomar la decisión de internarme en el asilo, pero no lo bastante violenta como para justificar los malos tratos de los vigilantes: camisas de fuerza, golpes, supresión del alimento, inyección de bromuro, baño frío o demasiado caliente, etc. Si represento bien la comedia, conseguiré engatusar al galeno.

Hay una cosa en mi favor: ¿por qué, por qué razón habría de ser yo un simulador? Al no encontrar el galeno ninguna respuesta lógica a esta pregunta, es probable que pueda yo ganar la partida. No tengo otra solución. Se han negado a enviarme a la isla del Diablo. Ya no puedo soportar más el campamento desde que fue asesinado mi amigo Matthieu. ¡Al demonio con las dudas! Está decidido. El lunes me presentaré a reconocimiento. No, no debo hacerme el enfermo; es mejor que otro se encargue de eso y que sea de buena fe. Debo realizar dos o tres actos anormales en el dormitorio. Entonces, el guardián de cabaña hablará de ellos al vigilante y este me obligará a apuntarme a reconocimiento.

Hace tres días que no duermo, no me lavo y no me afeito. Cada noche, me masturbo muchas veces y como muy poco. Ayer, le pregunté a mi vecino por qué ha quitado de mi sitio una fotografía que jamás ha existido. Ha jurado por lo más sagrado que no ha tocado mis cosas. A menudo, la sopa permanece en una tina algunos minutos antes de ser distribuida. Acabo de aproximarme a la tina y, delante de todos, me he meado dentro. Un escalofrío ha recorrido toda la cabaña, pero mi pinta ha debido impresionar a todo el mundo, pues nadie ha murmurado una palabra. Solo Grandet me ha dicho:

—Papillon, ¿por qué haces eso?

—Porque se han olvidado de echarle sal.

Y, sin hacer caso de los demás, he ido en busca de mi escudilla y se la he tendido al guardián de cabaña para que me sirviera.

En un silencio total, todo el mundo me ha mirado mientras me comía la sopa.

Estos dos incidentes han bastado para que, esta mañana, me encuentre ante el galeno sin haberlo solicitado.

—Entonces, matasanos, ¿sí o no?

Repito mi pregunta. El doctor, estupefacto, me mira. Lo contemplo fijamente con ojos llenos de naturalidad.

—Sí —contesta el galeno—. Y tú, ¿estás enfermo?

—No.

—Entonces ¿por qué has venido a reconocimiento?

—Por nada. Me dijeron que usted estaba enfermo. Me complace ver que no es verdad. Hasta la vista.

—Espera un poco Papillon. Siéntate ahí, frente a mí. Mírame.

Y el galeno me examina los ojos con una lámpara que arroja un pequeñísimo haz de luz.

—¿No has visto nada de lo que creías descubrir, matasanos? Tu luz no es lo bastante fuerte, pero, al menos, creo que has comprendido, ¿no es así? Dime, ¿los has visto?

—¿El qué? —pregunta el galeno.

—No te hagas el tonto. ¿Eres un doctor o un veterinario? No irás a decirme que no has tenido tiempo de verlos antes de que se escondan. O no me lo quieres decir o me tomas por un estúpido.

Tengo los ojos brillantes de fatiga. Mi aspecto, sin afeitar y sin lavar, juega en mi favor. Los guardianes escuchan, pasmados, pero yo no hago ningún gesto de violencia que pueda justificar su intervención. Conciliador y entrando en mi juego para no excitarme, el galeno se levanta y me coloca la mano sobre el hombro. Yo continúo sentado.

—Sí. No quería decírtelo, Papillon, pero he tenido tiempo de verlos.

—Mientes, matasanos, con toda tu sangre fría colonial.

¡Porque no has visto nada en absoluto! Lo que yo pensaba que buscabas son los tres puntos negros que tengo en el ojo izquierdo. Los veo solo cuando miro al vacío o cuando leo. Pero si tomo un espejo, veo claramente mi ojo, pero ni rastro de los tres puntos. Se esconden tan pronto como agarro el espejo para mirarlos.

—Hospitalícenlo —dice el galeno—. Llévenselo inmediatamente. Que no regrese al campamento. Papillon, ¿me dices que no estás enfermo? Tal vez sea verdad, pero yo te encuentro muy fatigado; así que te mandaré algunos días al hospital para que descanses. ¿Quieres?

—No me importa. En el hospital o el campamento, siempre estoy en las Islas.

El primer paso está dado. Una media hora después, me encuentro en el hospital, en una celda clara, con una buena cama limpia, con sábanas blancas. En la puerta, un letrero: EN OBSERVACIÓN. Poco a poco, autosugestionándome, me transformo en un chalado. Es un juego peligroso: el gesto de torcer la boca y morderme el labio inferior, ese gesto estudiado en un trozo de espejo, lo he trabajado tan bien, que a veces me sorprendo haciéndolo sin haber tenido la intención. No conviene entretenerse mucho tiempo con ese jueguecito, Papi. A fuerza de obligarte a sentirte virtualmente desequilibrado puedes salir malparado, si no tarado. Sin embargo, debo emplearme a fondo si quiero llegar a la meta. Ingresar en el asilo, ser clasificado como irresponsable y, después, pirármelas con mi compañero. ¡Darme el piro! Esta frase mágica me transporta, y me veo ya sentado encima de los dos toneles, empujados hacia Tierra Grande en compañía de mi compañero, el enfermero italiano.

El galeno pasa visita cada día. Me examina largo y tendido, y siempre nos hablamos educada y gentilmente. El hombre está turbado, pero aún no convencido. Así, pues, voy a decirle que siento punzadas en la nuca, primer síntoma.

—¿Qué tal, Papillon? ¿Has dormido bien?

—Sí, doctor. Gracias, estoy casi bien. Gracias por el *Match* que me prestó. En cuanto a dormir, la cosa cambia. En efecto, detrás de mi celda hay una bomba, seguramente para regar algo, pero el pam-pam que produce el brazo de esa bomba, durante toda la noche, me llega hasta la nuca y se diría que, en el interior, produce como un eco: ¡pampam! Y eso, toda la noche. Es insoportable. Así que le agradecería que me cambiara de celda.

El galeno se vuelve hacia el guardián y, rápidamente, murmura:

—¿Hay una bomba?

El guardián hace con la cabeza signo de que no.

—Vigilante, cámbielo de celda. ¿Adónde quieres ir?

—Lo más lejos posible de esta maldita bomba, en el extremo del corredor. Gracias, doctor.

La puerta se cierra y me encuentro solo en mi celda. Un ruido casi imperceptible me alerta. Se me observa por una rendija. Seguramente, es el galeno, pues no le he oído alejarse cuando se han retirado. Así que, rápidamente, tiendo el puño hacia la puerta que esconde la bomba imaginaria y grito, no demasiado fuerte:

—¡Párate, párate, maldita asquerosa! ¿No acabarás de regar, jardinero del demonio?

Y me acuesto en mi cama, con la cabeza escondida bajo la almohada.

No he oído cerrarse la aldaba de la mirilla, pero sí unos pasos que se alejan. Conclusión: eran el galeno y el guardián.

Por la tarde, me han cambiado de celda. La impresión que he causado esta mañana ha debido de ser buena porque, para acompañarme unos metros, hasta el fondo del corredor, había dos guardianes y dos presos enfermeros. Como ellos no me han dirigido la palabra, yo tampoco lo he hecho. Me he limitado a seguirlos sin decir nada. Dos días después, segundo síntoma: los zumbidos en los oídos.

—¿Qué tal, Papillon? ¿Has terminado de leer la revista que te mandé?

—No, no la he leído. Me he pasado todo el día y parte de la noche tratando de ahogar un mosquito o moscardón que ha anidado en mi oído. Me ponga un trozo de algodón, pero no hay manera. El ruido de sus alas no se detiene, y zum, zum, zum... Aparte de cosquillearme desagradablemente, el bordoneo es continuo. ¡Y eso acaba por fastidiar; matasanos! ¿Qué piensas de ello? Quizá, si no he conseguido asfixiarlos, podríamos tratar de ahogarlos. ¿Qué dices?

El gesto que hago con la boca no se detiene, y veo que el doctor lo nota. Me toma la mano y me mira fijamente a los ojos. Advierto que está turbado y apenado.

—Sí, amigo Papillon, vamos a ahogarlos. Chatal, mande que le hagan lavados de oído.

Cada mañana, estas escenas se repiten con variantes, pero el doctor no parece decidirse a enviarme al asilo.

Chatal, en una ocasión en que ha venido a ponerme una inyección de bromuro, me advierte:

—Por el momento, todo va bien. El galeno está seriamente afectado, pero lo de mandarte al asilo puede ir para largo. Demuéstrale que puedes ser peligroso si quieres, para que se decida pronto.

—¿Qué tal, Papillon?

El galeno, acompañado por los guardianes, enfermeros y por Chatal, me saluda cortésmente al abrirse la puerta de mi celda.

—Para el carro, matasanos. —Mi actitud es agresiva—. Sabes muy bien que me va mal. Y me pregunto quién de vosotros es cómplice del tipo que me tortura.

—¿Y quién te tortura? ¿Y cuándo? ¿Y cómo?

—En primer lugar, matasanos, ¿conoces los trabajos del doctor D'Arsonval?

—Sí, supongo...

—Sabes que ha inventado un oscilador de ondas múltiples para ionizar el aire alrededor de un enfermo aquejado de úlceras duodenales. Con este oscilador, se envían corrientes eléctricas. Pues bien, figúrate que un enemigo mío ha chorizado un aparato del hospital de Cayena. Cada vez que estoy durmiendo tranquilamente, pulsa el botón y la descarga me alcanza en pleno vientre y en los muslos. Me dispara de golpe, y doy un salto en mi cama de más de diez centímetros de altura. ¿Cómo quieres que así pueda resistir y dormir? Esta noche no ha parado. Apenas he comenzado a cerrar los ojos, ¡pam!, cuando ha llegado la corriente. Todo mi cuerpo se distiende como un resorte al ser liberado. ¡No puedo más, matasanos! Advierte a todo el mundo que al primero que descubra que es cómplice de ese tipo, lo desmonto. No tengo ninguna clase de armas, es cierto, pero sí bastante fuerza como para estrangularlo, sea quien sea. ¡A buen entendedor, etcétera! Y déjame en paz con tus buenos días de hipócrita y tus «¿qué tal, Papillon?». Te lo repito, matasanos, ¡para el carro!

El incidente ha dado sus frutos. Chatal me ha dicho que el médico ha advertido a los guardianes que tengan mucho cuidado. Que no abran jamás la puerta de mi celda si no son dos o tres, y que me hablen siempre cortésmente. El médico dice: «Sufre de manía persecutoria, y hay que enviarlo al asilo lo antes posible».

—Creo que, acompañado por un solo vigilante, puedo encargarme de conducirlo al asilo —ha propuesto Chatal, para evitar que me pongan la camisa de fuerza.

—Papi, ¿has comido bien?

—Sí, Chatal, la comida está buena.

—¿Quieres venir conmigo y con monsieur Jeannus?

—¿Adónde vais?

—Vamos hasta el asilo a llevar los medicamentos. Te sentará bien un paseo.

—Vamos.

Y los tres salimos del hospital, hacia el asilo. Mientras caminamos, Chatal habla y, luego, en un momento dado, cuando estamos a punto de llegar, dice:

—¿No estás cansado del campamento, Papillon?

—¡Oh, sí! Estoy harto, sobre todo desde que mi amigo Carbonieri ya no está aquí.

—¿Por qué no te quedas unos días en el asilo? Así, el tipo del aparato acaso tarde más en enviarte la corriente.

—Es una buena idea, pero ¿tú crees que me admitirán? No estoy enfermo del cerebro.

—Déjame hacer. Hablaré por ti —dice el guardián, muy contento de que caiga en la supuesta trampa de Chatal.

Así, pues, estoy en el asilo con un centenar de locos. ¡Y no es grano de anís vivir con unos majaretas! En grupos de treinta o cuarenta, tomamos el aire en el patio mientras los enfermeros limpian las celdas. Todo el mundo va completamente desnudo, día y noche. Por fortuna, hace calor. A mí, me han dejado el calzado.

Acabo de recibir del enfermero un cigarrillo encendido. Sentado al sol, pienso que hace ya cinco días que estoy aquí y que aún no he podido ponerme en contacto con Salvidia.

Se me acerca un loco. Conozco su historia. Se llama Fouchet. Su madre había vendido su casa para enviarle quince mil francos a través de un vigilante, y así tratar de evadirse. El guardián debía quedarse cinco mil y entregar diez mil. Ese guardián arrambló con todo, y luego se marchó a Cayena. Cuando Fouchet supo por otro conducto que su madre le había mandado la pasta, y que se había despojado de todo inútilmente, se volvió loco furioso y, el mismo día, atacó a unos vigilantes. Reducido, no tuvo tiempo de hacer daño. Desde aquel día, hace ya tres o cuatro años de ello, está con los locos.

—¿Quién eres?

Miro a ese pobre hombre, joven aún, de unos treinta años, plantado ante mí y que me interroga.

—¿Quién soy? Un hombre como tú, ni más ni menos.

—Es una contestación estúpida. Veo que eres un hombre puesto que tienes una verga y unos cojones; si fueras una mujer, tendrías un agujero. Te pregunto quién eres, es decir, cómo te llamas.

—Papillon.

—¿Papillon? ¿Eres una mariposa? Pobre de ti. Una mariposa vuela y tiene alas. ¿Dónde están las tuyas?

—Las he perdido.

—Es preciso que las encuentres, así podrás escaparte. Los guardianes no tienen alas. Los engañarás. Dame tu cigarrillo.

Sin darme tiempo a tendérselo, me lo saca de la boca. Luego, se sienta frente a mí y fuma con delectación.

—Y tú, ¿quién eres? —le pregunto.

—Yo soy un desdichado. Cada vez que tienen que darme algo que me pertenece, me estafan.

—¿Por qué?

—Porque así son las cosas. Así que mato la mayor cantidad posible de guardianes. Esta noche, he colgado a dos. Sobre todo, no se lo digas a nadie.

—¿Por qué los has colgado?

—Me han robado la casa de mi madre. Figúrate que mi madre me ha enviado su casa, y ellos, como la han encontrado bonita, se la han quedado y viven dentro. ¿Acaso no he hecho bien en colgarles?

—Tienes razón. Así no se aprovecharán de la casa de tu madre.

—El guardián gordo que ves allí, detrás de la reja, ¿lo ves?, también vive en la casa. A ese, también me lo cargaré, ya verás.

Se levanta y se va.

¡Uf! No es divertido estar obligado a vivir entre locos, sino peligroso. Por la noche, gritan en todas partes, y cuando hay luna llena, están más excitados que nunca. ¿Cómo puede influir la luna en la agitación de los dementes? No puedo explicarlo, pero he comprobado muchas veces que influye.

Los guardianes redactan informes sobre los locos que están en observación. Conmigo, hacen experimentos. Por ejemplo, olvidan voluntariamente sacarme al patio. Esperan a ver si lo reclamo. O bien no me dan una comida. Tengo un bastón con un bramante y hago ver que pesco. El jefe de vigilantes dice:

—¿Pican, Papillon?

—No pueden picar. Imagínate que, cuando pesco, hay un pececito que me sigue a todas partes, y cuando un pez grande va a picar, el pequeño le advierte: «No seas estúpido y no piques; pesca Papillon». Por eso no atrapo nada. Sin embargo, continúo pescando. Tal vez, un día, haya uno que no lo crea.

Oigo que el guardián le dice al enfermero:

—¡Ese ya tiene lo suyo!

Cuando me siento a la mesa común del refectorio, nunca puedo comerme un plato de lentejas. Hay un gigante de un metro noventa por lo menos, de brazos, piernas y torso velludos como un mono. Me ha elegido como chivo expiatorio. Para empezar, se sienta siempre a mi lado. Las lentejas se sirven muy calientes, con lo que, para comerlas, es preciso aguardar a que se enfríen. Con mi cuchara de palo, tomo un poco y, soplando encima, llego a comer algunas cucharadas. Ivanhoe —pues cree ser Ivanhoe— toma su plato, lo agarra por los bordes y se lo traga todo de un tirón. Luego, toma el mío y hace lo mismo. Una vez se lo ha zampado, lo pone delante de mí ruidosamente y me mira con sus ojos enormes inyectados en sangre, como si quisiera decir: «¿Has visto cómo me como las lentejas?». Empiezo a estar harto de Ivanhoe, y como aún no estoy clasificado como loco, he decidido dar un golpe de teatro a sus costillas. Otra vez hay lentejas. Ivanhoe no me mira. Se ha sentado a mi lado. Su rostro aparece radiante y saborea por adelantado el gozo de soplarse sus lentejas y las mías. Coloco ante mí una gran jarra de tierra cocida llena de agua, muy pesada. Apenas el gigante levanta mi plato y comienza a dejar fluir las lentejas en su garganta, me pongo en pie, y con todas mis fuerzas, le rompo la jarra de agua en la cabeza. El gigante se derrumba con un grito de bestia. De forma igualmente repentina, todos los locos empiezan a lanzarse los unos contra los otros, armados con los platos. Se desencadena un zipizape espantoso. Además, la pelea colectiva está orquestada por los gritos de todo el mundo.

Agarrado en vilo, me encuentro de nuevo en mi celda, donde cuatro robustos enfermeros me han llevado a toda velocidad y sin miramientos. Grito como un desesperado que Ivanhoe me ha robado la cartera con mi tarjeta de identidad. ¡Esta vez, lo consigo! El médico se ha decidido a declararme irresponsable de mis actos. Todos los guardianes están de acuerdo en reconocer que soy un loco apacible, pero que, en algunos momentos, puedo ser peligroso. Ivanhoe lleva un hermoso vendaje en la cabeza. Se la he abierto, al parecer, en más de ocho centímetros. Por suerte, no se pasea a las mismas horas que yo.

He podido hablar con Salvidia. Tiene ya el duplicado de la llave de la despensa donde se guardan los toneles. Trata de procurarse la cantidad suficiente de alambre para atarlos juntos. Le he dicho que temo que los alambres se rompan a causa de los estirones que van a dar los toneles en el mar, y que sería mejor tener cuerdas, que serían más elásticas. Tratará de conseguirlas, y así habrá cuerdas y alambres. También es preciso que haga tres llaves: una de mi celda, otra del pasillo que conduce a ella y una tercera de la puerta principal del asilo. Las rondas son poco frecuentes. Un solo guardián para cada turno de cuatro horas. De nueve de la noche a una de la madrugada, y de una a cinco. Dos de los guardianes, cuando están de centinela, duermen durante todo el tiempo y no efectúan ninguna ronda. Cuentan con el preso enfermero, que está de guardia con ellos. Así, pues, todo va bien, solo es cuestión de paciencia. Un mes, todo lo más, y podremos dar el golpe.

El jefe de vigilantes me ha dado un cigarro malo encendido al salir al patio. Pero aun malo, me parece delicioso.

Contemplo ese rebaño de hombres desnudos que cantan, lloran, hacen gestos de idiota, hablan solos. Todavía mojados por la ducha que todos toman antes de volver al patio, con sus pobres cuerpos maltratados por los golpes recibidos o que ellos mismos se han dado, y marcados por las huellas de los cordones de la camisa de fuerza demasiado apretados. Es, precisamente, el espectáculo del fin del camino de la podredumbre. ¿Cuántos de estos chalados han sido reconocidos responsables de sus actos por los psiquiatras en Francia?

Titin —lo llaman así— pertenece a mi convoy de 1933. Mató a un tipo en Marsella, luego tomó un «simón», cargó a su víctima en él y se hizo conducir al hospital donde, al llegar, dijo: «Aquí tienen. Cuídenlo. Creo que está enfermo». Detenido allí mismo, el jurado no supo ver en él ningún grado, por mínimo que fuese, de irresponsabilidad. Sin embargo, tenía que haber estado ya mochales para haber hecho semejante cosa. El tipo más imbécil, normalmente, se hubiera dado cuenta de que iba a hacerse sospechoso. Y ahí está Titin sentado a mi lado. Tiene disentería crónica. Es un verdadero cadáver ambulante. Me mira con sus ojos de color gris hierro, atontados. Me dice:

—Tengo monitos en el vientre, paisano. Los hay que son malos, y me muerden en los intestinos, y por eso hago sangre cuando están enfadados. Otros son de una raza velluda, llenos de pelos, y tienen las manos suaves como plumas. Me acarician dulcemente e impiden que los otros, los perversos, me muerdan. Cuando esos suaves monitos quieren defenderme, no hago sangre.

—¿Te acuerdas de Marsella, Titin?

—Caramba, si me acuerdo de Marsella. Muy bien, me acuerdo. La plaza de la Bolsa, con sus estatuas...

—¿Recuerdas los nombres de algunas?

—No, no me acuerdo de los nombres; solo de un estúpido «simón» que me condujo al hospital con mi amigo enfermo y que me dijo que yo era causa de su enfermedad. Eso es todo.

—¿Y tus amigos?

—No lo sé.

Le doy mi colilla al pobre Titin y me levanto con una inmensa piedad en el corazón por ese pobre ser que morirá como un perro. Sí, es muy peligroso convivir con locos, pero ¿qué hacer? En todo caso, es la única manera, creo yo, de planear una fuga sin que se corra el riesgo de sufrir condena.

Salvidia está casi dispuesto. Tiene ya dos de las tres llaves; solo le falta la de mi celda. Yo tengo que fingir, de vez en cuando, una crisis.

He organizado una tan perfecta, que los guardianes enfermeros me han metido en una bañera con agua muy caliente y me han puesto dos inyecciones de bromuro. Esa bañera está cubierta por una tela muy fuerte, de manera que no pueda salir. Tan solo mi cabeza sobresale por un agujero. Hace ya más de dos horas que estoy en este baño con esta especie de camisa de fuerza, cuando entra Ivanhoe. Estoy aterrorizado al ver la manera como me mira ese bruto. Tengo un miedo espantoso de que me estrangule. Ni siquiera puedo defenderme, pues mis brazos están bajo la tela.

Se me aproxima, sus grandes ojos me contemplan con atención y tiene el aspecto de cavilar dónde ha visto antes esa cabeza que emerge como de un cepo. Su aliento y un olor a podrido inundan mi rostro. Tengo deseos de pedir socorro a gritos, pero temo ponerle más furioso aún con mis voces. Cierro los ojos y espero, convencido de que va a estrangularme con sus manazas de gigante. Esos escasos segundos de terror no los olvidaré fácilmente. Al fin, se aleja de mí, yerra por la sala y, luego, va hacia los pequeños volantes que dan el agua. Cierra la fría y abre del todo el agua hirviendo. Grito como un condenado, pues estoy a punto de ser literalmente cocido. Ivanhoe ha salido. Hay vapor en toda la sala, me ahogo al respirarlo y hago esfuerzos sobrehumanos, aunque en vano, para tratar de forzar esta tela maldita. Al fin, me socorren. Los guardianes han visto el vapor que salía por la ventana. Cuando me sacan de aquel hervidero, tengo horribles quemaduras y sufro muchísimo. Sobre todo, en los muslos y en las partes, donde la piel se ha levantado. Pintado todo yo de ácido pícrico, me acuestan en la salita de la enfermería del asilo. Mis quemaduras son tan graves, que llaman al doctor. Algunas inyecciones de morfina me ayudan a pasar las primeras veinticuatro horas. Cuando el galeno me pregunta qué ha sucedido, le digo que ha surgido un volcán en la bañera. Nadie comprende qué ha pasado. Y el guardián enfermero acusa al que ha preparado el baño por haber regulado mal los grifos.

Salvidia acaba de salir después de haberme untado de pomada pícrica. Está preparado, y me señala que es una suerte que esté en la enfermería, ya que si fracasa la fuga, podemos volver a esta parte del asilo sin ser vistos. Debe de hacerse rápidamente con una llave de la enfermería. Acaba de imprimir la huella en un trozo de jabón. Mañana tendremos la llave. De mi cuenta corre decir el día que me sienta lo bastante curado como para aprovechar la primera guardia de uno de los guardianes que no hacen ronda.

La hora H será esta noche, durante la guardia de una a cinco de la madrugada. Salvidia no está de servicio. Para ganar tiempo, vaciará el tonel de vinagre hacia las once de la noche. El otro, el de aceite, lo haremos rodar lleno, pues el mar está muy embravecido, y el aceite acaso nos sirva para calmar las olas al botarlo.

Tengo un pantalón hecho con sacos de harina, cortado por las rodillas, una blusa de marinero y un buen cuchillo al cinto. También tengo un saquito impermeable que me colgaré del cuello. Contiene cigarrillos y un encendedor de yesca. Salvidia, por su parte, ha preparado una alforja estanca con harina de mandioca, que ha embebido de aceite y azúcar. Casi tres kilos, me dice. Es tarde. Sentado en mi cama aguardo a mi compañero. Mi corazón bate con grandes latidos. Dentro de unos instantes, la fuga comenzará. Que la suerte y Dios me favorezcan, para que, ¡al fin!, resulte para siempre vencedor del camino de la podredumbre...

Cosa extraña, no tengo más que un pensamiento fugitivo

sobre el pasado, y se dirige hacia mi padre y mi familia. Ni una imagen de la Audiencia, del jurado o del fiscal.

En el momento en que se abría la puerta, evocaba, a pesar mío, a Matthieu literalmente arrastrado de pie por los tiburones.

—Papi, ¡en marcha!

Le sigo.

Rápidamente, cierra la puerta y esconde la llave en un rincón del pasillo.

—Date prisa, date prisa.

Llegamos a la despensa, cuya puerta está abierta. Sacar el tonel vacío es cosa de niños. Salvidia se rodea el cuerpo de cuerdas, y yo, de alambres. Tomo la alforja de harina y empiezo, en la noche negra como la tinta, a empujar rodando mi tonel hacia el mar. Salvidia viene detrás, con el tonel de aceite. Por supuesto, es muy resistente, y mi compañero consigue con bastante facilidad frenarlo lo suficiente en esta bajada a pico.

—Con suavidad, con suavidad; procura que no tome velocidad.

Lo espero por si deja escapar su tonel que, entonces, tropezaría con el mío. Desciendo de espaldas, yo delante y mi tonel detrás. Sin ninguna dificultad llegamos a la parte baja del camino. Hay un pequeño acceso al mar, pero las rocas son difíciles de franquear.

—Vacía el tonel. Nunca podremos pasar esas rocas si está lleno.

El viento sopla con fuerza y las olas rompen rabiosamente contra las rocas. Ya está vacío.

—Métele el corcho bien adentro. Espera; ponle esa placa de hierro encima.

Los agujeros ya están hechos.

—Hunde bien las puntas.

Con el fragor del viento y de las olas, los golpes no pueden oírse.

Bien atados el uno al otro, los dos toneles resultan difíciles de pasar por encima de las rocas. Cada uno de ellos tiene una capacidad de doscientos veinticinco litros. Son voluminosos y nada fáciles de manejar. El lugar escogido por mi compañero para botar la improvisada balsa, no facilita las cosas.

—¡Empuja, maldita sea! Levántalo un poco. ¡Cuidado con esta ola!

Los dos somos levantados, junto con los toneles, y repelidos duramente contra la roca.

—¡Cuidado! ¡Van a romperse, aparte de que también nosotros podemos rompernos una pata o un brazo!

—Cálmate, Salvidia. O pasa adelante, hacia el mar, o ven aquí atrás. Aquí estás bien. Tira hacia ti de un solo golpe cuando yo grite. Al mismo tiempo, yo empujaré, y seguramente nos apartaremos de las rocas. Pero, para eso, es preciso, ante todo, aguantar y mantenerse en el sitio, aunque seamos cubiertos por la primera ola.

Cuando grito estas órdenes a mi compañero, en mitad de esta batahola de viento y de oleaje, creo que las ha oído. Una gran ola cubre por completo el bloque compacto que formamos el tonel, Salvidia y yo. Entonces, rabiosamente, con todas mis fuerzas, empujo la balsa. Él, seguramente, también estira, pues de un solo golpe nos vemos libres y arrastrados por la ola. Salvidia ha sido el primero en subirse encima de los toneles y, en el momento en que yo, a mi vez, me izo, una ola enorme nos coge por debajo y nos lanza como una pluma contra una roca puntiaguda y salediza. El espantoso golpe es tan fuerte, que los toneles se parten y los fragmentos se dispersan. Cuando la ola se retira, me lleva a veinte metros de la roca. Nado y me dejo arrastrar por otra ola que avanza directamente hacia la costa. Aterrizo literalmente sentado entre dos rocas. Tengo tiempo de agarrarme antes de ser arrastrado de nuevo. Con contusiones en todas partes, consigo alejarme de allí, pero cuando salgo del agua, me doy cuenta de que he sido llevado a más de cien metros del punto donde efectuamos la botadura.

Sin tomar precauciones, grito:

—¡Salvidia! ¡Romeo! ¿Dónde estás?

No me contesta nadie. Anonadado, me echo en el camino, me despojo del pantalón y de mi blusa de marinero de lana, y me encuentro completamente desnudo, sin más que mis botas. ¡Maldita sea! ¿Dónde está mi amigo? Y grito de nuevo hasta desgañitarme:

—¿Dónde estás?

Tan solo el viento, el mar y las olas me responden. Me quedo allí no sé cuánto tiempo, inmóvil, completamente agotado física y moralmente. Luego, lloro de rabia y arrojo el saquito que llevo al cuello, con el tabaco y el encendedor, atención fraternal de mi amigo hacia mí, pues él no fuma.

En pie, cara al viento, cara a esas olas monstruosas que vienen a barrerlo todo, levanto el puño e increpo al Cielo.

El viento amaina, y esa calma aparente me hace bien y me devuelve a la realidad.

Subiré de nuevo al asilo y, si puedo, volveré a la enfermería. Con un poco de suerte, será posible.

Asciendo otra vez la costa con una sola idea: regresar y acostarme en mi cama. Ni visto ni oído. Sin dificultades, llego al corredor de la enfermería. He saltado el muro del asilo, pues no sé dónde ha puesto Salvidia la llave de la puerta principal.

Sin necesidad de buscar mucho, encuentro la llave de la enfermería. Entro de nuevo y cierro tras de mí con dos vueltas. Me dirijo a la ventana y arrojo la llave muy lejos; cae al otro lado de la pared. Y me acuesto. Lo único que podría delatarme es el hecho de que mis botas estén mojadas. Me levanto y voy a sacudirlas a la letrina. Con la sábana subida hasta la cara, poco a poco entro en calor. El viento y el agua de mar me habían helado. ¿Acaso mi compañero se ha ahogado de veras? Tal vez ha sido arrastrado mucho más lejos que yo, y ha podido ir a dar en el extremo de la isla. ¿No he regresado demasiado pronto? Hubiera debido esperar un poco más. Me recrimino por haber admitido con demasiada rapidez que mi compañero estaba perdido.

En el cajón de la mesita de noche, se encuentran dos pastillas para dormir. Me las trago sin agua. La saliva me basta para que se deslicen cuello abajo.

Duermo hasta que, sacudido, veo al guardián enfermero ante mí. La habitación está llena de sol, y la ventana, abierta. Tres enfermeros miran desde fuera.

—¿Qué pasa, Papillon? Duermes como una marmota. Son las diez de la mañana. ¿No te has bebido el café? Está frío. Mira, bébetelo.

No del todo despierto, advierto al menos que, por lo que a mí respecta, nada parece anormal.

—¿Por qué me ha despertado?

—Porque como tus quemaduras están ya curadas, tenemos necesidad de la cama. Vas a volver a tu celda.

—De acuerdo, jefe.

Y lo sigo. Al pasar, me deja en el patio. Aprovecho la ocasión para dejar secar mi calzado.

Hace ya tres días que la fuga ha fracasado. Ningún rumor ha llegado hasta mí. Voy de mi celda al patio y del patio a mi celda. Salvidia no ha vuelto a aparecer, así que el pobre ha muerto, sin duda aplastado contra las rocas. Yo mismo me he escapado por los pelos y, con toda seguridad, me he salvado porque iba detrás en vez de delante. ¿Cómo saber lo que ha pasado? Es preciso que salga del asilo. Va a ser más difícil hacer creer que estoy curado o, al menos, apto para regresar al campamento, que ingresar en el asilo. Ahora, es preciso que convenza al doctor de que estoy mejor.

—Monsieur Rouviot —es el jefe de enfermeros—, tengo frío por la noche. Le prometo no ensuciar mi ropa. ¿Por qué no me da usted un pantalón y una camisa, por favor?

El guardián está estupefacto. Me mira muy sorprendido y me dice:

—Siéntate conmigo, Papillon. Dime, ¿qué te pasa?

—Jefe, estoy sorprendido de encontrarme aquí. Esto es el asilo, de modo que estoy entre los locos, ¿no? ¿Acaso, por azar, he perdido la chaveta? ¿Por qué estoy aquí? Tenga la amabilidad de decírmelo, jefe.

—Querido Papillon, has estado enfermo, pero veo que tienes mejor aspecto. ¿Quieres trabajar?

—Sí.

—¿Qué quieres hacer?

—Cualquier cosa.

Y heme aquí vestido, ayudando a limpiar las celdas. Por la noche, me dejan la puerta abierta hasta las nueve, y me encierran solo cuando entra de turno el guardián de noche.

Un auvernés, preso enfermero, me ha hablado por primera vez ayer por la noche. Estábamos solos en el puesto de guardia. El guardián aún no había llegado. Yo no conocía a aquel tipo, pero él, según dice, me conoce bien.

—No vale la pena que continúes fingiendo ya, macho.

—¿Qué quieres decir?

—Pero, bueno, ¿acaso crees que me la has dado con queso con tu comedia? Hace siete años que soy enfermero con los majaretas, y desde la primera semana comprendí que eras un tambor (simulador).

—¿Y qué más?

—Que lamento sinceramente que fracasaras en tu fuga con Salvidia. A él le costó la vida. De veras que lo siento, porque era un buen amigo, a pesar de que, antes, nunca se franqueó conmigo, pero no se lo tomo en cuenta. Si tú tienes necesidad de lo que sea, dímelo; me sentiré feliz de hacerte un favor.

Sus ojos tienen una mirada tan franca, que no dudo de su rectitud. Y si nunca oí hablar bien de él, tampoco oí hablar mal, así que debe ser un buen chico.

¡Pobre Salvidia! Debió de armarse una buena cuando se advirtió que se había marchado. Han encontrado los fragmentos de tonel devueltos por el mar. Están seguros de que se lo han zampado los tiburones. El galeno organiza un follón de mil demonios a causa del aceite derramado. Dice que, con la guerra, tardaremos en volver a conseguirlo.

—¿Qué me aconsejas que haga?

—Voy a hacer que te nombren del grupo que sale del asilo todos los días a buscar víveres al hospital. Te servirá de paseo. Comienza a portarte bien. Y de diez conversaciones, mantén ocho sensatas, pero tampoco hay que curarse demasiado deprisa.

—Gracias. ¿Cómo te llamas?

—Dupont.

—Gracias, macho. No olvidaré tus buenos consejos.

Hace ya casi un mes que se me fastidió el piro. Seis días más tarde, han encontrado el cuerpo flotante de mi compañero. Por un azar inexplicable, los tiburones no se lo habían zampado. Pero los demás peces, al parecer, habían devorado todas sus entrañas y una parte de la pierna; según me cuenta Dupont. Su cráneo estaba roto. En razón de su grado de descomposición, no se le ha hecho la autopsia. Pregunto a Dupont si tiene la posibilidad de hacerme salir una carta para el Correo. Habría que remitírsela a Galgani para que, en el momento de sellar la saca del Correo, la deslice dentro.

Escribo a la madre de Romeo Salvidia, en Italia:

> Señora: Su hijo ha muerto sin cadenas en los pies. Ha muerto en el mar, valientemente, lejos de los guardias y de la prisión. Ha muerto libre y luchando audazmente para conquistar su libertad. Nos habíamos prometido el uno al otro escribir a nuestra familia si una desgracia nos sucedía a cualquiera de los dos. Cumplo con este doloroso deber, besando a usted filialmente la mano.
>
> El amigo de su hijo,
>
> PAPILLON

Una vez cumplido este deber, decido no pensar más en esta pesadilla. Es la vida. Queda salir del asilo, ir cueste lo que cueste a la isla del Diablo e intentar una nueva fuga.

El guardián me ha nombrado jardinero de su jardín. Hace ya dos meses que me porto bien, y he conseguido que me aprecien hasta el punto de que ese imbécil de guardián no quiere soltarme. El auvernés me dice que, en la última visita, el galeno quería hacerme salir del asilo para enviarme al campamento en «salida de prueba». El guardián se ha opuesto diciendo que su jardín nunca había sido trabajado con tanto cuidado.

Así que, esta mañana, he arrancado todas las fresas y las he arrojado a la basura. En el sitio de cada fresa, he plantado una crucecita. Tantas fresas, tantas cruces. No vale la pena describir el escándalo que se armó. Aquel animalote de guardián de presidio ha llegado al grado máximo de la indignación. Babeaba y se ahogaba al querer hablar, pero ningún sonido brotaba de su boca. Sentado en una carretilla, al final ha llorado a moco tendido. Me he pasado un poco de rosca, pero ¿qué podía hacer?

El galeno no se ha tomado el asunto por lo trágico.

—Este enfermo —insiste— debe ser sometido a una «salida de prueba» al campamento, para readaptarse a la vida normal. Esa idea extravagante se le ha ocurrido por estar solo en el jardín.

—Dime, Papillon, ¿por qué has arrancado las fresas y has colocado cruces en su lugar?

—No puedo explicar esta acción, doctor, y le pido perdón al vigilante. A él le gustaban tanto las fresas, que estoy desolado de veras. Le pediré al buen Dios que le conceda otras.

Heme aquí en el campamento. Vuelvo a encontrar a mis amigos. El lugar de Carbonieri está vacío, y yo coloco mi hamaca al lado de ese espacio vacío, como si Matthieu continuara estando allí.

El doctor me ha hecho coser en la blusa de marinero: «En tratamiento especial». Nadie más que el galeno debe mandarme. Me ha dado orden de recoger las hojas desde las ocho a las diez de la mañana, frente al hospital. He bebido el café y he fumado algunos cigarrillos en compañía del galeno, en un sillón, ante su casa. Su esposa está sentada con nosotros, y el galeno trata de que yo le hable de mi pasado, ayudado por su mujer.

—¿Y qué más, Papillon? ¿Qué le sucedió después de haber dejado a los indios pescadores de perlas...?

Todas las tardes las paso con estas personas admirables.

—Venga a verme cada día, Papillon —dice la esposa del doctor—. En primer lugar, quiero verlo y, luego, también escuchar las historias que le han sucedido.

Cada día, paso algunas horas con el galeno y su mujer, y, algunas veces, con ella sola. Al obligarme a narrar mi vida pasada, están convencidos de que eso contribuye a equilibrarme definitivamente. He decidido solicitar al galeno que me mande a la isla del Diablo.

Es cosa hecha: debo partir mañana. Este doctor y su esposa saben a qué voy a la isla del Diablo. Han sido tan buenos conmigo, que no he querido engañarlos:

—Matasanos, ya no soporto este presidio; haz que me envíen a la isla del Diablo, para que me las pire o la espiche, pero que esto se acabe de una vez.

—Te comprendo, Papillon. Este sistema de represión me disgusta, y la Administración está podrida. Así que ¡adiós y buena suerte!

LA ISLA DEL DIABLO

EL BANCO DE DREYFUS

Es la más pequeña de las tres Islas de la Salvación. La más al norte, también; y la más directamente batida por el viento y las olas. Después de una estrecha planicie que bordea toda la orilla del mar, asciende rápidamente hacia una elevada llanura en la que están instalados el puesto de guardia de los vigilantes y una sola sala para los presidiarios, alrededor de una docena. A la isla del Diablo, oficialmente, no se debe enviar presos por delitos comunes, sino tan solo a los condenados y deportados políticos.

Cada uno vive en una casita de techo de chapa. El lunes se les distribuye los víveres crudos para toda la semana y, cada día, un bollo de pan. Son unos treinta. Como enfermero, tienen al doctor Léger, quien envenenó a toda su familia en Lyon o sus alrededores. Los políticos no se tratan con los presidiarios y, alguna vez, escriben a Cayena protestando contra tal o cual presidiario de la isla. Entonces, agarran al denunciado y lo devuelven a Royale.

Un cable une Royale con la isla del Diablo, pues, muy a menudo, el mar está demasiado embravecido para que la chalupa de Royale pueda atracar en una especie de pontón de cemento.

El guardián jefe del campamento (hay tres de ellos) se llama Santori. Es un zangón sucio que, a veces, lleva barba de ocho días.

—Papillon, espero que se porte usted bien aquí. No me toque usted los cojones y yo le dejaré tranquilo. Suba al campamento. Le veré allá arriba.

En la sala me encuentro a seis forzados: dos chinos, dos negros, un bordelés y un tipo de Lille. Uno de los chinos me conoce bien; estaba conmigo en Saint-Laurent, en prevención por asesinato. Es un indochino, un superviviente de la rebelión del presidio de Poulo Condor, en Indochina.

Pirata profesional, atacaba los sampanes y, alguna vez, asesinaba a toda la tripulación con su familia. Excesivamente peligroso, tiene, sin embargo, una manera de vivir en común que capta la confianza y la simpatía de todo el mundo.

—¿Qué tal, Papillon?

—¿Y tú, Chang?

—Vamos tirando. Aquí estamos bien. Tú comer conmigo. Tú dormir allá, al lado de mí. Yo guisar dos veces al día. Tú pescar peces. Aquí, muchos peces.

Llega Santori.

—¡Ah! ¿Ya está instalado? Mañana por la mañana irá usted con Chang a dar de comer a los cerdos. Él traerá los cocos y usted los partirá en dos con un hacha. Hay que poner aparte los cocos cremosos para dárselos a los lechoncitos que aún no tienen dientes. Por la tarde, a las cuatro, el mismo trabajo. Aparte de esas dos horas, una por la mañana y otra por la tarde, es usted libre de hacer lo que quiera en la isla. Todos los pescadores deben subirle un kilo de pescado todos los días a mi cocinero, o bien langostinos. Así, todo el mundo está contento. ¿Conforme?

—Sí, monsieur Santori.

—Sé que eres hombre de fuga, pero como aquí es imposible fugarse, no voy a hacerme mala sangre. Por la noche, estáis encerrados, pero sé que, aun así, hay quien sale. Cuidado con los deportados políticos. Todos tienen un machete. Si te aproximas a sus viviendas, creen que vas a robarles una gallina o huevos. De este modo, puedes conseguir que te maten o te hieran, pues ellos te ven, y tú no.

Después de haber dado de comer a más de doscientos cerdos, he recorrido la isla durante todo el día, acompañado por Chang, quien la conoce a fondo. Un anciano, con una larga barba blanca, se ha cruzado con nosotros en el camino que rodea a la isla por la orilla del mar. Era un periodista de Nueva Caledonia que, durante la guerra de 1914, escribía contra Francia en favor de los alemanes. También he visto al asqueroso que mandó fusilar a Edith Cavell, la enfermera inglesa o belga que salvaba a los aviadores ingleses en 1917. Este repugnante personaje, gordo y macizo, tenía un bastón en la mano y con él azotaba una murena enorme, de más de un metro cincuenta de largo y gruesa como mi muslo.

El enfermero, por su parte, vive también en una de esas casitas que solo deberían ser para los políticos.

El tal doctor Léger es un hombre alto, de aspecto apacible, sucio y robusto. Tan solo su cara está limpia, coronada por cabellos grisáceos y muy largos en el cuello y las sienes. Sus manos están llenas de heridas mal cicatrizadas que debe de inferirse al agarrarse, en el mar, a las asperezas de las rocas.

—Si necesitas algo, ven y te lo daré. Pero ven solo si estás enfermo. No me gusta que me visiten y, menos aún, que me hablen. Vendo huevos y, alguna vez, un pollo o una gallina. Si matas a escondidas un lechoncito, tráeme un jamón y yo te daré un pollo y seis huevos. Ya que estás aquí, llévate este frasco de ciento veinte pastillas de quinina. Como seguramente has venido aquí para escaparte, en el caso de que, por milagro, lo consiguieras, la necesitarías mucho en la selva.

Pesco por la mañana y por la tarde cantidades astronómicas de salmonetes de roca. Envío de tres a cuatro kilos cada día a los guardianes. Santori está radiante, pues jamás le habían dado tanta variedad de pescados y langostinos.

Ayer, el galeno Germain Guibert vino a la isla del Diablo. Como el mar estaba tranquilo, le acompañaba el comandante de Royale y madame Guibert. Esta admirable mujer era la primera vez que ponía pie en la isla. Según el comandante, jamás un civil había estado en ella. He podido hablar más de una hora con la esposa del galeno. Ha venido conmigo hasta el banco donde Dreyfus se sentaba a mirar el horizonte, hacia la Francia que lo había repudiado.

—Si esta piedra pulida pudiera transmitirnos los pensamientos de Dreyfus... —dice, acariciando la piedra—. Papillon, seguramente es esta la última vez que nos vemos, ya que me dice que dentro de poco intentará fugarse. Rogaré a Dios para que le haga triunfar. Le pido que, antes de partir, venga a pasar un minuto en este banco que he acariciado y que lo toque para decirme así adiós.

El comandante me ha autorizado a enviar por el cable, cuando yo lo desee, langostinos y pescado para el doctor. Santori está de acuerdo.

—Adiós, doctor; adiós, señora.

Con la mayor naturalidad posible, los saludo antes de que la chalupa se separe del pontón. Los ojos de madame Guibert me miran muy abiertos, como queriendo decirme: «Acuérdate siempre de nosotros, que tampoco te olvidaremos nunca».

El banco de Dreyfus está en lo más alto del extremo norte de la isla. Domina el mar desde más de cuarenta metros.

Hoy no he ido a pescar. En un vivero natural tengo más de cien kilos de salmonetes, y en un tonel de hierro atado con una cadena, más de quinientos langostinos. Puedo dejar, pues, de ocuparme de pescar. Tengo de sobra para enviar al galeno, para Santori, para el chino y para mí.

Estamos en 1941, y hace once años que estoy preso. Tengo treinta y cinco años. Los más hermosos de mi vida los he pasado o en una celda o en el calabozo. Solo he tenido siete meses de libertad completa en mi tribu india. Los críos que he debido tener con mis dos mujeres indias tienen ahora ocho años. ¡Qué horror! ¡Qué deprisa ha pasado el tiempo! Pero, mirando hacia atrás, contemplo esas horas, esos minutos, tan largos de soportar, empero, incrustados cada uno de ellos en este viacrucis.

¡Treinta y cinco años! ¿Dónde están Montmartre, la place Blanche, Pigalle, el baile del Petit Jardin, el bulevar de Clichy? ¿Dónde está la Nénette, con su cara de Madona, verdadero camafeo que, con sus ojazos negros devorándome de desesperación, gritó en la Audiencia: «No te preocupes, querido, iré a buscarte allí»? ¿Dónde está Raymond Hubert con sus «Nos absolverán»? ¿Dónde están los doce enchufados del jurado? ¿Y la bofia? ¿Y el fiscal? ¿Qué hace mi papá y las familias que han fundado mis hermanas bajo el yugo alemán?

Y ¡tantas fugas! Veamos: ¿cuántas fugas?

La primera, cuando salí del hospital, después de haber noqueado a los guardianes.

La segunda, en Colombia, en Río Hacha. La mejor. En esa, triunfé por completo. ¿Por qué abandoné mi tribu?

Un estremecimiento amoroso recorre mi cuerpo. Me parece sentir aún en mí las sensaciones de los actos de amor con las dos hermanas indias.

Luego, la tercera, la cuarta, la quinta y la sexta, en Barranquilla. ¡Qué mala suerte en esas fugas! ¡Aquel golpe de la misa, tan desdichadamente fracasado! ¡Aquella dinamita del demonio y, luego, Clousiot enganchándose los pantalones! ¡Y el retraso de aquel somnífero!

La séptima en Royale, donde aquel asqueroso de Bébert Celier me denunció. Aquella hubiera resultado, seguro, sin su maldita presencia. Y si hubiera cerrado el pico, yo estaría libre con mi pobre amigo Carbonieri.

La octava, la última, la del asilo. Un error, un gran error por mi parte. Haber dejado al italiano elegir el punto de la botadura. Doscientos metros más abajo, cerca de la carnicería, y hubiéramos tenido, sin lugar a dudas, más facilidad para botar la balsa.

Este banco donde Dreyfus, condenado inocente, encontró el coraje de vivir a pesar de todo, tiene que servirme de algo. No debo confesarme vencido. Hay que intentar otra fuga.

Sí, esta piedra pulida, lisa, al borde de este abismo de rocas, donde las olas golpean rabiosamente, sin pausa, debe ser para mí un sostén y un ejemplo. Dreyfus jamás se dejó abatir y siempre, hasta el fin, luchó por su rehabilitación. Es verdad que contó con Émile Zola y su famoso *Yo acuso* para defenderlo. De todas formas, si él no hubiera sido un hombre bien templado, ante tanta injusticia se hubiera arrojado, ciertamente, desde este mismo banco al vacío. Aguantó el golpe. Yo no debo ser menos que él, y no debo abandonar tampoco la idea de intentar otra fuga teniendo como divisa vencer o morir. La palabra morir debo desecharla, para pensar tan solo que venceré y seré libre.

En las largas horas que paso sentado en el banco de Dreyfus, mi cerebro vagabundea, sueña con el pasado y recrea proyectos de color de rosa para el porvenir. A menudo, mis ojos son deslumbrados por un exceso de luz, por los reflejos platinados de la cresta de las olas. A fuerza de mirar ese mar sin realmente verlo, conozco todos los caprichos posibles e imaginables de las olas impelidas por el viento. El mar, inexorablemente, sin fatigarse jamás, ataca las rocas más avanzadas de la isla. Las escarba, las descascarilla y parece que le diga a la isla del Diablo: «Vete, es preciso que desaparezcas; me estorbas cuando me lanzo hacia Tierra Grande; me obstaculizas el camino. Por eso, cada día, sin descanso, me llevo un trocito de ti». Cuando hay tempestad, el mar ataca a más y mejor, y no solo ahonda y trae al retirarse todo cuanto ha podido destruir, sino que, además, trata por todos los medios de hacer llegar el agua a todos los rincones e intersticios para minar, poco a poco, por debajo, esos gigantes de roca que parecen decir: «Por aquí no se pasa».

Y entonces descubro un hecho muy importante. Justamente debajo del banco de Dreyfus, de cara a unas rocas inmensas que tienen forma de lomo de asno, las olas atacan, se rompen y se retiran con violencia. Sus toneladas de agua no pueden desparramarse porque están encajonadas entre dos rocas que forman una herradura de unos cinco o seis metros de ancho. Luego, está el acantilado, de tal modo que el agua de la ola no tiene otra salida para volver al mar.

Mi descubrimiento es muy importante, porque si en el momento en que la ola rompe y se precipita en la cavidad me arrojo desde la peña con un saco de cocos sumergiéndome directamente en dicha ola, sin duda alguna que me arrastraría consigo al retirarse.

Sé de dónde puedo tomar muchos sacos de yute, pues en la pocilga hay tantos como se quiera para guardar los cocos.

Primero debo hacer una prueba. En luna llena, las mareas son más altas, y por lo tanto, las olas son más fuertes. Esperaré la luna llena. Un saco de yute bien cosido, lleno de cocos secos con su envoltura de fibra, puede disimularse perfectamente en una especie de gruta, para entrar en la cual es preciso ir por debajo del agua. La he descubierto al sumergirme para atrapar langostinos. Estos se adhieren al techo de la gruta, que recibe aire solo cuando la marea está baja. En otro saco, atado al de los cocos, he puesto una piedra que debe de pesar de treinta y cinco a cuarenta kilos. Como yo pienso partir con dos sacos en vez de uno y peso setenta kilos, quedan salvadas las proporciones.

Me siento muy excitado por esta experiencia. Este lado de la isla es tabú. Nadie podría imaginar jamás que a alguien se le ocurriera elegir el lugar más batido por las olas y, por lo tanto, el más peligroso, para evadirse.

Sin embargo, es el único sitio donde, si consigo alejarme de la costa, sería arrastrado hacia mar abierto y no podría, de ninguna manera, ir a estrellarme contra la isla de Royale.

De ahí, y solo de ahí debo partir.

El saco de cocos y la piedra son muy pesados y nada fáciles de llevar. No he podido izarlos a lo alto de la roca, que está resbaladiza y siempre mojada por las olas. Chang, a quien he puesto al corriente de mis intenciones, vendrá a ayudarme. He cogido todo un aparejo de pesca, de sedales de fondo, para que, si nos sorprenden, podamos decir que hemos ido a poner trampas para los tiburones.

—Ánimo, Chang. Un poco más y ya está.

La luna llena ilumina la escena como si fuera pleno día. El fragor de las olas me anonada. Chang me pregunta:

—¿Estás dispuesto, Papillon? Échaselo a aquella.

La ola, de casi cinco metros de alto, se precipita locamente contra la roca y rompe por debajo de nosotros, pero el choque es tan violento que la cresta pasa por encima de la peña y nos deja empapados. Ello no impide que lancemos el saco en el segundo mismo en que la ola se arremolina antes de retirarse. Arrastrado como una paja, el saco se interna en el mar.

—Ya está, Chang; va bien.

—Espera para ver si saco no volver.

Apenas cinco minutos más tarde, consternado, veo llegar mi saco, subido a la cresta de una ola de fondo inmensa, de más de siete u ocho metros de altura. La ola levanta como una paja aquel saco de cocos con su piedra. Lo lleva en la cresta, un poco antes de la espuma; con una fuerza increíble lo devuelve al punto de partida, un poco a la izquierda, y se aplasta contra la roca de enfrente. El saco se abre, los cocos se desparraman y la piedra se hunde al fondo de la cavidad.

Empapados hasta los huesos, pues la ola nos ha mojado por entero y nos ha barrido literalmente —por fortuna, del lado de tierra—, despellejados y contusos, Chang y yo, sin lanzar una mirada más al mar, nos alejamos lo más rápidamente posible de este lugar maldito.

—No buena, Papillon. No buena esta idea de fuga de la isla del Diablo. Es mejor Royale. Del lado sur puedes salir mejor que de aquí.

—Sí, pero en Royale la evasión se descubriría en dos horas, como máximo. Al no estar impulsado el saco de cocos más que por la ola, pueden cogerme en tenaza las tres canos de la isla, en tanto que aquí, en primer lugar, no hay embarcación alguna y, en segundo lugar, tengo toda la noche por delante antes de que se den cuenta de la fuga. Además, pueden creer que me he ahogado cuando pescaba. Aquí no hay teléfono. Si me voy durante un temporal, no habrá chalupa capaz de llegar hasta esta isla. Así, debo partir de aquí. Pero ¿cómo?

A mediodía cae un sol de plomo. Un sol tropical que casi hace hervir el cerebro, que calcina toda planta que haya logrado nacer, pero que, en todo caso, no ha podido crecer hasta el punto de ser lo bastante fuerte como para resistirlo. Un sol que hace evaporarse en pocas horas los charcos de agua no demasiado profundos, dejando una película blanca de sal. Un sol que hace danzar el aire. Sí, el aire se mueve, literalmente se mueve ante mis ojos, y la reverberación de la luz solar en el mar me quema las pupilas. Sin embargo, de nuevo en el banco de Dreyfus, todo eso no me impide observar el mar. Y es entonces cuando me doy cuenta de que soy un perfecto imbécil.

La ola de fondo que, dos veces más alta que las demás ha devuelto el saco a las rocas, pulverizándolo, esta ola, digo, se repite solo cada siete.

Desde mediodía hasta la puesta de sol, he mirado si era algo automático, si no había un cambio de tiempo y, por lo tanto, alguna irregularidad en la periodicidad y en la forma de esa ola gigantesca.

No, ni una sola vez la ola de fondo ha llegado antes o después. Seis olas de unos seis metros y, luego, formándose a más de trescientos metros de la costa, la ola de fondo. Llega derecha como una «I». A medida que se aproxima, aumenta de volumen y de altura. Casi nada de espuma en su cresta, al contrario de las otras seis. Muy poca. Hace un ruido peculiar, como un trueno que se aleja y se extingue a lo lejos. Cuando rompe contra las dos rocas y se precipita en el canal natural y va a chocar contra el acantilado, como su masa de agua es mucho mayor que la de las otras olas, se sofoca, gira muchas veces en la cavidad y precisa de diez a quince segundos para que esos remolinos, esas especies de torbellinos encuentren la salida y se vayan, arrancando y llevándose consigo grandes piedras que no hacen más que ir y venir con un fragor tal, que se diría que se trata de centenares de cargamentos de piedras que se vuelcan brutalmente.

He metido una docena de cocos en el mismo saco, junto con una piedra de casi veinte kilos, y apenas rompe la ola de fondo, arrojo el saco.

No puedo seguirlo con la vista porque hay demasiada espuma blanca en la cavidad, pero tengo tiempo de advertirlo por un segundo cuando el agua, como succionada, se precipita hacia el mar. El saco no regresa. Las otras seis olas no habían tenido la suficiente fuerza como para lanzarlo a la costa, y cuando se formó la séptima, a casi tresientos metros, el saco había debido de pasar ya el punto en que nace esa ola, pues no he vuelto a verlo.

Henchido de gozo y esperanza, me dirijo al campamento. Ya está; he encontrado una botadura perfecta. Nada de aventuras en este golpe. De todos modos, haré una prueba más seria, exactamente con las mismas condiiones que para mí: dos sacos de cocos bien atados el uno al otro y, encima, setenta kilos de peso repartidos en dos o tres piedras. Se lo cuento a Chang. Y mi compañero el chino de Poulo Condor escucha, todo oídos, mis explicaciones.

—Está bien, Papillon. Creo que lo has encontrado. Yo ayudar tú para el verdadero intento. Esperar marea alta ocho metros. Pronto equinoccio.

Ayudado por Chang, aprovechando una marea equinoccial de más de ocho metros, lanzamos a la famosa ola de fondo dos sacos de cocos cargados con tres piedras que deben pesar casi ochenta kilos.

—¿Cómo tú llamar niña salvada por ti en San José?

—Lisette.

—Nosotros llamar *Lisette* a la ola que un día se te llevará. ¿De acuerdo?

—De acuerdo.

Lisette llega con el mismo ruido que hace un tren al entrar en una estación. Se ha formado a más de doscientos cincuenta metros y, en pie como un acantilado, avanza aumentando a cada segundo. Es, en verdad, muy impresionante. Rompe con tanta fuerza que Chang y yo somos literalmente barridos de la roca y, ellos solos, los sacos cargados, han caído en la cavidad. Nosotros, dado que enseguida hemos advertido, a la décima de segundo, que no podríamos mantenernos en la roca, nos hemos echado hacia atrás, lo que no nos ha salvado de una manga de agua, pero nos ha impedido caer en la cavidad. Hemos hecho la prueba a las diez de la mañana. No corremos ningún riesgo, porque los tres guardianes están ocupados, en el otro extremo de la isla, con un inventario general. El saco se ha alejado, y lo distinguimos con toda claridad, muy lejos de la costa. ¿Ha sido llevado más lejos del lugar de nacimiento de la ola de fondo? No tenemos ningún punto de referencia para ver si está más lejos o más cerca. Las seis olas que siguen a Lisette no han podido atraparlo en su avance. Lisette se forma una vez más y parte de nuevo. Tampoco trae consigo los sacos. Así, pues, ha salido de su zona de influencia.

Hemos subido rápidamente al banco de Dreyfus para tratar de distinguir los sacos otras vez, y tenemos la alegría, en cuatro ocasiones, de verlos surgir muy lejos encima de la cresta de olas que no vuelven a la isla del Diablo, sino que se dirigen al oeste. Indiscutiblemente, la experiencia es positiva. Partiré hacia la gran aventura a lomos de Lisette.

—Está allí, mira.

Una, dos, tres, cuatro, cinco, seis... y he aquí que llega Lisette.

El mar continúa enfurecido en la punta del banco de Dreyfus, pero hoy está particularmente de mal humor. Lisette avanza con su ruido característico. Me parece más enorme aún, y hoy desplaza, sobre todo en la base, todavía más agua que de costumbre. Esta monstruosa masa líquida viene a atacar las dos rocas con más rapidez y más directamente que nunca.

Y cuando rompe y se precipita contra el espacio que hay entre las enormes piedras, el golpe es aún más ensordecedor, si cabe, que las otras veces.

—¿Es ahí donde dices que hay que tirarse? Pues bien, compañero, has escogido el sitio a las mil maravillas. Yo no voy. Quiero fugarme, es cierto, pero no suicidarme.

A Sylvain le ha impresionado mucho Lisette, a quien acabo de presentarle. Está en la isla del Diablo desde hace tres días y, naturalmente, le he propuesto que partamos, juntos. Cada cual en una balsa. Así, si acepta; tendré un camarada en Tierra Grande para organizar otra fuga. En la selva, uno solo no se lo pasa divertido.

—No te asustes por adelantado. Reconozco que, a la primera impresión, cualquier hombre se echaría atrás. Sin embargo, es la única ola capaz de arrastrarte lo bastante lejos como para que las otras que la siguen no tengan suficiente fuerza para devolverte a las rocas.

—Cálmate, mira, hemos probado —dice Chang—. Es seguro. Jamás tú, una vez marchado, puedes volver a la isla del Diablo ni ir a parar a Royale.

He necesitado una semana para convencer a Sylvain. Es un tipo musculoso, de un metro ochenta, cuerpo de atleta y bien proporcionado.

—Bien. Admito que nos arrastre lo bastante lejos. Pero, luego, ¿cuánto tiempo crees que tardaríamos en llegar a Tierra Grande, empujados por las mareas?

—Francamente, Sylvain, no lo sé. La deriva puede ser más o menos larga, eso dependerá del tiempo. El viento no nos afectará; en el mar estaremos demasiado en calma. Pero si hace mal tiempo, las olas serán más fuertes y nos empujarán más deprisa hasta la selva. En siete, ocho o diez mareas todo lo más, tenemos que haber sido arrojados a la costa. Así que, con los cambios, calcula de cuarenta y ocho sesenta horas.

—¿Cómo lo calculas?

—De las Islas, derecho a la costa, no hay más que cuarenta kilómetros. A la deriva, eso representa que es la hipotenusa de un triángulo rectángulo. Mira el sentido de las olas. Más o menos, es preciso recorrer de ciento veinte a ciento cincuenta kilómetros como máximo. Cuanto más nos aproximemos a la costa, más directamente nos dirigirán las olas y nos lanzarán a ella. A primera vista, ¿no crees que un pecio, a esa distancia, no recorre cinco kilómetros por hora?

Me mira fijamente y escucha con mucha atención mis explicaciones. Este chicarrón es muy inteligente.

—No, sabes lo que te dices, lo reconozco, y si hubiera mareas bajas que nos hicieran perder tiempo, porque ellas serán las que nos atraigan hacia el mar abierto, estaríamos, ciertamente, en la costa en menos de treinta horas. A causa de las mareas bajas, creo que tienes razón: entre cuarenta y ocho y sesenta horas, llegaremos a la costa.

—¿Estás convencido? ¿Partes conmigo?

—Casi. Supongamos que estamos en Tierra Grande, en la selva. ¿Qué hacemos, entonces?

—Hay que aproximarse a los alrededores de Kourou. Allí, hay una aldea de pescadores bastante importante, y se encuentran buscadores de balata y de oro. Hay que aproximarse con prudencia, pues también hay un campamento forestal de presidiarios. Ciertamente, hay pistas de penetración en la selva para ir hacia Cayena y hacia un campamento de chinos que se llama Inini. Será preciso amenazar a un preso o a un civil negro, y obligarlo a que nos conduzca a Inini. Si el tipo se porta bien, le daremos quinientos francos y que se largue. Si es un preso, le obligaremos a huir con nosotros.

—¿Qué vamos a hacer en Inini, en ese campamento especial para indochinos?

—Allí está el hermano de Chang.

—Sí, está mi hermano. Él fugarse con vosotros, él seguro encontrar canoa y víveres. Cuando vosotros encontrar Cuic-Cuic, vosotros tener todo para la fuga. Un chino nunca es chi-

vato. Así que cualquier anamita que encontréis en la selva, vosotros hablad y él avisar Cuic-Cuic.

—¿Por qué llamáis Cuic-Cuic a tu hermano? —pregunta
Sylvain.

—No lo sé, son franceses quienes lo bautizaron Cuic-Cuic.
—Y añade—: Atención. Cuando vosotros casi llegados a Tierra Grande, encontrar arenas movedizas. Jamás andar por orilla; no bueno; tragaros. Esperar que otra marea os empuje
hasta la selva para poder agarrar bejucos y ramas de árboles.
Si no, vosotros jodidos.

—¡Ah, sí, Sylvain! No hay que andar nunca por la arena,
aunque sea muy cerca de la costa. Es preciso esperar a que podamos agarrar ramas o bejucos.

—De acuerdo, Papillon. Estoy decidido.

—Como las dos balsas están hechas igual, poco más o menos, y como tenemos el mismo peso, seguro que no nos sepa-
raremos demasiado el uno del otro. Pero nunca se sabe. En
caso de que nos perdamos, ¿cómo nos encontramos? Desde
aquí, no se ve Kourou. Pero tú has advertido, cuando estabas
en Royale, que a la derecha de Kourou, aproximadamente a
veinte kilómetros, hay unas rocas blancas que se distinguen
bien cuando les da el sol.

—Sí.

—Son las únicas rocas de toda la costa. A derecha e izquierda, hasta el infinito, hay arenas movedizas. Esas rocas son
blancas a causa de la mierda de los pájaros. Los hay a millares,
y como jamás va un hombre allá, es un refugio para rehacerse
antes de internarse en la selva. Nos zamparemos huevos y los
cocos que llevemos. No encenderemos fuego. El primero que
llegue esperará al otro.

—¿Cuántos días?

—Cinco. Es imposible que en menos de cinco días el otro
no acuda a la cita.

Las dos balsas están hechas. Hemos forrado los sacos para
que sean más resistentes. Le he pedido diez días a Sylvain

para poder entrenarme el mayor número de horas posible en cabalgar un saco. Él hace lo mismo. Cada vez, nos damos cuenta de que cuando los sacos están a punto de volcar, se requieren esfuerzos suplementarios para mantenerse encima. Cada vez que se pueda, será preciso acostarse encima. Hay que tener cuidado de no dormirse, pues puede perderse el saco al caer uno al agua y no poderlo recobrar. Chang me ha confeccionado un saquito estanco que me colgaré del cuello, con cigarrillos y un encendedor de yesca. Rallamos diez cocos cada uno, para llevárnoslos. Su pulpa nos permitirá soportar el hambre y, también, saciar la sed. Al parecer, Santori tiene una especie de bota de piel para guardar vino, pero no la utiliza. Chang, que a veces va a casa del guardián, tratará de chorizársela.

Es para el domingo a las diez de la noche. La marea, debido al plenilunio, debe de ser de ocho metros. Lisette tendrá, pues, toda su fuerza. Chang dará él solo de comer a los cerdos el domingo por la mañana. Yo voy a dormir todo el día del sábado y todo el domingo. Partida a las diez de la noche. El flujo habrá comenzado ya a las dos.

Es imposible que mis dos sacos se desaten el uno del otro. Están atados con cuerdas de cáñamo trenzado, con alambre de latón y cosidos entre sí con un grueso hilo de vela. Hemos encontrado unos sacos mayores, y la abertura de cada uno encaja en la del otro. Los cocos no podrán escaparse de ningún modo.

Sylvain no para de hacer gimnasia, y yo me hago dar masaje en los muslos por las pequeñas olas que dejo romper contra ellos durante largas horas. Estos golpes repetidos del agua en mis muslos y las tracciones que me veo obligado a hacer ante cada ola para resistirla, me han dejado unas piernas y unos muslos de hierro.

En un pozo fuera de uso de la isla, hay una cadena de casi tres metros. La he trenzado a las cuerdas que atan mis sacos. Tengo un perno que pasa a través de los eslabones. En caso de que no pudiera resistir más, me ataría a los sacos con la cadena: Tal vez, así, pudiera dormir sin correr el riesgo de caer al agua y perder mi balsa. Si los sacos vuelcan, el agua me despertará y los volveré a colocar.

—Bueno, Papillon, ya solo faltan tres días.

Sentados en el banco de Dreyfus, contemplamos a Lisette.

—Sí, solo tres días, Sylvain. Yo creo que lo conseguiremos. ¿Y tú?

—Es verdad, Papillon. El martes por la noche o el miércoles por la mañana, estaremos en la selva. Y, entonces, ¡que nos echen un galgo!

Chang nos rallará los diez cocos de cada uno. Además de los cuchillos, llevamos dos machetes robados en la reserva de útiles.

El campamento de Inini se halla al este de Kourou. Solo caminando por la mañana, cara al sol, estaremos seguros de seguir la dirección conveniente.

—El lunes por la mañana, Santori volver majareta —dice Chang—. Yo no decir que tú y Papillon desaparecidos antes del lunes a las tres de la tarde, cuando guardián terminada siesta.

—¿Y por qué no llegas corriendo y dices que se nos ha llevado una ola mientras estábamos pescando?

—No, yo no complicaciones. Yo decir: «Jefe, Papillon y Stephen no venidos a trabajar hoy. Yo he dado de comer solo a los cerdos».

Ni más ni menos.

LA FUGA DE LA ISLA DEL DIABLO

Domingo, siete de la tarde. Acabo de despertarme. Voluntariamente, duermo desde el sábado por la mañana. La luna no sale hasta las nueve, así que, afuera, es negra noche. Pocas estrellas en el cielo. Gruesas nubes cargadas de lluvia pasan deprisa por encima de nuestras cabezas. Acabamos de salir del barracón. Como a menudo vamos a pescar clandestinamente de noche, o incluso a pasearnos por la isla, todos los demás presidiarios encuentran la cosa muy natural.

Un muchachito entra con su amante, un árabe fornido. Seguramente, vienen de hacer el amor en cualquier rincón. Al verlos levantar la tabla para entrar en la sala, pienso que, para el mayor, poder besar a su amigo dos o tres veces al día es el colmo de la felicidad. Poder satisfacer hasta la saciedad sus necesidades eróticas, transforma para él el presidio en un paraíso. En cuanto al chico, ni más ni menos. Puede tener de veintitrés a veinticinco años. Su cuerpo no es ya el de un efebo. Se ve obligado a vivir en la sombra para conservar su piel blanca lechosa, y empieza a no ser ya un Adonis. Pero, en presidio, hay más amantes de los que puede soñarse tener estando en libertad. Además de su amante de corazón, o sea, el chivo, hace clientes a veinticinco francos la sesión, exactamente como una prostituta del bulevar Rochechouart, en Montmartre. Además del placer que le proporcionan sus clientes, obtiene suficiente dinero para vivir él y su «hombre» con comodidad. Estos, los clientes, se revuelcan voluntariamente en el vicio y, desde el día que ponen los pies en presidio, no tienen otro ideal que el sexo.

El fiscal que los hizo conducir ha fracasado en su intención de castigarlos, haciéndoles ir por el camino de la podredumbre. Porque en esa podredumbre han encontrado precisamente la felicidad.

Ajustado el tablón tras el homosexual, nos quedamos solos Chang, Sylvain y yo.

—En marcha.

Rápidamente, llegamos a la parte norte de la isla.

Al sacar las balsas de la gruta nos hemos quedado empapados los tres. El viento sopla con los aullidos característicos del viento del mar desencadenado. Sylvain y Chang me ayudan a empujar mi balsa a lo alto de la peña. En el último momento, decido atarme la muñeca izquierda a la cuerda del saco. De repente, tengo miedo de perder mi saco y de ser arrastrado sin él. Sylvain sube a la roca de enfrente, ayudado por Chang. La luna está ya muy alta, y se ve muy bien.

Me he enrollado una toalla alrededor de la cabeza. Debemos esperar seis olas. Más de treinta minutos.

Chang ha regresado junto a mí. Me rodea el cuello y, luego, me abraza. Acostado sobre la roca y agazapado en una anfractuosidad de la piedra, me agarrará las piernas para ayudarme a soportar el choque de Lisette cuando esta rompa.

—¡Solo queda una —grita Sylvain—, y la otra es la buena!

Está ante su balsa para cubrirla con su cuerpo y protegerla de la manga de agua que, a no tardar, pasará sobre él. Yo mantengo la misma posición, pero afianzado además por las manos de Chang, quien, en su nerviosismo, me clava las uñas en los tobillos.

Llega Lissette que viene a buscarnos. Llega derecha como la aguja de una iglesia. Con su ensordecedor fragor de costumbre, rompe contra nuestras dos rocas y va a dar contra el acantilado.

Me he lanzado una fracción de segundo antes que mi compañero, quien cae también enseguida, y Lisette absorbe las dos balsas, juntas la una a la otra, hacia el mar abierto, con una velocidad vertiginosa. En menos de cinco minutos, nos hallamos a más de trescientos metros de la costa. Sylvain aún no ha montado sobre su balsa. Yo ya estaba encima de la mía al cabo de dos minutos. Con un trozo de paño blanco en la mano, encaramado al banco de Dreyfus, adonde ha debido subir rápidamente, Chang nos envía su último adiós. Hace ya más de cinco minutos que hemos salido del sitio peligroso donde las olas se forman para embestir la isla del Diablo. Las que nos empujan son mucho más largas, casi sin espuma, y tan regulares que partimos a la deriva, formando cuerpo con ellas, sin sacudidas y sin que la balsa amenace volcarse.

Ascendemos y descendemos estas profundas y elevadas ondas, llevados suavemente hacia el mar abierto, pues la marea baja.

Al remontar la cresta de una de esas olas, puedo, una vez más, volviendo del todo la cabeza, vislumbrar el trapo blanco de Chang. Sylvain no está muy lejos de mí, a unos cincuenta metros hacia el mar abierto. En muchas ocasiones, levanta un brazo y lo sacude en señal de alegría y de triunfo.

La noche no ha sido dura, y hemos advertido poderosamente el cambio de atracción del mar. La marea con la que partimos nos empujó a mar abierto, y esta, ahora, nos empuja hacia Tierra Grande.

El sol se levanta en el horizonte, así que son las seis. Nos hallamos demasiado bajos en el agua para ver la costa. Pero me doy cuenta de que estamos muy lejos de las islas, pues apenas se las distingue (aunque el sol las ilumina en su altura), sin poder adivinar que son tres. Veo una masa; eso es todo. Al no poder distinguirlas con detalle, pienso que están a treinta kilómetros por lo menos.

Sonrío por el triunfo, por el éxito de esta fuga.

¿Y si me sentara en mi balsa? El viento, de este modo, me empujaría al golpearme en la espalda.

Ya estoy sentado. Suelto la cadena y doy una vuelta alrededor de mi cintura. El perno, bien engrasado, permite apretar fácilmente la tuerca. Levanto las manos en alto para que el viento las seque. Voy a fumar un cigarrillo. Ya está. Larga, profundamente, aspiro las primeras bocanadas y expulso el humo con suavidad. Ya no tengo miedo, pues es inútil describiros los dolores de barriga que he pasado después, antes y durante los primeros momentos de la acción. No; no tengo miedo, hasta el punto de que, terminado el cigarrillo, decido comerme algunos bocados de pulpa de coco. Me trago un gran puñado y, luego, fumo otro cigarrillo. Sylvain está bastante lejos de mí. De vez en vez, cuando nos encontramos en un mismo momento en la cresta de una ola, podemos vernos furtivamente. El sol incide con fuerza diabólica sobre mi cráneo, que empieza a hervir. Mojo mi toalla y me la enrollo a la cabeza. Me he quitado la marinera de lana, pues, a pesar del viento, me sofocaba.

¡Maldita sea! Mi balsa ha volcado y he estado a punto de ahogarme. Me he bebido dos buenos tragos de agua de mar.

Pese a mis esfuerzos, no conseguía enderezar los sacos y subirme encima de ellos. La culpa la tiene la cadena. Mis movimientos no son lo bastante libres con ella. Al final, haciéndola deslizarse por un lado, he podido nadar en línea recta junto a los sacos y respirar profundamente. Empiezo a tratar de liberarme por completo de la cadena, y mis dedos intentan inútilmente desenroscar la tuerca. Estoy rabioso y, quizá, demasiado crispado, y no tengo bastante fuerza en los dedos para soltarla.

¡Uf! ¡Por fin, ya está! Acabo de pasar un mal rato. Estaba literalmente enloquecido al creer que no me sería posible librarme de la cadena.

No me tomo la molestia de enderezar la balsa. Agotado, no me siento con fuerzas para hacerlo. Me izo sobre ella. Que la parte de abajo se haya convertido en la de arriba, ¿qué importa? Nunca más me ataré, ni con la cadena ni con nada. Al partir, ya me di cuenta de la estupidez que cometí atándome por la muñeca. Semejante experiencia hubiera debido bastarme.

El sol, inexorablemente, me quema los brazos y las piernas. La cara me arde. Si me la mojo, es peor, pues el agua se evapora inmediatamente y me quema más aún.

El viento ha amainado mucho, y aunque el viaje resulta más cómodo, pues las olas son ahora menos altas, avanzo con menos rapidez. Así, pues, más vale mucho viento y mala mar, que calma.

Siento calambres tan fuertes en la pierna derecha, que grito como si alguien pudiera oírme. Con el dedo, hago cruces donde tengo el calambre, recordando que mi abuela me decía que eso los quita. El remedio de comadre, sin embargo, fracasa. El sol ha descendido mucho al oeste. Aproximadamente son las cuatro de la tarde, y es la cuarta marea desde la partida. Esta marea ascendente parece empujarme con mayor fuerza que la otra hacia la costa.

Ahora veo sin interrupción a Sylvain, y él también me ve muy bien. Desaparece muy raras veces, pues las olas son poco profundas. Se ha quitado la camisa y está con el torso desnudo. Sylvain me hace señales. Está a más de trescientos metros delante de mí, pero hacia el mar abierto. A la vista de la ligera espuma que hay alrededor de él, diríase que está frenando la balsa para que pueda aproximarme a la suya. Me acuesto sobre mis sacos y, hundiendo los brazos en el agua, remo yo también. Si él frena y yo impulso, tal vez acortemos la distancia que nos separa.

He elegido bien a mi compañero en esta evasión. Sabe estar a la altura que el momento requiere. Cien por cien.

He dejado de remar con las manos. Me siento fatigado. Debo ahorrar mis fuerzas. Comeré y, después, trataré de enderezar la balsa. La bolsa de la comida está debajo, así como la botella de cuero con agua dulce. Tengo sed y hambre. Mis labios están ya agrietados y me arden. La mejor manera de volver los sacos es colgarme de ellos, de cara a la ola, y luego empujar con los pies en el momento en que asciendan a lo alto de la ola.

Tras cinco tentativas fallidas, consigo enderezar la balsa de un solo golpe. Estoy extenuado por los esfuerzos que acabo de hacer, y me cuesta Dios y ayuda enderezarme sobre los sacos.

El sol está en el horizonte y, dentro de poco, desaparecerá. Son, pues, cerca de las seis. Esperemos que la noche no sea demasiado agitada, pues comprendo que son las prolongadas inmersiones lo que me quita las fuerzas.

Bebo un buen trago de agua de la bota de cuero de Santori, después de haber comido dos puñados de pulpa de coco. Satisfecho, con las manos secas por el viento, extraigo un cigarrillo y lo fumo con deleite. Antes de que caiga la noche, Sylvain ha agitado su toalla y yo la mía, en señal de buenas noches. Continúa estando igual de lejos de mí. Estoy sentado con las piernas extendidas. Acabo de retorcer todo lo posible mi marinera de lana y me la pongo. Estas marineras, incluso mojadas, conservan el calor, y tan pronto como ha desaparecido el sol, he sentido frío.

El viento refresca. Solo las nubes, al oeste, están bañadas de luz rosada en el horizonte. Todo el resto está ahora en la penumbra, que se acentúa minuto a minuto. Al este, de donde viene el viento, no hay nubes. Así, pues, no hay peligro de lluvia, por el momento.

No pienso absolutamente en nada, como no sea en mantenerme bien, en no mojarme inútilmente y en preguntarme si sería inteligente, en caso de que la fatiga me venciera, atarme a los sacos, o si resultaría demasiado peligroso después de la experiencia que he tenido con la cadena. Luego, me doy cuenta de que me he visto entorpecido en mis movimientos porque la cadena era demasiado corta, pues un extremo estaba inútilmente desaprovechado, entrelazado a las cuerdas y a los alambres del saco. Este extremo es fácil de recuperar. Entonces, tendría más facilidad de maniobra. Arreglo la cadena y me la ato de nuevo a la cintura. La tuerca, llena de grasa, funciona sin dificultad. No hay que enroscarla demasiado, como la primera vez. Así, me siento más tranquilo, pues tengo un miedo cerval de dormirme y perder el saco.

Sí, el viento arrecia y, con él, las olas. El tobogán funciona a las mil maravillas con diferencias de nivel cada vez más acentuadas.

Es noche cerrada. El cielo está constelado de millones de estrellas, y la Cruz del Sur brilla más que todas las demás.

No veo a mi compañero. Esta noche que comienza es muy importante, pues si la suerte quiere que el viento sople toda la noche con la misma fuerza, ¡adelantaré camino hasta mañana por la mañana!

Cuanto más avanza la noche, más fuerte sopla el viento. La luna sale lentamente del mar y presenta un color rojo oscuro. Cuando, liberada, surge al fin enorme, toda entera, distingo con claridad sus manchas negras, que le dan el aspecto de un rostro.

Son, pues, más de las diez. La noche se va haciendo cada vez más clara. A medida que se eleva la luna, la claridad se vuelve muy intensa. Las olas están plateadas en la superficie, y su extraña reverberación me quema los ojos. No es posible dejar de mirar estos reflejos plateados, y, en verdad, hieren y achicharran mis ojos ya irritados por el sol y el agua salada.

Prefiero decirme que exagero, no tengo la voluntad de resistir y me fumo tres cigarrillos seguidos.

Nada anormal respecto a la balsa que, en un mar fuertemente embravecido, sube y baja sin problemas. No puedo dejar mucho tiempo las piernas alargadas sobre el saco, pues la posición de sentado me produce enseguida calambres muy dolorosos.

Estoy, por supuesto, constantemente calado hasta los huesos. Tengo el pecho casi seco, porque el viento me ha secado la marinera, sin que ninguna ola me moje, luego, más arriba de la cintura. Los ojos me escuecen cada vez más. Los cierro. De vez en cuando, me duermo. «No debes dormirte.» Es fácil de decir, pero no puedo más. Así, pues, ¡mierda! Lucho contra esos sopores. Y cada vez que recobro el sentido de la realidad, siento un dolor agudo en el cerebro. Saco mi encendedor de yesca. De vez en cuando, me produzco una quemadura colocando su mecha encendida sobre el antebrazo o el cuello.

Soy presa de una horrible angustia que trato de apartar con toda mi fuerza de voluntad. ¿Me dormiré? Y, al caer al agua, ¿me despertará el frío? He hecho bien atándome a la cadena. No puedo perder estos dos sacos porque son mi vida. Será cosa del diablo, si resbalando de la balsa, no me despierto.

Desde hace unos minutos, vuelvo a estar empapado. Una ola rebelde, que sin duda no quería seguir el camino regular de las demás, ha venido a chocar contra mí por el lado derecho. No solo me ha mojado ella, sino que, habiéndome colocado de través, otras dos olas normales me han cubierto literalmente de la cabeza a los pies.

La segunda noche está muy avanzada. ¿Qué hora puede ser? Por la posición de la luna, que comienza a descender hacia el oeste, deben de ser cerca de las dos o las tres de la madrugada. Hace cinco mareas, o treinta horas, que estamos en el agua. Haber quedado calado hasta los huesos me sirve de algo: el frío me ha despertado por completo. Tiemblo, pero conservo sin esfuerzo los ojos abiertos. Tengo las piernas anquilosadas y decido colocarlas debajo de las nalgas. Alzando las manos, cada una a su vez, consigo sentarme encima de las piernas. Tengo los dedos de los pies helados, acaso se calienten bajo mi peso.

Sentado a la usanza árabe, permanezco así largo rato. Haber cambiado de postura me hace bien. Trato de ver a Sylvain, pues la luna ilumina muy frecuentemente el mar. Solo que ya ha descendido, y como la tengo de cara, me impide distinguir bien. No, no veo nada. Sylvain no tenía nada con que atarse a los sacos. ¿Quién sabe si aún está encima de ellos? Busco desesperadamente, pero es inútil. El viento es fuerte, pero regular. No cambia de manera brusca, y eso es muy importante. Estoy acostumbrado a su ritmo, y mi cuerpo forma literalmente un todo con mis sacos.

A fuerza de escrutar a mi alrededor, tengo una sola idea fija en la cabeza: distinguir a mi compañero. Seco mis dedos al viento y, luego, silbo con todas mis fuerzas con los dedos en la boca. Escucho. Nadie responde. ¿Sabe Sylvain silbar con los dedos? No lo sé. Hubiera debido preguntárselo antes de partir. ¡Hasta hubiéramos podido fabricar fácilmente dos silbatos! Me recrimino por no haber pensado en eso. Luego, me coloco las manos delante de la boca y grito: «¡Uh, uh!». Tan solo el ruido del viento me responde. Y el rumor de las olas.

Entonces, no pudiendo aguardar más, me levanto y, derecho sobre mis sacos, levantando la cadena con la mano izquierda, me mantengo en equilibrio el tiempo que cinco olas tardan en montarme en su cresta. Cuando llego a lo alto, estoy completamente en pie y, para el descenso y el ascenso, me agacho. Nada a la derecha, nada a la izquierda, nada delante. ¿Estará detrás de mí? No me atrevo a ponerme en pie y mirar atrás. Lo único que creo haber distinguido sin sombra de duda, es, a mi izquierda, una línea negra que resalta en esta claridad lunar. Seguro que es la selva.

Cuando se haga de día, veré los árboles, y eso me hace bien. «¡Cuando sea de día verás la selva, Papi! ¡Oh, que el buen Dios haga que veas también a tu amigo!»

He estirado las piernas, tras haberme frotado los dedos de los pies. Luego, decido secarme las manos y fumar un cigarrillo. Fumo dos. ¿Qué hora puede ser? La luna está muy baja. Ya no me acuerdo de cuánto tiempo, antes de la salida del sol, desapareció la luna la noche pasada. Trato de recordarlo cerrando los ojos y evocando las imágenes de la primera noche. En vano. ¡Ah, sí! De pronto, veo con claridad levantarse el sol por el este y, al mismo tiempo, una punta de luna sobre la línea del horizonte, al oeste. Así, pues, deben de ser casi las cinco. La luna es bastante lenta para precipitarse al mar. La Cruz del Sur ha desaparecido desde hace rato, y también las Osas Mayor y Menor. Tan solo la Estrella Polar brilla más que todas las otras. Desde que la Cruz del Sur se ha retirado, la Polar es la reina del cielo.

El viento parece arreciar. Al menos, es más espeso, como si dijéramos, que durante la noche. Por ello, las olas son más fuertes y más profundas, y en sus crestas los borregos blancos son más numerosos que al comienzo de la noche.

Hace ya treinta horas que estoy en el mar. Es preciso reconocer que, por el momento, la cosa marcha mejor que peor, y que la jornada más dura será la que va a comenzar.

Ayer, al estar expuesto al sol desde las seis de la mañana a las seis de la tarde, me cocí y recocí fuertemente. Hoy, cuando el sol me dé de nuevo encima, no será nada agradable. Mis labios están ya agrietados y, sin embargo, aún estoy en la frescura de la noche. Me escuecen mucho, como también los ojos; los antebrazos y las manos, igual. Si puedo, no dejaré los brazos al descubierto. Falta saber si podré soportar la marinera. Lo que me escuece también terriblemente es la entrepierna y el ano. Eso no es debido al sol, sino al agua salada y al frotamiento con los sacos.

De todas formas, muchacho, quemado o no quemado, la cuestión es que te fugas, y estar donde estás bien vale soportar muchas cosas y más aún. Las perspectivas de llegar vivo a Tierra Grande son positivas en un ochenta por ciento, y eso ya es algo, ¿sí o no? Incluso si llego literalmente escaldado y con medio cuerpo en carne viva, no es un precio caro por semejante viaje y semejante resultado. No has visto un solo tiburón. ¿Están todos de vacaciones? No negarás que tu suerte es bien rara. Esta vez, ya verás, es la buena. De todas tus fugas, demasiado bien cronometradas, demasiado bien preparadas, al final, la del éxito será la más idiota. Dos sacos de cocos y luego, a donde te empujen el viento y el mar. A Tierra Grande. Confiesa que no hace falta salir de Saint-Cyr* para saber que todo lo que flota es rechazado hacia la costa.

Si el viento y el oleaje se mantienen durante el día con la misma fuerza que esta noche, seguro que por la tarde tocaremos tierra.

El monstruo de los trópicos surge detrás de mí. Tiene el aspecto de estar decidido a asar el mundo, hoy, pues pone en juego todos sus fuegos. Aparta la claridad lunar de golpe, y ni siquiera espera haber salido del todo de su cama para imponerse como amo y señor indiscutible de los trópicos. Ya el viento, en poquísimo tiempo, se ha hecho casi tibio. Dentro de una hora hará calor. Una primera sensación de bienestar se desprende de todo mi cuerpo. Estos primeros rayos apenas me han rozado, cuando un calor dulce recorre mi ser desde la cintura hasta la cabeza. Me quito la toalla, que me había puesto a manera de albornoz, y expongo mis mejillas a los rayos como lo haría si se tratara de un fuego de leña. Este monstruo, antes de calcinarme, primero quiere hacerme sentir cómo él es la vida antes de ser la muerte.

Mi sangre circula fluida por mis venas, e incluso mis muslos mojados sienten la circulación de esta sangre vivificada.

Veo la selva muy nítidamente. La cima de los árboles, por supuesto. Tengo la impresión de que no está lejos. Esperaré a que el sol ascienda un poco más para ponerme de pie sobre mis sacos y ver si puedo divisar a Sylvain.

En menos de una hora, el sol está ya alto. Sí, hará calor, ¡maldita sea! Mi ojo izquierdo está medio cerrado y pegado. Tomo agua en el hueco de la mano y me lo froto. Pica. Me quito la marinera. Me quedaré con el torso desnudo unos instantes, antes de que el sol apriete demasiado.

* Principal academia militar francesa.

Una ola más fuerte que las otras me agarra por debajo y me levanta muy alto. En el momento en que se hincha, antes de volver a descender, veo a mi compañero medio segundo. Está sentado, con el torso desnudo, en su balsa. No me ha visto. Está a menos de doscientos metros de mí, ligeramente adelante, a la izquierda. El viento continúa siendo fuerte, así que decido, para aproximarme a Sylvain, puesto que está delante de mí, casi en la misma línea, pasarme la marinera solo por los brazos y mantenerlos en alto, sujetando el bajo por la boca. Esta especie de vela seguramente me empujará más deprisa que a él.

Durante casi media hora, mantengo la vela. Pero la marinera me hace daño en los dientes, y las fuerzas que hay que emplear para resistir el viento me extenúan demasiado. Cuando abandono mi idea, tengo, empero, la sensación de haber avanzado más rápidamente que dejándome llevar por las olas.

¡Hurra! Acabo de ver al «grande». Está a menos de cien metros. Pero ¿qué hace? No parece inquietarse por saber dónde estoy. Cuando otra ola me levanta lo bastante, lo veo una, dos, tres veces. He notado con claridad que tenía puesta la mano derecha ante los ojos, o sea, que escruta el mar. ¡Mira atrás, estúpido! Ha debido mirar, seguro, pero no te ha visto.

Me pongo en pie y silbo. Cuando asciendo desde el fondo de la ola, veo a Sylvain enfrente, de cara a mí. Levanta la marinera al aire. Nos hemos dicho buenos días lo menos veinte veces antes de volvernos a sentar. Cada vez que estamos en la cúspide de una ola nos saludamos, y, por suerte, él asciende al mismo tiempo que yo. En las dos últimas olas, tiendo el brazo hacia la selva, que ya se puede distinguir con detalle. Estamos a menos de diez kilómetros de ella. Acabo de perder el equilibrio, y he caído sentado en mi balsa. De haber visto a mi compañero y la selva tan cerca, un gozo inmenso se apodera de mí, una emoción tal, que lloro como un crío. En las lágrimas que me limpian los ojos purulentos, veo mil cristalitos de todos los colores y estúpidamente, pienso que parecen vidrieras de una iglesia. Dios está contigo, Papi. En medio de los elementos monstruosos de la Naturaleza, el viento, la inmensidad del mar, la profundidad de las olas, el imponente techo verde de la selva, se siente uno infinitamente pequeño, comparado con todo cuanto le rodea y, tal vez, sin proponérselo, se encuentra a Dios, se le toca con el dedo. De la misma manera que lo palpé por la noche, en los millares de horas que he pasado en los lúgubres calabozos donde fui enterrado en vida, sin un rayo de luz, lo toco hoy en este sol que se levanta para devorar lo que no es bastante fuerte para resistirlo; toco de veras a Dios, lo siento a mi alrededor, en mí. Incluso me susurra en el oído: «Sufres y sufrirás más aún, pero esta vez he decidido estar contigo. Serás libre y vencerás, te lo prometo».

No haber tenido jamás instrucción religiosa; no saber el abecé de la religión cristiana; ser ignorante hasta el punto de ignorar quién es el padre de Jesús y si su madre era de veras la Virgen María, y su padre, un carpintero o un camellero; toda esa crasa ignorancia no impide encontrar a Dios cuando se le busca de verdad, y se le llega a identificar con el viento, el mar, el sol, la selva, las estrellas; hasta con los peces que ha debido de sembrar profusamente para que el hombre se alimente.

El sol ha ascendido con rapidez. Deben de ser casi las diez de la mañana. Estoy completamente seco de la cintura a la cabeza. He empapado la toalla y me la he colocado a manera de capucha en la cabeza. Acabo de ponerme la marinera, pues los hombros, la espalda y los brazos me queman atrozmente. Incluso las piernas, que, sin embargo, muy a menudo son bañadas por el agua, están rojas como cangrejos.

Como la costa está más cerca, la atracción es más fuerte y las olas se dirigen casi perpendicularmente hacia ella. Veo los detalles de la selva, lo que me hace suponer que solo esta mañana, en cuatro o cinco horas, nos hemos aproximado sobremanera. Gracias a mi primera fuga, sé apreciar las distancias. Cuando se ven las cosas con detalle, se está a menos de cinco kilómetros, y yo veo las diferencias de grosor entre los troncos de árbol e, incluso, desde la cresta de una ola más alta, distingo con mucha nitidez un gran mastodonte echado de través, bañando su follaje en el mar.

¡Toma! ¡Delfines y pájaros! ¡Con tal de que los delfines no se diviertan empujando mi balsa! He oído contar que tienen la costumbre de empujar hacia la costa todo lo que flota o a los hombres; y que, por supuesto, los ahogan con sus golpes de hocico, aunque con la mejor intención, que es la de ayudarlos. No, van y vienen; tres o cuatro hasta han venido a husmear, a ver de qué se trata, pero se marchan sin tan siquiera rozar mi balsa. ¡Uf!

Al mediodía, el sol está vertical sobre mi cabeza. Sin duda alguna, tiene la intención de cocerme a fuego lento, el maldito. Mis ojos supuran sin parar, y la piel de mis labios y de mi nariz se ha agrietado. Las olas son más cortas y se precipitan rabiosamente con un ruido ensordecedor hacia la costa.

Veo casi de continuo a Sylvain. No desaparece casi nunca, pues las olas no son ya lo bastante profundas. De vez en cuando, se vuelve y levanta el brazo. Continúa con el torso desnudo y la toalla en la cabeza.

Las olas nos arrastran hacia la costa. Hay una especie de barra donde vienen a chocar con un ruido espantoso y, luego, franqueada la barra llena de espuma, cargan al ataque de la selva.

Estamos a menos de un kilómetro de la costa, y distingo los pájaros blancos y rosados, con sus penachos aristocráticos, que se pasean, picoteando en las arenas movedizas. Los hay a millares. Casi ninguno de ellos se echa a volar a más de dos metros de altura. Estos vuelecitos breves los hacen para evitar ser mojados por la espuma. Todo está lleno de espuma, y el mar es de un amarillo de barro, como de vómitos. Estamos tan cerca, que distingo en el tronco de los árboles la línea sucia que deja el agua en su altura máxima.

El ruido de los remolinos no consigue apagar los gritos

agudos de esos millares de zancudas de todos los colores. ¡Pam! ¡Pam! Luego, doscientos o trescientos metros más. ¡Puaf! He tocado fondo, estoy varado en la arena movediza. No hay bastante agua parara llevarme. Según el sol, son las dos de la tarde. Esto significa que hace cuarenta horas que partí. Fue anteayer, a las diez de la noche, tras dos horas de marea baja. Así, pues, es la séptima marea, y es normal que haya varado: es la marea baja. Empezará a subir hacia las tres. Por la noche, estaré en la selva. Conservemos la cadena para no ser arrancado de los sacos, pues el momento más peligroso será aquel en que las olas empiecen a pasar sobre mí sin arrastrarme, no obstante, por falta de calado. No voy a flotar, por lo menos, hasta dos o tres horas después de la subida de la marea.

Sylvain está a mi derecha, delante, a más de cien metros. Me mira y hace gestos. Pienso que quiere gritar algo, pero su garganta no parece que pueda emitir ningún sonido, pues yo debería oírle. Como han desaparecido los remolinos, nos encontramos en la arena movediza, sin otro ruido que nos moleste que los gritos de las zancudas. Ya estoy, más o menos, a quinientos metros de la selva, y Sylvain, a cien o ciento cincuenta metros de mí, más arriba. Pero ¿qué hace ese grandísimo imbécil? Está de pie y ha dejado su balsa. ¿Se ha vuelto majareta? No debe caminar, pues a cada paso que dé se hundirá un poco más y, tal vez, no pueda regresar a la balsa. Quiero silbar, pero no puedo. Me queda un poco de agua. Vacío la bota y luego, trato de gritar para detenerlo. No puedo emitir un solo sonido. De la arena movediza salen burbujas de gases, o sea, que la costa no es más que una ligera costra, bajo la cual hay fango, y el tipo que se deja atrapar en él, está listo.

Sylvain se vuelve hacia mí, me mira y me hace señas que no comprendo. Yo le hago ademanes exagerados con los que quiero decir: ¡No, no, no te muevas de tu balsa, no llegarás nunca hasta la selva! Como está detrás de sus sacos de cocos, no me doy cuenta de si se encuentra lejos o cerca de su balsa.

Primero, pienso que debe de estar muy cerca, y que en caso de que se hundiera, podría agarrarse a ella.

De repente, comprendo que se ha apartado bastante, y que se ha hundido en las arenas sin poder librarse y regresar a la balsa. Me llega un grito. Entonces, me tiendo boca abajo en mis sacos, y con las manos en las arenas movedizas empujo con todas mis fuerzas. Mis sacos avanzan por debajo de mí y consigo deslizarme más de veinte metros. Entonces, torciendo a la izquierda, me pongo en pie y veo, sin ser estorbado ya por sus sacos, a mi compañero, mi hermano, enterrado hasta el vientre. Está a más de diez metros de su balsa. El terror me devuelve la voz y grito:

—¡Sylvain! ¡Sylvain! ¡No te muevas! ¡Acuéstate en la arena! ¡Si puedes, libérate de las piernas!

El viento ha llevado mis palabras hasta él. Sacude la cabeza de arriba abajo para decirme que sí. Vuelvo a colocarme boca abajo y arranco la arena, haciendo deslizar mi saco. La rabia me da fuerzas sobrehumanas, y con bastante rapidez, avanzo hacia Sylvain más de treinta metros. Seguro que he invertido más de una hora en hacerlos, pero estoy muy cerca de él; quizá a cincuenta o sesenta metros. Le distingo mal.

Sentado, con las manos, los brazos y el rostro llenos de barro, trato de secarme el ojo izquierdo, en el que ha entrado fango salado que me lo quema y me impide ver no solo con él, sino también con el otro ojo, el derecho, que para acabarlo de arreglar, se pone a lagrimear. Al final, veo a Sylvain. No está acostado, sino de pie, y solo su torso emerge de las arenas movedizas.

La primera ola acaba de pasar. Ha saltado por encima de mí, literalmente, sin despegarme del suelo, y ha ido a extinguirse más lejos, cubriendo las arenas con su espuma. Ha pasado también sobre Sylvain, quien continúa con el busto fuera. Entonces, pienso: «A medida que lleguen las olas, más mojada estará la arena. Es preciso que llegue hasta él, cueste lo que cueste».

Una energía de animal que va a perder su cría se apodera de mí y, como una madre que quiere sacar a su pequeño de un peligro inminente, manoteo, manoteo, manoteo en esa arena para avanzar hasta Sylvain. Me mira sin decir palabra, sin hacer un gesto, con sus ojos grandes abiertos hacia los míos, que lo devoran literalmente. Mis ojos, fijos en él, solo se ocupan de no abandonar su mirada y se desinteresan por completo de ver dónde hundo las manos. Me arrastro un poco, pero a causa de otras dos olas que han pasado sobre mí, cubriéndome por completo, la arena se ha vuelto menos consistente, y avanzo mucho menos deprisa que hace una hora. La siguiente ola casi me ha asfixiado y me ha apartado de la balsa. Me siento para ver mejor. A Sylvain la arena le llega hasta las axilas. Estoy a menos de cuarenta metros de él. Me mira intensamente. Veo que sabe que va a morir, hundido allí como un pobre infeliz, a trescientos metros de la tierra prometida.

Vuelvo a tenderme y continúo escarbando esta arena, que ahora es casi líquida. Mis ojos y los suyos están fijos los unos en los otros. Me hace una señal para decir que no me esfuerce más. De todas formas, continúo, y estoy a menos de treinta metros de él cuando llega una gran ola que me cubre con su masa de agua y casi me arranca de mis sacos que, sueltos, avanzan cinco o seis metros.

Cuando la ola ha pasado, miro. Sylvain ha desaparecido. La arena, cubierta por una ligera capa de agua espumeante, está completamente lisa. Ni siquiera la mano de mi pobre amigo aparece para darme un último adiós. Mi reacción es horriblemente bestial, desagradable, y el instinto de conservación se sobrepone a todo sentimiento: «Tú, tú estás vivo. Tú estás solo, y cuando estés en la selva, sin tu amigo, no te será fácil salir con bien de la evasión».

Una ola que rompe sobre mi espalda, pues me he sentado, me llama al orden. Me ha doblado, y el golpe ha sido tan fuerte que, a causa de él, se me corta la respiración durante varios segundos. La balsa ha vuelto a deslizarse algunos metros, y solo entonces, al ver cómo la ola va a morir cerca de los árboles, lloro a Sylvain: «¡Estábamos tan cerca! ¡Si no te hubieras movido...! ¡A menos de trescientos metros de los árboles! ¿Por qué? Pero, dime: ¿por qué has cometido esta estupidez? ¿Cómo pudiste suponer que esta costra seca era lo bastante fuerte como para permitirte alcanzar a pie la costa? ¿El sol? ¿La reverberación? ¡Qué sé yo! ¿No podías resistir ya este infierno? Dime: ¡por qué un hombre como tú no ha podido soportar achicharrarse unas horas más?».

Las olas se suceden sin cesar con un ruido de trueno. Llegan cada vez menos espaciadas, unas tras otras, y cada vez mayores. En cada ocasión, me veo cubierto enteramente por ellas y me deslizo algunos metros, siempre en contacto con la arena. Hacia las cinco, las olas, de súbito, se transforman en un fuerte oleaje, me despego del suelo y floto. Al tener fondo debajo de ellas, las olas ya casi no hacen ruido. El tronar de las primeras olas ha cesado. El saco de Sylvain ha entrado ya en la selva.

Yo no llego con demasiada brutalidad, soy depositado a veinte metros apenas de la selva virgen. Cuando la ola se retira, estoy varado de nuevo en la arena, decidido a no moverme de mi saco hasta que tenga una rama o un bejuco entre las manos. Casi veinte metros. He empleado más de una hora en conseguir tener bastante profundidad para ser levantado de nuevo y llevado a la selva. La ola que me ha empujado con un rugido me ha proyectado literalmente sobre los árboles. Suelto el perno y me libero de la cadena. No la tiro, tal vez la necesite.

EN LA SELVA

Rápidamente, antes de que el sol se ponga, penetro en la selva medio nadando, medio caminando, pues también allí hay una ciénaga que te traga. El agua penetra muy adentro en la espesura, y la noche ha caído cuando aún no me encuentro a pie enjuto. Un olor a podrido me sube hasta la nariz, y hay tantos gases que los ojos me escuecen. Tengo las piernas llenas de hierbas y hojas. Continúo empujando mi saco. Antes de dar un paso, mis pies tantean el terreno bajo el agua, y solo cuando aquel no se hunde, avanzo.

Paso mi primera noche sobre un gran árbol caído. Gran número de bichos me pasan por encima. Mi cuerpo arde y me pica. Acabo de ponerme la marinera, después de haber atado bien mi saco, que he izado sobre el tronco del árbol y cuyos dos extremos he asegurado. En el saco se halla mi vida, pues los cocos, una vez abiertos, me permitirán comer y resistir. Tengo el machete atado a mi muñeca derecha. Me tiendo, extenuado, sobre el árbol, en la horquilla formada por dos ramas que me hacen una especie de gran cavidad, y me duermo sin tener tiempo de pensar en nada. Sí, tal vez he murmurado dos o tres veces: «¡Pobre Sylvain!», antes de caer como un pesado fardo.

Me despiertan los gritos de las aves. El sol penetra muy lejos en la selva; viene horizontalmente, así que deben de ser las siete o las ocho de la mañana. A mi alrededor todo está lleno de agua, o sea, que la marea sube. Tal vez el fin de la décima marea.

Hace ya sesenta horas que he partido de la isla del Diablo. No me doy cuenta de si estoy lejos del mar. De todas formas, esperaré a que el agua se retire para ir hasta el borde del mar a secarme y a tomar un poco el sol. Ya no tengo agua dulce. Solo me quedan tres puñados de pulpa de coco, que como con delectación. También me paso pulpa por mis llagas. La pulpa, gracias al aceite que contiene, alivia mis quemaduras. Luego, fumo dos cigarrillos. Pienso en Sylvain, esta vez sin egoísmo. ¿No iba, al principio, a evadirme sin amigo? Y era porque yo tenía la pretensión de arreglármelas solo. Entonces, nada ha cambiado; pero una gran tristeza atenaza mi corazón, y cierro los ojos como si eso pudiera impedirme ver la escena del hundimiento de mi compañero. Para él, todo se acabó.

He aparejado bien mi saco en la cavidad, y comienzo a extraer un coco de él. Llego a destrozar dos golpeándolos, con todas mis fuerzas, contra el árbol, entre mis piernas. Hay que golpearlos de punta, de manera que la cáscara se abra. Es mejor hacerlo así que con el machete. Me he comido un coco fresco y he bebido la poca agua, demasiado azucarada, que contenía. El mar se retira con rapidez y entonces puedo caminar fácilmente por el fango y alcanzar la playa.

El sol está hoy radiante, y el mar, de una belleza sin igual. Durante largo tiempo, miro hacia el lugar donde supongo que Sylvain ha desaparecido. Mis efectos se secan pronto, así como mi cuerpo, que he lavado con agua salada que he sacado de un hoyo. Fumo un cigarrillo. Una mirada más hacia la tumba de mi amigo, y penetro en la selva, caminando sin demasiada dificultad. Con mi saco a la espalda, me interno lentamente bajo la cubierta vegetal. En menos de dos horas, encuentro al fin un terreno que no está inundado. Ninguna señal en la base de los árboles indica que la marea llegue hasta allí. Me propongo acampar en este lugar y descansar durante veinticuatro horas.

Iré abriendo los cocos poco a poco y extraeré el fruto para guardarlo todo en el saco, dispuesto para ser comido cuando yo quiera. Podría encender fuego, pero no me parece prudente.

El resto de la jornada y de la noche ha transcurrido sin nada de particular. El griterío de los pájaros me despierta al levantarse el sol. Termino de sacar la pulpa de los cocos y, con un pequeñísimo fardo a la espalda, me encamino hacia el este.

Alrededor de las tres de la tarde, encuentro un sendero. Es una pista o bien de los buscadores de «balata» (goma natural), o de los prospectores de maderas o de los proveedores de los buscadores de oro. El sendero es estrecho, pero limpio, sin ramas atravesadas, o sea, que se frecuenta a menudo. De vez en cuando, algunas huellas de cascos de asno o de mulo, sin herraduras. En agujeros de barro seco, advierto pisadas humanas, con el dedo gordo del pie claramente moldeado en la arcilla. Camino hasta que se hace de noche. Mastico coco, lo cual me nutre y, al mismo tiempo, me quita la sed. Algunas veces, con esta mixtura, bien masticada, llena de aceite y de saliva, me froto la nariz, los labios y las mejillas. Los ojos se me pegan con frecuencia y están llenos de pus. En cuanto pueda, me los lavaré con agua dulce. En mi saco, con los cocos, tenía una caja estanca con un trozo de jabón de Marsella, una maquinilla de afeitar Gillette, doce hojas y una brocha. La he recuperado intacta.

Camino con el machete en la mano, pero no tengo que servirme de él, pues el camino está libre de obstáculos. Incluso advierto, en el borde, cortes de rama casi frescos. Por este sendero pasa gente, así que debo ir con precaución.

La selva no es la misma que conocí en mi primera huida en Saint-Laurent-du-Maroni. Esta tiene dos estrados, y no es tan tupida como en Maroni. La primera vegetación asciende hasta unos cinco o seis metros de altura y, más arriba, la bóveda de la selva, a más de veinte metros. Solo hay luz del día a la derecha del sendero. A su izquierda, es casi de noche.

Avanzo con rapidez, a veces por un calvero debido a un incendio provocado por el hombre o por un rayo. Advierto rayos de sol. Su inclinación me demuestra que falta poco para que se ponga. Le vuelvo la espalda y me dirijo hacia el este, o sea, hacia la aldea de los negros de Kourou, o hacia la penitenciaría del mismo nombre.

Se hará de noche de pronto. No debo andar de noche. Decido internarme en la selva y tratar de encontrar un rincón para acostarme.

A más de treinta metros del sendero, bien abrigado bajo un montón de hojas lisas del tipo de las del platanero, me he acostado sobre una capa de ese mismo follaje, que he cortado con mi machete. Dormiré completamente seco, y cabe la posibilidad de que no llueva. Me fumo dos cigarrillos.

No estoy demasiado fatigado esta noche. La pulpa de coco me mantiene en forma por lo que al hambre se refiere. ¡Lástima de sed, que me reseca la boca y no consigo ensalivar con facilidad!

La segunda parte de la evasión ha comenzado, y he aquí la tercera noche que he pasado sin incidentes desagradables en Tierra Grande.

¡Ah, si Sylvain estuviera aquí conmigo! Pero no está aquí, macho; ¿qué le vas a hacer? Para actuar, ¿has tenido necesidad, alguna vez, de alguien que te aconseje o te apoye? ¿Eres un capitán o un soldado? No seas imbécil, Papillon; a no ser por el disgusto normal de haber perdido a tu amigo, por el hecho de estar solo en la selva no eres menos fuerte. Ya están lejos los tipos de Royale, San José y Diablo; hace seis días que los has abandonado. Kourou debe estar alerta. En primer lugar, los guardianes del campamento forestal, y, luego, los morenos de la aldea. Debe de haber también un puesto de Gendarmería. ¿Es prudente caminar hacia esa aldea? No conozco nada de sus alrededores. El campamento está enclavado entre la aldea y el río. Es todo cuanto sé de Kourou.

En Royale, había pensado amenazar al primer tipo que me

tropezara y obligarle a conducirme a los alrededores del campamento de Inini, donde se hallan los chinos, entre ellos Cuic-Cuic, el hermano de Chang. ¿Por qué cambiar de plan? Si en Diablo han creído que nos hemos ahogado, no habrá problemas. Pero si han pensado en la fuga, Kourou es peligroso. Como es un campamento forestal, debe estar lleno de chivatos, y, entre ellos, muchos cazadores de hombres. ¡Pon atención, Papi! Nada de errores. No te dejes coger en sándwich. Es preciso que veas a los tipos, sean quienes sean, antes de que ellos reparen en ti. Conclusión: no debo caminar por el sendero, sino por la selva, paralelamente al camino. Hoy has cometido un estúpido error al andar por esta pista sin otra arma que un machete. Eso no es inconsciencia, sino locura. Así que, mañana, iré por la selva.

Me he levantado temprano, despertado por los gritos de las bestias y las aves que saludan al despuntar del día. Me despierto al mismo tiempo que la selva. Para mí, también comienza otra jornada. Me trago un puñado de coco bien mascado. Me paso otro por la cara, y en marcha.

Muy cerca del sendero, pero bajo cubierto, ando con bastante dificultad, pues aunque los bejucos y las ramas no son muy densos, es preciso apartarlos para avanzar. De todas formas, he hecho bien en abandonar el sendero, porque oigo silbar. Ante mí, el sendero prosigue todo recto más de cincuenta metros. No veo al silbador. ¡Ah!, ahí llega. Es un negro. Lleva un fardo a la espalda y un fusil en la mano derecha. Viste una camisa caqui y un short, con las piernas y los pies desnudos. Con la cabeza baja, no quita los ojos del suelo, y tiene la espalda inclinada bajo el peso de la voluminosa carga.

Disimulado tras un grueso árbol al borde mismo del sendero, espero que llegue a mi altura, con un cuchillo grande abierto. En el instante en que pasa ante el árbol, me arrojo sobre él. Mi mano derecha ha agarrado al vuelo el brazo que sostiene el fusil y, torciéndoselo, le obligo a soltarlo.

—¡No me mates! ¡Piedad, Dios mío!

Continúa de pie, con la punta de mi cuchillo apoyada en la base izquierda de su cuello. Me agacho y recojo el fusil, un viejo cacharro de un solo cañón, pero que debe de estar atiborrado de pólvora y de plomo hasta la boca. He levantado el percutor y, tras apartarme dos metros, ordeno:

—Quítate el fardo, déjalo caer. No se te ocurra salir corriendo, porque te mato como si nada.

El pobre negro, aterrorizado, obedece. Luego, me mira.

—¿Es usted un evadido?

—Sí.

—¿Qué quiere usted? Tome todo cuanto tengo, pero, se lo ruego, no me mate; tengo cinco hijos. Por piedad, déjeme con vida.

—Cállate. ¿Cómo te llamas?

—Jean.

—¿A dónde vas?

—A llevar víveres y medicamentos a mis dos hermanos, que talan madera en la selva.

—¿De dónde vienes?

—De Kourou.

—¿Eres de esa aldea?

—He nacido en ella.

—¿Conoces Inini?

—Sí. A veces trafico con los chinos del campamento de prisioneros.

—¿Ves esto?

—¿Qué es?

—Es un billete de quinientos francos. Puedes elegir: o haces lo que te digo, y te regalaré los quinientos francos y te devolveré el fusil, o, si rehúsas o tratas de engañarme, entonces te mato. Elige.

—¿Qué debo hacer? Haré todo lo que usted quiera, incluso a cambio de nada.

—Es preciso que me conduzcas, sin riesgo, a los alrededores del campamento de Inini. En cuanto yo haya establecido contacto con un chino, podrás irte. ¿Lo has comprendido?

—De acuerdo.

—No me engañes, porque eres hombre muerto.

—No, le juro que le ayudaré lealmente.

Tiene leche condensada. Saca seis botes y me los da, así como un bollo de pan de un kilo, y tocino ahumado.

—Esconde tu saco en la maleza, ya lo cogerás más tarde. Mira, aquí, en ese árbol, hago una marca con mi machete.

Bebo un bote de leche. También me da un pantalón largo completamente nuevo, de color azul, de mecánico. Me lo pongo sin soltar el fusil.

—Adelante, Jean. Toma precauciones para que nadie nos descubra, porque si nos sorprenden será por tu culpa y, entonces, tanto peor para ti.

Jean sabe caminar por la selva mejor que yo, y tengo dificultades para seguirlo, tanta es su habilidad para evitar ramas y bejucos. Este buen hombre camina por la maleza como pez en el agua.

—No sé si sabe que en Kourou han sido advertidos de que dos condenados se han evadido de las Islas. Así, que quiero ser franco con usted: habrá mucho peligro cuando pasemos cerca del campamento de forzados de Kourou.

—Tienes aspecto bondadoso y franco, Jean. Espero que no me equivoque. ¿Qué me aconsejas que haga para ir a Inini? Piensa que mi seguridad es tu vida, porque si me sorprenden los guardianes o los cazadores de hombres, me veré obligado a matarte.

—¿Cómo debo llamarle a usted?

—Papillon.

—Bien, monsieur Papillon. Es preciso adentrarse en la selva y pasar lejos de Kourou. Yo le garantizo que lo llevaré a Inini por la selva.

—Me fío de ti. Toma el camino que creas más seguro.

Por el interior de la selva se camina más lentamente, pero, desde que hemos abandonado las proximidades del sendero, noto que el negro está más calmado. Ya no suda con tanta abundancia, y sus rasgos aparecen menos crispados; está como tranquilizado.

—Me parece, Jean, que ahora, apartados del sendero, tienes menos miedo.

—Sí, monsieur Papillon. Estar al borde del sendero era muy peligroso para usted, y por lo tanto, también para mí.

Avanzamos con rapidez.

Este moreno es inteligente. Nunca se separa más de tres o cuatro metros de mí.

—Deténte, quiero fumar un cigarrillo.

—Tenga, un paquete de Gauloises.

—Gracias, Jean; eres un buen tipo.

—Es verdad que soy muy bueno. Sepa que soy católico y sufro al ver cómo tratan a los presos los vigilantes blancos.

—¿Has tenido muchas ocasiones de verlo? ¿Dónde?

—En el campamento forestal de Kourou. Da pena verlos morir a fuego lento, devorados por ese trabajo de talar madera, y por la fiebre y la disentería. En las Islas, están ustedes mejor. Es la primera vez que veo a un condenado como usted, con perfecta salud.

—Sí, se está mejor en las Islas.

Nos hemos sentado en una gruesa rama de árbol. Le ofrezco uno de sus botes de leche. Rehúsa y prefiere mascar coco.

—¿Es joven tu mujer?

—Sí, tiene treinta y dos años. Yo, cuarenta. Tenemos cinco hijos, tres niñas y dos niños.

—¿Te ganas bien la vida?

—Con el palo de rosa no nos defendemos mal, y mi mujer lava y repasa la ropa de los vigilantes. Eso ayuda un poco. Somos muy pobres, pero todos comemos hasta hartarnos, y los niños van todos a la escuela. Siempre tienen zapatos que ponerse.

¡Pobre negro, que considera que, como sus niños tienen

calzado que ponerse, todo va bien! Es casi tan alto como yo, y su rostro negro no tiene nada de antipático. Al contrario, sus ojos dicen con claridad que se trata de un hombre de sentimientos que lo honran, trabajador, sano, buen padre de familia, buen esposo y buen cristiano.

—¿Y usted, Papillon?

—Yo, Jean, trato de revivir. Enterrado en vida desde hace diez años, no dejo de escaparme para llegar a ser un día como tú, libre, con una mujer y críos, sin inferir, ni de pensamiento, daño a nadie. Tú mismo lo has dicho: este presidio está podrido, y un hombre que se respete debe huir de ese fango.

—Yo le ayudaré lealmente a conseguirlo. En marcha.

Con un sentido maravilloso de la orientación, sin dudar jamás de su camino, Jean me conduce directamente a los alrededores del campamento de los chinos, adonde llegamos cuando la noche ha caído ya desde hace casi dos horas. Viniendo de lejos, se oyen los golpes, pero no se ve la luz. Jean me explica que, para aproximarse de veras al campamento, es preciso evitar uno o dos puestos avanzados. Decidimos detenernos para pasar la noche.

Estoy muerto de fatiga y tengo miedo de dormirme. ¿Y si me equivoco con el negro? ¿Y si es un comediante y me quita el fusil durante el sueño y me mata? Matándome gana dos cosas: se deshace del peligro que yo represento para él y gana una prima por haber dado muerte a un evadido.

Sí, es muy inteligente. Sin hablar, sin esperar más se acuesta para dormir. Conservo la cadena y el perno. Tengo deseos de atarlo, pero luego, pienso que puede soltar el perno tan bien como yo, y que, actuando con precaución, si duermo a pierna suelta, no oiré nada. Primero, trataré de no dormir. Tengo un paquete entero de Gauloises. Voy a hacer todo lo posible por no dormirme. No puedo confiar en este hombre que, al fin y al cabo, es honrado y me cataloga como un bandido.

La noche es completamente negra. Jean está tendido a dos

metros de mí, y yo no distingo más que lo blanco de la planta de sus pies desnudos. En la selva hay los ruidos característicos de la noche; sin cesar, el chillido del mono de papada grande, chillido ronco y potente que se oye a kilómetros de distancia. Es muy importante, porque si es regular, eso significa que su manada pueda comer o dormir tranquila. No denota terror ni peligro, así que no hay fieras ni hombres por los alrededores.

Excitado, aguanto sin demasiados esfuerzos el sueño, ayudado por algunas quemaduras de cigarrillo y, sobre todo, por una bandada de mosquitos bien decididos a chuparme toda la sangre. Podría preservarme de ellos ensuciándome de saliva mezclada con tabaco. Si me pongo ese jugo de nicotina, me preservaré de los mosquitos, pero sin ellos creo que me dormiré. Solo es de desear que esos mosquitos no sean portadores de la malaria o de la fiebre amarilla.

Heme ya salido, acaso provisionalmente, del camino de la podredumbre. Cuando entré en él, tenía veinticinco años, era en 1931. Estamos en 1941, o sea, que han pasado diez años. En 1932, Pradel, el fiscal desalmado, pudo, mediante una requisitoria sin piedad e inhumana, arrojarme, joven y fuerte, a este pozo que es la Administración penitenciaria, fosa llena de líquido viscoso que debe disolverme poco a poco y hacerme desaparecer. Acabo de conseguir, al fin, realizar la primera parte de la fuga. He subido desde el fondo de ese pozo, y estoy en el brocal. Debo poner a contribución toda mi energía e inteligencia para ganar la segunda partida.

La noche pasa lentamente, pero transcurre y no me he dormido. Ni siquiera he soltado el fusil. He permanecido tan despierto, ayudado por las quemaduras y las picaduras de los mosquitos, que ni una sola vez se me ha caído el arma de las manos. Puedo estar contento de mí, pues no he arriesgado mi libertad capitulando ante la fatiga. El espíritu ha sido más fuerte que la materia, y me felicito por ello cuando escucho los primeros cantos de los pájaros, que anuncian el próximo despuntar del día. Esos «más madrugadores que los demás» son el preludio de lo que no se hace esperar mucho tiempo.

El negro, después de haberse desperezado, se sienta y, ahora, está frotándose los pies.

—Buenos días. ¿No ha dormido usted?

—No.

—Es una tontería, porque le aseguro que no tiene nada que temer de mí. Estoy decidido a ayudarle para que triunfe en su proyecto.

—Gracias, Jean. ¿Tardará el día en penetrar en la maleza?

—Más de una hora, todavía. Solo las bestias advierten bastante tiempo antes que todo el mundo que el día va a despuntar. Veremos casi con claridad de aquí a una hora. Préstame su cuchillo, Papillon.

Se lo tiendo sin dudar. Da dos o tres pasos y corta una rama de una planta gruesa. Me da un pedazo grande y se guarda el otro.

—Beba el agua que hay dentro y pásesela por la cara.

Con esa extraña cubeta, bebo y me lavo. Ya es de día. Jean me ha devuelto el cuchillo. Enciendo un cigarrillo, y Jean fuma también. En marcha. Hacia la mitad de la jornada, después de haber chapoteado muchas veces en grandes charcas de lodo muy difíciles de franquear, sin haber tenido ningún encuentro, malo o bueno, hemos llegado a los alrededores del campamento de Inini.

Nos hemos aproximado a una carretera de acceso al campamento.

Una estrecha línea férrea contornea un lado de este amplio espacio talado.

—Es —me dice Jean— una vía férrea por la que solo circulan carretillas empujadas por los chinos. Estas carretillas hacen un ruido terrible, y se las oye desde lejos.

Asistimos al paso de una de ellas, coronada por un banco en el que se sientan dos guardianes. Detrás, dos chinos con largas varas de madera frenan el artilugio. Se desprenden chispas de las ruedas. Jean me explica que las varas tienen un extremo de acero, y que sirven para empujar o para frenar.

El camino está muy frecuentado. Pasan chinos llevando a sus espaldas rollos de bejucos, otros un jabalí, y algunos, fardos de hojas de cocotero. Toda esta gente tiene aspecto de dirigirse hacia el campamento. Jean me dice que hay muchas razones para salir a la selva: cazar, buscar bejuco para fabricar muebles, hojas de coco para confeccionar esteras que protejan las legumbres de los huertos del ardor del sol, atrapar mariposas, moscas, serpientes, etc. Ciertos chinos están autorizados a ir a la selva algunas horas, una vez concluida la tarea impuesta por la Administración. Deben de estar todos de regreso antes de las cinco de la tarde.

—Toma, Jean. Aquí tienes tus quinientos francos y tu fusil. —Antes lo había descargado—. Tengo mi cuchillo y mi machete. Puedes irte. Gracias. Que Dios te recompense mejor que yo por haber ayudado a un desdichado a tratar de revivir. Has sido leal. Gracias, una vez más. Espero que cuando cuentes esta historia a tus hijos, les digas: «Ese presidiario tenía aspecto de ser un buen chico; no me arrepiento de haberle ayudado».

—Monsieur Papillon, es tarde y no podré caminar mucho tiempo antes de la noche. Tome el fusil; me quedo con usted hasta mañana por la mañana. Quisiera, si usted me lo permite, detener yo mismo al chino que usted elija para que vaya a avisar a Cuic-Cuic. Tendrá menos miedo que si ve a un fugitivo blanco. Déjeme salir a la carretera. Ni siquiera un guardián, si se presentara, consideraría insólita mi presencia. Le diría que vengo a mirar palo de rosa para la empresa maderera Symphorien, de Cayena. Confíe en mí.

—Entonces, toma tu fusil, porque encontrarían extraño ver a un hombre desarmado en la selva.

—Es verdad.

Jean se ha plantado en el camino. Debo emitir un ligero silbido cuando el chino que aparezca me guste.

—Buenos días, señor —dice, en dialecto, un viejecillo chino que lleva al hombro un tronco de platanero, seguramente un cogollo de palma, delicioso de comer.

Silbo, pues este viejo cortés, que es el primero en saludar a Jean, me gusta.

—Buenos días, chino. Para, yo hablar contigo.

—¿Qué querer, señor?

Y se detiene.

Hace casi cinco minutos que hablan. No oigo la conversación. Pasan dos chinos. Llevan una voluminosa cierva colgada de un palo. Pendiente de los pies, su cabeza se arrastra por el suelo. Se van sin saludar al negro, pero dicen algunas palabras en indochino a su compatriota, quien les responde.

Jean hace entrar al viejo en la selva. Llegan junto a mí. Me tiende la mano.

—¿Tú *froufrou* (evadido)?

—Sí.

—¿De dónde?

—De la isla del Diablo.

—Bien —ríe y me mira con sus ojos oblicuos, muy abiertos—, bien. ¿Cómo tú llamado?

—Papillon.

—Yo no conocer.

—Yo amigo Chang, Chang Vauquien, hermano Cuic-Cuic.

—¡Ah, bien! —Y vuelve a darme la mano—. ¿Qué tú querer?

—Advertir a Cuic-Cuic que... yo esperar aquí a él.

—No posible.

—¿Por qué?

—Cuic-Cuic robó sesenta patos jefe de campamento. Jefe querer matar Cuic-Cuic. Cuic-Cuic *froufrou*.

—¿Desde cuándo?

—Dos meses.

—¿Se fue al mar?

—No sé. Yo ir al campamento, hablar otro chino amigo íntimo Cuic-Cuic. Él decidir. Tú no moverte de aquí. Yo volver esta noche.

—¿Qué hora?

—No sé. Pero yo volver a traer comida para ti, y cigarrillos; tú no encender fuego aquí. Yo silbar *La Madelon.* Cuando tú oír, tú salir a la carretera, ¿comprendido?

—Comprendido.

Y se va.

—¿Qué piensas tú, Jean?

—Nada está perdido, porque, si usted quiere, volveremos sobre nuestros pasos hasta Kourou y yo le procuraré una piragua, víveres y una vela para hacerse a la mar.

—Jean, voy muy lejos, y es imposible que parta solo. Gracias por tu ofrecimiento. En el peor de los casos, tal vez acepte.

El chino nos ha dado un grueso trozo de cogollo de palma. Nos lo comemos. Es fresco y delicioso, con un fuerte gusto de nuez. Jean va a vigilar; tengo confianza en él. Me paso jugo de tabaco por la cara y las manos, pues los mosquitos comienzan a atacar.

—Papillon, silban *La Madelon.*

Jean acaba de despertarme.

—¿Qué hora es?

—No es tarde; quizá las nueve.

Salimos a la carretera. La noche es negra. El silbador se aproxima. Respondo. Se acerca, estamos muy cerca, lo oigo, pero no lo veo. Siempre silbando uno y otro, nos encontramos. Son tres. Cada uno de ellos me da la mano. La luna no tardará en aparecer.

—Sentémonos a orilla de la carretera —dice uno en perfecto francés—. En la sombra, no podrán vernos.

Jean ha venido a reunirse con nosotros.

—Primero, come; luego, hablarás —dice el bien hablado del grupo.

Jean y yo comemos una sopa de legumbres muy caliente. Eso nos entona. Decidimos guardar el resto de los alimentos para más tarde. Bebemos té azucarado con sabor a menta. Es delicioso.

—¿Eres amigo íntimo de Chang?

—Sí, y me ha dicho que venga en busca de Cuic-Cuic para evadirme con él. Yo, una vez, ya me escapé muy lejos, hasta Colombia. Soy buen marino; por eso, Chang quería que condujera a su hermano. Confía en mí.

—Muy bien. ¿Qué tatuajes lleva Chang?

—Un dragón en el pecho y tres puntos en la mano izquierda. Me ha dicho que esos tres puntos significan que ha sido uno de los jefes de la rebelión de Poulo Condor. Su mejor amigo es otro jefe de la rebelión que se llama Van Hue. Tiene el brazo cortado.

—Soy yo —dice el intelectual—. Tú eres, con seguridad, el amigo de Chang, y, por lo tanto, nuestro amigo. Escucha bien: Cuic-Cuic no ha podido hacerse a la mar aún porque no sabe manejar una embarcación. Está solo, en la selva, a unos diez kilómetros de aquí. Hace carbón vegetal. Unos amigos se lo venden y le entregan el dinero. Cuando tenga los ahorros suficientes, comprará una barca y buscará a alguien que quiera evadirse por mar con él. Donde está no corre ningún riesgo. Nadie puede llegar hasta la falsa isla donde se encuentra, porque está rodeada de arenas movedizas. Todo hombre que se aventure sin conocer el terreno es tragado por el cieno. Vendré a buscarte al despuntar el día para conducirte hasta Cuic-Cuic. Venid con nosotros.

Avanzamos sin salirnos del borde de la carretera, pues la luna se ha levantado y difunde bastante claridad como para distinguir figuras a cincuenta metros. Cuando llegamos a un puente de madera, me dice:

—Desciende bajo el puente. Dormirás ahí. Yo vendré a buscarte mañana por la mañana.

Nos damos la mano y parten. Caminan sin esconderse. En

caso de que fueran sorprendidos, dirían que han ido a inspeccionar unas trampas que colocaron en la selva durante el día. Jean me dice:

—Papillon, no duermas aquí. Duerme en la selva, yo dormiré aquí. Cuando él venga, te llamaré.

—De acuerdo.

Me interno en la selva y duermo feliz después de haber fumado algunos cigarrillos, con la tripa llena de buena sopa.

Van Hue acude a la cita antes de hacerse de día. Para ganar tiempo, iremos por la carretera hasta que amanezca. Caminamos con rapidez durante más de cuarenta minutos. De golpe, despunta el día y a lo lejos oímos el ruido de una carretilla que avanza por la vía férrea. Nos metemos en la maleza.

—Adiós, Jean, gracias y buena suerte. Que Dios te bendiga, a ti y a tu familia.

Insisto para que acepte los quinientos francos. Me ha explicado, en caso de que fracasara con Cuic-Cuic, cómo aproximarme a su aldea, cómo encontrarla y cómo volver al sendero donde lo encontré. Se ve obligado a pasar por allí dos veces por semana. Estrecho la mano de este noble negro guayano y él sale a la carretera.

—Adelante —dice Van Hue, penetrando en la selva. Sin dudar, se orienta y avanzamos bastante deprisa, pues la maleza no es impenetrable. Evita cortar con su machete las ramas o bejucos que dificultan el paso. Solo los aparta.

CUIC-CUIC

En menos de tres horas, nos hallamos ante una ciénaga. Nenúfares en flor y grandes hojas verdes están pegados al lodo.

Seguimos la orilla del banco de cieno.

—Pon atención en no resbalar, porque desaparecerías sin esperanzas de volver a salir —me advierte Van Hue, que acaba de verme tropezar.

—Ve delante. Yo te seguiré, y así prestaré más atención.

Ante nosotros, un islote, a casi ciento cincuenta metros. De la mitad de la minúscula isla sale humo. Deben de ser las carboneras. En el pantano advierto un caimán del que solo emergen los ojos. ¿De qué puede nutrirse en esta ciénaga este caimán?

Después de haber caminado más de un kilómetro a lo largo de la orilla de esta especie de estanque de lodo, Van Hue se detiene y se pone a cantar en chino a voz en grito. Un tipo se aproxima al borde de la isla. Es pequeño y va vestido tan solo con un short. Los dos indochinos hablan entre sí.

La conversación es larga, y ya empiezo a impacientarme cuando, al fin, paran de hablar.

—No vengas por aquí —dice Van Hue.

Le sigo y volvemos sobre nuestros pasos.

Todo va bien; es un amigo de Cuic-Cuic. Cuic-Cuic ha ido de caza y no tardará en regresar. Hay que esperarlo ahí.

Nos sentamos. Menos de una hora después, llega Cuic-

Cuic. Es un tipillo muy seco, amarillo, anamita, con los dientes muy laqueados, casi negros, brillantes, con ojos inteligentes y francos.

—¿Eres amigo de mi hermano Chang?

—Sí.

—Bien. Puedes irte, Van Hue.

—Gracias —dice Van Hue.

—Toma, llévate esta codorniz.

—No, gracias.

Me estrecha la mano y se va.

Cuic-Cuic me arrastra tras un cerdo que camina ante él. Puede decirse que le sigue los pasos.

—Pon mucha atención, Papillon. El menor paso en falso, un error, y te hundes. En caso de accidente, no podría socorrerte, porque entonces no solo desaparecerías tú, sino también yo. El camino que debe atravesarse nunca es el mismo, pues el lodo se mueve, pero el cerdo siempre encuentra un paso. Solo una vez tuve que esperar dos días para pasar.

En efecto, el cerdo negro olisquea y, rápidamente, se interna en el pantano. El chino le habla en su lengua. Yo le sigo, desconcertado por el hecho de que ese animalito le obedezca como un perro. Cuic-Cuic observa, y yo abro los ojos, pasmado. El cerdo se mete en el pantano sin hundirse nunca más que unos centímetros. Rápidamente también, mi nuevo amigo se interna a su vez y dice:

—Pon los pies en las huellas de los míos. Es preciso darse mucha prisa, pues los agujeros que ha hecho el cerdo se borran de inmediato.

Hemos hecho la travesía sin dificultades. La arena movediza nunca me ha llegado más arriba de los tobillos, y aun eso hacia el final.

El cerdo había dado dos largos rodeos, lo que nos obligó a caminar por esta costra firme durante más de doscientos metros. El sudor me fluía por todos los poros. No puedo decir que tuviera solo miedo, porque en verdad, estaba aterrorizado.

Durante la primera parte del trayecto, me preguntaba si mi destino quería que yo muriera como Sylvain. Lo evocaba, al pobre, en su último instante y, aun estando muy despierto, distinguía su cuerpo, pero su rostro parecía tener mis rasgos. ¡Qué impresión me ha producido esta travesía! No puedo olvidarla.

—Dame la mano.

Y Cuic-Cuic, ese tipillo todo él huesos y piel, me ayuda a brincar a la orilla.

—Bueno, compañero, te aseguro que aquí no vendrán a buscarnos los cazadores de hombres.

—¡Ah, por ese lado, estoy tranquilo!

Penetramos en el islote. Un olor a gas carbónico se apodera de mi garganta. Toso. Es el humo de dos carboneras que se consumen. Aquí, no corro el riesgo de tener mosquitos. Bajo el viento, arropado por el humo, hay una barraquita de techo de hojas; las paredes también son de hojas trenzadas. Una puerta y, ante ella, el pequeño indochino que vi antes que a Cuic-Cuic.

—Buenos días, señor.

—Háblale en francés y no en dialecto; es un amigo de mi hermano.

El indochino, la mitad de un hombre, me examina de pies a cabeza. Satisfecho de su inspección, me tiende la mano sonriendo con una boca desdentada.

—Entra y siéntate.

La cocina está limpia. Algo cuece al fuego en una gran marmita.

No hay más que una cama hecha de ramas de árboles, a un metro del suelo por lo menos.

—Ayúdame a fabricar un lugar para que duerma esta noche.

—Sí, Cuic-Cuic.

En menos de media hora, mi yacija está hecha. Los dos chinos ponen la mesa y comemos una sopa deliciosa y, luego, arroz blanco con carne y cebollas.

El amigo de Cuic-Cuic es quien vende el carbón vegetal. No vive en la isla, y por eso, al caer la noche, nos encontramos solos Cuic-Cuic y yo.

—Sí, robé todos los patos del jefe del campamento, por eso me he fugado.

Con nuestros rostros iluminados a intervalos por las llamas del fuego, estamos sentados uno frente a otro. Nos examinamos y, hablando, cada uno de nosotros trata de conocer y comprender al otro.

El rostro de Cuic-Cuic casi no es amarillo. Con el sol, su amarillo natural se ha vuelto cobrizo. Sus ojos, muy rasgados, negro brillante, me miran fijamente cuando hablo. Fuma largos cigarros hechos por él mismo con hojas de tabaco negro.

Yo continúo fumando cigarrillos que lío en papel de arroz que me proporcionó el manco.

—Así que me fugué porque el jefe, el amo de los patos, quería matarme. De eso hace tres meses. Lo malo es que he perdido en el juego no solo el dinero de los patos, sino también el del carbón de dos carboneras.

—¿Dónde juegas?

—En la selva. Cada noche juegan los chinos del campamento de Inini y liberados que vienen de Cascade.

—¿Has decidido hacerte a la mar?

—No deseo otra cosa, y cuando vendía mi carbón vegetal pensaba comprar una embarcación, y encontrar a un tipo que supiera manejarla y quisiera partir conmigo. Pero en tres semanas, con la venta del carbón, podremos comprar la canoa y hacernos a la mar, puesto que tú sabes pilotar.

—Yo tengo dinero, Cuic-Cuic. No habrá que esperar a vender el carbón para poder comprar la embarcación.

—Entonces, todo va bien. Hay una buena chalupa en venta por mil quinientos francos. Quien la vende es un negro, un talador de madera.

—Bien. ¿La has visto?

—Sí.

—Yo también quiero verla.

—Mañana iré a ver a Chocolate, como le llamo. Cuéntame tu fuga, Papillon. Creía que era imposible evadirse de la isla del Diablo. ¿Por qué motivo no partió contigo mi hermano Chang?

Le cuento la fuga, la ola Lisette y la muerte de Sylvain.

—Comprendo que Chang no quisiera partir contigo. Era arriesgado de veras. Tú eres un hombre afortunado, por eso has podido llegar vivo hasta aquí. Estoy contento de que haya sido así.

Hace más de tres horas que Cuic-Cuic y yo conversamos. Nos acostamos pronto, pues él, al despuntar el día, quiere ir a ver a Chocolate. Después de haber puesto una gruesa rama en la rústica cocina para mantener el fuego toda la noche, nos echamos a dormir. La humareda me hace toser y se apodera de mi garganta, pero tiene una ventaja: ni un solo mosquito.

Echado en mi yacija, cubierto con una buena manta, bien caliente, cierro los ojos. No puedo dormirme. Estoy demasiado excitado. Sí, la fuga se desarrolla bien. Si la embarcación es buena, antes de ocho días me haré a la mar. Cuic-Cuic es pequeño, seco, pero debe de tener una fuerza poco común y una resistencia a toda prueba. Es, ciertamente, leal y correcto con sus amigos, pero debe de ser también muy cruel con sus enemigos. Es difícil leer en un rostro de asiático, no expresa nada. Sin embargo, sus ojos hablan en su favor.

Me duermo y sueño con un mar lleno de sol, con mi barca franqueando alegremente las olas, en marcha hacia la libertad.

—¿Quieres café o té?

—¿Qué bebes tú?

—Té.

—Pues dame té.

El día apenas despunta. El fuego ha quedado encendido desde ayer y en una cacerola hierve agua. Un gallo lanza su alegre canto. No hay gritos de pájaros alrededor de nosotros; seguramente, el humo de las carboneras los ahuyenta. El cerdo está acostado en la cama de Cuic-Cuic. Debe de ser perezoso, porque continúa durmiendo. Galletas hechas con harina de arroz se tuestan en la brasa. Después de haberme servido té azucarado, mi compañero corta una galleta en dos, la unta de margarina y me la da. Nos desayunamos copiosamente. Como tres galletas bien tostadas.

—Me voy, acompáñame. Si gritan o silban, no respondas. No corres ningún riesgo porque nadie puede venir aquí. Pero si te dejas ver al borde de la ciénaga, pueden matarte de un disparo de fusil.

El cerdo se levanta a los gritos de su dueño. Come, bebe y, después, sale. Lo seguimos. Va directo a la ciénaga. Baja bastante lejos del lugar donde llegamos ayer. Después de haber andado unos diez metros, regresa. El paso no le agrada. Al cabo de tres tentativas, consigue cruzar. Cuic-Cuic, inmediatamente y sin aprensión, franquea la distancia hasta tierra firme.

Cuic-Cuic no debe regresar hasta la noche. He comido yo solo la sopa que había puesto al fuego. Tras haber cogido ocho huevos del gallinero, me he hecho, con margarina, una tortilla de tres huevos. El viento ha cambiado de dirección y la humareda de las dos carboneras de frente a la choza se dirige a un lado. Al abrigo de la lluvia que ha caído por la tarde, bien acostado en mi lecho de madera, no he sido perturbado por el gas carbónico.

Por la mañana, he dado la vuelta a la isla. Casi en su centro, se abre un calvero bastante grande. Árboles caídos y leña cortada me indican que de allí saca Cuic-Cuic la madera para sus carboneras. Veo también un gran agujero de arcilla blanca de donde saca, seguramente, la tierra necesaria para cubrir la madera con el fin de que se consuma sin llama. Las gallinas van a picotear al calvero. Una rata enorme huye bajo mis pies y, algunos metros más allá, encuentro una serpiente muerta de casi dos metros de largo. Sin duda, es la rata la que acaba de matarla.

Toda esta jornada que he pasado solo en el islote ha sido

una serie de descubrimientos. Por ejemplo, he encontrado una familia de osos hormigueros. La madre y tres pequeños. Un enorme hormiguero bullía en torno a ellos. Una docena de monos, muy pequeños, saltan de árbol en árbol en el claro. Ante mi llegada, los micos gritan hasta destrozarme los oídos.

Cuic-Cuic regresa por la noche.

—No he visto a Chocolate y tampoco la embarcación. Ha debido de ir en busca de víveres a Cascade, la aldehuela donde tiene su casa. ¿Has comido bien?

—Sí.

—¿Quieres comer más?

—No.

—Te he traído dos paquetes de tabaco gris, de ese que usan los soldados, pues no había otro.

—Gracias, da igual. Cuando Chocolate se va, ¿cuánto tiempo se queda en la aldea?

—Dos o tres días, pero aún así iré mañana y todos los días, pues no sé cuándo ha partido.

Al día siguiente, cae una lluvia torrencial. Ello no impide a Cuic-Cuic marcharse, completamente en cueros. Lleva sus efectos bajo el brazo, envueltos en una tela encerada. No le acompaño.

—No vale la pena de que te mojes —me ha dicho.

La lluvia acaba de cesar. Por el sol me parece que son, más o menos, de las diez a las once. Una de las dos carboneras, la segunda, se ha derrumbado bajo el alud de agua. Me aproximo para ver el desastre. El diluvio no ha conseguido apagar del todo la madera. Continúa saliendo humo del montón informe. De repente, me froto los ojos antes de mirar de nuevo, tan imprevisto es lo que veo: cinco zapatos salen de la carbonera. Enseguida se advierte que estos zapatos, puestos perpendicularmente sobre el tacón, tienen cada uno un pie y una pierna en el extremo. Así, pues, hay tres hombres cociéndose en la carbonera. No vale la pena describir mi primera reacción: produce un escalofrío en la espalda descubrir algo tan macabro.

Me inclino y, empujando con el pie un poco de carbón vegetal medio calcinado, descubro el sexto pie.

No se anda con chiquitas, el tal Cuic-Cuic; transforma en cenizas, en serie, a los tipos que despacha. Estoy tan impresionado que, primero, me aparto de la carbonera y voy hasta el calvero a tomar el sol. Tengo necesidad de calor. Sí, pues en esta temperatura asfixiante, de repente tengo frío y siento la necesidad de un rayo del buen sol de los trópicos.

Al leer esto, se pensará que es ilógico, que yo habría debido tener más bien sudores después de semejante descubrimiento. Pues no. Estoy transido de frío, congelado moral y físicamente. Mucho después, pasada una hora larga, gotas de sudor han empezado a fluir de mi frente, pues cuanto más lo pienso, tanto más me digo que, después de haberle confesado que tengo mucho dinero en el estuche, es un milagro que aún esté vivo.

A menos que me reserve para ponerme en la base de una tercera carbonera.

Recuerdo que su hermano Chang me contó que había sido condenado por piratería y asesinato a bordo de un junco. Cuando atacaban un barco para saquearlo, suprimían a toda la familia, naturalmente por razones políticas. Así, pues, son tipos ya entrenados en los asesinatos en serie. Por otra parte, aquí estoy prisionero. Me encuentro en una posición extraña.

Puntualicemos. Si mato a Cuic-Cuic en el islote y lo meto, a su vez, en la carbonera, ni visto ni oído. Pero el cerdo, entonces, no me obedecería; ni siquiera entiende francés, esta especie de cerdo amaestrado. Así que no hay manera de salir del islote. Si amenazo al indochino, me obedecerá, pero entonces es preciso que, después de haberlo obligado a sacarme de la isla, lo mate en tierra firme. Si lo arrojo a la ciénaga, desaparecerá, pero debe haber una razón para que queme a los individuos y no los tire al pantano, lo cual sería más fácil. Los guardianes no me preocupan, pero si sus amigos chinos descubren que lo he matado, se transformarán en cazadores de hombres y, con su conocimiento de la selva, no es grano de anís tenerlos detrás de los talones.

Cuic-Cuic no tiene más que un fusil de un cañón que se carga por la boca. No lo abandona nunca, ni siquiera para hacer la sopa. Duerme con él y hasta se lo lleva cuando se aleja de la choza para hacer sus necesidades. Debo tener mi cuchillo siempre abierto, pero es preciso que duerma. ¡Pues sí que he elegido bien a mi socio para escaparme!

No he comido en todo el día. Y aún no he tomado ninguna determinación cuando oigo cantar. Es Cuic-Cuic, que vuelve. Escondido detrás de las ramas, lo veo venir. Lleva un fardo en equilibrio sobre la cabeza. Cuando está muy cerca de la orilla, me muestro. Sonriendo, me pasa el paquete; envuelto en un saco de harina, brinca a mi lado y, rápidamente, se dirige hacia la casita. Le sigo.

—Buenas noticias, Papillon. Chocolate ha regresado. Sigue teniendo la embarcación. Dice que puede llevar una carga de más de quinientos kilos sin hundirse. Lo que llevas son sacos de harina para hacer una vela y un foque. Es el primer paquete. Mañana, traeremos los otros, porque tú vendrás conmigo para ver si la canoa te satisface.

Todo esto me lo explica Cuic-Cuic sin volverse. Caminamos en fila. Primero, el cerdo; luego, él y, después, yo. Pienso que no tiene aspecto de haber proyectado echarme a la carbonera, puesto que mañana debe llevarme a ver la embarcación, y comienza a hacer gastos para la fuga; incluso ha comprado sacos de harina.

—Vaya, se ha derrumbado una carbonera. Es la lluvia, sin duda. Con semejante manga de agua que ha caído, no me extraña.

Ni siquiera va a ver la carbonera, y entra directamente en la barraca. Ya no sé qué decir ni qué determinación tomar. Hacer como que no he visto nada es poco aceptable. Parecería extraño que, en todo el día, no me hubiera acercado a la carbonera, que está a veinticinco metros de la casita.

—¿Has dejado apagar el fuego?

—Sí, no le he prestado atención.

—Pero ¿no has comido?

—No, no tenía hambre.

—¿Estás enfermo?

—No.

—Entonces ¿por qué no te has zampado la sopa?

—Cuic-Cuic, siéntate. Debo hablarte.

—Deja que encienda el fuego.

—No. Quiero hablarte enseguida, mientras aún sea de día.

—¿Qué sucede?

—Sucede que la carbonera, al derrumbarse, ha dejado aparecer a tres hombres que tenías cociéndose dentro. Dame una explicación.

—¡Ah, era por eso que te encontraba raro! —Y, sin emocionarse en absoluto, me mira fijamente y me dice—: Después de este descubrimiento no estabas tranquilo. Te comprendo; es natural. Y hasta he tenido suerte de que no me apuñalaras por la espalda. Escucha, Papillon: esos tres tipos eran tres cazadores de hombres. Hace una semana o, más bien, diez días, había vendido una buena cantidad de carbón a Chocolate. El chino a quien viste me había ayudado a sacar los sacos de la isla. Es una historia complicada: con una cuerda de más de doscientos metros se arrastran cadenas de sacos que se deslizan por la ciénaga. Bueno. De aquí a un pequeño curso de agua donde estaba la piragua de Chocolate, habíamos dejado muchas huellas. Sacos en mal estado habían dejado caer algunos fragmentos de carbón. Entonces, empezó a rondar el primer cazador de hombres. Por los gritos de las bestias, supe que había alguien en la selva. Vi al tipo sin que él lo advirtiera. No fue difícil atravesar al lado opuesto donde él estaba y, describiendo un semicírculo, sorprenderlo por detrás. Murió sin tan siquiera ver quién lo había matado. Como había advertido que el pantano devuelve los cadáveres que, tras haberse hundido al principio, vuelven a ascender a la superficie al cabo de unos días, lo traje aquí y lo metí en la carbonera.

—¿Y los otros dos?

—Fue tres días antes de tu llegada. La noche era muy negra y silenciosa, lo que es bastante raro en la selva. Esos dos estaban alrededor del pantano desde la caída de la noche. Uno de ellos, de vez en vez, cuando la humareda iba hacia donde estaban, fue presa de accesos de tos. A causa de ese ruido, fui advertido de su presencia. Antes de despuntar el día, me aventuré a atravesar la ciénaga por el lado opuesto al lugar donde había localizado la tos. Para resumir, te diré que al primer cazador de hombres lo degollé. Ni siquiera un grito. En cuanto al otro, armado de un fusil de caza, cometió el error de descubrirse, pues estaba demasiado ocupado escrutando la maleza del islote para ver lo que pasaba allí. Lo abatí de un disparo de fusil, y como no estaba muerto, le hundí mi cuchillo en el corazón. He aquí, Papillon, quiénes son los tres tipos que has descubierto en la carbonera. Se trata de dos árabes y un francés. Atravesar la ciénaga con cada uno de ellos a cuestas no fue fácil. Tuve que hacer dos viajes, pues pesaban mucho. Al fin, pude meterlos en la carbonera.

—¿Seguro que sucedió así?

—Sí, Papillon, te lo juro.

—¿Por qué no los echaste a la ciénaga?

—Como te he dicho, la ciénaga devuelve los cadáveres. Algunas veces caen ciervos grandes y, una semana después, ascienden de nuevo a la superficie. Se huele a podrido hasta que las aves de presa los devoran. El festín dura mucho tiempo, y sus gritos y su vuelo atraen a los curiosos. Papillon, te lo juro, no temas nada de mí. Para asegurarte, toma, toma el fusil, si quieres.

Tengo un deseo loco de aceptar el arma, pero me domino y, de la manera más natural posible, digo:

—No, Cuic-Cuic. Si estoy aquí es porque me siento como un amigo. Mañana debes volver a quemar a los cazadores de hombres, porque vete a saber qué puede suceder cuando hayamos partido de aquí. No tengo deseos de que me acusen, ni en rebeldía, de tres asesinatos.

—Sí, volveré a quemarlos mañana. Pero estáte tranquilo; nunca pondrá nadie los pies en esta isla. Es imposible pasar sin hundirse.

—¿Y con una canoa de caucho?

—No había pensado en eso.

—Si alguien trajera a los gendarmes hasta aquí y a ellos se les metiera en la cabeza la idea de venir a la isla, créeme que, con una canoa, pasarían; por eso, es preciso partir lo antes posible.

—De acuerdo. Mañana volveremos a encender la carbonera que, por otra parte, no se ha apagado. Solo hay que hacer dos chimeneas de aireación.

—Buenas noches, Cuic-Cuic.

—Buenas noches, Papillon. Y, te lo repito, duerme tranquilo, puedes confiar en mí.

Tapado con un cobertor hasta la barbilla, gozo del calor que la prenda me proporciona. Enciendo un cigarrillo. Menos de diez minutos después Cuic-Cuic ronca. Su cerdo, a su lado, respira con fuerza. El fuego ya no despide llamas, pero el tronco de árbol, una brasa que enrojece cuando la brisa penetra en la choza, produce una impresión de paz y sosiego. Saboreo esta comodidad y me duermo con un pensamiento: o mañana me despierto y, entonces, todo irá bien entre Cuic-Cuic y yo, o el chino es un artista más consumado que Sacha Guitry para disimular sus intenciones y contar historias y, en ese caso, ya no veré la luz del sol porque sé demasiado sobre él, y eso puede molestarle.

Con un cuartillo de café en la mano, el especialista en asesinatos en serie me despierta y, como si nada hubiera pasado, me da los buenos días con una sonrisa magníficamente cordial. El día se ha levantado.

—Toma, bébete el café. Cómete una galleta: ya tiene margarina.

Después de haber comido y bebido, me lavo afuera, tomando agua de un tonel que está siempre lleno.

—¿Quieres ayudarme, Papillon?

—Sí —le digo sin preguntarle a qué.

Tiramos de los pies de los cadáveres medio quemados. Advierto, sin decir nada, que los tres tienen el vientre abierto. El simpático Cuic-Cuic debió de buscar en sus intestinos si llevaban un estuche. ¿Seguro que eran cazadores de hombres? ¿Por qué no cazadores de mariposas o de bestias? ¿Los ha matado para defenderse o para robarles? En fin, ya he pensado bastante en eso. Volvemos a colocarlos en un agujero de la carbonera, bien cubiertos de madera y arcilla. Abrimos dos chimeneas de aireación y la carbonera reanuda sus dos funciones: hacer carbón vegetal y transformar en cenizas los tres fiambres.

—En marcha, Papillon.

El cochinillo encuentra un paso en poco tiempo. En fila india, franqueamos la ciénaga. Siento una angustia tremenda en el momento de arriesgarme por aquel lugar. El hundimiento de Sylvain ha dejado en mí una impresión tan fuerte, que no puedo aventurarme con serenidad. Al fin, con gotas de sudor frío, me lanzo tras Cuic-Cuic. Cada uno de mis pies se encaja en la huella de los suyos. No hay vuelta de hoja: si él pasa, yo debo pasar también.

Más de dos horas en marcha nos conducen al lugar donde Chocolate corta madera. No hemos tenido ningún encuentro en la selva y, por lo tanto, no hemos debido escondernos nunca.

—Buenos días.

—Buenos días, Cuic-Cuic.

—¿Qué tal?

—Bien.

—Enséñale la embarcación a mi amigo.

La embarcación es muy fuerte; se trata de una especie de chalupa de carga. Es muy pesada, pero robusta. Tanteo con mi cuchillo por todas partes. No penetra en ningún sitio más de medio centímetro. La base está también intacta. La madera con que la han fabricado es de primera calidad.

—¿Por cuánto la vende usted?

—Por dos mil quinientos francos.

—Le doy dos mil.

—Trato hecho.

—Esta embarcación no tiene quilla. Le pagaré quinientos francos más, pero es preciso que le ponga una quilla, un gobernalle y un mástil. La quilla, de madera dura, como el gobernalle. El mástil, de tres metros, de madera ligera y flexible. ¿Cuándo estará listo?

—Dentro de ocho días.

—Aquí tiene dos billetes de mil y uno de quinientos francos. Los cortaré en dos. Le daré la otra mitad cuando me entregue la embarcación. Guarde los tres medios billetes con usted. ¿Comprendido?

—De acuerdo.

—Quiero permanganato, un barril de agua, cigarrillos y cerillas, víveres para cuatro hombres durante un mes: harina, aceite, café y azúcar. Estas provisiones se las pagaré aparte. Me lo entregará todo en el río, en el Kourou.

—Señor, no puedo acompañarle a la desembocadura.

—No se lo he pedido, le digo que me entregue la canoa en el río, y no en este recodo.

—Aquí tiene los sacos de harina, una cuerda, agujas e hilo de vela.

Cuic-Cuic y yo regresamos a nuestro escondite. Llegamos sin complicaciones mucho antes de la noche. Durante el regreso, ha llevado al cerdo a cuestas, pues estaba fatigado.

Hoy también estoy solo, empeñado en coser la vela, cuando oigo gritos. Escondido en la maleza, me aproximo a la ciénaga y miro a la otra orilla: Cuic-Cuic discute y gesticula con el chino intelectual. Creo comprender que quiere pasar al islote y que Cuic-Cuic no le deja. Cada uno de ellos tiene un machete en la mano. El más excitado es el manco. ¡Con tal de que no me mate a Cuic-Cuic! He decidido mostrarme. Silbo. Se vuelven hacia mí.

—Quiero hablar contigo, Papillon —grita el otro—. Cuic-Cuic no quiere dejarme pasar.

Al cabo de diez minutos más de discusión en chino, llegan al islote precedidos por el cerdo. Sentados en la cabaña, con un cuartillo de té cada uno en la mano, espero a que se decidan a hablar.

—Quiere —dice Cuic-Cuic— fugarse a toda costa con nosotros. Yo le explico que no cuento para nada en este asunto, que eres tú quien paga y quien manda en todo. No quiere creerme.

—Papillon —dice el otro—, Cuic-Cuic está obligado a llevarme con él.

—¿Por qué?

—Fue él, hace dos años, quien me cortó el brazo en una riña por una cuestión de juego. Me hizo jurar que no le mataría. Yo lo juré, pero con una condición: que durante toda su vida debe alimentarme, al menos mientras yo se lo exija. Así que, si se va, no lo veré más en mi vida. Por eso, o te deja partir a ti solo, o me lleva consigo.

—¡Lo que me faltaba por ver! Escucha: acepto llevarte. La embarcación es buena y grande, y podríamos partir más, si quisiéramos. Si Cuic-Cuic está de acuerdo, te llevo.

—Gracias —dice el manco.

—¿Qué dices, tú, Cuic-Cuic?

—De acuerdo, si tú lo quieres.

—Una cosa importante. ¿Puedes salir del campamento sin ser declarado como desaparecido, y buscado por prófugo, y llegar al río antes de la noche?

—No hay inconveniente. Puedo salir a partir de las tres de la tarde, y en menos de dos horas estoy en la orilla del río.

—Por la noche, ¿encontrarás el sitio, Cuic-Cuic, para que embarquemos a tu amigo sin perder tiempo?

—Sí, sin ninguna duda.

—Ven dentro de una semana para saber el día de la partida.

El manco se marcha contento después de haberme estrechado la mano. Los veo a los dos cuando se separan, en la otra orilla. Se dan la mano antes de separarse. Todo va bien. Cuando Cuic-Cuic está de nuevo en la cabaña, digo:

—Has hecho un pacto muy raro con tu enemigo: aceptar alimentarlo durante toda su vida no es una cosa corriente. ¿Por qué le cortaste el brazo?

—Una riña de juego.

—Hubieras hecho mejor matándolo.

—No, porque es muy buen amigo. En el Consejo de Guerra ante el que comparecí por eso, me defendió a fondo, diciendo que él me había atacado y que yo actué en legítima defensa. Yo acepté el pacto libremente, y debo cumplirlo hasta el fin. Solo que no me atreví a decírtelo porque tú pagas toda la fuga.

—De acuerdo, Cuic-Cuic; no hablemos más de eso. Es cosa tuya. Una vez libre, si Dios quiere, haz lo que te parezca.

—Mantendré mi palabra.

—¿Qué piensas hacer, si un día eres libre?

—Poner un restaurante. Soy muy buen cocinero, y él, un especialista en *choro meim*, una especie de espaguetis chinos.

Este incidente me ha puesto de buen humor. La historia es tan divertida, que no puedo impedir hacer rabiar a Cuic-Cuic.

Chocolate ha cumplido su palabra: cinco días más tarde, todo está dispuesto. En medio de una lluvia torrencial, hemos ido a ver la embarcación. Nada que añadir. Mástil, gobernalle y quilla han sido adaptados perfectamente, con un material de primera calidad. En una especie de recodo del río, nos espera la barca con su barril y los víveres. Falta avisar al manco. Chocolate se encarga de ir al campamento a hablar con él. Para evitar el peligro de aproximarse a la orilla con el fin de recogerlo, él mismo lo llevará directamente al escondrijo.

La salida del río Kourou está marcada por dos faros de posición. Si llueve, podemos salir sin riesgo por el centro del río, sin izar velas, por supuesto, para no llamar la atención. Chocolate nos ha dado pintura negra y un pincel. En la vela, pintamos una gran K y el número 21. Esta K 21 es la matrícula de una embarcación de pesca que, algunas veces, sale a pescar por la noche. En caso de que nos vieran desplegar la vela a la salida al mar, nos tomarían por la otra embarcación.

Será mañana por la noche a las siete, una hora después de que oscurezca. Cuic-Cuic afirma que encontrará el camino, y está seguro de conducirme en derechura al escondite. Abandonaremos la isla a las cinco, así tendremos todavía una hora de día para caminar.

El regreso a la cabaña es alegre. Cuic-Cuic, sin volverse, pues yo marcho detrás, lleva el cochinillo a cuestas y no deja de hablar:

—Por fin, voy a abandonar el presidio. Seré libre gracias a ti y a mi hermano Chang. Tal vez un día, cuando los franceses se hayan ido de Indochina, pueda regresar a mi país.

En una palabra, confía en mí, y saber que la embarcación me ha gustado le pone alegre como unas pascuas. Duermo mi última noche en el islote, mi última noche —por lo menos eso espero— en tierra de la Guayana.

Si salgo del río y me hago a la mar, seguro que eso significa la libertad. El único peligro es el naufragio, pues, desde la guerra, ya no devuelven a los evadidos en ningún país. En eso, al menos, la guerra nos sirve de algo. Si nos pescan, nos condenan a muerte, es cierto, pero falta que nos cojan. Pienso en Sylvain: debía de estar aquí, conmigo, a mi lado, si no hubiese cometido aquella imprudencia. Me duermo mientras redacto un telegrama: «Señor fiscal Pradel: Al fin, definitivamente, he superado el camino de la podredumbre al que usted me arrojó. He necesitado nueve años».

El sol está bastante alto cuando Cuic-Cuic me despierta. Té y galletas. Todo está lleno de cajas. Advierto dos jaulas de mimbre.

—¿Qué quieres hacer con esas jaulas?

—Meteré en ellas las gallinas para comérnoslas por el camino.

—¡Estás chiflado, Cuic-Cuic! No te lleves las gallinas.

—Sí, quiero llevármelas.

—¿Estás mal de la cabeza? Si a causa de la marea salimos por la mañana y las gallinas y los gallos cloquean y cantan en el río, ¿te das cuenta del peligro?

—Pues yo no tiro las gallinas.

—Cuécelas y mételas en grasa y aceite. Se conservarán, y los tres primeros días, nos las zamparemos.

Convencido al fin, Cuic-Cuic parte en busca de las gallinas, pero los cacareos de las cuatro primeras que ha atrapado han debido de amoscar a las otras, porque no hemos podido agarrar ni una más, pues todas se han refugiado en la maleza. Misterio de los animales que han presentido, no sé cómo, el peligro.

Cargados como mulos, atravesamos la ciénaga detrás del cerdo. Cuic-Cuic me ha suplicado que lo llevemos con nosotros.

—¿Me das tu palabra de que a ese animal no se le ocurrirá chillar?

—Te juro que no. Se calla cuando se lo ordeno. Incluso, cuando dos o tres veces hemos sido perseguidos por un tigre que merodeaba para sorprendernos, no ha gritado. Y, sin embargo, tenía los pelos de punta en todo el cuerpo.

Convencido de la buena fe de Cuic-Cuic, accedo a llevar su querido cerdo. Cuando llegamos al escondite, es de noche. Chocolate está allí con el manco. Dos lámparas eléctricas me permiten comprobarlo todo. No falta nada: los anillos de la vela están pasados por el mástil; el foque, en su sitio, dispuesto para ser izado. Cuic-Cuic hace dos o tres veces la maniobra que le indico. Enseguida comprende lo que espero de él. Pago al negro, que se ha mostrado muy correcto. Es tan ingenuo, que ha traído papel de pegar y las mitades de los billetes. Me pide que se los pegue. Ni por un momento ha pensado que yo podría quitarle el dinero. Cuando las gentes no abrigan malos pensamientos hacia los demás es porque ellas mismas son buenas y rectas. Chocolate era un hombre bueno y honrado. Después de haber visto cómo se trata a los forzados, no tenía ningún remordimiento de ayudar a tres de ellos a evadirse de este infierno.

—Adiós, Chocolate. Buena suerte para ti y para tu familia.

—Muchas gracias.

EL ADIÓS AL PRESIDIO

LA FUGA DE LOS CHINOS

Soy el último en subir a bordo y, empujada por Chocolate, la embarcación avanza hacia el río. Nada de pagayas, sino dos buenos remos, uno manejado por Cuic-Cuic a proa, y el otro por mí. En menos de dos horas, atacamos el río.

Llueve desde hace más de una hora. Un saco de harina pintado me sirve de toldo, Cuic-Cuic tiene otro, y el manco igual.

El río es rápido y sus aguas están llenas de torbellinos. Pese a la fuerza de la corriente, en menos de una hora estamos en mitad del curso de agua. Ayudados por el flujo, tres horas después pasamos entre dos faros. Sé que el mar está próximo, pues los faros se hallan en las puntas extremas de la desembocadura. Con la vela y el foque al viento, salimos del Kourou sin ningún inconveniente. El viento nos coge de lado con tal fuerza, que me veo obligado a hacer que se deslice sobre la vela. Entramos en el mar con dureza y, como una flecha, cruzamos el estuario y nos alejamos rápidamente de la costa. Ante nosotros, a cuarenta kilómetros, el faro de Royale nos indica la ruta.

Hace pocos días, yo estaba detrás de ese faro, en la isla del Diablo. Esta salida de noche al mar, esta rápida separación de Tierra Grande no es saludada por una explosión de gozo por mis dos compañeros chinos. Estos hijos del cielo no tienen la misma manera que nosotros de exteriorizar sus sentimientos.

Una vez en el mar, Cuic-Cuic se ha limitado a decir:

—Hemos salido muy bien.

El manco añade:

—Sí, hemos entrado en el mar sin ninguna dificultad.

—Tengo sed, Cuic-Cuic. Pásame un poco de tafia.

Después de haberme servido, beben ellos también un buen trago de ron.

He partido sin brújula, pero en mi primera fuga aprendí a dirigirme según el sol, la luna, las estrellas y el viento. Así, pues, sin dudar, con el mástil apuntando a la Polar, avanzo hacia mar abierto. La embarcación se porta bien: remonta las olas con suavidad y apenas cabecea. Como el viento es muy fuerte, por la mañana estamos muy lejos de la costa y de las Islas de la Salvación. Si no hubiera sido muy arriesgado, me hubiera acercado a la del Diablo para contemplarla, al contornearla, a mis anchas, desde alta mar.

Durante seis días, hemos tenido un tiempo agitado, pero sin lluvia ni tempestad. El viento, muy fuerte, nos ha empujado con bastante rapidez hacia el oeste. Cuic-Cuic y Hue son admirables compañeros. No se quejan nunca ni del mal tiempo, ni del sol, ni del frío de la noche. Un solo inconveniente: ninguno de ellos quiere tocar la barra y pilotar durante algunas horas la embarcación para que yo pueda dormir. Tres o cuatro veces al día preparan de comer. Hemos acabado con todas las gallinas y gallos. Ayer, bromeando, le dije a Cuic-Cuic:

—¿Cuándo nos comeremos el cerdo?

Le ha sentado pésimamente.

—Este animal es mi amigo, y antes de matarlo para comer, habría que matarme a mí primero.

Mis camaradas se ocupan de mí. No fuman para que yo pueda hacerlo tanto como quiera. Constantemente hay té caliente. Lo hacen todo sin que haya que decirles nada.

Hace siete días que hemos zarpado. Ya no puedo más. El sol golpea con tal fuerza, que hasta mis indochinos están cocidos como cangrejos. Me voy a dormir. Ato el gobernalle y dejo un pedacito muy pequeño de vela. La embarcación avanza según la empuja el viento. Duermo a pierna suelta casi cuatro horas.

Me he despertado sobresaltado a causa de una sacudida demasiado dura. Cuando me paso agua por la cara, me veo agradablemente sorprendido al comprobar que, durante mi sueño, Cuic-Cuic me ha afeitado sin que yo sintiera nada. Mi rostro está, asimismo, bien aceitado gracias a sus cuidados.

Desde ayer por la noche, sigo el rumbo sursudoeste, pues creo que he subido demasiado al norte. Esta pesada embarcación tiene la ventaja, además de aguantar bien el mar, de no derivar con facilidad. Por eso, supongo que he subido demasiado, pues he contado la deriva y, quizá, casi no la ha habido. ¡Caramba, un globo dirigible! Es la primera vez en mi vida que veo uno. No parece que venga hacia nosotros, y está demasiado lejos para que nos demos perfecta cuenta de su tamaño.

El sol que se refleja en su metal de aluminio le da reflejos platinados y tan brillantes, que no se puede fijar los ojos en él. Ha cambiado de ruta, y se diría que se dirige hacia nosotros. En efecto, crece rápidamente y, en menos de veinte minutos, está sobre nosotros. Cuic-Cuic y el manco están tan sorprendidos de ver este ingenio, que no cesan de parlotear en chino.

—¡Hablad en francés, maldita sea, para que os entienda!

—Salchicha inglesa —dice Cuic-Cuic.

—No, no es del todo una salchicha; es un dirigible.

Ahora que está bajo y gira por encima de nosotros en círculos estrechos, se ve con detalle el enorme ingenio. Sacan unas banderas y nos hacen señales con ellas. Como no comprendemos nada, no podemos responder. El dirigible insiste, pasando aún más cerca de nosotros, hasta el punto de que se distingue a las personas en la carlinga. Luego, se van derechos hacia tierra. Menos de una hora después, llega un avión que da muchas pasadas encima de nosotros.

El mar se ha embravecido, y el viento, de repente, se ha hecho más fuerte. El horizonte está claro por todos lados. No hay peligro de lluvia.

—Mira —dice el manco.

—¿Dónde?

—Allá lejos, ese punto hacia donde debe de estar la tierra. Ese punto negro es un barco.

—¿Cómo lo sabes?

—Lo supongo, e incluso te diré que es una lancha rápida.

—¿Por qué?

—Porque no desprende humo.

En efecto, no menos de una hora después, se distingue con mucha claridad un barco de guerra gris que parece dirigirse en derechura hacia nosotros. Aumenta, o sea que avanza a una velocidad prodigiosa, con su proa dirigida hacia donde estamos hasta el punto de que tengo miedo de que pase demasiado cerca de nosotros. Sería peligroso, pues el mar está embravecido y su estela, contraria a la ola, podría echarnos a pique.

Es un torpedero de bolsillo, el *Tarpon*, según podemos leer cuando, trazando un semicírculo, se muestra en toda su longitud. Con la bandera inglesa flotando a proa, esta lancha, después de haber descrito el semicírculo, se nos viene encima lentamente por la popa. Prudentemente, se mantiene a la misma altura y velocidad que nosotros. Gran parte de la tripulación está sobre el puente, vestida con el azul de la Marina inglesa. Desde la pasarela, con un megáfono ante la boca, un oficial de blanco grita:

—*Stop. You stop!*

—¡Arría las velas, Cuic-Cuic!

En menos de dos minutos, vela, trinquete y foque son retirados. Sin vela estamos casi detenidos; solo las olas nos arrastran de través. No podemos permanecer mucho tiempo así sin peligro. Una embarcación que carece de impulso propio, motor o viento, no obedece al timón. Es muy peligroso cuando las olas son altas. Sirviéndome de las dos manos como bocina, grito:

—¿Habla usted francés, *captain*?

Otro oficial toma el megáfono del primero.

—Sí, *captain*, comprendo el francés.

—¿Qué quieren ustedes?

—Izar a bordo su embarcación.

—No. Es demasiado peligroso; no quiero que me la rompan.

—Nosotros somos un buque de guerra que vigila el mar, y ustedes deben obedecer.

—Me cisco en ello, porque nosotros no hacemos la guerra.

—¿No son ustedes náufragos de un buque torpedeado?

—No. Somos evadidos de un presidio francés.

—¿Qué presidio? ¿Qué es, qué quiere decir presidio?

—Prisión, penitenciaría. *Convict*, en inglés, *Hard labour*.

—¡Ah! Sí, sí, comprendo. ¿Cayena?

—Sí, Cayena.

—¿Adónde van ustedes?

—*British Honduras*.

—No se puede. Deben tomar la ruta sursudoeste y dirigirse a Georgetown. Obedezca, es una orden.

—De acuerdo.

Le digo a Cuic-Cuic que ice las velas y partimos en la dirección mandada por el torpedero.

Oímos un motor detrás de nosotros. Es una chalupa que han botado del barco. No tarda en alcanzarnos. Un marino, con el fusil en banderola, está en pie a proa. La chalupa viene por la derecha y nos roza literalmente, sin detenerse ni pedir que nos paremos. De un brinco, el marino salta a nuestra canoa. La chalupa continúa y va a reunirse con la lancha.

—*Good afternoon** —dice el marino.

Avanza hacia mí, se sienta a mi lado y, luego, coloca la mano en la barra y dirige la embarcación más al sur de lo que yo hacía. Le dejo la responsabilidad de gobernar, observando

* Buenas tardes.

su modo de hacer. Sabe maniobrar muy bien; sobre eso, no cabe ninguna duda. Pese a todo, me quedo en mi sitio. Nunca se sabe.

—*Cigareties?*

Saca tres paquetes de cigarrillos ingleses y nos da uno a cada uno.

—Seguro —dice Cuic-Cuic— que le han dado los paquetes de cigarrillos justo cuando se ha embarcado, pues no debe pasearse con tres paquetes encima.

Me río de la reflexión de Cuic-Cuic y, luego, me ocupo del marino inglés, que sabe manejar la embarcación mejor que yo. Puedo pensar con toda tranquilidad. Esta vez, la fuga ha sido un éxito definitivo. Soy un hombre libre, libre.

Un sofoco me atenaza la garganta, y hasta creo que unas lágrimas asoman a mis ojos. Sí, estoy definitivamente libre, puesto que, desde la guerra, ningún país devuelve a los fugados.

Antes de que termine la guerra, tendré tiempo de conseguir que me estimen y me conozcan en cualquier país donde me establezca. El único inconveniente es que, con la guerra, quizá no pueda elegir el país donde quisiera quedarme.

Me da lo mismo, pues, en cualquier lugar donde viva, en poco tiempo me habré ganado la estima y la confianza de la población y de las autoridades por mi manera de vivir, que debe ser y será irreprochable. Mejor aún: ejemplar.

La sensación de seguridad de haber salido victorioso al fin del camino de la podredumbre es tal, que no pienso en otra cosa. ¡Por fin has ganado, Papillon! Al cabo de nueve años, has salido definitivamente victorioso. Gracias, buen Dios; quizá hubieras podido hacerlo antes, pero tus caminos son misteriosos y no me quejo de Ti, pues gracias a tu ayuda aún soy joven, sano y libre.

Al pensar en el camino recorrido en estos nueve años de presidio, más los dos cumplidos antes en Francia, once en total, sigo el brazo del marino que me dice:

—Tierra.

A las cuatro de la tarde, tras haber contorneado un faro apagado, entramos en un río enorme, Demerara River. Reaparece la chalupa, el marino me devuelve la barra y va a colocarse a proa. Agarra una gruesa cuerda al vuelo, que ata al banco de delante. Él mismo arría las velas y, suavemente arrastrados por la chalupa, remontamos unos veinte kilómetros este río amarillo, seguidos a doscientos metros por el torpedero. Después de un recodo, surge una gran ciudad:

—Georgetown —grita el marino inglés.

En efecto, entramos en la capital de la Guayana inglesa, suavemente remolcados por la chalupa. Muchos buques de carga, guardacostas y barcos de guerra. Al borde del río, están emplazados cañones en torretas. Hay todo un arsenal, tanto en las unidades navales como en tierra.

Es la guerra. Sin embargo, están en guerra desde hace más de dos años y yo no lo había notado. Georgetown, la capital de la Guayana inglesa, puerto importante sobre el Demerara River, está cien por cien en pie de guerra. La impresión de una ciudad en armas me causa extrañeza. Apenas atracamos en un pontón militar, cuando el torpedero que nos sigue se acerca lentamente y, a su vez, atraca. Cuic-Cuic con su cerdo, Hue con un hatillo en la mano y yo sin nada subimos al muelle. En este pontón, reservado a la Marina, no hay ningún civil. Solo marinos y militares. Llega un oficial; le reconozco. Es el que me ha hablado en francés desde el torpedero. Cortésmente, me tiende la mano, y me dice:

—¿Se encuentra usted bien?

—Sí, capitán.

—Perfecto. Sin embargo, tendrá que pasar por la enfermería, donde le pondrán varias inyecciones. Sus dos amigos también.

GEORGETOWN

LA VIDA EN GEORGETOWN

Por la tarde, tras haber recibido diferentes vacunas, somos trasladados al puesto de policía de la ciudad, una especie de Comisaría gigantesca donde centenares de policías entran y salen sin cesar. El superintendente de la policía de Georgetown, primera autoridad policial responsable de la tranquilidad de este importante puerto, nos recibe inmediatamente en su despacho. A su alrededor, oficiales ingleses vestidos de caqui, impecables en sus shorts y sus calcetines blancos. El coronel nos hace seña de que nos sentemos ante él y, en perfecto francés, nos pregunta:

—¿De dónde venían ustedes cuando les localizaron en el mar?

—Del presidio de la Guayana francesa.

—Haga el favor de decirme los puntos exactos de donde se han evadido ustedes.

—Yo, de la isla del Diablo. Los otros, de un campo semipolítico de Inini, cerca de Kourou, Guayana francesa.

—¿A cuánto le condenaron?

—A perpetuidad.

—¿Motivo?

—Asesinato.

—¿Y los chinos?

—Asesinato también.

—¿Condena?

—Perpetuidad.

—¿Profesión?

—Electricista.

—¿Y ellos?

—Cocineros.

—¿Es usted partidario de De Gaulle o de Pétain?

—Nosotros no sabemos nada de eso. Somos prisioneros que tratamos de volver a vivir honradamente en libertad.

—Les asignaremos una celda que está abierta día y noche. Les pondremos en libertad cuando hayamos examinado sus declaraciones. Si han dicho ustedes la verdad, no tienen nada que temer. Comprendan que estamos en guerra y, por lo tanto, obligados a tomar aún más precauciones que en tiempo normal.

En suma, que al cabo de ocho días estamos en libertad. Nos hemos aprovechado de esos ocho días en el puesto de policía para procurarnos efectos decentes. Correctamente vestidos, mis dos chinos y yo nos encontramos a las nueve de la mañana en la calle, provistos de una tarjeta de identidad con nuestras fotografías.

La ciudad, de 250.000 habitantes, es casi toda de madera, edificada a la inglesa: la planta baja, de cemento, y el resto de madera. Las calles y avenidas bullen de público de todas las razas: blancos, achocolatados, negros, hindúes, culis, marinos ingleses y americanos y nórdicos. Estamos un poco abrumados por encontrarnos ante esta muchedumbre abigarrada. Nos invade un gozo desbordante tan grande en nuestros corazones, que hasta debe de verse en nuestras caras, incluso en las de los indochinos, pues muchas personas nos miran y nos sonríen amablemente.

—¿Adónde vamos? —pregunta Cuic.

—Tengo una dirección aproximada. Un policía negro me ha dado las señas de dos franceses en Penitence River's.

Una vez informados, resulta ser un barrio donde viven exclusivamente hindúes. Me dirijo a un policía vestido de blanco, impecable. Le muestro la dirección. Antes de responder, nos pide nuestras tarjetas de identidad. Orgullosamente, se la doy.

—Muy bien; gracias.

Entonces, se toma la molestia de meternos en un tranvía, después de haber hablado con el conductor. Salimos del centro de la ciudad y, veinte minutos después, el conductor nos hace bajar. Debe ser aquí. Por la calle, preguntamos:

—*Frenchmen?*

Un joven nos hace señal de que le sigamos. Todo derecho, nos conduce a una casita baja. Apenas me aproximo, cuando tres hombres salen de ella haciendo ademanes acogedores.

—¿Cómo? ¿Estás aquí, Papi?

—¡No es posible! —dice el mayor, de cabellos complentamente blancos—. Entra. Esta es mi casa. ¿Van contigo los chinos?

—Sí.

—Entrad y sed bienvenidos.

Este viejo forzado se llama Guittou Auguste, llamado el Guittou. Es un marsellés de pura cepa que vino en el mismo convoy que yo, en el *La Martinière*, en 1933, hace nueve años. Tras una fuga malograda, fue liberado de su pena principal y, en calidad de liberado, se evadió hace tres años, me dice. Los otros dos son Petit-Louis, un tipo de Arlés, y un tolonés, Julot. También ellos partieron después de haber concluido su condena, pero hubieran debido quedarse en la Guayana francesa el mismo número de años a que habían sido condenados: diez y quince, respectivamente (esta segunda condena se llama doblaje).

La casa tiene cuatro piezas: dos habitaciones, una cocina-comedor y un taller. Hacen calzado de balata, especie de caucho natural que se recoge en la selva y que se puede, con agua caliente, trabajar y modelar muy bien. El único inconveniente es que si se expone mucho al sol, se funde, pues ese caucho no está vulcanizado. Esto se remedia intercalando láminas de tejido entre las capas de balata.

Maravillosamente recibidos, con el corazón ennoblecido por el sufrimiento, Guittou nos prepara una habitación para nosotros tres y nos instala en su casa sin dudarlo. Solo hay un problema: el cerdo de Cuic; pero Cuic pretende que no ensuciará la casa, que es seguro que irá a hacer sus necesidades él solo afuera.

Guittou dice:

—Bueno, ya veremos; por el momento, quédatelo. Provisionalmente, hemos preparado tres camas en el suelo con viejos capotes de soldado.

Sentados ante la puerta, fumando los seis algunos cigarrillos, le cuento a Guittou todas mis aventuras de nueve años. Sus dos amigos y él escuchan todo oídos, y viven con intensidad mis aventuras, pues las sienten en su propia experiencia. Dos de ellos conocieron a Sylvain y se lamentan sinceramente de su horrible muerte. Ante nosotros, pasan y traspasan gentes de todas las razas. De vez en cuando, entra alguien que compra zapatos o una escoba, pues Guittou y sus amigos fabrican también escobas para ganarse la vida. Me entero por ellos de que, entre presidiarios y relegados, hay una treintena de evadidos en Georgetown. Por la noche se reúnen en un bar del centro, donde beben juntos ron o cerveza. Todos trabajan para subvenir a sus necesidades, me cuenta Julot, y en su mayoría se portan bien.

Mientras tomamos el fresco a la sombra, a la puerta de la casita, pasa un chino a quien Cuic interpela. Sin decirme nada, Cuic se va con él, y también el manco. No deben de ir lejos, pues el cerdo los sigue. Dos horas después, Cuic regresa con un asno que tira de una pequeña carreta. Orgulloso como Artabán, detiene su borrico, al que habla en chino. El asno parece comprender esa lengua. En la carreta, hay tres camas de hierro desmontables, tres colchones, almohadas y tres maletas. La que me da está llena de camisas, calzoncillos, jerséis de piel, más dos pares de zapatos, corbatas, etcétera.

—¿Dónde has encontrado esto, Cuic?

—Me lo han dado mis compatriotas. Mañana iremos a visitarlos, ¿quieres?

—De acuerdo.

Esperábamos que Cuic volviera a marcharse con el asno y la carreta, pero no ocurre nada de eso. Desunce el asno y lo ata en el patio.

—También me han regalado la carreta y el asno. Con esto, puedo ganarme la vida fácilmente. Mañana por la mañana, un paisano mío vendrá a adiestrarme.

—Se dan prisa, los chinos.

Guittou acepta que el vehículo y el asno estén, provisionalmente, en el patio. Todo va bien en nuestro primer día libre. Por la noche, los seis, alrededor de la mesa de trabajo, comemos una buena sopa de legumbres hecha por Julot, y un buen plato de espaguetis.

—Cada cual, por turno, se encargará de la vajilla y de la limpieza de la casa —dice Guittou.

Esta comida en común es el símbolo de una primera pequeña comunidad llena de calor. Esta sensación de saberse ayudado en los primeros pasos en la vida libre es muy reconfortante. Cuic, el manco y yo nos sentimos verdadera y plenamente felices. Tenemos un techo, una cama y amigos generosos que, en su pobreza, nos han ayudado noblemente.

—¿Qué querrías hacer esta noche, Papillon? —me pregunta Guittou—. ¿Quieres que bajemos al centro, a ese bar al que van todos los evadidos?

—Esta noche preferiría quedarme aquí. Baja tú, si quieres; no te molestes por mí.

—Sí, voy a bajar porque debo ver a alguien.

—Me quedaré con Cuic y el manco.

Petit-Louis y Guittou se han vestido y puesto corbata y se han ido al centro. Tan solo Julot se ha quedado para terminar algunos pares de zapatos. Mis camaradas y yo nos damos una vuelta por las calles adyacentes, para conocer el barrio. Todo aquí es hindú. Muy pocos negros, casi ningún blanco y algunos raros restaurantes chinos.

Penitence River's, que es el nombre del barrio, es un rincón de la India o de Java. Las mujeres jóvenes son admirablemente bellas, y los ancianos llevan largas túnicas blancas. Muchos caminan descalzos. Es un barrio pobre, pero toda el mundo va vestido con pulcritud. Las calles están mal iluminadas, los bares donde se bebe y se come están llenos de gente, y en todas partes suena música hindú.

Un negro betún vestido de blanco y con corbata me para.

—¿Es usted francés, señor?

—Sí.

—Me complace encontrar a un compatriota. ¿Quiere usted aceptar un vaso?

—Como quiera, pero estoy con dos amigos.

—No importa. ¿Hablan francés?

—Sí.

Henos aquí instalados, los cuatro, en la mesa de un bar contiguo a la acera. Este negro de Martinica habla un francés más selecto que el nuestro. Nos dice que tengamos cuidado con los negros ingleses, pues, dice, todos son unos embusteros.

—No son como nosotros, los franceses; nosotros tenemos palabra, y ellos, no.

Sonrío para mis adentros al oír a este negro de Tombuctú decir «nosotros, los franceses» y, luego, quedo turbado de veras. Perfectamente, este señor es un francés, más puro que yo, pienso, pues reivindica su nacionalidad con calor y fe. Él es capaz de dejarse matar por Francia; yo, no. Así, pues, él es más francés que yo. Así, estoy al corriente.

—Me complace encontrar a un compatriota y hablar mi lengua, pues hablo muy mal el inglés.

—Yo sí, me expreso corriente y gramaticalmente en inglés. Si puedo serle útil, estoy a su disposición. ¿Hace tiempo que está usted en Georgetown?

—Ocho días nada más.

—¿De dónde viene?

—De la Guayana francesa.

—No es posible. ¿Es usted un evadido o un guardián del presidio que quiere pasarse a De Gaulle?

—No, soy un evadido.

—¿Y sus amigos?

—También.

—Monsieur Henri, no quiero conocer su pasado, pero ahora es el momento de ayudar a Francia y de redimirse. Yo estoy con De Gaulle y espero embarcarme para Inglaterra. Venga a verme mañana al Martiner Club; aquí está la dirección. Me sentiría feliz de que se uniera a nosotros.

—¿Cómo se llama usted?

—Homère.

—Monsieur Homère, no puedo decidirme enseguida. Primero, debo informarme sobre mi familia y, también, antes de tomar una decisión tan grave, analizarla. Fríamente, ya ve usted, monsieur Homère, Francia me ha hecho sufrir mucho, me ha tratado de un modo inhumano.

El martiniqués, con su apasionamiento y un calor admirables, trata de convencerme con todo su corazón. Era en verdad emotivo escuchar los argumentos de este hombre en favor de nuestra Francia martirizada.

Muy tarde, regresamos a casa y, acostado, pienso en todo lo que me ha dicho ese gran francés. Debo reflexionar seriamente su proposición. Después de todo, la bofia, los magistrados y la Administración penitenciaria no son Francia. Dentro de mí siento que no he dejado de amarla. ¡Y pensar que hay *boches* en toda Francia! ¡Dios mío, cuánto deben sufrir los míos y qué vergüenza para todos los franceses!

Cuando me despierto, el asno, la carreta, el cerdo, Cuic y el manco han desaparecido.

—¿Qué, macho, has dormido bien? —me preguntan Guittou y sus amigos.

—Sí, gracias.

—¿Quieres café con leche o té? ¿Café y rebanadas de pan con mantequilla, tal vez?

—Gracias.

Como de todo mientras les miro trabajar.

Julot prepara la masa de balata a medida de sus necesidades, y añade fragmentos duros al agua caliente, que mezcla con la masa blanda.

Petit-Louis prepara los trozos de tela y Guittou hace zapatos.

—¿Producís mucho?

—No. Trabajamos para ganar veinte dólares al día. Con cinco, pagamos el alquiler y la comida. El resto, a cinco cada uno, para gastos, el vestir y lavar la ropa.

—¿Lo vendéis todo?

—No. Algunas veces, es preciso que uno de nosotros vaya a vender los zapatos por las calles de Georgetown. La venta a pie, a pleno sol, es dura.

—Si es preciso, yo lo haría con sumo gusto. No quiero ser un parásito. Debo contribuir también a ganarme el pienso.

—Está bien, Papi.

Me he paseado todo el día por el barrio hindú de Georgetown. Veo un gran anuncio de cine y siento un deseo loco de ver y oír por vez primera en mi vida, una película hablada y en color. Le pediré a Guittou que me lleve esta noche. He caminado por las calles de Penitence River's todo el día. La cortesía de estas gentes me gusta enormemente. Poseen dos cualidades: son pulcras y muy educadas. Esta jornada que he pasado solo por las calles de este barrio de Georgetown es, para mí, más grandiosa que mi anterior llegada a Trinidad.

En Trinidad, en medio de todas aquellas maravillosas sensaciones que nacían de mezclarme con la muchedumbre, me planteaba una pregunta constante: un día, antes de dos semanas, máximo tres, tendré que hacerme de nuevo a la mar. ¿Qué país querrá aceptarme? ¿Habrá una nación que me dé asilo?

¿Cuál será mi porvenir? Aquí, es diferente. Soy definitivamente libre. Puedo, incluso, irme a Inglaterra y alistarme en las Fuerzas francesas libres. ¿Qué debo hacer? Si me decido a ir con De Gaulle, ¿no dirán que lo he hecho porque no sabía dónde meterme? En medio de gente honesta, ¿no me tratarán como a un presidiario que no ha encontrado otro refugio y que, por eso, está con ella? Dicen que Francia se ha dividido en dos, Pétain y De Gaulle. ¿Cómo un mariscal de Francia no va a saber dónde está el honor y el interés del país? Si un día ingreso en las Fuerzas libres, ¿no me veré obligado más tarde a disparar contra franceses?

Aquí será duro, muy duro, conseguir una situación aceptable. Guittou, Julot y Petit-Louis están lejos de ser imbéciles, y trabajan por cinco dólares al día. En primer lugar, debo aprender a vivir en libertad. Desde 1931 —y estamos en 1942— soy un prisionero. No puedo, el primer día de mi libertad, resolver todas estas incógnitas. Ni siquiera conozco los primeros problemas que se plantean a un hombre para conseguir un puesto en la vida. Nunca he hecho trabajos manuales. Quizá un poco, como electricista. Pero cualquier aprendiz de electricista sabe más que yo. Debo prometerme una sola cosa: vivir con limpieza, al menos según mi propia moral.

A las cuatro de la tarde regreso a casa.

—¿Qué, Papi, es bueno saborear las primeras bocanadas del aire de la libertad? ¿Te has paseado a gusto?

—Sí, Guittou; he ido y venido por todas las calles de este gran barrio.

—¿Has visto a tus chinos?

—No.

—Están en el patio. Son mañosos tus compañeros. Se han ganado ya cuarenta dólares, y querían a toda costa que yo tomara veinte. Naturalmente, me he negado. Ve a verlos.

Cuic está cortando un repollo para su cerdo. El manco lava al asno que, feliz, se deja hacer.

—¿Qué tal, Papillon?

—Bien, ¿y vosotros?

—Estamos muy contentos; hemos ganado cuarenta dólares.

—¿Qué habéis hecho?

—Hemos ido a las tres de la madrugada al campo, acompañados por un paisano nuestro, para que nos adiestrara. Había traído doscientos dólares. Con eso, hemos comprado tomates, lechugas, berenjenas y, en fin, toda clase de legumbres verdes y frescas. También algunas gallinas, huevos y leche de cabra. Nos hemos ido al mercado, cerca del puerto de la ciudad, y lo hemos vendido todo, primero un poco a gentes del país, y, luego, a marinos americanos. Han quedado tan contentos de los precios, que mañana no debo entrar en el mercado: me han dicho que los espere frente a la puerta del muelle. Me lo comprarán todo. Toma, aquí está el dinero. Tú, que sigues siendo el jefe, debes guardar el dinero.

—Sabes muy bien, Cuic, que tengo dinero y no preciso de ese.

—Guarda el dinero o no trabajamos.

—Escucha: los franceses viven casi con cinco dólares. Nosotros vamos a tomar cinco dólares cada uno y a dar otros cinco a la casa para la manutención. Los demás, los apartamos para devolver a tus paisanos los doscientos dólares que te han prestado.

—Comprendido.

—Mañana, quiero ir con vosotros.

No, no, tú duerme. Si quieres, reúnete con nosotros a las siete ante la puerta del muelle.

—De acuerdo.

Todo el mundo es feliz. En primer lugar, nosotros, por saber que podemos ganarnos la vida y no ser una carga para nuestros amigos. Por lo demás, Guittou y los otros dos, pese a su buen corazón, debían de preguntarse cuánto tiempo íbamos a tardar en ganarnos la vida.

—Para festejar este extraordinario esfuerzo de tus amigos, Papillon, vamos a por dos litros de pastís.

Julot se va y regresa con alcohol blanco de caña de azúcar y los productos necesarios. Una hora después, bebemos el pastís como en Marsella. Con la ayuda del alcohol, las voces suben de tono y las risas por la alegría de vivir son más fuertes que de costumbre. Unos vecinos hindúes, tres hombres y dos muchachas, al oír que en casa de los franceses hay fiesta, vienen sin cumplidos para que los invitemos. Traen espetones de carne de pollo y de cerdo muy sazonados. Las dos muchachas son de una belleza poco común. Todas vestidas de blanco, descalzas, con brazaletes de plata en el tobillo izquierdo. Guittou me dice:

—No te vayas a creer, son verdaderas muchachas. Y que no se te escape ninguna palabra demasiado atrevida porque lleven los pechos descubiertos bajo su velo transparente. Para ellas, es algo natural. Yo soy demasiado viejo. Pero Julot y Petit-Louis probaron al principio de estar aquí y fracasaron. Las muchachas estuvieron mucho tiempo sin venir.

Estas dos hindúes son de una belleza maravillosa. Un punto tatuado en mitad de la frente les da un aspecto extraño. Nos hablan cortésmente, y el poco inglés que sé me permite comprender que nos desean la bienvenida a Georgetown.

Esta noche, Guittou y yo hemos ido al centro de la ciudad. Parece como si fuera otra civilización, completamente distinta de aquella en la que vivimos. Esta ciudad bulle de gentes. Blancos, negros, hindúes, chinos, soldados y marinos de uniforme, y gran cantidad de marinos vestidos de civil. Numerosos bares, restaurantes, cabarets y *boîtes* iluminan las calles con sus luces que brillan como en pleno día.

Después de asistir por primera vez en mi vida a la proyección de una película en color y hablada, aún completamente anonadado por esta nueva experiencia, sigo a Guittou, que me lleva a un bar enorme. Más de veinte franceses ocupan un rincón de la sala. La bebida: cubalibres.

Todos los hombres son evadidos, duros. Unos partieron después de haber sido liberados, pues habían terminado su condena y debían cumplir el «doblaje» en libertad. Muertos de hambre, sin trabajo, mal vistos por la población oficial y también por los civiles guayanos, prefirieron marcharse a un país donde creían que iban a vivir mejor. Pero, según me cuentan, es duro.

—Yo corto madera en la selva por dos dólares cincuenta al día, en casa de John Fernandes. Bajo cada mes a Georgetown a pasar ocho días. Estoy desesperado.

—¿Y tú?

—Hago colecciones de mariposas. Voy a cazar a la selva, y cuando tengo una buena cantidad de mariposas diversas, las dispongo en una caja con tapa de cristal y vendo la colección.

Otros hacen de descargadores de muelle. Todos trabajan, pero ganan lo justo para vivir.

—Es duro, pero se es libre —dicen—. ¡Y es algo tan bueno la libertad!

Esta noche, viene a vernos un relegado, Faussard. Invita a todo el mundo. Estaba a bordo de un barco canadiense que, cargado de bauxita, fue torpedeado a la salida del río Demerara. Es *survivor* (superviviente) y ha recibido dinero por haber naufragado. Casi toda la tripulación se ahogó. Él tuvo la suerte de poder embarcar en una chalupa de salvamento. Cuenta que el submarino alemán emergió y alguien les habló. Les preguntó cuántos barcos había en el puerto en espera de salir llenos de bauxita. Le contestaron que no lo sabían. El hombre que los interrogaba se echó a reír: «Ayer —dijo—, estuve en el cine tal de Georgetown. Mirad la mitad de mi entrada». Y, abriendo su chaqueta, les dijo: «Este traje es de Georgetown». Los incrédulos dicen que es mentira, pero Faussard insiste y, seguramente, es verdad. Desde el submarino se les dijo, incluso, el barco que los iba a recoger. En efecto, fueron salvados por el barco indicado.

Cada cual cuenta su historia. Estoy sentado con Guittou

al lado de un viejo parisiense de Les Halles. Petit-Louis, de la rue des Lombards, nos dice:

—Mi buen Papillon, yo había encontrado una combina para vivir sin dar golpe. Cuando aparecía en el periódico el nombre de un francés en la sección «muerto por el rey o la reina», no lo sé a ciencia cierta, iba a casa de un marmolista y encargaba la foto de una lápida en la que había pintado el nombre del barco, la fecha en que había sido torpedeado y el nombre del francés. Luego, me presentaba en las ricas villas de los ingleses y les decía que debían contribuir a comprar una estela para el francés muerto por Inglaterra, a fin de que en el cementerio hubiera un recuerdo suyo. Eso duró hasta la semana pasada, en que un cochino bretón que había sido dado por muerto en un torpedeamiento, apareció tan fresco vivito y coleando. Visitó a algunas buenas mujeres a las que yo, precisamente, había pedido cinco dólares a cada una para la tumba de este muerto, que pregonaba por todas partes que estaba bien vivo y que nunca en mi vida había comprado una tumba al marmolista. Será preciso encontrar otra cosa para vivir, pues, a mi edad, ya no puedo trabajar.

Ayudado por los cubalibres, cada cual exteriorizaba en voz alta, convencido de que solo nosotros entendemos el francés, las más inesperadas historias.

—Yo hago muñecas de balata —dice otro—, y puños de bicicleta. Por desgracia, cuando las niñas se olvidan las muñecas al sol en el jardín, se funden o se deforman. Y no quieras saber lo que pasa, cuando me olvido de que he hecho ventas en tal o cual calle. Desde hace un mes, de día no puedo pasar por más de medio Georgetown. Con las bicicletas ocurre lo mismo. Al que deja la suya al sol, cuando vuelve a por ella, se le quedan pegadas las manos a los puños de balata que le he vendido.

—Yo —dice otro—, hago fustas de montar con cabeza de negra, también de balata. A los marinos les digo que soy un evadido de Mers-el-Kébir y que están obligados a comprarme algo, pues no es culpa suya si continúo viviendo. Ocho de cada diez caen en el lazo.

Esta «corte de los milagros» moderna me divierte y, al mismo tiempo, me demuestra que, en efecto, no es fácil ganarse el pan.

Un tipo enciende la radio del bar. Se oye un llamamiento de De Gaulle. Todo el mundo escucha esa voz francesa que, desde Londres, arenga a los franceses de las colonias de ultramar. La llamada de De Gaulle es patética, y nadie en absoluto abre la boca. De súbito, uno de los presidiarios, que ha bebido demasiados cubalibres, se levanta y dice:

—¡Mierda, compañeros! ¡No está mal! ¡De golpe, he aprendido inglés y comprendo todo lo que dice Churchill!

Todo el mundo estalla en risas, y nadie se toma la molestia de disuadirle de su error de borracho.

Sí, tengo que hacer los primeros intentos de ganarme la vida y, según veo por los demás, no va a ser fácil. No soy demasiado cuidadoso. De 1930 a 1942, he perdido por completo la responsabilidad y el saber hacer para conducirme como es debido. Un ser que ha estado preso tanto tiempo sin tener que ocuparse de comer, de un piso, de vestirse; un hombre a quien han manejado, traído y llevado, a quien han acostumbrado a no hacer nada por sí mismo y a ejecutar automáticamente las órdenes más diversas sin analizarlas; ese hombre que, en unas semanas, se encuentra de golpe en una gran ciudad, que tiene que volver a aprender a andar por las aceras sin tropezar con nadie, a atravesar una calle sin que lo atropellen, a encontrar natural que, si lo manda, le sirvan de beber o de comer; ese hombre debe volver a aprender a vivir. Por ejemplo, hay reacciones inesperadas. En medio de todos esos presidiarios, liberados, relegados o fugados, que mezclan en su francés palabras inglesas o españolas, escucho todo oídos sus historias, y he aquí que, de repente, en este rincón de un bar inglés, tengo necesidad de ir al retrete. Pues bien, casi no se puede creer, pero, durante un cuarto de segundo, he buscado al vigilante al que debía pedir autorización. Ha sido un sentimiento muy fugaz, pero también muy extraño, hasta que he tenido conciencia de la realidad. Papillon, ahora no tienes que pedir autorización a nadie si quieres mear o hacer otra cosa.

También en el cine, en el momento en que la acomodadora nos buscaba una butaca desocupada, he sentido, como en un relámpago, deseos de decirle: «Por favor, no se moleste por mí; no soy más que un pobre condenado que no merece ninguna atención». Mientras camino por la calle, me vuelvo muchas veces durante el trayecto del cine hasta el bar. Guittou, que se da cuenta de esta tendencia, me dice:

—¿Por qué te vuelves tan a menudo para mirar atrás? ¿Miras si te sigue el guardián? Aquí no hay guardianes, amigo Papi, se los has dejado a los duros.

En el lenguaje rico en imágenes de los duros, se dice que es preciso despojarse de la casaca de los forzados. Pero es más que eso, pues el uniforme de un presidiario solo es un símbolo. Es preciso no solo despojarse de la casaca, sino que también hay que arrancarse del alma y del cerebro la marca a fuego de una señal infamante.

Una patrulla de policías negros ingleses, impecables, acaba de entrar en el bar. Mesa por mesa, va exigiendo las tarjetas de identidad. Cuando llegan a nuestro rincón, el jefe escruta todos los rostros. Encuentra uno que no conoce, el mío.

—Su tarjeta de identidad, por favor, señor.

Se la doy, me echa una ojeada, me la devuelve y añade:

—Perdone, no le conocía. Bienvenido a Georgetown.

Y se retira.

Cuando el policía se ha marchado, Paul el Saboyano observa:

—Estos *rosbifs* son maravillosos. A los únicos extranjeros a quienes tienen total confianza es a los presos evadidos. Poder demostrar a las autoridades inglesas que te has escapado del penal es obtener inmediatamente tu libertad.

Aunque hemos regresado tarde a casa, a las siete de la mañana estoy en la puerta principal del muelle. Menos de media hora después, Cuic y el manco llegan con la carreta llena de legumbres frescas, recogidas por la mañana, huevos y algunos pollos. Van solos. Les pregunto dónde está su paisano, el que debía enseñarles cómo operar. Cuic responde:

—Nos enseñó ayer. Ya es suficiente. Ahora, ya no necesitamos a nadie.

—¿Has ido muy lejos a buscar todo esto?

—Sí, a más de dos horas y media de distancia. Hemos partido a las tres de la madrugada y llegamos ahora.

Como si estuviera aquí desde hace veinte años, Cuic encuentra té caliente y, luego, galletas. Sentados en la acera, cerca de la carreta, bebemos y comemos en espera de los clientes.

—¿Crees que vendrán los americanos de ayer?

—Así lo espero, pero si no vienen, ya venderemos a otros la mercancía.

—¿Y los precios? ¿Cómo te las arreglas?

—Yo no les digo: «esto vale tanto», sino: «¿cuánto ofreces?».

—Pero tú no sabes hablar inglés.

—Es verdad, pero sé mover los dedos y las manos. Así es fácil... —Y Cuic, después de una pequeña pausa, añade sonriente—: Pero tú sí hablas lo bastante como para vender y comprar.

—Sí, pero antes quisiera verte hacerlo solo.

La espera no es larga, pues llega una especie de jeep enorme llamado *command-car*. El chófer, un suboficial y dos marineros descienden de él. El suboficial monta en la carreta y lo examina todo: lechugas, berenjenas, etc. Cada bulto es inspeccionado. También tienta los pollos.

—¿Cuánto es todo?

Y la discusión empieza.

El marino americano habla con la nariz. No comprendo nada de lo que dice, y Cuic chapurrea en chino y en francés. En vista de que no llegan a entenderse, llamo aparte a Cuic.

—¿Cuánto has gastado en total?

Registra sus bolsillos y encuentra diecisiete dólares.

—Ciento veinticuatro dólares —me dice Cuic.

—¿Cuánto te ofrece?

—Creo que doscientos diez. No es bastante.

Me adelanto hacia el oficial. Me pregunta si hablo inglés. Un poquito.

—Hable despacio.

—O.K.

—¿Cuánto paga usted? No, doscientos diez dólares es poco. Doscientos cuarenta.

No quiere.

Hace como que se va y, luego, vuelve; se marcha de nuevo y monta en su jeep, pero me parece una comedia. En el momento en que se apea otra vez, llegan mis dos bellas vecinas, las hindúes, medio veladas. Sin duda, han observado la escena, pues hacen ver que no nos conocen. Una de ellas monta en la carreta, examinan la mercancía y se dirige a nosotros:

—¿Cuánto es todo?

—Doscientos cuarenta dólares —le respondo.

—De acuerdo —dice.

Pero el americano saca doscientos cuarenta dólares y se los da a Cuic, diciéndoles a las hindúes que él lo había comprado antes. Mis vecinas no se retiran y miran a los americanos descargar la carreta y cargar, a continuación, el *command-car*. En el último momento, un marino toma el cerdo pensando que forma parte de la mercancía adquirida. Por supuesto, Cuic no quiere que se lleven el cerdo, y empieza una discusión en la que no conseguimos explicar que el animal no estaba incluido en la operación.

Trato de hacer comprender a las hindúes, pero es muy difícil. Ellas tampoco comprenden. Los marinos americanos no quieren soltar el cerdo, Cuic no quiere devolver el dinero, y la cosa va a degenerar en pelea. El manco ha agarrado ya una madera de la carreta, cuando pasa un jeep de la policía militar americana. El suboficial silba. La Military Police se acerca. Le digo a Cuic que devuelva el dinero, pero él no se atiene a razones. Los marineros tienen el cerdo y tampoco quieren devolverlo. Cuic se ha plantado delante del jeep, impidiendo que se vayan. Un grupo bastante numeroso de curiosos se ha formado alrededor de la bulliciosa escena. La policía militar da la razón a los americanos y, por supuesto, tampoco comprende nada nuestra jerga. Cree, sinceramente, que hemos querido engañar a los marinos.

Yo no sé qué hacer, cuando recuerdo que tengo un número de teléfono del Mariner Club con el nombre del martiniqués. Se lo doy al oficial de policía diciéndole:

—Intérprete.

Me lleva a un teléfono. Llamo y tengo la suerte de encontrar a mi amigo gaullista. Le digo que explique al policía que el cochino no entraba en el negocio, que está amaestrado, que es como un perro para Cuic y que nos habíamos olvidado de decir a los marineros que no entraba en el trato. Luego, le paso el teléfono al policía. Tres minutos bastan para que lo comprenda todo. Él mismo toma el cerdo y se lo devuelve a Cuic quien, muy feliz, lo coge en sus brazos y lo pone rápidamente en la carreta. El incidente termina bien, y los yanquis se ríen como niños. Todo el mundo se va y todo ha terminado bien.

Por la noche, en casa, damos las gracias a las hindúes, que ríen a más y mejor con esa historia.

Hace ya tres meses que estamos en Georgetown. Hoy, nos instalamos en la mitad de la casa de nuestros amigos hindúes. Dos habitaciones claras y espaciosas, un comedor, una cocinita de carbón vegetal y un patio inmenso con un rincón cubierto de chapa a guisa de establo. La carreta y el asno están al abrigo. Voy a dormir solo en una gran cama comprada de ocasión, con un buen colchón. En la habitación de al lado, cada cual en su lecho, mis dos amigos chinos. También tenemos una mesa y seis sillas, más cuatro taburetes. En la cocina, todos los utensilios necesarios para guisar. Después de haber dado las gracias a Guittou y a sus amigos por su hospitalidad, tomamos posesión de nuestra casa, como dice Cuic.

Delante de la ventana del comedor, que da a la calle, hay un sillón de junco, en forma de trono, regalo de las hindúes. En la mesa del comedor, en un recipiente de cristal, algunas flores traídas por Cuic.

Esta impresión de mi primer hogar, humilde, pero limpio, esta casa clara y pulcra que me rodea, primer resultado de tres meses de trabajo en equipo, me da confianza en mí y en el porvenir.

Mañana es domingo y no hay mercado, así que tenemos todo el día libre. Los tres hemos decidido invitar a comer en nuestra casa a Guittou y a sus amigos, así como a las hindúes y sus hermanos. El invitado de honor será el chino que ayudó a Cuic y al manco, el que les regaló el asno y la carreta y nos prestó los doscientos dólares para poner en marcha nuestra primera operación. En su sitio, encontrará un envoltorio con doscientos dólares y una nota dándole las gracias escrita en chino.

Después del cochino, al que adora, es a mí a quien Cuic estima más. Me prodiga atenciones constantemente, y, así, soy el que va mejor vestido de los tres, y, a menudo, llega a casa con una camisa, una corbata o un pantalón para mí. Todo eso lo compra de su peculio. Cuic no fuma, casi no bebe y su único vicio es el juego. Solo sueña con tener los ahorros suficientes como para ir a jugar al club de los chinos.

Para vender nuestros productos comprados por la mañana, no tenemos ninguna seria dificultad. Hablo ya lo suficientemente el inglés para comprar y vender. Cada día, ganamos de veinticinco a treinta y cinco dólares entre los tres. Es poco, pero estamos muy satisfechos de haber encontrado con tanta rapidez un medio de ganarnos la vida. Yo no les acompaño todos los días a comprar, a pesar de que obtenga mejores precios que ellos, pero ahora soy yo siempre quien vende. Muchos marinos americanos e ingleses que han desembarcado para comprar provisiones para su barco me conocen. Discutimos cortésmente la venta, sin poner en ello mucho ardor. Hay un diablo de cantinero de un comedor de oficiales americano, un italoamericano, que me habla siempre en italiano. Se siente muy feliz de que yo le responda en su lengua, y solo discute para divertirse. Al final, compra al precio que le he pedido al principio de la discusión.

De las ocho y media a las nueve de la mañana, estamos en casa. El manco y Cuic se acuestan después de que hayamos comido los tres una ligera colación. Yo me voy a ver a Guittou, cuando mis vecinas no vienen a casa. No hay gran trabajo doméstico que hacer: barrer, lavar la ropa, hacer las camas, conservar limpia la casa. Las dos hermanas nos hacen muy bien todo eso casi por nada: dos dólares diarios. Aprecio plenamente lo que significa ser libre y no temer por el porvenir.

MI FAMILIA HINDÚ

El medio de locomoción más empleado en esta ciudad es la bicicleta. Así, pues, me he comprado una para ir a cualquier parte sin dificultades. Como la ciudad es llana, y también los alrededores, pueden hacerse sin esfuerzo grandes distancias. En la bicicleta hay dos portaequipajes muy sólidos, uno delante y otro detrás, así que puedo, como muchos nativos, llevar fácilmente a dos personas.

Al menos dos veces por semana, damos un paseo de una hora o dos con mis amigas hindúes. Están locas de alegría y comienzo a comprender que una de ellas, la más joven, está a punto de enamorarse de mí.

Su padre, a quien nunca había visto, vino ayer. No vive lejos de mi casa, pero jamás había venido a vernos, y yo solo conocía a los hermanos. Es un anciano alto, con una barba muy larga, blanca como la nieve. También sus cabellos están plateados y descubren una frente inteligente y noble. Solo habla hindú, y su hija traduce. Me invita a ir a verle a su casa. En bicicleta no está lejos, me hace decir por medio de la princesita, como llamo yo a su hija. Le prometo visitarle dentro de poco.

Después de haber comido algunos pasteles con el té, se va, no sin que yo haya notado que ha examinado los menores detalles de la casa. La princesita está muy feliz de ver a su padre marcharse satisfecho por su vida y de nosotros.

Tengo treinta y seis años y muy buena salud; me siento joven aún y todo el mundo, por suerte, me considera así: no represento más de treinta años, me dicen todos mis amigos. Y esta pequeña tiene diecinueve años y la belleza de su raza, serena y llena de fatalismo en su manera de pensar. Sería para mí un regalo del cielo amar y ser amado por esta espléndida criatura.

Cuando salimos los tres, ella monta siempre en el portaequipajes de delante, y sabe muy bien que, cuando se mantiene bien sentada, con el busto erguido y, para hacer fuerza en los pedales, adelanto un poco la cabeza, estoy muy cerca de su cara. Si echa su cabeza hacia atrás veo, mejor que si no estuvieran cubiertos de gasa, toda la belleza de sus senos desnudos bajo el velo. Sus grandes ojos negros arden con todos sus fuegos cuando se producen esos semicontactos, y su boca roja oscura, en contraste con su piel de té, se abre de deseo de dejarse abrazar. Unos dientes admirables y de una esplendorosa belleza adornan esa boca maravillosa. Tiene una manera de pronunciar ciertas palabras y de hacer aparecer una puntita de lengua rosada en su boca entreabierta, que convertiría en libertino al santo más santo.

Esta noche, debemos ir al cine los dos solos, pues su hermana sufre, al parecer, una jaqueca, jaqueca que creo simulada para dejarnos solos. Se presenta con una túnica de muselina blanca que le llega hasta los tobillos y que, cuando camina, aparecen desnudos, rodeados por tres brazaletes de plata. Va calzada con sandalias cuyas tiras doradas le pasan por el dedo gordo. Eso le hace un pie muy elegante. En la aleta derecha de la nariz ha incrustado una pequeñísima concha de oro. El velo de muselina que lleva en la cabeza es corto y le cae un poco más abajo de los hombros. Una cinta dorada lo mantiene ajustado alrededor de la frente. Desde la cinta hasta la mitad de la frente, penden tres hilos adornados de piedras de todos los colores. Hermosa fantasía, por supuesto, que cuando se balancea deja ver el tatuaje demasiado azul de su frente.

Toda la familia hindú y la mía, representada por Cuic y el manco, nos contempla partir a los dos con caras felices por vernos exteriorizar nuestra felicidad. Todos parecen saber que volveremos del cine siendo novios.

Bien sentada en el cojín del portaequipajes de mi bicicleta, rodamos hacia el centro. En un largo trecho en que avanzo con el piñón libre, en un trecho de una avenida mal iluminada, esta muchacha espléndida, por su propia iniciativa, me roza la boca con un ligero y furtivo beso. Ha sido tan inesperado que tomara ella la iniciativa, que he estado a punto de caerme de la bicicleta.

Con las manos entrelazadas, sentados al fondo de la sala, le hablo con los dedos y ella me responde. Nuestro primer dúo de amor en esta sala de cine, donde se proyectaba una película que ni siquiera hemos mirado, ha sido completamente mudo. Sus dedos, sus uñas largas, tan bien cuidadas y barnizadas, las presiones de los huecos de la mano cantan y me comunican mucho mejor que si hablara todo el amor que siente por mí y su deseo de ser mía. Ha apoyado su cabeza en mi hombro, lo que me permite besar su rostro.

Este amor tan tímido, tan difícil de manifestarse plenamente, no tarda en convertirse en una verdadera pasión. Antes de que sea mía, le he explicado que no podía casarme con ella porque ya estaba casado en Francia. Eso apenas si la ha contrariado un día. Una noche, se ha quedado en mi casa. Por sus hermanos, me dice, y por ciertos vecinos y vecinas hindúes, preferiría que yo me fuera a vivir con ella a casa de su padre. He aceptado, y nos hemos instalado en la casa de su padre, quien vive solo con una joven hindú, parienta lejana, que le sirve y le hace todos los trabajos domésticos. No está muy lejos de donde vive Cuic; unos quinientos metros aproximadamente. Y, así, mis dos amigos vienen cada día a verme por la noche y pasan no menos de una hora con nosotros. Muy a menudo, comen en casa.

Continuamos vendiendo legumbres en el puerto. Me voy

a las seis y media y, casi siempre, me acompaña mi pequeña hindú. Un gran termo lleno de té, un bote de confitura y pan tostado en un gran saco de cuero aguardan a Cuic y al manco para que bebamos té juntos. Ella misma prepara este desayuno, y observa minuciosamente el rito de tomar los cuatro la primera comida del día. En su saco hay de todo cuanto hace falta: una pequeñísima estera bordada de encaje que, muy ceremoniosamente, extiende sobre la acera que ha barrido antes con una rama, y las cuatro tazas de porcelana con sus platillos. Y, sentados en la acera, con gran seriedad, desayunamos.

Resulta chocante estar en una acera bebiendo té como si estuviéramos en una sala, pero ella encuentra esto natural, y Cuic, también. Por otra parte, no hacen ningún caso de la gente que pasa, y encuentran normal actuar así. Yo no quiero contrariarla. Está tan contenta de servirnos y de extender la mermelada encima de las tostadas, que si yo no quisiera, le produciría una gran pena.

El sábado pasado sucedió una cosa que me ha dado la clave de un misterio. En efecto, hace dos meses que vivimos juntos, y, muy a menudo, ella me entrega pequeñas cantidades de oro. Son siempre trozos de joyas rotas: la mitad de un anillo de oro, un solo pendiente, un extremo de cadena, un cuarto o la mitad de una medalla o de una moneda. Como no tengo necesidad de ello para vivir, aunque ella me dice que lo venda, lo voy guardando en una caja. Tengo casi cuatrocientos gramos. Cuando le pregunto de dónde procede todo eso, me agarra, me abraza, se ríe, pero nunca me da ninguna explicación.

Así, pues, el sábado, hacia las diez de la mañana, mi pequeña hindú me pide que lleve a su padre en mi bicicleta no sé dónde.

—Mi papá —me dice— te indicará el camino. Yo me quedaré en casa cosiendo.

Intrigado, pienso que el viejo quiere hacer una visita bastante lejos, y, de buen grado, acepto llevarlo.

Con el viejo sentado en el portaequipajes delantero, sin hablar, pues solo conoce el hindi, tomo las direcciones que él me indica con el brazo. Es lejos. Hace casi una hora que pedaleo. Llegamos a un barrio rico, a orillas del mar. Tan solo hay hermosas villas. A una señal de mi «suegro», me detengo y observo. Saca una piedra redonda y blanca de debajo de su túnica y se arrodilla en el primer peldaño de una casa. Mientras hace rodar la piedra por el escalón, cuenta. Pasan algunos minutos, y una mujer vestida de hindú sale de la villa, se le acerca y le entrega algo sin decir palabra.

De casa en casa, repite la escena hasta las cuatro de la tarde. La cosa es larga y yo no acabo de entenderla. En la última villa, se le acerca un hombre vestido de blanco. Le hace levantarse y, pasándole un brazo bajo el suyo, le conduce a su casa. Permanece allí más de un cuarto de hora y sale, siempre acompañado del señor, quien, antes de dejarlo, le besa la frente o, más bien, sus cabellos blancos. Regresamos a casa. Pedaleo cuanto puedo para llegar pronto, pues son más de las cuatro y media.

Antes de la noche, por suerte, estamos de regreso. Mi linda hindú, Indara, acompaña primero a su padre y, luego, me salta al cuello y me cubre de besos mientras me arrastra hacia la ducha para que me bañe. Me espera ropa limpia y fresca y, una vez lavado, afeitado y mudado, me siento a la mesa. Ella misma me sirve, como de costumbre. Deseo interrogarla, pero ella va y viene, haciendo como que está ocupada, para eludir el mayor tiempo posible el momento de las preguntas. Ardo en curiosidad. Lo único que sé es que nunca hay que forzar a un hindú o a un chino a que diga algo. Se debe aguardar siempre un tiempo antes de interrogar. Entonces, hablan solos porque adivinan y saben que se espera de ellos una confidencia y, si te consideran digno de ella, te la hacen. Esto es, por supuesto, lo que ha sucedido con Indara.

Una vez que, acostados, hemos hecho el amor largo rato y ella, saciada, ha apoyado en el hueco de mi axila desnuda su mejilla aún ardiente, me habla sin mirarme.

—Cariño, cuando mi papá va en busca de oro no hace ningún mal, al contrario. Invoca a los espíritus para que protejan la casa por la que hace rodar su piedra. Para darle las gracias, le dan un pedazo de oro. Es una costumbre muy antigua de nuestro país, de Java.

Eso me cuenta mi princesa. Pero, un día, una de sus amigas conversa conmigo en el mercado. Esta mañana, ni ella ni los chinos han llegado aún. Así que la linda muchacha, también de Java, me cuenta otra cosa.

—¿Por qué trabajas, viviendo con la hija del hechicero? ¿No le da vergüenza hacerte levantar tan temprano hasta cuando llueve? Con el oro que gana su padre, podrías vivir sin trabajar. Ella no sabe amarte, pues no debería dejarte madrugar tanto.

—¿Y qué hace su padre? Explícamelo, porque yo no sé nada.

—Su padre es un hechicero de Java. Si quiere, atrae la muerte sobre ti o tu familia. La única manera de escapar al sortilegio que te hace con su piedra mágica es darle el oro suficiente para que la haga rodar en sentido contrario del que invoca la muerte. Entonces, deshace todos los maleficios y, por el contrario, invoca la salud y la vida para ti y todos los tuyos que vivan en la casa.

— Eso no es lo mismo que me ha contado Indara.

Me prometo estudiar la cuestión a fondo para ver quién de las dos tiene razón. Algunos días después, estaba yo con mi «suegro» de larga barba blanca al borde de un riachuelo que atraviesa Penitence River's y desemboca en el Demerara. La actitud de los pescadores hindúes me ilustró ampliamente. Cada uno de ellos le ofrecía un pescado y se apartaba de la orilla lo más deprisa posible. Comprendí. Ya no había necesidad de preguntarle nada a nadie más.

A mí, un suegro hechicero no me molesta para nada. No me habla más que en hindi y supone que lo comprendo un poco. Nunca llego a captar lo que quiere decir. Eso tiene su lado bueno, porque no podemos dejar de estar de acuerdo.

Pese a todo, me ha encontrado trabajo: tatúo la frente de todas las muchachas de trece a quince años. Algunas veces, él mismo me descubre los senos de las muchachas y yo los tatúo con hojas o pétalos de flores de color verde, rosa o azul, dejando surgir el pezón como el pistilo de una flor. Las valientes, pues es muy doloroso, se hacen tatuar de amarillo canario la aréola, y algunas, incluso, aunque más raramente, el pezón de amarillo.

Delante de la casa, ha colocado un letrero escrito en hindú en el que, al parecer, se anuncia: «Artista tatuador - Precio moderado - Trabajo garantizado». Este trabajo está bien pagado y, así pues, tengo dos satisfacciones: admirar los hermosos pechos de las javanesas y ganar dinero.

Cuic ha encontrado cerca del puerto un restaurante en venta. Me trae muy orgulloso la noticia y me propone que lo compremos. El precio es aceptable: ochocientos dólares. Vendiendo el oro del hechicero, más nuestros ahorros, podemos comprar el restaurante. Voy a verlo. Está en una callejuela, pero muy cerca del puerto. Hierve de gente a todas horas. Una sala bastante grande embaldosada de blanco y negro, ocho mesas a la izquierda, ocho a la derecha y, en medio, una mesa redonda donde pueden exponerse los entremeses y la fruta. La cocina es grande, espaciosa, bien iluminada. Dos grandes hornos y dos fogones inmensos.

RESTAURANTE Y MARIPOSAS

Hemos cerrado el trato. La misma Indara se ha encargado de vender todo el oro que poseíamos. El papá, por otra parte, estaba sorprendido de que yo no hubiera tocado nunca los trozos de oro que entregaba a su hija para nosotros dos. Ha dicho:

—Os los he dado para que los disfrutarais. Son vuestros, no tenéis que preguntarme si podéis disponer de ellos. Haced con ellos lo que queráis.

No está tan mal mi «suegro hechicero». Y ella es algo fuera de serie como amante, como mujer y como amiga. No corremos peligro de regañar, pues ella siempre responde sí a todo cuanto yo digo. Solo refunfuña un poco cuando les tatúo las tetas a sus compatriotas.

Así, pues, heme aquí dueño del restaurante Victory, en Water Street, en pleno centro del puerto de la ciudad de Georgetown. Cuic hace de cocinero y le gusta, pues es su oficio. El manco irá a la compra y guisará el *chorv mein*, especie de espaguetis chinos. Se hacen de la manera siguiente: la flor de la harina se mezcla y se amasa con varias yemas de huevo. Sin agua, esta masa se trabaja dura y largamente. Esta pasta es muy dura de amasar (hasta el punto de que la trabaja saltando encima de ella, con el muslo apoyado en un bastón muy pulimentado fijado en el centro de la mesa. Con una pierna a caballo del bastón y aguantándolo con su única mano, gira saltando con un pie alrededor de la mesa, amasando así la pasta que, trabajada con semejante fuerza, no tarda en convertirse en una masa ligera y deliciosa. Al final, un poco de manteca acaba de darle un gusto exquisito.

Este restaurante, que había quebrado, pronto alcanza gran nombradía. Ayudada por una hindú joven y muy bonita, llamada Daya, Indara sirve a los numerosos clientes que acuden a nuestra casa a saborear la cocina china. Todos los presos fugados vienen. Los que tienen dinero pagan, y los otros comen gratuitamente.

—Proporciona felicidad dar de comer a los que tienen hambre —dice Cuic.

Hay un solo inconveniente: el atractivo de las dos camareras, una de las cuales es Indara. Las dos exhiben sus tetas desnudas bajo el ligero velo de la túnica. Además, las llevan abiertas por el costado desde el tobillo hasta la cadera. Al efectuar ciertos movimientos, descubren toda la pierna y el muslo, hasta muy arriba. Los marinos americanos, ingleses, suecos, canadienses y noruegos comen, en ocasiones, dos veces al día para disfrutar del espectáculo. Mis amigos llaman a mi establecimiento el restaurante de los mirones. Yo hago el papel de dueño. Para todo el mundo, soy el *boss*. No hay caja registradora, y los sirvientes me traen el dinero, que me meto en el bolsillo, y devuelvo el cambio cuando es necesario.

El restaurante abre desde las ocho de la noche hasta las seis de la madrugada. Ni que decir tiene que, hacia las tres de la madrugada, todas las putas del barrio que han tenido una buena noche vienen a comer con su macarra o un cliente un pollo al *curry* o una ensalada de germen de alubias. También toman cerveza, sobre todo inglesa, y whisky, un ron de caña de azúcar del país, muy bueno, con soda o Coca-Cola. Como se ha convertido en el punto de cita de los prófugos franceses, yo soy el refugio, el consejero, el juez y el confidente de toda la colonia de duros y de relegados.

Por supuesto que esto, algunas veces, me procura molestias. Un coleccionista de mariposas me explica su manera de cazar en la selva. Recorta un cartón en forma de mariposa y, luego, pega encima las alas de la mariposa que quiere cazar. Este cartón se fija en la punta de un bastón de un metro. Cuando caza, sostiene el bastón en la mano derecha y hace movimientos de manera que la falsa mariposa parezca que vuela. Va siempre, en la selva, a los claros donde penetra el sol. Sabe las horas de eclosión para cada especie. Hay especies que solo viven cuarenta y ocho horas. Entonces, cuando el sol baña el claro, las mariposas que acaban de salir del capullo se precipitan a esa luz, tratando de hacer lo antes posible el amor. Cuando divisan el reclamo, acuden desde muy lejos a precipitarse encima de él. Si la falsa mariposa es un macho, es un macho el que va a batirse con ella. Con la mano izquierda, que sostiene la redecilla, el cazador lo atrapa rápidamente.

La bolsa posee un estrangulamiento, lo que hace que el cazador pueda continuar atrapando mariposas sin temor que las otras se escapen.

Si el reclamo está hecho con alas de hembra, los machos acuden para hacerle el amor, y el resultado es el mismo.

Las mariposas más bellas son las nocturnas, pero a menudo, como chocan contra obstáculos, es muy difícil encontrar una cuyas alas estén intactas. Casi todas las tienen destrozadas. Para estas mariposas nocturnas, el cazador se encarama a lo más alto de un gran árbol y hace un cuadrado con un trapo blanco que ilumina por detrás con una lámpara de carburo. Las grandes mariposas nocturnas, de quince a veinte centímetros de envergadura, van a topar con el trapo blanco. No queda sino asfixiarlas comprimiéndoles muy rápida y fuertemente el tórax sin aplastarlas. No deben debatirse, porque de lo contrario se rompen las alas y pierden valor.

En una vitrina tengo siempre pequeñas colecciones de mariposas, de moscas, de pequeñas serpientes y de vampiros. Hay más compradores que mercancía. Así que los precios son altos.

Un americano me ha señalado una mariposa que tiene las alas traseras azul acero y las superiores azul claro. Me ha ofrecido quinientos dólares si encontraba una mariposa de esta especie que sea hermafrodita.

Hablando con el cazador, me dice que, una vez, tuvo una en las manos, muy linda, que le pagaron cincuenta dólares y que supo después, por un coleccionista honrado, que este espécimen valía casi dos mil dólares.

—Quiere pegártela el gringo, Papillon —me dice el cazador—. Te toma por un imbécil. Aunque la pieza rara valiera mil quinientos dólares, se aprovecharía descaradamente de tu ignorancia.

—Tienes razón, es un cerdo. ¿Y si se la pegáramos nosotros a él?

—¿Cómo?

—Sería preciso fijar sobre una mariposa hembra, por ejemplo, dos alas de macho o viceversa. Lo difícil es encontrar el medio de pegarlas sin que se vea.

Al cabo de muchos intentos desdichados, hemos llegado a pegar a la perfección, sin que se note, dos alas de un macho a un magnífico ejemplar de hembra. Hemos introducido las puntas en una minúscula incisión y, luego, las hemos unido con leche de balata. Aguantan bien, hasta el punto de que se puede agarrar la mariposa por las alas pegadas. Se mete la mariposa bajo un vidrio junto con otras, en una colección cualquiera de veinte dólares, como si yo no la hubiera visto. La cosa no falla. Apenas la ve el americano, tiene el tupé de venir con un billete de veinte dólares en la mano para comprarme la colección. Le digo que está comprometida, que un sueco me ha pedido una caja, y que es para él.

En dos días, el americano ha tomado lo menos diez veces en sus manos la caja. Al final, no aguanta más y me llama.

—Compro la mariposa de en medio por veinte dólares, y te quedas con las demás.

—¿Y qué tiene de extraordinario esa mariposa? —Y me

pongo a examinarla. Luego, exclamo—: Pero ¡si es una hermafrodita!

—¿Qué dice? Sí, es verdad. Antes, no estaba muy seguro —dice el gringo—. A través del cristal no se veía muy bien. ¿Me permite? —Examina la mariposa de arriba abajo y dice—: ¿Cuánto quiere usted por ella?

—¿No me dijo un día que un espécimen tan raro valía quinientos dólares?

—Se lo he repetido a muchos cazadores de mariposas; no quiero aprovecharme de la ignorancia de quien ha atrapado esta.

—Pues son quinientos dólares o nada.

—La compro; resérvemela. Tenga, aquí tiene sesenta dólares que llevo encima como señal de que la venta está hecha. Deme un recibo y mañana traeré el resto. Y, sobre todo, sáquela de esa caja.

—Muy bien; la llevaré a otra parte. Aquí tiene su recibo.

Justo a la hora de abrir, el descendiente de Lincoln está aquí. Vuelve a examinar la mariposa, esta vez con una lupa pequeña. Siento un sobresalto terrible cuando la vuelve del revés. Satisfecho, paga, coloca la mariposa en una caja que ha traído, me pide otro recibo y se va.

Dos meses más tarde, me agarra la bofia. Al llegar a la Comisaría, el superintendente de policía me explica en francés que me han detenido por haber sido acusado de estafa por un americano.

—Es sobre una mariposa a la que usted pegó las alas —me dice el comisario—. Gracias a esa superchería, usted la vendió por quinientos dólares.

Dos horas después, Cuic e Indara están allí con un abogado. Habla muy bien francés. Le explico que yo no sé nada de mariposas, que yo no soy cazador ni coleccionista. Vendo las cajas para ayudar a los cazadores, que son mis clientes, que es el gringo quien ofreció los quinientos dólares, y no yo quien se los pidió, y que, de haber sido auténtico el ejemplar como él creía, el ladrón hubiera sido él, puesto que entonces la mariposa hubiera tenido un valor de unos dos mil dólares.

Dos días después, comparezco ante el Tribunal. El abogado me sirve también de intérprete. Repito mi tesis. En su favor, mi abogado tiene un catálogo con los precios de las mariposas. Semejante espécimen se cotiza en el libro por encima de los mil quinientos dólares. El americano deberá pagar las costas del juicio y, por añadidura, los honorarios de mi abogado más doscientos dólares.

Reunidos todos los duros y los hindúes se festeja mi liberación con un pastís de la casa. Toda la familia de Indara había acudido al juicio, muy orgullosos todos de tener entre ellos —después de la absolución— a un superhombre. Pues ellos no son tontos, y dudaban de que no hubiera sido yo quien pegara las alas.

Ya ha sucedido. Nos hemos visto obligados a vender el restaurante. Tenía que pasar. Indara y Daya eran demasiado hermosas, y su especie de *strip-tease*, siempre ligeramente insinuado, sin llegar nunca más lejos, incitaba más aún a aquellos marinos de sangre ardiente, que si hubiera sido un desnudo completo. Al advertir que cuanto más ponían las tetas desnudas apenas veladas ante las narices de los marineros, más propinas les caían, bien inclinadas sobre la mesa nunca acababan de dar la cuenta o el cambio justo. Tras este tiempo de exposición bien calculado, con el marino con los ojos fuera de las órbitas para ver mejor, ellas se incorporaban y preguntaban: «¿Y mi propina?». «¡Ah!» Aquellos pobres tipos eran generosos, y estos enamorados enardecidos, pero nunca satisfechos, ya no sabían lo que se hacían.

Un día, sucedió lo que yo imaginaba. Un tipo alto, pelirrojo, lleno de pecas, no se ha contentado con ver todo el muslo descubierto: a la aparición fugitiva del slip, se le fue la mano y, con sus dedos de animal, atenazó fuertemente a mi javanesa. Como ella tenía una jarra de cristal llena de agua en la mano, no le ha costado mucho rompérsela en la cabeza. Bajo el golpe, se cae al suelo. Me precipito para ayudarle a levantarse, cuando unos amigos suyos creen que le voy a pegar y, antes de que pueda decir uf, recibo un puñetazo magistral en pleno ojo. ¿Quizá este marino boxeador ha querido de veras defender a su compañero o arrearle un porrazo al marido de la bella hindú responsable de que no se pueda llegar a ella? ¡Cualquiera sabe! En todo caso, mi ojo ha recibido este directo de frente. Sin embargo, el hombre aquel había contado demasiado deprisa con su victoria, porque se pone en guardia de boxeo ante mí y me grita. *Boxe, boxe, man!* De un gran puntapié en las partes, seguido de un cabezazo al estilo Papillon, el boxeador cae en el suelo tan largo como es.

La pelea se hace general. El manco ha salido en mi ayuda desde la cocina y distribuye golpes con el bastón con el que hace sus espaguetis especiales. Cuic llega con un largo tenedor de dos dientes y lo clava aquí y allá. Un granuja parisiense retirado de los bailes con gaita de la rue de Lappe se sirve de una silla como maza. Violentada, sin duda, por la pérdida de sus bragas, Indara se ha retirado de la riña.

Conclusión: cinco gringos han sido seriamente heridos en la cabeza, otros llevan dos agujeros producidos por el tenedor de Cuic en diversas partes del cuerpo. Hay sangre por todas partes. Un policía negro se ha puesto a la puerta para que nadie salga. Afortunadamente, porque llega un jeep de la Military Police. Con polainas blancas y la porra levantada, quieren entrar a la fuerza, y en vista de que todos sus marinos están llenos de sangre, seguramente tienen intención de vengarlos. El policía negro los rechaza, luego pone el brazo con su porra a través de la puerta y dice:

—*Majesty Police* (Policía de Su Majestad).

Solo cuando llegan los policías ingleses se nos hace salir y montar en el camión. Nos conducen a la Comisaría. Aparte de mi ojo tumefacto, ninguno de nosotros está herido, lo que hace que no quieran creer en nuestra legítima defensa.

Ocho días después, en el Tribunal, el presidente acepta nuestra tesis y nos pone en libertad a todos excepto a Cuic, a quien le caen tres meses por golpes y heridas. Era difícil encontrar una explicación a los múltiples dos agujeros repartidos profusamente por Cuic.

Como a continuación, en menos de quince días ha habido seis peleas, nos damos cuenta de que no podemos seguir así. Los marinos han decidido no dar esta historia por terminada, y como los que vienen tienen siempre pinta nueva, ¿cómo saber si son amigos o enemigos?

Así, pues, hemos vendido el restaurante, pero no al precio que lo habíamos comprado. La verdad es que, con la fama que había cobrado, los compradores no hacían cola.

—¿Qué vamos a hacer, manco?

—Mientras esperamos a que salga Cuic, descansaremos. No podemos volver a lo de la carreta y el asno, pues los vendimos junto con la clientela. Lo mejor es no hacer nada, reposar. Ya veremos después.

Cuic ha salido. Nos dice que lo han tratado bien. El único inconveniente —cuenta— es que estaba cerca de dos condenados a muerte. Los ingleses tienen una cochina costumbre: advierten a un condenado cuarenta y cinco días antes de la ejecución de que será colgado alto y corto tal día a tal hora, que la reina ha rechazado su petición de clemencia. «Entonces —nos cuenta Cuic—, todas las mañanas, los dos condenados a muerte se gritaban uno a otro: "Un día menos, Johnny, ¡no quedan más que tantos días!". Y el otro no paraba de insultar a su cómplice toda la mañana.» Aparte de eso, Cuic estaba tranquilo y bien considerado.

LA CABAÑA DE BAMBÚ

Pascal Fosco ha bajado de las minas de bauxita. Es uno de los hombres que habían intentado un atraco a mano armada contra la oficina de Correos de Marsella. Su cómplice fue guillotinado. Pascal es el mejor de todos nosotros. Buen mecánico, solo gana cuatro dólares diarios y, con eso, siempre encuentra el medio de alimentar a uno o dos forzados en dificultades.

Esa mina de tierra de aluminio está muy adentro de la selva. Se ha formado una aldea alrededor del campamento, donde viven los obreros y los ingenieros. En el puerto, se carga sin cesar el mineral en numerosos barcos de carga. Se me ocurre una idea: ¿por qué no vamos a montar un cabaret en ese rincón perdido en la selva? La gente debe de aburrirse mortalmente por la noche.

—Es verdad —me dice Fosco—, aquello no es Jauja en cuanto a distracciones. No hay nada.

Indara, Cuic, el manco y yo ya estamos, algunos días después, a bordo de un cascarón que, en dos días de navegación, nos lleva por el río a *Mackenzie*, nombre de la mina.

El campamento de los ingenieros, los jefes y los obreros especializados es limpio, claro, con casitas confortables, todas provistas de tela metálica para protegerse de los mosquitos. La aldea, por su parte, es un asco. No tiene ninguna casa de ladrillo, piedra o cemento. Nada más que barracas hechas de arcilla y bambúes, con los techos de hojas de palmera silvestre o, las más modernas, de chapas de cinc. Cuatro bares-restaurantes bullen de clientes. Los marinos se dan de bofetadas por una cerveza caliente. Ningún comercio posee un frigorífico.

Tenía razón Pascal, hay mucho que hacer en este rincón. Al fin y al cabo, soy un fugado, y eso significa la aventura, no puedo vivir normalmente como mis camaradas. Trabajar para ganar justo con que vivir no me interesa.

Como las calles están pegajosas de lodo cuando llueve, escojo, un poco apartado del centro de la aldea, un lugar más elevado. Estoy seguro de que, incluso cuando llueva, no me veré inundado ni el interior ni en torno de la construcción que pienso levantar.

En diez días, ayudado por carpinteros negros que trabajan en la mina, edificamos una sala rectangular de veinte metros de largo por ocho de ancho. Treinta mesas de cuatro sitios permitirán a ciento veinte personas sentarse cómodamente. Un estrado por el que pasarán las artistas, un bar de la anchura de la sala y una docena de taburetes altos. Al lado del cabaret, otra construcción con ocho habitaciones donde podrán vivir cómodamente dieciséis personas.

Cuando he bajado a Georgetown a comprar el material, sillas, mesas, etc., he contratado a cuatro jóvenes negras espléndidas para servir a los clientes. Daya, que trabajaba en el restaurante, ha decidido venir con nosotros. Un culi aporreará el viejo piano que he alquilado. Falta el espectáculo.

Después de muchas dificultades y mucho bla-bla-bla, he conseguido convencer a dos javanesas, una portuguesa, una china y dos morenas para que abandonen la prostitución y se conviertan en artistas del desnudo. Un viejo telón rojo comprado en casa de un chamarilero servirá para abrir y cerrar el espectáculo.

Regreso con toda mi gente en un viaje especial que me hace un pescador chino con su bongo. Una casa de licores me ha proporcionado todas las bebidas imaginables a crédito. Tiene confianza en que pagaré cada treinta días lo que haya vendido, previo inventario. A medida que se vayan terminando, me proporcionará los licores que me sean necesarios. Un viejo fonógrafo y discos gastados difundirán música cuando el pianista cese de martirizar el piano. Toda clase de vestidos, enaguas, medias negras y de color, ligas y sostenes aún en muy buen estado y que he escogido por sus colores vistosos en casa de un hindú que había recogido los despojos de un teatro ambulante, serán el «guardarropa» de mis futuras «artistas».

Cuic ha comprado el mobiliario y las camas. Indara, los vasos y todo lo necesario para un bar. Yo, los licores, y también me ocupo de la cuestión artística. Para poner en marcha todo eso en una semana, ha sido preciso trabajar duro. Al final, ya está, y material y personal ocupan toda la embarcación.

Dos días después, llegamos a la aldea. Las diez muchachas producen una verdadera revolución en este lugar perdido en medio de la selva. Cada uno cargado con un paquete sube a La Cabaña de Bambú, nombre que hemos dado a nuestra *boîte de nuit*. Los ensayos han comenzado. Enseñar a mis «artistas» a quedarse en cueros no es fácil. En primer lugar, porque hablo muy mal el inglés y no comprenden muy bien mis explicaciones, y en segundo lugar porque, durante toda su vida, se han desnudado a toda velocidad para despachar cuanto antes al cliente. Mientras que, ahora, es todo lo contrario: cuanto más lentamente van, resulta más sexy. Para cada chica hay que emplear una táctica diferente. Esta manera de hacer debe armonizar con los vestidos.

La Marquesa de corsé rosado y vestido de crinolina, de grandes pantalones de encaje blanco, se desnuda lentamente, escondida tras un biombo ante un gran espejo por el que el público puede admirar poco a poco cada porción de carne que descubre.

Luego, está la Rápida, una muchacha de vientre liso, morena, de color café con leche muy claro, magnífico ejemplar de sangre mezclada, seguramente de blanco con negra ya clara. Su tono de grano de café apenas tostado hace resaltar sus formas perfectamente bien equilibradas. Unos largos cabellos negros caen naturalmente ondulados sobre sus hombros divinamente redondos. Unos senos henchidos, erguidos y arrogantes aun siendo pesados, disparan sus pezones magníficos apenas más oscuros que la carne. Ella es la Rápida. Todas las piezas de su vestuario, se abren con cremallera. Se presenta con pantalón de vaquero, un sombrero muy ancho y una blusa blanca cuyos puños terminan en franjas de cuero. Al son de una marcha guerrera, aparece en escena y se descalza, tirando de un puntapié cada zapato. El pantalón se abre por el costado de las dos piernas y cae de un solo golpe a sus pies. El corsé se abre en dos piezas mediante un cierre de cremallera en cada brazo.

Para el público, la impresión es violenta, pues las tetas desnudas surgen como rabiosas por haber estado encerradas tanto tiempo. Con los muslos y el busto desnudos, separadas las piernas, y con las manos en las caderas, mira al público descaradamente de frente, se quita el sombrero y lo tira a una de las primeras mesas, cerca del escenario.

La Rápida tampoco se anda con actitudes o gestos de pudor para despojarse del slip. Desabrocha los dos lados de la piececita al mismo tiempo y, más que quitársela, se la arranca. Al instante, otra muchacha le pasa un enorme abanico de plumas blancas con el cual, abierto del todo, se cubre.

El día de la inauguración, La Cabaña de Bambú está llena a rebosar. El estado mayor de la mina está allí en pleno. La noche termina bailando y el día ha amanecido ya cuando los últimos clientes se van. Es un verdadero éxito, no podía esperarse que fuera mejor. Hay gastos, pero los precios son muy elevados y eso compensa, y este cabaret en plena selva, lo creo sinceramente, muchas noches tendrá más clientes que espacio disponible.

Mis cuatro camareras negras no dan abasto. Vestidas muy de corto, con el corpiño bien escotado y un madrás en la cabeza, han impresionado grandemente a la clientela. Indara y Daya vigilan, cada una, una parte de la sala. El manco y Cuic están en el bar, para preparar los servicios de la sala. Y yo, en todas partes, poniendo arreglo a lo que va mal o ayudando a quien está en un apuro.

—Éxito seguro —dice Cuic, cuando camareras, artistas y patrón se hallan solos en la gran sala.

Comemos todos juntos, en familia, amo y empleados, rendidos de fatiga, pero felices por el resultado. Todo el mundo va a acostarse.

—Bien, Papillon, ¿no vas a levantarte?

—¿Qué hora es?

—Las seis de la tarde —me dice Cuic—. Tu princesa nos ha ayudado. Se ha levantado a las dos. Todo está en orden, y dispuesto para empezar de nuevo esta noche.

Indara llega con un jarro de agua caliente. Afeitado, bañado, refrescado y dispuesto, la tomo por la cintura y entramos en La Cabaña de Bambú, donde soy acogido con mil preguntas.

—¿Ha ido bien, *boss*?

—¿Me he desnudado bien? ¿Qué va mal, según usted?

—¿He cantado casi bien? Claro que, por suerte, el público no es difícil.

Este nuevo equipo es simpático de veras. Estas putas transformadas en artistas se toman el trabajo en serio y parecen felices de haber abandonado su oficio anterior. El negocio no puede ir mejor. Hay una sola dificultad: para tantos hombres solos, muy pocas mujeres. Todos los clientes quisieran ser acompañados, si no toda la noche, sí más tiempo por una muchacha, sobre todo por una artista. Eso les pone celosos. De vez en cuando, si por casualidad, hay dos mujeres en la misma mesa, los clientes protestan.

Las negritas también están muy solicitadas, primero porque son hermosas y, sobre todo, porque en esta selva no hay mujeres. Algunas veces, Daya sale de detrás de la barra para servir y habla con todos. Casi una veintena de hombres disfrutan de la presencia de la hindú, quien, en verdad, es una rara belleza.

Para evitar los celos y las reclamaciones de los clientes por tener en su mesa a una artista, he instituido una lotería. Después de cada número de desnudo o de canto, una gran rueda numerada del 1 al 32, un número por mesa y dos números para el bar, decide adónde debe ir la chica. Para participar en la lotería, es preciso tomar un billete que cuesta el precio de una botella de whisky o de champán.

Esta idea (así lo creía yo) tiene dos ventajas. En primer lugar, evita toda reclamación. El que gana disfruta de su chavala en su mesa durante una hora por el precio de la botella, y se le sirve de la manera siguiente: mientras que, completamente desnuda, la artista está oculta por el inmenso abanico, se hace girar la rueda. Cuando sale el número, la chica sube a un gran plato de madera pintado de plata, cuatro mozos la levantan en vilo y la llevan a la feliz mesa ganadora. Ella misma descorcha el champán, hace un brindis, siempre en cueros, se excusa y, cinco minutos después, regresa a sentarse vestida de nuevo.

Durante seis meses, todo ha marchado bien, pero, pasada la estación de las lluvias, ha venido una clientela nueva. Son los buscadores de oro y diamantes que hacen prospecciones libremente por la selva, en esta tierra tan rica en aluviones. Buscar oro y brillantes con medios arcaicos es excesivamente duro. Muy a menudo, los mineros se matan o se roban entre sí. Así que toda esta gente va armada, y cuando tienen un saquito de oro o un puñado de brillantes no resisten la tentación de gastarlo locamente. Las chicas, por cada botella, reciben un crecido porcentaje. Y no les cuesta nada, mientras abrazan al cliente, verter el champán o el whisky en el cubo de hielo, para que la botella se termine antes. Algunos, pese al alcohol bebido, se dan cuenta, y sus reacciones son tan brutales que me he visto obligado a clavar las mesas y las sillas.

Con esta nueva clientela, lo que tenía que pasar pasó. La llamaban Flor de Canela. En efecto, su piel tenía el color de la canela. Esta nueva chavala, que había yo sacado de los bajos fondos de Georgetown, volvía literalmente locos a los clientes por su manera de desnudarse.

Como era muy interesada, había exigido que, para participar en su lotería, los jugadores deberían pagar el precio de dos botellas de champán, y no una, como para las otras. Después de haber corrido varias veces, aunque en vano, su suerte de ganar a Flor de Canela, un minero corpulento, que lleva una barba negra muy poblada, no encuentra otra cosa mejor, cuando pasa mi hindú vendiendo los números del último desnudo de Flor de Canela, que comprar los treinta de la sala. No quedan, pues, más que los dos números del bar.

Seguro de ganar después de haber pagado las sesenta botellas de champán, mi barbudo esperaba, confiado, el desnudo de Flor de Canela y el sorteo de la lotería. Flor de Canela estaba muy excitada por todo lo que había bebido aquella noche. Eran las cuatro de la madrugada cuando comenzó su última representación. Ayudada por el alcohol, estuvo más sexual que nunca, y sus gestos fueron más osados aún que de costumbre. ¡Rrran! Se hace girar la ruleta que, con su pequeño indicador de cuerno, va a señalar al ganador. El barbudo babea de excitación tras haber presenciado la exhibición de Flor de Canela. Espera, está seguro de que se la van a servir en cueros en su bandeja plateada, cubierta por el famoso abanico de plumas y, entre sus dos magníficos muslos, las dos botellas de champán. ¡Qué catástrofe! El tipo de los treinta números pierde. Gana el 31, o sea, el bar. Al principio, solo comprende a medias, y no se da cuenta por completo de lo que ha sucedido hasta que ve que la artista es levantada y depositada en el bar. Entonces, aquel estúpido se vuelve loco, aparta la mesa de sí y en tres brincos se planta en el bar. No ha empleado más que tres segundos en sacar su revólver y disparar tres tiros sobre la muchacha.

Flor de Canela ha muerto en mis brazos. La recogí después de haberme cargado a aquel animal de un golpe de *black-jack* de la policía americana que siempre llevo conmigo. Por haber tropezado yo con una camarera y su bandeja, lo que ha retrasado mi intervención, ese bruto ha tenido tiempo de cometer semejante locura. Resultado: la policía ha cerrado La Cabaña de Bambú y nosotros hemos vuelto a Georgetown.

Henos de nuevo en nuestra casa. Indara, como una verdadera hindú fatalista, no cambia de carácter. Para ella, esta ruina no tiene ninguna importancia. Nos dedicaremos a otra cosa, eso es todo. Los chinos, igual. Nada cambia en nuestro armonioso equipo. Ni un reproche por mi extravagante idea de echar a suertes a las chicas, idea que, sin embargo, es la causa de nuestro fracaso. Con nuestros ahorros, después de haber pagado escrupulosamente todas nuestras deudas, hemos entregado una suma a la mamá de Flor de Canela. No nos hacemos mala sangre. Todas las noches vamos al bar donde se reúnen los evadidos. Pasamos veladas encantadoras, pero Georgetown, en razón de las restricciones de la guerra, empieza a fatigarme. Además, mi princesa nunca había sido celosa y yo siempre había conservado toda mi libertad. Ahora, no me deja ni a sol ni a sombra, y se queda durante horas sentada a mi lado, cualquiera que sea el lugar donde me encuentre.

Las probabilidades de dedicarme al comercio en Georgetown se complican. Así, un buen día, me entran ganas de irme de la Guayana inglesa y trasladarme a otro país. No corremos ningún riesgo, es la guerra. Ningún país nos devolverá. Al menos, así lo supongo.

FUGA DE GEORGETOWN

Guittou está de acuerdo. También él piensa que debe de haber países mejores y donde sea más fácil vivir que en la Guayana inglesa. Comenzaremos a preparar una fuga. En efecto, salir de la Guayana inglesa es un grave delito. Estamos en tiempo de guerra y ninguno de nosotros tiene pasaporte.

Chapar, que se evadió de Cayena después de haber sido desinternado, está aquí desde hace tres meses. Trabaja por un dólar cincuenta diario haciendo hielo en una pastelería china. También él quiere partir de Georgetown. Un prófugo de Dijon, Deplanque, y un bordelés son también candidatos a la fuga. Cuic y el manco prefieren quedarse. Se encuentran bien aquí.

Como la salida del Demerara está muy vigilada y bajo el fuego de nidos de ametralladoras, lanzatorpedos y cañones, copiaremos exactamente una embarcación de pesca matriculada en Georgetown y saldremos haciéndonos pasar por ella. Me recrimino por no guardarle agradecimiento a Indara y por no corresponder como debiera a su amor total. Pero nada puedo hacer, se me pega tanto, que ahora me saca los nervios de quicio, me exaspera. Los seres sencillos, puros, no retienen sus deseos y no esperan que aquel a quien aman los solicite para hacer el amor. Esta hindú reacciona exactamente como las hermanas indias de la Guajira. En el momento en que sus sentidos tienen deseos de expansionarse, se ofrecen, y si no se las toma, la cosa es muy grave. Un dolor verdadero y tenaz germina en lo más profundo de su yo, y eso me irrita, pues, como con las hermanas indias, no quiero hacer sufrir a Indara y debo esforzarme para que, en mis brazos, goce lo más posible.

Ayer, he asistido a la cosa más linda que puede verse en materia de mímica para expresar lo que se siente. En la Guayana inglesa, existe una especie de esclavitud moderna. Los javaneses vienen a trabajar en las plantaciones de algodón, de caña de azúcar o de cacao con contratos de cinco y diez años. Marido y mujer se ven obligados a salir todos los días al trabajo, salvo cuando están enfermos. Pero si el doctor no los reconoce, tienen que efectuar como castigo un mes de trabajo suplementario al final del contrato. Y se añaden otros meses por otros delitos menores. Como todos son jugadores, contraen deudas en la plantación y, para pagar sus deudas, firman, a fin de conseguir una prima, un enganche de uno o varios años.

Prácticamente, no salen nunca. Para ellos, que son capaces de jugarse a su mujer y mantener escrupulosamente su palabra, una sola cosa es sagrada: sus hijos. Hacen todo para conservarlos *free* (libres). Vencen las mayores dificultades y pasan privaciones, pero muy raramente uno de sus niños firma un contrato con la plantación.

Hoy, se celebra una boda de una muchacha hindú. Todo el mundo va vestido con largas túnicas: las mujeres con velo blanco, y los hombres, con túnicas blancas que les llegan hasta los pies. Muchas flores de azahar. La escena, después de muchas ceremonias religiosas, se desarrolla en el momento en que el novio se va a llevar a su mujer. Los invitados están a derecha e izquierda de la puerta de la casa. A un lado, las mujeres; al otro, los hombres. Sentados en el umbral de la casa, con la puerta abierta, el padre y la madre. Los recién casados abrazan a los miembros de la familia y pasan entre las dos hileras de varios metros de largo. De súbito, la novia se escapa de los brazos de su marido y corre hacia su madre. La madre se tapa los ojos con una mano y, con la otra, se la devuelve al marido.

Este tiende los brazos y la llama. Ella gesticula o expresa que no sabe qué hacer. Su madre le ha dado la vida y, muy bien, hace ver como que del vientre de su mamá sale una cosita. Luego, su madre le ha dado el pecho. ¿Va a olvidarse de todo eso para seguir al hombre que ama? Quizá, pero no tengas prisa, le dice mediante gestos y ademanes; espera un poco todavía, déjame contemplar otra vez a estos padres tan buenos que, hasta que te he encontrado, han sido la única razón de mi vida.

Entonces, también él gesticula dando a entender que la vida exige de ella que también sea esposa y madre. Todo esto al son de los cánticos de las muchachas y de los muchachos que les responden. Al final, después de haberse vuelto a escapar de los brazos de su marido, después de haber abrazado a sus padres, da unos pasos corriendo y salta a los brazos de su marido, que se la lleva rápidamente hasta la carreta adornada con guirnaldas de flores que los espera.

La fuga se prepara minuciosamente. Una canoa ancha y larga, con una buena vela, un foque y un gobernalle de primera calidad son preparados tomando precauciones para que la policía no se dé cuenta.

Escondemos la embarcación en Penitente River, el riachuelo que desemboca en el gran río, el Demerara, pero más abajo de nuestro barrio. Está pintada y numerada exactamente como una barca de pesca de chinos matriculada en Georgetown. Iluminada por los focos, solo la tripulación es distinta. Para disimular mejor, no podremos estar de pie, pues los chinos de la embarcación copiada son pequeños y enjutos, y nosotros, altos y fuertes.

Todo transcurre sin complicaciones y salimos flamantes del Demerara para hacernos a la mar. A pesar de la alegría por haber salido y evitado el peligro de ser descubiertos, una sola cosa me impide saborear por completo este éxito, y es el hecho de haber partido como un ladrón, sin habérselo dicho a mi princesita hindú. No estoy contento de mí. Ella, su padre y su raza no me han hecho más que bien y, en cambio, yo les he pagado mal. No trato de buscar argumentos para justificar mi conducta. Considero que es poco elegante lo que he hecho, y no estoy del todo contento de mí. Sobre la mesa he dejado ostensiblemente seiscientos dólares, pero el dinero no paga las atenciones recibidas.

Debíamos tomar rumbo norte durante cuarenta y ocho horas. Pensando de nuevo en mi antigua idea, quiero ir a Honduras británica. Y para eso debemos estar más de dos días en alta mar.

La expedición fugitiva está formada por cinco hombres: Guittou; Chapar; Barrière, un bordelés; Deplanque, un tipo de Dijon, y yo, Papillon, capitán responsable de la navegación.

Apenas llevamos treinta horas en el mar cuando nos vemos envueltos en una tempestad espantosa seguida de una especie de tifón o ciclón. Relámpagos, truenos, lluvia, olas enormes y desordenadas, viento huracanado que forma torbellinos en el mar nos arrastran, sin que podamos resistirnos, a una dramática carrera por un mar como nunca lo había visto y ni siquiera lo había imaginado. Por primera vez, según mi experiencia, los vientos soplan cambiando de dirección, hasta el punto de que los alisios se han borrado completamente y la tormenta nos hace dar vueltas en direcciones opuestas. Si esto hubiera durado ocho días, nos devolvía a los duros.

Este tifón, por otra parte, ha sido memorable, según he sabido después en Trinidad por monsieur Agostini, el cónsul francés. Le costó más de seis mil cocoteros de su plantación. Este tifón en forma de tijera ha aserrado literalmente todos esos cocoteros a la altura de un hombre. Han sido arrancadas casas y llevadas por los aires muy lejos, volviendo a caer en tierra o en el mar. Nosotros lo hemos perdido todo: víveres y equipaje, así como los barriles de agua. El mástil se ha partido a menos de dos metros, adiós vela y, lo que es más grave, el gobernalle se ha roto. Por milagro, Chapar ha salvado una pequeña pagaya, y con ella trato de conducir la canoa. Mientras, todo el mundo se ha quedado en cueros para confeccionar una especie de vela. Lo hemos utilizado todo, chaquetas, pantalones y camisas. Los cinco vamos en slip. Esta vela, fabricada con nuestros vestidos y cosida con un canutillo de hilo que estaba a bordo, nos permite casi navegar con nuestro mástil tronchado.

Los vientos alisios han vuelto a soplar, y yo me aprovecho de ello para tratar de poner rumbo al sur para alcanzar cualquier tierra, aunque sea la Guayana inglesa. Mis camaradas se han comportado todos dignamente durante y después de esta no diré tempestad, porque no sería bastante, sino de este cataclismo, de ese diluvio, de este ciclón más bien.

Tan solo al cabo de seis días, dos de ellos de calma absoluta, vemos tierra. Con este trozo de vela que el viento empuja pese a sus agujeros no podemos navegar exactamente como quisiéramos. La pequeña pagaya ya no basta para dirigir con firmeza y seguridad la embarcación. Como estamos todos en cueros, tenemos vivas quemaduras en todo el cuerpo, lo que disminuye nuestras fuerzas para luchar. Ninguno de nosotros tiene ya piel en la nariz, está en carne viva. Los labios, los pies, la entrepierna y los muslos están también en carne viva. La sed nos atormenta hasta tal punto que Deplanque y Chapar han llegado a beber agua salada. Después de esa experiencia, aún sufren más. Pese a la sed y al hambre que nos atenazan, hay algo que sí marcha bien: nadie, absolutamente nadie se queja. El que quiere beber agua salada, y el que se echa agua de mar por encima diciendo que refresca, se da cuenta por sí solo de que el agua salada ahonda sus llagas y le quema aún más a causa de la evaporación.

Soy el único que tiene un ojo completamente abierto y sano, pues todos mis camaradas tienen los ojos llenos de pus y se les pegan constantemente. Los ojos obligan a lavarse cueste lo que cueste, pese al dolor, porque hay que abrir los ojos y ver claro. Un sol de plomo ataca nuestras quemaduras con tal intensidad, que es casi irresistible. Deplanque, medio loco, habla de arrojarse al agua.

Hace casi una hora me parecía distinguir tierra por el horizonte. Por supuesto, me he dirigido enseguida hacia ella sin decir nada, pues no estaba muy seguro. Unas aves llegan y vuelan alrededor de nosotros, así pues, no me he equivocado. Sus gritos advierten a mis camaradas que, entontecidos por el sol y la fatiga, se han acostado en el fondo de la canoa, protegiéndose el rostro del sol con sus brazos.

Guittou, después de haberse enjuagado la boca para poder emitir un sonido, me dice:

—¿Ves tierra, Papi?

—Sí.

—¿En cuánto tiempo crees que podremos llegar?

—En cinco o siete horas. Amigos, yo ya no puedo más. Además de las mismas quemaduras que vosotros, tengo las nalgas en carne viva por el roce con el banco y por el agua de mar. El viento no es muy fuerte, avanzamos lentamente y mis brazos tienen constantes calambres, así como mis manos, que están cansadas de agarrarse desde hace tanto tiempo a la pagaya que me sirve de gobernalle. ¿Queréis aceptar una cosa? Quitamos la vela y la tendemos sobre la canoa, como un techo para abrigarnos de este sol de fuego, hasta la noche. La embarcación irá a la deriva por sí sola hacia tierra. Esto es necesario, a menos que uno de vosotros quiera ocupar mi puesto al gobernalle.

—No, no, Papi. Hagamos eso y durmamos todos menos uno a la sombra de la vela.

Al sol, hacia la una de la tarde, hago que se tome esta decisión. Con una satisfacción animal, me tiendo en el fondo de la canoa, por fin a la sombra. Mis camaradas me han cedido el sitio mejor para que, desde la proa, pueda recibir aire del exterior.

El que está de guardia permanece sentado, pero abrigado a la sombra de la vela. Todo el mundo, hasta el de guardia, cae enseguida en la inconsciencia. Rendidos de fatiga y gozando de esta sombra que, al fin, nos permite escapar a este sol inexorable, nos hemos quedado dormidos.

Un aullido de sirena despierta de golpe a todo el mundo. Aparto la vela. Fuera, es de noche. ¿Qué hora puede ser? Cuando me siento en mi sitio, el gobernalle, una brisa fresca me acaricia todo mi pobre cuerpo, con su piel arrancada, e inmediatamente tengo frío. Pero ¡qué sensación de bienestar al no sentir quemaduras!

Quitamos la vela. Después de habernos limpiado los ojos con agua de mar —por suerte solo tengo uno que me escuece y supura—, veo tierra muy claramente a mi derecha y a mi izquierda. ¿Dónde estamos? ¿Hacia qué lado debo dirigirme? Se oye de nuevo el aullido de la sirena. La señal viene de la tierra de la derecha. ¿Qué diablos quieren decirnos?

—¿Dónde crees que estamos, Papi? —pregunta Chapar.

—Francamente, no lo sé. Si esta tierra no está aislada y es un golfo, quizá estemos en el extremo de la punta de la Guayana inglesa, en la parte que va hasta el Orinoco (gran río de Venezuela que hace frontera). Pero si la tierra de la derecha está separada de la de la izquierda por un espacio bastante grande, entonces esta península es una isla, y es Trinidad. A la izquierda, sería Venezuela, o sea, que nos encontraríamos en el golfo de Paria.

Mis recuerdos de las cartas marinas que he tenido ocasión de estudiar me brindan esta alternativa. Si Trinidad está a la derecha y Venezuela a la izquierda, ¿qué escogeremos? Esta decisión pone en juego nuestro destino. No será demasiado difícil, con esta buena brisa, dirigirme a la costa. Por el momento, no vamos ni hacia una ni hacia otra. En Trinidad están los *rosbifs*, el mismo Gobierno que en la Guayana inglesa.

—Estamos seguros de que seremos bien tratados —dice Guittou.

—Sí, pero ¿qué decisión tomarán por haber abandonado en tiempo de guerra su territorio sin autorización y clandestinamente?

—¿Y Venezuela?

—No se sabe qué tal se pasa —dice Deplanque—. En la época del presidente Gómez, los duros eran obligados a trabajar en las carreteras, en condiciones extremadamente penosas, y luego devolvían a Francia a los cayeneses, como llaman allí a los duros.

—Sí, pero ahora no es lo mismo, estamos en guerra.

—Ellos, por lo que he oído en Georgetown, no están en guerra, son neutrales.

—¿Seguro?

—Seguro.

—Entonces, es peligrosa para nosotros.

Se distinguen luces en tierra, a la derecha, y también a la izquierda. Otra vez la sirena que, esta vez, aúlla tres veces seguidas. Nos llegan señales luminosas de la derecha. Acaba de salir la luna, está bastante lejos, pero en nuestra trayectoria. Delante, dos inmensas rocas puntiagudas y negras emergen arriba del mar. Debe ser la razón de la sirena: nos advierten que hay peligro.

—¡Toma, boyas flotantes! Hay todo un rosario de ellas. ¿Por qué no esperamos que se haga de día amarrados a una de ellas? Arría la vela, Chapar.

De un tirón descuelga esos trozos de pantalones y de camisas que, pretenciosamente, llamo vela. Frenando con mi pagaya, pongo proa a una de las «boyas». Por suerte, la canoa ha conservado un gran trozo de cuerda tan bien atado a su anillo, que el tifón no ha podido arrancarlo. Ya está, ya hemos amarrado. No directamente a esa extraña boya, porque no hay nada en ella para atar la cuerda, sino al cable que la une a otra boya. Estamos bien amarrados al cable de esta delimitación de un canal, sin duda. Sin preocuparnos de los aullidos que continúa emitiendo la costa de la derecha, nos acostamos todos en el fondo de la canoa, cubiertos por la vela para protegernos del viento. Un calor dulce invade mi cuerpo, transido por el viento y el fresco de la noche, y soy, ciertamente, uno de los primeros en roncar a pierna suelta.

El día es limpio y claro cuando me despierto. El sol está saliendo de su lecho, el mar está un poco revuelto y su azul verdoso indica que el fondo es de coral.

—¿Qué hacemos? ¿Nos decidimos a ir a tierra? Reviento de hambre y sed.

Es la primera vez que alguien se queja tras estos días de ayuno, hoy hace exactamente siete días.

—Estamos tan cerca de tierra, que no es un pecado grave hacerlo —dice Chapar.

Sentado en mi puesto, veo con claridad a lo lejos, delante de mí, más allá de las dos inmensas rocas que emergen del mar, la ruptura de la tierra. A la derecha, pues, está Trinidad, y a la izquierda, Venezuela. Sin ninguna duda, estamos en el golfo de Paria, y si el agua es azul y no amarillenta a causa de los aluviones del Orinoco, es que estamos en la corriente del canal que pasa entre los dos países y se dirige hacia mar abierto.

—¿Qué hacemos? Mejor votar, ¿no? Esto es demasiado grave para que yo tome solo la decisión. A la derecha, la isla inglesa de Trinidad; a la izquierda, Venezuela. ¿Adónde queréis ir? Dadas las condiciones de nuestra embarcación y nuestro estado físico, debemos ir a tierra lo antes posible. Entre nosotros hay dos liberados: Guittou y Corbière. Nosotros tres: Chapar, Deplanque y yo corremos mayor peligro. A nosotros nos toca decidir. ¿Qué decís vosotros?

—Lo más inteligente es ir a Trinidad. Venezuela significa lo desconocido.

—No hay necesidad de tomar una decisión. Esa canoa de vigilancia lo hará por nosotros —dice Deplanque.

En efecto, una canoa de vigilancia avanza con rapidez hacia nosotros. Se detiene a más de cincuenta metros. Un hombre toma un megáfono. Diviso una bandera que no es inglesa. Llena de estrellas, muy hermosa, nunca en mi vida la había visto. Debe ser venezolana. Más tarde, será «mi bandera», la de mi nueva patria, el símbolo, para mí, más emotivo, el de tener, como todo hombre normal, reunidos en un trozo de tela las cualidades más nobles de un gran pueblo: mi pueblo.

—*¿Quién son vosotros (sic)?*

—Somos franceses.

—*¿Están locos?*

—¿Por qué?

—*Porque son amarrados a minas (sic).*

—¿Por eso no se acercan ustedes?

—*Sí. Desátense pronto.*

—Ya está.

En tres segundos, Chapar ha desatado la cuerda. Estamos, ni más ni menos, atados a una cadena de minas flotantes. Es un milagro que no hayamos saltado, me explica el comandante de la lancha guardacostas a la que nos hemos amarrado. Sin subir a bordo, la tripulación nos pasa café, leche caliente bien azucarada y cigarrillos.

—Vayan a Venezuela, serán bien tratados, se lo aseguro. No podemos remolcarlos a tierra porque tenemos que ir a recoger un hombre gravemente herido al faro de Barimas. Sobre todo, no traten de desembarcar en Trinidad, porque tienen nueve probabilidades entre diez de chocar con una mina, y entonces...

Después de un «Adiós, buena suerte», la lancha se va. Nos ha dejado dos litros de leche. Arreglamos la vela. A las diez de la mañana, con el estómago a punto de restablecerse gracias al café y la leche, con un cigarrillo en la boca, desembarco sin tomar ninguna precaución en la arena fina de una playa en la que cincuenta personas esperaban para ver quién llegaba en una embarcación tan extraña, rematada por un mástil tronchado y una vela hecha de camisas, pantalones y chaquetas.

VENEZUELA

LOS PESCADORES DE IRAPA

Descubro un mundo, unas gentes, una civilización completamente desconocidos para mí. Estos primeros minutos en suelo venezolano son tan emotivos, que sería preciso un talento superior al poco que yo tengo, para explicar, expresar, pintar la atmósfera de la acogida calurosa que nos hace esta población generosa. Los hombres, blancos o negros, pero en su gran mayoría de color muy claro, de un tono blanco tras muchos días al sol, llevan casi todos los pantalones arremangados.

—¡Pobres hombres! ¡En qué estado se encuentran!

La aldea de pescadores a la que hemos llegado se llama Irapa, comunidad de un estado llamado Sucre. Las mujeres jóvenes, muy lindas, más bien pequeñas, pero muy graciosas, y las más maduras, así como las más ancianas, se transforman todas sin excepción en enfermeras, en hermanas de la caridad o en madres protectoras.

Reunidos bajo el almacén de una casa en el que han instalado cinco hamacas de lana y han puesto una mesa y sillas, nos han untado de manteca de cacao de pies a cabeza. No se han olvidado de untar ni un centímetro de carne viva. Muertos de hambre y de fatiga, pues nuestro prolongado ayuno ha provocado cierta deshidratación en nosotros, estas gentes de la costa saben que debemos dormir, pero también comer en pequeñas cantidades.

Cada uno bien acostado en una hamaca recibe, mientras

duerme, la ración que nos mete en la boca una de nuestras improvisadas enfermeras. Me sentía tan rendido, me habían abandonado tan por completo mis fuerzas cuando me extendieron en la hamaca, con mis llagas en carne viva bien untadas de manteca de cacao, que me derrito literalmente mientras duermo y como y bebo sin darme perfecta cuenta de lo que sucede.

Las primeras cucharadas de una especie de tapioca no han podido ser aceptadas por mi estómago vacío. Por supuesto que esto no me sucede a mí solo. Todos nosotros hemos vomitado varias veces una parte o la totalidad de alimento que estas mujeres introducían en nuestra boca.

Las gentes de esta aldea son excesivamente pobres. Sin embargo, todos, sin excepción, contribuyen a ayudarnos. Tres días después, gracias a los cuidados de esta colectividad y gracias a nuestra juventud, estamos casi en pie. Nos levantamos muchas horas y, sentados bajo el cobertizo de hojas de cocotero, que nos dan una sombra fresca, mis camaradas y yo conversamos con estas gentes. No son lo bastante ricos para vestirnos a todos de golpe. Se han formado grupitos. Uno se ocupa principalmente de Guittou, otro de Deplanque, etc. Casi diez personas cuidan de mí.

Los primeros días nos han vestido con cualquier ropa usada, pero escrupulosamente limpia. Ahora, cada vez que pueden, nos compran una camisa nueva, un pantalón, un cinturón, un par de zapatillas. Entre las mujeres que se ocupan de mí las hay muy jóvenes, de tipo indio, pero ya mezclado con sangre española o portuguesa. Una se llama Tibisay; otra, Nenita. Me han comprado una camisa, un pantalón y un par de alpargatas. Tienen la suela de cuero, sin talones, y para cubrir el pie llevan un tejido trenzado. Solo el empeine está cubierto, los dedos aparecen desnudos y el tejido va a cogerse al talón.

—No hay necesidad de preguntarles de dónde han venido. Por sus tatuajes sabemos que son ustedes evadidos del penal francés.

Esto me emociona más aún. ¡Cómo! ¿Sabiendo que somos

hombres condenados por delitos graves, evadidos de una prisión cuya severidad conocen por libros o artículos, estas gentes humildes consideran natural socorrernos y ayudarnos? Vestir a uno cuando se es rico o de posición desahogada, dar de comer a un extranjero que tiene hambre cuando nada falta en casa para la familia y para uno mismo, demuestra, por lo menos, que se es bueno. Pero cortar en dos un pedazo de torta de maíz o de mandioca, cocida al horno por ellos mismos, cuando no hay bastante para uno mismo y los suyos, compartir la comida frugal que subalimenta más que nutre a su propia comunidad, con un extranjero que, además, es un fugitivo de la justicia, eso es admirable.

Por la mañana, todo el mundo, hombres y mujeres, están silenciosos. Tienen aspecto contrariado y preocupado. ¿Qué sucede? Tibisay y Nenita están junto a mí. He podido afeitarme por vez primera desde hace quince días. Hace ocho que estamos entre estas gentes que llevan su corazón en la mano. Como ha vuelto a formarse una piel muy fina sobre mis quemaduras, he podido arriesgarme a afeitarme. A causa de mi barba, las mujeres tenían solo una idea vaga sobre mi edad. Están encantadas, y me lo dicen ingenuamente, de saberme joven. Sin embargo, tengo treinta y cinco años, pero represento veintiocho o treinta. Sí, todos estos hombres y mujeres hospitalarios están preocupados por nosotros, lo presiento.

—¿Qué puede suceder? Habla, Tibisay, ¿qué ocurre?

—Esperamos a las autoridades de Güiria, un pueblo al lado de Irapa. Aquí no había jefe civil, y, no se sabe cómo, pero la policía está al corriente. Va a venir.

Una negra alta y hermosa se me acerca acompañada por un joven con el torso desnudo, con pantalones arremangados hasta las rodillas. La negrita —es la manera cariñosa de llamar a las mujeres de color, muy utilizada, en Venezuela, donde no hay en absoluto discriminación racial o religiosa— me interpela.

—Señor Enrique, la policía va a venir. No sé si es para hacerle bien o mal. ¿Quieren ustedes esconderse durante algún tiempo en la montaña? Mi hermano puede conducirles a una casita donde nadie podrá encontrarles. Entre Tibisay, Nenita y yo, todos los días les llevaremos de comer y les informaremos sobre los acontecimientos.

Emocionado hasta lo inimaginable, quiero besar la mano de esa noble muchacha, pero ella la retira y, gentil y puramente, me da un beso en la mejilla.

Unos jinetes llegan a escape. Todos llevan un machete, arma que sirve para cortar la caña de azúcar y que pende como una espada del lado izquierdo, un ancho cinturón lleno de balas y un enorme revólver en una funda a la derecha, en la cadera. Echan pie a tierra. Un hombre de rasgos mongólicos, con los ojos rasgados de indio, piel cobriza, alto y delgado, de unos cuarenta años, tocado con un inmenso sombrero de paja de arroz, avanza hacia nosotros.

—Buenos días. Soy el jefe civil, el prefecto de policía.

—Buenos días, señor.

—¿Por qué no nos han avisado de que tenían aquí a cinco cayeneses evadidos? Me han dicho que hace ocho días que están aquí. Contesten.

—Es que esperábamos que fueran capaces de caminar y estuvieran curados de sus quemaduras.

—Venimos a buscarlos para llevarlos a Güiria. Un camión vendrá más tarde.

—¿Café?

—Sí, gracias.

Sentados en círculo, todo el mundo bebe café. Miro al prefecto de policía y a los agentes. No tienen aspecto de malvados. Me dan la impresión de obedecer órdenes superiores, sin que por eso estén de acuerdo con ellas.

—¿Se han evadido ustedes de la isla del Diablo?

—No. Venimos de Georgetown, de la Guayana inglesa.

—¿Por qué no se han quedado?

—Resulta duro ganarse la vida allí.

—¿Piensan ustedes que aquí estarán mejor que con los ingleses? —pregunta sonriendo.

—Sí, porque somos latinos como ustedes.

Un grupo de siete u ocho hombres avanza hacia nuestro círculo. A su cabeza, uno de unos cincuenta años, con los cabellos blancos, de más de un metro setenta y cinco, un color de piel chocolate muy claro. Unos ojos inmensos, negros, que denotan una inteligencia y una fuerza de ánimo poco comunes. Su mano derecha está apoyada en el mango de un machete que pende a lo largo de su muslo.

—Prefecto, ¿qué va usted a hacer con esos hombres?

—Voy a conducirlos a la prisión de Güiria.

—¿Por qué no los deja vivir con nosotros, con nuestras familias? Cada uno se encargará de uno de ellos.

—No es posible, es orden del gobernador.

—Pero ellos no han cometido ningún delito en territorio venezolano.

—Lo reconozco. Pese a todo, son hombres muy peligrosos, pues para haber sido condenados al presidio francés, han tenido que cometer delitos muy graves. Además, se han evadido sin documentos de identidad, y la policía de su país seguramente los reclamará cuando sepa que están en Venezuela.

—Queremos quedarnos con ellos.

—No es posible, es orden del gobernador.

—Todo es posible. ¿Qué sabe el gobernador de los seres míseros? Un hombre jamás está perdido. Pese a lo que haya podido cometer, en un momento dado de su vida, siempre hay una oportunidad de recuperarlo y hacer de él un hombre bueno y útil a la comunidad. ¿No es así?

—Sí —dicen a coro hombres y mujeres—. Dejádnoslos, les ayudaremos a rehacer su vida. En ocho días los conocemos ya lo bastante, y son de veras buenas personas.

—Gentes más civilizadas que nosotros los han encerrado en calabozos para que no hagan más daño —dice el prefecto.

—¿A qué llama usted civilización, jefe? —pregunto—.

¿Usted se cree que porque tenemos ascensores, aviones y un tren que va bajo tierra, eso demuestra que los franceses son más civilizados que estas gentes que nos han recibido y cuidado? Sepa que, en mi humilde opinión, hay más civilización humana, mayor superioridad de alma, más comprensión en cada ser de esta comunidad que vive sencillamente en la Naturaleza; aunque le falten, es verdad, todos los beneficios de las ventajas del progreso, su sentido de la caridad cristiana es mucho más elevado que todos los que, en el mundo, se consideran civilizados. Prefiero a un iletrado de esta aldea que a un licenciado en Letras de la Sorbona de París, si este, un día, ha de tener el alma del fiscal que hizo que me condenaran. El uno siempre es un hombre, el otro se ha olvidado de serlo.

—Lo comprendo. Sin embargo, yo no soy más que un instrumento. Ya llega el camión. Les ruego que me ayuden, para que las cosas transcurran sin incidentes.

Cada grupo de mujeres abraza a aquel de quien se han ocupado. Tibisay, Nenita y la negrita lloran ardientes lágrimas al abrazarme. Todos los hombres nos estrechan la mano expresando cómo sufren al vernos partir hacia la prisión.

Hasta la vista, gente de Irapa, raza extremadamente noble, por haber tenido la audacia de enfrentaros y reprobar a las mismas autoridades de vuestro país para defender a unos pobres diablos que ayer no conocíais. El pan que he comido en vuestras casas, ese pan que habéis tenido fuerzas para quitarlo de vuestra propia boca para dármelo, ese pan símbolo de la fraternidad humana ha sido, para mí, el sublime ejemplo de los tiempos pasados: «No matarás, harás el bien a los que sufren aunque tengas que sufrir privaciones por ello. Ayuda siempre al que es más desdichado que tú». Y si alguna vez soy libre, un día, siempre que pueda, ayudaré a los demás como me han enseñado a hacerlo los primeros hombres de Venezuela que he encontrado. Y encontraré a muchos después.

EL PRESIDIO DE EL DORADO

Dos horas más tarde, llegamos a un pueblo grande, puerto de mar que tiene la pretensión de ser una ciudad, Güiria. El jefe civil nos lleva en persona a la Comandancia de Policía del distrito. En esa Comisaría, somos tratados más o menos bien, pero nos someten a interrogatorio, y el instructor, tozudo, no quiere admitir en absoluto que vengamos de la Guayana inglesa, donde éramos libres. Por añadidura, cuando nos pide que le expliquemos la razón de nuestra llegada a Venezuela en semejante estado de agotamiento y en el límite de nuestras fuerzas, tras un viaje tan corto de Georgetown al golfo de Paria, dice que nos burlamos de él con eso de la historia del tifón.

—Dos grandes plataneros se han hundido con hombres y carga por culpa de ese tornado, un buque de carga con mineral de bauxita se ha ido a pique con toda su tripulación, y ustedes, con una embarcación de cinco metros abierta a la intemperie, ¿ustedes se han salvado? ¿Quién puede creer semejante historia? Ni siquiera el mendigo del mercado que pide limosna. Mienten, hay algo turbio en lo que cuentan.

—Infórmese en Georgetown.

—No tengo ganas de que los ingleses me tomen el pelo.

Este secretario instructor, cretino y testarudo, incrédulo y pretencioso, envía no sé qué informe, ni a quién. De todas maneras, una mañana, nos despiertan a las cinco, nos encadenan y nos llevan en un camión a un destino desconocido.

El puerto de Güiria está en el golfo de Paria, como ya he dicho, frente a Trinidad. Tiene también la ventaja de aprovechar la desembocadura de un enorme río casi tan grande como el Amazonas: el Orinoco.

Encadenados en un camión, en el que somos cinco más diez policías, rodamos hacia Ciudad Bolívar, la importante capital del estado de Bolívar. El viaje, por carreteras de tierra, fue muy fatigoso. Policías y prisioneros, zarandeados y traqueteados como sacos de nueces en esta plataforma de camión que se movía a cada momento más que una cabina en un tobogán, estuvimos cinco días de viaje. Por la noche, dormíamos en el camión y, por la mañana, reanudábamos el camino en una carrera loca hacia un destino desconocido.

Por fin, terminamos este viaje agotador a más de mil kilómetros del mar, en una selva virgen atravesada por una carretera de tierra, que va de Ciudad Bolívar hasta El Dorado.

Soldados y prisioneros nos hallamos en muy mal estado cuando llegamos a la ciudad de El Dorado.

Pero ¿qué es El Dorado? Al principio, fue la esperanza de los conquistadores españoles que, viendo que los indios que llegaban de esta región tenían oro, creían firmemente que había una montaña de oro o, al menos, mitad tierra y mitad oro. Total, El Dorado es, primero, una aldea a la orilla de un río lleno de caribes o pirañas, peces carnívoros que en unos minutos devoran a un hombre o un animal, peces eléctricos, los tembladores, que, girando alrededor de su presa, hombre o bestia, lo electrocutan rápidamente y, luego, chupan a su víctima en descomposición. En mitad del río, hay una isla, y en esta isla, un verdadero campo de concentración. Es el presidio venezolano.

Esta colonia de trabajos forzados es lo más duro que he visto en mi vida, y también lo más salvaje e inhumano, en razón de los golpes que reciben los prisioneros. Es un cuadrado de ciento cincuenta metros de lado, al aire libre, rodeado de alambres espinosos. Más de cuatrocientos hombres duermen fuera, expuestos a la intemperie, pues no hay más que algunas chapas de cinc para abrigarse alrededor del campo.

Sin esperar una palabra de explicación por nuestra parte, sin justificar esta decisión, nos incorporan al presidio de El Dorado a las tres de la tarde, cuando llegamos muertos de fatiga después del agotador viaje, encadenados en el camión. A las tres y media, sin anotar nuestros nombres, nos llaman, y dos de nosotros reciben una pala y los otros tres, un pico. Rodeados por cinco soldados, fusil y nervios de buey en mano, mandados por un cabo, nos obligan, so pena de ser azotados, a ir al lugar de trabajo. No tardamos en comprender que se trata de una especie de demostración de fuerza que quiere hacer la guardia de la penitenciaría. De momento, sería peligroso en extremo no obedecer. Después, ya veremos.

Llegados al lugar donde trabajan los prisioneros, nos ordenan abrir una trinchera al lado de la carretera que están construyendo en plena selva virgen. Obedecemos sin decir palabra y trabajamos cada cual según sus fuerzas, sin levantar la cabeza. Esto no nos impide oír los insultos y los golpes salvajes que, sin cesar, reciben los prisioneros. Ninguno de nosotros recibe un solo golpe con el nervio de buey. Esta sesión de trabajo, apenas llegados, estaba destinada, sobre todo, a hacernos ver cómo se trataba a los prisioneros. Era un sábado. Después del trabajo, llenos de sudor y polvo, se nos incorpora a ese campo de prisioneros, siempre sin ninguna formalidad.

—Los cinco cayeneses, por aquí.

Es el preso cabo (el cabo de vara) quien habla.

Es un mestizo de un metro noventa de estatura. Tiene un nervio de buey en la mano. Este inmundo bruto está encargado de la disciplina en el interior del campo.

Se nos ha indicado el lugar donde debemos instalar las hamacas, cerca de la puerta de entrada al campamento, al aire libre. Pero allí hay una techumbre de planchas de cinc, lo que significa que, al menos, estaremos al abrigo de la lluvia y del sol.

La gran mayoría de los prisioneros son colombianos, y el resto, venezolanos. Ninguno de los campos disciplinarios del presidio puede compararse con el horror de esta colonia de trabajo. Un asno moriría si fuese tratado como se trata a estos hombres. Sin embargo, casi todos se portan bien, pues resulta que la comida es muy abundante y apetitosa.

Formamos un pequeño consejo de guerra. Si un soldado le pega a uno de nosotros, lo mejor que podemos hacer es detener el trabajo, tumbarnos al sol y, cualquiera que sea el trato que nos inflijan, no levantarnos. ¿Vendrá un jefe a quien podamos preguntarle cómo y por qué estamos en este presidio de condenados a trabajos forzados sin haber cometido un delito? Los dos liberados, Guittou y Barrière, hablan de pedir que los devuelvan a Francia. Luego, decidimos llamar al preso cabo. Yo soy el encargado de hablarle. Le dan el sobrenombre de Negro Blanco. Guittou debe ir en su busca. Llega ese verdugo, siempre con su nervio de buey en la mano. Los cinco le rodeamos.

—¿Qué me queréis?

Soy yo quien habla:

—Queremos decirte una sola cosa: nunca cometeremos una falta contra el reglamento, así que no tendrás motivo para pegarle a ninguno de nosotros. Pero como hemos notado que pegas a cualquiera sin la menor razón, te hemos llamado para decirte que el día que le pegues a uno de nosotros, eres hombre muerto. ¿Has comprendido bien?

—Sí —dice Negro Blanco.

—Un último aviso.

—¿Qué? —pregunta sordamente.

—Si lo que acabo de decirte debe ser repetido, que sea a un oficial, pero no a un soldado.

—Comprendido.

Y se va.

Esta escena se desarrolla el domingo, día en que los prisioneros no trabajan. Llega un oficial.

—¿Cómo te llamas?

—Papillon.

—¿Eres tú el jefe de los cayeneses?

—Somos cinco y todos son jefes.

—¿Por qué has sido tú quien ha tomado la palabra para hablarle al cabo de vara?

—Porque yo soy quien mejor habla español.

Me habla un capitán de la guardia nacional. No es, me dice, el comandante encargado de la vigilancia. Hay dos jefes más importantes que él, pero que no están aquí. Desde nuestra llegada, es él quien manda. Los dos comandantes llegarán el martes.

—Has amenazado en tu nombre y en el de tus camaradas con matar al cabo de vara si pegaba a cualquiera de vosotros. ¿Es eso verdad?

—Sí, y la amenaza va muy en serio. Ahora, le diré que he añadido que no daríamos ningún motivo que justifique un castigo corporal. Usted sabe, capitán, que ningún tribunal nos ha condenado, pues no hemos cometido ningún delito en Venezuela.

—Yo no sé nada. Vosotros habéis llegado al campo sin ningún papel, solo con una nota del director, que está en el pueblo: «Hagan trabajar a estos hombres inmediatamente después de su llegada».

—Pues bien, capitán, sea justo, puesto que es usted militar, para que, en espera de que lleguen sus jefes, sus soldados sean advertidos por usted de que nos traten de manera distinta a los otros prisioneros. Le afirmo de nuevo que no somos ni podemos ser unos condenados, dado que no hemos cometido ningún delito en Venezuela.

—Está bien, daré órdenes en ese sentido. Espero que no me hayan engañado.

Tengo tiempo de estudiar a los prisioneros toda la tarde de este primer domingo. Lo primero que me llama la atención es que todos se encuentran bien físicamente. En segundo lugar, los latigazos son tan corrientes, que han aprendido a soportarlos hasta el punto de que, incluso el día de reposo, el domingo, en que podrían con bastante facilidad evitarlos comportándose bien, se diría que encuentran un sádico placer jugando con fuego. No dejan de hacer cosas prohibidas: jugar a los dados, besar a un joven en las letrinas, robar a un camarada, decir palabras obscenas a las mujeres que vienen del pueblo a traer dulces o cigarrillos a los prisioneros. Estas mujeres también hacen cambios. Una cesta trenzada o un objeto esculpido por algunas monedas o paquetes de cigarrillos. Pues bien, hay prisioneros que encuentran la manera de atrapar, a través de los alambres espinosos, lo que la mujer ofrece, y echar a correr sin entregarle el objeto acordado, para perderse a continuación entre los demás. Conclusión: los castigos corporales se aplican tan desigualmente y por cualquier cosa, y sus carnes están tan señaladas por los látigos, que el terror reina en este campamento sin ningún beneficio para la sociedad ni para el orden, y no corrige en lo más mínimo a esos desdichados.

La Reclusión de San José, por su silencio, es mucho más terrible que esto. Aquí, el miedo es momentáneo, y el hecho de poder hablar por la noche, fuera de las horas de trabajo, y el domingo, así como la comida, rica y abundante, hacen que un hombre pueda muy bien cumplir su condena, que en ningún caso sobrepasa los cinco años.

Pasamos el domingo fumando y bebiendo café, hablando entre nosotros. Algunos colombianos se nos han acercado, y los hemos apartado cortés, pero firmemente. Es preciso que se nos considere como prisioneros aparte, si no, la hemos jodido.

A la mañana siguiente, lunes, a las seis, tras haber desayunado copiosamente, desfilamos hacia el trabajo con los otros. He aquí la manera de poner en marcha el trabajo: dos filas de hombres, cara a cara: cincuenta prisioneros y cincuenta soldados. Un soldado por prisionero. Entre las dos filas, cincuenta útiles: picos, palas o hachas. Las dos líneas de hombres se observan. La hilera de los prisioneros, angustiados, y la hilera de los soldados, nerviosos y sádicos.

El sargento grita:

—Fulano de Tal, ¡pico!

El desdichado se precipita y, en el momento que toma el pico para echárselo al hombro y salir corriendo al trabajo, el sargento grita: «Número», lo que equivale a «Soldado uno, dos, etc.». El soldado sale detrás del pobre tipo y le pega con su nervio de buey. Esta terrible escena se repite dos veces al día. En el recorrido que separa el campamento del lugar de trabajo, se tiene la impresión de ver guardianes de asnos que fustigan a sus borricos corriendo tras ellos.

Estábamos helados de aprensión, esperando nuestro turno. Por suerte, fue distinto.

—Los cinco cayeneses, ¡por aquí! Los más jóvenes, tomad estos picos, y vosotros, los dos viejos, estas dos palas.

Por el camino, sin correr, pero a paso de cazador, vigilados por cuatro soldados y un cabo, nos dirigimos a la cantera común. Esta jornada fue más larga y desesperante que la primera. Unos hombres particularmente maltratados, al extremo de sus fuerzas, gritaban como locos e imploraban de rodillas que no les pegaran más. Por la tarde, debían hacer de una multitud de montones de madera que habían quemado mal, un solo montón grande. Otros debían limpiar atrás. Y, asimismo, de ochenta a cien haces que estaban ya casi consumidos, debía quedar solo un gran brasero en medio del campo. A latigazos de nervio de buey, cada soldado golpeaba a su prisionero para que recogiera los restos y los transportara corriendo en medio del campamento. Esta carrera demoníaca provocaba en algunos una verdadera crisis de locura, y en su precipitación, a veces agarraban ramas del lado donde aún había brasas. Con las manos quemadas, flagelados salvajemente, caminando descalzos sobre una brasa o sobre una rama aún humeante en el suelo, esta fantástica escena duró tres horas. Ni uno de nosotros fue invitado a participar en la limpieza de este campo nuevamente desbrozado. Afortunadamente, ya habíamos decidido, mediante cortas frases, sin levantar la cabeza, mientras picábamos, saltar cada uno sobre uno de los cinco soldados, cabo incluido, desarmarlos y disparar contra ese hatajo de salvajes.

Hoy, martes, no hemos salido a trabajar. Nos llaman al despacho de los dos comandantes de la guardia nacional. Estos dos militares están muy sorprendidos por el hecho de que estemos en El Dorado sin documentos que justifiquen que un tribunal nos haya enviado aquí. De todas formas, nos prometen pedir mañana explicaciones al director del penal.

No hemos debido esperar mucho. Los dos comandantes encargados de la vigilancia de la penitenciaría son, sin duda, muy severos, incluso puede decirse que exageradamente represivos, pero son correctos, pues han exigido que el director de la colonia venga en persona a darnos explicaciones. Ahora, está delante de nosotros, acompañado por su cuñado, Russian, y por dos oficiales de la guadia nacional.

—Franceses, soy el director de la Colonia de El Dorado. Habéis querido hablarme. ¿Qué deseáis?

—En primer lugar, saber qué tribunal nos ha condenado sin escucharnos a una pena en esta colonia de trabajos forzados. ¿Por cuánto tiempo y por qué delito? Hemos llegado por mar a Irapa, Venezuela. No hemos cometido el menor delito. Entonces ¿qué hacemos aquí? ¿Y cómo justifica usted que se nos obligue a trabajar?

—En primer lugar, estamos en guerra. Así que debemos saber quiénes sois exactamente.

—Muy bien, pero eso no justifica nuestra incorporación a su presidio.

—Vosotros sois evadidos de la justicia francesa, y debemos saber si estáis reclamados por ella.

—Admito eso, pero vuelvo a insistir: ¿por qué tratarnos como si tuviéramos que purgar una condena?

—Por el momento, estáis aquí a causa de una ley de vagos y maleantes en espera de que haya documentación sobre vosotros para procesaros.

Esta discusión habría durado mucho rato si uno de los oficiales no hubiese zanjado la cuestión exponiendo su opinión.

—Director, honradamente no podemos tratar a estos hombres como a los otros prisioneros. Sugiero que, en espera de que Caracas sea puesto al corriente de esta situación particular, se encuentre el medio de emplearlos en otra cosa que no sea el trabajo de la carretera.

—Son hombres peligrosos, han amenazado con matar al preso cabo si les pegaba. ¿No es verdad?

—No solo lo hemos amenazado, señor director, *sino que cualquiera* que se divierta pegando a uno de nosotros será asesinado.

—¿Y si es un soldado?

—Lo mismo. Nosotros no hemos hecho nada para soportar un régimen semejante. Nuestras leyes y nuestros regímenes penitenciarios son, tal vez, más horribles e inhumanos que los de ustedes, pero no consentiremos que se nos golpee como animales.

El director, volviéndose triunfante hacia los oficiales, dice:

—¡Ven lo muy peligrosos que son esos hombres!

El comandante de más edad duda unos instantes. Luego, con gran sorpresa de todos, concluye diciendo:

—Estos fugitivos franceses tienen razón. Nada en Venezuela justifica que se les obligue a sufrir una pena y las reglas de esta colonia. Les doy la razón. Así, dos cosas, director: o usted les encuentra un trabajo aparte de los demás prisioneros, o no saldrán al trabajo. Mezclados con todo el mundo, algún día serían golpeados por un soldado.

—Ya lo veremos. Por el momento, déjelos en el campamento. Mañana, os diré lo que debéis hacer.

Y el director, acompañado por su cuñado, se retira.

Les doy las gracias a los oficiales. Nos dan cigarrillos y

nos prometen leer, en el informe de la noche, una nota a los oficiales y soldados, en la que se les hará saber que no deben pegarnos por ningún motivo. Hace ya ocho días que estamos aquí. No trabajamos. Ayer domingo, sucedió una cosa terrible. Los colombianos se han echado a suertes quién debía matar al cabo de vara Negro Blanco. Ha perdido un colombiano de unos treinta años. Le han dado una cuchara de hierro con el mango afilado sobre el cemento, en forma de lanza muy puntiaguda, cortante por los dos filos. Valientemente, el hombre ha cumplido su pacto con sus amigos. Acaba de asestar tres puñaladas cerca del corazón de Negro Blanco. El cabo de vara es llevado urgentemente al hospital, y el asesino, atado a un poste en medio del campamento. Como locos, los soldados buscan por todas partes otras armas. Los golpes llueven de todos lados. En su rabia loca, uno de ellos, como yo no me daba demasiada prisa en quitarme los pantalones, me ha dado un latigazo en el muslo con su nervio de buey. Barrière agarra un banco y lo levanta por encima de la cabeza del soldado. Otro soldado le da un bayonetazo que le atraviesa el brazo cuando, al mismo tiempo, yo le largo al centinela que me ha golpeado un puntapié en el vientre. Ya he tomado el fusil del suelo, cuando repentinamente una orden dada en voz alta llega hasta el grupo:

—¡Deteneos! ¡No toquéis a los franceses! ¡Francés, deja el fusil!

Es el capitán Flores, el que nos recibió el primer día, quien acaba de gritar esa orden.

Su intervención ha llegado en el segundo mismo en que iba a disparar. Sin él, quizá habríamos matado a uno o dos, pero seguro que hubiéramos dejado la piel, perdida estúpidamente en un rincón de Venezuela, en un rincón del mundo, en este presidio donde nada teníamos que hacer.

Gracias a la enérgica intervención del capitán, los soldados se retiran de nuestro grupo y se van afuera a satisfacer su sed de sangre. Y es entonces cuando asistimos a la escena más abyecta que pueda concebirse. El colombiano, atado al poste en el centro del campamento, es molido a golpes sin cesar por tres hombres a la vez, un preso cabo y dos soldados. El suplicio dura desde las cinco de la tarde hasta la mañana siguiente a las seis, al hacerse de día. ¡Se tarda mucho en matar a un hombre sin nada más que golpes dirigidos contra su cuerpo! Las tres cortas pausas de esta carnicería se hacen para preguntarle quiénes eran sus cómplices, quién le había dado la cuchara y quién la había afilado. Este hombre no denuncia a nadie, ni siquiera ante la promesa de detener el suplicio si habla. Pierde el conocimiento muchas veces. Lo reaniman arrojándole cubos de agua. Se llega al colmo a las cuatro de la madrugada. Dándose cuenta de que, bajo los golpes, la piel ya no reacciona, ni siquiera mediante contracciones, los verdugos se detienen.

—¿Está muerto? —pregunta un oficial.

—No lo sabemos.

—Desatadlo y ponedlo a cuatro patas.

Sostenido por cuatro hombres está, más o menos, a cuatro patas. Entonces, uno de los verdugos le asesta un latigazo con el nervio de buey entre las nalgas, y la punta ha ido a parar, seguramente, mucho más adelante de las partes sexuales. Este golpe magistral de un maestro de la tortura arranca al condenado, al fin, un grito de dolor.

—Continuad —dice el oficial—, no está muerto.

Hasta que se hizo de día, le siguieron pegando. Esta paliza, digna de la Edad Media, que hubiera matado a un caballo, no había conseguido hacer expirar al condenado. Después de haberlo dejado una hora sin pegarle, y tras haberle arrojado muchos cubos de agua, tuvo fuerzas, ayudado por unos soldados, para levantarse. Llegó a sostenerse un momento en pie, solo. Entonces, se presenta el enfermero con un vaso en la mano.

—Bébete esta purga —manda un oficial—, te reanimará.

El condenado duda y, luego, se bebe la purga de un solo

trago. Unos minutos después, se desploma para siempre. Agonizante, sale una frase de su boca:

—Imbécil, te has dejado envenenar.

Inútil será deciros que ninguno de los prisioneros, incluidos nosotros, tenía intención de mover un solo dedo. Todo el
mundo, sin excepción, estaba aterrorizado. Es la segunda vez
en mi vida que he sentido deseos de morir. Durante muchos
minutos, me sentía atraído por el fusil que un soldado soste-
nía descuidadamente no lejos de mí. Lo que me contuvo fue
el pensamiento de que tal vez sería muerto antes de haber tenido tiempo de maniobrar la culata y disparar. Un mes más
tarde, Negro Blanco estaba de nuevo entre nosotros y, más que
nunca, era el terror del campo. Sin embargo, su destino de espicharla en El Dorado estaba escrito. Un soldado de guardia,
una noche, le dio el alto cuando pasaba cerca de él.

—Ponte de rodillas —ordena el soldado.

Negro Blanco obedece.

—Reza, que vas a morir.

Le dejó rezar una corta oración y, luego, lo abatió de tres
disparos de fusil. Los prisioneros decían que el soldado lo había matado, indignado como estaba de ver a aquel verdugo pegar como un salvaje a los pobres prisioneros. Otros contaban
que Negro Blanco había denunciado a ese soldado a sus superiores, diciéndoles que lo había conocido en Caracas y que,
antes de su servicio militar, era un ladrón. Ha tenido que ser
enterrado junto al condenado, ladrón seguramente, pero un
hombre de una audacia y de un valor poco comunes.

Todos estos acontecimientos han impedido que se tome
una decisión respecto a nosotros. Por otra parte, los otros prisioneros han permanecido quince días sin salir a trabajar. Barrière ha sido muy bien cuidado de su bayonetazo por un doctor del pueblo.

Por el momento, somos respetados. Chapar salió ayer
como cocinero del director, en el pueblo. Guittou y Barrière
han sido liberados, pues han llegado de Francia los informes

sobre todos nosotros. Como de ellos resultaba que habían concluido su condena, se les ha puesto en libertad. Yo había dado un nombre italiano. Pero remiten mi verdadero nombre con mis huellas y mi condena a perpetuidad; lo mismo para Deplanque, que tenía veinte años, y para Chapar. Muy orgulloso, el director nos da la noticia recibida de Francia.

—Sin embargo —nos dice—, en razón de que no habéis hecho nada malo en Venezuela, vamos a reteneros durante cierto tiempo, y, luego, se os pondrá en libertad. Pero para eso, es preciso trabajar y portarse bien. Estáis en período de observación.

Hablando conmigo, muchas veces los oficiales se han lamentado de la dificultad que hay de tener legumbres frescas en el pueblo. La colonia tiene un campo de cultivo, pero no legumbres. Se cultiva arroz, maíz, alubias negras y eso es todo. Me ofrezco a plantarles un huerto de legumbres si me procuran semillas. De acuerdo.

Primera ventaja: nos sacan del campamento, a Deplanque y a mí, y como han llegado dos relegados detenidos en Ciudad Bolívar, son añadidos a nosotros. Uno es un parisiense, Toto, y el otro, un corso. Nos construyen para los cuatro unas bonitas casitas de madera y hojas de palmera. En una nos instalamos Deplanque y yo; en la otra, nuestros dos camaradas.

Toto y yo hacemos unas mesas altas cuyas patas están metidas en botes llenos de petróleo, para que las hormigas no se coman las simientes. Muy pronto, tenemos matas robustas de tomates, berenjenas, melones y alubias verdes. Comenzamos a trasplantarlas a cuadros de huerto, pues los brotes ya son lo bastante fuertes como para resistir a las hormigas. Para plantar los nuevos tomates, cavamos una especie de foso todo alrededor, que a menudo estará lleno de agua. Eso los mantendrá siempre húmedos e impedirá a los parásitos, numerosos en esta tierra virgen, que puedan llegar hasta nuestras matas.

—Caramba, ¿qué es esto? —me dice Toto—. Mira ese pedrusco cómo brilla.

—Lávalo, macho.

Me lo pasa. Es un cristalito del tamaño de un garbanzo. Una vez lavado, brilla aún más en la parte donde su ganga se ha roto, pues está rodeado por una especie de corteza de arenisca dura.

—¿No será un diamante?

—Cierra el pico, Toto. No es el momento de pregonarlo, si es un brillante. ¿Te imaginas si hubiéramos tenido la suerte de encontrar una mina de diamantes? Aguardemos la noche y esconde eso.

Por la noche, le doy lecciones de matemáticas a un cabo (hoy coronel) que prepara unas oposiciones para ascender a oficial. Este hombre, de una nobleza y una rectitud a toda prueba (me lo ha demostrado durante más de veinticinco años de intimidad) es ahora el coronel Francisco Bolagno Utrera.

—Francisco, ¿qué es esto? ¿Cristal de roca?

—No —dice tras haberlo examinado minuciosamente—. Es un diamante. Escóndelo bien y no se lo dejes ver a nadie. ¿Dónde lo has encontrado?

—Bajo mis matas de tomates.

—Es extraño. ¿No lo habrás traído cuando subías agua del río? ¿Arrastras el cubo por el fondo y, con el agua, coges un poco de arena?

—Sí, suelo hacerlo.

—Entonces, seguramente es eso. El brillante lo has subido del río, el río Caroni. Puedes buscar, pero toma precauciones para ver si has traído otros, pues nunca se encuentra una sola piedra preciosa. Donde se encuentra una, obligatoriamente hay otras.

Toto se pone a trabajar.

Nunca había trabajado tanto en su vida, hasta el punto de

que nuestros dos camaradas, a los que nada habíamos contado, decían:

—Deja de matarte, Toto, que vas a espicharla de tanto subir cubos de agua del río. ¡Y encima te traes hasta arena!

—Es para aligerar la tierra, compañero —respondía Toto—. Mezclándola con arena, filtra mejor el agua.

Toto, a pesar de las bromas de todos nosotros, continúa acarreando cubos sin parar. Un día, en pleno mediodía, después de un viaje, se rompe la crisma ante nosotros, que estamos sentados a la sombra. Y de la arena vertida surge un brillante grueso como dos garbanzos. La ganga, otra vez, está rota, sin lo cual no se vería. Comete el error de agarrarlo demasiado aprisa.

—Caramba, ¿no será un diamante? Unos soldados me han dicho que en el río hay diamantes y oro.

—Por eso acarreo tanta agua. ¡No creeréis que soy tan idiota como todo eso! —dice, contento de justificar, al fin, por qué trabaja tanto.

En resumen, que en seis meses, para terminar la historia de los brillantes, Toto es poseedor de siete a ocho quilates de brillantes. Yo tengo una docena además de treinta piedrecitas, lo que los transforma en «comercial» en la jerga de los mineros. Pero, un día, encuentro uno de más de seis quilates que, tallado más tarde en Caracas, ha dado casi cuatro quilates. Lo conservo aún, y lo llevo día y noche en el dedo. Deplanque y Antartaglia también han reunido algunas piedras preciosas. Yo conservo aún el estuche del presidio y las he metido dentro. Ellos, con unas puntas de cuerno de buey, se han fabricado una especie de estuches que les sirven para guardar estos pequeños tesoros. Nadie sabe nada, excepto el futuro coronel, el cabo Francisco Bolagno. Los tomates y las otras plantas han crecido. Escrupulosamente, los oficiales nos pagan nuestras legumbres, que llevamos todos los días al comedor de oficiales.

Tenemos una libertad relativa. Trabajamos sin ningún

guardia y dormimos en nuestras dos casitas. Jamás vamos al campamento. Somos respetados y nos tratan con consideración. Por supuesto, insistimos cada vez que podemos cerca del director para que nos ponga en libertad. Y cada vez nos responde: «Pronto», pero hace ocho meses que estamos aquí y no pasa nada. Entonces, empiezo a hablar de fuga. Toto no quiere saber nada. Los demás, tampoco. Para estudiar el río, me he procurado cordel de pescar y un anzuelo. Así vendo pescado, en particular, los famosos caribes, peces carnívoros que llegan a pesar un kilo y que tienen dientes dispuestos como los de los tiburones e igual de terribles.

Hoy, zafarrancho. Gaston Duranton, llamado *Torcido*, se las ha pirado llevándose setenta mil bolívares de la caja fuerte del director. Este preso tiene una historia original.

De niño estaba en el correccional de la isla de Oléron, donde trabajaba como zapatero en el taller. Un día, la correa de cuero que sujeta el zapato a su rodilla y pasa por debajo del pie, se rompe. Se fractura la cadera. Mal atendido, la cadera solo se suelda a medias y, durante toda su vida de niño y una parte de su vida de hombre, va torcido. Era penoso verle caminar: aquel muchacho delgado y deforme no podía avanzar más que arrastrando aquella pierna que se negaba a obedecer. Sube al presidio a los veinticinco años. No hay nada sorprendente en el hecho de que tras las prolongadas estancias en el correccional haya salido ladrón.

Todo el mundo le llama Torcido. Casi nadie conoce su nombre, Gasten Duranton. Torcido es, Torcido le llaman. Pero, por muy deforme que sea, se evade del presidio y llega hasta Venezuela. Era en tiempos del dictador Gómez. Pocos presidiarios han sobrevivido a su represión. Salvo raras excepciones, entre ellas el doctor Bougrat, porque salvó a toda la población de la isla de las perlas, Margarita, donde había una epidemia de fiebre amarilla.

Torcido, detenido por la sagrada policía especial de Gómez, fue enviado a trabajar en las carreteras de Venezuela. Los prisioneros franceses y venezolanos eran encadenados a bolas de hierro en las que estaba grabada la flor de lis de Tolón. Cuando los hombres reclamaban, se les decía: «¡Pero si estas cadenas, estas esposas y estas bolas vienen de tu país! Mira la flor de lis.» En resumen, que Torcido se evade del campamento volante donde trabajaba en la carretera. Atrapado unos días más tarde, lo devuelven a esa especie de presidio ambulante. Delante de todos los presos, lo ponen boca abajo, en cueros, y lo condenan a recibir cien latigazos de nervio de buey.

Es extremadamente raro que un hombre resista más de ochenta golpes. La suerte que tiene es que es delgado, porque, puesto boca abajo, los golpes no pueden alcanzarle el hígado, parte que estalla si se le pega encima. Es costumbre, después de esta flagelacion, en la que las nalgas quedan como machacadas, echar sal a las heridas y dejar al hombre al sol. Sin embargo, le cubren la cabeza con una gruesa hoja de planta, pues se acepta que muera por los golpes, pero no de una insolación.

Torcido sale con vida de este suplicio de la Edad Media, y cuando se levanta por primera vez, sorpresa, ya no está torcido. Los golpes le han roto la mala soldadura en falso y le han puesto la cadera en su sitio. Soldados y prisioneros gritan «milagro» y nadie comprende. En este país supersticioso, se cree que Dios ha querido recompensarle así por haber resistido dignamente las torturas. Desde ese día, le quitan los hierros y la bola. Se le protege y trabaja como aguador de los forzados. Pronto se desarrolla y, comiendo mucho, se convierte en un muchacho alto y atlético.

Francia supo que los presos trabajaban en la construcción de carreteras en Venezuela. Pensando que esas energías serían mejor empleadas en la Guayana francesa, el mariscal Franchet d'Esperey fue comisionado para pedirle al dictador, feliz por aquella mano de obra gratuita, que se aviniera a devolver a aquellos hombres a Francia.

Gómez acepta y un barco acude a buscarlos a Puerto Cabello. Entonces, allí, se producen episodios terribles, pues hay hombres que proceden de otros lugares y no conocen la historia de Torcido.

—¡Eh! Marcel, ¿qué tal?

—¿Quién eres?

—El Torcido.

—Tú bromeas. ¿Me tomas el pelo? —respondían todos los interpelados al ver a aquel buen mozo, alto y hermoso, bien plantado sobre sus piernas bien rectas.

Torcido, que era joven y bromista, no dejó durante todo el embarco de interpelar a todos cuantos conocía. Y todos, por supuesto, no admitían que el Torcido se hubiera estirado. De regreso al presidio, conocí esta historia por su propia boca y la de los demás, en Royale. Evadido de nuevo en 1943, viene a parar a El Dorado. Como había vivido en Venezuela, claro que sin decir que siempre había estado preso, le habían empleado enseguida como cocinero en lugar de Chapar, convertido en hortelano. Estaba en el pueblo, en casa del director, o sea, al otro lado del río.

En el despacho del director, se encontraba una caja fuerte y el dinero de la colonia. Así, pues, ese día roba setenta mil bolívares que valían, en aquel tiempo, casi veinte mil dólares. De ahí el zafarrancho en nuestro huerto: el director, el cuñado del director y los dos comandantes encargados de la vigilancia. El director quiere devolvernos al campamento. Los oficiales se niegan. Nos defienden tanto a nosotros, como a su aprovisionamiento de legumbres. Al final, conseguimos convencer al director de que no tenemos ningún informe que darle, porque, de saber algo, nos hubiéramos marchado con él, pero que nuestro objetivo es ser libres en Venezuela y no en la Guayana inglesa, la única región adonde él ha podido dirigirse. Guiados por las aves de presa que lo devoraban, encontraron a Torcido muerto a más de setenta kilómetros, en la selva, muy cerca de la frontera inglesa.

La primera versión, la más cómoda, es que había sido asesinado por los indios. Mucho más tarde, un hombre fue detenido en Ciudad Bolívar. Cambiaba billetes de quinientos bolívares que eran demasiado nuevos. El banco que los había entregado al director de la colonia de El Dorado poseía la serie de los números y vio que se trataba de billetes robados. El hombre confesó y denunció a otros dos que nunca fueron arrestados. Esta es la vida y el fin de mi buen amigo Gaston Duranton, llamado el Torcido.

Clandestinamente, ciertos oficiales han puesto prisioneros a buscar oro y diamantes en el río Caroni. Los resultados fueron positivos, sin descubrimientos fabulosos, pero suficientes para estimular a los buscadores. Al fondo de mi huerto, dos hombres trabajan todo el día con la «artesa», un sombrero chino vuelto del revés, con la punta para abajo y el borde arriba. La llenan de tierra y la lavan. Como el diamante es lo más pesado de todo, se queda en el fondo del «sombrero». Ha habido ya un muerto. Robaba a su «patrón». Este pequeño escándalo ha puesto punto final a esa «mina» clandestina.

En el campamento hay un hombre que tiene el torso tatuado por completo. En el cuello lleva escrito: «Mierda para el peluquero». Tiene paralizado el brazo derecho. Su boca torcida y una lengua gruesa que a menudo le cuelga y babea, indican con meridiana claridad que ha sufrido un ataque de hemiplejía. ¿Dónde? No se sabe. Estaba aquí antes que nosotros. ¿De dónde viene? Lo que es seguro es que se trata de un presidiario o un relegado evadido. En su pecho lleva tatuado «Bat d'Af». Eso y el «Mierda para el peluquero» detrás de su cuello permiten, sin que quepa duda, reconocer en él a un duro.

Los guardianes y los prisioneros le llaman Picolino. Le tratan bien y recibe escrupulosamente la comida tres veces al día, y también cigarrillos. Sus ojos azules viven intensamente y su mirada no siempre está triste. Cuando mira a alguien a quien estima, sus pupilas brillan de alegría. Comprende todo cuanto le dicen, pero no puede hablar ni escribir: su brazo derecho paralizado no se lo permite, y en la mano izquierda le faltan el pulgar y otros dos dedos. Esa ruina humana permanece horas pegada a los alambres de espino esperando que yo pase con legumbres, pues este es el camino que tomo para ir al comedor de oficiales. Así, pues, cada mañana, cuando llevo mis legumbres, me paro a hablar con Picolino. Apoyado en los alambres de espino, me mira con sus hermosos ojos llenos de vida en su cuerpo casi muerto. Le digo palabras amables, y con su cabeza o párpados me da a entender que ha captado toda mi conversación.

Su pobre rostro paralizado se ilumina un momento y sus ojos brillan queriendo expresarme quién sabe cuántas cosas. Siempre le llevo alguna chuchería de comer: una ensalada de tomates, lechuga o cohombro preparado con su salsa vinagreta, o un meloncito, o un pescado a la brasa. No tiene hambre, pues la comida es copiosa en el presidio venezolano, pero así cambia del menú oficial. Algunos cigarrillos completan siempre mis pequeños regalos. Se ha convertido en una costumbre fija esa corta visita a Picolino, hasta el punto de que los soldados y los prisioneros le llaman el hijo de Papillon.

LA LIBERTAD

Cosa extraordinaria, los venezolanos son tan encantadores, tan cautivadores, que tomo la decisión de confiar en ellos. No me fugaré. Como prisionero acepto esta situación anormal, en espera de formar parte, algún día, de su pueblo. Eso parece paradójico. La salvaje forma que tienen de tratar a los prisioneros no es como para animarme, sin embargo, a vivir en su sociedad, pero comprendo que encuentran normales los castigos corporales, tanto los prisioneros como los soldados. Si un soldado comete una falta, también a él se le administran varios azotes con el nervio de buey. Y, algunos días más tarde, ese mismo soldado habla con el mismo cabo, sargento u oficial que le golpeó, como si no hubiese sucedido nada.

Este bárbaro sistema les ha sido transmitido por el dictador Gómez, quien los rigió así durante muchos años. Y la costumbre ha quedado, hasta el punto de que un jefe civil castiga a los habitantes que están bajo su jurisdicción de esa forma, con unos cuantos azotes con el nervio de buey.

Gracias a una revolución, me encuentro en vísperas de ser liberado. Un golpe de Estado medio civil, medio militar, ha hecho caer al presidente de la República, el general Angarita Medina, uno de los mayores liberales que ha conocido Venezuela. Era tan bueno, tan demócrata, que no supo o no quiso resistir el golpe de Estado. Al parecer, se negó categóricamente a hacer que corriera la sangre entre venezolanos para mantenerse en su puesto. Ciertamente, este gran militar demócrata no estaba al corriente de lo que sucedía en El Dorado.

De todas maneras, un mes después de la revolución, destituyen a todos los oficiales. Se ha abierto una encuesta sobre la muerte del colombiano a causa de la «purga».

El director y su cuñado desaparecen para ser sustituidos por un antiguo diplomático y abogado.

—Sí, Papillon, mañana le pondré en libertad, pero quisiera que se llevara con usted a ese pobre de Picolino por quien se interesa. No tiene identidad, así que le buscaré una. En cuanto a usted, aquí tiene su *cédula* perfectamente en regla con su verdadero nombre. Las condiciones son las siguientes: debe usted vivir en un pueblo durante un año antes de poderse instalar en una gran ciudad. Será una especie de libertad no vigilada, pero en la que se le podrá ver vivir y darse cuenta de la manera como se defiende en la vida. Si, como creo, al cabo de un año el jefe civil del pueblo le da un certificado de buena conducta, entonces él mismo pondrá fin a su *confinamiento*. Creo que Caracas sería para usted ideal. De todas formas, está autorizado para vivir legalmente en el país. Su pasado ya no cuenta para nosotros. Es cuenta suya demostrar que es digno de que se le dé una oportunidad de ser otra vez un hombre respetable. Espero que antes de cinco años sea usted mi compatriota mediante una nacionalización que le dará una nueva patria. ¡Que Dios le acompañe! Gracias por quererse ocupar de esa ruina de Picolino. No puedo ponerlo en libertad más que si alguien firma que se encarga de él. Esperemos que en un hospital pueda curarse.

Mañana por la mañana, a las siete, acompañado por Picolino, debo salir verdaderamente libre. Me embarga una gran emoción porque, por fin, he vencido para siempre «el camino de la podredumbre».

Es el 18 de octubre de 1945. Hace trece años que esperaba este día.

Me he retirado a mi casita del huerto. Me he excusado con mis camaradas, pero tengo necesidad de estar solo. La emoción es demasiado grande y demasiado hermosa para exteriorizarla ante testigos. Doy vueltas y más vueltas a mi tarjeta de identidad que me ha entregado el director: mi fotografía en el ángulo izquierdo, y, arriba, el número 1728629, expedida el 3 de julio de 1944. En la mitad, mi apellido; debajo, mi nombre. Detrás, la fecha de nacimiento: 16 de noviembre de 1906. El documento de identidad está perfectamente en regla, y hasta está firmado y sellado por el director de Identificación. Situación en Venezuela: «residente». Es formidable que esta palabra, «residente», quiera decir que estoy avecindado en Venezuela. Mi corazón late fuertemente. Quisiera arrodillarme para dar las gracias a Dios. No sabes rezar y no estás bautizado. ¿A qué Dios vas a dirigirte, puesto que no perteneces a ninguna religión determinada? ¿Al buen Dios de los católicos? ¿Al de los protestantes? ¿Al de los judíos? ¿Al de los mahometanos? ¿A cuál voy a elegir para dedicarle mi plegaria, que voy a tenerme que inventar porque no sé ninguna oración? Pero ¿por qué busco a qué Dios dirigirme? ¿No he pensado siempre, cuando lo he invocado en mi vida, o maldecido, en ese Dios del niño Jesús en su cuna, con la mula y el buey alrededor de él? ¿Acaso en mi subconsciente aún guardo rencor hacia las buenas hermanas de Colombia? ¿Y por qué no pensar tan solo en el único, en el sublime obispo de Curaçao, monseñor Irénée de Bruyne y, más lejos aún, en el buen sacerdote de la Conciergerie?

Mañana seré libre, completamente libre. Dentro de cinco años, me nacionalizaré venezolano, pues estoy seguro de que no cometeré ninguna falta en esta tierra que me ha dado asilo y ha confiado en mí. Debo ser en la vida dos veces más honrado que todo el mundo.

En efecto, soy inocente de la muerte por la que un fiscal, unos polis y doce enchufados del jurado me mandaron a los duros, pero eso solo pudo suceder porque yo era un truhán. Se pudo tejer fácilmente alrededor de mi personalidad ese fárrago de mentiras porque yo era, de veras, un aventurero. Abrir las cajas fuertes ajenas no es una profesión muy recomendable, y la sociedad tiene el derecho y el deber de defenderse. Si pude ser lanzado al camino de la podredumbre fue porque, debo reconocerlo honradamente, era candidato permanente a ser enviado a él un día. Que ese castigo no sea digno de un pueblo como Francia, que una sociedad tenga el deber de defenderse y no de vengarse con tanta bajeza, eso ya es otro cantar. Mi pasado no puede borrarse de un plumazo; debo rehabilitarme ante mí mismo, ante mis propios ojos en primer lugar, y ante los de los demás a continuación. Así que dale las gracias a ese buen Dios de los católicos, Papi, y prométele algo muy importante.

—Buen Dios, perdóname si no sé rezar, pero mira en mí y leerás que no tengo palabras suficientes para expresarte mi reconocimiento por haberme traído hasta aquí. La lucha ha sido dura, subir el calvario que me han impuesto los hombres no ha sido muy fácil, y bien es verdad que si he podido superar todos los obstáculos y continuar viviendo con buena salud hasta este día bendito, es porque Tú tenías puesta tu mano sobre mí para ayudarme. ¿Qué podría hacer para demostrar que te estoy sinceramente agradecido por tus bondades?

—Renunciar a tu venganza.

¿He oído o he creído oír esa frase? No lo sé, pero ha venido tan brutalmente a abofetearme en plena mejilla, que casi admitiría haberla oído de veras.

—¡Oh, no, eso no! No me pidas eso. Esa gente me ha hecho sufrir demasiado. ¿Cómo quieres que perdone a los policías equívocos y al falso testigo de Polein? ¿Renunciar a arrancarle la lengua al inhumano fiscal? Eso no es posible. Me pides demasiado. ¡No, no y no! Lamento contrariarte, pero a ningún precio dejaré de consumar mi venganza.

Salgo, temo ceder, no quiero abdicar. Doy algunos pasos por mi huerto. Toto apareja unas matas de alubias trepadoras para que se enrollen alrededor de las cañas. Los tres se acercan a mí: Toto, el parisiense lleno de esperanza de los bajos fondos de la rue de Lappe; Antartaglia, el carterista nacido en Córcega, pero que despojó durante muchos años a los parisienses de sus portamonedas, y Deplanque, el dijonés que asesinó a un rufián como él. Me miran, y sus rostros están llenos de gozo por verme libre al fin. Sin duda, pronto les tocará el turno a ellos.

—¿No te has traído del pueblo una botella de vino o de ron para festejar tu partida?

—Perdonadme, pero estaba tan emocionado que ni siquiera he pensado en ello. Excusadme este olvido.

—¿Qué dices? —exclama Toto—. No hay nada que perdonar, voy a hacer buen café para todos.

—Estás contento, Papi, porque al fin eres definitivamente libre después de tantos años de lucha. Nos sentimos felices por ti.

—Pronto os tocará el turno a vosotros, ya veréis.

—Seguro —dice Toto—. El capitán me ha dicho que cada quince días saldrá libre uno de nosotros. ¿Qué vas a hacer, una vez en libertad?

He dudado uno o dos segundos, pero, audazmente, pese al temor de parecer un poco ridículo ante este relegado y los dos duros, respondo:

—¿Qué voy a hacer? Pues bien, no es complicado: me pondré a trabajar y seré siempre honrado. En este país que ha confiado en mí, me daría vergüenza cometer un delito.

En lugar de una respuesta irónica, me quedo sorprendido cuando los tres al mismo tiempo, confiesan:

—Yo también he decidido vivir decentemente. Tienes razón, Papillon, será duro, pero vale la pena, y estos venezolanos merecen que se les respete.

No doy crédito a mis oídos. ¿Toto, el granuja de los bajos fondos de la Bastilla, tiene semejantes ideas? ¡Es desconcertante! ¿Antartaglia, que durante toda su larga vida ha vivido revolviendo en los bolsillos ajenos, reacciona así? Es maravilloso. ¿Y es posible que Deplanque, chulo profesional, no tenga entre sus proyectos la idea de encontrar a una mujer para explotarla? Aún es más sorprendente. Todos nos echamos a reír al mismo tiempo.

—¡Ah! ¡Esta sí que es buena! Si mañana vuelves a Montmartre, a la place Blanche, y cuentas esto, nadie va a creerte.

Los hombres de nuestro ambiente, sí. Lo comprenderían, macho. Los que no querrían admitirlo serían los cabritos. La gran mayoría de los franceses no admiten que un hombre, con el pasado que nosotros tenemos, pueda convertirse en una persona decente en todos los sentidos. Esta es la diferencia entre el pueblo venezolano y el nuestro. Os he contado la tesis de aquel tipo de Irapa, un pobre pescador, cuando le explicaba al prefecto que un hombre nunca está perdido, que es preciso darle una oportunidad para que, ayudándole, se convierta en un hombre honrado. Esos pescadores casi analfabetos del golfo de Paria, en un rincón del mundo, perdidos en ese inmenso estuario del Orinoco, tienen una filosofía humanista de la que carecen muchos de nuestros compatriotas. Demasiados progresos mecánicos, una vida agitada, una sociedad que solo tiene un ideal: nuevas invenciones mecánicas, una vida cada vez más fácil y mejor. Saborear los descubrimientos de la ciencia, como se lame un helado, engendra la sed de una comodidad mayor y la lucha constante para llegar a ella. Todo eso mata el alma, la conmiseración, la comprensión, la nobleza. No hay tiempo para ocuparse de los demás, y mucho menos de los reincidentes. E incluso las autoridades de ese rincón de la selva son distintas de las nuestras, porque también son responsables de la tranquilidad pública. Pese a todo, corren el riesgo de tener graves preocupaciones, pero deben pensar que vale la pena arriesgarse un poco para salvar a un hombre. Y eso..., eso es magnífico.

Tengo un hermoso traje azul marino que me ha regalado mi alumno, el hoy coronel. Se fue a la escuela de oficiales hace un mes, después de haber ingresado entre los tres primeros de la oposición. Me siento feliz de haber contribuido un poco a su éxito mediante las lecciones que le di. Antes de irse, me regaló unas ropas casi nuevas que me sientan muy bien. Saldré vestido correctamente gracias a él, a Francisco Bolagno, cabo de la guardia nacional, casado y padre de familia.

Este oficial superior, actualmente coronel de la guardia nacional, me ha honrado durante veintiséis años con su amistad, tan noble como indefectible. Representa, en verdad, la rectitud, la nobleza y los sentimientos más elevados que pueda poseer un hombre. Jamás, a pesar de su elevada posición en la jerarquía militar, ha cesado de testimoniarme su fiel amistad, ni de ayudarme para lo que fuese. Le debo mucho al coronel Francisco Bolagno Utrera.

Sí, haré lo imposible para ser y seguir siendo honrado. El único inconveniente es que nunca he trabajado y no sé hacer nada. Tendré que dedicarme a lo que sea para ganarme la vida. Eso no me será fácil, pero lo conseguiré, estoy seguro. Mañana seré un hombre como los demás. Has perdido la partida, fiscal: *he salido definitivamente del camino de la podredumbre.*

Doy vueltas y más vueltas en mi hamaca, con el nerviosismo de la última noche de mi odisea de prisionero. Me levanto, atravieso mi huerto que tan bien he cuidado durante estos meses pasados. La luna ilumina como en pleno día. El agua del río fluye en silencio hacia la desembocadura. No hay cantos de aves, duermen. El cielo está lleno de estrellas, pero la luna brilla tanto, que es preciso volverle la espalda para distinguir las estrellas. Frente a mí, la selva, abierta tan solo por el calvero donde se ha edificado la aldea de El Dorado. Esta paz profunda de la Naturaleza me serena. Mi agitación se calma poco a poco, y la serenidad del momento me da la tranquilidad que necesito.

Llego a imaginar muy bien el lugar donde, mañana, desembarcaré de la barcaza para poner pie en la tierra de Simón Bolívar, el hombre que liberó este país de la dominación española y que legó a sus hijos los sentimientos de humanidad y comprensión que hacen que hoy, gracias a ellos, pueda yo comenzar a vivir de nuevo.

Tengo treinta y siete años; aún soy joven. Mi estado físico es perfecto. Jamás he estado gravemente enfermo y mi equilibrio mental es, creo, completamente normal. El camino de la podredumbre no ha dejado marcas degradantes en mí. Sobre todo, creo, porque nunca le pertenecí verdaderamente.

No solo tendré que encontrar la manera de ganarme la vida en las primeras semanas de mi libertad, sino que deberé cuidar también, y hacer vivir, al pobre Picolino. Es una grave responsabilidad que he contraído. Sin embargo, y pese a que va a ser una pesada carga, cumpliré la promesa que le hice al director y no dejaré a este desdichado hasta que haya podido ingresarlo en un hospital, en manos competentes.

¿Debo comunicar a mi papá que estoy libre? No sabe nada de mí desde hace años. ¿Saber dónde está? Las únicas noticias que ha tenido respecto a mí son las visitas de los gendarmes con ocasión de mis fugas. No, no debo darme prisa. No tengo derecho a poner en carne viva la llaga que quizá los años pasados hayan casi cicatrizado. Escribiré cuando esté bien, cuando haya adquirido una situación estable, sin problemas, en la cual podré decir: «Padrecito, tu chico está libre, se ha convertido en un hombre bueno y honrado. Vive así y asá. Ya no tienes por qué bajar la cabeza por él, y por eso te escribo diciéndote que continúo amándote y venerándote».

Estamos en guerra, y ¿quién sabe si los *boches* se han instalado en mi pueblecito? El Ardèche no es una parte muy importante de Francia. La ocupación no debe ser completa. ¿Qué habrían de ir a buscar allí, excepto castañas? Sí, solo cuando sea digno de hacerlo escribiré o, más bien, trataré de escribir a mi casa.

¿Adónde voy a ir ahora? Me estableceré en las minas de oro de un pueblo que se llama El Callao. Allí viviré el año que me han pedido que pase en una pequeña comunidad. ¿Qué voy a hacer? ¡Cualquiera sabe! No empieces a plantearte problemas por adelantado. Si tienes que picar la tierra para ganarte el pan, lo harás, y sanseacabó. En primer lugar, debo aprender a vivir en libertad. Desde hace trece años, aparte de los pocos meses en Georgetown, no he tenido que ocuparme de ganarme el sustento. Sin embargo, en Georgetown no me defendí mal. La aventura continúa, y corre de mi cuenta inventarme trucos para vivir, sin hacer daño a nadie, por supuesto. Ya veré. Así, pues, mañana a El Callao.

Las siete de la mañana. Un hermoso sol de los trópicos, un cielo azul sin nubes, los pájaros que cantan su alegría de vivir, mis amigos reunidos a la puerta de nuestro huerto, Picolino vestido pulcramente de civil y bien afeitado. Todo: Naturaleza, animales y hombres respiran alegría y celebran mi libertad. Con el grupo de mis amigos está también un teniente, que nos acompañará hasta el pueblo de El Dorado.

—Abracémonos —dice Toto—, y vete. Será mejor para todos.

—Adiós, queridos compañeros; cuando paséis por El Callao, buscadme. Si tengo una casa mía, será la vuestra.

—¡Adiós, Papi, buena suerte!

Rápidamente, llegamos al embarcadero y montamos en la barcaza. Picolino ha caminado muy bien. Solo en lo alto de la cadera está paralizado, pero las piernas le funcionan bien. En menos de quince minutos, hemos vadeado el río.

—Aquí están los papeles de Picolino. Buena suerte, franceses. Desde este momento, sois libres. ¡Adiós!

Simplemente. Y no es más difícil, no, abandonar las cadenas que arrastramos desde hace trece años. «Desde este momento, sois libres.» Os vuelven la espalda, abandonando así vuestra vigilancia. Y eso es todo. El camino de guijarros que asciende del río lo escalamos enseguida. No tenemos más que un paquete pequeñísimo donde van tres camisas y un pantalón de recambio. Llevo el traje azul marino, una camisa blanca y una corbata azul que hace juego con el traje.

Pero la duda existe, no se rehace una vida como quien cose un botón. Y si hoy en día, veinticinco años después estoy casado, con una hija, feliz en Caracas, como ciudadano venezolano, es a través de muchas otras aventuras, éxitos y fracasos, pero como hombre libre y ciudadano honrado. Tal vez las cuente un día, así como otras historias más triviales que no he tenido sitio para incluirlas aquí.

PAPILLON
O LA LITERATURA ORAL
por
JEAN-FRANÇOIS REVEL

Si tuviera que nombrar al escritor del pasado que Henri Charrière evoca en mí, no dudaría un segundo y nombraría a Gregorio de Tours. La aproximación se ha impuesto en mi espíritu con una fuerza irresistible. Leed, por ejemplo, este pasaje
de la *Historia de los francos*, del gran obispo galo:

«El conflicto suscitado entre los habitantes de Tours que,
como hemos dicho antes, había terminado, se reanudó con re-
novado furor. Sicario, después de la muerte de los padres de
Cramnesindo, había trabado una gran amistad con este, y ambos se querían con tal afecto, que muy a menudo tomaban
juntos sus comidas y se acostaban en el mismo lecho. Pues
bien, cierto día, por la noche, Cramnesindo prepara una cena e
invita a su mesa a Sicario. Llegado este, ambos se instalan para
el festín. Luego, como Sicario, pesado a causa del vino, despo-
tricara mucho contra Cramnesindo, se pretende que dijo, para
terminar: "Me debes grandes mercedes, oh, querido hermano,
por haber dado muerte a tus padres. Gracias a la composición
que recibiste, el oro y la plata son abundantes en tu casa, y tú
te hallarías despojado de todo y en la indigencia si aquello no te
hubiera beneficiado". Al oír esto, el otro acoge con amargura
los propósitos de Sicario y declara en su fuero interno: "Si no
vengo la muerte de mis padres, no mereceré llevar más el nombre de hombre, sino que deberé ser llamado débil mujer". Así,
pues, habiendo apagado las luminarias, corta la cabeza de Sica-

rio con una sierra. Este, habiendo emitido un grito apagado al término de su vida, cae y muere. Los esclavos que habían venido con él se dispersan. Cramnesindo cuelga el cadáver, despojado de sus vestiduras, en la rama de una haya, y, tras ensillar sus caballos, se dirige a presencia del rey...».*

Remítanse ahora a las páginas 41 y 42 de *Papillon*, desde «Completamente desnudo en el frío glacial» hasta «lo cual no me impide recibir más golpes».

En ambos textos se llega al fondo mismo de la narración, la narración en estado puro, en el que todo es relato. Actos, pensamientos, palabras, marcados por un mismo carácter de espontaneidad o, más bien, de una extraña mezcla de premeditación y espontaneidad, están todos presentes y no pueden ser más que acontecimientos. La intención, aquí es siempre un hecho. Pensar, realizar un gesto, tiene la misma concreción que invade al individuo. El ser humano es lo que le acude bruscamente al espíritu, lo que le ha dicho a un compañero o lo que él ejecuta y, a cada instante, no es más que eso. Así que no hay, en el universo de Papillon, diferencias de intensidad. Como en Gregorio de Tours, dirigirse a alguien, matarlo, salvarlo, surgen como una imagen sucede a otra en el cine: la que muestra unas flores acariciadas por la brisa no ocupa menos sitio en la pantalla que la que muestra un temblor de tierra. Todo el mundo luchando en todo momento por su vida; solo puede jugarse al no va más, y todos los signos exteriores se interpretan y se miden permanentemente según esa perspectiva del no va más. Asimismo, esos hombres son perpetuamente y a la vez todo cálculo y todo impulso, astucia y violencia, olvido y memoria. Uno de los dos personajes de Gregorio de Tours ha olvidado que el otro había matado a sus padres. Pero cuando esa particularidad se le presenta de nuevo en la mente,

---

* Algunas expresiones hubieran podido, desde luego, ser traducidas a una lengua popular de la que hablaré más adelante a propósito de la de *Papillon*. *Crapulatus a vino*, por ejemplo.

da muerte a su huésped. Se advertirá también la rapidez y la presencia de ánimo con que apaga las luces, semejante a la rapidez con que Papillon le pone por sombrero a su guardián la marmita con agua hirviendo. Semejante extremismo en las reacciones implica un *tempo* en el que las situaciones se modifican por completo casi en cada página, bien sea por la acción de uno de los actores, o por un golpe de suerte, porque no puede haber, en ese doble o nada eterno, imprevistos menores. El maridaje de la organización y del azar, también, es tan íntimo como la alianza de un feroz deseo de vivir con una ligereza increíble en el arte de provocar el peligro o la venganza.

En este tipo de relato, el autor no se pregunta por qué escribe. La pregunta carece de sentido para él. O, más bien, es la respuesta la que parece evidente. La violencia con que ha vivido lo que cuenta no deja lugar a dudas en su espíritu en cuanto al interés que debe suscitar (convicción sin la cual no hay verdadero narrador), y como, por otra parte, no puede pensar en otra cosa, complace a todo el mundo, comprendido él, dejándose llevar por la narración. Este dejarse llevar por la narración es el estado de gracia fundamental, el talento primordial que solo los demás advierten, que no se adquiere.

Este estado de gracia, no podía aparecer hoy más que en una obra que no hubiera nacido de otra, quiero decir en lo extraliterario. (No hay, en efecto, influencia *literaria* de Albertine Sarrazin sobre Charrière; no ha tenido más que influencia en su *decisión* de escribir.) No existe hoy día un escritor consciente que pueda, determinado como está por su cultura, superar las antinomias estéticas del relato lineal. La novela ya no es relato y, por lo demás, rechaza la categoría novelística como género.

Nos interrogamos en nuestra época hasta la saciedad sobre qué es la literatura, sobre qué es el lenguaje, sobre qué es escribir, sobre qué es hablar. Estas preguntas son más radicales de lo que eran en las artes poéticas del pasado. No nos limitamos como antaño a valorar la legitimidad o tal o cual contenido de la obra literaria, la aptitud de tal o cual forma. Hace mucho tiempo que todos los contenidos son legítimos. Por eso han desaparecido todos, por falta de prohibiciones. Nada está prohibido, desde el punto de vista estético, quiero decir. Queda, pues, la forma. Y no podía ser de otra manera. Entonces, en ella, por el contrario, todo está prohibido y ya no hay más que prohibiciones. La literatura no es ni la pintura ni la música. La forma, aunque fuera privilegiada, suponía precisamente su existencia, su hipótesis, el revulsivo, al menos, de un contenido que había que neutralizar. Escribir, ahora, tiene por objeto la escritura; la literatura tiene por objeto la búsqueda de la literatura. O, más bien, ni siquiera debe tener finalidad, pues ese término sugiere que se apunta fuera de ella.

La obra se ha convertido en tautología, pero una tautología informulable, puesto que nada tiene que repetir. Embrutecida de partenogénesis, la literatura dice lo que tiene que decir y se pregunta cómo es ello posible. No es una casualidad el que muchas «novelas» de los últimos años tengan por «tema» al escritor empeñado en escribir, y su trama consiste en la actualidad misma del texto que se está haciendo y que no tiene otra razón de ser que decir que es, lo que le permite ser. Pero también la vuelta voluntaria a la narración es inconcebible.

Parece, pues, que el texto a la vez narrativo y no documental, objetivo y poético, hecho de memoria o de imaginación (pues en la especie la diferencia importa poco), no pueda reaparecer ya más que de manera esporádica, de vez en cuando, en algunos libros aberrantes, imprevisibles, fuera de la historia, imposibles de suscitar y de prever. Sin duda, igualmente, la fuerza de evocación visual y referida a los acontecimientos, y no compartida al nivel del lenguaje, goza de una especie de dispensa que permite enfrentarse a las escuelas y a las coyunturas literarias (sin saberlo, seguramente). Sin duda, en este caso, tampoco se encuentra la escritura más que para no haberla tenido jamás, o el lenguaje para haberlo tenido siempre. Pues, de hecho, aquí se trata de lenguaje, quiero decir de lenguaje oral, y no de escritura. En *Papillon*, la escritura es un sucedáneo de la palabra, no su superación ni su transmutación, como en la literatura erudita. El vigor narrativo de Charrière deriva de la literatura oral, esa que no se convierte en literatura más que por la necesidad de «anotar» el relato para que no se pierda. Pero el ritmo profundo de la concepción y de la expresión es el del verbo, y eso es precisamente lo que hay que buscar y encontrar leyendo, exactamente como se lee una partitura, que no es un fin en sí misma, sino un medio de reconstituir y ejecutar la sustancia musical en su integridad. Por otra parte, jamás he experimentado un sentimiento tan cegador de la diferencia que existe entre el francés escrito y el francés hablado como leyendo *Papillon*. Se trata, en verdad, de dos lenguas distintas. No tanto por el uso del argot o de un vocabulario familiar, como por divergencias capitales en la sintaxis, en los giros, en la carga afectiva de las palabras.

Las reconstituciones literarias de la lengua hablada, en Céline, por ejemplo, se resienten precisamente de no llevar la marca de la espontaneidad. Por otra parte, es de una rareza extrema que el francés hablado pueda, sin trucos, cristalizar en una obra acabada. Ante la página por escribir, el genio popular se cree, por lo general, obligado a evocar las migajas que conoce del francés literario. Pierde en los dos tableros. (Es lo que se llama perversamente «novelas de autodidacta».) Para franquear esa barrera temible —la cultura escrita— sin darse cuenta, conservando la totalidad de los recursos narrativos como si se hablara, es necesaria esa inocencia astuta que fue la del Aduanero Rousseau y que posee *Papillon*, el intemporal «narrador de cuentos que toma asiento al pie del terebinto».

ÍNDICE

Decimotercer cuaderno
VENEZUELA